Theodor Heuss
Erzieher zur Demokratie

Theodor Heuss
Stuttgarter Ausgabe
Briefe

Herausgegeben von der
Stiftung Bundespräsident-Theodor-Heuss-Haus

Wissenschaftliche Leitung
Ernst Wolfgang Becker

Theodor Heuss
Erzieher zur Demokratie

Briefe 1945–1949

Herausgegeben und bearbeitet von
Ernst Wolfgang Becker

K · G · Saur München

Träger des Editionsprojekts:
Stiftung Bundespräsident-Theodor-Heuss-Haus
Im Himmelsberg 16, 70192 Stuttgart
www.stiftung-heuss-haus.de

Bibliografische Information der Deutschen Nationalbibliothek
Die Deutsche Nationalbibliothek verzeichnet diese Publikation
in der Deutschen Nationalbibliografie; detaillierte bibliografische Daten
sind im Internet über *http://dnb.d-nb.de* abrufbar.

Umschlag:
Foto: Theodor Heuss bei der Verleihung der Lizenz für die
„Rhein-Neckar-Zeitung", 5. 9. 1945, Ausschnitt; FA Heuss, Basel.
Brief: Theodor Heuss an Alfred Döblin, 10. 8. 1948,
in: DLA, A: Döblin, 97.7810, abgedruckt auf S. 400f.

∞

Gedruckt auf säurefreiem Papier

Satz: Dr. Rainer Ostermann, München
Druck & Bindung: Strauss GmbH, Mörlenbach
Printed in Germany
ISBN 978-3-598-25120-7 (Gesamtedition)
ISBN 978-3-598-25121-4 (Briefe)
ISBN 978-3-598-25125-2 (Briefe 1945–1949)

Inhalt

Vorwort des Editionsbeirates

Die Geschichte der Bundesrepublik Deutschland ist die einer stabilen Demokratie. An ihrem Anfang standen 1945 Theodor Heuss, Konrad Adenauer, Kurt Schumacher, Elisabeth Selbert, Helene Weber und andere Männer und Frauen, die nach den Katastrophen des Nationalsozialismus und des Zweiten Weltkrieges einen demokratischen Neuanfang wagten – freilich unter den engen Rahmenbedingungen, welche die Besatzungsmächte nach der Befreiung vorgaben. Ohne den Rückgriff auf demokratische Traditionen, wie sie in der deutschen Geschichte in Personen wie Heuss greifbar sind, hätte die Demokratie in Deutschland vermutlich nicht so nachhaltig Fuß fassen können.

Mit der Werkausgabe „Theodor Heuss. Stuttgarter Ausgabe" wird eine moderne Edition vorgelegt, die wichtige Zeugnisse zur deutschen Geschichte der ersten Hälfte des 20. Jahrhunderts bereithält. Sie lädt dazu ein, die seit einigen Jahren anschwellende Krisenrhetorik, die Systemschwächen der Bundesrepublik diagnostiziert, mit der Bilanz einer letztendlich erfolgreichen Gründungsgeschichte zu kontrastieren.

Im einzelnen sprechen mehrere Gründe für die Herausgabe der Werke von Theodor Heuss. Zum einen erhielt die Stiftung Bundespräsident-Theodor-Heuss-Haus vom Deutschen Bundestag den gesetzlichen Auftrag, „das Andenken an das Wirken des ersten Bundespräsidenten der Bundesrepublik Deutschland, Theodor Heuss, für Freiheit und Einheit des deutschen Volkes, für Europa, für Verständigung und Versöhnung unter den Völkern zu wahren und einen Beitrag zum Verständnis der jüngeren Geschichte sowie der Entstehung der Bundesrepublik Deutschland zu leisten" und den Nachlass „für die Interessen der Allgemeinheit in Wissenschaft, Bildung und Politik auszuwerten." Dazu dient auch die „Veröffentlichung von Archivbeständen" (Errichtungsgesetz der Stiftung Bundespräsident-Theodor-Heuss-Haus vom 27. Mai 1994).

Hinter diesem Auftrag klingt zum anderen als ein weiterer wesentlicher Beweggrund für eine Theodor-Heuss-Edition die historische und politische Bedeutung von Heuss an. Als erstes Staatsoberhaupt der Bundesrepublik Deutschland hat er das Amt des Bundespräsidenten durch sein stilsicheres, umsichtiges und souveränes, intellektuell anspruchsvolles Auftreten nachhaltig geprägt. Während der schwierigen Formationsphase der 1949 neu begründeten, noch ungesicherten Demokratie bewies er in dieser Funktion eine bemerkenswerte innen- und außenpolitische Sensibilität. Darüber hinaus steht Theodor Heuss für die liberale Tradition deutscher Demokratiegeschichte im 20. Jahrhundert, die er als Politiker, als außerordentlich produktiver Publizist, als engagierter Hochschullehrer und ehrenamtlicher Verbandsfunktionär mitgeprägt hat. Diese Erfahrungen, die Heuss während der ersten Hälfte des 20. Jahrhunderts gesammelt hatte, bildeten in der posttotalitären Situation nach 1945 ein entscheidendes politisches Kapital, das der Wiedererrichtung einer demokratischen Republik auf deutschem Boden zu dauerhaftem Erfolg verholfen hat.

Ein dritter Grund für die neue Editionsreihe liegt in dem glücklichen Umstand, dass sich das vielfältige Wirken von Theodor Heuss in einer ungewöhnlich umfangreichen Überlieferung von hohem historischen und literarischen Wert niedergeschlagen und erhalten hat. Sein Nachlass sowie die Präsidentenakten aus seiner Amtszeit 1949–1959 weisen ihn als einen Homme de Lettres aus, der intellektuelle Reflexion und Übernahme von politischer Verantwortung in Einklang zu bringen vermochte. Seine zahlreichen Reden, Briefe und Schriften zu einer Vielzahl zeitgeschichtlicher Schlüsselthemen dokumentieren, in welchem ungewöhnlichen Ausmaß er über die politischen und kulturellen Instrumente des Bildungsbürgers verfügte.

Schließlich soll die „Stuttgarter Ausgabe" weitere wissenschaftliche Untersuchungen zum Leben und Werk von Theodor Heuss und zum Amt des Bundespräsidenten anregen. Trotz einiger Teilstudien sind die Forschungen zu Heuss noch immer lückenhaft. Zahlreiche biographische Aspekte sind aufzuarbeiten und problemorientiert in den zeitgeschichtlichen Kontext einzubetten. Vor allem kann die Edition Impulse geben für eine längst überfällige, anspruchsvolle Biographie über Theodor Heuss, die wissenschaftlichen Standards genügt.

Die „Stuttgarter Ausgabe" gliedert sich nach Gattungen in vier Reihen: Briefe, Reden, Gespräche, Schriften. Diese Kommunikationsformen handhabte Heuss gekonnt. In ihnen kommt die ganze Bandbreite seiner biographischen Stationen wie auch seiner zahlreichen Tätigkeiten und Funktionen zum Ausdruck: So begegnet uns nicht allein der „öffentliche" oder „offizielle" Heuss, sondern auch der zurückgezogen arbeitende Schriftsteller und Künstler, der Freund, Ehemann und Vater. Die Edition macht historische Prozesse und Entscheidungen über einen biographischen Einstieg zugänglich und besser verständlich. Sie wendet sich nicht nur an die Wissenschaft, sondern auch an die interessierte Öffentlichkeit. Dies vor Augen liegt der Edition das Konzept einer leserfreundlichen, aber auch wissenschaftlichen Ansprüchen genügenden Studienausgabe zugrunde. Dass es sich dabei angesichts der Überfülle des überlieferten Materials nur um eine Auswahledition handeln kann, liegt auf der Hand.

Die „Stuttgarter Ausgabe" beginnt mit der Reihe der Briefe, die – chronologisch angeordnet – in acht Bänden veröffentlicht werden. Die noch weitgehend unbekannte Korrespondenz von Theodor Heuss gibt einen außergewöhnlichen Einblick auch in jene Aspekte seiner Biographie, die er der öffentlichen Rede oder Publizistik nicht anvertraut hat. Vor allem die Briefe an Familienangehörige, Freunde, Bekannte und Personen der Zeitgeschichte, nicht zuletzt aber auch die Kontakte zu „kleinen Leuten" machen den Facettenreichtum seiner Persönlichkeit und seines Wirkens deutlich. Der weitverzweigte, die Jahre 1892–1963 umfassende Schriftverkehr zeigt darüber hinaus, wie Heuss auch über das traditionelle liberale und demokratische Lager hinaus als Kommunikator wirkte und dazu beitrug, dass ein von antitotalitären Überzeugungen getragenes Beziehungsnetz das „Dritte Reich" überdauern konnte. Es werden – mit Ausnahme des Briefbandes, der Eingaben aus der Bevölkerung und die Reaktionen des Bundespräsidenten darauf aufnimmt – ausschließlich Schreiben von Heuss abgedruckt, die Gegenkorrespondenz aber im Kommentar berücksichtigt.

Der hiermit vorgelegte Band der Briefe 1945–1949 bildet den Auftakt der „Stuttgarter Ausgabe". In diesem Zeitraum, der vom Kriegsende bis kurz vor die Wahl des ersten Bundespräsidenten reicht, wirkte Theodor Heuss in verschiedenen zentralen Funktionen am demokratischen Wiederaufbau Deutschlands mit und wurde einer breiteren Öffentlichkeit bekannt. Die Einleitung wird die thematischen Schwerpunkte, die sich in den Briefen aus diesen fünf Jahren widerspiegeln, näher beleuchten und sie in den historischen Zusammenhang einordnen. Die weiteren Briefbände, die bereits im Manuskript vorliegen oder in Bearbeitung sind, können in den kommenden Jahren in schneller Folge publiziert werden.

Ohne die Unterstützung zahlreicher Archive, Bibliotheken und anderer Einrichtungen sowie vieler Privatpersonen hätte dieses Projekt nicht so umfassend und sorgfältig durchgeführt werden können. Wir danken an dieser Stelle vor allem der Schwiegertochter von Theodor Heuss, Ursula Heuss-Wolff, und dem Enkel, Dr. Ludwig Theodor Heuss, die der Edition das umfangreiche Familienarchiv mit der Privatkorrespondenz von Heuss großzügig und vertrauensvoll zur Verfügung stellten und das Projekt in jeder Hinsicht unterstützten. Unser Dank gilt gleichfalls der Robert Bosch Stiftung, der Landesstiftung Baden-Württemberg, der Würth-Gruppe, der DaimlerChrysler AG, der Wüstenrot-Stiftung, der Dr. Ing. h.c. F. Porsche AG, der Landesbank Baden-Württemberg sowie Lord Ralf Dahrendorf. Sie haben die ersten drei Briefbände, die den Zeitraum bis 1945 umfassen, gefördert. Und schließlich danken wir dem wissenschaftlichen Leiter des Projekts und Herausgeber des vorliegenden Bandes, Dr. Ernst Wolfgang Becker, für seinen wesentlichen Beitrag zum Gelingen dieses Werkes und für die gute Zusammenarbeit.

Prof. Dr. Wolfgang Hardtwig, Dr. Hans Peter Mensing,
Prof. Dr. Angelika Schaser, Prof. Dr. Andreas Wirsching

Theodor Heuss: Lebensstationen

(unter besonderer Berücksichtigung der Jahre 1945–1949)

1884	31. 1. Geburt von Theodor Heuss in Brackenheim/Württemberg
1890	Umzug nach Heilbronn
1892	Eintritt in das humanistische Karlsgymnasium
1902	Abitur
	Erste Begegnung mit Friedrich Naumann
	Beginn des Studiums der Neuphilologie und Nationalökonomie an der Universität München
1905	Abschluss des Studiums der Nationalökonomie mit einer Dissertation zum Thema „Weinbau und Weingärtnerstand in Heilbronn a. N." (Publikation 1906)
	Redakteur der Wochenzeitschrift „Die Hilfe" in Berlin (bis 1912)
	Erste Begegnung mit Elly Knapp
1907	Erfolgreicher Reichstagswahlkampf für Friedrich Naumann in Heilbronn
1908	11. 4. Hochzeit mit Elly Knapp (Pfarrer: Albert Schweitzer)
1910	5. 8. Geburt des Sohnes Ernst Ludwig
1912	Chefredakteur der „Neckar-Zeitung" in Heilbronn (bis 1917)
	Erfolglose Kandidatur für den württembergischen Landtag
1913	Schriftleiter der Kulturzeitschrift „März" (bis 1917)
1918	Mitarbeit in der Geschäftsstelle des Deutschen Werkbundes in Berlin (hauptamtlich bis 1921)
	Schriftleiter der Zeitschrift „Deutsche Politik" (bis 1922)
	Beginn der politischen Arbeit für die Deutsche Demokratische Partei (DDP)
1919	Erfolglose Kandidatur für die Verfassunggebende Nationalversammlung
	Wahl zum Mitglied der Schöneberger Stadtverordnetenversammlung, seit 1920 der Schöneberger Bezirksversammlung
1920	Studienleiter (bis 1925) und Dozent an der Deutschen Hochschule für Politik
1923	Schriftleiter der Zeitschrift „Die Deutsche Nation" (bis 1925)
1924	4. 5. Wahl in den Reichstag für die DDP
	Vorstandsmitglied des Deutschen Werkbundes
1925	1. Vorsitzender des Schutzverbandes Deutscher Schriftsteller (Rücktritt 1926)
1928	30. 5. Verlust des Reichstagsmandats

1930	14. 9. Wiederwahl in den Reichstag für die Deutsche Staatspartei
1932	Veröffentlichung von „Hitlers Weg. Eine historisch-politische Studie über den Nationalsozialismus“
	6. 11. Verlust des Reichstagsmandats
1933	1. 1. Herausgeber der „Hilfe“
	5. 3. Wiederwahl in den Reichstag
	23. 3. Zustimmung zum „Ermächtigungsgesetz“
	3. 5. Aberkennung der Dozentur an der Deutschen Hochschule für Politik
	10. 5. Verbrennung zweier Bücher von Theodor Heuss
	12. 7. Aberkennung des Reichstagsmandats
	29. 9. Rücktritt vom Vorstand des Deutschen Werkbundes
1936	Rücktritt von der Herausgeberschaft der „Hilfe“
1937	Veröffentlichung der Biographie über Friedrich Naumann
1939	Veröffentlichung der Biographie über den Architekten Hans Poelzig
1940	Veröffentlichung der Biographie über den Zoologen Anton Dohrn
1942	Veröffentlichung der Biographie über den Chemiker Justus von Liebig
	Beginn der Arbeit an der Biographie über den Unternehmer Robert Bosch
1943	August–Oktober: Flucht aus Berlin über Heilbronn und den Boschhof (Allgäu) nach Heidelberg
	Dezember: Treffen mit Carl Goerdeler
1945	30. 3. Besetzung Heidelbergs durch amerikanische Truppen
	Ende April: Angebot für die Übernahme der Lizenz einer Heidelberger Zeitung
	Anfang Juli: Erstes Lebenszeichen des Sohnes aus Berlin nach Kriegsende
	Mitte Juli: Ehrenamtliche Übernahme der nordbadischen Kulturverwaltung
	4. 8. Heirat des Sohnes Ernst Ludwig mit Hanne Elsas
	5. 9. Verleihung der Lizenz für die Herausgabe der „Rhein-Neckar-Zeitung“ in Heidelberg (bis Ende 1949)
	24. 9. Vereidigung zum Kultusminister von Württemberg-Baden
	Ende September: Umzug nach Stuttgart
	25. 11. Stuttgarter Rede „In Memoriam“: Erinnerung an die Opfer des Nationalsozialismus
1946	Veröffentlichung der Biographie über Robert Bosch
	6. 1. Wahl in den Vorstand der Demokratischen Volkspartei (DVP) von Württemberg-Baden
	18. 3. Rede in Berlin vor dem Kulturbund zur demokratischen Erneuerung Deutschlands

30. 6. Wahl in die Verfassunggebende Landesversammlung von Württemberg-Baden
28. 9. Wahl zum Vorsitzenden der DVP in der amerikanischen Zone
Oktober: Aufenthalt im Sanatorium in Baden-Baden
13. 11. Rede zur Eröffnung der Staatlichen Akademie der Bildenden Künste Stuttgart
24. 11. Wahl in den 1. Landtag von Württemberg-Baden
Dezember: Ausscheiden aus dem Amt des Kultusministers

1947 12. 2. Zeugenaussage vor dem Untersuchungsausschuss des württemberg-badischen Landtags zum „Ermächtigungsgesetz“ von 1933
17. 3. Wahl zum Mitvorsitzenden (gemeinsam mit Wilhelm Külz) der gesamtdeutschen liberalen Demokratischen Partei Deutschlands (DPD)
9.–14. 4. Teilnahme am Kongress der Liberalen Weltunion in Oxford
4.–7. 7. Teilnahme am Parteitag der ostzonalen Liberal-Demokratischen Partei (LDP) in Eisenach
9. 7. Teilnahme am Vorstandstreffen der DPD in Berlin
Juli/August: Besuch beim Ehepaar Stolper in der Schweiz
17. 9. Geburt der Enkelin Barbara Heuss
3. 11. Teilnahme am Vorstandstreffen der DPD in Frankfurt a. M.
Veröffentlichung der Aufsatzsammlungen „Deutsche Gestalten. Studien zum 19. Jahrhundert“ und „Schattenbeschwörungen. Randfiguren in der Geschichte“
27. 12. Tod des Freundes Gustav Stolper

1948 Veröffentlichung von „1848. Werk und Erbe“
12. 1. Ernennung zum Honorarprofessor für politische Wissenschaften an der Technischen Hochschule Stuttgart
18. 1. Scheitern der DPD
13./14. 3. Teilnahme am Parteitag der Berliner LDP
26. 4.–31.7. Vorlesungstätigkeit an der Technischen Hochschule Stuttgart
21.–25. 5. Teilnahme am Kongress der Liberalen Weltunion in Zürich
14. 6. Einstellung eines Spruchkammerverfahrens gegen Theodor Heuss
1. 9. Beginn der Tätigkeit als Abgeordneter im Parlamentarischen Rat
9. 9. Grundsatzrede im Parlamentarischen Rat über die künftige Verfassung
12. 12. Wahl zum Vorsitzenden der westzonalen FDP

1949 15. 1. Rede zur Wiedereröffnung der Deutschen Hochschule für Politik in Berlin
31. 1. 65. Geburtstag
Januar: Beginn der publizistischen Auseinandersetzung mit Dolf Sternberger

25. 4. Teilnahme an Besprechungen von Vertretern des Parlamentarischen Rates mit den Militärgouverneuren in Frankfurt a. M.
8. 5. Abschlussrede im Parlamentarischen Rat
13. 5.–8. 6. Aufenthalt im Städtischen Krankenhaus Konstanz
23. 5. Teilnahme an der Verkündung des Grundgesetzes
11./12. 6. Teilnahme am Bundesparteitag der FDP in Bremen
14. 8. Wahl in den ersten Deutschen Bundestag
12. 9. Wahl zum ersten Bundespräsidenten

1950 Vergebliche Bemühungen um die Einführung einer neuen Nationalhymne (bis 1952)

1951 Stiftung des Bundesverdienstkreuzes

1952 Verfassungsstreit über die Europäische Verteidigungsgemeinschaft
19. 7. Tod von Elly Heuss-Knapp

1953 Veröffentlichung der Jugenderinnerungen „Vorspiele des Lebens"

1954 17. 7. Wiederwahl zum Bundespräsidenten in Berlin
8.–14. 11. Erster offizieller Staatsbesuch eines ausländischen Staatsoberhaupts in der Bundesrepublik durch den äthiopischen Kaiser Haile Selassie I.

1956 14.–22. 5. Staatsbesuch in Griechenland

1957 5.–13. 5. Staatsbesuch in der Türkei
19.–28. 11. Staatsbesuch in Italien

1958 28. 5.–4. 6. Staatsbesuch in Kanada
4.–23. 6. Staatsbesuch in den USA
20.–23. 10. Staatsbesuch in Großbritannien

1959 Auseinandersetzungen um die dritte Amtszeit und die Nachfolge des Bundespräsidenten
12. 9. Ende der zweiten Amtszeit

1960 Reisen nach Frankreich, Israel und Indien

1963 Veröffentlichung der „Erinnerungen 1905–1933"
12. 12. Tod von Theodor Heuss in seinem Haus in Stuttgart

Ernst Wolfgang Becker

Einführung: Theodor Heuss als Erzieher zur Demokratie. Briefe 1945–1949

Zweierlei Erziehung zur Demokratie: Theodor Heuss und Klaus Mann

Als der deutsche Emigrant und US-Soldat Klaus Mann Anfang Mai 1945 als Sonderberichterstatter der Armeezeitung „Stars and Stripes" nach Deutschland geschickt wurde, irritierte ihn die Uneinsichtigkeit der Besiegten gegenüber den in ihrem Namen begangenen Menschheitsverbrechen.[1] Die Niederlage habe noch nichts „dazu beigetragen, das Denken des Durchschnittsdeutschen zu erleuchten und zu läutern" und „die moralische Bedeutung ihres gegenwärtigen Debakels" zu begreifen. Eingesponnen in Selbstgefälligkeit, Selbstmitleid und Ignoranz, könnten sie kein Gefühl von Schuld entwickeln. Zwar verhielten sie sich gegenüber der Autorität der Besatzungstruppen gefügig, doch dies bedeute letztlich nur eine „servile Anerkennung unserer physischen Überlegenheit – und nicht die Einsicht, daß sich der Nationalsozialismus irgendwie geirrt hat. Denn wenn es eines gibt, was die Deutschen verstehen, dann ist es die Stimme der Autorität" und des Erfolgs. Der Schluss, den der Sohn von Thomas Mann aus diesem desillusionierenden Eindruck zog, zielte auf eine tiefgreifende moralische und politische Umerziehung der Deutschen ab, denn es werde „keinen dauerhaften Frieden geben, wenn es uns nicht gelingt, die Mentalität der Deutschen zu ändern." Um die geistige und seelische Krankheit zu heilen, sei es die Aufgabe der Besatzer, „den Deutschen die Grundbegriffe menschlicher Ethik zu erschließen. [...] Sie werden wieder zur Schule gehen und Geschichte lernen müssen" – Geschichte vor allem im Dienste der Wahrheit.

Als sich Theodor Heuss in seiner ersten Rede nach Kriegsende an eine breitere Öffentlichkeit wandte, war er als „Kultminister" von Württemberg-Baden zuständig für das Erziehungswesen und damit auch für die Vermittlung von Geschichtsbewusstein. In einer Rundfunkansprache vom 3. Oktober 1945 stellte er unter dem Titel „Erziehung zur Demokratie" eingangs die Frage: „Kann man ein Volk zu einer bestimmten Staatsauffassung *erziehen*?"[2] Angesichts der totalitären Ansprüche des nationalsozialistischen Staates, seine Bürger zu einer verbindlichen

[1] K. MANN, Aufgabe, S. 216–221.
[2] TH. HEUSS, Erziehung, S. 19, die folgenden Zitate S. 19–21.

Weltanschauung zu erziehen, blieb er skeptisch gegenüber Versuchen des „planmäßigen Erziehens zu einer gemeinsamen Grundauffassung". Zudem sei das Diktum der „Erziehung zur Demokratie" in der deutschen Geschichte tragisch belastet, denn diese sei im Gegensatz zu anderen Nationen eine „*Geschichte von Niederlagen*" aller Freiheitsbewegungen. So konnte die Demokratie sich nicht in einem „gemeinsamen Lebensgefühl", in einer „gemeinsamen Lebensform [äußern], deren Spielregeln für alle in Parteien und Machtringen stehenden Gruppen eine nicht mehr umstrittene Gültigkeit besaßen und besitzen." Es fehle eine die Zeit der NS-Herrschaft überdauernde Tradition, ein gemeinsames Geschichtsbild. Deshalb müsse das demokratische Fundament „*neu* gelegt, und seine Grundrisse müssen nach deutschen Bedürfnissen neu geplant werden." Was heute schon eingeübt werden könne, seien die „seelischen Elemente einer demokratischen Verfahrensweise", die sich in der „Achtung vor dem anderen", in der „Fairneß" ausdrücken. Und er resümierte: „Hier, im *menschlichen Bezirk*, da man Menschenwürde wieder zu sehen und zu achten lernen mag, liegen heute die Elemente der Erziehung zur Demokratie."[3]

Auffällig ist, dass zwei so gegensätzliche Naturen wie Klaus Mann (Jahrgang 1906) und Theodor Heuss (Jahrgang 1884) ihr Augenmerk insbesondere auf die moralische Erziehung zu demokratischen Werten legten. Damit bewegten sie sich durchaus im Rahmen des Reeducation-Programms der Alliierten, vor allem der Amerikaner. Es war das positive, zukunftsweisende Gegenstück zur Entnazifizierung und zielte in erster Linie auf die Bildungs- und Jugendpolitik ab.[4] Nicht nur die politischen und gesellschaftlichen Strukturen des besiegten Feindes sollten verändert werden, sondern auch die Mentalitäten der Deutschen, die letztlich zu den beiden Katastrophen im Europa des 20. Jahrhunderts geführt hätten. Da sich breite Bevölkerungsschichten renitent gegenüber einer moralischen Erneuerung zeigten – wie Klaus Mann nach seiner Rückkehr nach Deutschland bemerkte – und da die Demokratiebewegung auf eine Tradition voller Niederlagen zurückblicken musste – wie es Theodor Heuss als typisch für die deutsche Geschichte ansah –, machten sich beide keine Illusionen über die Schwierigkeiten eines fundamentalen Wertewandels: „Die Umerziehung des deutschen Volkes", so Klaus Mann, „wird eine enorme Aufgabe sein, die nicht in einigen wenigen Monaten oder Jahren bewältigt werden kann, sondern erst in Jahrzehnten."[5]

Doch hinter diesen augenfälligen Gemeinsamkeiten stehen unterschiedliche Ausgangspunkte. Klaus Mann machte die Masse der Deutschen – abgesehen von wenigen Ausnahmen – für den NS-Terror und den Krieg verantwortlich und

[3] Vgl. zu Heuss als Fürsprecher einer moralischen Erneuerung J. C. HESS, Wege, S. 361–373.
[4] Vgl. K.-H. FÜSSL, Umerziehung, vor allem S. 76–147.
[5] K. MANN, Aufgabe, S. 220.

vertrat damit eine Art der Kollektivschuldthese.[6] Die demokratische Umerziehung müsse deshalb vor allem von den Siegern an die uneinsichtigen Deutschen herangetragen werden. Anders hingegen Theodor Heuss. Er lehnte es gerade ab, Nachhilfeunterricht in Demokratie den Alliierten zu überlassen, sondern setzte auf eine Selbsterziehung der Deutschen: „Wir können nicht einfach fremde Formenwelt nachahmen wollen, und wir wissen auch, daß Besatzung nicht gleich Unterricht eines demokratischen Lebensstils ist oder sein kann."[7] Und schon drei Wochen nach der Kapitulation bemerkte er: „Die geistige Auseinandersetzung mit den Folgen der nationalsozialistischen Herrschaft muß von Deutschen selber mitgetragen werden, und zwar nicht von Emigranten, sondern gerade auch von solchen, die unmittelbar die Nöte des Lebens gespürt haben."[8] Er setzte vor allem auf die eigene Einsicht des deutschen Volkes, das „durch sein Unglück schwer genug gestraft" sei.[9]

Diese Idee der Selbsterziehung der Deutschen zur Demokratie sollte sich langfristig als zukunftsfähig erweisen. So wichtig bis in die fünfziger Jahre hinein die latente Interventionsdrohung der Alliierten für den Demokratisierungsprozess und die Vergangenheitspolitik sein mochte[10] – ein Mentalitätswandel ließ sich nicht von oben durch Verordnungen einer Besatzungsherrschaft implementieren, allenfalls durch vorgegebene Rahmenbedingungen äußerlich steuern. Als sich der politische und wirtschaftliche Erfolg des „Modells Deutschland" zunehmend abzeichnete, gewann auch die Erziehung der Deutschen hin zu demokratischen Wertevorstellungen an Eigendynamik; dies wirkte wiederum auf die Wahrnehmung einer tief verwurzelten, letztendlich doch geglückten Demokratie in der Bundesrepublik zurück.[11]

Träger einer solchen – 1945 freilich noch nicht absehbaren – Entwicklung sollten nach Ansicht von Heuss vor allem die demokratischen Kräfte sein, die nach 1933 in Deutschland ausgeharrt und viele Opfer auf sich genommen hatten. Das traf auch auf ihn selber zu, der 1933 alle seine Ämter und Mandate verloren hatte und eine Nischenexistenz als Publizist und Schriftsteller führte, immer wieder gefährdet durch den nationalsozialistischen Überwachungsstaat. Nach Kriegsende gehörte er zu dem Personenkreis, den die Alliierten mit der Mitwirkung an der Demokratisierung Deutschlands betrauten.

---

[6] So z. B. in dem am 1. 7. 1945 erschienenen Artikel „Sind alle Deutschen Nazis?" In: K. MANN, Posten, S. 256–263.

[7] TH. HEUSS, Erziehung, S. 20.

[8] TH. HEUSS, Betrachtungen, S. 83.

[9] Nr. 20a.

[10] Vgl. A. BAUERKÄMPER / K. H. JARAUSCH / M. M. PAYK, Demokratiewunder; N. FREI, Vergangenheitspolitik, vor allem S. 361–396.

[11] Vgl. dazu das Narrativ von E. WOLFRUM, Demokratie; zur Kritik an dieser „Erfolgsgeschichte" vgl. A. RÖDDER, Modell Deutschland.

Ein passionierter Briefschreiber: Zur Bedeutung der Korrespondenz von Theodor Heuss

Theodor Heuss wurde nach 1945 ein Erzieher zur Demokratie der ersten Stunde. Dabei konnte er in viele Tätigkeitsfelder zurückkehren, in denen er schon vor 1933 gewirkt hatte. Dies ist das zentrale Thema des vorliegenden Bandes. Er umfasst 220 Dokumente, vor allem Briefe. Und diese Briefe machen ebenso deutlich: Theodor Heuss war ein Kommunikationstalent und unterhielt ein weitgespanntes Freundschafts- und Beziehungsgeflecht, aus dem heraus er pädagogisch für die Demokratie wirkte. Der Briefband zeigt ihn als einen passionierten, gar begnadeten Briefschreiber in der Tradition einer großen deutschen Briefkultur, die im 18. Jahrhundert begonnen hatte.[12] Der Schriftsteller und Publizist der Konservativen Revolution, Wilhelm Stapel, mit dem Heuss eine intensive Korrespondenz pflegte, attestierte ihm zu seinem 70. Geburtstag, dass er ein „echter, ein geborener Briefschreiber" sei, denn seine Briefe würden „Gedanke und Temperament" harmonisch verbinden: „In dem Gleichgewicht von Nachdenken und Überdenken sowie von Mitgefühl und unmittelbarem Mitleben liegt das Gewinnende Ihrer Persönlichkeit. […] Sie sind einer der noch vorhandenen Humanisten. Als ein solcher vermögen Sie Briefe zu schreiben, die durch ihre Gedanken, ihre Bilder, ihren Rhythmus, ihren Klang" Menschen ansprechen.[13]

Die Briefe von Heuss, die in der Regel nicht für die Veröffentlichung vorgesehen waren, vermitteln Einblicke in die Biographie und in die Persönlichkeit ihres Verfassers, öffnen sich gegenüber den jeweiligen Adressaten und simulieren eine – zum Teil private – Gesprächssituation. Seine Korrespondenz ist Ausdruck seiner vielfältigen Beziehungen zur Welt, ermöglichen die Rekonstruktion von politischen, sozialen und kulturellen Beziehungsgeflechten und erschließen historische Wirklichkeit im Sinne einer Erfahrungs- und Wahrnehmungsgeschichte.[14] Der Leser dieser Briefe begibt sich auf die Spuren eines keineswegs linearen, sondern vielschichtigen und verschlungenen Lebensweges, auf dem Heuss unter den Bedingungen seiner Zeit vor immer wieder neuen Herausforderungen und grundlegenden Entscheidungen stand.[15]

Die Spannbreite im Sozialprofil und in den politischen Weltanschauungen der Korrespondenzpartner von Heuss ist beeindruckend; sie vermittelt vielfältige Einblicke in bildungsbürgerliche und andere Existenzformen im 20. Jahrhundert. Mit zahlreichen Briefpartnern der Nachkriegszeit korrespondierte er schon vor 1945,

---

[12] Vgl. G. Steinhausen, Geschichte, zweiter Teil, S. 245–410. Nach vorsichtigen Schätzungen, die auch die amtliche Korrespondenz aus der Bundespräsidialzeit berücksichtigen, umfasst das Briefwerk von Heuss mindestens 60.000 Schreiben.

[13] In: H. Bott / H. Leins, Begegnungen, S. 243f; vgl. auch die Briefe an Stapel (Nr. 19, Nr. 35, Nr. 65, Nr. 107, Nr. 154, Nr. 207).

[14] Zum Ansatz einer Erfahrungsgeschichte vgl. N. Buschmann / H. Carl, Zugänge.

[15] Vgl. auch E. W. Becker, Haus, S. 215–217.

zum Teil über Jahrzehnte hinweg in mehr oder weniger dichter Folge. An erster Stelle sind hier seine Frau Elly Heuss-Knapp und sein Sohn Ernst Ludwig Heuss zu nennen, dann aber auch enge Freunde und Weggefährten aus der Jugendzeit, aus der politischen und publizistischen Arbeit sowie aus der kulturellen Verbands- oder Dozententätigkeit, darüber hinaus Personen anderer politischer und weltanschaulicher Couleur.[16] Somit machen es biographische, personelle und historische Rückbezüge in den Briefen der Jahre 1945–1949 möglich, immer wieder Linien zu vergangenen Lebensphasen von Heuss ziehen. Obwohl die hier abgedruckten Briefe nur gut fünf Jahre umfassen, können sie somit ein breites Spektrum vom Leben und Denken ihres Verfassers und von seiner Zeit zu vermitteln.

Variationen zu einem Leitthema: „Erzieher zur Demokratie“

In den vorliegenden Briefen spiegeln sich eindrucksvoll die unterschiedlichen Facetten von Theodor Heuss als Erzieher der Deutschen zur Demokratie wider. Noch im März 1946 ging er in einer Rede in Berlin quasi von einer „Stunde Null“ aus, bei welcher der Demokratisierungsprozess zu beginnen habe: „Die Deutschen müssen bei dem Wort Demokratie ganz vorn anfangen im Buchstabieren, auch wenn sie sich heute Demokraten nennen.“[17] Für viele Zeitgenossen war das Bild einer neuen Zeitrechnung, eines fundamentalen Neubeginns nach „totalem Krieg“ und Zusammenbruch wirkungsmächtig. Diese Wahrnehmung einer „Stunde Null“ unterschlägt freilich die personellen, ideologischen und auch strukturellen Kontinuitäten, die nach 1945 fortwirkten. Und Heuss selber repräsentierte ja ebenfalls eine dieser Kontinuitäten, nämlich eine demokratische, liberale und bildungsbürgerliche Tradition, die das „Zeitalter der Extreme“ (Eric Hobsbawm) überdauerte. Doch vor allem wurde der Neubeginn zunächst noch überlagert von den allgegenwärtigen Folgen von Nationalsozialismus und Weltkrieg, die den Alltag in der Nachkriegsgesellschaft prägten: Trümmerlandschaften, menschliche Verluste, zerfallene Familienstrukturen, elternlose Kinder, Kriegsversehrte, herumirrende Flüchtlinge und Vertriebene ohne Wohnsitz, Rückkehr aus dem Exil oder Verbleib in der Ferne, Hunger und Kälte und nicht zuletzt die seelischen Wunden, die der NS-Terror, der Krieg und die Bombennächte geschlagen hatten.

Alltag in der Zusammenbruchsgesellschaft

Vor diesem Hintergrund spielte sich auch das Leben und Wirken von Theodor Heuss als Erzieher zur Demokratie ab. Er erlebte das Kriegsende in der Abgeschiedenheit des Heidelberger Vororts Handschuhsheim, wo er seit Herbst 1943

---

[16] Zum Netz der Korrespondenzpartner von Heuss vgl. ebd., S. 217–220.
[17] TH. HEUSS, Um Deutschlands Zukunft, S. 207.

mit seiner Frau Elly Heuss-Knapp in zwei Dachstuben des Hauses seiner Schwägerin lebte. Dort hatte er seine Biographie über Robert Bosch abgeschlossen und mit der Niederschrift seiner Jugenderinnerungen begonnen, ohne Aussicht auf eine öffentliche Tätigkeit[18]. Weitgehend abgeschnitten von der Außenwelt aufgrund zusammengebrochener Kommunikations- und Verkehrswege, war das Ehepaar Heuss voller Sorge über das Schicksal von Familienangehörigen und Freunden. Vor allem die Ungewissheit über das Ergehen des Sohnes Ernst Ludwig Heuss, der das elterliche Haus im umkämpften und besetzten Berlin gehütet hatte und von dem seit Monaten keine Nachricht mehr nach Heidelberg durchgedrungen war, machten Heuss und seiner Frau zu schaffen.[19] Erst Anfang Juli 1945 sollte das erlösende Signal aus Berlin kommen, dass der Sohn überlebt und zudem in den letzten Kriegstagen eine waghalsige Aktion zur Befreiung von Freunden aus nationalsozialistischer Haft unternommen habe.[20] Keine Hoffnung gab es hingegen für den in den letzten Kriegstagen gefallenen Neffen Conrad Heuss, über dessen Tod sein Onkel sich tief erschüttert zeigte. Ebenso sah er seine Erwartungen entäuscht, im Krieg Vermisste wieder ausfindig zu machen.[21]

Heuss' Wohnort während der letzten anderthalb Kriegsjahre, Heidelberg, blieb weitgehend unversehrt. Doch die starken Zerstörungen anderer Städte im Bombenkrieg, vor allem Heilbronn und Stuttgart, bewegten ihn tief.[22] Mit seiner Heimatstadt Heilbronn lag auch ein Stück seiner Jugend in Trümmern. Und das stark in Mitleidenschaft gezogene Stuttgart sollte er seit Herbst 1945 für vier Jahren unmittelbar vor Augen haben, als dort seine politische Arbeit begann.

Theodor Heuss selber hatte trotz aller Drangsalierungen und Gefährdungen die NS-Herrschaft und die Kriegsjahre in seiner Nischenexistenz als Journalist und Biograph weitgehend unbeschadet überlebt.[23] Aber auch er war von den Entbehrungen und den Sorgen um seine Mitmenschen in den vergangenen zwölf Jahren gezeichnet, wog er doch 1945 nur noch 55 Kilogramm.[24] Lebensmittelpakete von Freunden aus dem Ausland und eine gute Verpflegung, die er zuweilen als Redner erhielt, konnten jedoch die offiziell zugeteilten kargen Rationen so ergänzen, dass sich sein Zustand bald besserte.[25] Kleider- und vor allem Tabaksendungen sollten außerdem dem Alltag des passionierten Rauchers Heuss eine gewisse Normalität verleihen.[26] Als „Währung" dienten ihm vor der Währungs-

---

[18] Vgl. Nr. 1.
[19] Vgl. Nr. 3.
[20] Vgl. Nr. 6.
[21] Vgl. Nr. 4, Nr. 54.
[22] Vgl. Nr. 18, Nr. 33.
[23] Zu den Gefährdungen von Heuss im Nationalsozialismus vgl. J. C. Hess, Nazis; zum Journalisten R. Burger, Theodor Heuss, S. 284–392; zum Biographen E. W. Becker, Biographie.
[24] Vgl. Nr. 3, Nr. 4, Nr. 11.
[25] Vgl. Nr. 22, Nr. 37, Nr. 41, Nr. 62.
[26] Vgl. Nr. 52, Nr. 103, Nr. 139.

reform nicht zuletzt seine begehrten Bücher, für die ihm zum Beispiel Textilien angeboten wurden.[27] Von erstaunlicher Gesundheit und immenser Schaffenskraft in der entbehrungsreichen Nachkriegszeit, führte ihn jedoch die enorme Beanspruchung bisweilen an die Grenzen seiner Belastbarkeit. So musste er im Herbst 1946 wegen eines nervösen Magenleidens ein Sanatorium aufsuchen.[28] Doch seit dem Herbst 1948 griff besonders die aufreibende Arbeit im Parlamentarischen Rat und im FDP-Parteivorsitz seine Gesundheit dermaßen an, dass er sich wegen „Herzmuskelschädigung“ im Mai und Juni des folgenden Jahres mehrere Wochen im Städtischen Krankenhaus Konstanz aufhalten musste, bevor er in den Bundestagswahlkampf einstieg.[29]

Heuss war ein aufmerksamer Beobachter der Alltagsnöte und Stimmungen in der unmittelbaren Nachkriegszeit. Den extrem kalten und langen Winter 1946/47 bekam auch er selber zu spüren: „Mit der Wärme in der kleinen Wohnung ist es freilich jetzt bei dem starken Kälteeinfall auch recht mäßig bestellt“.[30] Voller Sorge nahm er die schlimmen Folgen des darauffolgenden trockenen und heißen Sommers für die Ernährungssituation und die Wirtschaftsentwicklung wahr: „Eigentlich redet man nur vom Wetter. Sein ununterbrochener Glanz ist die furchtbarste Geschichte“.[31] Er registrierte genau die wirtschaftlichen, aber auch die mentalen Probleme, die sich mit der Aufnahme Hundertausender von Flüchtlingen und Vertriebenen im Südwesten ergaben, und wies auf das Phänomen eines „Grenzernationalismus“ hin, das einer Integration dieser Zugezogenen im Wege stehen könne.[32] Zudem machte er in der Bevölkerung als Folge der NS-Zeit eine bedenkliche Stimmungslage aus: „Zunächst ist ja die Apathie weiter Schichten der charakteristische Zustand“ und für die Jugend ein „Nihilismus gegenüber der Staats- und gesellschaftlichen Ordnung“.[33] Doch diese Gleichgültigkeit schlage, wie er gegenüber seinen Freunden Gustav und Toni Stolper feststellte, oftmals in einen rücksichtslosen Verdrängungswettbewerb um: „Eine der großen Schwierigkeiten, in denen wir stecken, ist die, daß ja die Deutschen, durch Hitler gründlich korrumpiert, der das Denunzieren zur patriotischen Pflicht erhoben hat, heute wesentlich den Kampf gegeneinander führen“.[34]

Theodor Heuss blieb von solchen Anfechtungen und Stimmungslagen verschont. Überhaupt hatte er, so vermitteln es die Briefe, den Nationalsozialismus und den Krieg ohne tiefe seelische Verwundungen überstanden. Abgesehen von

[27] Vgl. Nr. 122.
[28] Vgl. Nr. 52, Nr. 53, Nr. 54.
[29] Vgl. Nr. 192, Nr. 193, Nr. 194, Nr. 204, Nr. 207.
[30] Nr. 65.
[31] Nr. 101.
[32] Vgl. Nr. 41.
[33] Nr. 22, Nr. 41, vgl. auch Nr. 6.
[34] Nr. 41.

Trauer angesichts menschlicher Verluste, von resignativen Anflügen wegen der enormen Arbeitsbelastung, die ihn von seinen literarischen Vorhaben abhielt, machte Heuss in der Nachkriegszeit einen innerlich gefestigten, einen tatkräftigen Eindruck. Nur so konnte er in den verschiedenen Funktionen, die an ihn herangetragen wurden, den Deutschen ein Erzieher zur Demokratie werden.

Der Publizist

Wie schon 1905, als Theodor Heuss das Angebot Friedrich Naumanns annahm und als Redakteur der Zeitschrift „Die Hilfe" in das Berufsleben startete, so war es wiederum der Journalismus, der ihm nach 1945 zunächst den Weg in die Öffentlichkeit ebnen sollte. In einer „Weißen Liste", welche die US-Armee bereits Ende 1944 zusammengestellt hatte, war Heuss als „Uncompromising Democrat" vertreten, dem nach dem Sieg über Deutschland Verantwortung übertragen werden könne.[35] Auf diese Weise ausgewiesen, wurde er zum Gesprächspartner zahlreicher amerikanischer Offiziere.[36] Bereits Ende April 1945 trug ihm die amerikanische Militärregierung die Lizenz für eine noch zu gründende Heidelberger Zeitung an, um einen Beitrag zum Aufbau der demokratischen Presselandschaft zu leisten. Heuss verhielt sich zunächst noch zurückhaltend gegenüber diesem Angebot und verwies auf den schlechten Gesundheitszustand seiner Frau, die beengten und primitiven Wohnverhältnisse und vor allem auf noch abzuschließende Buchprojekte. Schließlich erklärte er sich doch bereit, an diesem Unternehmen als einer der Lizenznehmer mitzuwirken. Neben einem sozialdemokratischen und einem kommunistischen Lizenznehmer verkörperte Heuss für die Zeitung eine liberale Tradition. Am 5. September 1945 erschien schließlich die erste Verkaufsnummer der „Rhein-Neckar-Zeitung", an deren Zustandekommen Heuss „stark beteiligt war; ich wollte eigentlich beim Bücherschreiben bleiben, sprang aber dann doch in den Riß, damit das Blatt nicht zu einseitig links wird."[37]

Auf das Tagesgeschäft der Zeitung konnte Heuss nach der Ernennung zum Kultusminister im September 1945 und wegen seiner parteipolitischen Aktivitäten wenig Einfluss nehmen. Bisweilen musste er dennoch Position bei Konflikten in der Redaktion beziehen, so bei einem tiefen Zerwürfnis zwischen seinen Mitherausgebern, dem Kommunisten Rudolf Agricola und dem Sozialdemokraten Hermann Knorr.[38] Oder er sah sich zu Kritik an der seines Erachtens politischen Einseitigkeit in der Berichterstattung veranlasst, die ihn selber, andere Personen oder seine liberale Partei betreffen würde. So ermahnte er einen Mitarbeiter der „Rhein-Neckar-Zeitung", seiner Aufgabe

---

35 Vgl. H. L. WUERMELING, Weiße Liste, S. 284f.
36 Vgl. Nr. 5.
37 Nr. 8.
38 Vgl. Nr. 131.

„etwas gewissenhafter zu entsprechen. Ich möchte nicht durch Ihr gleichgültiges Verhalten zum politischen Gespött werden, daß die Leute meinen, gerade in Heidelberg hält man das, was Heuss in Stuttgart redet oder schreibt, nicht für wichtig genug, um davon Notiz zu nehmen."[39]

Die Mitarbeit von Heuss in der „Rhein-Neckar-Zeitung" beschränkte sich vor allem auf das Verfassen von Leitartikeln zu Themen des politischen Zeitgeschehens.[40] Doch dies war eine wichtige publizistische Plattform, um im Demokratisierungsprozess erzieherischen Einfluss auf die öffentliche Meinung zu nehmen und Debatten anzuregen. Die thematische Vielfalt der Artikel spiegelt sich auch in den inhaltlichen Schwerpunkten der Briefe wider. Publizistik und Korrespondenz entsprechen sich hier gewissermaßen, auch wenn Heuss in seinen Briefen offener oder persönlicher argumentierte. Zu nennen sind hier Themen wie die Auseinandersetzung mit dem Nationalsozialismus und der Entnazifizierung,[41] die Deutschlandpolitik der Alliierten,[42] vor allem aber die Arbeit des Parlamentarischen Rates, die Heuss regelmäßig mit einem Leitartikel in der „Rhein-Neckar-Zeitung" begleitete,[43] daneben aber auch Reiseerlebnisse[44] und Rezensionen.[45]

Obwohl sich Theodor Heuss in seinen Artikeln in der Regel um eine ausgewogene Argumentation und um einen sachlichen Stil bemühte, konnte er durchaus auch ein streitbarer Publizist sein. So forderte er von Dolf Sternberger, der einen polemischen Artikel über Heuss' Arbeit im Parlamentarischen Rat veröffentlicht hatte, energisch den Abdruck einer Gegendarstellung ein, denn „es sind einige Sätze in Ihrem Artikel, die an die menschliche Ehre gehen. Und da reagiere ich sauer."[46] Ebenso verstimmt reagierte er auf die sinnentstellende Kürzung einer Rezension oder auf die Nichtrückgabe eines unpublizierten Artikels.[47]

---

[39] Nr. 68, vgl. auch Nr. 34, Nr. 212.

[40] Zu den inhaltlichen Schwerpunkten der Artikel in der „Rhein-Neckar-Zeitung" und in anderen Publikationsorganen vgl. R. BURGER, Theodor Heuss, S. 426–455.

[41] Vgl. die Verweise auf Leitartikel, die sich mit dem Aufschreiben von Erinnerungen, der Entnazifizierung oder mit der Frage nach Pensionen für ehemalige Wehrmachtsoffiziere auseinandersetzten (Nr. 65, Nr. 120, 133); vgl. auch J. C. HESS, Wege, S. 361–373.

[42] Vgl. den Verweis auf einen Leitartikel, der sich mit der Durchführung der Londoner Empfehlungen beschäftigte (Nr. 132); vgl. zu Heuss' Haltung zur „Deutschen Frage" auch J. C. HESS, Mächtespiels.

[43] Vgl. die Verweise auf Leitartikel über die Grundrechte, die Präambel, die Finanzverfassung, die einzelnen Lesungen im Hauptausschuss oder über den Politikstil Kurt Schumachers (Nr. 149, Nr. 150, Nr. 151, Nr. 167, Nr. 194). Die Leitartikel zur Arbeit des Parlamentarische Rates sind abgedruckt in: TH. HERTFELDER / J. C. HESS, Streiten; zur Arbeit von Heuss im Parlamentarischen Rat vgl. auch im Folgenden J. C. HESS Verfassungsarbeit (erscheint 2008).

[44] Vgl. den Verweis auf Leitartikel über eine Reise nach Oxford (Nr. 83).

[45] Vgl. die Verweise auf Leitartikel über Werke von Hermann Hesse, Käthe Kollwitz oder Willy Hellpach (Nr. 114, Nr. 150, Nr. 189).

[46] Nr. 180.

[47] Vgl. Nr. 187, Nr. 202.

Der Kultusminister

Kaum hatte Theodor Heuss eine journalistische Plattform gefunden, gelang ihm auch der Sprung auf die politische Bühne. Die Initiative lag dabei wiederum bei der amerikanischen Besatzungsmacht. Seit Mitte Juli 1945 hatte Heuss für etwa vier Wochen die Leitung der Unterrichtsverwaltung im Landeskommissariatsbezirk Nordbaden inne,[48] als ihn die Amerikaner im August für das Amt des „Kultministers" in der Landesregierung von Württemberg-Baden unter seinem Freund Reinhold Maier vorschlugen.[49] Nach kurzen Bedenken, weil er „gerne bei der Zeitungssache geblieben" wäre,[50] nahm er das Angebot an und wurde am 24. September 1945 vereidigt.[51] Kurz darauf zog er mit seiner Frau nach Stuttgart-Degerloch in die Löwenstraße 86 um.

Mit diesem Ministeramt konnte Heuss in das Zentrum der Reeducation stoßen, nämlich in eine Umerziehung, die bei der Jugend, bei der Bildungs- und Kulturpolitik ansetzte. Doch vor welchen enormen Herausforderungen stand er! Schulen, Hochschulen und Kultureinrichtungen waren größtenteils zerstört, Klassen überbelegt und Schüler unterversorgt, es mangelte an Lehrern und Lernmitteln. Zudem mussten nach den Jahren der totalitären Indoktrination weitgehend neue Lehrinhalte formuliert und geeignete Vermittlungsformen gefunden werden.[52] So waren zunächst einmal die Voraussetzungen für einen geordneten Lehr- und Kulturbetrieb zu schaffen.

Heuss blieben für diese Aufgaben nur 15 Monate bis zu seinem Ausscheiden aus dem Amt im Dezember 1946. Die Bilanz, die er nach einem Jahr angesichts der „unendlichen praktischen Schwierigkeiten" vor allem beim Aufbau der Schulen zog, war ernüchternd: „Der wünschenswerte, der notwendige Stand ist noch lange nicht erreicht."[53] Seine Bemühungen um die Bildungs- und Kulturpolitik lassen sich im einzelnen nur skizzenhaft rekonstruieren. Sein Einfluss auf die Geschäftstätigkeit im Kultusministerium bleibt zum Teil im Dunkeln, da sich seine Amtstätigkeit nur sehr fragmentarisch in der Aktenüberlieferung niedergeschlagen hat.[54] Heuss war kein gelernter Verwaltungsbeamter, der sich mit Aktenbildung oder Geschäftsgängen in seiner Behörde näher auseinandergesetzt hätte. Zudem war er auch kein Fachmann in Bildungsangelegenheiten, der schon einmal in einem Amt gewirkt hatte. Doch brachte er, so sein Ministerialdirektor und späterer Nachfolger, Theodor Bäuerle, ein „erstaunliches, fundiertes Wissen

---

48 Vgl. Nr. 4, Nr. 5, Nr. 6.

49 Vgl. Nr. 6.

50 Nr. 11.

51 Vgl. Nr. 8.

52 Vgl. M. WURSTER, Schule, S 499–542.

53 THEODOR HEUSS: Ein Jahr Kulturpolitik, in: RNZ, Nr. 90, 5. 9. 1946.

54 Der Bestand „EA 3 Kultusministerium" im Hauptstaatsarchiv Stuttgart ist lückenhaft und zum Teil noch nicht archivfachlich erschlossen.

auf allen Gebieten unseres kulturellen, politischen, wirtschaftlichen und sozialen Lebens mit, das ihm gestattete, sich leicht in die Aufgaben eines Ministeriums einzuleben und sich rasch den nötigen Überblick zu verschaffen.“ Für die eigentlichen Fachfragen hatte er ja seine Mitarbeiter.[55] In seiner Behörde pflegte er einen unkonventionellen Führungsstil, mit dem er „Atmosphäre“ schaffen wollte.[56]

Soweit seine Arbeit als Kultusminister in der Literatur überhaupt geschildert wird, konzentriert diese sich – was eben auch auf die schwierige Überlieferungslage zurückzuführen ist – auf sein politisches Denken, das in den Reden dieses Zeitraums zum Ausdruck kommt.[57] Doch mit diesem Ausdrucksmittel, das Heuss zeit seines Lebens sehr intensiv nutzte und auf die ihm eigene Weise prägte,[58] ist das Wirken von Heuss als Kultusminister zu unspezifisch beschrieben. Immerhin lassen sich in den wenigen Briefen, die Heuss in seiner Eigenschaft als Kultusminister verfasst hat, oder auch in privaten Schreiben einige Spuren seiner konkreten Amtstätigkeit verfolgen.

Schon vor seiner offiziellen Vereidigung als Kultusminister wurde Heuss mit der rigorosen Entlassungs- und Internierungspolitik der US-Militärregierung konfrontiert, die den Verwaltungsapparat zu paralysieren drohte.[59] Seine Sorge galt schon im September 1945 verhafteten Mitarbeitern im Kultusministerium, die während der Zeit des Nationalsozialismus in ihren leitenden Positionen verblieben waren. Er war – wie er gegenüber den zuständigen amerikanischen Stellen deutlich machte – von deren Unschuld überzeugt und setzte sich für deren Haftentlassung und Wiedereinstellung ein.[60] Heuss war aber auch – und das machen die Briefe ebenso deutlich – Vollzugsorgan der amerikanischen Militärregierung, deren Anordnungen er schlicht Folge zu leisten hatte. So musste er auf Befehl und mit großem Bedauern den vom ihm geschätzten Direktor des Hauptstaatsarchivs Stuttgart entlassen;[61] zahlreiche Mitarbeiter des Kultusministeriums erhielten hingegen nur eine knappe Mitteilung über ihre Entfernung aus dem Dienst und die existenzgefährdende Einstellung der Bezüge.[62] In anderen Fällen musste er Kontrollratsanordnungen der Alliierten mit seiner Unterschrift im Geschäftsbereich des Kultusministeriums verbreiten.[63]

---

[55] In: H. Bott / H. Leins, Begegnungen, S. 135.

[56] Heuss an Bäuerle, 18. 5. 1952, in: BArch, N 1221, 109.

[57] So I. Wurtzbacher-Rundholz, Verfassungsgeschichte, S. 119–129.

[58] Vgl. den Redenkalender von Heuss, der einige tausend Reden umfasst; in: BArch, N 1221, 684.

[59] Vgl. J. Fürstenau, Entnazifizierung, S. 20–52.

[60] Vgl. Nr. 10, auch Nr. 40, wo Heuss um die vordringliche Behandlung der Spruchkammerverfahren von Mitarbeitern der Landwirtschaftlichen Hochschule Hohenheim bittet.

[61] Vgl. Nr. 13.

[62] Vgl. Nr. 36.

[63] Vgl. Nr. 49.

Heuss nahm aber auch eigenständig inhaltlichen Einfluss auf die Kulturpolitik des Landes. So konnte er mit der Erstaufführung von Hindemiths „Mathis der Maler" auf Erfolge in seiner Opern- und Theaterpolitik hinweisen.[64] Er war beteiligt an der Erarbeitung neuer Volksschul-Lesebücher, kümmerte sich um den Wiederaufbau der Württembergischen Landesbibliothek sowie um die inhaltliche Ausrichtung einzelner Abteilungen der Technischen Hochschule Stuttgart und nahm sich überdies auch individueller Angelegenheiten an, wenn er sich etwa für ein Baugesuch von Hugo Borst zur Unterbringung von dessen Kunstsammlung einsetzte.[65] Mit besonderem Nachdruck verfolgte er die Besetzung des Lehrkörpers in der Staatlichen Akademie der Bildenden Künste Stuttgart.[66] Vor allem dabei musste er sich mit Kritik auseinandersetzen, politisch belastete Personen herangezogen zu haben. Den Herausgeber der „Stuttgarter Zeitung", Josef Eberle, wies er auf sein Credo bei den Berufungen hin, das jenseits von Parteipolitik läge:

> „Mir kommt es darauf an, persönlich festzustellen, ob ich einen menschlich anständigen Eindruck habe und ob ich glaube, daß die künstlerische und pädagogische Qualität vorhanden ist. Ich möchte in der Akademie einen kameradschaftlichen intriguenfreien Ton haben, im übrigen eine sachlich-fruchtbare Spannung."[67]

Über die Belastung, welche sich aus der Erfüllung dieser vielen Aufgaben ergab, klagte Heuss seit Beginn seiner Amtszeit: „Einstweilen bin ich ja, wie Sie sich denken können, der Sklave der übergroßen Anzahl von Besuchern und Briefstellern, aber das wird sich ja auch einmal geben".[68] Doch mit der Übernahme parteipolitischer Verpflichtungen nahm die Arbeitsbelastung 1946 weiter zu.[69] So wurde schließlich im Dezember 1946 auch eine Last von ihm genommen, als nach den ersten württemberg-badischen Landtagswahlen den Liberalen nur noch ein Ministeramt im Kabinett zustand. Heuss verzichtete zugunsten seines Parteifreundes, Ministerpräsident Reinhold Maier, auf sein Amt und durchkreuzte so die Pläne der Parteitaktiker von SPD und CDU, die das Ministerpräsidentenamt für sich als stärkste Parteien reklamiert hatten. Er wandte sich gegen derlei Parteiproporz, weil er das Verfahren, „eine Kabinettsbildung als Kompensationsgeschäft anzusehen, im Grundsätzlichen ablehne und für eine Gefährdung der Demokratie halte."[70] Er fühle sich nicht als Opfer, sondern als Sieger, „der die heillos verwirrten und auch subalternen Methoden des Verhandelns zerschlug u. damit

---

[64] Vgl. Nr. 59.

[65] Vgl. Nr. 42, Nr. 29, Nr. 43, Nr. 47.

[66] Vgl. Nr. 33, Nr. 54.

[67] Nr. 48; zu den Auseinandersetzungen um die Wiederberufung von Paul Schmitthenner vgl. Nr. 119, Nr. 129.

[68] Nr. 14, vgl. auch Nr. 17.

[69] Vgl. Nr. 22, Nr. 42.

[70] Nr. 61.

die sich anbahnenden ‚Verständigungen' der anderen kaputt machte."[71] Nun könne er sich wieder verstärkt der Publizistik und Wissenschaft zuwenden.[72] Auch wenn in diesen Äußerungen eine gewisse Erleichterung anklingt, so hatte Heuss wohl im darauffolgenden Jahr mit dem Gedanken einer Wiederaufnahme seiner Amtstätigkeit gespielt, als sich die Querelen um die Nachfolge des zurückgetretenen Kultusministers Wilhelm Simpfendörfer (CDU) hinzogen.[73] Rückblickend beurteilte Heuss jedenfalls seine Arbeit als Kultusminister

> „mit einiger Befriedigung. Wir sind in den Schuldingen aus dem Gröbsten herausgekommen, wenn es sich freilich zunächst nur darum handelte, die Dinge wieder in Gang zu bringen. Wir haben auch in den Fragen von Theater und bildender Kunst einige Lösungen fertig gebracht, und es gelang mir, in der Verfassung mit der christlichen Gemeinschaftsschule unter Ausschaltung des sogen. Elternrechtes der weimarer Verfassung, das von der CDU verlangt wurde, eine reinlichere Lösung erreicht zu haben als Hessen und Bayern."[74]

Der Parteipolitiker

Theodor Heuss stand einem an Interesse und Proporz orientierten, schematischen und eindimensionalen Parteiverständnis ablehnend gegenüber. So bekundete er gegenüber Wilhelm Heile im Mai 1947 angesichts der vielen Parteiverpflichtungen: „Ehrgeiz hat mich an keine dieser Stellen getrieben, sondern ich empfinde sehr stark die Resignation gegenüber den literarisch-wissenschaftlichen Plänen, die mich innerlich mehr beschäftigen als Parteitaktik und Personenrivalitäten."[75] Trotz dieses Widerwillens nahm das Parteiengagement für ihn in der Nachkriegszeit einen erheblichen Raum ein; Parteien erfüllten für ihn eine wichtige gestalterische und erzieherische Funktion in der Demokratie.[76]

Was heute überraschen mag: Heuss hielt die aus dem 19. Jahrhundert stammende Parteistruktur für überholt, in ihrer Zersplitterung gar verhängnisvoll für das Schicksal der Weimarer Republik.[77] Um eine erneute konfessionelle Spaltung des bürgerlichen Lagers zu vermeiden, sprach er sich für eine überkonfessionelle Sammlungspartei aus, um damit den erstarkenden Arbeiterparteien geschlossen entgegenzutreten: „Ich persönlich bin nicht für die Wiederbelebung der alten Partei u. Parteien, sondern für einen neuen vorsichtigen überkonfessionellen

---

71 Nr. 62.

72 Vgl. Nr. 60.

73 Vgl. Nr. 93.

74 Nr. 65; zum vehementen Eintreten von Heuss für die christliche Gemeinschaftsschule vgl. vor allem die Korrespondenz aus dem Parlamentarischen Rat.

75 Nr. 87.

76 Vgl. die vor allem historisch angelegte Verteidigung der Parteien für eine funktionierende Demokratie in Nr. 116. Schon in der Weimarer Republik wies Heuss auf die wichtige Bedeutung der Parteien hin; vgl. J. C. HESS, Theodor Heuss, S. 89–114.

77 Vgl. TH. HEUSS, Betrachtungen, S. 80, 105.

Versuch."[78] Über eine solche überkonfessionelle Partei hatte er bereits in Heidelberg mit ehemaligen Angehörigen des Zentrums verhandelt; sein Umzug nach Stuttgart im Herbst 1945 machte aber eine weitere Unterstützung dieses Vorhabens unmöglich.[79] Zwar versuchte Heuss, unter den Stuttgarter Liberalen noch bis in das Frühjahr 1946 hinein seine Parteikonzeption mehrheitsfähig zu machen, doch konnte er sich schließlich nicht mehr dem Projekt einer eigenständigen liberalen Partei in Württemberg-Baden, der Demokratischen Volkspartei (DVP), entziehen. Seine Enttäuschung darüber verhehlte er kaum, wenn er gegenüber einem ehemaligen Parteifreund bemerkte: „Ich würde in Berlin an der Christlich-Demokratischen Union teilgenommen haben und bin etwas unglücklich darüber, wie nun im ganzen Reich die Chance, eine konfessionell umgrenzte Partei aus der deutschen Zukunft ausgeschaltet zu haben, verdorben ist."[80] Trotz seiner Bedenken ließ sich Heuss am 6. Januar 1946 in den Vorstand der DVP wählen.

Gegenüber einer überregionalen, gar gesamtdeutschen Parteibildung wahrte Heuss zunächst Distanz. Er wolle zuerst einmal im vertrauten Umfeld parteiorganisatorisch und erzieherisch tätig sein, denn er „sehe darin unsere Aufgabe, in der engeren Heimat, wo mit die tüchtigste Bevölkerung von ganz Deutschland sitzt, am frühesten etwas wie eine gemäße Ordnung zu schaffen, die dann einen Halt und in manchem vielleicht auch ein Modell für weitere Entwicklungen sein kann."[81] Doch vor allem lehnte er es ab, unter den Einfluss der ostzonalen Liberal-Demokratischen Partei (LDP) unter dem Vorsitz von Wilhelm Külz und damit der sowjetischen Besatzungsmacht zu geraten: „Ich glaube", so an Thomas Dehler, „daß ich mich bei Ihnen nicht gegen den Verdacht wehren muß, Partikularist geworden zu sein, aber es wäre für uns etwa ein unerträglicher Zustand geworden, unsere Arbeit beeinflussen zu lassen von Parolen, wie Külz sie ausgibt, vielleicht ausgeben muß."[82] So war Heuss der Zwangscharakter der Vereinigung von SPD und KPD zur SED nach einem Berlin-Besuch im März 1946 schon frühzeitig bewusst: „Es ist im Augenblick noch unklar, ob die Vereinigung durch einen Gewaltakt der Suggestion erzwungen oder in formal demokratischer Form durchgepaukt werden wird. Die Sache hat natürlich in ihrer Wirkung eine überzonale Bedeutung."[83]

Um einem Führungsanspruch der ostzonalen LDP zu begegnen, schlossen sich Ende September 1946 die liberalen Parteien der US-Zone in Stuttgart zur DVP zusammen und wählten Heuss zu ihrem Vorsitzenden – nach seinen Worten

78 Nr. 9.
79 Vgl. Nr. 12
80 Nr. 17, vgl. auch Nr. 23, Nr. 35; zu diesem überkonfessionellen Sammlungsversuch vgl. D. Hein, Milieupartei, S. 47–55; G. Serfas, Freiheit, S. 26–35, 70–83; J. C. Hess, Fehlstart, S. 88–90.
81 Nr. 35, vgl. auch Nr. 41.
82 Nr. 39.
83 Nr. 29.

ein nicht ganz freiwilliger Akt, wie er Toni Stolper gestand: „Das Schicksal zwingt mich, da ein anderer fehlt, in der amerikan[ischen] Zone jetzt der ‚Parteivorsitzende‘ der bürgerl[ichen] Demokraten zu sein – schlimm für die Bücher, die ich schreiben wollte.“[84] Die Bücher mussten noch länger warten. Nur ein halbes Jahr später wurde die Demokratische Partei Deutschlands (DPD) gegründet, ein gesamtdeutscher Dachverband der liberalen Parteien in der amerikanischen, britischen und sowjetischen Zone. Heuss als Repräsentant der westlichen Zonen übernahm gemeinsam mit Külz als Vertreter der Ostzone den Vorsitz dieser einzigen gesamtdeutschen Partei in der Nachkriegszeit – und in dieser Konstruktion einer Doppelspitze kündigte sich bereits die beginnende Spaltung Deutschlands an.[85]

Heuss blieb weiterhin skeptisch gegenüber der beanspruchten Führungsrolle der ostzonalen LDP, ihrer Nähe zur sowjetischen Besatzungsmacht und gegenüber der zunehmend totalitären Entwicklung in der „Einheitsfront der antifaschistisch-demokratischen Parteien“ in der SBZ.[86] Andererseits sah er in der Gründung der DPD auch die Chance, eine gesamtdeutsche Option hinsichtlich einer nationalen Volksvertretung offenzuhalten.[87] Diese müsse aber aus gleichen und freien Wahlen hervorgehen, also Nation und Demokratie verbinden. Vor allem lehnte Heuss – und ebenso mehrheitlich die DPD auf einer Sitzung am 3. November 1947 in Frankfurt am Main – den Vorschlag seines Ko-Vorsitzenden Külz ab, eine aus allen deutschen Parteiführungen rekrutierte Delegation als nationale Interessenvertretung zur Londoner Außenministerkonferenz vom November bis Dezember 1947 zu entsenden. Ihr fehle nämlich die Legitimation; sie demonstriere zudem die Gegensätzlichkeit der deutschen Positionen oder werde womöglich von den Alliierten für deren Auseinandersetzungen missbraucht.[88]

Die Idee einer gesamtdeutschen liberalen Partei war aufgrund der fundamentalen Differenzen in der Deutschlandpolitik von vornherein brüchig und ließ sich auch durch Formelkompromisse der DPD-Führung nicht retten. Beharrte die sowjetzonale LDP weiterhin auf einer nationalen Repräsentanz um jeden Preis, so begannen einige westliche Landesverbände, sich auf die vorrangige Bildung eines Weststaates einzustellen; erst in einem zweiten Schritt hatte die nationale Einheit zu folgen.[89]

Obwohl Heuss Ende 1947 noch nicht so weit ging und die „deutsche Frage“ für sich bis in das kommende Jahr hinein offenhielt,[90] war es an ihm, den Bruch

[84] Nr. 52; vgl. auch D. Hein, Milieupartei, S. 264–275.
[85] Vgl. ebd., S. 292f.
[86] Vgl. Nr. 97.
[87] Vgl. J. C. Hess, Fehlstart, S. 97f; Ders., Mächtespiels, S. 97–100.
[88] Vgl. Nr. 108.
[89] Vgl. D. Hein, Milieupartei, S. 294–304.
[90] Vgl. J. C. Hess, Mächtespiels.

mit der ostzonalen LDP zu vollziehen. Als deren Vorsitzender Külz sich dem von der SED initiierten „Volkskongreß für Einheit und gerechten Frieden" anschloss, der eine deutsche Delegation für die Londoner Außenministerkonferenz bilden sollte, reagierte Heuss in einem Brief an seinen einstigen Parteifreund aus Weimarer Zeiten enttäuscht und rigoros: Es seien „mit dieser Haltung in einer so entscheidenden Frage die Voraussetzungen einer ‚Coordination' und ihrer Konsequenzen zerbrochen". Was er vom „Volkskongreß" mitbekommen habe, habe ihn in seinem „historisch-politischen Gefühl geradezu beelendet. Die übermittelten Reden-Fetzen, die ich vernahm, waren billiger Stahlhelm-Stil mit veränderten Vorzeichen, kein ernsthaftes Wort von der weltgeschichtlichen Problematik, in der wir drinstehen, Platitüden von Volksversammlungsphrasen."[91] In der darauf folgenden Sitzung des gesamtdeutschen Parteivorstandes am 18. Januar 1948 zerbrach die DPD mit dem Auszug der ostzonalen Vertreter faktisch.[92]

Der nun angestrebte Zusammenschluss der liberalen Landesverbände aus den Westzonen vollzog sich wegen interner Spannungen zwischen einem nationalliberalen und linksliberal-bürgerlichen Flügel erst im Dezember 1948.[93] Auf dem Gründungsparteitag der FDP am 11. und 12. Dezember 1948 in Heppenheim schwelten diese Konflikte weiter, als die Delegierten Theodor Heuss mit einem enttäuschenden Abstimmungsergebnis zum Vorsitzenden wählten und sein Favorit für einen Vorstandsposten, der württemberg-badische DVP-Geschäftsführer Ernst Mayer, nicht reüssierte. Dies sollte auch ein Denkzettel für den umstrittenen Führungsanspruch der südwestdeutschen Liberalen sein, entzog aber Heuss die rechte Hand für die Leitung der Parteigeschäfte. Sichtlich enttäuscht, ja ratlos bemerkte er zwei Tage später gegenüber dem hessischen Delegierten Theodor Bleek:

> „Hätte ich nicht aus Pflichtgefühl vermeiden müssen, von Anbeginn den Start der Partei zu verderben, so legte es sich für mich sehr nahe, den Vorsitz sofort wieder abzugeben. Ich muß annehmen, daß ich damit denen, die sich beim Wahlakt zum ersten Vorsitzenden der Stimme enthalten haben, eine nachträgliche Freude bereitet hätte, aber im Interesse der Sache konnte ich mir diese Rolle als Freudebringer nicht gestatten. Ich für meine Person bin im Augenblick ziemlich ratlos, wie rein technisch der Weitergang der Dinge sein wird."[94]

Zudem konnte Heuss in Heppenheim nur mit Mühe und Rücktrittsdrohungen durchsetzen, auf das Wort „liberal" im Parteinamen zu verzichten, da er sich anderen Traditionen verpflichtet fühle.[95]

---

91 Nr. 111, vgl. auch Nr. 112.
92 Vgl. J. C. Hess, Fehlstart, S. 110f; D. Hein, Milieupartei, S. 312–314.
93 Vgl. ebd., S. 316–348.
94 Nr. 165.
95 Vgl. Nr. 171, Nr. 172.

Es ist auffällig, in wie vielen Schreiben Heuss seine Eignung als Organisator einer Partei in Frage stellte. Kurz nach seiner Wahl zum FDP-Vorsitzenden bekannte er denn auch:

> „Daß ich an die Spitze der Partei getreten [bin], ist, von mir aus gesehen, nur ein Opfer, keine irgendwie als Sieg empfundene Entwicklung meines Lebens, denn außer einer gewissen Beredsamkeit und dem Talent, Schwierigkeiten auszuweichen, bringe ich für dieses Amt nicht allzu viel mit. Vor allem fehlt mir der Trieb zum Organisatorischen und das Bedürfnis, im Rampenlicht spazierenzugehen.“[96]

So spielte Heuss angesichts der Querelen mit einigen Landesverbänden der FDP schon im Frühjahr 1949 mit dem Gedanken, den Parteivorsitz abzugeben.[97]

Doch letztlich sah er sich und seine Generation als unentbehrlich für die politische Wiederbegründung der Demokratie in Deutschland an: „Da aber die mittlere Generation fehlt, müssen wir Älteren wieder mit auf die Bühne treten.“[98] Heuss hielt sich selber zwar nicht für „betriebsam genug“, verwies aber auch auf seine spezifischen Qualitäten, denn „immerhin halte ich den Leuten die großen Reden, die ihnen gefallen, und verhüte in den Sitzungen, daß Personalehrgeize zum Intriguenbetrieb führen.“[99] Seine Qualitäten lagen also im atmosphärischen Bereich, nicht minder aber in der geistig-politischen Ausrichtung und in der Repräsentation der Partei durch das Mittel der öffentlichen Rede. Als Wahlkämpfer berichtete Heuss in seinen Briefen immer wieder von langen Reisen auch über Württemberg-Baden und die amerikanischen Zone hinaus, auf denen er für die liberale Partei warb. Dabei widmete er sich nicht nur der Partei- und Tagespolitik, sondern auch Themen grundsätzlicher und historischer Art über Demokratie und Nation und betrieb auf diese Weise staatsbürgerliche Bildung über enge Parteigrenzen und -polemik hinaus. Trotz nur geringer Fremdsprachenkenntnisse vertrat er seine Partei auch international, so auf einer Konferenz der Liberalen Weltunion im Frühjahr 1947 in Oxford.[100]

Einer eher sachlichen Rhetorik verpflichtet, beklagte sich Heuss im Wahlkampf zum ersten Deutschen Bundestag denn auch über den Wahlkampfstil des SPD-Vorsitzenden Kurt Schumacher: „Ich bin recht unglücklich, daß Schumacher so arg in die demagogische Pointenwelt von gestern u. vorgestern geraten ist u. seine Leute in diese Tonlage zwingt.“[101] Entschieden wandte er sich gegen den CDU-Wahlkämpfer und späteren Nachfolger im Amt des Bundespräsidenten, Gustav Heinemann, der die FDP als nicht wählbar für evangelische Christen

---

96 Nr. 170, vgl. auch Nr. 185.
97 Vgl. Nr. 198.
98 Nr. 14.
99 Nr. 103.
100 Vgl. Nr. 70, Nr. 74, Nr. 76, Nr. 79, Nr. 83.
101 Nr. 207.

bezeichnet hatte: „Ich würde sehr betroffen sein, wenn nun von Ihrer Seite, der Sie doch als Exponent der Evangelischen Kirche angesprochen werden, dieses völlig unchristliche Verfahren aufgenommen würde.“[102] Die von ihm initiierte Verabredung mit Ludwig Erhard über eine faire Wahlkampfführung im Südwesten hielt Erhard letztlich nicht ein, wie Heuss angesichts seiner Niederlage im Wahlkreis Stuttgart enttäuscht feststellte.[103] Auch seine eigene Partei gab ihm während des Bundestagswahlkampfes Anlass zu Kritik, als sich der hessische Landesverband auf ein Wahlkampfabkommen mit der nationalistischen NDP einließ und sich damit auf eine bürgerliche Koalition festlegte.[104] Und als der niedersächsische Landesverband im Wahlkampf mit den alten Reichsfarben Schwarz-Weiß-Rot am rechten Rand fischen wollte, formulierte Heuss deutlich seinen Widerwillen: „Ich auf jeden Fall lehne es ab, so nebenher als Führer einer Traditionskompagnie des Herrn Hugenberg angesehen oder mißbraucht zu werden.“[105]

Der „Verfassungsvater“

Ein zentrales Forum für Theodor Heuss als Erzieher zur Demokratie in der Nachkriegszeit waren die Orte, an denen Verfassungen ausgehandelt wurden. Verfassungsfragen waren ihm als Nicht-Juristen seit dem Kaiserreich wohlvertraut und oft Gegenstand seiner Publizistik und Reden gewesen. Er verlor sich dabei weniger in juristischen Detailfragen, sondern behielt das Ganze einer Verfassung und ihre Bedeutung für das Staats- und Gemeinwesen im Blick, legte bei wichtigen Einzelfragen aber auch großen Wert auf anschauliche und präzise Formulierungen.

So war es naheliegend, dass er 1946 Mitglied der Verfassungsausschüsse der Vorläufigen Volksvertretung und der Verfassunggebenden Landesversammlung von Württemberg-Baden war: „Freunde haben mich gebeten, bei der kommenden Verfassungsarbeit mit in die Führung zu gehen.“[106] In der Landesversammlung nahm er in einer Grundsatzrede Stellung zu dem vorliegenden Verfassungsentwurf und sprach über Themen, die ihn als Kultusminister besonders betrafen und ihm persönlich am Herzen lagen, so zum Beispiel das Verhältnis von Staat, Kirche und Schule.[107] Einen wichtigen Beitrag für die württemberg-badische Verfassung leistete Heuss in der Festschreibung der christlichen Gemeinschaftsschule.[108] Doch ansonsten konnte er wegen seiner ministeriellen Verpflichtungen an den Verfassungsberatungen nur gelegentlich teilnehmen und kritisierte „sprachliche

[102] Nr. 213.
[103] Vgl. Nr. 210, Nr. 218.
[104] Vgl. Nr. 209.
[105] Nr. 211.
[106] Nr. 41.
[107] Vgl. ebd.
[108] Vgl. Nr. 65, Nr. 161.

Unebenheiten und schiefe Ausdrücke“, die er nicht zu verhindern vermochte: „Mit meinen anfänglichen Bemühungen, eine ganz schlichte und jeder Detaillierung entratende undeklamatorische Formung zu erreichen, bin ich ohne Erfolg geblieben“.[109]

Seine bedeutendste Aufgabe fand Theodor Heuss in der Nachkriegszeit zweifellos in den Verfassungsberatungen des Parlamentarischen Rates. Mit dem Grundgesetz, das in den Grundzügen bis heute gilt, gelang es, Deutschland in die Wertegemeinschaft der westlichen Demokratien zu führen und den Deutschen im Sinne eines „Verfassungspatriotismus“ (Dolf Sternberger) ein überzeugendes Identifikationsangebot zu machen. Nicht zuletzt dem Grundgesetz ist die langwährende Stabilität der Bundesrepublik geschuldet.

Am Anfang stand freilich die Initiative der drei West-Alliierten. Am 1. Juli 1948 überreichten die drei Militärgouverneure in Frankfurt am Main den Ministerpräsidenten ihrer Zonen drei Dokumente. In diesen sogenannten Frankfurter Dokumenten wurden die Deutschen unter anderem aufgefordert, eine Verfassunggebende Versammlung einzuberufen, um sich so eine freiheitliche und demokratische Verfassung föderalen Typs mit dem langfristigen Ziel der Wiedervereinigung Deutschlands zu geben.

Inzwischen hatte der Kalte Krieg in der Berlin-Blockade 1948/49 einen ersten Höhepunkt erreicht. Heuss hatte sich mittlerweile zu der Einsicht durchgerungen, dass zunächst die deutsche Spaltung zu akzeptieren und eine Verfassung für „Westdeutschland“ zu erarbeiten sei, die dann aber für den östlichen Teil Deutschlands beispielhaft sein könne.[110] In den westlichen Landesverbänden der liberalen Parteien konnte sich aber eine einheitliche Linie zunächst nicht durchsetzen. Vor allem der Vorsitzende der Liberalen in der britischen Zone, Franz Blücher, blieb skeptisch gegenüber einer Politik, die den Vollzug der deutschen Teilung in deutsche Hände legte.[111]

In Verhandlungen mit den Alliierten mussten die deutschen Ministerpräsidenten schließlich deren Vorgaben weitgehend akzeptieren. Daraufhin legte der Verfassungskonvent auf Herrenchiemsee einen Verfassungsentwurf als Grundlage für die Beratungen im Parlamentarischen Rat vor. Am 1. September 1948 kamen schließlich die von den einzelnen Landtagen gewählten 65 Abgeordneten zur Eröffnungsfeier und konstituierenden Sitzung in Bonn zusammen – unter ihnen auch Theodor Heuss.

Kaum eine öffentliche Nachkriegstätigkeit von Heuss wird durch Briefe so gut und dicht dokumentiert wie diejenige im Parlamentarischen Rat – ein Glücks-

---

[109] Nr. 50.

[110] So die Rede von Heuss im Landtag von Württemberg-Baden, in: VERHANDLUNGEN, Protokollbd. 4, 77. Sitzung, 7. 7. 1948, S. 1867; vgl. auch J. C. HESS, Mächtespiels, S. 106–124.

[111] Vgl. Nr. 133; D. HEIN, Milieupartei, S. 325–327.

fall, weil dadurch auch Innenansichten aus den Verfassungsberatungen vermittelt werden. Fast wäre es dazu jedoch nicht gekommen. Denn aus einigen privaten Schreiben geht hervor, dass Heuss wegen der räumlichen Distanz zu Bonn und aus Rücksicht auf den schlechten Gesundheitszustand seiner Frau zunächst wenig Interesse an einer Mitarbeit am Verfassungswerk zeigte: „[…] es würde im Winter eine elende Last", klagte er seinem Sohn.[112] Außerdem wollte er einem jüngeren Parteifreund den Vortritt lassen.[113] Dem Drängen des württemberg-badischen Minsterpräsidenten Reinhold Maier nachgebend, ließ er sich dann doch vom Landtag in den Parlamentarischen Rat wählen. Seine zeitlichen Erwartungen, dass nach zwei Monaten eine Verfassung vorgelegt werden könne, wurden jedoch im Laufe der zähen Verhandlungen der kommenden Monate enttäuscht.[114]

In Bonn war er Vorsitzender der fünfköpfigen FDP-Fraktion,[115] deren hohe Kompetenz er rühmte: „Qualitätsmäßig ist uns[ere] Gruppe gut." Die grundsätzliche Aufgabe seiner Fraktion sah er von vornherein darin, aktiv eine vermittelnde Rolle zwischen den beiden großen Lagern um SPD und CDU/CSU einzunehmen, um die Verfassung auf eine breite Grundlage zu stellen und ihr Akzeptanz zu verschaffen: „Wir bilden das berühmte Zünglein an der Waage u. wollen dafür sorgen, daß die Dinge nicht in die Gegensatzrankünen geraten."[116] In der Tat gerieten Heuss und seinen Fraktionskollegen immer wieder in eine Schlüsselposition, in der es ihnen gelang, eigene Vorstellungen jeweils mit einer der großen Fraktionen durchzusetzen: „In ein paar Dingen haben wir uns[ere] Anträge durchsetzen können, Wahlform des Bundespräsidenten, Zusammensetzung des Bundesrats (hier hatten wir zuerst die Vorschläge von CDU u. dann von SPD zu Fall gebracht)."[117] Vor allem in den entscheidenden Abschlussbesprechungen und unter dem Druck der Alliierten konnte er sein souveränes Verhandlungsgeschick ausspielen: „[…] zum Glück darf ich spüren, daß m[ein] Mittun in Bonn ein paarmal die Erstarrung gelöst hat."[118]

Als FDP-Vertreter im Ausschuss für Grundsatzfragen hatte Heuss die Möglichkeit, den Geist und die Grundzüge der Verfassung maßgeblich zu prägen, die vor allem in der Präambel und in den Grundrechten Ausdruck fanden. Auf diesen Themenfeldern bewegte er sich auf seinem ureigenen Gebiet, sie entsprachen

112 Nr. 132.
113 Vgl. Nr. 167.
114 Vgl. Nr. 145.
115 Der FDP-Fraktion gehörten neben Theodor Heuss Max Becker, Thomas Dehler, Hermann Höpker Aschoff und Hermann Schäfer an, außerdem der nicht stimmberechtigte Berliner Vertreter, Hans Reif.
116 Nr. 145.
117 Nr. 160.
118 Nr. 199, vgl. auch Nr. 197.

seinen seit jeher verfolgten Interessen. In den Briefen werden diese Grundsatzfragen immer wieder angesprochen; sie verweisen dabei auf Positionen, die Heuss in seinen großen Reden vor dem Plenum und dem Grundsatzausschuss vertrat und die im Kommentar dieser Edition mit den Briefen ineinandergelesen werden. Vor allem bewegte ihn die zentrale Frage nach dem Status der Verfassung, der in der Präambel festgehalten werden sollte. In zwei eigenen Entwürfen legte er großen Wert darauf, alles zu vermeiden, was den provisorischen Charakter des Grundgesetzes hervorheben würde, um dieses nicht sogleich wieder in Frage zu stellen und zu gefährden. Heuss wollte eine vollwertige, auch für den östlichen Teil Deutschlands beispielhafte Verfassung schaffen und schrieb seiner Frau Elly Heuss-Knapp:

> „Mitte der Woche beginnt wohl m[eine] große Ausschußdebatte mit Carlo Schmid über den Charakter uns[erer] hiesigen Arbeit (‚Provisorium‘, ‚Staatsfragment‘ etc.). Ich habe eine, wie ich glaube, stilistisch u. politisch gute Präambel schon vor 10 Tagen in Stuttgart entworfen, hüte sie aber, damit sie nicht zerredet oder in schlechtem Deutsch kopiert wird.“[119]

Nach langen Debatten, die erst im April 1949 zum Abschluss kamen, einigte sich der Parlamentarische Rat auf eine Präambel, die den Grundintentionen und auch einigen Formulierungen von Heuss entsprach.

Bei der Frage der Begründung der Grundrechte im Artikel 1 wandte er sich gegen eine naturrechtliche Argumentation, da er diese als zu unverbindlich und nicht einklagbar ansah. Stattdessen wollte er die Schutzfunktion des Staates betonen, womit er sich zunächst auch durchsetzen konnte: „Wenn nichts weiter passiert, von den Fraktionen her, habe ich wenigstens die Genugtuung, das antistaatliche ‚Naturrechts‘-Gerede enttarnt zu haben.“[120] Heuss sollte letztendlich immerhin einen Teilerfolg erringen. Die verabschiedete Fassung von Artikel 1 knüpft an einen positiven Schutzauftrag des Staates an und erwähnt das Naturrecht nicht explizit. Dass die Grundrechte nach den Erfahrungen der Weimarer Republik nicht disponibel sein und Verwaltung, Gesetzgeber und Rechtssprechung binden sollten, war im Parlamentarischen Rat Konsens.[121]

Hinsichtlich des Umfangs der Grundrechte plädierte Heuss für Zurückhaltung. Bereits bei den Beratungen zur württemberg-badischen Verfassung hatte er sich gegen die Aufnahme eines breiten Katalogs solcher Rechte ausgesprochen.[122] Im Parlamentarischen Rat wandte er sich gegen die Festschreibung sozialer und wirtschaftlicher Grundrechte und distanzierte sich damit auch von seinem ehemaligen Mentor Friedrich Naumann, der bei den Beratungen zur Weimarer

---

119 Nr. 151.
120 Nr. 150.
121 Vgl. Nr. 157.
122 Vgl. Nr. 190.

Reichsverfassung gerade dafür eingetreten war.[123] Heuss warb stattdessen für eine Beschränkung auf die klassischen individuellen Freiheitsrechte, weil diese durchsetzbar und einklagbar waren. Diese Linie wurde auch von den anderen Fraktionen zunächst weitgehend vertreten, jedoch aufgrund der Einflussnahmen außerparlamentarischer Kräfte wie der Gewerkschaften und der Kirchen zunehmend gefährdet.

Den Wünschen der Gewerkschaften nach stärkerer Berücksichtigung sozialer Grundrechte war dabei weniger Erfolg beschieden. Hingegen belastete vor allem die Forderung der Kirchen nach der Aufnahme kultureller Grundrechte die Arbeit des Grundsatzausschusses sehr. Unter diesem massiven Einfluss forderten CDU und CSU Grundrechtsartikel kirchen- und schulpolitischer Art. Insbesondere am sogenannten „Elternrecht" entzündeten sich massive Konflikte. Das „Elternrecht" stellt das Recht des Staates auf Erziehung und Ausbildung des Kindes in Frage und hätte konsequenterweise die Anerkennung konfessionsgebundener Bekenntnisschulen in kirchlicher Trägerschaft bedeutet. Der Grundsatzausschuss konnte über diese Frage keine Einigung erzielen. Kaum ein Thema hatte Heuss im Parlamentarischen Rat mehr Sorgen bereitet. Er war einer der vehementesten Gegner solcher kulturellen Grundrechte, zumal sie die Kulturhoheit der Länder tangierten. Als erklärter Verfechter der christlichen Gemeinschaftsschule in staatlicher Obhut befürchtete er durch die Einrichtung konfessioneller Zwergschulen die Zementierung und Isolierung konfessioneller Minderheiten.[124] Erst kurz vor Verabschiedung des Grundgesetzes konnte die Aufnahme des „Elternrechts" verhindert werden. Noch rückblickend stellte er mit Unbehagen fest: „Ich kriege manchmal Angst, daß eine Klerikalisierung im Anmarsch ist, die wir als Problem jetzt nicht auch noch brauchen."[125]

Auch weiteren wichtigen Teilen des Grundgesetzes konnte Heuss seinen Stempel aufdrücken. Den Namen „Bundesrepublik Deutschland" für den neuen Staat hatte er schon im September 1948 verfochten.[126] In der Frage der Gestaltung der Bundesflagge trat er in Erinnerung an die Freiheits- und Einheitsbewegungen im 19. Jahrhundert für die Farben Schwarz-Rot-Gold ohne weitere graphische Elemente ein; CDU und CSU befürworteten hingegen eine Ergänzung durch das Kreuzessymbol: „Ich selber wehre mich dagegen, eine graphische Verkünstelung zu wählen, da sie mir als Ausflucht aus der einfachen Farbenkadenz erscheint."[127] Grund- und Hauptausschuss konnten sich nicht einigen, so

---

123 Vgl. Nr. 149.

124 Vgl. Nr. 161, Nr. 162, Nr. 170, Nr. 173, Nr. 191; zu dem Verlauf der Diskussion V. OTTO, Staatsverständnis, S. 75–92.

125 Nr. 207.

126 Vgl. Nr. 148.

127 Nr. 163.

dass die Entscheidung erst am 8. Mai 1949 im Plenum zugunsten der reinen Farbgestaltung fiel.

Heuss nahm im Parlamentarischen Rat ebenso wie in seinen Briefen auch immer wieder zu Themen Stellung, die nicht seine eigentlichen Kernaufgaben im Grundsatzausschuss betrafen. So begleitete er intensiv die Diskussion über das Wahlrechtssystem, das in der Form eines Mehrheitswahlrechts existenzgefährdend für die FDP hätte sein können, „denn es fehlt bei beiden [CDU/CSU und SPD; d. Verf.] nicht <an> Leuten, die mit dem einfachen Mehrheitswahlrecht, in dem Schwärmen für das Zweiparteien-System, unsere Gruppe aus dem deutschen Kräftespiel hinauskomplimentieren möchten.“[128] Heuss machte aus seiner Ablehnung plebiszitärer Elemente in der Verfassung bei Sachentscheidungen sowie bei der Wahl des Bundespräsidenten keinen Hehl.[129] In Fragen, welche die Organisation des Bundes betrafen, vermochte er wichtige Anregungen zu geben. Die Zusammensetzung des Wahlgremiums für den Bundespräsidenten, also die Konstruktion der Bundesversammlung, geht weitgehend auf ihn zurück: „Sein Sinn ist ja, dem Bundespräsidenten dadurch wenigstens eine breitere Legitimation zu verschaffen.“[130]

In einigen Punkten konnte Heuss seine Vorstellungen im Parlamentarischen Rat freilich nicht durchsetzen. So hatte sein Vorschlag hinsichtlich der Länderkammer, der auf eine Kombination von Senats- und Bundesratsprinzip abzielte, keinen Erfolg, da sich die beiden großen Parteien auf einen Bundesrat einigten.[131] Mit seiner Ablehnung der Aufnahme des Rechts auf Kriegsdienstverweigerung manövrierte sich Heuss in eine aussichtslose Minderheitenposition. Doch er wehre sich

> „absolut dagegen, ein verfassungsmäßiges Recht auf Kriegsdienstverweigerung anzuerkennen, denn die allgemeine Wehrpflicht ist das legitime Kind der Demokratie, und eine ganz allgemeine Gewissensformel macht das Gewissen zu einer Ware der Gewissenslosigkeit. […] Ich habe in dieser Frage hier wie in Bonn den Standpunkt vertreten, daß es sich um eine Individualentscheidung handelt, nicht um eine Parteidoktrin, und werde meinerseits, auch wenn ich allein bleiben sollte, den Antrag stellen, den von der SPD und CDU angenommenen Artikel wieder zu streichen.“[132]

In der Frage des Sitzes der Bundesorgane, der Hauptstadtfrage, votierte er mit zahlreichen Abgeordneten für Frankfurt am Main, unterlag aber knapp einer Mehrheit, die für Bonn stimmte.[133]

---

[128] Nr. 155, vgl. auch Nr. 173, Nr. 192, Nr. 205.
[129] Vgl. Nr. 153.
[130] Nr. 156, vgl. auch Nr. 160.
[131] Vgl. Nr. 156.
[132] Nr. 169.
[133] Vgl. Nr. 203, Nr. 204, Nr. 212.

Schon anhand dieser Themen, denen Heuss im Parlamentarischen Rat seine Aufmerksamkeit schenkte, wird deutlich, welche Schwierigkeiten und Konflikte die Verhandlungen prägten und zum Stocken, bisweilen fast zum Scheitern brachten. Im Oktober 1948 war er sich der grundsätzlichen „Spannung durchaus bewußt, im Zustand der staatlichen Unfreiheit etwas machen zu sollen, was Garantien der Freiheit vorträgt. Das Diskussionsniveau in den Ausschüssen ist nicht schlecht, wenigstens in dem Bereich, den ich mit übersehe.“[134] Doch im Laufe der Verhandlungen wurden die Bruchlinien zwischen den Fraktionen und auch in ihnen immer offensichtlicher. So kritisierte Heuss wiederholt das Vorpreschen seines Fraktionskollegen Thomas Dehler, wenn dieser eigenmächtig zahlreiche Anträge einbrachte.[135] Mit dem Antrag von Dehler und Max Becker auf Einführung eines Präsidialsystems war Heuss definitiv nicht einverstanden, befürwortete er doch ein parlamentarisches Regierungssystem: „Ich für meine Person bin für den Bund auch hier für die parlamentarische Regierungsform eingetreten, da ich nicht in der Krisenangst lebe, sondern hier Schulungsaufgaben für das Volksbewußtsein und die Parteien sehe, aber ich stehe damit ziemlich allein.“[136] Der Antrag Dehlers und Beckers wurde freilich im Januar 1949 im Hauptausschuss abgelehnt. Doch diese Episode macht deutlich, wie Heuss gegen solche Tendenzen in seiner eigenen Fraktion standhaft blieb und stattdessen einer Erziehung zur Demokratie vertraute.

Auch die neuralgischen Konflikte mit den anderen Fraktionen scheinen in den Briefen immer wieder auf. *Personell* wies Heuss auf den seiner Meinung nach unseligen demagogischen Einfluss hin, den der SPD-Vorsitzende Kurt Schumacher auf seine Fraktion ausübe.[137] Selbst der von ihm sehr geschätzte Carlo Schmid wurde schon zu Beginn der Verfassungsarbeit mit Misstrauen bedacht: „Vordergrundfigur ist Carlo Schmid, voll Vitalität und Brillanz; manchmal fürchte ich, daß er in Schumachers Spuren einem Prestigenationalismus zuwandert.“[138] An dem Unionspolitiker und Präsidenten des Parlamentarischen Rates, Konrad Adenauer, kritisierte Heuss das manchmal ungeschickte Agieren bei Verhandlungen mit den Alliierten oder bei Pressekonferenzen.[139]

Inhaltlich belasteten ihn Konfliktherde, welche die Arbeit des Parlamentarischen Rates permanent gefährdeten, seien es die eigenstaatlichen Ansprüche Bayerns oder eben die polemischen, teils verletzenden Debatten um das „Elternrecht“ oder die Flaggenfrage.[140] In den letzten Wochen vor Abschluss der Arbeit

134 Nr. 154.
135 Vgl. Nr. 188, Nr. 195.
136 Nr. 156.
137 Vgl. Nr. 194.
138 Nr. 147.
139 Vgl. Nr. 171, Anm. 3, Nr. 177.
140 Vgl. Nr. 157, Nr. 160.

spricht aus den Briefen immer wieder die Dramatik der Verhandlungen vor dem Hintergrund der Spannungen im Parlamentarischen Rat und des Drucks durch die Alliierten: „[…] die augenblickliche Lage sieht sehr trübe aus“, bekannte er seiner Frau.[141]

Darüber hinaus war die Tätigkeit von Heuss und seiner Fraktion wiederholt Einflussversuchen aus der eigenen Partei ausgesetzt, die jedoch wenig Eindruck hinterließen. Schon zu Beginn der Arbeiten in Bonn machte Heuss gegenüber seinem parteiinternen Kritiker, dem nordrhein-westfälischen Landesvorsitzenden Friedrich Middelhauve, deutlich, dass er

> „bei der hiesigen Arbeit noch keine Minute daran gedacht habe, wie sie sich parteipolitisch garnieren läßt. Es kommt mir lediglich darauf an, an einer Sache mitzuarbeiten, die zunächst einmal die drohende Auseinanderentwicklung der deutschen Rechtsinstitutionen und des deutschen Gemeinbewußtseins abzubremsen in der Lage ist.“[142]

Auch mit – teils anmaßender – Kritik aus der Bevölkerung vor allem an der Haltung der FDP zu schul- und religionspolitischen Fragen musste sich Heuss auseinandersetzen.[143] Den Einfluss, den die Alliierten in mehreren Memoranden auf die verschiedenen Entwürfe des Grundgesetzes nahmen, schätzte Heuss als unselig ein.[144] Persönlich pflegte er mit den alliierten Vertretern hingegen einen recht entspannten Umgang.[145]

Die Briefe machen eindringlich deutlich, dass die Verabschiedung des Grundgesetzes am 8. Mai und die Verkündung am 23. Mai 1949 keine Selbstverständlichkeit waren, sondern immer wieder auf Messers Schneide standen. Der glückliche Ausgang der Verhandlungen war auch dem Sachverstand und dem Vermittlungsgeschick von Heuss zu verdanken. Bisweilen überkamen ihn jedoch Zweifel an seiner Arbeit und überlegte er sich „schon die Strategie der Rückzugslinien“, auch, um noch ein „paar ordentliche Bücher“ zu schreiben. Doch er hatte seine Zweifel an der Qualität des politischen Nachwuchses, ob er denn auch „innerlich frei u. gefestigt genug ist zur gemäßen Ablösung. Also bleibt man im Betrieb.“[146]

Berufung zu Höherem – Die Bundespräsidentenfrage

Theodor Heuss war nach den aufreibenden Arbeiten am Grundgesetz gesundheitlich regelrecht ausgebrannt und ließ sich vor dem Bundestagswahlkampf für einige Wochen im Krankenhaus Konstanz behandeln. War zu diesem Zeitpunkt

---

141 Nr. 195, vgl. auch Nr. 196.
142 Nr. 156, vgl. auch Nr. 201.
143 Vgl. Nr. 183.
144 Vgl. Nr. 190.
145 Vgl. Nr. 160.
146 Nr. 182.

schon absehbar, dass er nur wenige Monate später zum ersten Staatsoberhaupt der Bundesrepublik Deutschland gewählt werden würde? Heuss war durch seine Arbeit im Parlamentarischen Rat auf eine große politische Bühne getreten und damit einer breiteren Öffentlichkeit im Nachkriegsdeutschland bekannt geworden. Seine fachlich versierte Tätigkeit in den Ausschüssen, seine grundlegenden Reden, in denen er den Verfassungsauftrag in größere Zusammenhänge einzuordnen vermochte und die Grundlinien absteckte, zudem seine vermittelnde Verhandlungsführung zwischen den Parteien hatten ihn für ein höheres Amt im neuen Staat empfohlen.

Aus den Briefen wird deutlich, dass Heuss schon zu Beginn der Arbeit im Parlamentarischen Rat als künftiger Bundespräsident ins Gespräch gebracht wurde, zunächst wohl von dem Sozialdemokraten Paul Löbe. Heuss war sich der parteitaktischen Natur dieser Empfehlung bewusst, denn diese gelte „nicht so sehr mir, als, wenn ich die Dinge richtig beurteile, einem Mißtrauen gegen Adenauer, den man dort wohl als Favorit der CDU ansieht.“[147] Als dann seine mögliche Kandidatur von einem Parteifreund an die Öffentlichkeit lanciert wurde, stellte er fest: „Ich selber favorisiere den Gedanken jedoch gar nicht, da ich in solchen Lebensentscheidungen den nicht befriedigenden Gesundheitszustand meiner Frau mit zu berücksichtigen hätte.“ Vor allem wandte er ein, dass mit einer solchen Pressemeldung seine Arbeit im Parlamentarischen Rat gelähmt sei, „da die durchschnittliche Meinung der Menschen ja die ist, daß einer Politik immer nur für sich betreibe.“ Heuss war sich der schädlichen Wirkung eines solchen Gerüchts bewusst, da er in den Verfassungsverhandlungen über die Bundesspitze in den Verdacht gerate, in eigener Sache zu argumentieren. Überhaupt sah er die ausgleichende Position der FDP zwischen den großen Parteien gefährdet: „Jetzt sind die Heckenschützen, die es überall gibt, alarmiert, und unsere sachlich gegebene Vermittlungsaufgabe wird dadurch, daß sie plakatiert wurde […], taktisch erschwert und die beiden Flügelgruppen vielleicht noch mehr zum unmittelbaren Verhandeln veranlassen“.[148]

Heuss wurde auch im weiteren Verlauf der Verfassungsberatungen immer wieder in der Presse als künftiger Bundespräsident genannt, distanzierte sich aber weiterhin davon angesichts literarischer Pläne und des Eindrucks, den die parteitaktisch geprägten Verhandlungen im Parlamentarischen Rat auf ihn gemacht hatten.[149] Doch letztlich waren es nicht diese an die Öffentlichkeit gelangten Meldungen, die Heuss zum Kandidaten für das höchste Staatsamt machten – es war das Resultat eines Machtkampfes um die Bildung der künftigen Regierung. Nach der Bundestagswahl vom 14. August 1949 wurde die von Adenauer befür-

147 Nr. 155.
148 Ebd.
149 Vgl. Nr. 178, Nr. 193.

wortete Kandidatur von Heuss ein wichtiger Baustein für eine künftige bürgerliche Koalition.[150]

Der politische Pädagoge: Hochschullehrer und Redner

Als Publizist, als Kultusminister, als Parteipolitiker und als Verfassungsexperte boten sich für Theodor Heuss Felder an, auf denen er in eine breite Öffentlichkeit erzieherisch für die Demokratisierung wirken konnte. Als Hochschullehrer war Heuss im engeren Sinne Pädagoge für akademische Kreise, die künftig als Multiplikatoren auftreten konnten. Für diese Aufgabe hatte ihn seine langjährige Tätigkeit als Dozent an der Deutschen Hochschule für Politik während der Weimarer Republik qualifiziert.[151] Bereits im März 1947 bot die Technische Hochschule München ihm den Lehrstuhl für Politik an. Er lehnte ab, um nicht auch in die bayerische Politik mit hineingezogen zu werden, außerdem liege ihm „die hiesige Landschaft [...] doch mehr wie die dortige.“[152]

Als dann aber Heuss auf Antrag der Technischen Hochschule Stuttgart eine Honorarprofessur für Politische Wissenschaften bekommen sollte, verweigerte er sich diesem Angebot nicht.[153] Er hielt im Sommersemester 1948 zwei Vorlesungen über die deutsche Geschichte 1890–1918 und über politische Grundbegriffe.[154] Die Möglichkeit, Studenten die Grundlagen der jüngeren deutschen Geschichte und der Politik zu vermitteln und damit aufklärerisch für den neuen demokratischen Staat zu wirken, konnte er aber nur in diesem Semester wahrnehmen. Weil sich die Verhandlungen im Parlamentarischen Rat länger hinzogen als erwartet, musste er seine Veranstaltungen verschieben und letztendlich absagen, „denn die politische Verantwortung hat mich versklavt“.[155]

Als wirkungsvollstes Mittel nutzte Heuss neben der Publizistik die öffentliche Rede. Dieses Medium hatte er schon als junger Mann einzusetzen verstanden. Seit 1914 führte er penibel Buch über seine insgesamt über 2.300 Ansprachen und Vorträge, die 1902 beginnen.[156] Die öffentliche Rede kultivierte er zu einem eigenen Genre, das seinen Zeitgenossen vor allem während seiner Amtsjahre als Bundespräsident und dann auch der Nachwelt bis in einzelne Formulierungen hinein in Erinnerung haften bleiben sollte. „Zwölf Jahre im öffentlichen Leben stumm“ – so der Titel einer Rede vom 3. November 1945[157] –, hielt er seit

[150] Vgl. Nr. 219.
[151] Vgl. Nr. 178.
[152] Nr. 79.
[153] Vgl. Nr. 115.
[154] Vgl. Nr. 117.
[155] Nr. 199, vgl. auch Nr. 167.
[156] Vgl. den hs. Redenkalender, in: FA Heuss, Basel; außerdem das ms. Rede- und Schriftenverzeichnis, in: BArch, N 1221, 684; zur Rednerlaufbahn von Heuss vgl. U. BAUMGÄRTNER, Reden, S. 40–45.
[157] TH. HEUSS, Aufzeichnungen, S. 152–163.

Herbst 1945 in den oben beschriebenen Funktionen zahlreiche Ansprachen zu politischen und historischen Themen. Seine fast universale Bildung, in Jahrzehnten gewonnen aus seinen vielen Tätigkeitsfeldern, erleichterte ihm die Aufgabe, sich schnell und kompetent in einen Bereich einzuarbeiten, sich ein eigenes Urteil zu bilden und dieses dem Zuhörer verständlich zu vermitteln.[158]

Auf den Redner Heuss ist in einer Briefausgabe nicht näher einzugehen, wird er doch Gegenstand einer eigenen Reihe der „Stuttgarter Ausgabe" sein. Doch abgesehen davon, dass er in zahlreichen seiner Schreiben immer wieder seine dichte Reise- und Vortragstätigkeit erwähnt,[159] werden in seiner Korrespondenz einige Charakteristika seiner Vortragsweise deutlich.

Zum einen hatte Heuss die Vorliebe, die Themen seiner Reden historisch zu grundieren, um sie anschaulicher zu machen, ihnen aber auch argumentativ mehr Überzeugungskraft zu verleihen. Daraus konnte eine regelrechte Lehrstunde in Geschichte werden. Hierzu ein Beispiel. Heuss kommentierte einen seiner Beiträge im Landtag, der eigentlich die Bemühungen des badischen Staatspräsidenten Leo Wohleb um die Vereinigung von Süd- und Nordbaden zum Thema hatte: „Die Rede hat auch Karl d[en] Gr[oßen] und Otto den Gr[oßen] strapaziert u. den ‚Vereinigten Landtag' hervorgeholt u. die Genealogie der Familie Wittelsbach bezw. die Abfolge ihrer ‚Linien' vorgenommen – es war zum mindesten historisch einiges daraus zu lernen."[160] Die vielen historischen Bezüge machten den Stenographen die Arbeit manchmal nicht leicht: „Ich gebe wohl zu, daß die Materie, über die ich sprach, mit ihren historischen Anspielungen für den, dem der Stoff fremd ist, nicht ganz leicht war".[161] Auch als Briefschreiber neigte er zu historischen Exkursen, um seine Positionen zu untermauern. So hielt er zum Beispiel in einem ungewöhnlich ausführlichen Brief an Max Hildebert Boehm, in der Weimarer Republik ein Vertreter der Konservativen Revolution und als Dozent in der Deutschen Hochschule für Politik mit Heuss bekannt, ein Plädoyer für die Notwendigkeit von Parteien in der Demokratie – eine regelrechte Vorlesung über Parteiengeschichte.[162]

---

158 Gegenüber einem alliierten Beobachter im Parlamentarischen Rat, dem britischen Verbindungsoffizier Rolland Alfred Aimé Chaput de Saintonge, gelang dies wohl nur partiell. In einer Porträtskizze, die Chaput de Saintonge über Heuss anfertigte, heißt es, seine langen Reden gaben „an initial impression of being intended to clarify the vagueness of issues, but they tended after a time to become boring, thus defeating their own object. Despite his theatrical style, however, Heuss usually followed the sound FDP line of finding a compromise […]. Heuss suffered from the usual professorial failing of being unable to distinguish between a conversation and a lecture. […] He prefers to talk politics on a general and philosophical basis rather than relating it in detail to the work in Parliamentary Council"; abgedruckt in: R. POMMERIN, Mitglieder, S. 570.

159 Vgl. z. B. Nr. 86, Nr. 124.

160 Nr. 137.

161 Nr. 51.

162 Vgl. Nr. 116; vgl. auch die Ausführungen über Pazifismus, Föderalismus und Einheitsstaat in Nr. 87, Nr. 214.

Zum anderen legte er Wert darauf, seine Reden frei zu halten. In einem Brief berichtete er von seinen schlechten Erfahrungen als Student mit einer seiner ausgearbeiteten und abgelesenen Reden – „und dann hat mir das ganze Reden keinen Spaß gemacht.“[163] Das freie, allenfalls durch Notizen gestützte Sprechen sollte seitdem zu Heuss' Markenzeichen gehören, mit dem er auch als Bundespräsident seine Hörer in den Bann schlug.

Auseinandersetzung mit Nationalsozialismus und Entnazifizierung

Kaum ein Thema beschäftigte Theodor Heuss in der Nachkriegszeit mehr als die Auseinandersetzung mit dem Nationalsozialismus. Erziehung zur Demokratie bedeutete für ihn zunächst einmal eine schonungslose Beschäftigung mit der NS-Vergangenheit, um daraus eine neue demokratische Haltung zu gewinnen. In wichtigen Nachkriegsreden nahm er wiederholt Stellung dazu.[164] Das deutsche Volk dürfe es sich nicht zu leicht machen, so in seiner Rede „In Memoriam“ vom November 1945, „die bösen Dinge wie einen wüsten Traum hinter sich zu werfen.“[165]

Auch die Briefe von Heuss spiegeln von Anfang an das Bemühen wider, den nationalsozialistischen Schrecken zu benennen und ihm nicht auszuweichen: „[…] jetzt erst enthüllt sich *vollkommen* das Verbrecherische dieser polit[ischen] u. milit[ärischen] ‚Führung‘“.[166] Sein erstes literarischen Projekt nach 1945 sollte denn auch eine Auseinandersetzung mit der Ideologie und Wirklichkeit des Nationalsozialismus sein, das jedoch nicht zustande kam, weil die Bibliotheken noch geschlossen waren.[167] Er hatte selber unter diesem Regime zu leiden, als er nach 1933 alle seine öffentlichen Funktionen verlor und mehrfach Repressionen des totalitären Überwachungsstaates ausgesetzt war. Dass er nicht inhaftiert wurde, war glücklichen Umständen zu verdanken. Er war beteiligt an mehreren oppositionellen Gesprächskreisen liberaler, aber auch sozialdemokratischer und konservativer Provenienz. In die Nähe des Widerstands rückte Heuss, als er mit Carl Goerdeler in Verbindung trat, dem er zusicherte, wie mehrere Briefe belegen, nach dem Sturz Hitlers der neuen Regierung vorübergehend als Pressechef anzugehören.[168] Am Attentat auf Hitler vom 20. Juli 1944 war er hingegen selber nicht aktiv beteiligt.[169] Einige Freunde und Bekannte mussten hingegen ihren Widerstand oder ihre jüdische Abstammung mit ihrem Leben

163 Nr. 128.
164 Vgl. U. BAUMGÄRTNER, Reden, S. 78–119.
165 In: R. DAHRENDORF / M. VOGT, Theodor Heuss, S. 302–311, hier S. 303.
166 Nr. 1.
167 Vgl. Nr. 1, Nr. 2, Nr. 6.
168 Vgl. Nr. 6, Nr. 19, Nr. 22, Nr. 27, Nr. 37.
169 Vgl. dazu und zu den Widerstandsformen von Heuss J. C. HESS, Nazis.

oder ihrer Gesundheit bezahlen.[170] An diese Opfer zu erinnern sah Heuss als seine Pflicht an.[171]

Doch wie sollte mit den mentalen Folgen des Nationalsozialismus in der Gegenwart der Nachkriegszeit umgegangen werden? Heuss plädierte, wie schon eingangs ausgeführt, für eine Erziehung zur Demokratie, die von unbelasteten Deutschen mitgetragen und verantwortet werde. In einer Denkschrift, die als Anlage einem Brief an die amerikanische Militärregierung beigefügt und wegen ihres aufschlussreichen Charakters hier mitabgedruckt ist, wandte er sich gegen die erste Phase der Entnazifizierung.[172] Diese habe zu zahlreichen Inhaftierungen und Entlassungen geführt und die Verfahren gegen die eigentlichen Nationalsozialisten verzögert. Die ausgegebenen Fragebögen seien viel zu schematisch, denn „das menschliche Leben ist in seinen Urteilen und in seinen Wirkungen bunter und verwickelter als auch ein sorgfältiger Katalog von Regelsätzen." Vor allem habe „Strafe als Erziehungsmacht […] nur eine begrenzte Wirkung. Sie trägt in sich die Gefahr der Verstockung." Besonders im Hinblick auf die junge Generation plädierte Heuss dafür:

> „Alle Vergehen gegen menschliche und göttliche Gesetze verdienen ihre gerechte Strafe, das deutsche Volk ist durch sein Unglück schwer genug gestraft. Man darf ihm den Weg in die eigene Einsicht, wie es auch im Gewährenlassen schuldhaft geworden ist, nicht versperren."

Hier finden sich bei Heuss Anklänge einer damals weit verbreiteten Entlastungsstrategie, die auch in seinen Reden anklingt:[173] Die Mehrheit der Deutschen sei zuerst Opfer der Verführung durch Hitler und seiner verbrecherischen Clique geworden,[174] dann Opfer von Bombenkrieg, Vertreibung, Vergewaltigungen und den Nöten der Besatzungszeit. Der Schuldvorwurf an die Deutschen ließ sich so regelrecht gegen die Alliierten wenden.[175] Die Verschränkung von Partei, Staat und Gesellschaft während der nationalsozialistischen Zeit wurde auf diese Weise souverän verdrängt.[176]

So weit ging Heuss freilich nicht, der immer wieder daran erinnerte, wer die gegenwärtige Situation zu verantworten habe. Doch auch als die Entnazifizierung – freilich unter amerikanischer Kontrolle – im März 1946 nach der Verabschie-

---

170 Vgl. Nr. 6, Nr. 22, Nr. 24.

171 Vgl. Nr. 16.

172 Vgl. auch im Folgenden Nr. 20a.

173 Vgl. U. BAUMGÄRTNER, Reden, S. 86, 92.

174 Freimütig gesteht Heuss gegenüber seinem Freund Gustav Stolper ein: „Denn ich bin überzeugt, daß Leute etwa Deines oder meines Schlages mit einer gewissen draufgängerischen Unbefangenheit der Jugendjahre in irgendeiner Staatsjugend, in die wir hineingeboren worden wären, auch bald eine kleine Führerrolle gekriegt hätten." Nr. 41.

175 Vgl. J. ECHTERNKAMP, Krieg, S. 206–211.

176 Vgl. H. BUCHHEIM, Lebensbedingungen, S. 95.

dung des „Gesetzes Nr. 104 zur Befreiung von Nationalsozialismus und Militarismus“ mit den Spruchkammerverfahren in deutsche Hände übergegangen war, kritisierte er, dass das Verfahren „viel zu pedantisch angelegt [ist]. Wir waren uns seiner Zeit im Kabinett von Anbeginn darüber klar, daß die Durchführung zu einer der ärgsten politischen und psychologischen Belastungen führen würde.“[177] Dem entsprach auch die abnehmende Akzeptanz, den die flächendeckende politische Säuberung bei der deutschen Bevölkerung fand. Im Herbst 1948 forderte dann auch Heuss in einem Brief an Wilhelm Stapel nachdrücklich: „Es ist allerhöchste Zeit, daß die Epoche der Spruchkammer-Weltanschauung zu Ende geht.“[178] Er war mittlerweile selber ohne sein Wissen Gegenstand eines Spruchkammerverfahrens geworden, in dem er aber als „nicht betroffen“ eingestuft wurde und das er teils verärgert, teils amüsiert zur Kenntnis nahm.[179] Unter anderem wurde ihm von der Anklage vorgeworfen, gemeinsam mit anderen demokratischen Reichstagsabgeordneten am 23. März 1933 dem „Ermächtigungsgesetz“ zugestimmt zu haben. Dies war bereits 1946/47 Thema einer aufgeregten öffentlichen Debatte und eines Untersuchungsausschusses des Württemberg-Badischen Landtags gewesen, in dem Heuss als Zeuge aussagte. Rückblickend nahm er dazu in einem Brief an Kurt Hiller noch einmal Stellung und resümierte:

> „Ich selber wäre froh, sozusagen als biographische Notiz das Nein [zum ‚Ermächtigungsgesetz‘; d. Verf.] in meiner Lebensgeschichte zu haben. Ich habe das in meiner Bekundung zum Ärger mancher Leute historisches Stilgefühl genannt, aber ein Schuldgefühl der Geschichte gegenüber habe ich nun in der Tat nie gehabt; die bösen Dinge liefen nach einem anderen Gesetz.“[180]

Im Zuge der Entnazifizierung wurde Heuss Adressat zahlreicher Bittsteller, die für ihre Spruchkammerverfahren um entlastende Bescheinigungen („Persilscheine“) baten. Er machte es sich zum Grundsatz, nur denjenigen Personen ein solches Dokument auszustellen, zu denen er auch nach 1933 persönlichen Kontakt hatte. Es lassen sich einige Dutzend dieser Bescheinigungen aus seiner Hand nachweisen. Aus ihnen sprechen unterschiedliche Formen der Verstrickungen in den Nationalsozialismus, die ein differenziertes Bild über die Motive des Opportunismus vermitteln. So setzte sich Heuss für seine Nichte Nora Senn ein, die der NSDAP beigetreten war, um unter Beibehaltung ihres Lehrerberufs ihre Mutter finanziell weiter unterstützen zu können.[181] Oder er gab Erklärungen für den Kopf des Widerstandskreises um Robert Bosch, den inhaftierten Hans Walz, sowie

177 Nr. 107.
178 Nr. 154.
179 Vgl. Nr. 140.
180 Nr. 109; vgl. auch Nr. 72, Nr. 79; vgl. auch E. W. Becker, Ermächtigung; Ders. / Th. Rösslein, Irrtum.
181 Vgl. Nr. 46.

für den einstigen stellvertretenden Chefredakteur der „Frankfurter Zeitung“, Erich Welter, ab und unterstützte den ehemaligen Rektor der Universität Heidelberg, Willy Andreas, bei dessen Rehabilitierungsbemühungen über Jahre hinweg.[182] Auch einem ehemaligen Parteifreund, welcher Mitglied der NSDAP geworden war, sprang er zur Seite, indem er ihm die Absicht attestierte, „zumindest auf die Entwicklung des örtlichen Nationalsozialismus einen positiven Einfluß ausüben zu können.“[183] Selbst für den durchaus antisemitischen Publizisten der Konservativen Revolution und Gegner der Weimarer Republik, Wilhelm Stapel, verwandte sich Heuss, der schon vor 1945 einen regen Briefwechsel mit Stapel unterhalten hatte und dessen unabhängiges, zum Widerspruch reizendes Urteilsvermögen er schätzte.[184] Er sprach sich auch öffentlich gegen einen Generalverdacht gegenüber ehemaligen Wehrmachtsoffizieren aus, sie seien Unterstützer des NS-Regimes gewesen, und forderte für sie Pensionen ein.[185] Es gab aber auch eindeutige Grenzen, die er nicht zu überschreiten gewillt war. Als die Witwe des durch Selbstmord aus dem Leben geschiedenen Walter Frank, offiziöser Historiker im Nationalsozialismus, Heuss um ein Gutachten über ihren Mann bat, lehnte er ab.[186]

Gereizt konnte Heuss bei wohlfeiler Kritik an der Entnazifizierung reagieren, die zum Beispiel den politischen Druck, unter dem die Landesregierungen in der US-Zone das Entnazifizierungsgesetz im März 1946 annehmen mussten, nicht anerkennen wollte. Er verbitte es sich, „der Kotzkübel für Ihr Ressentiment zu werden.“[187] Er sei sich durchaus bewusst, „wie die Befreiung der Konzentrationslager auf die öffentliche Meinung Amerikas gewirkt hat und wie ungeheuer schwer es war und ist, über diesen volkspsychologischen Eindruck drüben in Amerika selber hinwegzukommen.“[188] Und Martin Niemöllers Aufruf, die Spruchkammerverfahren zu boykottieren, kommentierte Heuss gegenüber Toni Stolper mit den Worten:

> „Man muß bei aller Kritik an der Technik der Denazifizierung immer etwas aufpassen, daß da nicht neue Formen von nationalistischen Selbstgerechtigkeiten entstehen. Ich kenne jetzt schon eine ganze Reihe von Leuten, die es uns übel nehmen, daß wir nicht Nazi geworden sind, und die sich jetzt als Märtyrer des wahren Deutschtums aufführen, weil sie eine Zeitlang nicht wählen dürfen.“[189]

---

[182] Vgl. Nr. 26, Nr. 38, Nr. 123, Nr. 137.
[183] Nr. 98.
[184] Vgl. Nr. 44; zu Stapel vgl. H. KESSLER, Wilhelm Stapel.
[185] Vgl. Nr. 133; vgl. auch J. C. HESS, Wege, S. 371f.
[186] Vgl. Nr. 179.
[187] Nr. 119.
[188] Nr. 129.
[189] Nr. 120.

Der Literat und Historiker

Theodor Heuss forderte angesichts der Verbrechen des Nationalsozialismus und der gebrochenen demokratischen Tradition in Deutschland eine grundlegende politische sowie geistige Neuorientierung und sah letztlich auch die Entnazifizierung als einen wenig geglückten, aber doch notwendigen Bestandteil dieses Prozesses an. Ganz voraussetzungslos konnte diese Erziehung zur Demokratie nach 1945 aber nicht ansetzen, sondern sie wurde von Heuss in einer Geschichtslinie verankert, in der er das andere, das gute Deutschland aufspürte. Auch in einer „Geschichte von Niederlagen“ konnte er positive Traditionsbestände ausmachen, die er nicht nur in seinen Reden,[190] sondern auch in seinen Büchern benannte, die nach 1945 erschienen.

In einer Veröffentlichung über die Revolution von 1848/49 interpretierte Heuss diese gescheiterte Freiheitsbewegung als ein verpflichtendes Erbe, an das die Nachgeborenen nach 1945 wieder anknüpfen könnten, um es zu vollenden. Auf diese Weise ließ sich in der deutschen Geschichte doch auf eine freiheitliche und demokratische Tradition hinweisen: „Und der Wille zur demokratischen Selbstgestaltung der Nation, die in die einheitliche Vertretung die freie Verantwortung ihrer besten Männer und Frauen entsendet, ist das Kernstück des Auftrags, der nun zu den Enkeln und Enkelsöhnen gewandert ist.“[191] Wenn auch nicht als Schulbuch gedacht, so räumte er doch ein, dass dieses Buch durchaus auch für Pädagogen ein geeignetes Instrument für die Vermittlung von Geschichtsbewusstsein sein könne.[192]

Darüber hinaus gab Heuss in der Nachkriegszeit zahlreiche Bücher heraus, in denen er Material aus der Zeit vor 1945 wiederverwertete. In zwei Bänden versammelte er kleinere biographische Porträts, die er während der nationalsozialistischen Zeit für die „Frankfurter Zeitung“ geschrieben hatte.[193] Vor allem widmete er sich der Veröffentlichung bzw. dem Neudruck seiner umfangreichen und geschichtswissenschaftlich ambitionierten Biographien, die er in seiner Nischenexistenz während des Nationalsozialismus verfasst hatte. Er berichtete in einigen Briefen über die schwierigen Entstehungs- und Rezeptionsbedingungen der Biographien über seinen Mentor Friedrich Naumann, den Architekten Hans Poelzig oder den Unternehmer Robert Bosch.[194] Die Bücher über Naumann, Poelzig, den Chemiker Justus von Liebig und den Zoologen Anton Dohrn waren bereits vor 1945 erschienen; allein die Bosch-Biographie konnte erst 1946 gedruckt werden

190 Vgl. J. C. HESS, Wege.

191 TH. HEUSS, 1848, S. 167; vgl. auch G. KRUIP, Versuch, S. 206–208.

192 Vgl. Nr. 135.

193 TH. HEUSS, Deutsche Gestalten; DERS., Schattenbeschwörungen; vgl. zur Arbeit für die „Frankfurter Zeitung“ auch R. BURGER, Theodor Heuss, S. 352–377.

194 Über Naumann vgl. Nr. 15, über Poelzig Nr. 37, über Bosch Nr. 5.

und erfreute sich großer Nachfrage: „Die Jagd nach dem Bosch wird allmählich ein Kreuz. Die Leute kommen sogar zu mir in die Wohnung, um dann freilich schnöde hinausexpediert zu werden.“[195]

Mit tatkräftiger Unterstützung des Verlegers Hermann Leins bemühte sich Heuss um Neuauflagen der anderen Biographien, die dann bis 1949 alle erfolgten. Dabei musste er auch Widerstände überwinden. Ein Lektor hatte politische Bedenken gegenüber dem Neudruck der Naumann-Biographie, weil Naumanns imperialistische Haltung um die Jahrhundertwende gegenwärtig aus Rücksicht auf die Besatzungsmächte nicht mehr opportun sei. Heuss lehnte dieses Ansinnen ab, weil er auch diese Seite seines politischen Ziehvaters nicht verschweigen wolle. Im „Sinn wahrhaftiger Geschichtsauffassung“ gebe seine Biographie „ein Stück deutscher Geschichte, das nach 1918 weitgehend nur in den Verzerrungen von rechts und von links gezeigt wurde.“[196]

Mit dieser Art „objektiver“ Geschichtsschreibung in Form von Biographien wollte Heuss eine positive nationale Wertetradition schaffen, welche er vor allem in der exemplarisch tugendhaften Gesinnung seiner Protagonisten sah. Deren moralische Integrität war letztlich zeitlos und konnte den negativ gedeuteten Sonderweg deutscher Katastrophengeschichte überwinden. Für die Zeit nach 1945 verkörperten diese Persönlichkeiten nach Ansicht von Heuss ein moralisches Wertesystem, das im Zentrum der demokratischen Neuorientierung zu stehen hatte.[197]

Doch auch die Bestandteile der deutschen Geschichte, die sich nicht ohne weiteres in eine demokratische oder sittliche Tradition einbinden ließen, mussten für Heuss nicht per se aus dem Geschichtsbild ausgeschlossen werden. So wandte er sich gegen eine im Zuge der politischen Säuberung beabsichtigte radikale Straßenumbenennung in seiner Heimatstadt Heilbronn; dieser sollten auch Namen wie Bismarck, Moltke, Blücher, Radetzky oder Scharnhorst zum Opfer fallen, die für Heuss wirkungsmächtige und erinnerungswürdige Persönlichkeiten waren: „Ich fürchte auch, daß diese Art von Denazifizierung und Demilitarisierung der Namen seelisch wieder überflüssige Gegenreaktionen schafft.“[198]

Für Heuss persönlich hatten seine literarischen Projekte die kompensatorische Bedeutung eines zweiten Standbeins neben seinen anderen Verpflichtungen. So wie er sich schon nach Kriegsende nur mit Bedenken für journalistische und politische Aufgaben verpflichten ließ, so sehr bedauerte er es in den folgenden Jahren immer wieder, dass seine zahlreichen Funktionen ihn vom Verwirklichen literarischer Pläne abhalten würden, denn, so seine Maxime: „Es geht nämlich durchaus, ein erfülltes und fruchtbares Leben zu führen, ohne daß man im Vordergrund der

---

195 Nr. 63.

196 Nr. 45.

197 Vgl. zu dieser Deutung E. W. BECKER, Biographie, S. 86–89.

198 Nr. 69; vgl. auch Nr. 71; zur Einschätzung Bismarcks durch Heuss vgl. J. C. HESS, Wege, S. 368f.

Tagespolitik auf der Rampe steht."[199] Und während der aufreibenden Arbeit im Parlamentarischen Rat gestand er Carlo Schmid, ebenfalls ein Homme de Lettres, die Welt des Schriftstellers sei „in manchem schöner u. sogar fruchtbarer. [...] unsereins soll nie vergessen, daß er solche Rückzugslinien besitzt, ohne dabei im seelischen Armenhaus zu landen."[200]

Hier offenbart sich wieder, dass Literatur und schöngeistige Interessen für Heuss nicht Etikette, sondern wesentlicher Lebensinhalt waren. Er war aufgrund seiner sozialen Herkunft und seiner Erziehung ohne Zweifel ein Bildungsbürger. Als Publizist und Schriftsteller hatte er sich als junger Mann jedoch außerhalb der klassischen Berufsfelder des Bildungsbürgertums bewegt und geriet nicht in den Sog kulturkritischer Larmoquanz oder Politikabstinenz.[201] Sein Bildungswissen war – von wenigen Feldern wie der Musik abgesehen – so umfassend wie auch stets abrufbar. So empfahl er dem Herausgeber der „Stuttgarter Zeitung", Josef Eberle, kurzerhand die Lektüre einer langen Rhapsodie von Schubart, die er einst zur Verblüffung seiner Lehrer mehrmals deklamiert hatte.[202] Sein Eintreten für das humanistische Gymnasium begründete er unter anderem mit der zweckfreien Bildung, die dem Schüler dort vermittelt werde, oder salopper ausgedrückt: mit dem zugestandenen „Allotria".[203] Und für den künftigen internationalen Wissensaustausch unterstrich er die Bedeutung dieser Schulform: „Wenn wir im geistigen Gespräch mit der Welt bleiben wollen, dürfen wir bestimmte Traditionen nicht aus einem modischen Zweckrationalismus preisgeben."[204]

Das Freundschaftsgeflecht

Mit leichtem Understatement bekannte Theodor Heuss 1955 gegenüber seiner Vertrauten Toni Stolper, er habe „ein gewisses Talent für Freundschaft".[205] Freundschaften verstand er sein Leben lang meisterhaft zu pflegen, wie seine umfangreiche Korrespondenz dokumentiert. Freundschaften waren es auch, die ihm seit seiner Verbindung zu Friedrich Naumann die personelle und institutionelle Grundlage gaben, als Erzieher zur Demokratie zu wirken. Dieser politischen Pädagogik diente schon die 1918 von Naumann gegründete Staatsbürgerschule, seit 1920 Deutsche Hochschule für Politik, der Heuss als Studienleiter und Dozent angehörte. Ihr Ziel war eine „Demokratisierung und Parlamentarisierung der politischen Kultur, um allen Staatsbürgern eine eigenständige, kritische und gleichberechtigte Teilhabe an den gesellschaftlichen und politischen Entscheidungen

199 Nr. 30.
200 Nr. 168.
201 Vgl. TH. HERTFELDER, Kapital, S. 94–97.
202 Vgl. Nr. 127.
203 Nr. 207.
204 Nr. 126.
205 TH. HEUSS, Tagebuchbriefe, S. 107.

zu ermöglichen."[206] Im Januar 1949 hielt Heuss dann auch die Festansprache zur Wiedereröffnung der Hochschule.[207] Daneben war die Zeitschrift „Die Hilfe", ebenfalls von Naumann begründet, eine wichtige publizistische Plattform für den Naumann-Kreis. Als Heuss Ende 1932 einer der Herausgeber dieses Blattes wurde, konnte er auch unter totalitären Bedingungen ein Forum für die Naumann-Anhänger aufrechterhalten. Ehemalige Parteifreunde aus der DDP wie Werner Stephan, nach 1933 im Propagandaministerium persönlicher Referent des Pressechefs der Reichsregierung, hielten während des Nationalsozialismus ihre schützende Hand über ihn.[208]

Der Nationalsozialismus hatte die ohnehin lockere, informelle Organisationsform der Liberalen um den Naumann-Kreis geschwächt; einige ehemalige DDP-Politiker hatten gar den Weg zur NSDAP angetreten.[209] In der Nachkriegszeit knüpften vor allem in den südwestdeutschen Ländern und in den Hansestädten viele einstige Naumann-Anhänger bei der Gründung liberaler Parteien an die freiheitlich-demokratische Tradition der DDP an, wohingegen in Nordrhein-Westfalen, Hessen und Niedersachsen neue bürgerliche Sammlungsbewegungen mit antisozialistischer und nationalistischer Stoßrichtung entstanden.[210]

Heuss unterhielt auch nach 1945 persönliche Verbindungen und Briefkontakte zu zahlreichen Angehörigen des Naumann-Kreises und zu Vertretern aus dem Umfeld der DDP.[211] Dieses Netzwerk war schon in seinen Ursprüngen politisch zu heterogen, um es in einer Partei zu konzentrieren. Heuss war sich durchaus der weiter abnehmenden Kohäsionskraft des Naumann-Kreises bewusst, als er das Ansinnen, das Publikationsorgan der Gruppe, „Die Hilfe", wieder zu begründen, ablehnte, „weil ja die spezifisch Naumann'sche Tradition jetzt abgerissen ist."[212] So ließen sich die Anhänger Naumanns und der DDP nicht mehr in einer politischen Gruppierung vereinen. Heuss bemerkte gegenüber dem nach England emigrierten ehemaligen DDP-Angehörigen und Historiker Erich Eyck:

> „Die Zugehörigkeiten des alten Freundeskreises zu dieser oder jener Gruppe sind zum Teil rein zufällig und örtlich bedingt. Mir selber ist es ziemlich wurscht, ob einer zur CDU oder SPD ging, da ich den Parteikram nicht ganz so wichtig nehme, wie es vielleicht nötig wäre."[213]

---

206 U. KREY, Demokratie, S. 83.
207 Vgl. Nr. 178.
208 Vgl. Nr. 18, Anm. 11.
209 Vgl. Nr. 98.
210 Vgl. hierzu grundlegend D. HEIN, Milieupartei.
211 So z. B. Willy Dürr (Nr. 2), Georg Hohmann (Nr. 11), Karl Brammer (Nr. 17), Gustav Stolper (Nr. 6, Nr. 29, Nr. 41, Nr. 60, Nr. 101), Hermann Dietrich (Nr. 55), Otto Gessler (Nr. 64), August Weber (Nr. 108), Reinhold Maier (Nr. 161), Ernst Jäckh (Nr. 178) und Alfred Wolf (Nr. 193).
212 Nr. 31.
213 Nr. 103.

So war der Naumann-Anhänger und Münchener Historiker Walter Goetz vorübergehend der CSU beigetreten – was Heuss gegenüber Kritikern vehement verteidigte.[214] Auch Gertrud Bäumer betätigte sich zeitweise für die CSU. Ernst Lemmer und Karl Brammer waren in Berlin am Aufbau der CDU führend beteiligt.[215] Wilhelm Heile war zwar maßgeblich bei der Gründung der FDP in der britischen Zone aktiv, manövrierte sich jedoch aufgrund seiner eigenwilligen Positionen ins Abseits und trat schließlich der Niedersächsischen Landespartei bei. In einem Brief an Heile ging Heuss ausführlich auf die unterschiedlichen Ausgangspunkte ein, die beide in den Naumann-Kreis geführt und dann bis in die Gegenwart hinein fundamental gegensätzliche politische Haltungen nach sich gezogen hätten.[216] Von dem langjährigen DDP-Reichstagsabgeordneten Wilhelm Külz entfremdete er sich ebenfalls zunehmend, weil dieser als Vorsitzender der ostzonalen LDP immer stärker unter den Einfluss der Blockpolitik der SED geriet und Heuss mit ihm politisch brach.[217]

Nach 1945 konnte Heuss auch wieder die Verbindung zu den emigrierten Freunden herstellen, deren unterschiedlichen Lebenswege in den Briefen zur Sprache kommen. An erster Stelle ist hier die Familie Stolper zu nennen, die in die USA emigriert war. Zu ihr nahm das Ehepaar Heuss den Kontakt nach Kriegsende bald wieder auf, der sich in einer ungemein intensiven, offenen und persönlichen Korrespondenz niedergeschlagen hat. Das feinfühlige Schreiben von Heuss zum plötzlichen Tod von Gustav Stolper ist Ausdruck dieser ungewöhnlichen Freundschaft.[218] Auch zu weiteren emigrierten Freunden – oftmals jüdischer Herkunft – ließ sich wieder ein Briefkontakt herstellen, so zu dem Heilbronner Kantor Isy Krämer oder zu dem Theaterkritiker und Schriftsteller Julius Bab.[219]

Theodor Heuss war zeit seines Lebens offen für Freundschaften mit Personen, die parteipolitisch oder weltanschaulich anderer Provenienz waren. Politische Scheuklappen sind ihm auch in seiner Korrespondenz fremd, in der er das anregende und geistreiche Gespräch mit Menschen suchte, die ihn aufgrund ihrer persönlichen Integrität beeindruckten. So verfasste er durchaus herzliche Schreiben an Personen, deren politische Orientierung vom kommunistischen über das sozialdemokratische bis hin zum neokonservativen Spektrum reicht.[220] Der

---

214 Vgl. Nr. 88.
215 Vgl. Nr. 39.
216 Vgl. Nr. 87.
217 Vgl. Nr. 97, Nr. 111.
218 Vgl. Nr. 113.
219 Vgl. Nr. 18, Nr. 27, Nr. 185.
220 So an Johannes R. Becher (Nr. 28), Paul Löbe Nr. (21), Wilhelm Keil (Nr. 57, Nr. 182), Carlo Schmid (Nr. 168, Nr. 173), Max Hildebert Boehm (Nr. 116, Nr. 148) und Wilhelm Stapel (Nr. 35, Nr. 65, Nr. 107, Nr. 154, Nr. 207).

Adressatenkreis geht jedoch auch weit über die politische Sphäre hinaus. So unterhielt Heuss Korrespondenz mit befreundeten, zumeist emigrierten Künstlern wie dem Maler Reinhold Nägele oder dem Schriftsteller Alfred Döblin.[221]

Der familiäre Rückhalt

Den persönlich wichtigsten Rückhalt für seine vielfältigen Aufgaben fand Theodor Heuss in seiner Familie. Die ungewöhnliche Lebensgemeinschaft mit Elly Heuss-Knapp, die beruflich eigenständige Wege ging, schlug sich in einem reichen Briefwechsel nieder. Da Heuss seit 1945 oft auf Reisen war und seine Frau sich monatelang in Sanatorien aufhielt, tauschten sie sich regelmäßig über den Postweg aus – ein Glücksfall für diese Edition! Inhaltlich nimmt Heuss in diesen Briefen offen und manchmal pointiert Stellung zu politischen und anderen Themen. Daneben sind es vor allem der Alltag des Ehepaars und der Austausch über den Familien- und Freundeskreis, die sich in dieser Korrespondenz widerspiegeln. Die Themen reichen von der Einstellung einer Haushaltshilfe über die Suche nach einer Schreibkraft bis hin zu einem unerwünschten Logiergast: „Meine Stimmung ist eine Kombination von Mitleid und der unhöflichsten Grobheit."[222]

Elly Heuss-Knapp entfaltete in der Nachkriegszeit auch eigene Aktivitäten, so als Landtagsabgeordnete und Vortragsreisende. Außerdem verarbeitete sie Alltagsberichte aus dem „Dritten Reich" in einem Erzählband und gab eine Sammlung von Rückert-Gedichten heraus.[223] Stark eingeschränkt bei diesen Tätigkeiten war sie jedoch durch ihren labilen Gesundheitszustand, der vor allem 1947 zu langen Krankenhaus- und Sanatoriumsaufenthalten führte. Heuss stand in dieser Zeit seiner Frau sehr bei; in seinen Briefen sind die Krankheiten, Genesungswünsche und ebenso Rückschläge immer wieder präsent. Dass es in diesen schweren Momenten auch zu atmosphärischen Verstimmungen kommen konnte, war unvermeidlich:

> „Daß Du findest, daß ich Dir wie ein Witwer schreibe, der sich sein Leben schon eingerichtet hat, ist eigentlich nicht nett. Ich habe die Empfindung, daß ich Dir sehr brav u. nett immerzu geschrieben habe – vielleicht habe ich zu wenig von Deiner Krankheit geschrieben, aber Du weißt ja, in deren Detail-Verlauf kann ich mich aus mangelhafter Medizin-Phantasie nicht hineindenken."[224]

Doch wie schon vor 1945, als Heuss und seine Frau noch ganz andere, gravierendere Sorgen hatten, meisterten die Eheleute auch diese Belastungen.

Von ebenso großer Intensität ist der Briefwechsel mit dem Sohn Ernst Ludwig Heuss. An Widerstandskreisen beteiligt, hatte er seinen Vater 1943 vor dem

221 Vgl. Nr. 33, Nr. 54, Nr. 144.
222 Nr. 90.
223 Vgl. Nr. 29, Nr. 37, Nr. 102, Nr. 105.
224 Nr. 93.

Zugriff der Gestapo gewarnt.[225] Seine Rettungstaten am Kriegsende in Berlin wurden bereits oben kurz erwähnt. Auch in der Nachkriegszeit blieb der Sohn einer der engsten Vertrauten seines Vaters, der ihm gegenüber in allen Belangen, seien sie privater oder öffentlicher Natur, ein offenes Wort führte. Darüber hinaus stand ihm sein Sohn auch in vielen persönlichen Alltagsangelegenheiten wie zum Beispiel der Weiterbeförderung von Korrespondenz über die Schweiz zur Seite. Dem frischgebackenen Vater erteilte Heuss sogleich Erziehungsratschläge für seine Enkeltochter: „Das Kind wird, denke ich, so erzogen, daß es Euch nicht die Nachtruhe stört – man muß da eventuell ein paarmal hart sein."[226]

Weiterführende Fragen und Perspektiven

Konnten oben wichtige Aspekte des Wirkens von Theodor Heuss als Erzieher zur Demokratie hervorgehoben werden, so sind abschließend einige Fragen und Forschungsperspektiven aufzuzeigen, zu denen die Beschäftigung mit den Briefen 1945–1949 anzuregen vermag.

Die vorliegende Briefausgabe ist keine Politikeredition herkömmlichen Zuschnitts. Sie leistet vielmehr einen Beitrag zu einer kulturgeschichtlich erweiterten Politikgeschichte, die nicht nur bei institutionell oder personell gesteuerten Staatsaktionen ansetzt, sondern das Subjekt als sinnstiftenden Träger in die Geschichte zurückholt. In den Briefen kommunizierte Heuss mit seinen Zeitgenossen über die historische Wirklichkeit, die sich in seinen Deutungen und Sinngebungen erschließt. So können sich diskursive Strategien ermitteln lassen, in denen sich Politik auch als soziales Handeln erweist. Ansetzend bei Heuss, könnte so eine Kommunikationsgeschichte, eine Geschichte des politischen Alltags oder der politischen Kultur in der Nachkriegszeit geschrieben werden.[227]

Zunächst regt der vorliegende Band schlichtweg dazu an, sich mit zahlreichen noch wenig erforschten Aspekten der Biographie von Heuss zu beschäftigen, einer Lebensgeschichte, die durch ihre Vielfalt und Vielschichtigkeit besticht. Es liegt nahe, die hier vorgestellten Funktions- und Wirkungsbereiche von Heuss einer näheren Analyse zu unterziehen unter Einschluss weiterer Zeugnisse und unter Berücksichtigung des komplexen historischen Kontextes dieser ersten Jahre nach 1945.

Darüber hinaus bieten die in der Einführung vorgestellten Aspekte dieses Lebensabschnitts, die unter das Leitthema der „Erziehung zur Demokratie" gestellt waren, Anknüpfungspunkte für Fragestellungen, die weit zurück in die Biographie

---

225 Vgl. J. C. HESS, Nazis, S. 176–181.

226 Nr. 105, vgl. auch Nr. 102.

227 Vgl. zur Kulturgeschichte der Politik TH. MERGEL, Überlegungen; deutlich distanziert A. RÖDDER, Klios.

von Heuss und in die Geschichte der ersten Hälfte des 20. Jahrhunderts reichen können. Die historischen Argumentationsfiguren, die Heuss immer wieder bemühte, sowie die von ihm selber hergestellten biographischen Rückbezüge regen dazu regelrecht an. Hier nur einige Beispiele:

- Welche Bedeutung hatte das Netzwerk des Naumann- bzw. „Hilfe"-Kreises für die Wiederbegründung der Demokratie und einer liberalen bürgerlichen Partei nach 1945?
- An welche Traditionen der unterschiedlichen Spielarten von Liberalismus und Demokratie knüpften Heuss und seine politischen Freunde an?
- Welcher Bedeutungsgehalt und -wandel von Zentralbegriffen wie Demokratie, Partei und Staat lässt sich in dieser liberalen Kommunikationsgemeinschaft ermitteln?
- Wie entwickelte sich diese Kommunikationsgemeinschaft zwischen den Positionen eines deutschen Sonderwegsbewusstseins und einer westlichen Werteordnung im Sinne einer „Westernisierung" (Anselm Doering-Manteuffel)?
- Wie ging man mit dem „Versagen" des Liberalismus vor den totalitären Herausforderungen im 20. Jahrhundert um?
- In welchem Deutungsrahmen bewegte sich die Auseinandersetzung liberaler Kreise mit dem Nationalsozialismus und welche Konsequenzen wurden daraus für die Umerziehung gezogen?
- Welche Bedeutung maßen die Liberalen einer politischen Pädagogik bürgerlich-aufklärerischer Provenienz zu und welche Vermittlungsformen sahen sie vor?
- Gab es eine liberale Rhetorik nach 1945, und welcher Instrumente bediente sie sich?
- Lässt sich eine Generationengeschichte des Liberalismus für die Nachkriegszeit schreiben, nachdem Heuss wiederholt auf die Unersetzlichkeit der „Altvorderen" verwies?

Und schließlich geben die Briefe auch die Gelegenheit, den Fragehorizont in die Geschichte der Bundesrepublik Deutschland hinein auszuweiten, deren Grundlagen ohne Zweifel auch schon in der unmittelbaren Nachkriegszeit geschaffen wurden. Dabei können der simplifizierenden Alternative „Neubeginn oder Restauration" weitere Nuancen hinzugefügt werden:[228]

Lässt sich nach 1945 in einzelnen Regionen noch ein liberales Milieu ausmachen, das in der Bundesrepublik politisch und kulturell fortwirkte?[229] Daran anknüpfend: Welche Bedeutung kommt dem deutschen Bürgertum für die Geschichte der Bundesrepublik zu und welchen Wandel machte es durch? Welche Rolle spielen noch die Zielutopie der „bürgerlichen Gesellschaft" sowie bürger-

[228] Vgl. die abwägende Darstellung von J. KOCKA, 1945.
[229] Vgl. P. LÖSCHE / F. WALTER, Katholiken.

liche Lebensformen und Werthaltungen? Sind es vielleicht gerade die uneingelösten Zukunftserwartungen von Heuss und seines demokratischen Umfeldes, die eine Renaissance des Bürgertums möglich machten?[230] Und nicht zuletzt: Welche grundlegenden politischen Entscheidungen wurden in der Nachkriegszeit getroffen, welche Mentalitäten bildeten sich heraus, die zum einen das Erfolgsmodell der Bundesrepublik begründeten, zum anderen aber auch in den folgenden Jahrzehnten Systemschwächen generierten?[231]

Unabhängig von der Erforschung und Beantwortung dieser Fragen – eines lässt sich schon jetzt feststellen: Die Erziehung der Deutschen zur Demokratie nach 1945, die, wie eingangs dargestellt, von Theodor Heuss und Klaus Mann als eine schwierige und langwierige Aufgabe angesehen wurde, bestand ihre Bewährungsproben, wie die nachhaltige Integration der Bundesrepublik in die westliche Wertegemeinschaft deutlich macht.[232] Dies war zum einen der Wachsamkeit und Kontrolle der Alliierten zu verdanken, zum anderen aber Personen wie Theodor Heuss, die nicht nur auf eine Demokratisierung der Institutionen, sondern auch der Haltungen und Lebensformen Wert legten. Mit dieser „inneren Demokratisierung“ trugen sie dazu bei, dass Demokratie den Deutschen mittlerweile kein Fremdwort mehr ist.

Danksagung

Die Planung und Durchführung eines so anspruchsvollen und umfangreichen Projekts wie das der Edition „Theodor Heuss. Stuttgarter Ausgabe“ ruht auf vielen Schultern. Für die fortwährende Unterstützung und wohlwollende Begleitung danke ich dem Kuratorium der Stiftung Bundespräsident-Theodor-Heuss-Haus, bis 2006 unter dem Vorsitz von Lord Ralf Dahrendorf, seit 2007 von Dr. Wolfgang Gerhardt MdB, außerdem dem Vorstand unter dem Vorsitz von Bürgermeisterin Gabriele Müller-Trimbusch sowie dem wissenschaftlichen Beirat, bis 2006 unter dem Vorsitz von Prof. Dr. Dieter Langewiesche, seit 2007 von Prof. Dr. Andreas Wirsching. Der Geschäftsführer der Stiftung, Dr. Thomas Hertfelder, hat regen Anteil an dem Projekt genommen und mir bei zahlreichen Fragen und Problemen sachkundig zur Seite gestanden.

Mein besonderer Dank gilt dem Editionsbeirat, der sich aus dem wissenschaftlichen Beirat konstituiert hat und dem Prof. Dr. Wolfgang Hardtwig, Dr. Hans

230 Zur Renaissance des Bürgertums nach 1945 vgl. den pointierten Beitrag von H.-U. WEHLER, Deutsches Bürgertum.

231 Vgl. A. RÖDDER, Modell Deutschland.

232 Vgl. A. BAUERKÄMPER / K. H. JARAUSCH / M. M. PAYK, Demokratiewunder.

Peter Mensing, Prof. Dr. Angelika Schaser und Prof. Dr. Andreas Wirsching angehören. Dieses Gremium hat auf zahlreichen Sitzungen mit der Editionsleitung, der Geschäftsführung und den Bearbeitern das Editionsprojekt kritisch und konstruktiv begleitet und einen wichtigen Beitrag bei der Formulierung von Editionsrichtlinien geleistet. Zudem haben einzelne Editionsbeiräte besondere Verantwortung für die Begutachtung einzelner Bände der Briefreihe übernommen. Für den vorliegenden Band danke ich besonders Dr. Hans Peter Mensing für den intensiven, kritischen und äußerst hilfreichen Austausch über die Briefauswahl sowie über inhaltliche und editorische Belange. Auch der fruchtbare Kontakt zu den Bearbeitern der anderen Bände ist dem Projekt zugute gekommen.

Als ausgewiesener Fachwissenschaftler für Theodor Heuss und seine Zeit hat Prof. Dr. Jürgen C. Heß das gesamte Manuskript dankenswerter Weise aufmerksam durchgesehen und mir viele weiterführende Anregungen gegeben. Dr. Michael Dorrmann, Bearbeiter des Bandes der Briefe 1918–1933, konnte mir aus der intimen Kenntnis der Edition heraus ebenfalls zahlreiche nützliche Hinweise geben. Meine studentischen Hilfskräfte, Mirjam Witzky, Florian Burkhardt und Ute Veit, gingen mir bei Recherchen, beim Erstellen des Personenregisters und beim Korrekturlesen immer wieder sorgfältig zur Hand.

Dieses Editionsprojekt hätte nicht auf diese Weise durchgeführt werden können, wenn nicht zahlreiche öffentliche Archive, Bibliotheken und andere Einrichtungen sowie Privatpersonen so hilfreich mitgewirkt hätten. An erster Stelle möchte ich Ursula Heuss-Wolff und Dr. Ludwig Theodor Heuss für den Vertrauensbeweis danken, aus ihrem Familienarchiv in Basel die so wichtige Privatkorrespondenz von Theodor Heuss mit seiner Frau und seinem Sohn für das Projekt beizusteuern. Darüber hinaus gilt mein Dank insbesondere den Leitungen, Mitarbeiterinnen und Mitarbeitern folgender Einrichtungen und den Privatpersonen, aus deren Besitz Briefe in dem vorliegenden Band zum Abdruck gekommen sind: Archiv der Akademie der Künste (Berlin), Archiv der Hansestadt Lübeck, Archiv der Robert Bosch GmbH (Stuttgart), Archiv der sozialen Demokratie (Bonn), Archiv des Landtags von Baden-Württemberg (Stuttgart), Archiv des Liberalismus (Gummersbach), Archiv für Christlich-Demokratische Politik (Sankt Augustin), Bayerische Staatsbibliothek (München), Bundesarchiv (Koblenz/Berlin), Deutsche Nationalbibliothek/Deutsches Exilarchiv 1933–1945 (Frankfurt a. M.), Deutsches Literaturarchiv (Marbach a. N.), Geheimes Staatsarchiv Preußischer Kulturbesitz (Berlin), Institut für Zeitgeschichte (München), Landesarchiv Baden-Württemberg/Generallandesarchiv Karlsruhe, Landesarchiv Baden-Württemberg/Hauptstaatsarchiv Stuttgart, Landesarchiv Baden-Württemberg/Staatsarchiv Freiburg, Landesarchiv Baden-Württemberg/Staatsarchiv Ludwigsburg, Landesarchiv Berlin, Privatarchiv Ulrich Baer (Heilbronn), Privatarchiv Helmut Erbe (Tübingen), Privatarchiv Sybille Fischer (Ludwigsburg), Privatarchiv Hanna Frielinghaus-Heuss (Albstadt), Privatarchiv Elsbeth Haule (Heilbronn), Privatarchiv Thomas

Nägele (New York), Privatarchiv Sandra Weishappel-Schmitt (Kleinmachnow), Staatsbibliothek Preußischer Kulturbesitz (Berlin), Stadtarchiv Heilbronn, Stadtarchiv Mannheim, Stadt- und Hospitalarchiv Schwäbisch Gmünd, Stiftung Rheinisch-Westfälisches Wirtschaftsarchiv zu Köln, Universitätsarchiv Stuttgart.

Und schließlich geht mein Dank an den Verleger Prof. Dr. h.c. mult. Klaus G. Saur und an die Mitarbeiterinnen und Mitarbeiter des Verlages K. G. Saur (München), vor allem an die Verlagsleiterin Clara Waldrich, an die Leiterin des Lektorats Barbara Fischer und an den Herstellungsleiter Manfred Link, für die sorgfältige Betreuung des Bandes. Dr. Rainer Ostermann danke ich für die umsichtigen Satzarbeiten.

Zur Edition

Die Stiftung Bundespräsident-Theodor-Heuss-Haus hat gemeinsam mit dem Editionsbeirat und den Bearbeitern der Einzelbände detaillierte Editionsrichtlinien vereinbart, die den wissenschaftlichen Standard und die Einheitlichkeit der Edition gewährleisten sollen. Im Folgenden werden nur die Aspekte erwähnt, die für die Lektüre der Briefe von Bedeutung sind.

Die Edition der Briefe von Theodor Heuss kann auf vier zentrale Bestände zurückgreifen. Einem Wunsch von Heuss folgend, erhielt das Bundesarchiv den politisch ausgerichteten Bestandteil des Nachlasses, das Deutsche Literaturarchiv in Marbach den schriftstellerisch-kulturpolitischen Teil. Schriftstücke familiären bzw. privaten Charakters gingen in die Obhut der Schwiegertochter von Theodor Heuss, Ursula Heuss-Wolff, nach Basel. Neben dem politischen, literarischen und familiären Nachlassstrang sind für die Jahre 1949–1959 die Akten des Bundespräsidialamtes aus der Amtszeit von Heuss unverzichtbar.

In diesen Beständen sind vor allem für die Zeit vor 1949 in der Regel die *an* Theodor Heuss gerichteten Schreiben abgelegt, *von ihm selber* hingegen sind dort nur wenige maschinenschriftliche Durchschläge und selten eigenhändige Schreiben überliefert. Deshalb musste der Fokus der Recherchen auf die Nachlässe der zahlreichen Korrespondenzpartner erweitert werden. Diese sehr ertragreiche Suche in öffentlichen und privaten Archiven führte die Bearbeiter zu vielen bisher unbekannten Heuss-Schreiben.

Für den vorliegenden Band wurden von den knapp 1.500 nachgewiesenen Heuss-Schreiben, die vom Mai 1945 bis kurz vor die Wahl zum Bundespräsidenten am 12. September 1949 reichen, 220 ausgewählt. Die Auswahl orientiert sich an der biographischen und zeitgeschichtlichen Relevanz der jeweiligen Schreiben. Es sollen Einblicke in die verschiedenen Aspekte des Lebens und der Persönlichkeit von Theodor Heuss gewährt werden, auch in den Alltag und das private Umfeld, ohne dabei eine „Schlüsselloch-Perspektive" zu bieten. Die Haltung von Heuss zu den großen und kleinen Themen seiner Zeit und sein Handeln in diesen Kontexten können ein Stück Zeitgeschichte offenlegen. Neben dieser inhaltlichen Komponente wurde der Auswahlprozess bisweilen auch durch den Rang des Adressaten gesteuert. Ferner wurde versucht, die Spannweite des Kommunikationsnetzes von Heuss abzubilden. Selbst Briefe scheinbar „banalen" oder technischen Charakters können exemplarisch zum Abdruck kommen, wenn sie einen wichtigen Aspekt der Tätigkeitsfelder von Heuss verdeutlichen.

Aufgenommen werden ausschließlich Dokumente, die *von* Theodor Heuss verfasst wurden, in Ausnahmefällen in seinem Auftrag oder gemeinsam mit anderen Autoren: Schreiben (geschlossene Versandtechnik), Post- oder Ansichtskarten,

Rundschreiben, Fernschreiben oder Übertragungen von Stenogrammen. Auch Gattungen wie Bescheinigungen, Gutachten, Fragebögen oder Gedichte, die für bestimmte Personen erstellt wurden und damit einen Adressaten haben, können Aufnahme finden, entweder als eigenständiges Dokument oder als Anlage zu den zugehörigen Schreiben. Die Schreiben sind in chronologischer Folge und in den meisten Fällen vollständig abgedruckt. Kürzungen sind möglich, um umfangreichere Redundanzen zu vermeiden. In diesen Fällen wird der Inhalt der ausgelassenen Textpassage in einer Anmerkung knapp wiedergegeben. Grundsätzlich aber sind Kürzungen Ausnahmefällen vorbehalten, da der Authentizität der Texte große Bedeutung beigemessen wird. Es wird möglichst die behändigte Ausfertigung abgedruckt, so wie sie den Empfänger erreichte.

Jedem Schreiben ist ein *Dokumentenkopf* vorangestellt, der folgende Angaben umfasst:

- Fortlaufende Nummerierung.
- Persönlicher oder institutioneller Adressat einschließlich akademischer Grade und Ort des Empfängers. Bei Rundschreiben werden die nachweisbaren Empfänger im Kommentar erwähnt. Altertümliche Schreibweisen von Orten werden nach Vorlage wiedergegeben, verschiedene Schreibweisen eines Ortes in der Regel vereinheitlicht. Geht die Ortsangabe nicht aus dem Schreiben hervor, kann sie aber erschlossen werden, wird sie in eckigen Klammern eingefügt.
- Datierung des Briefes und Wohn- bzw. Aufenthaltsort des Verfassers einschließlich Straße, Hotel oder Institution, so wie es aus der Vorlage hervorgeht. Erschlossene Bestandteile dieser Angaben finden sich wiederum in eckigen Klammern.
- Herkunftsnachweis und Beschreibung der Vorlage. Konnte nur eine Kopie eingesehen werden, wird darauf in runden Klammern hingewiesen.
- Zusätze, die sich auf das gesamte Dokument beziehen (Eingangsstempel, Aktenzeichen, Diktatzeichen, Vermerke, Verfügungen, Notizen etc.), Anlagen, Druckorte und weitere Überlieferungsformen der Schreiben werden in einer ersten textkritischen Anmerkung nachgewiesen.
- Stichwortartiges Kurzregest über den wesentlichen Inhalt des Dokuments.

Die Edition soll als Studienausgabe sowohl einen breiten Leserkreis ansprechen als auch wissenschaftlichen Ansprüchen genügen. Die Wiedergabe der Briefe will deshalb sowohl der Authentizität der Texte wie auch der Leserfreundlichkeit gerecht werden. Zwischen diesen beiden Polen bewegt sich die *Textgestaltung*. Die Dokumente werden grundsätzlich vorlagengetreu in „alter Rechtschreibung" übernommen. Hingegen orientieren sich alle Bearbeitertexte an der Rechtschreibung des Duden von 2006 (24. Aufl.). Im Sinne der Lektüreerleichterung werden bei den Dokumenten in einigen Fällen Korrekturen bzw. Vereinheitlichungen vorgenommen:

- Anrede und Schlussformel/Zeichnung werden in der Regel nach Vorlage abgedruckt. Bei fehlender Schlusszeichnung wird in eckigen Klammern der Name von Theodor Heuss ergänzt.
- Ein Postskriptum von Heuss wird im Anschluss des Briefes abgedruckt, bei fehlender Bezeichnung vorangestellt: [PS]. Postskripta von dritter Hand (z. B. von Elly Heuss-Knapp) werden in der Regel in einer Anmerkung nachgewiesen.
- Bei eigenhändigen Schreiben werden offensichtliche Verschreiber, sinnentstellende Syntaxfehler und falsche Interpunktion stillschweigend korrigiert entsprechend der Rechtschreibung, wie sie zu Lebzeiten von Heuss galt. Ein Nachweis der vorliegenden Schreibweise erfolgt in Anmerkungen nur, wenn sie Relevanz für den Briefschreiber Heuss besitzt. Spezifische Schreibweisen, die bei Heuss besonders ausgeprägt sind (z. B. die Kleinschreibung von adjektivisch gebrauchten Ortsangaben, Schreibweise von „bischen", „Wittwe"), werden beibehalten.
- Bei maschinenschriftlichen Schreiben wird analog verfahren. Dabei werden aber unterschiedliche Schreibweisen (z. B. „ß" oder „ss") vereinheitlicht, da sie in der Regel den technischen Defiziten der Schreibmaschine oder den mangelnden Kenntnissen der Schreibkraft geschuldet sind.
- Inhaltliche Korrekturen bei handschriftlichen oder maschinenschriftlichen Schreiben durch die Hand von Heuss werden im Text übernommen und in einer Anmerkung nachgewiesen.
- Offensichtlich sinnentstellende inhaltliche Fehler werden im Text korrigiert und in einer Anmerkung nachgewiesen.
- Bei unklaren Formulierungen oder Sachverhalten werden diese im Text belassen und in einer Anmerkung nach Möglichkeit erläutert.
- Unterschiedliche Schreibweisen von Personennamen werden in der Regel stillschweigend vereinheitlicht, bei inhaltlicher Relevanz in einer Anmerkung nachgewiesen.
- Hervorhebungen von Heuss werden einheitlich kursiv gesetzt, Hervorhebungen vom Empfänger oder von dritter Hand in einer Anmerkung nachgewiesen.
- Abkürzungen werden nicht aufgelöst, soweit sie sich im aktuellen Duden bei dem entsprechenden Worteintrag finden. Dies gilt auch für altertümliche Abkürzungen, deren Bedeutung noch erschließbar ist (z. B. „bezw."). Alle anderen, auch heuss-spezifischen Kürzel, werden in eckigen Klammern aufgelöst. Amtliche/offizielle Abkürzungen von Parteien, Verbänden und anderen Institutionen werden im Text beibehalten und im Abkürzungsverzeichnis aufgelöst.

Folgendes textkritisches Klammersystem wird verwendet:

- <?> Unleserliches Wort
- < > Unsichere Lesart

– [ ] Zusätze durch Bearbeiter, vor allem bei aufgelösten Abkürzungen
– […] Auslassungen durch Bearbeiter

Der *textkritische und inhaltliche Kommentar* wird nach einheitlicher Zählung in Fußnoten aufgenommen. Die textkritischen Anmerkungen beziehen sich entweder in einer ersten Fußnote auf das gesamte Dokument oder auf einzelne Textstellen. Darüber hinaus bietet der Kommentar eine am Text orientierte inhaltliche Verständnishilfe, die dem Informationsbedürfnis eines breiten Leserkreises gerecht zu werden versucht. Er enthält Erläuterungen zu historischen Begriffen, zu Sachverhalten, Ereignissen und Zusammenhängen auch biographischer Art, die heute nicht mehr ohne weiteres als bekannt vorausgesetzt werden können. Reden, Zeitungs- und Zeitschriftenartikel, Bücher, Reisen, Wahlkampfauftritte, Gesetze, Verträge und Protokolle werden ebenso nachgewiesen wie Zitate oder Zitatanklänge. Soweit es das abgedruckte Schreiben erforderlich macht, wird auch die Gegenkorrespondenz ermittelt, der Inhalt kurz zusammengefasst oder in Auszügen zitiert. Unveröffentlichte archivalische Überlieferung wird mit der entsprechenden Fundstelle genannt, Forschungsliteratur nur sparsam und in der Regel mit genauen Seitenverweisen herangezogen. Auf die Wiedergabe von Forschungskontroversen wird verzichtet. Allgemeine biographische Angaben zu den im Text oder in den Anmerkungen genannten Personen finden sich im biographischen Personenregister. Sind hingegen weitergehende biographische Erläuterungen zu einer bestimmten Textstelle erforderlich, finden sich diese im Kommentar.

Formal richtet sich der Anmerkungsapparat nach den Regeln der Manuskriptgestaltung, die für die Edition entworfen wurden. Personen werden nur bei der Ersterwähnung mit Vor- und Zunamen genannt, dann in der Regel nur noch mit Nachnamen. Davon abweichend wird der Vorname erwähnt, um bei Namensgleichheit eine eindeutige Identifizierung vornehmen zu können oder um z. B. bei Aufzählungen Einheitlichkeit herzustellen. Forschungsbezogene Literatur und Archivalien werden schon bei Ersterwähnung mit sinnvollen Kurzformen aufgeführt, welche die Zuordnung zu den vollständigen Angaben im Quellen- und Literaturverzeichnis ermöglichen. Zeitgenössische Monographien oder Zeitungs- und Zeitschriftenartikel, die der Erläuterung einer bestimmten Briefstelle dienen, werden hingegen bei Ersterwähnung vollständig wiedergegeben. Abkürzungen von Publikationsorganen, Archiven und anderen Institutionen finden sich im Abkürzungsverzeichnis aufgelöst.

Die auf den ersten Seiten dieses Bandes vorliegende Übersicht über die Lebensstationen von Theodor Heuss konzentriert sich auf biographische Daten. Das Verzeichnis der Briefe gibt eine schnelle Orientierung über die Adressaten und Inhalte der Briefe. Das Quellen- und Literaturverzeichnis nimmt alle in der Einleitung, im Dokumentenkopf und im Kommentar erwähnten Archivalien und Veröffentlichungen mit Ausnahme der zeitgenössischen Zeitungs- und Zeitschriftenartikel auf. Das biographische Personenregister enthält in standardisierter Form biographische Kerndaten zu allen in den Briefen und in den Bearbeitertexten erwähnten Personen, mit Ausnahme von Theodor Heuss. Das Sachregister dient dem thematisch differenzierten Zugriff auf alle in den Brief- und Bearbeitertexten enthaltenen relevanten Informationen.

Was Lt. Boxer dazu äußerte, war sehr einsichtsvoll. Die technischen Schwierigkeiten (Postverkehr u. dergl.) sind ja zunächst sehr groß, aber es scheint doch mir, wenn irgendwo ein Anfang gemacht werden kann, dann hier in der interessanten Stadt mit Bibliotheken, mit dem wachsenden Ruf der Amerikaner, mit der verhältnismäßig großen Anzahl schreibfähiger Leute, die greifbar sind – heute so wichtig, da man von so vielen kaum die Adresse kennt.

Ich habe Herrn Lt. Boxer gesagt, daß ich den Versuch für sehr wichtig halte u. mit allen Kräften dabei helfen will, aber meine Kräfte sind leider z. Zt. etwas begrenzt: ich wohne ohne Bücher in 2 Dachstuben mit meiner herzleidenden Frau u. muß sehr viel Mühe in die primitiven Lebensfinge stecken;[2] zudem hänge ich zur Zeit noch in einigen Buchverpflichtungen,[3] die aus dem Kopf geschafft sein müssen. So bin ich augenblicklich nur à la suite verwendbar.

Aber ich sprach mit Lt. Boxer eingehend über Sie und Sternberger, und wir studierten gleich die Karte, wie man von Stuttgart nach Neustadt käme – Boxer ist teils in Stuttgart, teils seit einigen Tagen in Heidelberg. (Das zu gründende Blatt, hier u. in Stuttgart,[4] soll geschäftlich ein rein deutsches Unternehmen sein.)

Nun habe ich heute Boxer nochmals gesprochen: er sagte mir, er werde demnächst nach N[eustadt] fahren, um Sie zu sprechen. Als ich vor einigen Tagen mit Sternberger sprach (ehe diese Sache auftauchte), hatte ich nicht das Gefühl, daß er in Neustadt sehr fest gebunden sei: die Fragwürdigkeit des politischen Schicksals ist in der Pfalz ja besonders deutlich.[5] Ich weiß also noch nicht, wie er über diese Sache denkt.

---

2 Als Heuss 1933 seiner regelmäßigen Einkommensquellen beraubt war, bestritt seine Frau mit Hilfe einer innovativen Rundfunk- und später Kinowerbung einen Großteil des Lebensunterhaltes der Familie; vgl. Chr. Maentel, Verkaufte Luft, S. 277–302. Neben dieser beruflichen Inanspruchnahme zehrte auch die nervliche Belastung durch die Bombenangriffe auf Berlin sowie durch die persönlichen Gefährdungen, denen ihr Ehemann und zahlreiche Freunde durch die NS-Verfolgungsinstanzen ausgesetzt waren, der Gesundheit von Heuss-Knapp an. Zusätzlich erschwerten die Luftangriffe die Arbeit von Heuss an der Bosch-Biographie. Aus diesen Gründen verließen Heuss und seine Frau Anfang August 1943 Berlin. Nach Aufenthalten in Heilbronn und auf dem Bosch-Hof in der Nähe von Murnau war das Ehepaar Ende Oktober 1943 in zwei Dachstuben des Hauses von Heuss-Knapps Schwester Marianne Lesser im Heidelberger Vorort Handschuhsheim eingezogen; vgl. E. Heuss-Knapp, Briefe, S. 176–181; vgl. Abb. 1. – Über die Verteilung alltäglicher Aufgaben im Haushalt schrieb Heuss an Nordmann am 25. 7. 1945: „[...] ich für mein Zeichen plötzlich nämlich, wir seit Monaten ohne jegliche Haushaltshilfe u. sehr, sehr viel Kraft in den täglichen Kleinkram ausgeht, Tote Telefon, endlose Wege u. Anstehereien. Nun Übliches Schicksal der Intellektuellen in dieser Zeit." FA Heuss, Basel; vgl. auch den anschaulichen Bericht von Heuss an Wilhelm Stapel vom 13. 1. 1945, in: DLA, A: Stapel (Teilabdruck in: B. Pikart, Theodor Heuss, S. 221).

3 Vgl. Nr. 1, Anm. 7.

4 Gemeint sind die „Rhein-Neckar-Zeitung" und die „Stuttgarter Zeitung".

5 Nach der Besetzung der Pfalz durch amerikanische Truppen konnte erst am 12. 6. 1945 eine Einigung über den Grenzverlauf der französischen Besatzungszone erzielt werden. Bis zum 10. 7. 1945 übernahm die französische Militärregierung den gesamten nördlichen Teil ihrer Besatzungszone einschließlich der Pfalz.

Verzeichnis der Briefe

Briefe

Nr. 1
An Helene Ecarius, Speyer am Rhein
24. Mai 1945; Heidelberg, Kehrweg 4

BArch, N 1221, 76: hs. Schreiben, behändigte Ausfertigung (Kopie)[1]

Persönliche Situation in Heidelberg; Schicksal gemeinsamer Verwandter und Bekannter; literarische Projekte

Liebe Helene,

Dr. <Sturm>, mit dem wir uns gut anfreundeten, kommt eben: er kann einen Brief an Euch befördern, der muß aber in 10 Minuten weg.

Wir sehen täglich den Sp[eyerer] Dom u. denken viel an Euch: ob Ihr in der Wohnung bleiben konntet, wie es dem Deutschhof[2] erging u. s. f. u. s. f. – man soll mit dem briefl[ichen] Anfragen gar nicht beginnen.

Uns geht es erträglich, unser Häuschen so versteckt,[3] daß es nie „entdeckt" wurde. Von Ludwig[4] seit 15. 3. natürlich ohne jede Nachricht; von Esslingen durch <Durchreisende> [erfahren], daß es dort in Ludwigsburg gut geht.[5] Da wurde nicht gekämpft. (Leider aber in Heilbronn.)

Frl. Dr. <Koch> war gestern bei uns, um uns Kirschen, die ersten, zu bringen. Es geht ihr gut; sie hatte gerade auch einen Brief von ihrer Mutter aus Tübingen, wohin die Mutter von Freib[ur]g geflüchtet. Auch befriedigend.

Ich habe Fritz[6] den mir bekannten Leuten der neuen Verwaltung in Neustadt genannt, damit er sie evtl. in pfälz[ischen] Personalfragen berate. Aber ich ahne nicht, ob eine Kommunikation zwischen Neustadt u. Sp[eyer] möglich war u. ist.

Hier ist man in Passierscheinen bisher sehr zurückhaltend; ich müßte mal nach Stuttg[art], da die Bosch-Arbeit fertig.[7] Und da mir für die geplante neue Arbeit

---

[1] Vermerk auf der Adress- und Absenderseite des Kuverts vermutlich von Empfängerin: „24. 5. 1945!! Eingegangen 22. 6. 1945".

[2] Der Deutschhof gehörte ursprünglich zu einer seit dem 13. Jahrhundert in Speyer befindlichen Komturei des Deutschen Ordens. Im Adressbuch von 1938 lassen sich auf dem Deutschhof in Speyer vier bewohnte bzw. nummerierte Häuser feststellen. Im Zweiten Weltkrieg blieben Speyer und der Deutschhof von Zerstörungen durch Luftangriffe weitgehend verschont; freundliche Auskunft von Katrin Hopstock, StadtA Speyer.

[3] Im Heidelberger Vorort Handschuhsheim, wo das Ehepaar seit Herbst 1943 bei der Schwester von Elly Heuss-Knapp lebte; vgl. auch Nr. 2, Anm. 3.

[4] Ernst Ludwig Heuss, Sohn von Theodor Heuss und Elly Heuss-Knapp.

[5] In Esslingen lebte die Nichte von Heuss, Elisabethe Eleonore (Liselore) Würz, in Ludwigsburg die Schwägerin Hedwig Heuss.

[6] Vermutlich Kommerzienrat Fritz Ecarius, Ehemann von Helene Ecarius.

[7] Robert Bosch hatte Heuss im März 1942 kurz vor seinem Tod gebeten, eine Biographie über ihn zu verfassen, die Heuss im Frühjahr 1945 abschloss; vgl. E. W. BECKER, Biographie, S. 62f. Der letzte Teil des hs. Manuskripts ging anschließend an die Firma Bosch nach Stuttgart, wo er, wie schon die Kapitel zuvor, abgeschrieben und von einigen Mitarbeitern durchgelesen wurde (vgl. Nr. 5).

Abb. 1: Wohnsitz von Theodor Heuss und Elly Heuss-Knapp im Kehrweg 4, Heidelberg-Handschuhsheim

das Material fehlt (Bibliotheken geschlossen),[8] habe ich angefangen, wie ein alter Mann „Erinnerungen" zu schreiben.[9] Bis unsereins wieder Tätigkeit findet, wird es lange dauern – jetzt erst enthüllt sich *vollkommen* das Verbrecherische dieser polit[ischen] u. milit[ärischen] „Führung".

Die Biographie erschien 1946 unter dem Titel: THEODOR HEUSS: Robert Bosch. Leben und Leistung, Stuttgart/Tübingen 1946.

[8] Von dieser geplanten Arbeit sind „Gelegentliche Notizen zur Geschichte 1933–1945 begonnen 15. 5. 45" und „Notizen vom Frühsommer 1945 (Absicht über NS u. Wirkungen, Ideologie zu schreiben)" überliefert; BArch, N 1221, 565. Dazu äußerte sich Heuss auch gegenüber Hermann Dietrich am 26. 9. 1945: „Eigentlich wollte ich, nachdem das große Manuskript über Robert Bosch im Frühjahr abgeschlossen war, eine breitangelegte, für die nächste Generation bestimmte Auseinandersetzung über ‚Ideologie und Wirklichkeit' schreiben, aber daraus ist zunächst nichts geworden, weil die Bibliotheken noch geschlossen sind." BArch, N 1004, 534; vgl. auch Heuss an Hans Franke, 2. 9. 1945, in: DLA, A: Franke; Heuss an Wilhelm Heile, 22. 2. 1946, in: BArch, N 1132, 60; Heuss an Otto Nordmann, 27. 7. 1945, in: FA Heuss, Basel.

[9] Heuss hatte am 21. 5. 1945 mit der Niederschrift seiner Jugenderinnerungen begonnen, die er nach der Erzählung seiner Schulzeit am 1. 7. 1945 wegen politischer und publizistischer Verpflichtungen unterbrechen musste. Erst im November und Dezember 1950 konnte er das Manuskript mit der Schilderung seiner Studentenzeit abschließen; THEODOR HEUSS: Vorspiele des Lebens. Jugenderinnerungen, Tübingen 1953, Vorwort, S. 9–13. Das nicht vollständige hs. Manuskript befindet sich im Nachlass Heuss, in: DLA, A: Heuss, 73.4863, 57.4102, 64.98.

Franz[10] wird ja nun auch in angelsächs[ischer] Gefangenschaft sein, und Ihr müßt Geduld üben wie wir.

Seid alle aufs herzlichste gegrüßt
Dein Theodor

Nr. 2
An Dr. Benno Reifenberg, [Neustadt an der Weinstraße]
21. Juni 1945; Heidelberg, Kehrweg 4
DLA, A: Reifenberg, 79.3188: hs. Schreiben, behändigte Ausfertigung
Bitte um Unterstützung bei der Neugründung einer Zeitung in Heidelberg

Lieber Dr. Reifenberg,

vorgestern besuchte mich Herr Lt. Boxer, von stuttgarter Bekannten an mich gewiesen, um Zeitungspläne mit mir zu besprechen.[1] Es eröffnet sich offenbar die Möglichkeit, hier eine Zeitung zu schaffen, deren Aufgabe es sein soll, die Tradition der Frankfurter Zeitung, zumal in ihrem geistigen Anspruch, zu erneuern.[2]

[10] Vermutlich Franz Ecarius, Stiefsohn von Helene Ecarius.

[1] Schon Ende April 1945 war der Mitarbeiter der amerikanischen Information Control Division, John H. Boxer, auf seiner Suche nach geeigneten Lizenznehmern für neu zu gründende Zeitungen von einer Gruppe ehemaliger Redakteure der „Frankfurter Zeitung" um Reifenberg auf Dolf Sternberger und Heuss aufmerksam gemacht worden. Nachdem Sternberger abgesagt hatte, suchte Boxer Heuss in Heidelberg auf, um ihn als Herausgeber zu gewinnen; vgl. zu den Umständen der ersten Begegnung zwischen Boxer und Heuss das Zeitzeugengespräch, das mit Boxer am 21. 4. 1999 in Stuttgart geführt wurde; unveröffentlichtes Manuskript bei FDP/DVP-Gemeinderatsfraktion Stuttgart; vgl. auch R. BURGER, Theodor Heuss, S. 398–402; B. PAPE, Kultureller Neubeginn, S. 102–104; zur Information Control Division CH. WEISZ, OMGUS-Handbuch, S. 242–250. – Heuss lehnte es zunächst ab, wieder journalistisch tätig zu werden, um seine literarischen Pläne zu verwirklichen; Heuss an Elisabethe Eleonore Würz, 4. 6. 1945, in: PA Elisabethe Eleonore Würz; vgl. auch Nr. 5, Anm. 7.

[2] Gemeint ist die „Rhein-Neckar-Zeitung", deren Lizenz u. a. Heuss übertragen wurde und deren erste Verkaufsnummer am 5. 9. 1945 erschien; vgl. auch Nr. 7. – Die „Frankfurter Zeitung", deren langjährige Redakteure Reifenberg und Sternberger waren, konnte trotz ihrer liberal-demokratischen Tradition auch nach 1933 weiter erscheinen und diente u. a. den nationalsozialistischen Machthabern als Vorzeigeblatt für das Ausland. Auf diese Weise behielt sie noch einen kleinen publizistischen Spielraum und konnte sich vom NS-Jargon weitgehend freihalten. Spätestens mit Beginn des Zweiten Weltkrieges vermochte sich auch die „Frankfurter Zeitung" nicht mehr der Zensur zu entziehen, der Anschein einer Nonkonformität wich in das Feuilleton aus. Im Zeichen des „totalen Krieges" wurde die Herausgabe der „Frankfurter Zeitung" schließlich am 31. 8. 1943 eingestellt; vgl. N. FREI / J. SCHMITZ, Journalismus, S. 48–53; allgemein G. GILLESSEN, Posten, vor allem S. 527–538; zu Heuss' Tätigkeit für die „Frankfurter Zeitung" vgl. Nr. 38.

Was Lt. Boxer dazu äußerte, war sehr einsichtsvoll. Die technischen Schwierigkeiten (Postverkehr u. dergl.) sind ja zunächst sehr groß, aber es scheint auch mir: wenn *irgendwo* ein Anfang gemacht werden kann, dann hier in der unzerstörten Stadt mit Bibliotheken, mit dem wachsenden Reiz der Anziehung, mit der verhältnismäßig großen Anzahl schreibfähiger Leute, die greifbar sind – heute so wichtig, da man von so vielen kaum die Adresse kennt.

Ich habe Herrn Lt. Boxer gesagt, daß ich den Versuch für sehr wichtig halte u. mit allen Kräften dabei helfen will, aber meine Kräfte sind leider z. Zt. etwas begrenzt; ich wohne ohne Bücher in 2 Dachstuben mit meiner herzleidenden Frau u. muß sehr viel Mühe in die primitiven Lebensdinge stecken;[3] zudem hänge ich zur Zeit noch in einigen Buchverpflichtungen,[4] die aus dem Kopf geschafft sein müssen. So bin ich augenblicklich nur à la suite verwendbar.

Aber ich sprach mit Lt. Boxer eingehend über Sie und Sternberger, und wir studierten gleich die Karte, wie man von Stuttgart nach Neustadt käme – Boxer ist teils in Stuttgart, teils seit diesen Tagen in Heidelberg. (Das zu gründende Blatt, hier u. in Stuttgart, soll geschäftlich ein rein deutsches Unternehmen sein.)[5]

Nun habe ich heute Boxer nochmals gesprochen: er sagte mir, er werde demnächst nach N[eustadt] fahren, um Sie zu sprechen. Als ich vor einigen Tagen mit Sternberger sprach (ehe diese Sache auftauchte), hatte ich nicht das Gefühl, daß er in Neustadt sehr fest gebunden sei: die Fragwürdigkeit des politischen Schicksals ist in der Pfalz ja besonders deutlich.[6] Ich weiß also noch nicht, wie er über diese Sache denkt.

---

[3] Als Heuss 1933 seiner regelmäßigen Einkommensquellen beraubt war, bestritt seine Frau mit Hilfe ihrer innovativen Rundfunk- und später Kinowerbung einen Großteil des Lebensunterhaltes der Familie; vgl. CH. MAATJE, Verkaufte Luft, S. 277–302. Neben dieser beruflichen Inanspruchnahme setzte auch die nervliche Belastung durch die Bombenangriffe auf Berlin sowie durch die persönlichen Gefährdungen, denen ihr Ehemann und zahlreiche Freunde durch die NS-Verfolgungsinstanzen ausgesetzt waren, der Gesundheit von Heuss-Knapp zu. Zusätzlich erschwerten die Luftangriffe die Arbeit von Heuss an der Bosch-Biographie. Aus diesen Gründen verließen Heuss und seine Frau Anfang August 1943 Berlin. Nach Aufenthalten in Heilbronn und auf dem Bosch-Hof in der Nähe von München war das Ehepaar Ende Oktober 1943 in zwei Dachstuben des Hauses von Heuss-Knapps Schwester Marianne Lesser im Heidelberger Vorort Handschuhsheim eingezogen; vgl. J. C. HESS, Nazis, S. 176–181; vgl. Abb. 1. – Über die Verrichtung alltäglicher Aufgaben im Haushalt schrieb Heuss an Nordmann am 25. 7. 1945: „[…] ich bin in alledem ziemlich gehandicapt, da wir seit Monaten ohne jegliche Haushaltshilfe u. sehr, sehr viel Kraft in den tägl[ichen] Kleinkram aufgeht; kein Telefon, endlose Wege u. Anstehereien. Nun eben das Schicksal der ‚Intellektuellen' in dieser Zeit." FA Heuss, Basel; vgl. auch den anschaulichen Bericht von Heuss an Wilhelm Stapel vom 13. 1. 1945, in: DLA, A: Stapel (Teilabdruck in: E. PIKART, Theodor Heuss, S. 231f).

[4] Vgl. Nr. 1, Anm. 7–9.

[5] Gemeint sind die „Rhein-Neckar-Zeitung" und die „Stuttgarter Zeitung".

[6] Nach der Besetzung der Pfalz durch amerikanische Truppen konnte erst am 22. 6. 1945 eine Einigung über den Grenzverlauf der französischen Besatzungszone erzielt werden. Bis zum 10. 7. 1945 übernahm die französische Militärregierung den gesamten nördlichen Teil ihrer Besatzungszone einschließlich der Pfalz.

Heidelberg hat einmal, vor 100 Jahren, mit der „Deutschen Zeitung" von Gervinus geistige und politische Geschichte gemacht.[7] Ich sehe die Möglichkeit, in Fr[an]kf[ur]t die „Fr[an]kf[urter] Z[ei]t[un]g" aufleben zu lassen, nach dem, was mir von dort erzählt wird, als wenig aussichtsvoll an,[8] überdenke aber, ob es gehen würde, der hier zu gründenden Zeitung den Untertitel „Fortsetzung der Frankf[urter] Z[ei]t[un]g" zu geben.[9] Es wird, wenn das sich nicht machen läßt, sicher die Form sich finden, die Deutschen wissen zu lassen, daß hier eine zerbrochene Kontinuität wieder hergestellt werden soll.

Ich mache Sie darauf aufmerksam, daß hier jetzt auch Fr. Schnabel, R.[10] Buchwald, Richard Benz wohnen, daß man mit Jaspers, Alfr. Weber, G. Radbruch Leute von Rang leicht erreicht.

Seien Sie freundlich gegrüßt von
Ihrem erg[ebenen] Theodor Heuss

---

[7] Am 1. 7. 1847 kam die erste Nummer der in Heidelberg erscheinenden „Deutschen Zeitung" als bedeutendes Sprachrohr eines nationalen Liberalismus im Vormärz und während der Revolution 1848/49 heraus. Ihre Herausgeber waren neben Georg Gottfried Gervinus auch Ludwig Häusser, Gustav Höfken, Karl Mathy und Karl Mittermaier. Ende 1850 ging das Blatt wegen der prekären finanziellen Situation und der geringen politisch-programmatischen Erfolgsaussichten ein; U. v. HIRSCHHAUSEN, Liberalismus, S. 21–52.

[8] Die amerikanischen Presseoffiziere verweigerten 1945 ehemaligen Redakteuren der „Frankfurter Zeitung" eine Lizenz, weil diese während der nationalsozialistischen Zeit weiterhin in der Zeitung publiziert und sich somit kompromittiert hätten. Der einstige stellvertretende Hauptschriftleiter der „Frankfurter Zeitung", Erich Welter, erhielt außerdem vorübergehend Schreibverbot von den Amerikanern wegen seiner vermeintlich zu großen Nähe zu den Nationalsozialisten. Stattdessen konnte unter Beteiligung ehemaliger Redakteure der „Frankfurter Zeitung", darunter auch Welter, seit November 1946 in Mainz die „Allgemeine Zeitung" mit überregionalem Anspruch erscheinen. Mit Ende der Lizenzpflicht blieb ein Teil der Zeitung in Mainz, der andere siedelte nach Frankfurt a. M. über und erschien seit dem 1. 11. 1949 selbständig als „Frankfurter Allgemeine Zeitung für Deutschland" unter Welter als Mitherausgeber; vgl. G. GILLESSEN, Posten, S. 503–525; F. SIERING, Zeitung, S. 47f; K. DUSSEL, Tagespresse, S. 223.

[9] Die „Rhein-Neckar-Zeitung" erschien ohne einen solchen Untertitel.

[10] In der Vorlage: „W."; es handelt sich um Reinhard Buchwald. Vorausgehend unleserliche Streichung.

Nr. 3
An Willy Dürr, [Heilbronn]
22. Juni 1945; Heidelberg, Kehrweg 4
PA Elsbeth Haule: hs. Schreiben, behändigte Ausfertigung
Gesundheitszustand; berufliche Zukunft und literarische Pläne; Ungewissheit über das Schicksal des Sohnes in Berlin

Lieber Freund,

diese Zeilen werden auf Vorrat geschrieben, ob sie jemand einmal mitnimmt. Deinen großen Bericht erhielt ich vorgestern;[1] vielen Dank. Ich brenne natürlich darauf, einmal nach W[ür]tt[em]b[er]g zu kommen, aber man sagt mir, ich solle warten, bis man nach St[utt]g[ar]t kommt, wo ich ja mit den Boschleuten manches zu besprechen hätte.[2] Die große Wanderung zu machen, die ich vorhatte, riskiere ich bei der Hitze u. mit dem Gepäck doch nicht recht; ich wiege nur noch 110 Pfd. u. spüre früher körperliche Erschöpfung als ehedem.

Über Heilbr[onn] berichteten mir Hesse, Knorr, Frey (Handelskammer), Dr. Wecker jr.,[3] der auch die erschütternde Nachricht von Conrads Tod brachte.[4] Von Frey hörte ich auch über Sihlers Funktion; sehr verständig.[5]

Mit dem von Dir gesandten Herrn Held u. mit Herrn Bernard sprach ich ihre Wünsche durch u. suchte dann durch Rückfragen einige in Frage kommende Leute festzustellen: aber als ich dann auf das Büro ging, um die Adressen abzugeben, waren die Herren schon wieder weg. Ich ahne nicht, ob sie meinen Schrieb erhalten.[6]

Sehr viele amerik[anische] Besuche, manchmal zu viel, kluge und überflüssige. Ich bemühe mich, ihnen das und das beizubringen, habe auch für einen General eine Denkschrift verfaßt (very interesting!),[7] nehme an allerhand Konferenzen teil

---

[1] Dürr berichtet Heuss am 31. 5. 1945 in diesem Brief über die letzten Kriegshandlungen um Heilbronn sowie über den ersten politischen und publizistischen Wiederaufbau; BArch, N 1221, 55.

[2] Gemeint sind Gespräche über das Manuskript der Bosch-Biographie von Heuss; vgl. Nr. 1, Anm. 7, Nr. 5.

[3] Vermutlich Hanns Hesse, Alexander Knorr, Carl Frey und Fritz Wecker, die Heuss aus Heilbronn kannte.

[4] Heuss' Neffe Conrad Heuss, Sohn von Heuss' älterem Bruder Ludwig und dessen Frau Hedwig, fiel als Wehrmachtsoffizier am 24. 3. 1945 bei Danzig; vgl. auch Nr. 4.

[5] Hermann Sihler, Schulfreund von Heuss, war nach Kriegsende stellvertretender Heilbronner Oberbürgermeister geworden; wie Anm. 1.

[6] Der nähere Zusammenhang dieser Angelegenheit ließ sich nicht ermitteln.

[7] Vermutlich ist die Denkschrift „Betrachtungen zur innenpolitischen Lage" vom 30. 5. 1945 gemeint, in der Heuss den Siegermächten – wahrscheinlich auf Veranlassung des künftigen Landeskommissärs für die Bezirke Mannheim und Heidelberg, Karl Holl – die mentalen, politischen, wirtschaftlichen und kulturellen Aufgaben im zerstörten Deutschland beschrieb. Außerdem warb

(auch zwischen evang[elischen] u. kathol[ischen] Theologen),[8] bin aber noch unsicher, wie sich das Berufliche weiterentwickeln soll. Allerhand Angebote, die anzunehmen ich zögere, wesentlich wegen der übergroßen, aber unvermeidlichen Beanspruchung für den Haushalt, Essensbeschaffung und so fort. Wir sind ganz ohne Hilfskraft u. meine Frau durch die Herzgeschichten stark behindert, da die übliche Herzkur u. Erholung ausfiel.[9] Das hemmt meine Möglichkeit, die Presse-Angebote einfach anzunehmen.[10] Es ist schwer, aus einer Dachkammer, so nett sie ist, ohne Bücher in die Geschichte einzugreifen.

Das Bosch-Buch ist seit 2 Monaten fertig.[11] Ein amerikan[ischer] Offizier brachte den Schluß diese Woche nach Stuttgart! Nun kommt die Überarbeitung – 7–800 Seiten. Auch der Naumann soll neu herauskommen; eine eigentl[iche] Neubearbeitung lehnte ich ab, um nicht die erste Fassung zu entwerten. Kürzung und politisches Nachwort.[12] Leider ahne ich nicht, wo mein zusätzlich gesammeltes Material steckt: ob in Berlin oder in Meiningen, wohin mein literar[isches] Archiv verfrachtet wurde.[13] Ich habe halt nichts von m[einem] Handwerkszeug zur Hand, und die Univ[ersitäts]-Bibliothek ist noch – wie lange noch? – geschlossen.

Ulrich, höre ich, sei als Innenminister in Aussicht genommen.[14] Über Reinhold[15] höre ich nichts. Überhaupt noch niemanden aus Stuttgart gesprochen u. keine Nachricht von dort.

---

er darin für einen differenzierten Umgang mit den nationalsozialistischen Verbrechen und trat für eine Entnazifizierung in deutscher Verantwortung ein; ms. Manuskript der Denkschrift in: BArch, N 1221, 531; Druck in: TH. HEUSS, Aufzeichnungen, S. 77–90.

8 Vgl. Nr. 9, Anm. 4.

9 Vgl. Nr. 2, Anm. 3.

10 Vgl. Nr. 2.

11 Vgl. Nr. 1, Anm. 7.

12 Die 2. bearbeitete Auflage erschien 1949 im Rainer Wunderlich Verlag Hermann Leins unter demselben Titel wie die Erstauflage von 1937: THEODOR HEUSS: Friedrich Naumann. Der Mann, das Werk, die Zeit, Stuttgart/Tübingen 1949, mit einem Nachwort „Nach dreißig Jahren", das sich mit der aktuellen Bedeutung Naumanns beschäftigt, S. 509–516. Zum Widerstand von Heuss gegen inhaltliche Anpassungen an den Zeitgeist in der Neuauflage vgl. Nr. 45, Nr. 67.

13 Nach dem Umzug des Ehepaars Heuss im Herbst 1943 nach Heidelberg verbrachte der in Berlin verbliebene Sohn das Archiv des Vaters auf einen Gutshof nach Buckow im Märkischen und einen Teil der Bibliothek nach Konstanz. Anfang 1945 gelangte das Archiv wieder nach Berlin. Ernst Ludwig Heuss ließ eine Kiste mit den gesammelten Aufsätzen von Heuss zunächst in den Luftschutzkeller des Berliner Schuhhauses Leiser bringen und kurz darauf nach Meiningen in Thüringen transportieren; Heuss an die Speditionsfirma Senger & Butz, 22. 4. 1944; Ernst Ludwig Heuss an Heuss, 4. 3. 1945, beide in: FA, Basel; Heuss an Franke, 2. 9. 1945, in: DLA, A: Franke.

14 In der von der französischen Militärregierung in Stuttgart initiierten und am 13. 6. 1945 vorgestellten zentralen württembergischen Landesverwaltung war Fritz Ulrich als Leiter des Innenressorts vorgesehen; P. SAUER, Neubeginn, S. 37–39.

15 Reinhold Maier.

Berlin hinter eisernem Vorhang. Letzte Botschaft vom 15. März.[16] Wir ahnen nicht, ob der Sohn noch lebt, das Haus noch steht, was mit Walter B[auer] ist, was das Schicksal unserer Sekretärin, die Anfang Febr. noch in Schlesien war.[17]

Ich hoffe sehr, bald einmal eine Fahrgelegenheit zu kriegen u. Euch aufsuchen zu können.

Herzl[iche] Grüße, auch an die Freunde u. Deine Töchter, wie immer
Dein Theodor Heuss

Nr. 4
An Hedwig Heuss, [Ludwigsburg]
13. Juli 1945; Heidelberg, Kehrweg 4
PA Hanna Frielinghaus-Heuss: hs. Schreiben, behändigte Ausfertigung
Tod des Neffen Conrad Heuss; berufliche Perspektiven; Verlust von Freunden in den letzten Kriegstagen

Liebe Hedwig,

als Dr. Frank[1] kürzlich hier war, bedrängte ihn die Zeit mit Fragen hin u. her so sehr, daß es nicht reichte, ihm einige Zeilen mitzugeben. Ich schreibe nun einmal, ohne zu wissen, wann u. durch wen der Brief Euch erreichen könnte. Aber das kann sich ja plötzlich einmal ergeben. Gestern war jemand von Stuttgart da, hat aber weder Elly noch mich zu Hause angetroffen.

Du kannst Dir denken, wie sehr u. mit welchen traurigen Empfindungen wir in den letzten Wochen an Euch gedacht haben. Liselores Darstellung dessen, was über Conrad bekannt wurde, gab ja noch Raum zur Hoffnung;[2] Ludwigs

16 Ein Schreiben von Ernst Ludwig Heuss an seine Eltern vom 15. 3. 1945 ließ sich nicht ermitteln; stattdessen ist eine Postkarte vermutlich vom 16. 3. 1945 (Poststempel) nachweisbar, in der Ernst Ludwig Heuss ein Telefonat vom Tag zuvor erwähnt; FA Heuss, Basel.

17 Der Sohn überlebte den Krieg. Das Haus in der Kamillenstraße 3 in Berlin-Lichterfelde, das Heuss 1930 erwarb und in dem er bis 1943 wohnte, blieb weitgehend unversehrt; vgl. Nr. 4. – Als Mitglied der Bekennenden Kirche wurde Bauer nach dem Attentat auf Hitler am 20. 7. 1944 verhaftet und erst am 21. 4. 1945 kurz vor dem Einmarsch der sowjetischen Truppen in Berlin aus der Gestapo-Haft entlassen. – Die Sekretärin von Heuss, Charlotte Kaempffer, hielt sich seit 1943 wiederholt auf einem Gut in Oberschlesien auf. In einem Schreiben an Hugo Schradin vom 7. 2. 1945 heißt es dazu: „Aber sonst habe ich mich um manche Freunde, auch um m[eine] Sekretärin (seit 1928), die ausgebombt nach Oberschlesien auf ein Gut ging und nichts von sich hören läßt, zu sorgen." AdL, N 13, 6.

1 Karl Ludwig Frank war von 1931 bis 1945 Oberbürgermeister von Ludwigsburg.

2 Ein Schreiben von Elisabethe Eleonore (Liselore) Würz an ihren Onkel Theodor Heuss ließ sich nicht ermitteln; vgl. das Schreiben von Heuss an Würz vom 4. 6. 1945, in dem der Hoffnung auf das Überleben von Conrad Heuss noch Ausdruck verliehen wird; PA Elisabethe Eleonore Würz.

Brief vom 11. Juni, den wir am 7. Juli erhielten, löschte sie aus.[3] Durch den jungen Wecker, der gelegentlich hier ist, gab ich Abschrift an Lore,[4] mit der Bitte, auch Euch zu informieren, da ich annehme, daß innerhalb Württembergs die Sendegelegenheiten häufiger sind. Doch füge ich nochmals eine Abschrift bei.

Abb. 2: Conrad Heuss, um 1943

Uns hatte Rauth[5] durch Dr. Fr. Wecker die schreckliche Botschaft bestellen lassen. Ich werde schwer mit ihr fertig, denn die männliche Lebensfrische Conrads steckte, bei allem Wissen um die drohende Notzeit, voll Zukunftssicherheit. Es ist ganz schrecklich, daß dieser wüste Krieg, der längst als verloren gelten mußte, noch dieses, noch so viele andere Opfer fordern mußte, weil eine Verbrecherbande in die Führung Deutschlands gekommen war. Conrad hing so sehr an Dir und den Geschwistern; nun ist eine furchtbare Verarmung zu Euch getreten, da seine Herzlichkeit, sein Humor in einem fernen Grabe liegen, man weiß nicht wo. Und dabei immer noch das dunkle Fragen nach dem Schicksal von Arndt – es wird ja leider auch hier schwerer, an das Ende der Geduld eine sichere Hoffnung zu stellen.[6]

3 Ernst Ludwig Heuss an seine Eltern, 11. 6. 1945, in: FA Heuss, Basel. Dies war das erste Nachkriegsschreiben des Sohnes, das die Eltern in Heidelberg erreichte. Dort heißt es zum Tod von Conrad Heuss: „Nun noch eine furchtbare Nachricht: Conrad Heuss ist am 24. März bei Danzig gefallen. Am 12. April bekam ich ein Telegramm seines Burschen Wilhelm mit dieser Mitteilung und der Bitte, sie an Frau und Mutter weiterzugeben. Das war mir bisher nicht möglich."

4 Lore Heuss, Ehefrau von Conrad Heuss.

5 Alfred Rauth hatte gemeinsam mit Heuss das Karlsgymnasium in Heilbronn besucht.

6 Arndt Frielinghaus, Ehemann von Heuss' Nichte Hanna und Oberleutnant in der Wehrmacht, wurde seit 1943 in Jugoslawien vermisst. Vermutlich hatten ihn Partisanen erschossen.

Wie gerne wäre ich längst einmal nach Württemberg gefahren; man riet mir, zu warten, bis die Franzosen Stuttgart verlassen haben. Das ist ja jetzt wohl der Fall.[7] Aber in den letzten 2, 3 Wochen bin ich hier in einen Zustand ewiger Konferenzen geraten, der mir Wegreisen nur ermöglichte, wenn ich wüßte, wie ich zurückkomme. Die Amerikaner bedrängen mich sehr, an der Gründung einer Zeitung mitzuwirken,[8] von d[eu]tscher Seite bin ich aufgefordert, in eine „Regierung" für Nordbaden einzutreten (dies streng vertraulich)[9] – ich selber wollte weiter Bücher schreiben,[10] sehe aber, daß es Grenzen gibt in dem Recht, sich auf sich selber zurückzuziehen. Dieser Schwebezustand der Entschlüsse hält mich einstweilen fest.

Ob Walter Bauer bei Euch vorsprechen konnte? Er war am 7. Juli kurz hier, traf nur Elly an. Mit allerhand Abenteuern am 21. 4. aus dem Gefängnis geholt, hatte von den Russen Erlaubnis, für einige Wochen wegzufahren; nach fast 4 Monaten[11] Brief von Ludwig, er u. Haus unversehrt; er macht jetzt im Wirtschaftsamt der Stadt die Schuhversorgung. Freilich hatte er manches Böse noch mitzuteilen: Perels, Klaus Bonhoeffer, Graf Bernstorff u. andere Freunde wurden am 21. 4. noch durch ein Rollkommando der SS durch Genickschuß ermordet …[12]

---

[7] Nachdem am 22. 6. 1945 die Grenzziehung zwischen dem amerikanischen und französischen Besatzungsgebiet endgültig beschlossen war, zogen sich die Franzosen am 8. 7. 1945 aus Stuttgart und Karlsruhe zurück; P. SAUER, Neubeginn, S. 24.

[8] Zur Gründung der „Rhein-Neckar-Zeitung" vgl. Nr. 2, Anm. 1, Nr. 5, Anm. 9, Nr. 7, Anm. 2.

[9] Vermutlich hatte der designierte Oberpräsident des Landeskommissariatsbezirks Nordbaden, Karl Holl, auf Vorschlag von Willy Hellpach Heuss als Leiter der Kulturverwaltung vorgesehen; Hellpach an Heuss, 8. 7. 1945, in: BArch, N 1221, 81. Heuss übernahm diese Aufgabe in der „Regierung" Holl dann seit Mitte Juli ehrenamtlich; vgl. Nr. 6. Er hatte bereits für Holl am 8. 7. 1945 ein Gutachten verfasst, in dem er vor allem aus historischen Gründen für den Zusammenschluss von Nordwürttemberg und Nordbaden argumentierte; TH. HEUSS, Aufzeichnungen, S. 91–96; vgl. auch das Begleitschreiben Heuss an Holl, 8. 7. 1945, in: BArch, N 1221, 83.

[10] Gemeint sind die Fortsetzung der Jugenderinnerungen, die Auseinandersetzung mit dem Nationalsozialismus und die überarbeitete Neuauflage der Naumann-Biographie; vgl. Nr. 1, Anm. 8, Anm. 9, Nr. 3.

[11] Von Heuss korrigiert aus „Wochen" in „Monaten". Vgl. auch Nr. 3, Anm. 17.

[12] Im Brief von Ernst Ludwig Heuss an seine Eltern vom 11. 6. 1945 heißt es dazu: „Leider konnte für einen Teil der Häftlinge in der Lehrtertraße nichts getan werden. So wurden schrecklicherweise am 21. [richtig: 23.; d. Bearb.] April noch Klaus Bonhoeffer, Rüdiger Schleicher, Justus Perels, Graf Bernstorff, Freiherr v. Guttenberg u. a. durch ein Rollkommando der SS erschossen." FA Heuss, Basel. – Der Jurist und Justitiar des Pfarrernotbundes und der Bekennenden Kirche, Friedrich Justus Perels, wurde im Zusammenhang mit dem gescheiterten Attentat auf Hitler vom 20. 7. 1944 im Oktober desselben Jahres verhaftet und – wie auch der Jurist Klaus Bonhoeffer – im Februar vom Volksgerichtshof zum Tode verurteilt; M. SCHREIBER, Friedrich Justus Perels, S. 191–222. – Der 1933 abberufene Londoner Botschafter, Albrecht Graf von Bernstorff, verkehrte in der bürgerlichen Oppositionsgruppe des Solf-Kreises. Im Juli 1943 wurde er verhaftet und nach Verhören und Folterungen im April 1945 zusammen mit anderen Häftlingen im Gefängnis Lehrter Straße in Berlin erschossen; K. HANSEN, Albrecht Graf von Bernstorff, S. 265–272; vgl. auch die Würdigung Bernstorffs durch Heuss, in: TH. HEUSS, Profile, S. 294–298.

Gesundheitlich geht es ordentlich: man wiegt noch 110 Pfund u. könnte immer etwas essen. Zwischendurch schreib ich m[eine] Jugenderinnerungen nieder.[13]

Gar keine Nachricht von u. an Marie Mück in Simmozheim; Lotti Kaempffer seit Anfang Febr., da sie auf der Flucht in Görlitz war, für uns verschollen.[14]

Seid beide mit der Kleinen herzlich gegrüßt in getreulichem Denken an Euch
Dein

Theodor

[PS] Von Chemnitz natürlich keine Ahnung.[15]

Nr. 5
An Dr. Otto Fischer, [Stuttgart]
17. Juli 1945; Heidelberg, Kehrweg 4
SBTH: hs. Schreiben, behändigte Ausfertigung[1]
Literarische, publizistische und politische Aufgaben in Heidelberg; Publikation der Bosch-Biographie

Lieber Dr. Fischer,

sehr herzlichen Dank für Ihren Brief vom 2. 7. – er ist heute eingetroffen.[2] Meine Frau hat ihn, wie sie mir sagte, kurz beantwortet;[3] die Überbringerin hat mich selber nicht angetroffen.

Ich hoffe auch sehr, daß Stuttgart bald von mir aufgesucht werden kann; zunächst wartete ich den Abzug der Franzosen ab, bin aber ziemlich entsetzt über die Grenzziehung nördl[ich] von Tübingen und Reutlingen.[4]

Wir haben hier nur Brückensprengungen erlebt, die Stadt hat sonst kaum Schäden, ist aber maßlos überfüllt.[5] Wir selber wohnen so versteckt, daß uns

13 Vgl. Nr. 1, Anm. 9.
14 Vgl. Nr. 3, Anm. 17.
15 In Chemnitz wohnte der Bruder von Heuss, Ludwig Heuss.
1 Eingangsvermerk vom Empfänger vom 27. 7. 1945. Dieses Schreiben wie auch weitere Korrespondenz zwischen Heuss und Fischer sind eine freundliche Schenkung von Sybille Fischer.
2 Fischer an Heuss, 2. 7. 1945, in: DLA, A: Heuss, 73.4469.
3 Heuss-Knapp an Fischer, 16. 7. 1945, in: SBTH .
4 Der Abzug war bereits am 8. 7. 1945 erfolgt; vgl. Nr. 4, Anm. 7. Gemeint ist die Grenzziehung zwischen dem französisch besetzten Württemberg-Hohenzollern und dem amerikanisch besetzten Nordwürttemberg.
5 Heidelberg gehörte zu den wenigen deutschen Großstädten, die im Krieg nicht zerstört worden waren; erst kurz vor der Besetzung durch die amerikanischen Truppen am 30. 3. 1945 hatten deut-

niemand behelligte;[6] amerik[anische] Besuche erhielt und erhalte ich fleißig, ⅔ davon als Offiziere aufgemachte Professor[en] der Soziologie, die offenbar in USA in Mengenfertigung produziert werden. Nette Leute darunter. Man weiß nur nicht, wie sinnvoll es ist, ihnen Vorträge zu halten. Ich muß auf irgend einer Liste stehen, daß man mich (wie Jaspers, Radbruch u. andere) besuchen soll.[7] Da die Bibl[iotheken] noch geschlossen, habe ich das Material, was ich für ideolog[ische] Auseinandersetzungen suchte, noch nicht greifen können – faute de mieux schrieb ich in 5–6 Wochen m[eine] Jugenderinnerungen nieder und bearbeite z. Zt. (d. h. kürze etwas) das Naumannbuch, das neu erscheinen soll.[8]

Außerdem viele Sitzungen wegen Zeitungsgründung – die Amerikaner bedrängten mich, daß ich schließlich mitmachte, damit nicht bloß Z[en]tr[um], SPD, KPD die Sache in der Hand haben. Es wird schwierig werden, sachlich u. personell, aber man muß es halt riskieren. Mit den amerik[anischen] „Gegenspielern" komme ich gut aus.[9]

Daneben mancherlei Palaver wegen „Regierungsbildung", eine zweifelhafte Sache bei dem Kantönli-Betrieb u. der Kompetenzstreiterei der Deutschen. Darüber gelegentlich mündlich. Alles noch in Schwebe.[10] An Arbeit u. Durcheinander fehlt es also nicht.

---

sche Pioniereinheiten drei Neckar-Brücken gesprengt; vgl. auch TH HEUSS, Notizen, S. 33–49, vor allem S. 38–44.

6 Im Heidelberger Vorort Handschuhsheim; vgl. Nr. 4, Anm. 7.

7 Die von der amerikanischen Psychological Warfare Division bereits am 5. 12. 1944 aufgestellte „White List of Persons in Germany Believed to be Anti-nazi or Non-nazi" enthält Namen von Personen, die als demokratisch zuverlässig galten. Nach der Besetzung Deutschlands sollten sie politische Verantwortung übernehmen. Theodor Heuss taucht an drei Stellen dieser Liste auf, nämlich unter Berlin, Weinheim und auch Württemberg, worunter der Eintrag lautet: „Württemberg – Address unknown: *Heuss, Theodor*: about 60 years old. Assistant editor *Die Hilfe*, 1905–1912. Editor *Heilbronner Neckarzeitung*, 1912–1918. Lecturer at ‚Hochschule fuer Politik', 1920–1933. Reichstag member 1924–1928 and 1930–1933. Editor *Die Hilfe*, 1933–1935. Freelance writer. ‚Uncompromising Democrat.' Had close connections with source from 1928–1936. Source is not sure he would cooperate but it would be worth trying." H. L. WUERMELING, Weiße Liste, S. 284f. Eine undatierte, vermutlich aus dem Frühjahr 1945 stammende Liste mit Namen unbelasteter Deutscher, darunter auch Heuss und Heuss-Knapp, befindet sich in: University of Notre Dame Archives, NL George N. Shuster, CSHU, Box 1.

8 Vgl. zu den Publikationsvorhaben Nr. 1, Anm. 8, Anm. 9, Nr. 3.

9 Zur Anfrage der Amerikaner bei Heuss und seiner zunächst distanzierten Haltung vgl. Nr. 2, Anm. 1. – Um politische Ausgewogenheit zu erreichen, sollten neben Heuss auch der Sozialdemokrat Hermann Knorr, der Kommunist Rudolf Agricola und der ehemalige Zentrumsmann Hans Adalbert Berger die Herausgeberschaft der „Rhein-Neckar-Zeitung" übernehmen. Seit Anfang Juli 1945 fanden in Heidelberg mehrere von Boxer geleitete Treffen der Herausgeber und weiterer Journalisten statt; vgl. R. BURGER, Theodor Heuss, S. 405f. Zur Kontroverse um die Lizenzvergabe an Heuss und Berger vgl. Nr. 7, Anm. 2.

10 Im Sommer 1945 existierte im amerikanischen Besatzungsgebiet von Nordwürttemberg und Nordbaden eine komplizierte Verwaltungsstruktur mit divergierenden Interessen. So hatten die Amerikaner im Juni 1945 in ihrem damaligen nordbadischen Besatzungsgebiet das Landeskommissariat

Aber es liegt mir doch sehr viel daran, daß die Bosch-Biographie darüber nicht liegen bleibt. Ich will die Überarbeitung erst beginnen, wenn ich das Gesamtwerk in Abschrift und mit den Notizen dazu vor mir habe – es wird sich dann leichter kontrollieren lassen, wo Straffung möglich ist.[11] Was die Auffassung von Dr. M. Bosch betrifft, sie habe mit mir abgesprochen, daß das Buch erst nach dem Tode ihrer Mutter vorgelegt werden solle, so ist das so: sie hat schon vor längerer Zeit einmal geschrieben, sie werde ihre Zustimmung zur Veröffentlichung erst dann geben.[12] Ich habe darauf gar keine Erklärung abgegeben, denn ich hätte ihr schreiben müssen, daß a) bei der Übergabe des Materials keine derartige Bedingung gestellt wurde, b) daß, nachdem mir das Material zu treuen Händen gegeben war u. ein Auftrag der Firma vorlag, eine „Zustimmung" wohl nicht notwendig, c) daß sachlich ihr Wunsch überraschend, denn Frau Anna kommt doch sehr gut weg. Das muß einmal mündlich geklärt werden; schriftlich kriegt das leicht eine Versteifung.[13] Sie haben inzwischen vielleicht gesehen, wie ich die Eheproblematik weiterhin behandelte.[14] Ich übersehe nun den Verlauf Eurer Verhandlungen von hier aus ganz u. gar nicht, ganz primitiv aber habe ich das Gefühl, die *Firma* müßte sagen: je eher, desto besser.

Persönlich geht es ordentlich; Lebendgewicht noch 110 Pfd.

Hoffentlich durften Sie auch jetzt im Hause bleiben.[15]

Ihnen allen herzl[ichen] Gruß
Ihr Theodor Heuss

Mannheim-Heidelberg errichtet, dessen Oberpräsident Holl seit der zweiten Julihälfte 1945 die Bildung einer gesamtbadischen Regierung befürwortete. Die Franzosen richteten noch während ihrer Besatzungszeit in Stuttgart und Karlsruhe Landesverwaltungen ein, die auch nach ihrem Rückzug am 8. 7. 1945 zunächst fortbestanden. Letztlich ließ sich die US-Militärregierung allen Widerständen zum Trotz nicht von ihrem Ziel abbringen, eine Zentralregierung für Nordbaden und Nordwürttemberg zu bilden, die dann am 24. 9. 1945 zustande kam; P. SAUER, Neubeginn, S. 35–50.

[11] Heuss bat Fischer sechs Wochen darauf um die Einreichung von weiteren überarbeiteten Teilen des Manuskriptes; Heuss an Fischer, 24. 8. 1945, in: SBTH. Am 27. 8. 1945 schickte Fischer dann den Rest des durchgesehenen Manuskriptes mit einigen Bemerkungen zurück; Fischer an Heuss, 27. 8. 1945, in: DLA, A: Heuss, 73.4469.

[12] Die Tochter von Robert Bosch, Margarete Bosch jr., schrieb am 14. 12. 1943 an Heuss: „Sie sagten bei Ihrem letzten Hiersein, daß eine Veröffentlichung der Biographie vorerst nicht in Frage komme. Das ist ganz in unserem Sinne. Denn aus Rücksicht auf meine Mutter kann ich eine Veröffentlichung zu ihren Lebzeiten nicht zulassen, weil ich ihr ja nicht gesagt habe, daß ich Ihnen die Briefe gab." DLA, A: Heuss, 73.4455. Margarete Bosch hatte Heuss ohne Wissen ihrer Mutter die Jugendbriefe ihres Vaters für die Biographie zur Verfügung gestellt; E. W. BECKER, Biographie, S. 64.

[13] In einem Brief vom 27. 8. 1945 informierte Fischer Heuss darüber, dass Margarete Bosch jr. ihre Einwände fallengelassen habe und für eine frühe Publikation plädiere, in: DLA, A: Heuss, 73.4469.

[14] Vgl. zur Scheidung Robert Boschs von seiner Frau Anna und zur zweiten Ehe mit Margarete Wörz TH. HEUSS, Robert Bosch, S. 531f.

[15] Fischer hatte die Befürchtung, daß die amerikanischen Soldaten nach ihrem Einmarsch in Stuttgart ihn aus seinem Haus vertreiben würden; wie Anm. 2.

Nr. 6
An Dr. Gustav Stolper, [New York]
23. August 1945; Heidelberg, Kehrweg 4
BArch, N 1221, 489: hs. Schreiben, behändigte Ausfertigung[1]
Besuch der Söhne von Gustav Stolper; Schicksal gemeinsamer Freunde am Ende des Krieges; literarische Pläne; Tätigkeit in nordbadischer Unterrichtsverwaltung; Berufung zum württemberg-badischen Kultusminister

Lieber Gustl,

Ihr könnt Euch kaum denken, wie groß unsere Freude war, als bald nach der Besetzung Heidelbergs[2] Wolfi[3] auftauchte; natürlich hofften wir, hier einmal entdeckt zu werden, aber daß es so frühe geschah, war wunderbar. Wolfi hat sich beim 2ten Besuch viel erzählen lassen von diesem u. jenem, so daß ich das nicht zu wiederholen brauche. Und dann stand der große, schöne u. kluge Maxi[4] vor der Tür; er hatte bei einem 2ten Besuch auch behaglich einige Stunden Zeit; wir haben das sehr genossen u. auch nach dem Zusammensein in Tirol, das doch wohl schon 8 od. 9 Jahre zurückliegt, die alte Anhänglichkeit spüren dürfen.[5] Er hat uns auch Bilder von Euch u. der großen Hanna[6] gezeigt. Rührend war er, wie er um mich besorgt ist, da ich, bei meinen 1,79 Meter, von 160 auf 105 Pfd. abgesackt bin, u. er meint, daß da etwas geschehen müsse.

Wolfi oder Maxi wird Euch auch mitgeteilt haben, daß wir Anfang Juli, nach 4 Monaten Unterbrechung, befriedigende Nachricht von Ludwig erhielten: Walter Bauer, Mitte April aus dem Gefängnis herausgeholt, konnte sie uns bringen.[7] Seitdem keine neue Botschaft direkt, doch über ihn. Er soll, wie es in einem Brief von dritten hieß, „ein Denkmal verdienen", so anständig u. tapfer hat er sich gehalten u. noch einige Leute aus dem Gefängnis herausgebracht (Frau Solf u. Tochter, Frau Elsas u. Tochter).[8] Jetzt arbeitet er im Magistrat von Berlin.[9] Daß

[1] Weiterer Nachweis: BArch, N 1221, 646: ms. Schreiben, Abschrift.
[2] Ende März 1945.
[3] Sohn aus Gustav Stolpers erster Ehe, Wolfgang Stolper.
[4] Sohn von Gustav und Toni Stolper, Max Stolper.
[5] Das Ehepaar Heuss hatte mit Gustav, Toni, Max und Hanne Stolper im Juli 1936 einen etwa zehntätigen Urlaub im Grand Hotel Carezza al Lago am Karersee in Südtirol verbracht; Toni Stolper an Heuss und Heuss-Knapp, 9. 7. 1936, in: BArch, N 1221, 448; vgl. auch T. STOLPER, Leben, S. 378.
[6] Johanna, Tochter von Gustav und Toni Stolper.
[7] Vgl. Nr. 3, Anm. 17, Nr. 4.
[8] Brief ließ sich nicht ermitteln. Doch dazu heißt es in einem Brief von Ernst Ludwig Heuss an seine Eltern vom 11. 6. 1945: „Mir ist es gelungen, am 23. [April] mit meinem Auto noch Frau Elsas mit Tochter Marianne, Frau Solf mit Tochter und eine Frau Ministerialrat Rieck aus Neustrelitz aus dem Gefängnis Moabit herauszuholen." FA Heuss, Basel; vgl. auch Ernst Jäckh an Heuss, 9. 1. 1946, in: BArch, N 1221, 83.

Elsas selber hingerichtet, Graf Bernstorff „liquidiert“ wurde (und noch manche Freunde), Hamm im Gefängnis umgebracht, Gessler gefoltert, hast Du wohl erfahren.[10] Ich hatte in der Sache mehr Glück als erwartet werden durfte.[11]

Ich fing, nach der Beendigung des Bosch-Buches, an, eine Auseinandersetzung mit der Hitlerei für die Deutschen von 1970 vorzubereiten. Aber die Bibliotheken sind noch zu. Und ich habe in m[einer] Dachkammer ja nichts von m[einen] Büchern. So schrieb ich, während Weltgeschichte ablief, meine – Jugenderinne-

---

[9] Ernst Ludwig Heuss war Referent für die Schuh- und Lederwirtschaft beim Magistrat der Stadt Berlin; Ernst Ludwig Heuss an seine Eltern, 11. 6. 1945 und 1. 7. 1945, in: FA Heuss, Basel.

[10] Der 1933 abgesetzte Bürgermeister von Berlin und württembergische Landsmann von Heuss, Fritz Elsas, schloss sich einem liberalen Widerstandskreis an. Carl Goerdeler hatte ihn für den Fall des geglückten Staatsstreichs als Leiter der Reichskanzlei vorgesehen. Nach dem fehlgeschlagenen Attentat auf Adolf Hitler am 20. 7. 1944 nahm er Goerdeler einige Tage in seinem Haus auf. Kurz darauf wurde er verhaftet und am 4. 1. 1945 im KZ-Sachsenhausen ohne Gerichtsverfahren erschossen; M. SCHMID, Demokrat, S. 42–49; H. R. SASSIN, S. 243; TH. HEUSS, Profile, S. 299–302; vgl. auch Nr. 18, Nr. 22, Nr. 24, Nr. 37, Nr. 56. – Zu Bernstorff vgl. Nr. 4, Anm. 12. – Der liberale Politiker und bis 1933 amtierende Geschäftsführer des Deutschen Industrie- und Handelstages, Eduard Hamm, pflegte Verbindungen zu Widerstandskreisen um Goerdeler, der ihn im Falle eines erfolgreichen Umsturzes als Landesverweser von Bayern vorgesehen hatte. Nach dem Attentat am 20. 7. 1944 wurde er Anfang September verhaftet und nahm sich in Gestapo-Haft am 23. 9. 1944 das Leben. – Otto Gessler hatte Heuss bereits während dessen Münchener Studium im Naumann-Kreis kennengelernt, beide standen sich politisch und menschlich seit Anfang der zwanziger Jahre nahe. Nach der nationalsozialistischen Machtübernahme zog sich der ehemalige Reichswehrminister weitgehend ins Privatleben zurück. Dennoch wurde er nach dem Attentat vom 20. 7. 1944 verhaftet und verbrachte sieben Monate in Haft, wo er Folterungen erlitt. Im Februar 1945 wurde er überraschend entlassen. Ernst Ludwig Heuss hatte dies seinen Eltern verschlüsselt mitgeteilt: „Soeben läßt mir Walter [Bauer] ausrichten, daß Otto [Gessler] aus dem Krankenhaus nach Haus entlassen worden sei. Die Krankheit hätte ihn allerdings außerordentlich mitgenommen. Bei dem Sturz habe er alle Zähne verloren, auch seien einige Knochen kaputt, er habe es fast nicht überstanden.“ Ernst Ludwig Heuss an seine Eltern, 6. 3. 1945, in: FA Heuss, Basel; vgl. zur KZ-Haft Gesslers auch dessen Aufzeichnungen, in: O. GESSLER, Reichswehrpolitik, S. 511–516.

[11] Heuss hatte auf verschiedenen Ebenen Kontakte zu Gegnern des NS-Regimes gehabt, auch wenn er nicht zu den zentralen Akteuren des Widerstandes gehörte. Er war ein gefragter Gesprächspartner in liberalen sowie auch sozialdemokratischen und konservativen Beziehungsgeflechten. Über seinen Sohn bekam er Kenntnis von dem Widerstand um Fritz Elsas, über familiäre Bande seiner Frau enge Kontakte zu Vertretern der Bekennenden Kirche, so zu den Brüdern Dietrich und Klaus Bonhoeffer. Darüber hinaus fand er selber auch Verbindungen zum aktiven Widerstand, indem er an konspirativen Treffen des ehemaligen SPD-Reichstagsabgeordneten Julius Leber teilnahm. Goerdeler traf er in Zusammenhang mit seinen Arbeiten an der Bosch-Biographie in Stuttgart und sicherte ihm zu, nach dem Sturz Hitlers der neuen Regierung vorübergehend als Pressechef anzugehören. Heuss wurde damit zum Mitwisser und auch Mitträger der Umsturzpläne, die im Attentat auf Hitler kulminierten; selber aktiv beteiligt war er aber an diesem Unternehmen nicht. Nach dem Scheitern des Umsturzversuches blieb Heuss unbehelligt, da er in der Heidelberger Abgeschiedenheit aus dem Gesichtskreis der Ermittler geraten war und vor 1933 keine exponierte politische Spitzenstellung bekleidet hatte. Zudem hatte bereits im Frühjahr 1944 ein Freund seines Sohnes dank seiner Kontakte zum Sicherheitsdienst einen Teil der Heuss belastenden Gestapo-Akten in Berlin verschwinden lassen; vgl. J. C. HESS, Nazis, vor allem S. 176–190; Nr. 18, Nr. 19, Nr. 22, Nr. 27, Nr. 37, Nr. 56.

rungen.[12] Das war schier wie eine Idylle. Sie hörte dann auf, als ich aufgefordert wurde, in die Leitung einer hier zu gründenden d[eut]schen Zeitung einzutreten – ich wollte nicht recht vom Schreibtisch weg, aber die Aufgabe, *weil* sie schwierig ist, begann mich dann doch zu locken.[13] Seitdem war es mit der Ruhe vorbei, denn *jeder* will jetzt, mangels anderer Dinge, Journalist sein od. werden. Noch haben wir aber den Start nicht machen können. Seit 4 Wochen leite ich auch ehrenamtlich die Unterrichtsverwaltung in „Nordbaden".[14] Aber wir stehen vor einer eingreifenden Änderung unserer Lage. An eine Rückkehr nach Berlin haben wir an sich nicht mehr recht gedacht – in den Jahren, die ich[15] zu leben habe, wird sich keine rechte Aufgabe für mich dort melden. Also dachte man zunächst: hier bleiben. Aber seit 10 Tagen stehen wir innerlich auf dem Abmarsch nach Stuttgart. Der amer[ikanische] Militärgouverneur[16] dort wünscht, daß ich in dem zu bildenden Kabinett das Kultusministerium übernehme – in der alten Parteienkategorie 2 SPD, 2 Z[en]tr[um], 2 Dem[okraten] (R. Maier u. ich).[17] Es hat ja einen gewissen Sinn, wenn ich m[ein] Leben in dem Land beschließe, dem ich so viel Arbeit und Liebe gewidmet habe.[18] Ich darf spüren, daß sich viele Leute, gerade auch Jüngere, freuen, wenn ich komme. Leicht wird die Aufgabe ja nicht sein u. wenig Dank gewinnen, aber sehr notwendig ihre anständige Bewältigung. Ich bringe ja bei beiden Kirchen einen ordentlichen persönlichen Kredit mit in die Arbeit, so daß es von solcher Seite keine Erschwerungen geben wird. Aber welche Probleme – menschliche, räumliche! In m[einer] Heimatstadt Heilbronn etwa sind *sämtliche* Volks- u. hohen Schulen völlig zerstört …

---

[12] Zu den publizistischen Vorhaben vgl. Nr. 1, Anm. 7–9.

[13] Vgl. Nr. 2, Anm. 1, Nr. 5, Anm. 9.

[14] Vgl. Nr. 4, Anm. 9; außerdem Heuss an Franke, 2. 9. 1945, in: DLA, A: Franke; Heuss an Dietrich, 26. 9. 1945, in: BArch, N 1004, 534.

[15] Es folgt nicht lesbare Streichung.

[16] Oberst William W. Dawson, Direktor der Militärregierung in Württemberg-Baden.

[17] Am 7. 8. 1945 hatte eine Abordnung der US-Militärregierung bei Reinhold Maier in Schwäbisch Gmünd angefragt, ob er bereit sei, für das noch zu bildende Land Nordwürttemberg-Nordbaden das Amt des Ministerpräsidenten zu übernehmen. Maier willigte ein. Die Militärregierung stimmte seiner Ministerliste zu, die Josef Beyerle (CDU) als Justizminister, Josef Andre (CDU) als Wirtschaftsminister, Fritz Ulrich (SPD) als Innenminister und Otto Steinmayer (SPD) als Postminister vorsah. Einzig für das Kulturressort präsentierten die Amerikaner mit Heuss einen eigenen Kandidaten, den sein Freund Maier gerne akzeptierte. Am 24. 9. 1945 nahm die Militärregierung die Vereidigung des Kabinetts Maier vor; P. SAUER, Neubeginn, S. 46f; R. MAIER, Grundstein, S. 114–117.

[18] Heuss wurde im württembergischen Brackenheim geboren, wuchs in Heilbronn auf und war von 1912 bis Ende 1917 Chefredakteur der Heilbronner „Neckar-Zeitung". Während der Weimarer Republik gehörte er 1924–1928 sowie 1930–1932 für den württembergischen Wahlkreis der DDP-Reichstagsfraktion an. Trotz seines Lebensschwerpunktes in Berlin blieb er also auch während dieser Zeit Württemberg verbunden. 1945–1949 lebte er in Stuttgart und kehrte 1959 nach Ende seiner zweiten Amtszeit als Bundespräsident wieder dorthin zurück.

Elly war auch schon in St[utt]g[ar]t u. hat in Degerloch, das ziemlich intakt ist, eine 4-Zimmerwohnung mieten können, die jetzt frei wird.[19] Da nun all unser Zeug, Möbel, Geschirr, Teppiche u. s. f. u. s. f., in Berlin ist, wird es eine arge Aufgabe sein, sich eine Einrichtung zusammenzuleihen. Aber jeder will uns ein Stück geben.[20]

Wir hatten, durch einen amerik[anischen] Offizier an uns gewiesen, diesen Tag den Besuch von Mrs. Rado,[21] deren Stiefsohn mit Maxi in der Schule war. Da wurde viel über Euch u. über sonstige Menschen drüben (New-School-Kreis)[22] geredet. Mrs. Rado fuhr Elly mit nach Stuttgart.

Wenn ich einmal in St[utt]g[ar]t sein werde, hoffe ich, Euch eine Adresse melden zu können, die uns auch einmal direkt Nachricht von Euch gibt, so gut es war, durch die Söhne Gutes erfahren zu haben. Wir rechnen, daß auch Ernstl[23] einmal auftauchen wird. Natürlich wäre es am schönsten, in nicht zu ferner Zeit, wieder einmal nach guter alter Art die menschlichen und sachlichen Fragen durchzusprechen. Es wäre mir wichtig, Deine Meinungen über dies u. jenes zu hören: Grenzprobleme im Osten, Übersetzung von Restdeutschland bei zerstörtem Industrieapparat u. s. f. Wir hoffen, daß es bald so weit ist, daß man wieder in Deutschland Briefe tauschen kann u. telefonieren kann; es geht übermäßig viel Kraft für Kleinkram drauf. Dann wird auch wieder Erfahrung u. Urteil ausgetauscht werden können. Man stößt natürlich hier auf Apathie, dort auf Tatkraft – es hängt viel von der menschl[ichen] Art des Partners ab.

Das Bosch-Buch, seit Frühjahr fertig, ist jetzt zum Satz gegeben, etwa so groß wie die Naumann-Biographie; diese selber, ein wenig gestrafft u. mit einem – noch nicht geschriebenen – histor[isch-]politischen Nachwort versehen, soll, in neuem Verlag, auch noch mal herauskommen, was mich freut. [24] Denn die Verlagsanstalt hatte wenig dafür getan.[25] Mein großes Buch über Poelzig war von

---

19 Seit 2002 weist eine Gedenkplatte auf den noch erhaltenen Wohnsitz des Ehepaars Heuss in der Löwenstraße 86 in Stuttgart-Degerloch hin.

20 Hs. Einfügung von Heuss-Knapp: „(Und wir bekommen auch manches zu kaufen.)"

21 Darüber eingefügt in lateinischer Schrift vermutlich von Heuss-Knapp: „Mrs. Rado".

22 Schon wenige Wochen nach der nationalsozialistischen Machtübernahme ergriff der Direktor der New School for Social Research in New York, Alvin Johnson, die Gelegenheit, aus Deutschland emigrierte Sozial- und Wirtschaftswissenschaftler für eine neu zu gründende Universität zu gewinnen. Vor allem finanziert durch die Rockefeller Foundation, bildete sich im Herbst 1933 die University in Exile als Brain-Trust für das Wirtschaftsprogramm des New Deal und als herausragendes Zentrum der aus Deutschland und anderen europäischen Ländern vertriebenen kritischen Sozialwissenschaftler. Mehr als 170 Emigranten lehrten dort bis 1945; vgl. C.-D. KROHN, Handbuch, Sp. 914; zur Gründung ausführlicher DERS., Wissenschaft, S. 70–85.

23 Sohn von Gustav Stolper aus erster Ehe, Ernst Stolper.

24 TH. HEUSS, Robert Bosch, vgl. auch Nr. 1, Anm. 7, Nr. 5; DERS., Friedrich Naumann [^{2}1949], vgl. auch Nr. 3, Anm. 12, Nr. 45, Nr. 67.

25 Zur Auseinandersetzung mit der Deutschen Verlags-Anstalt vgl. Nr. 15.

Hitler ipsissimo[26] verboten; ich ahne aber nicht, ob die Exemplare die Stürme um Berlin überstanden haben.[27]

Wie froh wären wir, Deine letzten Bücher[28] einmal zu erhalten. Ich kann zwar leider engl[isch] nicht sprechen, aber doch einigermaßen (abgesehen von höherer Belletristik) lesen.

So, nun seid alle herzlich gegrüßt in treuem und dankbarem Gedenken
Dein Theodor Heuss[29]

Nr. 7
An Dr. Dolf Sternberger, Heidelberg
31. August 1945; Heidelberg, Kehrweg 4
DLA, A: Sternberger, 89.10.4984: ms. Schreiben, behändigte Ausfertigung; ms. Briefkopf: „Dr. Theodor Heuss"
Bitte um Beiträge für die „Rhein-Neckar-Zeitung"

Lieber Dr. Sternberger!

Anfang der nächsten Woche wird die erste Nummer der „Rhein-Neckar-Zeitung", wie ich denke, erscheinen.[1] Die Probenummer ist gestern gemacht worden. Die Aufgabe selber hat eine gewisse Problematik neuerdings erfahren, weil Herrn Dr. Berger die Lizenz nicht erteilt wurde[2] und ich selber aus der eigentlichen

26 Lateinisch für „höchstselbst".

27 Zu den Umständen des Verbots vgl. Nr. 37; außerdem das Vorwort in: TH. HEUSS, Hans Poelzig [²1948], S. 6. Der Bombenkrieg in Berlin zerstörte das Gebäude des Verlages Ernst Wasmuth und damit auch den Rest der Auflage und die Klischees der Poelzig-Biographie.

28 GUSTAV STOLPER: German Economy 1870–1940. Issues and Trends, New York 1940; DERS.: This Age of Fable. The Political and Economic World we Live in, New York 1941.

29 Im Anschluss folgt ein Postskriptum desselben Datums von Heuss-Knapp an Gustav und Toni Stolper, in dem diese ihre enge Verbundenheit mit der Familie Stolper bekundet und über die Hochzeit ihres Sohnes Ernst Ludwig mit Hanne Elsas berichtet.

1 Die erste Verkaufsnummer erschien am 5. 9. 1945.

2 Um eine demokratische Presselandschaft aufzubauen, vergab die US-Militärregierung Lizenzen für Zeitungen an politisch unbelastete Journalisten. Im Lizenzverfahren um die „Rhein-Neckar-Zeitung" entspann sich in der Information Control Division eine Kontroverse um das ehemalige Zentrumsmitglied Hans Adalbert Berger, weil dieser nach 1942 für das Reichspropagandaministerium gearbeitet haben solle; Berger wurde schließlich Mitte August 1945 die Lizenz nicht erteilt, so dass auf die Aufnahme eines christdemokratischen Vertreters in den Kreis der Herausgeber verzichtet wurde. – Heuss erwähnt hingegen nicht, dass sich seit Anfang August 1945 auch um seine Person eine heftige Debatte über seine demokratische Zuverlässigkeit und Eignung als Lizenzträger entzündete. Einige Mitarbeiter der Information Control Division warfen Heuss mangelnde Distanz zum nationalsozialistischen Regime vor, weil er während der NS-Zeit weiter-

Abb. 3: Überreichung der Lizenz für die „Rhein-Neckar-Zeitung“ an Theodor Heuss (1.v.l.), Hermann Knorr (4.v.l.) und Rudolf Agricola (nicht auf dem Foto) durch amerikanische Offiziere, 5. 9. 1945

Betreuung durch die „drohende“ Umsiedlung nach Stuttgart ausscheide.[3] Ich habe Dr. Heidelberg und Ernst Glaeser gebeten, durch Mitarbeit und Anregung für die Redaktion mich in gewissem Sinne zu vertreten. Ich habe nicht gewagt, mit dem ursprünglich von mir gedachten Ziel Sie als den Mann in Anspruch zu nehmen, der mich ersetzen sollte, zumal ich höre, daß Sie stark in Zeitschriftengründungen stecken.[4] Aber wenn der Heidelberger Versuch ein publizistisches Gesicht mit

hin zahlreiche Artikel veröffentlicht habe, Mitglied im Reichsverband deutschen Presse gewesen sei, eine Biographie über den Produzenten von Rüstungsgütern, Robert Bosch, geschrieben und ein verdächtig hohes Einkommen aus diesen Tätigkeiten bezogen habe. Erst Ende August gewannen die Fürsprecher von Heuss in der Militärregierung an Boden und konnten ihn als Lizenznehmer durchsetzen; vgl. R. BURGER, Theodor Heuss, S. 409–414; J. C. HESS, Theodor Heuss aus der Perspektive, S. 105–111.

3 Gemeint ist die Übernahme des württemberg-badischen Kultusministeriums durch Heuss in der Regierung Maier; vgl. Nr. 6, Anm. 17.

4 Heuss hatte Sternberger und Reifenberg bereits im Juni 1945 um Mithilfe bei der Gründung der „Rhein-Neckar-Zeitung“ gebeten; vgl. Nr. 2. Sternberger war im Begriff, unter der Mitwirkung von Alfred Weber, Karl Jaspers und Werner Krauss in Heidelberg die Zeitschrift „Die Wandlung“ zu gründen, die dann von November 1945 bis Dezember 1949 erschien; B. PAPE, Kultureller Neubeginn, S. 165–176.

geistig stärkerer Markierung gewinnen soll, hängt das von dem guten Willen der hier greifbaren geistigen Kräfte ab. Deshalb nun meine herzliche Bitte, Sie möchten recht bald mit einem Beitrag, dem weitere folgen, bei uns sich einfinden.[5] Ich komme nicht mit einem bestimmten Themenvorschlag, da ich überzeugt bin, daß vieles sich bei Ihnen gestaut hat, das ausgesprochen werden will, sei es im Gebiet der soziologischen Reflexion, sei es mit der geistig-politischen Analyse.

Mit guten Grüßen auch an Ihre Frau
Ihr Theodor Heuss

Nr. 8
An Elisabeth Schmidt-Staub, [Speyer am Rhein]
2. September 1945; Heidelberg, Kehrweg 4

PA Ulrich Baer: hs. Schreiben, behändigte Ausfertigung[1]

Herausgabe der „Rhein-Neckar-Zeitung"; Berufung zum württemberg-badischen Kultusminister; Umzug nach Stuttgart; Heirat des Sohnes; Nachrichten über Familienmitglieder

Liebe Elisabeth,

als Dein Brief[2] kam, war ich gerade einige Tage in Stuttgart. Unser Leben ist gegenwärtig in einem sehr schwankenden Zustand: dieser Tage erscheint die erste Nummer der „Rhein-Neckar-Zeitung" hier,[3] an deren Zustandekommen ich stark beteiligt war; ich wollte eigentlich beim Bücherschreiben bleiben, sprang aber dann doch in den Riß, damit das Blatt nicht zu einseitig links wird.[4] Mitten in diese Vorbereitung kam die Aufforderung, in Stuttgart Kultusminister zu werden.[5] Grundsätzlich habe ich zugesagt. Nach Berlin zieht es mich heute nicht, wiewohl

---

5 Der erste Artikel von Sternberger, der sich in der „Rhein-Neckar-Zeitung" ermitteln ließ, datiert vom Juli 1948 und zeichnet ein Porträt des Soziologen Alfred Weber; RNZ, Nr. 88, 31. 7. 1948. Heuss bat 1945 auch weitere Autoren um Mitarbeit für die „Rhein-Neckar-Zeitung", so in Schreiben an: Hellpach, 31. 8. 1945 (GLAK, N Hellpach, 283), Benz, 31. 8. 1945 (DLA, A: Benz), Franz Schnabel, 31. 8. 1945 (BSB, Schnabeliana II. b. Heuss, Theodor).

1 Unter Absenderadresse von unbekannter Hand eingefügt: „Stuttgart-Degerloch Löwenstr. 86"; oben links Vermerk von Heuss: „weitergeleit[et] erfolglos"; oben Mitte und am Briefende unten links Kürzel nicht auflösbar.

2 Ließ sich nicht ermitteln.

3 Am 5. 9. 1945; vgl. Abb. 4.

4 Zur Gründung der „Rhein-Neckar-Zeitung" vgl. Nr. 2, Anm. 1, Nr. 5, Anm. 9, Nr. 7, Anm. 2.

5 Vgl. Nr. 6, Anm. 17.

RHEIN-NECKAR-ZEITUNG

Schriftleitung, Verlag und Druck der „Rhein-Neckar-Zeitung": Heidelberg, Hauptstraße 23. Telefon Nr. 7351-7353. · Anzeigenannahme durch Zeitungsträger, Agenturen und Geschäftsstellen.

Veröffentlicht unter Lizenz Nr. 9 der Nachrichtenkontrolle der Militärregierung

Anzeigenpreis: Jeder mm der zehngespaltenen Seite für die Gesamtausgabe RM 2.—, amtliche Anzeigen RM 1.—, für eine Bezirksausgabe RM 1.—, amtliche Anzeigen RM 0.50.

Jahrgang 1, Nummer 1 — Mittwoch, den 5. September 1945 — Einzelpreis: RM 0.20

An unsere Leser

Die Unterzeichneten haben die Lizenz zur Herausgabe einer deutschen Zeitung erhalten, die zunächst wöchentlich zweimal erscheinen kann, sobald jedoch die technischen Voraussetzungen erfüllt sind, täglich in die Hand der Bezieher kommen wird.

Der Name, den wir gewählt haben, soll das Verbreitungsgebiet bezeichnen, an das zunächst gedacht ist: Nordbaden und der benachbarte Teil Hessens. Aus diesen Gebieten erwarten wir fördernde Mitarbeit, um den landschaftlichen Charakter des Blattes zu unterbauen.

Unser Ziel aber ist, der Erhaltung eines gesamtdeutschen Bewußtseins zu dienen und in der Unterrichtung über die Weltvorgänge, in der Auseinandersetzung mit den ungeheuren politischen, wirtschaftlichen und sozialen Aufgaben, vor denen unser Volk steht, in dem festen und leidenschaftlichen Kampf gegen die Lüge und die Illusion, denen die Deutschen ausgeliefert waren, den notwendigen und gemäßen Beitrag zur Erneuerung eines sozialen deutschen Volksgefühls zu leisten, zur Neuerweckung unverdorbener moralischer Kräfte, zur Sicherung der Zukunft im Rahmen einer neu werdenden Völkergemeinschaft.

Dr. Rudolf Agricola
Dr. Theodor Heuss
Dr. Hermann Knorr

Attlee sprach im Rundfunk

Englands Beitrag zum Wiederaufbau Europas · Die Demobilmachung

Konferenz der Außenminister

Britische Flotte in Singapore

Stalin zum Kriegsende

Visazwang aufgehoben

Japan nach der Kapitulation

Streiflichter aus dem Land nach der Besetzung · Lebensmittelknappheit und Arbeitslosigkeit

Die japanischen Stamm-Inseln

Auf demokratischer Grundlage

Die Dreitagekonferenz über die Zukunft Deutschlands

Arbeitseinsatz umgestellt

Industriekontrolle notwendig

Deutsche Presse

Von Dr. Theodor Heuss

In den zerwühlten Grund ist ein Stein zu legen, Stütze eines gedachten Neubaus der deutschen Presse. Soll man, kann man, ihm nach dem alten Brauch der Bauleute eine Kapsel beifügen, in der Chroniknotizen der Zeit, gute Wünsche und Absichten, Rückschau und Hoffnung verwahrt sind? Es wäre ein bitteres Geschäft.

Der Nationalsozialismus hat das deutsche Zeitungswesen moralisch zu korrumpieren getrachtet, und es ist ihm weithin gelungen: er hat seinen Spielraum eingeengt und Zug um Zug das ehedem kräftige Leben abgedrosselt, so daß schließlich fast nur noch die dürftige Partei-Lohnschreiberei übrigblieb mit jener lärmenden Erregtheit, die eine innere Unsicherheit überschreien mußte. Der Ausgang des Krieges zerfetzte auch dies Zerrbild eines ehemals wichtigen Berufes mit allgemeiner Verantwortung. Nur die Dummen beklagen den Untergang jener Reste und die sittlich Trägen, denen es so bequem geworden war, ihre eigene Pflicht zur Wahrheit und zur inneren Wahrhaftigkeit abzutreten an Block-, Ortsgruppen-, Kreis-, Gau- und Reichsleiter. Da befand sie sich ja in den richtigen Händen!

Nun soll wieder eine deutsche Presse entstehen können, deren vornehmste Aufgabe es mit sein wird, für sich selber als Organ des öffentlichen Lebens die einfache Glaubwürdigkeit zurückzugewinnen. Denn das war doch der Zustand geworden: Mochten die Goebbels und Dietrich in den wechselvollen Tonarten von beschwörendem Pathos oder aufzählender Rechenhaftigkeit, von angreifendem Hohn oder weinerlicher Empfindsamkeit, mochten sie mit Zahlenreihen oder mit Zitaten kommen, es glaubte ihnen niemand mehr. Ihr Wortschatz von „Fanatismus" und „Härte", von „einmalig" und „Vorsehung" war verbraucht; die Propaganda, die sich ihres geistig-politischen Führungsberufes so oft und heftig gerühmt hatte, war längst zum Leerlauf geworden. Die Seelen wurden nicht mehr erfaßt. Die Presse tat so, als ob sie noch einen Willen, den Willen des Volkes forme: diese Aufgabe, zur Entformung geworden mit den Mitteln des Spitzeltums, der Einschüchterung, der Verschleppung, der Folterung und des „Liquidierens", war längst in die Hände der Gestapo übergegangen.

Wie mag es gelingen, der deutschen Presse ein Stück ihrer freien Würde zurückzugewinnen? Wir sind keineswegs des Glaubens, daß auf diesem Gebiet vor 1933 alles in Ordnung gewesen sei, und daß es sich bloß darum handle, an das Damalige anzuknüpfen. Wir müssen uns aber zunächst völlig nüchtern Rechenschaft geben, auch vor den Lesern, daß das nicht möglich ist. Denn wir wollen nicht mit Illusionen und Selbstbetrug beginnen. Deutschlands staatlich-politische Souveränität ist durch Hitler verspielt und vernichtet worden. Es ist für uns, die wir Zeugen dieser ruchlosesten seelischen und physischen Selbstzerstörung waren, ein geringer Trost, im unverwirrten Sinn von Anbeginn gewußt zu haben, daß es so kommen würde und kommen müsse. Jetzt herrschen die Andern, die Sieger. Das ist nun ganz unsentimal der einfache Tatbestand. Wir können ihn keinen Augenblick vergessen, und wenn es auch unser Ziel sein muß, die Würde der Presse zurückzugewinnen, so sind wir nicht töricht genug, von einer wiedergeschenkten Freiheit der Presse zu reden.

Aber es ist eine Chance gegeben, daß deutsche Männer unter freier Verantwortung gegenüber der Militärregierung wie gegenüber dem deutschen Volke versuchen können, selber die Sinndeutung des deutschen Schicksals aufzunehmen und nach ihrem Verstehen dem schweren und langen Genesungsprozeß zu dienen. Wir haben diese Möglichkeit ergriffen in voller Erwägung der psychologischen und sachlichen Schwierigkeiten. Die sachlichen liegen auf der Hand: der eingespielte Apparat des modernen Verkehrs- und Nachrichtenwesens ist zerschlagen. Welche Mühseligkeiten stehen hinter den Worten Papier, Druckerschwärze, Vertrieb, Nachrichtenbeschaffung, wenn Kohle fehlt, Bahnen nicht gehen, die Post nicht kommt, das Telefon schweigt! Diese einfachen Geschichten, die jedermann weiß, die aber auch jedermann vergißt, wenn er heute eine Zeitung kriegt, wie begren-

Abb. 4: Titelseite der ersten Verkaufsnummer der „Rhein-Neckar-Zeitung", 5. 9. 1945

man dort nach mir ruft, daß ich eine bürgerl[iche] demokr[atische] Zeitung leite[6] – der Lebensabschluß in der württ[em]b[er]g[ischen] Heimat ist sinnvoller. Letzte Entscheidung steht noch aus. Eine möbelleere 4-Zimmerwohnung in Degerloch ist gemietet. Die Möbel muß man sich zusammenleihen. Denn aus Berlin kriegt man nichts heraus.

Von Ludwig hatten wir am 22. August einen 2ten Brief,[7] der über 4 Wochen unterwegs war u. von einem wildfremden Mann abgegeben war. *Wie* man Briefe herausbekommt od. Nachrichten hinein, kann ich Frl. Dressel auch nicht mitteilen. Ludwig hatte an diesem Termin von *uns* noch keinerlei Kunde erhalten, wiewohl ich 4 Briefe an Leute mitgegeben hatte, die B[er]lin erreichen wollten.[8] L[udwig] teilte uns mit, daß er am 4. August Hanne Elsas heiraten werde;[9] es ist die Tochter eines alten Freundes, der früher 2ter Bürgermeister von Berlin war u. im Januar wegen Verbindung mit Goerdeler hingerichtet wurde.[10] Wir sind mit der Entscheidung Ludwigs einverstanden. Die junge Frau hat das Übliche von K.Z. u. s. f., weil sie für ihren Vater etwas tun wollte, mitgemacht;[11] war beruflich Gärtnerin auf einem schwäb[ischen] Gut.

Von Wuggels Mann fehlt noch alle Nachricht.[12] Wir waren am Donnerst[a]g auch kurz in Ludwigsburg.

Hoffentlich habt ihr von Hildegard[13] immer ordentliche Nachricht. Daß Hermann Foltz wieder bei den Seinen, ist erfreulich; das Berufliche wird auch dort schwer anlaufen.

---

[6] So hatte Ernst Ludwig Heuss am 1. 7. 1945 seinen Eltern geschrieben, dass Heuss im Zusammenhang mit der Gründung einer christlich-demokratischen Partei in Berlin als Herausgeber einer demokratischen Tageszeitung genannt werde; FA Heuss, Basel.

[7] Ernst Ludwig Heuss an seine Eltern, 22. 7. 1945, in: FA Heuss, Basel.

[8] Von diesen Briefen ließ sich keiner ermitteln.

[9] Ernst Ludwig Heuss hatte am 1. 7. 1945 seinen Eltern geschrieben: „Und das Neueste und Wichtigste: ich habe mich mit Hanne Elsas, die am 27. Mai nach schrecklichen Erlebnissen aus dem K.-Z. zurückgekehrt ist, verlobt. Wir haben beschlossen, am Samstag den 4. August 1945 zu heiraten. Wenn möglich in der Annenkirche mit Dibelius. Der Gedanke, daß ich diesen bedeutsamen Tag ohne Euch feiern muß, ist kaum vorstellbar. Aber man sieht nicht, wie lang es noch dauern wird, bis die Verkehrsverhältnisse wieder einigermaßen geregelt sein werden." FA Heuss, Basel. Otto Dibelius hatte Ernst Ludwig Heuss Ostern 1926 konfirmiert. Zur detaillierten Schilderung der Hochzeit vgl. Hanne Heuss an Heuss und Heuss-Knapp, 11. 8. 1945, in: ebd.; M. Boveri, Tage, S. 276–278, wo es einleitend heißt: „Es war, glaub ich, die ergreifendste Hochzeit, die ich je miterlebte."

[10] Zu Elsas vgl. Nr. 6, Anm. 10.

[11] Hanne Heuss, geb. Elsas, wurde nach der Verhaftung ihres Vaters Fritz Elsas (vgl. Nr. 6, Anm. 10) im KZ Ravensbrück festgehalten und schlug sich nach Kriegsende nach Berlin durch; Ernst Ludwig Heuss an seine Eltern, 1. 7. 1945, in: FA Heuss, Basel.

[12] Hanna Frielinghaus trug innerhalb der Familie Heuss den Kosenamen „Wuggel"; zum Schicksal ihres Mannes vgl. Nr. 4, Anm. 6.

[13] Hildegard Baer.

Bei Senn's geht es ordentlich. Hoffentlich wird Nora, trotzdem sie Pg von 1938 ist, im Schuldienst belassen.[14] Helene Ec[arius] besuche ich öfters – leider ist die Klinik furchtbar weit weg.[15]

Euch allen herzliche Grüße
Dein Vetter Theodor

[PS] Die Jugenderinnerungen[16] werden z. Zt. abgetippt.

Nr. 9
An Karl Barber, [Mannheim]
[Anfang September 1945]; Heidelberg, Hauptstraße 23[1]
StadtA Mannheim, NL Barber, 24/1970, 4: hs. Schreiben, behändigte Ausfertigung
Gründung einer überkonfessionellen Sammlungspartei in Heidelberg

Sehr geehrter Herr Barber,

freundl[ichen] Dank für Ihre Zeilen.[2] Nun müssen wir sehen, was uns mit der neuen Zeitung gelingt.[3]

In der Partei-Sache ist wohl außer Besprechungen mit einigen Leuten aus dem Zentrum noch nichts unternommen. Ich bin zwar gebeten, mich der Sache anzunehmen, zögere aber noch etwas, da es ungewiß ist, wie lange ich hier bleibe – in Stuttgart wünscht man mich sehr. Ich persönlich bin nicht für die Wiederbelebung der alten Partei u. Parteien, sondern für einen neuen vorsichtigen überkonfessionellen Versuch.[4]

---

[14] Zur Entnazifizierung von Nora Senn vgl. Nr. 46.
[15] Der Klinikaufenthalt ließ sich nicht nachweisen.
[16] Vgl. Nr. 1, Anm. 9.
[1] Redaktionssitz der „Rhein-Neckar-Zeitung".
[2] Ließ sich nicht ermitteln.
[3] Zur Gründung der „Rhein-Neckar-Zeitung" vgl. Nr. 2, Anm. 1, Nr. 5, Anm. 9, Nr. 7, Anm. 2.
[4] Heuss hatte sich nach Kriegsende in Heidelberg für die Gründung einer überkonfessionellen bürgerlichen Sammlungspartei eingesetzt. Die aus dem 19. Jahrhundert tradierte Parteistruktur hielt er für überholt und aufgrund ihrer Schwäche und Zersplitterung in der Weimarer Republik für verhängnisvoll, wie er schon Ende Mai in seinen „Betrachtungen zur innenpolitischen Lage" sowie in einem Lebenslauf vom August 1945 konstatierte; TH. HEUSS, Aufzeichnungen, S. 80, 105. Vor allem die Gründung des katholischen Zentrums als „Geschichtsereignis der 60er und 70er Jahre" sei die „stärkste Belastung in der deutschen Entwicklung geworden." Heuss an Hans Reif, 27. 11. 1945, in: AdL, N 19, 192. Aus diesem Grund blieb Heuss zurückhaltend gegenüber der Wiederbegründung einer genuin liberalen Partei. Er verhandelte in Heidelberg mit jüngeren Mitgliedern des früheren Zentrums, mit katholischen und evangelischen Geistlichen sowie mit

Natürlich stehe ich, trotz übermäßiger Inanspruchnahme, für eine Besprechung zur Verfügung. Aber wann? Di. u. Freit[a]g ist Redaktionsarbeit; ich bin aber auch sonst viel unterwegs. Es ist also immer ein gewisses Risiko, ob man mich an einem Vormittag, wo es mir am liebsten ist, antrifft.

Mit freundl[ichem] Gruß
Ihr erg[ebener] Theodor Heuss

Nr. 10
An die Leitung des Militärgefängnisses Stuttgart
19. September 1945; [Stuttgart]
HStAS, EA 3/101, 90: ms. Schreiben, Durchschlag, ohne Anrede und Grußformel[1]
Bitte um Entlassung verhafteter Mitarbeiter des Kultusministeriums

Betr.: Verhaftung von Ministerialrat Dr. Bauer, Ministerialrat Dr. Löffler, Regierungsdirektor Herrmann

Die drei oben genannten Mitglieder der Kultverwaltung wurden gestern verhaftet. Die Gründe sind mir nicht bekannt. Ich vermute aber, daß die Herren Bauer und Löffler verhaftet wurden, weil sie während der Jahre 1933–1945 als Ministerialräte im Amt waren und Herr Herrmann während dieser Zeit zum Regierungsdirektor befördert wurde.[2] Dazu erkläre ich folgendes:

1. Die Herren Bauer und Löffler waren nie Parteigenossen, obwohl ihnen mehrfach nahegelegt wurde, in die Partei einzutreten.
2. Beide Herrn sind von dem damaligen nationalsozialistischen Kultminister Mergenthaler dienstlich benachteiligt worden. Dr. Bauer hatte vor 1933 das Hochschulreferat. Es ist ihm von Mergenthaler genommen und einem Parteigenossen gegeben worden; er selber mußte sich mit der Kanzleidirektion begnügen. Erst während des Krieges, als der Hochschulreferent zum Heer eingezogen wurde, bekam Dr. Bauer vertretungsweise das Hochschulreferat wieder.

dem früheren SPD-Politiker Gustav Radbruch über eine neue überkonfessionelle Partei der Mitte, die das bürgerliche Lager geschlossen gegenüber den Arbeiterparteien positionieren würde. Bis zu seinem Amtsantritt als Kultusminister in Stuttgart am 24. 9. 1945 hatte Heuss diesen Prozess bereits weit vorangetrieben und Besprechungen mit der Militärregierung über die Zulassung der neuen Partei aufgenommen; Heuss an Dietrich, 26. 9. 1945, in: BArch, N 1004, 534; Heuss an Heile, 22. 2. 1946, in: BArch, N 1132, 60; vgl. zur weiteren Entwicklung Nr. 12, Nr. 17, Nr. 23.

1 Oben Mitte Vermerk: „19/27"; unter Datumszeile ZdA-Verfügung vom 18. 9., Paraphe ließ sich nicht auflösen; am Briefende Zeichnung vom 19. 9., Paraphe ließ sich nicht auflösen; eine englische Fassung des Schreibens in: HStAS, EA 3/101, 90.

2 Vgl. zur politischen Säuberung in der öffentlichen Verwaltung Nr. 20a, Anm. 3.

3. Ministerialrat Dr. Löffler, anerkanntermaßen einer der ersten Schulverwaltungsbeamten und Kenner des Schulwesens der europäischen und außereuropäischen Länder, wurde von Mergenthaler in jeder Weise gedrückt, bei wichtigen Verhandlungen über Schulfragen in Berlin geflissentlich ausgeschaltet.
4. Dr. Bauer und Dr. Löffler wurden von Mergenthaler aus ihrer Dienststellung als Ministerialräte entfernt und in die Stellung von Regierungsdirektoren herabgesetzt, um für 2 Parteigenossen Platz zu machen. Sie behielten lediglich ihre Dienstbezeichnung.
5. Regierungsdirektor Herrmann wurde jahrelang nicht befördert, obwohl er hinsichtlich seines Dienstalters längst Anspruch auf Beförderung gehabt hätte. Es wurden ihm alte Parteigenossen, die von Mergenthaler in die Behörde hereingeholt wurden, vorgezogen. Er ist also auch vom Nationalsozialismus benachteiligt worden.

Aus diesen Gründen ergibt sich eindeutig, daß die in Haft genommenen Beamten nicht nur keine Vorteile, sondern immer Nachteile von der nationalsozialistischen Regierung gehabt haben.

Ich bitte Sie, dieses Schreiben an die dafür zuständige Stelle weiterzuleiten mit dem Ersuchen, die genannten Herrn aus der Haft zu entlassen.[3]

[Theodor Heuss]

Nr. 11
An Prof. Dr. Georg Hohmann, [Frankfurt a. M.]
7. Oktober 1945; Stuttgart-Degerloch, Löwenstraße 86

DLA, A: Hohmann, HS. 2001.0025: hs. Schreiben, behändigte Ausfertigung

Resonanz auf die „Rhein-Neckar-Zeitung" in den USA und in England; berufliche Perspektive für Alfred Wolf; literarische Pläne

Lieber Hohmann,

ein Brief von Alfred Wolf enthält Ihre neue Adresse – die war neulich bei Ihren Zeilen nicht vermerkt.[1] Nun müssen wir auf unsere alten Tage nochmals an die

---

[3] Heuss bemühte sich in den folgenden Monaten wiederholt um die Entlassung und Wiedereinsetzung der drei Mitarbeiter in ihre Stellungen im Kultusministerium. Er sprach den Fall am 26. 9. 1945 bei einem Treffen mit Captain Lawrence vom Nachrichtendienst der amerikanischen Armee, Counter Intelligence Corps (CIC), an, überreichte am 5. 10. 1945 Major John P. Steiner Memoranden, in denen er seinem Wunsch Nachdruck verlieh, und richtete weitere Schreiben an die amerikanische Militärregierung. Im Frühjahr 1946 wurden die drei Mitarbeiter schließlich entlassen. Die eingeleiteten Spruchkammerverfahren gegen Carl Bauer und Eugen Löffler wurden

Front. Ich wäre gerne bei der Zeitungssache geblieben, und *ganz* lassen die Amis mich dort nicht frei, da m[eine] Zeitung die weitaus beste sei, in Washington u. London zitiert werde, was ich nicht ganz glaube.[2] Aber nun bin ich halt dem „Ruf der Heimat" gefolgt, auch wenn er in englischer Sprache erfolgte, u. sehe zu, was ich helfen kann.[3] Schade um die guten Bücher, die ich schreiben wollte.[4]

Der Sohn ist im unzerstörten u. ungeplünderten Haus in Berlin, macht dortige Schuhversorgung, hat Anfang August geheiratet.[5]

Wie kann man Alfr. Wolf zu einer gemäßen Arbeit helfen?[6] Ich kann ihn nicht hierher rufen – zunächst ertrinke ich in den Ressortgeschäften, die unter dem Mangel an eingearbeiteten Kräften leiden. Ich riet ihm, Verbindung mit Bergsträsser in Darmstadt zu suchen[7] – das werdende Groß-Hessen braucht sicher wendige Leute.

Gesundheitlich geht es ordentlich – ich war freilich auf 105 Pfd. heruntergerutscht, bei 1,79 m etwas zu wenig. Die Heimat wird da etwas nachhelfen.

Einstweilen hausen wir in *einer* Schlafstube, hoffen aber, die Möbel für die 4-Zimmer-Wohnung noch zusammenpumpen [zu] können.

Das Bosch-Buch ist seit April fertig, man wartet nur auf die Verlagslicenz. Auch der Naumann wird neu gedruckt. Dann müssen wir alle suchen, ihm nochmals Echo zu verschaffen.[8]

Ihnen u. der Frau von uns beiden herzliche Grüße wie immer

Ihr Theodor Heuss

---

im Februar 1947 eingestellt, Erwin Herrmann hingegen wurde wegen seiner NSDAP-Mitgliedschaft als Mitläufer eingestuft und zu einer Geldbuße von 2.000 RM verurteilt; HStAS, EA 3/104, 2077; ebd. EA 3/101, 90; Spruchkammerakten in: StAL, EL 902/20, 49666 (Bauer), 92901 (Herrmann), 64876 (Löffler).

1 Die Schreiben von Wolf und Hohmann ließen sich nicht ermitteln.

2 Gemeint ist die „Rhein-Neckar-Zeitung"; vgl. Nr. 2, Anm. 1, Nr. 5, Anm. 9, Nr. 7, Anm. 2.

3 Gemeint ist die Berufung zum württemberg-badischen Kultusminister; vgl. Nr. 6, Anm. 17. Das Ernennungsschreiben vom 22. 9. 1945 war auf englisch verfasst; eine Ausfertigung liegt im Ministerium für Kultus, Jugend und Sport Baden-Württemberg; vgl. Abb. 5.

4 Zu den Buchplänen vgl. Nr. 1, Anm. 8, Anm. 9, Nr. 3, Anm. 1.

5 Vgl. zur Situation des Sohnes in Berlin Nr. 4; Nr. 6.

6 Heuss kannte den Naumann-Anhänger Alfred Wolf seit Anfang des Jahrhunderts; vgl. TH. HEUSS, Erinnerungen, S. 57.

7 Ludwig Bergsträsser war von 1945 bis 1949 Regierungspräsident in Darmstadt.

8 TH. HEUSS, Robert Bosch, vgl. auch Nr. 1, Anm. 7, Nr. 5; DERS., Friedrich Naumann [[2]1949], vgl. auch Nr. 45, Nr. 67. Heuss war mit dem Naumann-Anhänger Hohmann seit den Münchener Studientagen befreundet; vgl. DERS., Vorspiele, S. 216, 240.

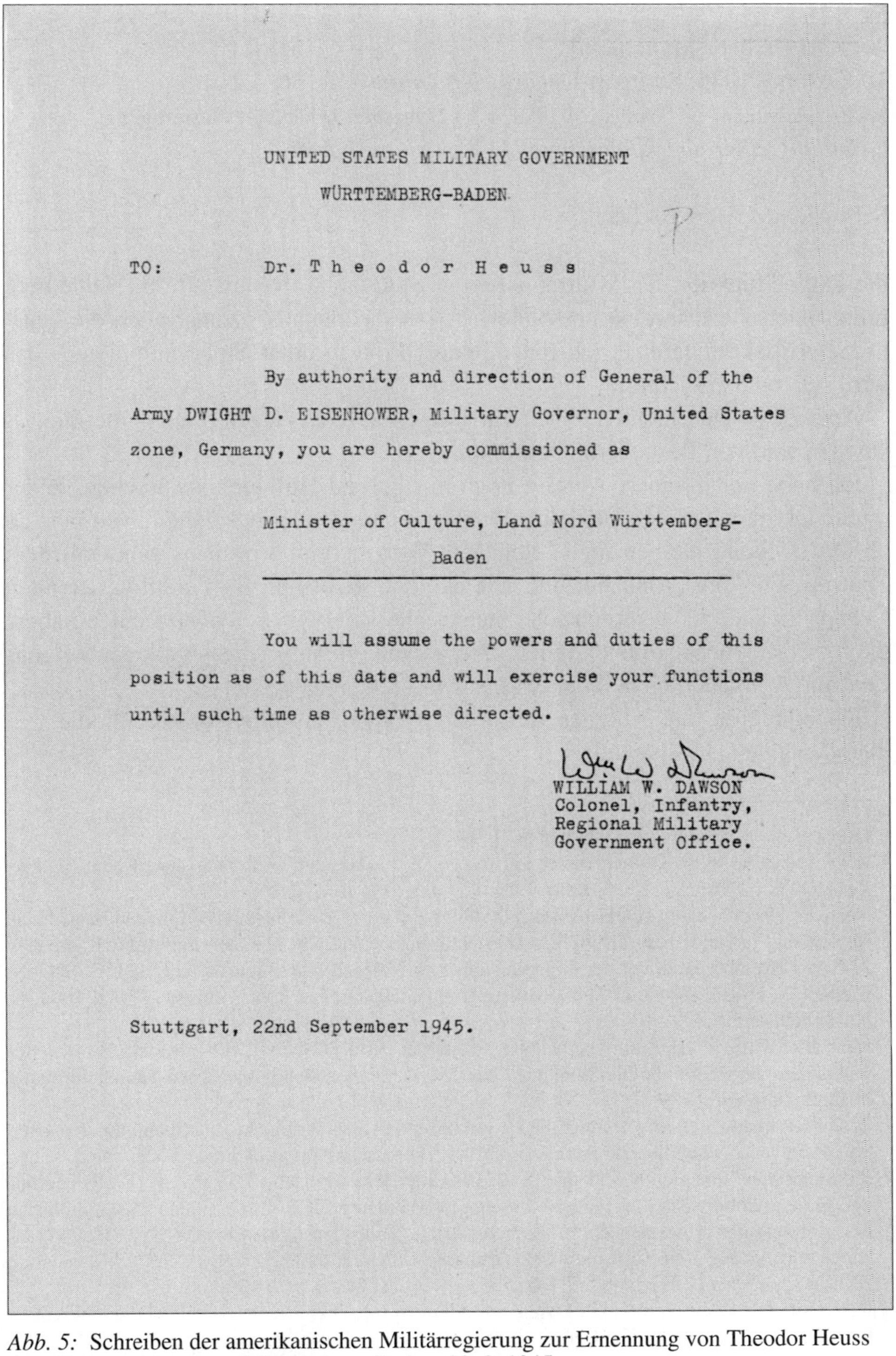

UNITED STATES MILITARY GOVERNMENT

WÜRTTEMBERG-BADEN

TO: Dr. T h e o d o r H e u s s

By authority and direction of General of the Army DWIGHT D. EISENHOWER, Military Governor, United States zone, Germany, you are hereby commissioned as

Minister of Culture, Land Nord Württemberg-Baden

You will assume the powers and duties of this position as of this date and will exercise your functions until such time as otherwise directed.

WILLIAM W. DAWSON
Colonel, Infantry,
Regional Military
Government Office.

Stuttgart, 22nd September 1945.

Abb. 5: Schreiben der amerikanischen Militärregierung zur Ernennung von Theodor Heuss zum Kultusminister von Württemberg-Baden, 22. 9. 1945

Nr. 12
An Karl Barber, [Mannheim]
10. Oktober 1945; Stuttgart-Degerloch, Löwenstraße 86
StadtA Mannheim, NL Barber, 24/1970, 4: hs. Schreiben, behändigte Ausfertigung[1]
Gründung einer überkonfessionellen Sammlungspartei

Sehr geehrter Herr Barber,

die Doppelfunktion des Kultministers in Stuttgart u. Redakteurs in Heidelberg bringt mich z. Zt. in eine unmögliche Arbeitsbedrängnis,[2] zumal noch die häusl[iche] Hilfskraft fehlt u. ich mit m[einer] Frau in einer Stube kampiere – das wird sich bald erleichtern.

Aber diese Geschichten haben zur Folge, daß viel liegen blieb – die Dienststunden sind von Besuchern überlaufen.

Ich habe vor m[einer] Abreise noch mit Freund Hofheinz gesprochen; leider mußte ich mich aus den Heidelberger Besprechungen zurückziehen, weil man da an Ort u. Stelle bleiben muß.[3] Ich legte Wert darauf, soweit es geht, mit dem Zentrum Fühlung zu haben, und wie es geht, nicht nur als Tradition der alten Gruppe zu starten,[4] denn ich sehe nicht recht, wen wir an jungen Leuten haben, die für Nachwuchs sorgen können. Hier ist man in ähnl[icher] Verlegenheit, das Zentrum weiß auch nicht recht, was es will, d. h. ist gespalten.[5]

Ich empfehle, die Abreden, die jetzt erfolgen, als provisorisch für die Gemeindewahlen zu behandeln.[6]

---

1 Druck: J. IREK, Mannheim, Dokumente, S. 99.

2 Zur Ernennung zum Kultusminister vgl. Nr. 6, Anm. 17; zur Gründung der „Rhein-Neckar-Zeitung" Nr. 2, Anm. 1, Nr. 5, Anm. 9, Nr. 7, Anm. 2.

3 Nach der Übersiedelung von Heuss nach Stuttgart, um dort das Kultusministerium zu übernehmen, setzten sich in Heidelberg die Befürworter einer eigenständigen liberalen Partei durch, die sich Anfang November noch vor der Gründung einer christlichen Partei konstituierte; vgl. G. SERFAS, Freiheit, S. 26–35, 70–83; D. HEIN, Milieupartei, S. 52; FR. REUTTER, Gründung, S. 224f.; J. C. HESS, Fehlstart, S. 88f.

4 Mit „alten Gruppe" sind die ehemaligen Mitglieder der DDP bzw. DStP gemeint. Zu den Bemühungen von Heuss um die Gründung einer überkonfessionellen bürgerlichen Sammlungspartei in Heidelberg vgl. Nr. 9, Nr. 17, Nr. 23.

5 In Stuttgart hatte sich mittlerweile die Parteikonzeption von Wolfgang Haußmann durchgesetzt, die eine eigenständige liberale Partei vorsah. Als Heuss sein Amt als Kultusminister antrat, hatten die Stuttgarter Liberalen bereits am 18. 9. 1945 die Demokratische Volkspartei (DVP) gegründet. Ende Oktober schlossen sich die Parteien der beiden großen Konfessionen, das katholische Zentrum und der protestantische Christlich-Soziale Volksdienst, zur Christlich-Sozialen Volkspartei, seit Anfang 1946 Christlich Demokratische Union, zusammen; vgl. D. HEIN, Milieupartei, S. 40–43; G. SERFAS, Freiheit, S. 54–61.

6 Heuss empfahl damit vermutlich Listenverbindungen zwischen Liberalen und Christdemokraten für die württemberg-badischen Gemeindewahlen vom 27. 1. 1946; vgl. dazu auch Nr. 17, Anm. 12. Barber wollte hingegen in seinem Schreiben an Heuss vom 26. 9. 1945 eine klare Entscheidung

Sie müssen mein langes Schweigen entschuldigen – ich habe mir einen späten Abend frei gehalten, um Briefe endlich beantworten zu können.

Freundl[iche] Grüße
Ihr Theodor Heuss

Nr. 13
An Dr. Hermann Haering, [Ludwigsburg]
16. Oktober 1945; Stuttgart, [Keplerstraße 10]
HStAS, J 40/15, 159: hs. Schreiben, behändigte Ausfertigung; Kopfbogen: „Landesverwaltung für Kultus, Erziehung und Kunst in Württemberg“[1]
Entlassung des Archivdirektors Hermann Haering

Sehr geehrter Herr Dr. Haering,

als ich gestern Nachmittag von Tübingen aufs Amt zurück kam, lag ein „Befehl“ der Amerikaner vor, daß bis zum Abend die Entlassung von 70 namentlich aufgeführten Kräften zu verfügen sei[2] – unsere durch Wochen gehenden Verhandlungen mit Public Safety u. C.I.C.[3] waren also völlig erfolglos. Leider ergab der Besuch in Tübingen den Eindruck, daß auch dort seit 8 Tagen eine gewisse Verschärfung eingetreten ist.[4]

---

darüber, ob sich die Linksliberalen in Mannheim zu einer eigenständigen liberalen Partei zusammenschließen oder sich der Christlich-Demokratischen Partei anschließen sollten; StadtA Mannheim, NL Barber, 24/1970, 4. Noch vor dem Eintreffen des Briefes von Heuss hatten Barber und sein Kreis bereits am 8. 10. 1945 die Aufnahme bei den Christdemokraten beantragt. Eine genuin liberale Partei konstituierte sich in Mannheim erst Anfang 1946; vgl. D. HEIN, Milieupartei, S. 50f.

1 Gestrichen: „Der Landesdirektor“.

2 Befehl ließ sich nicht ermitteln. Am 15. 10. 1945 teilte Heuss der amerikanischen Militärregierung mit, dass er für die zu entlassenden, namentlich aufgeführten 70 Beamten die sofortige Dienstenthebung angeordnet habe, unter Position 29 auch „Hermann Haering, Leitende Stellung im Archiv- und Bibliotheksdienst“; HStAS, EA 3/101, 90. Ein gegen Haering eingeleitetes Spruchkammerverfahren wurde am 23. 12. 1947 im Zuge einer „Weihnachtsamnestie“ und mehrerer Verordnungen eingestellt; Haering galt als zu 70 % versehrt; Spruchkammerakte in: StAL, EL 902/20, 79595.

3 Der Public Safety Branch der amerikanischen Militärregierung war verantwortlich für die öffentliche Sicherheit und Ordnung; vgl. CH. WEISZ, S. 527f. Zum CIC vgl. Nr. 10, Anm. 3.

4 Die französische Militärregierung erweckte im Herbst 1945 den Eindruck einer rigiden Säuberungspolitik, deren Durchführung im Oktober auf deutsche Stellen überging. Diese hatten die Fragebögen ehemaliger NSDAP-Mitglieder im öffentlichen Dienst zu überprüfen unter der Maßgabe drastisch erweiterter automatischer Entlassungskriterien. In der Praxis erwies sich das Verfahren als unbrauchbar; es wurde zum Teil zurückgenommen und führte zu sehr uneinheitlichen Ergebnissen, worin sich letztlich auch das geringe Interesse der französischen Militärregierung

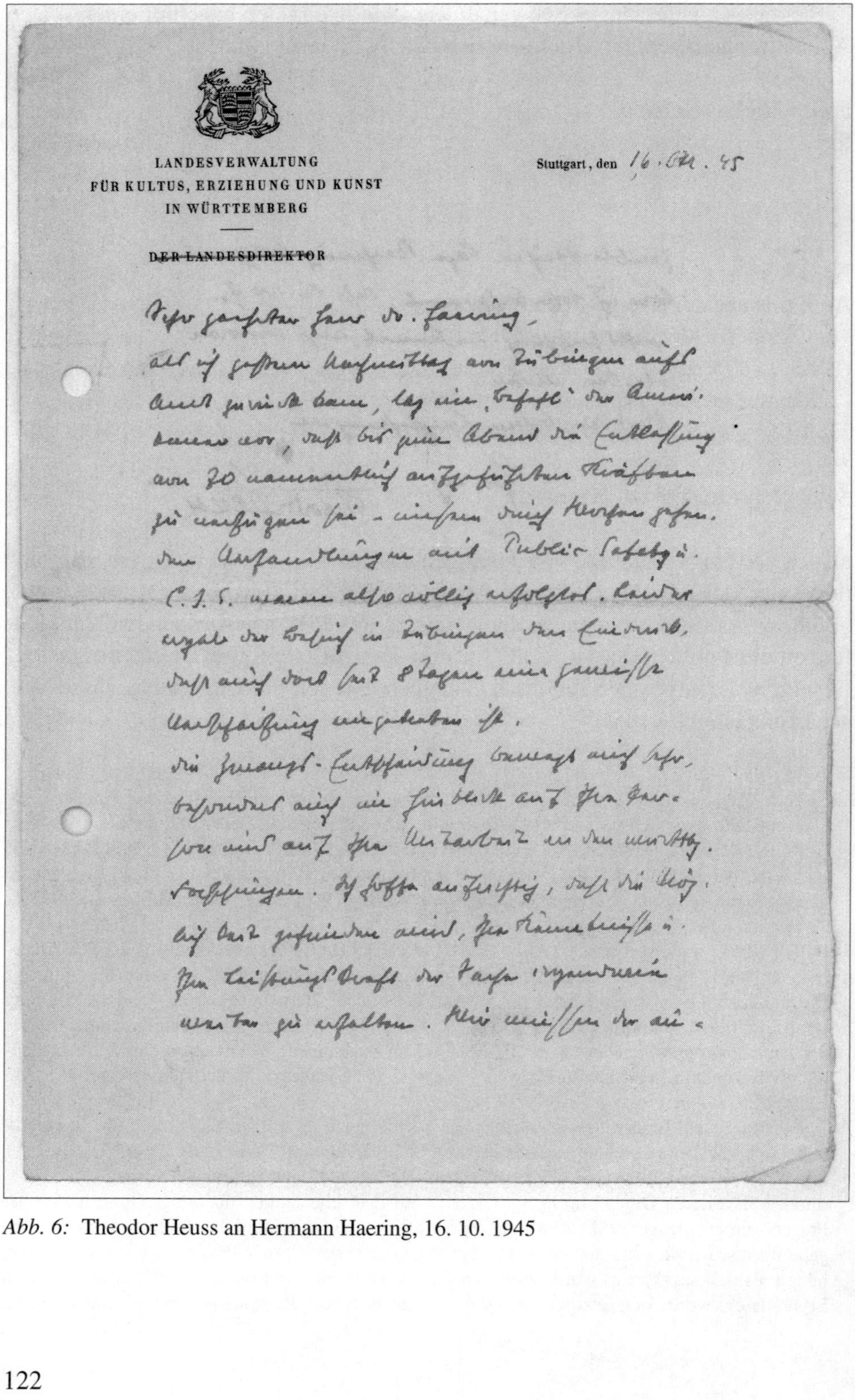
LANDESVERWALTUNG
FÜR KULTUS, ERZIEHUNG UND KUNST
IN WÜRTTEMBERG

~~DER LANDESDIREKTOR~~

Stuttgart, den 16. Okt. 45

Sehr geehrter Herr Dr. Haering,
als ich gestern Nachmittag von Tübingen aufs Amt zurückkam, lag ein „Befehl" der Amerikaner vor, daß bis zum Abend die Entlassung von 30 namentlich aufgeführten Kräften zu verfügen sei – meine durch Wochen gehenden Verhandlungen mit Public Safety u. C.I.C. waren also völlig erfolglos. Leider ergab der Besuch in Tübingen den Eindruck, daß auch dort seit 8 Tagen eine gewisse Verschärfung eingetreten ist.
Die Zwangs-Entlassung bewegt mich sehr, besonders auch im Hinblick auf Ihre Person und auf Ihre Mitarbeit an den württbg. Forschungen. Ich hoffe zuversichtig, daß die Möglichkeit gefunden wird, Ihre Kenntnisse u. Ihre Leistungskraft der Sache irgendwie nutzbar zu erhalten. Wir wissen der au-

Abb. 6: Theodor Heuss an Hermann Haering, 16. 10. 1945

Die Zwangs-Entscheidung bewegt mich sehr, besonders auch im Hinblick auf Ihre Person und auf Ihre Mitarbeit an den württ[em]b[er]g[ischen] Forschungen.[5] Ich hoffe aufrichtig, daß die Möglichkeit gefunden wird, Ihre Kenntnisse u. Ihre Leistungskraft der Sache irgendwie weiter zu erhalten. Wir müssen der augenblicklichen Lage Rechnung tragen. Aber ich hoffe bestimmt, daß Sie der Geschichtsforschung der Heimat nicht verloren bleiben werden.

Mit den besten Empfehlungen
Ihr erg[ebener] Theodor Heuss

Nr. 14
An Prof. Dr. Paul Klopfer, Lorch, Württemberg
2. November 1945; Stuttgart, [Keplerstraße 10]
UAS, SN 11, 155: ms. Schreiben, behändigte Ausfertigung; ms. Briefkopf: „Dr. Theodor Heuss Kultminister“[1]
Beanspruchung als Kultusminister und als Parteiredner

Sehr geehrter Herr Professor!

Freundlichen Dank für Ihren Brief.[2] Ich habe mich gefreut, als ich kürzlich erfuhr, daß Sie nun in meiner württ[embergischen] Heimat einen „Alterssitz“ und eine doch halbwegs befriedigende Tätigkeit gefunden haben.[3] Einstweilen bin ich ja, wie Sie sich denken können, der Sklave der übergroßen Anzahl von Besuchern und Briefstellern, aber das wird sich ja auch einmal geben; freilich nähern sich jetzt schon wieder rednerische Parteipflichten, die ich noch gerne weiter hinausgeschoben hätte. Da aber die mittlere Generation fehlt, müssen wir Älteren wieder

an einer konsequenten Entnazifizierung widerspiegelte. Um aber dem Eindruck einer nachlässigen Säuberungspraxis entgegenzutreten, wurde Mitte 1947 das amerikanische Spruchkammerverfahren für die französische Zone weitgehend übernommen; vgl. C. VOLLNHALS, Entnazifizierung, S. 34–40; detaillierter K.-D. HENKE, Säuberung.

5 Haering gab die ersten drei Bände der biographische Reihe „Schwäbische Lebensbilder“ im Auftrag der Württembergischen Kommission für Landesgeschichte 1940–1942 heraus und schrieb für sie mehrere Beiträge. Der nächste Band erschien 1948 ohne seine Mitwirkung, Band 5 dann wieder 1950 unter seiner Herausgeberschaft. Band 6 wurde ihm von den Herausgebern Max Miller und Robert Uhland gewidmet.

1 Datum vom Empfänger unterstrichen.

2 Ließ sich nicht ermitteln.

3 Klopfer wurde 1933 als Leiter der Staatsbauschule Holzminden entlassen und wohnte seit 1937 in Lorch. Über seine dortige Tätigkeit ließ sich nichts ermitteln.

mit auf die Bühne treten.[4] Wenn ich aber im Frühjahr anfange, mir auch das Land wieder anzusehen und nach Lorch komme, will ich sehr gerne mit Ihnen dies und jenes im Gedankenaustausch behandeln.

Mit freundlichen Grüßen
Ihr
Th. Heuss

Nr. 15
An Dr. Gustav Kilpper, Stuttgart
6. November 1945; Stuttgart, [Keplerstraße 10]
BArch, N 1221, 513: ms. Schreiben, Durchschlag; ms. Briefkopf: „Dr. Th. Heuss Kultminister"
Rückblick auf Auseinandersetzungen mit der Deutschen Verlags-Anstalt und mit Gustav Kilpper beim Erscheinen der Naumann-Biographie 1937

Sehr geehrter Herr Dr. Kilpper!

Besten Dank für Ihren Brief.[1] An sich bin ich gerade in der gegenwärtigen Zeit kein Freund von historischen Recriminationen,[2] da mir scheint, daß wir alle etwas dringlichere Dinge zu besorgen haben. Aber Sie erwarten auf Ihre Zeilen eine Antwort, und die muß ich Ihnen geben. An die Einzelformulierungen des beiläufigen Gesprächs mit Herrn Mittelbach entsinne ich mich nicht, aber der Tenor ist gewiß richtig, daß ich entschlossen war, der Deutschen Verlagsanstalt das Bosch-Buch nicht zur Verfügung zu stellen, und zwar gerade in Erinnerung an meine Erfahrungen bei der Übernahme des Naumann-Buches.[3]

Ich war fast etwas erstaunt, daß Sie auf diese Geschichte zurückgegriffen haben und mir schrieben, „kein anderer deutscher Verleger hätte es seinerzeit gewagt, Ihr Naumann-Buch herauszubringen".[4] Wir haben nach meiner Erinnerung über diese Dinge vor Jahren ja einmal schon einen Briefwechsel gehabt, der mir nun freilich hier greifbar nicht zur Verfügung steht, sonst könnte ich Ihnen ja wohl die

[4] Heuss begründete in der Nachkriegszeit sein politisches Engagement in mehreren Briefen mit dem durch Nationalsozialismus und Krieg bedingten Ausfall einer „mittleren Generation; vgl. Nr. 116, Nr. 182; außerdem Heuss an Paul Scheffer, 21. 1. 1949, in: BArch, N 1221, 95; Heuss an Helmut Rumpf, 13. 8. 1949, in: ebd., 94.

[1] Kilpper an Heuss, 4. 11. 1945, in: BArch, N 1221, 513.

[2] Lateinisch für „gegenseitige Beschuldigungen".

[3] Kilpper hatte erfahren, dass „Sie [Heuss] Herrn Mittelbach auf dessen Frage, weshalb Sie Ihre Bosch-Biographie nicht der DVA gegeben hätten, erwidert haben sollen, die DVA habe für Sie als früherer Parteibetrieb ein Gschmäckle, auch habe es Ihnen nicht gefallen, daß ich der Partei beigetreten sei." Wie Anm. 1. Zu dem schwierigen Weg bis zur Veröffentlichung der Naumann-Biographie, den Heuss im Folgenden beschreibt, vgl. E. W. BECKER, Biographie, S. 67f.

[4] Wie Anm. 1.

Kopie meines damaligen Schreibens einfach zusenden.[5] Ich weiß nicht, ob Sie vergessen haben, daß eines Tages Herr Dr. Bausback mir mitteilte, daß die Verlagsanstalt auf die Herausgabe des Naumann-Buches verzichten müsse, daß Sie, Herr Dr. Kilpper, Herrn Bausback mitteilten, das mache keine Schwierigkeiten, weil ein eigentlicher Vertrag nicht vorliege. Ich erhielt damals auch von Ihnen die Anregung, Sie zu ermächtigen, wegen Übernahme des Verlages mit dem Verlag Kohlhammer, der sicher dazu bereit wäre, unmittelbar zu verhandeln.[6]

Sie hatten seinerzeit mir wiederholt geschrieben, wann das Manuskript fertig sei, um es in die Produktion 1937 aufnehmen zu können.[7] Ich hatte mich in der Arbeit sehr konzentriert und das Manuskript im Sommer 1937 fertiggestellt. Sie hatten dann, ohne mich davon zu unterrichten, das Manuskript der sogenannten parteiamtlichen Prüfungskommission eingereicht und es mir dann überlassen, mich mit den Jungens dieser Behörde ein Vierteljahr lang herumzuquälen, die für meine Erinnerung peinlichste Zeit meiner literarisch-wissenschaftlichen Arbeit. (Die Sache bei dieser Stelle ging ja dann schließlich gut aus, weil man nur eine Kapitelüberschrift beanstandete.) Aber ich kann, verehrter Herr Kilpper, offen gestanden nicht recht begreifen, wie Sie sich des Mutes von jener Zeit heute berühmen. Denn daß das Naumann-Buch dann erschien, was Sie doch in völliger Kenntnis der Gesamt-Situation wiederholt angemahnt hatten, ist, wenn ich richtig sehe, ausschließlich der sehr intensiven 1½-stündigen freimütigen Unterhaltung zu danken, die ich, da auch Herr Dr. Bausback durchaus unter dem Eindruck Ihrer Argumentation ängstlich erschien, mit Herrn Bürgermeister Dr. Winkler hatte, der das nobile officium[8] nicht nur Naumann, sondern gerade auch mir gegenüber anerkannte. Daß das Naumann-Buch für Ihre Position eine dauernde Belastung gewesen ist, ist mir neu. Die offizielle Parteipublizistik hat sich ja mit dem Buch nicht auseinandergesetzt. Erst nach Jahren ist im Völkischen Beobachter anläßlich eines großen Aufsatzes über das Dohrn-Buch auch der Naumann berührt worden.[9] Von den Partei-Literaren aber hat sich Graf Ernst Reventlow, für mich selber erstaunlich, mit größter Wärme für das Buch wie für seinen Gegenstand

---

5 In einem Brief an Kilpper vom 3. 11. 1937 rekapitulierte Heuss die Verhandlungen mit der DVA über das Erscheinen der Naumann-Biographie und kritisierte das Vorgehen des Verlages, das Manuskript der Parteiamtlichen Prüfungskommission der NSDAP ohne Wissen des Autors vorgelegt zu haben; BArch, N 1221, 513.

6 Kilpper an Heuss, 1. 11. 1937, in: ebd.

7 So Kilpper an Heuss, 31. 12. 1936, in: ebd.

8 Lateinisch für „moralische Verpflichtung".

9 Dort heißt es über die Dohrn-Biographie, sie sei „bei aller sachlichen Gründlichkeit, die der Leser erwartet, der Heuss' Buch über Friedrich Naumann kennt, eine höchst unterhaltend zu lesende Studie, die unsere Kenntnis der Geschichte der zweiten Hälfte des vergangenen Jahrhunderts um manche Züge bereichert, die in den landläufigen Geschichtswerken nicht zu finden sind." LUDWIG ALWENS: Wissenschaftler und Organisator. Zum 100. Geburtstag Anton Dohrns, in: Völkischer Beobachter, Süddeutsche Ausgabe, Nr. 12, 12. 1. 1941.

eingesetzt.[10] Sie erinnern sich vielleicht auch, daß es mir gelang, nachdem Sie am Anfang jede Propaganda für das Buch abgelehnt hatten[11] – die 2000-Auflage ging ja in 14 Tagen weg –, zu erreichen, daß ein von mir zusammengestellter Prospekt mit großzügigen Besprechungen herausgegeben wurde,[12] was Sie doch vermutlich abgelehnt hätten, wenn die Situation für Sie so bedrohlich geblieben wäre.

Es lag mir nichts daran, diese Geschichten wieder herauszuholen. Ich selber habe mir keine besonderen Gedanken darüber gemacht, ob Sie Mitglied der Partei geworden sind oder nicht.[13] Ich weiß auch nicht, ob Sie das Parteiabzeichen getragen haben oder nicht. Solche Sachen haben mich seinerzeit wenig berührt, da ich die Kompliziertheit von vielen Situationen ja doch einigermaßen begriff und sie, weiß Gott, auch heute zu begreifen habe. Ich habe auch nie meine Aufgabe darin gesehen, Sie etwa auf Ihre politischen Gesinnungen zu prüfen. Ich habe allerdings bei unserer letzten Besprechung den Eindruck gehabt, daß sich zum mindesten unter sehr starker Suggestion der militärischen Erfolge ein politisches Fernbild bei Ihnen gestaltet hatte, das mich, es war in einer Unterhaltung in der Neckarstraße,[14] bestürzte und das ich heftig ablehnte. Sie setzten mir damals auseinander, daß die kommenden deutschen jungen Generationen jahrelang an der Wolga stationiert sein würden und daß man sich daran gewöhnen müsse, etwas wie einen neuen Limes zu erleben, eine Vorstellung, die ich aus politischen und militärischen Gründen damals bestritt und ablehnte.

Sie wollen es mir bitte zugute halten, daß ich diese Ausführungen mache; sie haben mit der Bewertung Ihrer jetzigen Aufgabe,[15] für die ich Ihnen im Interesse

---

[10] So urteilte Reventlow über Heuss: „Dem Verfasser selbst gebührt aufrichtige Anerkennung. Er hat ein bedeutendes Buch geschrieben und Jahrzehnte geschildert, die in ihrer politischen, wirtschaftlichen, sozialen, weltanschaulichen, auch religiösen Kompliziertheit für klare und sachliche Schilderung ein schwierig zu behandelndes Objekt sind." Und über Naumann als Traditionsspender für den Nationalsozialismus heißt es: „Friedrich Naumann – diese schon immer gehegte Auffassung wird durch das Buch von Theodor Heuss letztlich bestätigt – hat in seinem Wesen sehr viel mehr, was ihn mit dem nationalsozialistischen Gedanken verband. […] Der eigentliche Naumann, losgelöst aus der Umhüllung früherer Aktualitäten, steht uns damit viel näher als dem politischen Durchschnitt der vierzehn Jahre vor 1933 […]. Naumann repräsentiert die, wenn auch vielfach unklare, jedoch im Volk lebende Sehnsucht eben nach einer Verbindung von national und sozial." In: Hamburger Fremdenblatt, Nr. 156, 8. 6. 1938.

[11] Zur zurückhaltenden Werbung vgl. Heuss an Kilpper, 14. 12. 1937; Kilpper an Heuss, 15. 12. 1937, beide in: BArch, N 1221, 513.

[12] Der Prospekt ließ sich nicht ermitteln.

[13] Kilpper betonte in seinem Schreiben an Heuss, er sei „niemals der Partei *beigetreten*", sondern „*ohne mein Zutun* bei der Partei als Mitglied angemeldet worden"; wie Anm. 1.

[14] Sitz der Deutschen Verlags-Anstalt in Stuttgart.

[15] Kilpper war 1945 Landesdirektor für Wirtschaft in Südwürttemberg-Hohenzollern geworden, was er in seinem Brief an Heuss betonte: Die französische Militärregierung habe „mich unter ausdrücklicher Zustimmung der amerikanischen Militärregierung als würdig zur Bekleidung eines der höchsten Verwaltungsposten in der französischen Zone" befunden; wie Anm. 1.

der gemeinsamen Heimat nur das beste wünschen kann, nichts zu tun, aber Ihr Brief zwang mich ja fast dazu, all das niederzuschreiben, damit Sie verstehen, warum ich, ganz unabhängig von der Frage, wie das deutsche Schicksal sich entwickeln würde, seit Jahren entschlossen war, eine literarisch-geschäftliche Verbindung mit der Deutschen Verlagsanstalt in der Struktur des letzten Jahrzehnts zu vermeiden.

Mit besten Grüßen
Ihr [Theodor Heuss]

Nr. 16
An sämtliche Bezirksschulämter, Leiter der Höheren und Berufsbildenden Schulen in der amerikanischen Zone
8. November 1945; Stuttgart, Keplerstraße 10
HStAS, EA 3/101, 11: ms. Schreiben, Durchschlag, ohne Anrede und Grußformel; ms. Briefkopf: „Kultministerium“[1]
Anordnung der Teilnahme von Schülern an einem Gedenktag für die Opfer des Faschismus

Betr.: Gedenktag für die Opfer des Faschismus

Die „Vereinigung der politischen Gefangenen und Verfolgten des Nazi-Systems“ veranstaltet im Einvernehmen mit der württ[embergischen] Landesregierung und den kirchlichen Behörden beider Konfessionen unter Mitwirkung der von der Militärregierung zugelassenen politischen Parteien und des Württ[embergischen] Gewerkschaftsbundes am Sonntag, den 25. November 1945, einen Gedenktag für die Opfer des Faschismus.[2] Dieser Gedenktag soll eine Ehrung sein für die vielen

1 Über der Adresszeile Aktenzeichen: „U I 667“; unter Betreff: „O[hne] Beil[age]“; weiterer Nachweis: HStAS, RG 260 OMGWB, 12/86-2/31: ms. Schreiben, behändigte Ausfertigung ohne hs. Zeichnung von John P. Steiner; das Schreiben liegt auf deutsch und englisch vor.

2 In der unmittelbaren Nachkriegszeit wurde – oftmals initiiert von der Vereinigung der Verfolgten des Naziregimes – in zahlreichen Städten und Ländern ein solcher Gedenktag begangen, ohne sich auf ein einheitliches Datum zu einigen. Die Veranstaltung am 25. 11. 1945 ging ebenfalls von privater Hand aus und fand schnell breite gesellschaftliche und politische Unterstützung, die bis hin zur amerikanischen Militärregierung und eben auch zur Kulturbürokratie reichte. Auf der Zentralveranstaltung in Stuttgart hielt Heuss eine vielbeachtete Rede im Großen Haus des Staatstheaters. Unter dem Titel „In Memoriam“ erinnerte er an die Opfer des Nationalsozialismus, unter denen sich auch etliche aus dem näheren Umkreis von Heuss befanden, und wies die Forderung nach einem „Schlussstrich“ zurück: „Das deutsche Volk hat es sich leicht gemacht, zu leicht gemacht in seiner Masse, sich in die Fesseln des Nationalsozialismus zu geben. Es darf es sich nicht leicht machen, diese Fesseln, an denen es schlimm trug, von denen es sich nicht selber

Millionen, die in den nationalsozialistischen Zuchthäusern, Konzentrations- und Vernichtungslagern ermordet wurden. Darüber hinaus soll er ein Bekenntnis sein zur Wiedergutmachung der im Namen des deutschen Volkes begangenen Verbrechen. Er soll die Verpflichtung wecken, im Geiste der für Freiheit und Menschlichkeit Gefallenen einmütig zusammenzuarbeiten am Wiederaufbau unserer verwüsteten Heimat.

Für den Vortag am 24. November wird für die letzte Unterrichtsstunde in den Schulen eine Gedenkstunde angeordnet, in der den Schülern in eindringlicher Weise die mit dem Gedenktag für die Opfer des Faschismus erstrebten Absichten und die ihn beherrschenden Grundgedanken darzulegen sind.

Wo in den einzelnen Gemeinden an den Sonntagnachmittagen *Gemeindefeiern* stattfinden, ist die Mitwirkung der oberen Klassen der Schulen durch Vortrag von geeigneten Liedern und Gedichten erwünscht.

Th. Heuss[3]

Examined and approved

Major John P. Steiner
Ed[ucation] & Rel[igion] Affairs Officer
Office of Mil[itary] Gov[ernmen]t
Baden-Württ[emberg]

---

hatte lösen können, es darf es sich nicht leicht machen, die bösen Dinge wie einen wüsten Traum hinter sich zu werfen." THEODOR HEUSS: In Memoriam, in: R. DAHRENDORF / M. VOGT, Theodor Heuss, S. 302–309, hier S. 303; zum Anlass, zur Entstehung und Einschätzung der Rede vgl. U. BAUMGÄRTNER, Reden, S. 80–92; im Zusammenhang mit der Herausbildung einer liberalen Rhetorik 1945 vgl. auch J. C. HESS, Wege, S. 361–366.

3 Die hs. Zeichnungen von Heuss und Steiner als Durchschrift.

Nr. 17
An Karl Brammer, Berlin
24. November 1945; Stuttgart, [Dillmannstraße 3][1]

BArch, KlErw. 583: ms. Schreiben, behändigte Ausfertigung; ms. Briefkopf: „Dr. Th. Heuss Kultminister"

Publizistik und Ministertätigkeit; Parteipolitik; Unterstützung einer überkonfessionellen Sammlungspartei; Arbeitsbelastung

Lieber Brammer!

Freundlichen Dank für Ihren Brief.[2] Ich habe mich gefreut, von Ihnen zu hören. Vielleicht haben Sie in der Zwischenzeit meinen Sohn einmal gesprochen, der uns ja hier besuchte,[3] und von ihm Näheres über unser Ergehen gehört. Das Schicksal hat es ja merkwürdig mit mir gemeint. Ich selber glaubte ja meine Nachkriegsaufgabe in der Publizistik zu finden, und der Anfang der Rhein-Neckar-Zeitung hat mir auch viel Spaß gemacht.[4] Die amerikanischen Herren waren auch sehr damit einverstanden, wie ich das anfing, aber dann kam der Ruf der Heimat,[5] und nun quäle ich mich in der Doppelsituation herum, mit Arbeit zu sehr belastet. Seit geraumer Zeit hat auch das Parteipolitische wieder eingesetzt, und ich habe schon eine ganze Anzahl von immer recht gut besuchten Versammlungen bestritten.[6] Mit dem Reden geht es noch. Das Neueste ist, daß ich nun aus ganz Deutschland Briefe erhalte, um meine Meinung zur Parteienentwicklung abzugeben, die ich bei ungenügender Information gar nicht geben kann. Hier in Württemberg sind die Dinge schon vor meinem Eintreffen anders gelaufen gewesen, als ich selber sie gewünscht hätte. Ich hatte in Heidelberg das Zusammengehen mit den jüngeren Zentrumskreisen weitgehend vorbereitet. Als ich hierher kam, waren aber die entsprechenden Verhandlungen schon eingestellt.[7] In Heilbronn führten sie zu einem Abschluß, der auch den Bauernbund und die Deutsche Volkspartei umfaßte.[8] Wie sich das gestalten wird, wenn Landesorga-

1 Wegen unzulänglicher Unterbringung in Räumen der TH Stuttgart zogen im November 1945 einige Abteilungen des Kultusministeriums in die Dillmannstraße 3 um.

2 Ließ sich nicht ermitteln.

3 Ein erster Ausreiseversuch von Ernst Ludwig Heuss und seiner Frau aus Berlin scheiterte im September 1945; Ernst Ludwig Heuss an seine Eltern, 19. 9. 1945, in: FA Heuss, Basel. Vermutlich Ende Oktober/Anfang November gelang es Ernst Ludwig Heuss, seine Eltern zu besuchen; Ernst Ludwig Heuss an seine Eltern, 5. 11. 1945, in: ebd.

4 Zur „Rhein-Neckar-Zeitung" vgl. Nr. 2, Anm. 1, Nr. 5, Anm. 9, Nr. 7, Anm. 2.

5 Gemeint ist die Berufung zum württemberg-badischen Kultusminister; vgl. Nr. 6, Anm. 17.

6 Heuss sprach im Herbst 1945 auf mehreren Parteigründungsveranstaltungen: 28. 10. 1945 in Heilbronn, 18. 11. 1945 in Ludwigsburg, 22. 11. 1945 in Obertürkheim, 7. 12. 1945 in Göppingen, 9. 12. 1945 in Untertürkheim; vgl. Redenverzeichnis, in: BArch, N 1221, 684.

7 Vgl. Nr. 9, Anm. 4, Nr. 12, Anm. 5.

8 In Heilbronn war es den traditionell starken Linksliberalen unter Dürr, vor 1933 DDP-Vorsitzender

nisationen möglich werden, weiß ich noch nicht.[9] Ich würde in Berlin an der Christlich-Demokratischen Union teilgenommen haben und bin etwas unglücklich darüber, wie nun im ganzen Reich die Chance, eine konfessionell umgrenzte Partei aus der deutschen Zukunft ausgeschaltet zu haben, verdorben ist.[10] Freilich habe ich meinerseits auch Bedenken, nach dem Studium der Naumann'schen Entwicklung, das Wort „christlich" als politische Formulierung zu gebrauchen.[11] Ich hoffe sehr, daß hier, wenn die Gemeindewahlen kommen, die schon für Januar geplant sind, ein Zusammengehen mit der Gruppe, die sich hier Christlich-

---

und ein alter Freund von Heuss, und unter der „Patronage" von Heuss (Heuss an Walter Goetz, 20. 11. 1945, in: BArch, N 1215, 35a) gelungen, die bürgerlichen Kräfte der ehemaligen Weimarer Parteien (Zentrum, Christlich-Sozialer Volksdienst, Bauern- und Weingärtnerbund) in der Volkspartei zusammenzuführen. Auf der Gründungsveranstaltung am 28. 10. 1945 hielt Heuss das zentrale Referat und machte damit deutlich, dass er sich mit der Linie der Stuttgarter DVP noch nicht abgefunden hatte. Zu einem Bruch mit Wolfgang Haußmann und Reinhold Maier wollte er es jedoch nicht kommen lassen. Auch in anderen Städten Nordwürttembergs und Nordbadens bildeten sich derartige Volksparteien; vgl. G. SERFAS, Freiheit, S. 48–53; D. HEIN, Milieupartei, S. 48–50; Redenotizen zur Heilbronner Gründungsveranstaltung in: BArch, N 1221, 27.

9 Am 29. 11. 1945 gestattete die US-Militärregierung die Organisation von Parteien auf Landesebene. Am 14. 12. 1945 genehmigten die Militärbehörden den Antrag von Wolfgang Haußmann zur Gründung einer liberalen Landespartei. Im Laufe des Dezember verfolgte Heuss gemeinsam mit den Vertretern der Heilbronner Volkspartei weiterhin seinen Kurs, das bürgerliche Lager unter Einschluss der christlichen Parteien zu einigen. Auf der Gründungsversammlung der DVP am traditionellen Dreikönigstag, dem 6. 1. 1946, konnten sich Heuss und sein Freund Dürr mit ihrer – in Heilbronn praktizierten – Konzeption einer überkonfessionellen bürgerlichen Sammlungspartei nicht durchsetzen; in dem angenommenen Antrag wurde diesen Einigungsbemühungen nur unverbindlich Rechnung getragen. Heuss nahm trotz dieser Niederlage seine Wahl in den Vorstand der DVP an; vgl. G. SERFAS, Freiheit, S. 62–69, 75–77; vgl. auch Nr. 23.

10 Zunächst in der sowjetischen Besatzungszone und Berlin, dann auch in den westlichen Ländern zeichnete sich in der zweiten Jahreshälfte 1945 die Bildung einer Parteienstruktur ab, die mit der Konstituierung der CDU und eigenständiger liberaler Parteien nicht dem Konzept einer bürgerlichen Sammlungspartei entsprach. Auch gegenüber Reif bekundete Heuss am 27. 11. 1945, dass er über die „Parteidinge sehr wenig glücklich" sei und „daß ich, wäre ich in Berlin gewesen, unzweifelhaft an der Bildung der ‚Christlich-demokratischen Union' mich beteiligt hätte, aus der sachlichen Überlegung heraus, eine spezifisch konfessionelle Parteibildung für die deutsche Zukunft auszuscheiden." AdL, N 19, 192; vgl. auch Heuss an Goetz, 20. 11. 1945, in: BArch, N 1215, 35a. Heuss sah sich dann auch dem Verdacht ausgesetzt, der CDU beigetreten zu sein: „Nur ein Mißverständnis will ich aufklären. Ich habe mich nicht für die Christlich-Demokratische Union entschieden, sondern bin Mitglied der Demokratischen Volkspartei"; Heuss an Alfred Brodauf, 14. 2. 1946, in: AdL, 20791, 10. Andere ehemalige Führungsfiguren der DDP wie Walter Goetz und Ernst Lemmer waren hingegen nach 1945 der CSU bzw. CDU beigetreten.

11 Heuss spielt an dieser Stelle auf die Entwicklung des jungen Naumann an, der anfangs noch unter dem Einfluss von Adolf Stoeckers konservativem christlichen Sozialismus stand, dann aber eine stärkere sozialpolitische Ausrichtung der christlich-sozialen Bewegung forderte, woran diese Mitte der 1890er Jahre zerbrach. Mit der Gründung des Nationalsozialen Vereins 1896 wandte Naumann sich dann zunehmend einem liberalen Imperialismus als identitätsstiftendem Moment seiner Bewegung zu; vgl. P. THEINER, Liberalismus, S. 19–52. Heuss beschäftigte sich nach 1945 im Rahmen der Neuauflage seiner Naumann-Biographie wieder verstärkt mit seinem Mentor.

Soziale Volkspartei nennt, möglich sein wird.[12] Im Kabinett spielt sich die Arbeit sehr harmonisch ab.

Ihren Wunsch, Ihnen einen Aufsatz zu schreiben, merke ich mir vor, aber ich befinde mich im Augenblick im Zustand vollkommener Überlastetheit, da ich die Durcharbeitung des Naumannbuches nebenher zu bewältigen habe, das neu erscheinen soll,[13] und in den Nachtstunden den „Bosch" fertig machen muß, da der in Aussicht genommene Verlag demnächst die Lizenz erhalten wird.[14] Außerdem habe ich noch mit der Schwierigkeit zu kämpfen, daß mein Ministerium noch ungeheizt ist und daß ich auch zuhause bis jetzt kein heizbares Arbeitszimmer habe, so daß wir immer nur in einer engen Stube gedrängt sitzen. Das soll sich aber bald verbessern. Ich habe natürlich auch das Bedürfnis, mit den alten Freunden diese Dinge auszutauschen. Gessler, Goetz bitten darum, aber da ich alle 14 Tage nach Heidelberg fahren muß[15] und hier in der Arbeit ersaufe, schaffe ich es nicht.

Mit freundlichem Gruß wie immer
Ihr Th. Heuss

[12] Im Zuge seiner Bemühungen um eine Sammlungspartei von christlichen und liberalen Demokraten setzte sich Heuss im Vorfeld der für den 27. 1. 1946 geplanten Gemeindewahlen in den kleineren Gemeinden Württemberg-Badens für ein gemeinsames Vorgehen von Christlich-Sozialer Volkspartei und DVP ein. Eine Einigung erfolgte am 2. 1. 1946, in der für die Wahlen in den Gemeinden Einheitslisten empfohlen wurden. Eine entsprechende Entschließung konnte Heuss auch auf dem Gründungsparteitag der DVP am 6. 1. 1946 durchsetzen. Dass beide Parteien faktisch doch getrennte Wege gingen, ließ sich nicht verhindern; vgl. G. SERFAS, Freiheit, S. 66f, 76f; vgl. Nr. 23.

[13] TH. HEUSS, Friedrich Naumann [[2]1949], vgl. auch Nr. 45, Nr. 67.

[14] Gemeint ist der Rainer Wunderlich Verlag Hermann Leins in Tübingen; TH. HEUSS, Robert Bosch, vgl. auch Nr. 1, Anm. 7, Nr. 5.

[15] Als Mitherausgeber der „Rhein-Neckar-Zeitung" musste Heuss immer wieder an Redaktionsbesprechungen teilnehmen.

Nr. 18
An Isy Krämer, [Lugano, Schweiz]
27. November 1945; Stuttgart-Degerloch, Löwenstraße 86
Deutsche Nationalbibliothek/Deutsches Exilarchiv 1933–1945, Frankfurt a. M., EB 93/135, I.D.018: hs. Schreiben, behändigte Ausfertigung
Nachricht von Isy Krämer aus dem Exil; Rückblick auf das Schicksal der Familie Heuss seit 1933; Zerstörung von Heilbronn

Lieber Isy,

es ergibt sich eine Gelegenheit, einen Brief in die Schweiz zu kriegen – hoffentlich erreicht er Dich, bevor Du die Reise nach Amerika zur Tochter angetreten hast.

Es war uns eine *sehr große* Freude, von Dir ein Lebenszeichen zu erhalten;[1] ich brauche Dir nicht zu sagen, daß ich oft Deiner u. Deines möglichen Schicksals gedacht habe. Denn auch für jene jüdischen Menschen, die Deutschland „rechtzeitig" verlassen hatten, war ja die Situation seit 1939 zur ewigen Bedrohung geworden.[2] Nun, wenn Post u. s. f. wieder normal gehen, kannst Du einmal berichten.

„Romane", die ich erlebt hätte, könnte ich nicht schreiben, aber die unerhörtesten Schicksale gingen an uns vorbei.

Im August 1943 verließ ich mit Frau Berlin, Ludwig verlangte es wegen Ellys Herz, als die Bomberei stärker wurde. Wir lebten dann bei m[einer] Schwägerin in Heidelberg, in 2 Dachstuben – es ging.[3] Ich schrieb eine große Biographie über Rob. Bosch, viel Zeit- und Wirtschaftsgeschichte neben der Technik – es wurde im Frühjahr fertig.[4] Im Sommer erteilten mir die Amerikaner eine „Licenz" für die „Rhein-Neckar-Zeitung" in Heidelberg, dann kam die Berufung hierher – entsetzlich viel Arbeit, auch das politische Reden hat wieder begonnen und geht noch, daneben fleißig Publizistik.[5] Gesundheitlich geht es ordentlich; ich war auf 105 Pfd. eingeschrumpft, aber hier in der Heimat geht es wieder besser. Wie habt Ihr uns im letzten Krieg versorgt.[6]

Ludwig wurde nicht Soldat, sondern steckte, 1939 noch aus Engl[an]d zurückgekehrt, die ganze Zeit in der öffentlichen Schuhbewirtschaftung.[7] Er bewohnt

---

1 Anschreiben ließ sich nicht ermitteln.
2 Krämer emigrierte 1939 über Frankreich und die Schweiz in die USA.
3 Vgl. Nr. 2, Anm. 3.
4 TH. HEUSS, Robert Bosch, vgl. auch Nr. 1, Anm. 7, Nr. 5.
5 Zur Lizenzvergabe vgl. Nr. 2, Anm. 1, Nr. 5, Anm. 9, Nr. 7, Anm. 2; zur Berufung zum Kultusminister Nr. 6, Anm. 17; zur politischen Redetätigkeit Nr. 17, Anm. 6.
6 Gemeint sind vermutlich Lebensmittellieferungen Krämers an Heuss während des Ersten Weltkrieges; vgl. Heuss an Heuss-Knapp, 21. 1. 1918, in: FA Heuss, Basel.
7 Nach einem ersten Aufenthalt in London von Mitte November 1938 bis Anfang 1939, für den er keine Arbeitserlaubnis erhielt, bekam Ernst Ludwig Heuss dann die Möglichkeit, ab 15. 7. 1939

uns[er] Haus in Berlin, das unzerstört blieb; er hat im Aug. die 2te Tochter von m[einem] Fr[eun]d Dr. Fritz Elsas geheiratet, der im Dez. 44 hingerichtet wurde.[8] Als ich gestern hier im Landestheater eine Gedenkfeier für die „Opfer des Faschismus" hielt, habe ich ihm und dem ausgezeichneten Otto Hirsch, den sie in Mauthausen umbrachten, eine besondere Charakteristik gewidmet.[9] Ich selber bin heil durch die Affairen gekommen, wiewohl ich Goerdelers Pressechef werden sollte.[10] Daß den Zeitungen verboten wurde (1941), noch etwas von mir zu drucken, war nicht so schlimm, denn sie haben sich nicht dran gehalten.[11]

---

für die Deutsche Handelskammer in London zu arbeiten. Ende Juni erfolgte die Überfahrt von Hamburg nach London. Zuletzt in der Funktion eines Abteilungsleiters musste er dann Ende August kurz vor Ausbruch des Krieges innerhalb kürzester Zeit London verlassen. Anschließend erhielt er – unter Zurückstellung vom Militärdienst – eine Anstellung bei der „Reichsstelle Leder"; vgl. Heuss an Gessler, 4. 1. 1939, in: BArch, N 1221, 79; Deutsche Handelskammer London an Ernst Ludwig Heuss, 3. 5. 1939, in: FA Heuss Basel; Heuss an Margret Boveri, 23. 5. 1939, in: SBB PK, NL Boveri, 26, 6; Ernst Ludwig Heuss an seine Eltern, 29. 6. 1939, in: FA Heuss, Basel; Ernst Ludwig Heuss an seine Eltern, 5. 8. 1939, in: ebd.; Heuss an Otto Debatin, 7. 9. 1939, in: DLA, A: Heuss, 73.4431; Heuss an Herbert von Dirksen, 30. 11. 1939, in: BArch, N 2049, 10.

8 Zur Hochzeit vgl. Nr. 8, Anm. 9; zum Schicksal von Fritz Elsas Nr. 6, Anm. 10.

9 Heuss hielt die Gedenkrede „In Memoriam" am 25. 11. 1945, also „vorgestern" und nicht „gestern"; vgl. Nr. 16, Anm. 2. Zu Fritz Elsas und zu Otto Hirsch heißt es dort: „Da ist Fritz Elsas. Er hat im letzten Krieg hier in dieser Stadt die Ernährungsdinge geleitet, er war damals Rechtsrat von Stuttgart, er ist dann einer der Leiter des Deutschen Gemeindetages gewesen, der zweite Bürgermeister von Berlin geworden, einer der ersten Kenner und Täter deutscher sozialer und wirtschaftlicher Kommunalpolitik. Durch all die Jahre hat er es abgelehnt, Rufe ins Ausland anzunehmen, weil er in Deutschland seine und seiner Kinder Heimat wußte. Er war ein guter und wagender Freund. Er hat Goerdeler in seinem Haus Unterkunft gewährt. Im Dezember des letzten Jahres haben sie ihn hingerichtet. Da ist Otto Hirsch. Er war Ministerialrat im Württembergischen Innenministerium und später Leiter der Neckarkanal AG., ein Mann, dem die Heimat unendlich viel verdankt. Ich bin dankbar dafür, seit den Studententagen mit ihm befreundet gewesen zu sein. Zu seinem 50. Geburtstag schrieb ich ihm: Wenn das Wort von ‚Blut und Boden' schon einen Sinn haben soll, dann hat dieses Zusammentreffen von jüdischem Blut und schwäbischem Boden etwas Großes und Schönes geschaffen. Ein grundgescheiter, ein edler Mann! Als sein Wirken in Württemberg zu Ende sein mußte, trat er an die Spitze der Reichsvertretung der deutschen Juden. Er wußte, daß er sich in die tägliche Gefährdung begab, und er blieb tapfer, klar, sauber, anständig in dieser Gefährdung, bis sie ihn holten und in Mauthausen umgebracht haben." In: R. DAHRENDORF / M. VOGT, Theodor Heuss, S. 305f; vgl. auch Nr. 24.

10 Vgl. Nr. 6, Anm. 11.

11 Anfang 1933 hatte Heuss die Herausgeberschaft der Zeitschrift „Die Hilfe" übernommen und verfasste darüber hinaus auch für andere Blätter Beitrage. Nach mehreren Verwarnungen durch das Reichspropagandaministerium musste er 1936 vom Herausgeberposten zurücktreten, weil er die „Gleichschaltung" nicht hinnehmen wollte. Seitdem schrieb er verstärkt für die „Frankfurter Zeitung", die ihn 1941 vertraglich an sich band und ihm ein regelmäßiges Einkommen ermöglichte. Ende 1941 erging der Befehl – vermutlich auf Veranlassung Hitlers – an die „Frankfurter Zeitung", dass der Name von Heuss nicht mehr in dem Blatt erscheinen dürfe. Nach längeren Verhandlungen, in deren Verlauf Heuss auch seinen ehemaligen Parteifreund Werner Stephan, persönlicher Referent des Pressechefs der Reichsregierung im Propagandaministerium, einschaltete, einigte sich die „Frankfurter Zeitung" mit dem Reichspressechef darauf, dass Artikel von Heuss unter dem Pseudonym „Thomas Brackheim" oder dem Kürzel „r.s." erscheinen dürften;

Abb. 7: Altstadt von Heilbronn mit Kilianskirche und Rathaus, 1945

Von der Katastrophe Heilbronns hast Du vielleicht einmal gehört: neben Pforzheim wohl die am meisten betroffene Stadt Süddeutschlands.[12] In 40 Minuten Altstadt total, Angrenzendes überwiegend zerstört, ca. 25.000 Tote[13], die Hälfte der Weingärtnerfamilien ausgelöscht. Auch Rathaus sehr sehr mitgenommen, Kilianskirche Schiff eingestürzt, Turm ramponiert, steht noch, *kein* Schulgebäude brauchbar – die Kinder müssen nach Sontheim und Böckingen, Beutinger ist wieder Oberbürgermeister, Sihler Landrat. In der Umgebung, durch die Kriegshandlungen, Neuenstadt, Weinsberg, Löwenstein weithin vernichtet, wegen sinnlosem SS-Widerstand. Der Kreisleiter Drauz zum Glück verhaftet.[14]

---

vgl. R. Burger, Theodor Heuss, S. 366–370; Nr. 38. Stephan hatte durch seine Funktion im Reichspropagandaministerium mehrfach seine schützende Hand über Heuss halten können; vgl. W. Stephan, Acht Jahrzehnte, S. 239f; Entnazifizierungs-Gutachten von Heuss für Stephan, 26. 5. 1946, in: AdL, 1310. – Die „Frankfurter Zeitung“ musste am 31. 8. 1943 schließlich ihr Erscheinen einstellen, womit auch Heuss’ Mitarbeit endete.

12 Ein britisches Bomberkommando zerstörte am Abend des 4. 12. 1944 die Innenstadt von Heilbronn fast vollständig. Heuss besuchte die Stadt, in der er seine Jugendzeit verlebt hatte, kurz nach der Katastrophe noch im Dezember 1944. Erschüttert schilderte er Anfang 1945 in mehreren Briefen seine Eindrücke, so an: Hermann Luppe, 10. 1. 1945 (BArch, N 1044, 55), Stapel, 13. 1. 1945 (DLA, A: Stapel), Wilhelm Külz, 2. 2. 1945 (BArch, N 1042, 5); vgl. auch Nr. 33; Abb. 7.

13 Dem Bombenangriff fielen nachweisbar 6.530 Menschen zum Opfer; Gedenkbuch, S. 8.

14 In der ersten Aprilhälfte 1945 leistete Heilbronn unter dem rücksichtslosen Kommando des NS-Kreisleiters Richard Drauz erbitterten Widerstand gegen die Einnahme durch die US-Truppen, die dann am 12. 4. 1945 endgültig erfolgte. Auch im Umland stellten sich in den letzten Kriegs-

Du mußt mir, wenn Du in USA bist, Deine Adresse senden, wegen der Regelung Deiner Pensionsansprüche, die natürlich berechtigt sind – ich nehme an, daß da, wegen der Devisen, generelle Regelungen erfolgen.[15] Du mußt mir dann nur die wichtigsten Daten senden – das frühere Kult-Min[isterium] ist mit den Akten verbrannt. Ein Teil der Akten noch ausgelagert, kommen aber erst zurück, wenn wir aus der sehr provisor[ischen] Unterkunft in u. zwischen Trümmern befreit sind.

Du schreibst nichts von Kurt![16]

Conrad Heuss ist noch im März bei Danzig gefallen;[17] er hatte im August zuvor eine Tochter von Alfred (Couvert) Mayer geheiratet;[18] Wuggels Mann seit Sept. 1943 in Slovenien vermißt.[19]

Seid beide herzlich gegrüßt – in alter Freundschaft
Dein Theodor Heuss

---

wochen noch SS- und völlig unzureichend ausgerüstete und zusammengesetzte Wehrmachtseinheiten den überlegenen amerikanischen Truppen entgegen, was zahlreichen Soldaten und Zivilisten den Tod brachte. SS-Truppen terrorisierten die kriegsmüde Bevölkerung der Ortschaften, die Bereitschaft zur Kapitulation zeigten. Die Stadt Weinsberg, in der deutsche Artillerie aktiv war, wurde am 12. 4. 1945 durch US-Jagdbomber zerstört; vgl. K.-D. HENKE, Besetzung, S. 779–790.

15 Heuss setzte sich in den kommenden Jahren wiederholt für eine Pensionszahlung oder Wiedergutmachung an den jüdischen Heilbronner Religionslehrer Krämer ein; Heuss an Krämer, 20. 1. 1946, 19. 6. 1948, 19. 9. 1948, 24. 10. 1948, 15. 2. 1949, in: DNB, Deutsches Exilarchiv 1933–1945, Frankfurt a. M., EB 93/135, I.D.018; Heuss an das Kultusministerium, 14. 11. 1948; Kultusministerium an Heuss, 9. 2. 1949, in: BArch, N 1221, 85.

16 André Kurt Krämer, Sohn von Isy Krämer.

17 Vgl. Nr. 4.

18 Lore Mayer, Tochter des Mitinhabers der Heilbronner Firma „Ernst Mayer, Briefhüllenfabrik", Alfred Mayer.

19 Vgl. Nr. 4, Anm. 6.

Nr. 19
An Dr. Wilhelm Stapel, Hamburg Groß-Flottbek[1]
28. November 1945; Stuttgart, [Dillmannstraße 3]
DLA, A: Stapel: ms. Schreiben, behändigte Ausfertigung; ms. Briefkopf: „Dr. Th. Heuss Kultminister“[2]
Kontakt zu Otto Gessler; literarische Tätigkeit; ungeklärte Situation des Kohlhammer-Verlages; Verbindungen zum Widerstand um Carl Goerdeler

Lieber Herr Dr. Stapel!

Sie haben Nachsicht, daß ich Sie mit der Antwort auf Ihren Brief etwas warten ließ.[3] Aber Sie können sich denken, daß ich gegenwärtig von Briefen und Besuchen überbeansprucht werde, und nun hat auch an den Abenden das Redenhalten wieder begonnen, das übrigens noch ganz ordentlich geht.[4] Gessler ist wieder in Lindenberg. Er war eine zeitlang in München als Staatssekretär bei dem früheren Ministerpräsidenten Schäffer, ist aber wieder ins Privatleben zurückgekehrt. Er erwartet mich dringendst zu einer Besprechung, aber ich kriege es noch nicht fertig, den hiesigen Betrieb für einige Tage im Stich zu lassen, da ewig Konferenzen u. dergl. stattfinden.

Zur literarischen Arbeit komme ich natürlich im Augenblick nicht und habe gelegentlich eine sentimentale Sehnsucht nach meiner Heidelberger Dachstube, wo mich kein Mensch störte. Ich bin eben dabei, das Naumann-Buch, das wieder erscheinen soll, durchzusehen, ändere aber nichts Wesentliches daran, weil ich auch bei der Durchsicht das Gefühl habe, daß das Buch ganz ohne Konzessionen geschrieben wurde. Ich plane aber irgend ein Nachwort.[5] Außerdem mache ich mein im Frühjahr abgeschlossenes Bosch-Buch druckfertig, was auch so seine 600 Seiten stark sein wird.[6]

Das Schicksal des Verlags Kohlhammer ist, soweit ich sehe, noch nicht völlig geklärt.[7] Kittel wurde vor Monaten verhaftet und wird wohl zu seiner eigentlichen Lehrtätigkeit nicht zurückkehren. Neulich erfuhr ich aber, daß er wieder für die

[1] In der Vorlage: „Flottbeck“.
[2] Hs. Vermerk vom Empfänger oben rechts unter Datumszeile: „erhalten 26. 12. 45 beantwortet 29. 12. 45“.
[3] Stapel an Heuss, 9. 11. 1945, in: BArch, N 1221, 98.
[4] Zur Redetätigkeit von Heuss im Herbst 1945 vgl. Nr. 17, Anm. 6.
[5] TH. HEUSS, Friedrich Naumann [^{2}1949], vgl. auch Nr. 45, Nr. 67.
[6] TH. HEUSS, Robert Bosch, vgl. auch Nr. 1, Anm. 7, Nr. 5.
[7] Wie alle Verlage in der amerikanischen Besatzungszone wurde auch der Verlag Kohlhammer im Herbst 1945 geschlossen; nur die Druckerei durfte für den Druck von Formularen, Verordnungen und Gesetzen der Militärregierung weiterarbeiten. Das Gesamtunternehmen stand unter Vermögenskontrolle. Erst im Sommer 1946 erhielt der Verlag eine Lizenz, um mit der verlegerischen Tätigkeit wieder zu beginnen; vgl. HUNDERT JAHRE KOHLHAMMER, S. 98f.

Arbeit an seinem großen Wörterbuch freigestellt sei, das ja eine internationale Bedeutung besitzt.[8] Für ihn bemüht sich vor allem Martin Dibelius in Heidelberg.[9]

Ich hoffe, daß Sie in der Zwischenzeit von Ihren Söhnen Nachricht erhalten haben.[10] Mir ist es wenigstens so gegangen, daß ich und auch andere Bekannte jetzt Briefe aus Amerika erhielten, die vom Februar stammten, also hat man das oben offenbar eine zeitlang alles liegen lassen. Wenn ich genügend Zeit hätte, würde ich mich jetzt auch dahinter setzen, die Antinazi-Bewegung in den 12 Jahren historisch mitzuuntersuchen und darzustellen.[11] Das wäre nicht nur historisch interessant, sondern auch vielleicht politisch nicht ohne Bedeutung. Ich selber hatte im Dezember 1943 bei meiner letzten Konferenz mit Goerdeler diesem zugesagt, wenigstens die ersten drei Monate des gedachten Regiments seinen Presse-Chef zu spielen. Ich habe bei dem tragischen Ausgang eine große Anzahl persönlicher Freunde und auch Verwandte verloren und war im Sommer 1944 selber ziemlich erstaunt, daß man mich in Heidelberg in Ruhe ließ, während in Amerika, wie ich kürzlich erfuhr, mitgeteilt wurde, daß ein Haftbefehl hinter mir laufe.[12] So kam ich bei emigrierten Freunden in den unverdienten Ruf eines besonderen Märtyrertums.

Mit den besten Grüßen wie immer
Ihr Th. Heuss

[8] Weil er seit Mai 1933 Mitglied der NSDAP war sowie seit 1936 der „Forschungsabteilung Judenfrage" im „Reichsinstitut für Geschichte des neuen Deutschlands" angehörte und antijüdische Positionen vertrat, wurde der evangelische Theologe Gerhard Kittel am 3. 5. 1945 in Tübingen von der französischen Besatzungsmacht verhaftet und 17 Monate später freigelassen. Seiner Lehrtätigkeit an der Universität Tübingen durfte er bis zu seinem Tode 1948 nicht mehr nachgehen. Anders als Heuss annimmt, konnte Kittel seine Arbeit an dem von ihm 1933 begründeten „Theologischen Wörterbuch zum Neuen Testament" nicht mehr aufnehmen, auch nicht, als er im Februar 1948 im Zuge der Entnazifizierung seine Rehabilitierung erreichte; vgl. R. P. ERICKSEN, Theologen, S. 47–114.

[9] Während seiner Haft erhielt Kittel Unterstützung von vielerlei Seiten, u. a. von dem Heidelberger Theologen Martin Dibelius; ebd., S. 105f.

[10] Stapel hatte Heuss berichtet, dass er seit Kriegsende keine Nachricht mehr von seinem Sohn aus amerikanischer Kriegsgefangenschaft bekommen habe; Stapel an Heuss, 9. 11. 1945, in: BArch, N 1221, 98.

[11] Vermutlich ist dieses Projekt im Zusammenhang mit dem Plan aus dem Frühjahr 1945 zu sehen, als Heuss sich mit der Zeit des Nationalsozialismus beschäftigen wollte; vgl. Nr. 1, Anm. 8; Heuss an Gustav und Toni Stolper, o.D., in: BArch, N 1221, 489.

[12] Zu Heuss' Verbindungen zum Widerstand und zum Verlust nahestehender Menschen vgl. Nr. 6, Anm. 10, Anm. 11. Ein Dokument, in dem von diesem Haftbefehl die Rede ist, ließ sich nicht ermitteln. Auch ein Haftbefehl im Zusammenhang mit dem gescheiterten Attentat auf Hitler am 20. 7. 1944 konnte nicht nachgewiesen werden. Doch schon im Juli 1933 wurde Heuss im Deutschen Steckbriefregister zur Fahndung ausgeschrieben und Schutzhaft angeordnet; diese kam nicht zur Ausführung, weil ihn vermutlich der Berliner SA-Führer Carl Ernst schützte, ein ehemaliger Hörer von Heuss' Vorlesungen in der Deutschen Hochschule für Politik; vgl. TH. HEUSS, Machtergreifung, S. 18f; das Steckbriefregister findet sich in: SBB PK, 1: Fx 5019/1.

Nr. 20
An Major John P. Steiner, Stuttgart
1. Dezember 1945; Stuttgart, [Dillmannstraße 3]
HStAS, RG 260 OMGWB, 12/28-1/39: ms. Schreiben, behändigte Ausfertigung; Kopfbogen: „Landesverwaltung für Kultus, Erziehung und Kunst in Württemberg Kultministerium“[1]
Übergabe grundsätzlicher Bemerkungen zur Entnazifizierung

Verehrter Herr Major,

Ihrer freundlichen Aufforderung[2] entsprechend überreiche ich Ihnen einige grundsätzliche Bemerkungen zur Problematik der Denazifizierung,[3] indem ich zugleich auf die eingehenden Darlegungen und Vorschläge hinweise, die Herr Ministerialdirektor Th. Bäuerle mit meinem Einverständnis vorgelegt hat.[4]

Ihr sehr ergebener Th. Heuss
Kultminister

Nr. 20a
Grundsätzliche Bemerkungen zur Problematik der Denazifizierung
HStAS, RG 260 OMGWB, 12/28-1/39: ms. Schreiben

1. Jede kritische Betrachtung der amerikanischen Denazifizierung muß unter dem Verdacht leiden, als komme sie auf ein getarntes Plädoyer für den Nationalsozialismus heraus oder doch auf „mildernde Umstände“.
2. Dieser Verdacht ist unbegründet. Nach meiner persönlichen Auffassung hätte das gerichtliche Vorgehen der Militärregierung gegen viele in ihrer Verwahrung befindliche führende Nationalsozialisten rascher vorgehen können und müssen, um zu exemplarischen Strafen zu führen. Ich denke dabei nicht so sehr an die großen Prozesse von geschichtlicher Bedeutung[1] als an Ver-

[1] Gestrichen: „Der Landesdirektor“; darunter Aktenzeichen: „V 825“; das Schreiben samt Anlage liegt im OMGUS-Bestand auch auf englisch vor; weiterer Nachweis: HStAS, EA 3/101, 78: Abschrift.

[2] Ließ sich nicht ermitteln. An das gute Verhältnis zu Steiner erinnerte Heuss sich noch 1954, als er auf Bitte der Witwe von Steiner einen kleinen Aufsatz als Vorwort für einen Sammelband schrieb, der Reden und Artikel des kürzlich verstorbenen Steiner enthielt; BArch, N 1221, 322.

[3] Vgl. Nr. 20a.

[4] Vgl. die auf deutsch und englisch verfassten Ausführungen zur Entnazifizierung von Theodor Bäuerle an die amerikanische Militärregierung in Württemberg-Baden, 19. 11. 1945, in: HStAS, RG 260 OMGWB, 12/28-1/39.

[1] Gemeint sind die Verhandlungen des Internationalen Militärtribunals gegen die „Hauptkriegsverbrecher“ wie z. B. Hans Frank, Hermann Göring, Rudolf Heß, Wilhelm Keitel, Joachim von

fahren gegen Kreisleiter, Amtsleiter der verschiedenen Art, die die Quäler der Bevölkerung, die Verfolger der Juden, die Schänder der Gotteshäuser gewesen sind. Eine rasche und deutliche Verfolgung der Straftaten wurde erwartet und wäre als Akt der Gerechtigkeit empfunden worden.[2]

3. Die Aufgabe der Besatzungsmacht für eine Millionenbevölkerung in einem weithin zerstörten und heruntergewirtschafteten Lande ist ungeheuer; sie kann zunächst nur mit allgemeinen Richtlinien und Anweisungen arbeiten. Dagegen ist gar nichts zu sagen. Ja, man muß finden, die detaillierte Vorbereitung der Gesetze und Verordnungen ist bewundernswert. Aber das menschliche Leben ist in seinen Urteilen und in seinen Wirkungen bunter und verwickelter als auch ein sorgfältiger Katalog von Regelsätzen.
4. Der Buchstabe tötet.
5. Das Gefühl der Rechtssicherheit war in Deutschland abgestorben, weil neben den grausamen Buchstaben ehr- und lebensverletzender Gesetze die Willkür der Exekution getreten war, gegen die es keine Appellation gab. Diese aber ist ein Fundament des Rechtsstandes. Die Neuordnung der Gerichtsbarkeit wird in der Rückkehr des Rechtsgefühls eine große Belohnung haben. Sie soll und wird auch in der laufenden Verwaltungspraxis der Beamtenpolitik wieder Raum finden.
6. Dabei müßte erreicht werden, daß die Ausführung der Verordnungen innerhalb der amerikanischen Zone möglichst *einheitlich* vor sich gehe; die Unterschiede schaffen ein gewisses Gefühl der Unsicherheit.[3]
7. Es ist erwünscht, auch für die Staats- und Gemeindebeamten [die] in dem „Vorstellungsverfahren" bei Gesetz 8 entsprechende Einrichtung auszubauen;

Ribbentrop oder Albert Speer, die vom 20. 11. 1945 bis zum 30. 9. 1946 in Nürnberg geführt wurden.

2 Um die Sicherheit der alliierten Truppen zu gewährleisten und den Neubeginn des politischen Lebens nicht zu gefähren, wurden in den ersten Monaten nach der Besetzung Deutschlands in allen Besatzungszonen anhand von Listen Personen interniert, die eine höhere Funktion in der NSDAP, der SS, des SD, der Gestapo, der SA und der HJ bekleidet hatten. In der amerikanischen Zone waren davon ca. 100.000 Personen betroffen. Aufgrund der langwierigen Verfahren gegen diesen Personenkreis wuchs die Ablehnung der Bevölkerung gegenüber der Internierungspraxis.

3 Die Direktive vom 7. 7. 1945 leitete eine breite politische Säuberung in der amerikanischen Besatzungszone ein. Anhand von umfangreichen Fragebögen musste jeder Deutsche, der eine bestimmte Schlüsselposition im öffentlichen Leben eingenommen hatte, Auskunft über seine Vergangenheit während des nationalsozialistischen Regimes geben; trafen Merkmale aus dem umfassenden Entlassungskatalog zu (z. B. Mitgliedschaft in der NSDAP vor dem 1. 5. 1937), war die Person ohne Berücksichtigung von Rechtsansprüchen zu entlassen. Neben NS-Funktionären war auch die gesamte führende Verwaltung von der automatischen Entlassung betroffen. In anderen Fällen, wie z. B. bei der militärischen und wirtschaftlichen Elite, lagen die Entscheidungen hingegen im Ermessen der amerikanischen Behörden. Die „Eskalation der Entlassungskriterien" (C. Vollnhals) führte bis März 1946 zu knapp 140.000 Entlassungen im öffentlichen Dienst und paralysierte diesen teilweise. Die als zu schematisch und oktroyiert empfundenen Entnazifizierung ließ den Unmut der deutschen Bevölkerung wachsen; C. VOLLNHALS, Entnazifizierung, S. 10–16.

die Umrisse dazu sind ja in dem Aufbau der Denazifizierungsausschüsse gegeben, doch fehlen die einheitlichen und verbindlichen Durchführungsbestimmungen.[4]

8. War die erste überwirtschaftliche Aufgabe der Besatzungsmacht der Schutz der öffentlichen Sicherheit, so sieht sie ihre zweite im erzieherischen Wirken. Die Strafe als Erziehungsmacht hat aber nur eine begrenzte Wirkung. Sie trägt in sich die Gefahr der Verstockung.
9. Alle Vergehen gegen menschliche und göttliche Gesetze verdienen ihre gerechte Strafe, das deutsche Volk ist durch sein Unglück schwer genug gestraft. Man darf ihm den Weg in die eigene Einsicht, wie es auch im Gewährenlassen schuldhaft geworden ist, nicht versperren.
10. Das geschieht aber gegenüber der jüngeren Generation, wenn man sie schematisch nach irgendwelchen Vereinszugehörigkeiten behandelt.[5] Sie hatte bei dem totalitären Monismus des Staatsgefüges gar keine Möglichkeit der Wahl und Auswahl in ihrer Gesinnungsbildung. Ausnahmen ergaben sich auf dem Hintergrund einer festen Familientradition oder eines nicht gar zu häufigen Einspännertums.
11. Die deutsche Jugend ist durch den Nationalsozialismus in eine Atmosphäre der Pseudo-Werte geführt worden, die auch die echten Werte der Kameradschaft, der Vaterlandsliebe mißbrauchte und verfälschte. Viele dieser jungen Menschen, die das Unechte und Verkrampfte spürten, flüchteten sich in einen Zynismus. Sie hatten nämlich längst die lauten Worte satt und lachten über sie. Aber sie hatten keine Aufgaben eigener Geltung, worin sie sich bemühen konnten. Daher heute ihre Richtungslosigkeit.
12. Die jungen Menschen, ob freie Opfer der Massensuggestion, ob gezwungene Gefolgsleute des Nationalsozialismus, fühlen sich an den Ursachen der vaterländischen Katastrophe unschuldig. Es wäre ein helles Unrecht, sie besonders zu bestrafen mit der Erschwerung ihrer Lebensmöglichkeit, und ein politisches Unglück, weil es in den jungen Generationen, auf die es ankommt, das Vertrauen auf einen werdenden Lebensstil bürgerlicher Freiheit und Demokratie gefährden, wenn nicht vernichten müßte.

---

[4] Das Militärgesetz Nr. 8 der amerikanischen Militärregierung vom 26. 9. 1945 dehnte die Entnazifizierung auf den Bereich der Wirtschaft aus und bediente sich dabei weitreichender Entlassungskriterien. Im Gegensatz zur Direktive vom 7. 7. 1945 (vgl. Anm. 3) sah das Gesetz Nr. 8 aber ein Widerspruchsrecht (im Gesetz heißt es: „Vorstellung erheben") der Betroffenen vor, wenn diese ihre nur nominelle Mitgliedschaft in NS-Organisationen nachweisen konnten. Daraus entwickelten sich deutsche Vorprüfungsausschüsse, die den Einspruch begutachteten, die Entscheidung aber den US-Militärbehörden überlassen mussten. In der Praxis konzentrierte sich die politische Säuberung dann vor allem auf den öffentlichen Dienst; vgl. ebd., S. 12f; Abdruck des Gesetzes Nr. 8 in: ebd., S. 100f.

[5] Gemeint ist damit die Zugehörigkeit zur NSDAP oder zu anderen NS-Organisationen, die über das Fragebogensystem ermittelt wurde und zu Entlassungen führte; vgl. Anm. 3.

13. Natürlich steckt in manchen jungen Menschen noch ein Stück gefährliche Romantik, gefährlich dann vor allem, wenn ihnen der Anschluß an die berufliche Arbeit erschwert wird. Die Besten unter ihnen sehnen sich nach den Jahren des Kriegsdienstes nach Lernen, Lernen, Lernen – sie sind menschlich reifer, leiden aber unter dem Wissen um die Mängel ihres Wissens und Könnens. Man muß sie in feste berufliche Tätigkeit senden, damit sie nicht am Sinn ihres Lebens verzweifeln.
14. Man soll aber auch ihre soldatische Ehre nicht verletzen. Die Tatsache, daß einer durch Tüchtigkeit im Kriege befördert wurde, darf nicht als eine Behinderung seines beruflichen oder politischen Lebens ausgewertet werden. Das wäre gänzlich unpsychologisch und würde nur einen heimlichen „militaristischen" Geist am Leben halten.

Th. Heuss
Kultminister

Nr. 21
An Paul Löbe, [Berlin]
16. Dezember 1945; Stuttgart, Dillmannstraße 3

AdsD, NL Löbe, 22: hs. Schreiben, behändigte Ausfertigung; Kopfbogen: „Landesverwaltung für Kultus, Erziehung und Kunst in Württemberg"

Glückwünsche zum 70. Geburtstag

Verehrter lieber Herr Löbe,

als ich vorgestern mit Keil u. Ulrich bei einem gemeinsamen Freund in Bietigheim beisammen war, erfuhr ich im Gespräch, daß gerade Ihr 70. Geburtstag stattgefunden hat. Die Lage der Post wird es mit sich bringen, daß mancher Glückwunsch verspätet kommt – so darf sich auch meiner noch einfinden.

Er ist sehr herzlich in Erinnerung an viele gemeinsame Stunden, ernste u. frohe – wir haben uns im Elementaren immer gut verstanden; ich habe Ihre Künste der Menschenbehandlung bewundert, Ihre eigene Menschlichkeit aber immer geliebt.[1]

Berlin liegt nun sehr weit von hier u. von mir, wenn auch mein Sohn noch dort im unzerstörten Hause in Lichterfelde wohnt – der Rest des Lebens wird

---

[1] Heuss kannte Löbe aus seiner Abgeordnetentätigkeit im Reichstag, dem Löbe von 1920 bis 1933 als Präsident bzw. Vizepräsident vorstand; vgl. zur Beziehung zu Löbe auch TH. HEUSS, Profile, S. 313–315; H. BOTT / H. LEINS, Begegnungen, S. 73f.

wohl der Heimat gehören, die mich auf englisch gerufen hat[2] –, wie lange sie mir Amt u. Aufgabe läßt, liegt ja im Dunkel der Jahre. Aber wir sind mit Unverdrossenheit u. in guter Kameradschaft an die sinnlos schwere Aufgabe herangegangen.

Wenn Sie da, dort einem alten Freund begegnen, sagen Sie ihm meine Grüße. Ihnen u. der Gattin alles Gute!

In alter Verbundenheit
Ihr Theodor Heuss

Nr. 22
An Gottfried Treviranus, [USA]
9. Januar 1946; Stuttgart-Degerloch, Löwenstraße 46

BArch, N 1221, 101: ms. Schreiben, Durchschlag[1]

Dank für Hilfssendung; Rückblick auf die letzten Jahre: Umzug von Berlin nach Heidelberg, Verbindungen zum Widerstand um Carl Goerdeler, Ernennung zum Lizenzträger der „Rhein-Neckar-Zeitung" und zum Kultusminister, Parteiarbeit, Schicksal gemeinsamer Bekannter; Stimmung in der deutschen Bevölkerung

Lieber Treviranus,

das war wirklich eine wohltuende, freundschaftliche Überraschung, als ich vorgestern Ihre Sendung überbracht erhielt.[2] Ich war gerührt, und in den Erinnerungen habe ich alle Stationen unserer Begegnungen und werdenden menschlichen Freundschaft heraufgeholt bis zu dem Juni 1934, da wir noch zusammen die geplante Geburtstagsfeier für Ihren alten Freund Cuno[3] besprachen und Sie dann nach einigen Tagen Deutschland verlassen mußten.[4] Durch den Englandaufenthalt meines Sohnes[5] hat es dann wieder eine Berührung gegeben. Ich erfuhr auch, daß Sie über's Wasser gegangen sind, und nun darf ich spüren, daß Ihre sorgen-

---

2 Vgl. Nr. 11, Anm. 3.

1 Teilabdruck: E. PIKART, Theodor Heuss, S. 249f.

2 Ein zur Sendung gehöriges Schreiben ließ sich nicht ermitteln. Vermutlich handelt es sich um eine Hilfssendung für Heuss; vgl. auch Anm. 15.

3 Vermutlich gemeint Kuno Graf von Westarp.

4 Heuss hatte Treviranus Mitte der zwanziger Jahre im Reichstag kennengelernt; TH. HEUSS, Erinnerungen, S. 345f. Treviranus entzog sich am 30. 6. 1934 der im Zuge der Röhm-Affäre angeordneten Verhaftung und emigrierte über Holland und England nach Kanada und 1942 in die USA.

5 Vgl. Nr. 18, Anm. 7.

den Gedanken unter anderen Freunden in Deutschland auch mich gesucht und gefunden haben.

Es wäre ja viel, viel zu erzählen. Ich habe Berlin mit meiner Frau im August 1943 verlassen wegen der Bomberei und dann fast zwei Jahre in der Zurückgezogenheit in zwei Dachstuben in Heidelberg gelebt, wo ich ein großes, vielleicht tausend Seiten starkes Buch über Robert Bosch geschrieben habe: die Entwicklung von über einem halben Jahrhundert in Wirtschaft, Politik und Technik als Hintergrund.[6] Dieses Ausweichen aus Berlin, wesentlich wegen der Herzkrankheit meiner Frau, ist vermutlich meine Rettung gewesen. Goerdeler hatte noch im Dezember 1943 mit mir verabredet, daß ich sein Pressechef werden sollte, was ich auch zusagte; aber da dann die Bahnsperren kamen, blieb ich den letzten Phasen der innenpolitischen Entwicklung räumlich fern und blieb dann im Schlußteil der Tragödie als unbemerkte Reserve übrig, während viele aus dem Freundes- und auch Verwandtenkreis das Leben lassen mußten.[7]

Nach dem Einmarsch der Amerikaner in Heidelberg[8] erhielt ich mancherlei Besuche, und man trat an mich heran, eine Zeitung mit zu übernehmen;[9] kaum hatte ich diese mitaufgezogen, so wurde mir die hiesige Stellung angetragen.[10] Ich habe sie gleich angenommen, weil es einen gewissen symbolischen Sinn zu haben schien, daß ich auf meine „alten Tage“ wieder in die Heimat zurückkehre.[11] Schließlich hat man ja seinen anständigen Namen durch die Zeit hindurchgehalten, um ihn jetzt einsetzen zu können, vielleicht auch verbrauchen zu müssen. Die Arbeitslast ist ganz ungeheuer, bei dem reduzierten Personal und den unsäglich schweren räumlichen Verhältnissen die Schulen der verschiedenen Typen zunächst wieder in Gang zu bringen und ihnen einen neuen Geist zu geben. Man tut eben, was man kann.

Dazwischen kommt jetzt wieder die Parteipolitik. Wäre ich nicht durch das Amt gebunden, so hätte ich hier schier eine Aufgabe, da ich von den verschiedenen Gruppen und Landesteilen um Rat und Rede gebeten werde, aber ich kann diese Ansprüche neben den Amtspflichten nicht leisten und beschränke mich zunächst darauf, in der engeren Heimat auch parteimäßig tätig zu sein.[12] Man ist schließlich auch nicht mehr der Jüngste.

---

6 Vgl. zum Umzug nach Heidelberg Nr. 2, Anm. 3; TH. HEUSS, Robert Bosch, vgl. auch Nr. 1, Anm. 7, Nr. 5.

7 Zum Kontakt zu Goerdeler und zu den Verlusten im Freundeskreis vgl. Nr. 6 Anm. 10, Anm. 11.

8 Ende März 1945; vgl. Nr. 5, Anm. 5.

9 Zur Gründung der „Rhein-Neckar-Zeitung“ vgl. Nr. 2, Anm. 1, Nr. 5, Anm. 9, Nr. 7, Anm. 2.

10 Zur Berufung zum württemberg-badischen Kultusminister vgl. Nr. 6, Anm. 17.

11 Vgl. Nr. 6, Anm. 18.

12 Auf der konstituierenden Sitzung der württemberg-badischen DVP am 6. 1. 1946 wurde Heuss trotz seiner Bedenken gegenüber einer eigenständigen liberalen Partei in den Vorstand gewählt; vgl. Nr. 17, Anm. 9.

Gesundheitlich geht es mir aber ordentlich. Ich war zwar in Heidelberg auf 105 Pfund zusammengeschrumpft, was bei meiner Größe von 1,80 etwas zu wenig ist. Aber hier konnte ich doch schon wieder etwas zulegen, zumal ich nicht mehr alle Wege zu Fuß ablaufen muß und da das Land an sich hier etwas nahrhafter. Die größte Freude in Ihrem so liebenswürdig ausgewählten Paket haben Tee und Kaffee erweckt; das sind die Dinge, nach denen man bei der hetzigen Arbeitsleistung lechzt.

Daß unser gemeinsamer Freund Gessler sehr böse Zeiten durchgemacht hat, werden Sie wissen; er hat arge Mißhandlungen erfahren.[13] Ich bekam in letzter Zeit wiederholt Briefe von ihm aus Lindenberg, wo er mich erwartet.[14] Aber auch er muß bis jetzt umsonst warten, so wichtig es mir wäre, Persönliches und Allgemeines mit ihm zu besprechen.

Ich hoffe, daß Sie drüben eine angemessene Betätigungsmöglichkeit gefunden haben.[15] Ich erhielt jetzt den ersten großen Brief von meinem Freund Gustav Stolper durch seinen Sohn zugeleitet;[16] auch Grüße von Jäckh und anderen, die dort jetzt Heimat und Arbeitsmöglichkeit fanden.[17] Ich hoffe sehr, daß in nicht zu ferner Zeit die Kommunikation ins Ausland sich erleichtert, daß wir auch wieder fremde Zeitungen zu lesen bekommen. Denn die Isolierung Deutschland's war ja schauerlich.

Über die seelische Entwicklung des deutschen Volkes ist schwer etwas zu sagen. Zunächst ist ja die Apathie weiter Schichten der charakteristische Zustand. Wir hoffen sehr, daß, wenn der Winter vorbei ist, eine gewisse Initiative spürbar wird. Die Arbeitsleistung einzelner Gruppen ist ungeheuer; aber wie nach 1918 lastet als Druck das Denken an die Kriegsgefangenen und die Ungewißheit über Grenzen, über industrielle Ausstattung u. s. f. Sie können sich das alles ja selber vorstellen.

Mein kleines Haus in Lichterfelde hat den Krieg unbeschädigt überstanden und wird jetzt von dem Sohn bewohnt,[18] der im August eine Tochter vom Bürgermeister Fritz Elsas geheiratet hat.[19] Elsas selber wurde hingerichtet, weil er Goerdeler nach dem 20. Juli noch verborgen hielt.[20]

---

[13] Vgl. Nr. 6, Anm. 10.

[14] Gessler besaß ein Gut in Lindenberg im Landkreis Lindau, Allgäu; vgl. auch Nr. 63, Anm. 7.

[15] Treviranus war im kanadischen Exil bis 1942 landwirtschaftlicher Verwalter in Toronto, siedelte dann in die USA über und organisierte seit 1946 die CARE-Hilfe für Deutschland; vgl. H. Möller, Gottfried Reinhold Treviranus, S. 135f.

[16] Gustav und Toni Stolper an Heuss und Heuss-Knapp, 5. 11. 1945, in: BArch, N 1221, 489.

[17] Ernst Jäckh wurde 1940 an die Columbia University in New York als Professor für Internationale Beziehungen berufen; andere wie z. B. Kurt Riezler oder Arnold Brecht arbeiteten zeitweise an der New School of Social Research; vgl. auch Nr. 6, Anm. 22.

[18] Vgl. Nr. 3, Anm. 17.

[19] Zur Hochzeit vgl. Nr. 8, Anm. 9.

[20] Vgl. Nr. 6, Anm. 10.

Ich würde mich sehr freuen, auch einmal ein persönliches Wort von Ihnen zu hören, und grüße Sie mit vielem und herzlichem Dank.

In alter Verbundenheit
Ihr [Theodor Heuss]

Nr. 23
An Karl Brammer, Berlin-Zehlendorf
14. Januar 1946; Stuttgart[-Nord, Dillmannstraße 3]

BArch, KlErw. 583: ms. Schreiben, behändigte Ausfertigung; Kopfbogen: „Der Kultminister"
Gründung einer überkonfessionellen Sammlungspartei

Lieber Herr Brammer!

Freundlichen Dank für Ihren Brief vom 4. Januar, der vorgestern hier eintraf.[1] Ich habe inzwischen Schreiber hier gehabt und mir von ihm manches erzählen lassen. Vorgestern war auch Dr. Hermes da. Wir sind in den Parteienbesprechungen in einem etwas stagnierenden Zustand. Ich selber arbeite in der Richtung auf eine Zusammenlegung der beiden hiesigen Gruppen, die schon gegründet waren, bevor ich nach Württemberg kam. Aber es gibt sachliche, personelle und psychologische Widerstände auf beiden Seiten, und ich bin nicht so vorangekommen, wie ich es wünschte.[2] Wir haben etwas komplizierte Verhältnisse dadurch, daß in meiner Heimatstadt Heilbronn, wohin ich von Heidelberg aus früher gekommen bin als nach Stuttgart, alle Gruppen sich unter dem Wort „Volkspartei" zusammengeschlossen haben.[3] Das ist nun eine seltsame Schwebelage, da Heilbronn Stadt und Kreis nun außerhalb der sich entwickelnden Landesparteien stehen.

Aus Ihrem Brief habe ich gesehen, daß unser alter Freund Werner bei seinem Gönner Theodor steckt.[4] Möge er einigermaßen durch die Zeit hindurchkommen.

---

[1] Ließ sich nicht ermitteln.

[2] Auch nach dem Parteitag der DVP am 6. 1. 1946, auf dem Heuss sein Konzept einer überkonfessionellen Sammlungspartei nicht durchzusetzen vermochte (vgl. Nr. 9, Nr. 12, Nr. 17), hielt Heuss an dieser Vorstellung fest. Am 12. 1. 1946 traf er gemeinsam mit Wolfgang Haußmann und anderen DVP-Vertretern Angehörige des bürgerlichen Lagers, darunter den aus der SBZ geflohenen Andreas Hermes, um über eine gemeinsame Parteibildung zu verhandeln. Da mit Ausnahme von Heuss keiner der Beteiligten ernsthaft für dieses Ziel eintrat, scheiterten auch diese Bemühungen; vgl. G. SERFAS, Freiheit, S. 77–79; Aktennotiz von Ernst Mayer über die Unterredung, 17. 1. 1946, in: BArch, N 1221, 407.

[3] Vgl. Nr. 17, Anm. 8.

[4] Im Juli 1945 hatte der Oldenburgische Ministerpräsident Theodor Tantzen seinen einstigen Parteifreund in der DDP, Werner Stephan, auf sein Gut eingeladen, um dort einige Zeit lang unterzutauchen; vgl. W. STEPHAN, Acht Jahrzehnte, S. 282–285.

Er ist ja in seiner stillen Art ein guter Parterre-Akrobatiker, und ich wünsche ihm menschlich, daß seine Geschicklichkeit ihm erhalten bliebe. Wenn Sie über Nürnberg hierherkommen könnten, wäre das in mancher Hinsicht erfreulich. Es wäre viel sachlich und persönlich zu klären, was im Briefbetrieb nicht geht.

Für die Rhein-Neckar-Zeitung habe ich gestern Abend einen Aufsatz geschrieben „Unterhaltungen über Berlin", der Sie vielleicht interessieren wird.[5]

Mit besten Grüßen wie immer
Ihr
Theodor Heuss

Nr. 24

An Hans Georg Hirsch, Newark 8, New Jersey, USA
29. Januar 1946; Stuttgart-Degerloch, Löwenstraße 86
BArch, N 1221, 82: ms. Schreiben, Durchschlag; ms. Briefkopf: „Dr. Theodor Heuss"
Schicksal von Otto Hirsch und seiner Frau während des Nationalsozialismus; publizistische und politische Aufgaben in der Nachkriegszeit

Lieber Hans Georg,

es war mir eine große Freude, vor einigen Tagen Ihren Brief vom 20. Oktober[1] zu erhalten, wenn diese Freude ja auch die immer schmerzliche Erinnerung an das Schicksal der Eltern wieder geweckt hat. Durch Herrn Landgerichtsrat Dr. Marx hatte ich schon vor einigen Wochen erfahren, daß er eine Verbindung mit dem Bruder Ihres Vater herstellen könne. Er hat die große Freundlichkeit, auch die Übermittlung der Zeilen an Sie zu übernehmen, und will sich wegen des Schicksals der Mutter bemühen. Die von Ihnen angegebenen Spuren will er weiter verfolgen. Wir sind freilich beide durch das Schicksal der in den Osten verschleppten jüdischen Menschen gezwungen, die Wahrscheinlichkeit, daß Ihre Mutter noch am Leben ist und wieder einmal mit ihren Kindern vereinigt sein kann, sehr gering zu bewerten. Dr. Marx nimmt es mir ab, da er ja leichter Zugang zu den in Frage kommenden Stellen finden kann als ich, das Mögliche zu tun.[2]

---

5 THEODOR HEUSS: Berlin, in: RNZ, Nr. 7, 23. 1. 1946.

1 Irrtümliche Datierung; Hans Georg Hirsch an Heuss, 22. 10. 1945, in: BArch, N 1221, 82.

2 Hirsch hatte Heuss in seinem Brief (wie Anm. 1) gebeten, ihm bei seinen Nachforschungen nach seiner im Oktober 1942 deportierten Mutter, Martha Hirsch, behilflich zu sein. Heuss wandte sich daraufhin an den Stuttgarter Landgerichtsrat Alfred Marx, der allerdings deutlich machte, dass keine Hoffnung bestünde, dass die Mutter noch am Leben sei. Er sicherte aber zu, auf verschiedenen Wegen Nachforschungen nach dem Schicksal von Martha Hirsch anzustoßen und die Übermittlung des Antwortbriefes von Heuss an Hirsch in die USA zu übernehmen; Heuss

Etwa zehn Tage, ehe Ihr Vater verhaftet wurde,[3] waren die Eltern in Berlin noch einen Nachmittag bei uns; der Vater hatte eben mein Buch über Anton Dohrn in Neapel gelesen und war deshalb etwas erstaunt, daß so viele jüdische Menschen in dem Buch noch als mitwirkend am Lebensaufbau von Dohrn [und] an seinem Werk genannt und gewürdigt waren. Ich konnte ihm dann noch manches erzählen, was ihn sehr interessierte unter dem Gesichtspunkt der Leistung jüdischer Menschen, diesem Stück deutschen wissenschaftlichen Wirkens. Als er dann weggeholt worden war, habe ich die Mutter natürlich sofort besucht und sie in meinem ja damals sehr geringen Maß zu beraten getrachtet. Es scheint mir auch heute eine Pflicht anzuerkennen, daß sich der Alt-Oberbürgermeister Lautenschlager sehr darum bemühte, auf die Haftentlassung Einfluß zu gewinnen, und daß [sich] auch der nationalsozialistische Oberbürgermeister Dr. Strölin, wie ich mich aus einem Schreiben, das die Mutter in der Hand hatte, überzeugen konnte, unter Lautenschlagers Einfluß aktiv für Ihren Vater einsetzte wegen seiner Verdienste um die württembergische Heimat. Aber es blieb erfolglos. Ich war dann bei der Mutter am Tag, nach dem sie durch einen Polizeibeamten die Todesnachricht ins Haus gebracht erhielt. Sie hat sich wunderbar gehalten. Beide Eltern wußten ja um die dauernde Gefährdung. Als die Mutter dann weggeführt war,[4] habe ich das erst Wochen später erfahren, denn die Zahl der jüdischen Freunde war gering geworden, und sie waren verscheucht, auch ängstlich, noch einen aufzusuchen. Die Möglichkeit, etwas in Erfahrung zu bringen, fiel weg. Das Schicksal dieser beiden, von mir und meiner Frau so geschätzten, ja geliebten Menschen hat uns in dieser Zeit, wo das Herz so maßlos viel an allgemeinem Elend und individueller Tragik erleben mußte, ganz besonders bedrückt, und wir haben oft daran gedacht, wie sich für Sie und Ihre Schwestern nun die Dinge in der Verstreuung und Vereinsamung gestalten.[5]

Ich bin Ihnen sehr dankbar, daß Sie sich gemeldet haben, und würde gern etwas Näheres hören, wie sich das berufliche Schicksal gestaltet hat. Sind Sie bei der Landwirtschaft geblieben? Ihre letzten Nachrichten aus Amerika erzählten von der Tätigkeit auf Farmen. Die Notiz Ihres Briefes sagt, daß Sie jetzt als Instructor für landwirtschaftliche Dinge bei rekonvalescenten Soldaten tätig sind.[6] Deutet

---

nahm dieses Angebot gerne an; Marx an Heuss, 20. 1. 1946; Heuss an Marx, 29. 1. 1946, beide in: BArch, N 1221, 87.

3 Am 26. 2. 1941 wurde Otto Hirsch verhaftet, zunächst in Berlin inhaftiert und schließlich in das Konzentrationslager Mauthausen deportiert, wo er am 19. 6. 1941 starb; vgl. P. SAUER, Recht, S. 48.

4 Am 26. 10.1942 wurde die Mutter von Hans Georg Hirsch von Berlin in den Osten deportiert; vgl. ebd., S. 49.

5 Beide Schwestern hielten sich seit Anfang 1939 in England auf, die ältere arbeitete als Musiklehrerin, die jüngere als Gartenbaulehrerin; Hans Georg Hirsch an Heuss, 22. 10. 1945, in: BArch, N 1221, 82. Hans Georg Hirsch war 1938 in die USA emigriert; vgl. P. SAUER, Recht, S. 49.

6 Wie Anm. 1.

das darauf hin, daß Sie nun in den Beruf des landwirtschaftlichen Lehrers gegangen sind, auch für die Nachkriegszeit?

Was ist von uns zu erzählen: Wir haben wegen der Bomberei Berlin im August 1943 verlassen, lebten dann fast zwei Jahre bei der Schwester meiner Frau in Heidelberg.[7] Dort habe ich mitgeholfen, eine deutsche Zeitung aufzubauen, bis mich dann das Schicksal in die Heimat zurückführte; sehr viel Arbeit im Ministerium und jetzt wachsend im politischen Leben.[8]

Meine Frau arbeitet am Volksschullesebuch mit, treibt wieder etwas Rundfunkunterricht.[9] Ihr Herz könnte besser dran sein. Wir haben eine nette Vier-Zimmerwohnung in Degerloch gefunden. Freunde halfen uns, sie zu möblieren, so daß also der äußere Rahmen unserer Existenz ganz erträglich ist.

Unser kleines Haus in Lichterfelde ist unzerstört geblieben und wird vom Sohn bewohnt. Der hat während des Krieges die zivile Schuhversorgung organisiert und führt einstweilen diese Beschäftigung als Angestellter des Magistrats weiter.[10] Er hat im August 1945 die zweite Tochter von Dr. Fritz Elsas geheiratet, der 1. Bürgermeister von Berlin war und im Dezember 1944[11] im Zusammenhang mit der Goerdelerverschwörung hingerichtet wurde.[12] Er war von Stuttgart her auch mit Ihrem Vater befreundet gewesen. Ich selber habe im Laufe der letzten zweieinhalb Jahre eine große Biographie über Robert Bosch geschrieben und hoffe, daß sie zum Frühjahr noch erscheinen wird.[13]

Ich lege Ihnen den Abdruck einiger Reden bei, die ich in den letzten Monaten gehalten habe. In einem kleinen Sonderdruck habe ich auch eine Gedächtnisrede festgehalten, die auch des Vaters gedenkt.[14]

Seien Sie in alter freundschaftlicher Gesinnung von mir und meiner Frau herzlich gegrüßt
Ihr [Theodor Heuss]

---

[7] Vgl. zum Umzug nach Heidelberg Nr. 2, Anm. 3.

[8] Zur Gründung der „Rhein-Neckar-Zeitung" vgl. Nr. 2, Anm. 1, Nr. 5, Anm. 9, Nr. 7, Anm. 2; zur Berufung zum württemberg-badischen Kultusminister vgl. Nr. 6, Anm. 17; zur parteipolitischen Arbeit vgl. Nr. 9, Nr. 12, Nr. 17, Nr. 23.

[9] Das Kultusministerium von Württemberg-Baden ließ schon 1945 neue Lesebücher für die einzelnen Klassenstufen in den Volksschulen erarbeiten, die aufgrund des Mangels an Papier, Karton und Heftfaden aber erst 1946 und 1947 erscheinen konnten; FÜNF JAHRE KULTMINISTERIUM, S. 21f. Heuss-Knapp berichtete am 21. 11. 1945, dass sie ihrem Mann helfe, indem sie „Entwürfe für das Volksschullesebuch" durcharbeite. Außerdem begann sie im Dezember 1945 mit einer Reihe von Rundfunkvorträgen im Südfunk Stuttgart, führte „vor dem Mikrophon Round-table-Gespräche mit jungen Leuten" und arbeitete am Schulfunk mit; vgl. E. HEUSS-KNAPP, Bürgerin, S. 302, 304f.

[10] Vgl. Nr. 6, Anm. 9, Nr. 18, Anm. 7.

[11] In der Vorlage: „1945". Elsas war 2., nicht 1. Bürgermeister von Berlin.

[12] Zur Hochzeit vgl. Nr. 8, Anm. 9; zum Schicksal von Fritz Elsas vgl. Nr. 6, Anm. 10.

[13] TH. HEUSS, Robert Bosch, vgl. auch Nr. 1, Anm. 7, Nr. 5.

[14] Gemeint ist damit die Gedenkrede „In Memoriam" vom 25. 11. 1945; vgl. Nr. 16, Anm. 2, Nr. 18, Anm. 9.

Nr. 25
An Major Dr. Shepard Stone, New York
5. Februar 1946; Stuttgart-Degerloch, Löwenstraße 86
BArch, N 1221, 99: ms. Schreiben, Durchschlag; ms. Briefkopf: „Dr. Theodor Heuss"[1]
Wahlkampfreden; Tod Hermann Onckens; Ernährungslage; Entnazifizierung; Wahltermine; literarische Projekte

Verehrter, lieber Herr Doktor Stone,

da Sie nun unter die Zivilisten zurückgekehrt sind,[2] werden Sie wohl die „bürgerliche" Anrede wieder gewohnt sein. In den vergangenen Wochen habe ich manchmal daran gedacht, von Ihrer liebenswürdigen Aufforderung, dies oder das zu schreiben, Gebrauch zu machen.[3] Aber das Leben war ziemlich verzettelt und verhetzt, da die Gemeindewahlen[4] mich fast jeden zweiten Abend auf eine Rednertribüne zwangen. Die Zahl der für die bürgerliche Demokratie zur Verfügung stehenden Redekräfte ist sehr gering, da die vergangenen zwölf Jahre es verhinderten, daß neue Menschen in die Bewährung traten. So lag die rednerische Hauptlast hier in Württemberg auf mir und neben mir auf Herrn Konsul Bernhard.

Daß ich den Brief nicht weiter hinauszögere, hat seinen Anlaß darin, daß ich kürzlich die Nachricht erhielt, daß Hermann Oncken, der auch einmal Ihr Lehrer gewesen ist,[5] Ende Dezember starb. Ich glaube kaum, daß Sie in New York dazu kommen, alle Ihre ehemaligen deutschen Pflegekinder bei den weiteren Gehversuchen zu beobachten.[6] Ich erlaube mir deshalb, Ihnen den Nachruf zu übersenden, den ich Oncken in der Rhein-Neckar-Zeitung gewidmet habe.[7] Vielleicht interessiert Sie auch der Aufsatz über Berlin als politisches Problem.[8]

Soll ich Ihnen einige Bemerkungen zur Entwicklung der deutschen Dinge sagen? Die Überwindung des Winters ist ja noch nicht zu einem vollen Abschluß

---

1 Am Briefende Hinweis auf zwei Anlagen; vgl. Anm. 7, Anm. 8.

2 Stone hatte als amerikanischer Besatzungsoffizier die US-Armee beim Wiederaufbau des deutschen Zeitungswesens beraten, bevor er Anfang 1946 wieder in seinen journalistischen Beruf als zweiter Chefredakteur der Sonntagsausgabe der „New York Times" zurückkehrte; vgl. V. R. BERGHAHN, America, S. 33–43.

3 Eine solche Aufforderung ließ sich nicht nachweisen.

4 Am 27. 1. 1946 fanden in den württemberg-badischen Gemeinden unter 20.000 Einwohnern Gemeindewahlen statt.

5 Stone wurde 1932 bei dem Historiker Hermann Oncken in Berlin promoviert. Außerdem hatte er Vorlesungen an der Deutschen Hochschule für Politik u. a. bei Heuss gehört; V. R. BERGHAHN, America, S. 11, 33. – Während seiner Münchener Studienzeit hatte Heuss eine Veranstaltung Onckens über Marx und Lassalle besucht; TH. HEUSS, Vorspiele, S. 279f.

6 Stone war 1945 im Lizenzierungsverfahren für die „Rhein-Neckar-Zeitung" einer der Fürsprecher von Heuss gewesen; vgl. Nr. 7, Anm. 2, Nr. 45, Anm. 10.

7 THEODOR HEUSS: Der Historiker Hermann Oncken, in: RNZ, Nr. 9, 30. 1. 1946.

8 THEODOR HEUSS: Berlin, in: RNZ, Nr. 7, 23. 1. 1946.

gekommen; aber wir hatten bisher Glück, indem die Witterung im ganzen günstig blieb. Es wird, so hoffen wir auch, kein Rückschlag mehr kommen. Daß die Ernährungslage keine schärfere Zuspitzung erfuhr, ist den amerikanischen Lieferungen zu danken.[9] Ich persönlich habe darüber in allen meinen Reden gesprochen, und ich glaube, daß das auch in anderen Versammlungen geschah. Die Bevölkerung weiß das und ist dankbar. Was aber ein Bedürfnis sonderlicher Art wäre, ist eine möglichst baldige Klarheit über die endgültige gesetzliche Formung der sogen. Denazifizierung. Wie Sie wissen, liegt ein etwas komplizierter, aber gut durchgearbeiteter Entwurf über diese Materie vor.[10] Sein endgültiges Schicksal ist uns noch undeutlich. Dieser Schwebezustand hat nach der personalpolitischen Seite die etwas peinliche Folge, daß die Entscheidungen alle etwas ausgesetzt sind, aber das wurde von den Verwaltungen als ein Fortschritt angesehen, wenn sie nun mit individuellen Feststellungen zu einem gewissen Abschluß und zur Ruhelage kommen könnten. Freilich bin ich mir darüber klar, die Durchführung dauert dann doch noch Monate und frißt furchtbar viel von der Arbeitszeit, die eigentlich den neuen Aufgaben zugewandt werden müßte.

Die Wahlen sind, wie Sie wissen, korrekt und mit starker Anteilnahme verlaufen.[11] Sie werden ihre beiden nächsten Etappen Ende März und Ende Mai (Land-

---

[9] Lebensmittellieferungen der USA für ihre Besatzungszone trugen zwar zwischen November 1945 und März 1946 zu einer Verbesserung der Versorgungslage bei, der weltweite Mangel an Nahrungsmitteln führte jedoch ab 1. 4. 1946 wieder zu einer Rationskürzung; vgl. G. J. TRITTEL, Hunger, S. 47–50.

[10] Nachdem die erste Phase der Entnazifizierung zu Massenentlassungen und zur partiellen Paralysierung des Verwaltungsapparates geführt hatte (vgl. Nr. 20a, Anm. 3), beauftragte die amerikanische Militärregierung am 5. 12. 1945 den Länderrat in der US-Zone, ein Entnazifizierungsgesetz zu erarbeiten. Nach langwierigen Verhandlungen über den vorgelegten Gesetzesentwurf, die zeitweise an den Rand des Scheiterns führten, unterschrieben schließlich die drei Ministerpräsidenten am 5. 3. 1946 das „Gesetz Nr. 104 zur Befreiung von Nationalsozialismus und Militarismus", mit dem die Verantwortung für die Entnazifizierung in deutsche Hände überging. Die Amerikaner behielten sich aber auch jetzt ein Kontroll- und Eingriffsrecht vor. Das Gesetz sah vor, dass alle erwachsenen Deutschen einen Fragebogen auszufüllen hatten, der dem Öffentlichen Kläger der zuständigen Spruchkammer für eine vorläufige Einstufung in eine von fünf Belastungskategorien diente: als Hauptschuldiger, Belasteter, Minderbelasteter, Mitläufer oder Entlasteter. In einem justizförmigen Verfahren vor der Spruchkammer konnte die Schuldvermutung von dem Betroffenen widerlegt werden. Die Kammer entschied dann über die endgültige Einstufung und verhängte ggf. entsprechende Sühnemaßnahmen. Der Vorzug dieses Verfahrens lag darin, dass nun das freie richterliche Ermessen im jeweiligen Einzelfall nach strafrechtlichen Maßstäben im Zentrum stand. Nicht mehr allein die formale Zugehörigkeit zu einer NS-Organisation, sondern auch das individuelle Verhalten waren ausschlaggebend für den Grad der Verantwortung. Dies verstärkte freilich auch die Praxis der Selbstrechtfertigung und der „Persilscheine" durch Dritte. Ein weiterer Mangel des Gesetzes lag in den vorläufigen Beschäftigungsverboten für zunächst als hauptschuldig oder belastet Eingestufte bzw. für ehemalige Mitglieder der NSDAP oder einer ihrer Gliederungen, die so lange bestehen blieben, bis zuweilen erst nach Monaten ein Urteilsspruch erging; vgl. J. FÜRSTENAU, Entnazifizierung, S. 53–69; L. NIETHAMMER, Mitläuferfabrik, S. 260–332; Teilabdruck des Gesetzes in: C. VOLLNHALS, Entnazifizierung, S. 262–272; vollständig abgedruckt in: REGIERUNGSBLATT, Nr. 8, 1. 4. 1946, S. 71–83.

tage) erfahren.[12] Ich glaube, die meisten der Parteien wären ganz damit einverstanden gewesen, wenn man den ursprünglichen Plan festgehalten hätte, die politischen Wahlen erst im Herbst abzuhalten, weil dann die Organisation des Parteiwesens im Sommer auch in die abgelegeneren kleinen Städte hätte ausgreifen können. Jetzt bei den Gemeindewahlen war es hundertfach ganz zufällig, ob für diese, ob für jene Gruppe an diesem oder an jenem Platz jemand die Sache in die Hand nahm. Aber man wird sich auch mit dem früheren Termin abzufinden wissen. Nur für unsereins wird das Arbeitstempo nicht die Entspannung erfahren, die man sich gewünscht hätte, um einige wichtige Fragen sachlicher Natur grundsätzlich zu bedenken und behandeln zu können.

Vielleicht interessiert es Sie, daß mein Buch über Robert Bosch und die neue Ausgabe der Naumann-Biographie sich in der Druckerei befinden.[13] In Heidelberg ist Ernst Glaeser durch Emil Belzner abgelöst worden.[14] Meine Verbindung mit der Redaktion ist dadurch etwas erleichtert, daß Dr. Agricola zum Mitglied des vorläufigen Landtags[15] bestellt wurde, so daß wir neben meinen Besuchen in Heidelberg auch schon wiederholt hier in Stuttgart Redaktionsbesprechungen erledigen konnten.

Wenn Sie vielleicht in der Zwischenzeit einmal mit meinem Freund Dr. Gustav Stolper Fühlung nehmen können, bestellen Sie ihm auf jeden Fall erneut meine herzlichen Grüße.

Ich bleibe mit verbindlichem Dank für Ihr Wohlwollen und mit guten Wünschen für Ihre neue Arbeit
Ihr ergebener [Theodor Heuss]

---

11 Die durchschnittliche Beteiligung an den Gemeindewahlen vom 27. 1. 1946 ließ sich nicht ermitteln.

12 Gemeindewahlen fanden am 28. 4. 1946 (nicht Ende März) in den fünf unmittelbaren Kreisstädten Württembergs, am 26. 5. 1946 in den sieben kreisfreien Städten ganz Württemberg-Badens statt, jedoch keine Landtagswahlen.

13 TH. HEUSS, Robert Bosch, vgl. auch Nr. 1, Anm. 7, Nr. 5; DERS., Friedrich Naumann [[2]1949], vgl. auch Nr. 45, Nr. 67.

14 Am 15. 1. 1946 war Glaeser als Feuilletonchef der „Rhein-Neckar-Zeitung" von Belzner abgelöst worden; vgl. R. KRISCHKE, Emil Belzner, S. 92.

15 Am 16. 1. 1946 war die Vorläufige Volksvertretung für Württemberg-Baden zusammengetreten, ein Forum von 124 Repräsentanten des öffentlichen Lebens, die vom Ministerpräsidenten berufen wurden. Diese Volksvertretung konnte zu Gesetzesentwürfen der Staatsregierung Stellung beziehen und dieser ihrerseits Vorschläge unterbreiten; vgl. P. SAUER, Neubeginn, S. 111–116.

Nr. 26
Bescheinigung für Hans Walz
18. Februar 1946, Stuttgart

RB, 1 013, 034: ms. Schreiben, Abschrift, ohne Anrede und Grußformel, gemeinsam ms. gezeichnet mit Theodor Bäuerle, Hermann Binder und Reinhold Maier[1]

Erklärung zugunsten des verhafteten Direktors der Robert Bosch GmbH, Hans Walz

Erklärung.[2]

Wir kennen Herrn Direktor *Hans Walz* in Stuttgart seit vielen Jahren.[3] Auf Grund seiner demokratischen und sozialen Einstellung entfaltete er neben seiner verantwortungsvollen Arbeit in der Wirtschaft eine vielseitige Tätigkeit auf dem Gebiet der kulturellen und sozialen Fürsorge, insbesondere war er ein eifriger Förderer des Gedankens der Hebung der wirtschaftlichen Lage aller Werktätigen, der Volksbildung, der Wohnungsfürsorge usw. sowie der Versöhnung der Völker und der Erledigung aller auftretenden Probleme im Wege der Verständigung.[4] Gewaltmethoden lehnte er schärfstens ab. Diese Einstellung des Herrn Walz hat sich auch unter der Nazi-Zeit nicht geändert. Die Verletzung des Rechts und die Anwendung brutaler Gewalt gegenüber Andersdenkenden durch die Nazis machten aus ihm einen überaus[5] scharfen Gegner des Regimes, der diesem im

---

[1] Unter den ms. Zeichnungen notarielle Beglaubigung: „Die Übereinstimmung vorstehender Abschrift mit der mir vorgelegten Unterschrift beglaubige ich. Stuttgart, den 19. Februar 1946 Notar Sommer"; darunter Stempel des Notars: „Karl Sommer Notar in Stuttgart".

[2] Gesperrt und ms. unterstrichen.

[3] Heuss hatte bereits 1909 ersten Kontakt zu Walz, als beide die württembergische Volkspartei bei einer Nachwahl in Urach unterstützten. Walz hatte seine Karriere bei der Firma Bosch 1912 als Privatsekretär von Robert Bosch begonnen und dann einen steilen Aufstieg gemacht; vgl. M. KISSENER, Hans Walz, S. 119–123. Die Beziehung setzte sich fort, als Heuss seit Ende des Ersten Weltkrieges Robert Bosch im Umfeld des Linksliberalismus und politisch-pädagogischer Projekte näher kam; sie intensivierte sich, als Heuss mit den Arbeiten an der Bosch-Biographie 1942 begann und Walz Boschs Nachfolger nach dessen Tod wurde. – Bäuerle organisierte in den zwanziger und dreißiger Jahren die Aktivitäten Robert Boschs in der Begabtenförderung und Erwachsenenbildung und stellte Mitte der dreißiger Jahre den Kontakt der Firma Bosch zu Goerdeler her, den Walz nachdrücklich unterstützte; vgl. D. SCHMITT, Theodor Bäuerle, S. 56–88, 99f. – Maier hatte in den zwanziger Jahren als Vorsitzender der Stuttgarter DDP und dann von 1930 bis 1933 als württembergischer Ministerpräsident nähere Kontakte zu Robert Bosch und später zu dessen Nachfolger Walz; vgl. K.-J. MATZ, Reinhold Maier, S. 55, 97. – Binder hatte über Bäuerle Kontakte zur Firma Bosch und zu Goerdeler, der ihn nach einem möglichen Umsturz als Kultusminister für Württemberg vorgesehen hatte; A. HAGEN, Hermann Binder, S. 382.

[4] Seit Ende des Ersten Weltkrieges widmete sich Walz neben seinen unternehmerischen Aufgaben auch sozialen und kulturellen Fragen, betreute die vielfältigen Vereinstätigkeiten der Firma Bosch, setzte sich für die deutsch-französische Verständigung ein und trat schon früh dem Antisemitismus entgegen; vgl. J. SCHOLTYSECK, Robert Bosch, S. 78.

[5] Hs. unterstrichen: „überaus scharfen Gegner des Regimes".

Gegensatz zu anderen mitunter so offen entgegentrat, daß der frühere Reichsstatthalter von Württemberg ärgerlich davon sprach, er werde „die Nebenregierung Bosch" nicht mehr länger in seinem Lande dulden.[6] Herr Walz setzte sich tatkräftig für Verfolgte aus allen Kreisen und Konfessionen ein und suchte mit allen Mitteln deren hartes Los zu lindern.[7]

Weiter bekundete Herr Walz seine Ablehnung des Nazismus durch engste Zusammenarbeit mit Dr. Goerdeler und die Unterstützung der von diesem ins Leben gerufenen Oppositionsbewegung.[8]

Ein Mann mit einer solchen demokratischen Einstellung und hervorragenden Kenntnissen und Fähigkeiten sowie vielseitigen Erfahrungen, wie sie Herrn Walz zu eigen sind, sollte heute dringend am Wiederaufbau unseres durch den Nationalsozialismus zerstörten Landes und der zerrütteten Wirtschaft mitarbeiten.

Seine Festhaltung ist allen, die ihn kennen, unverständlich und bedeutet für die Zukunft eine Belastung des demokratischen Gedankens.[9]

Dr. Theodor Heuss, Kultminister
Dr. Reinhold Maier, Ministerpräsident
Theodor Bäuerle, Ministerialdirektor
Dr. Hermann Binder, Präsident

---

[6] Vgl. TH. HEUSS, Robert Bosch, S. 707. Diese Drohung Wilhelm Murrs wurde offensichtlich ausgesprochen, als im Juni 1942 Bäuerle nach mehrtägiger Gestapohaft aufgrund des Einflusses des SS-Obergruppenführers Gottlob Berger, eines Fürsprechers der Firma Bosch, gegen die massiven Widerstände der Stuttgarter Gestapo entlassen wurde; vgl. J. SCHOLTYSECK, Robert Bosch, S. 415.

[7] Zur Unterstützung von kirchlichen Widerstandskreisen und von Juden durch die Firma Bosch und Hans Walz vgl. ebd., S. 164–168, 265–282, 454–458.

[8] Hs. unterstrichen: „engste Zusammenarbeit mit Dr. Goerdeler", „Unterstützung der von diesem ins Leben gerufenen Oppositionsbewegung". – 1937 stellte Robert Bosch Goerdeler offiziell als „wirtschaftspolitischen Berater" ein. Auf diese Weise gedeckt und finanziell unterstützt, konnte Goerdeler seine Widerstandsaktionen von Stuttgart aus organisieren und mit Hilfe der Firma Bosch auch Kontakte zum Ausland aufnehmen, um vor Hitlers Kriegsplänen zu warnen. Die Opposition gegen Hitler im „Boschkreis" bekam damit eine neue, konspirative Qualität. Bei den Gesprächen in Stuttgart entwickelte sich ein besonders vertrauensvolles Verhältnis zwischen Goerdeler und Walz, der nach dem Tode Robert Boschs den Widerstand in der Firma Bosch fortführte. Nach Ausbruch des Krieges verfolgte Walz über schweizerische Kanäle Friedensinitiativen. Die Vorbereitungen für das Attentat auf Hitler am 20. 7. 1944 wurden dann von Goerdeler auch in Stuttgart zusammen mit den führenden Leuten des „Boschkreises" um Walz getroffen, auch wenn diese über die konkreten Pläne nur vage informiert waren. Nach dem Scheitern des Attentats gerieten auch führende Mitglieder des „Boschkreises" in die nationalsozialistische Verfolgungsmaschinerie. Aufgrund glücklicher Umstände blieb Walz davon verschont; vgl. ebd., passim.

[9] Walz, im Mai 1933 der NSDAP beigetreten, wurde im Herbst 1945 als Leiter eines kriegswichtigen Rüstungskonzerns sowie als Aufsichtsratsmitglied der Dresdner Bank und der Reichskreditanstalt von der US-Militärregierung interniert und kam erst im Spätsommer 1947 wieder frei; vgl. J. SCHOLTYSECK, Robert Bosch, S. 544f; M. KISSENER, Hans Walz, S. 136f. Heuss hatte sich schon am 10. 11. 1945 gemeinsam mit Bäuerle in einer „Äußerung" für Walz eingesetzt; HStAS, RG 260 OMGWB, 12/27-3/15. Am 4. 2. 1947 sprach sich Heuss wiederum für Walz' Freilassung aus; DLA, A: Heuss, 73.4423; vgl. auch Nr. 141.

Nr. 27
An Julius Bab, Roslyn Heights, New York, USA
25. März 1946; Stuttgart-Degerloch, Löwenstraße 86
AdK Berlin, Julius-Bab-Archiv, 495: ms. Schreiben, behändigte Ausfertigung; ms. Briefkopf: „Dr. Theodor Heuss“[1]
Kontakt zu Emigranten; Rückblick auf das Schicksal von Familie und Freunden; Rede in Berlin vor dem Kulturbund zur demokratischen Erneuerung Deutschlands; Verbindungen zum Widerstand um Carl Goerdeler; Erzählband von Elly Heuss-Knapp „Schmale Wege“

Lieber Julius Bab,

Ihren freundlichen Brief vom 11. Oktober[2] habe ich gestern überbracht erhalten, und ich war sehr froh darüber, von Ihnen ein Lebenszeichen zu bekommen, denn das, was Sie mir mitteilen, daß Ihre Gedanken mich manchmal gesucht haben, darf ich auch von mir sagen, wenn ich Ihren Namen und Ihre Erscheinung vor mir habe. Denn ich wußte immer, daß Sie zu den Menschen gehört haben und gehören, denen der Abschied von der alten Heimat seelisch mit am schwersten geworden ist.[3] Ich habe ja mit manchen Menschen, die in die Emigration gehen mußten, in der Zwischenzeit persönliche und amtliche Gespräche zu führen gehabt, und ich fand, daß die Mehrzahl derer, mit denen ich zu tun hatte, den deutschen Dingen und Menschen mit einem suchenden Verständnis gegenüberstanden. Es war mir aber nie recht geglückt, Sie selber in einer Typik unterzubringen, da Sie zu sehr eigenwüchsig gewesen.

Was soll ich von mir erzählen: Sie haben ja wohl noch erlebt, daß ich im Jahr 1936 die Herausgeberschaft der „Hilfe“ niederlegen mußte, später kam ein publizistisches Schreibverbot, das aber von mir und der Frankfurter Zeitung umgangen wurde, indem ich nun als Thomas Brackheim publizierte.[4] Bücher konnte ich weiter fabrizieren. Der Naumann-Biographie folgten Werke über Hans Poelzig, Anton Dohrn, Justus von Liebig.[5] Das Poelzigbuch wurde von Hitler dann persönlich verboten.[6] Im Spätjahr 1943 übersiedelten meine Frau und ich in zwei Dachstuben nach Heidelberg bei meiner Schwägerin, weil die Bombenangriffe

1 Weiterer Nachweis: BArch, N 1221, 73: ms. Schreiben, Durchschlag.
2 Ließ sich nicht ermitteln.
3 Bab emigrierte 1939/1940 über Paris nach New York.
4 Vgl. Nr. 18, Anm. 11.
5 THEODOR HEUSS: Friedrich Naumann. Der Mann, das Werk, die Zeit, Stuttgart/Berlin 1937; DERS.: Anton Dohrn in Neapel, Berlin/Zürich 1940; DERS.: Justus von Liebig. Vom Genius der Forschung, Hamburg 1942.
6 DERS.: Hans Poelzig. Bauten und Entwürfe. Das Lebensbild eines deutschen Baumeisters, Berlin 1939, vgl. auch Nr. 37.

dem Herzzustand meiner Frau wenig bekömmlich waren. Dort vollendete ich in der Zurückgezogenheit eine große Biographie von Robert Bosch, die zur Zeit gedruckt wird und das Bild eines halben Jahrhunderts geben soll.[7] In Heidelberg wurde ich von den Amerikanern „entdeckt" und, wie Sie wissen, Lizenzträger der neugegründeten Rhein-Neckar-Zeitung; seit Ende September fungiere ich hier als Minister, eine sehr mühsame, aber schließlich notwendige Tätigkeit.[8] Es wird Sie interessieren, daß ich gerade jetzt zehn Tage in dem verwüsteten Berlin war, daß mein Haus unbeschädigt stehen geblieben ist und vom Sohn bewohnt wird. Unter der Leitung von Johannes R. Becher, der mich dazu eingeladen hatte, hielt ich im Deutschen Kulturbund eine große Rede über das deutsche Schicksal. Es war eine merkwürdige Atmosphäre bei einem „Empfang" in dieser veränderten Welt, mit Paul Wegener, Eduard von Winterstein, Friedrich Wolf u. a. zusammen zu sein.[9]

In Ihrem Brief ist auch eine persönliche Anfrage. Deren Beantwortung ist heute meistens traurig. Erkelenz ist im vergangenen Sommer, als er, verwitwet, beim Kampf um Berlin seine Wirtschafterin vor den damals üblichen Mißhandlungen schützen wollte, erschlagen worden. Vershofen lebt in Tiefenbach bei Oberstdorf. Ich bin seit einem Jahr ohne Fühlung mit ihm, er hat ein schönes philosophisches Buch geschrieben.[10] Von Josef Winckler weiß ich nichts. Hamm gehört zu den Opfern des 20. Juli; er hat sich in der Haft selber das Leben genommen, da er den Mißhandlungen offenbar nicht gewachsen war. Gessler, der

---

7 Vgl. zum Umzug nach Heidelberg Nr. 2, Anm. 3; TH. HEUSS, Robert Bosch, vgl. auch Nr. 1, Anm. 7, Nr. 5.

8 Zur Gründung der „Rhein-Neckar-Zeitung" vgl. Nr. 2, Anm. 1, Nr. 5, Anm. 9, Nr. 7, Anm. 2; zur Berufung zum württemberg-badischen Kultusminister vgl. Nr. 6, Anm. 17.

9 Heuss hatte Becher bereits in der Weimarer Republik in seiner Funktion als Vorsitzender des Schutzverbandes Deutscher Schriftsteller kennengelernt. Nach dem Krieg beteiligte sich Becher maßgeblich an der Gründung des Kulturbundes zur demokratischen Erneuerung Deutschlands und nahm als dessen Präsident im November 1945 ersten Kontakt zu Heuss auf; Becher an Heuss, 13. 11. 1945, in: DLA, A: Heuss, 73.4239. Anfang 1946 erging dann von Becher die Einladung an Heuss, vor dem Kulturbund im Rahmen einer Großveranstaltung eine Rede zu halten. Heuss reiste bereits um den 10. 3. 1946 nach Berlin und gab dort am 11. 3. ein Rundfunkinterview. Am 15. 3. fand beim Kulturbund ein Empfang zu Ehren von Heuss statt. Drei Tage später hielt er schließlich die erbetene und vielbeachtete Rede unter dem Titel „Deutschland – Schicksal und Aufgabe" (im ms. Manuskript unter der Überschrift „Um Deutschlands Zukunft"; BArch, N 1221, 1; hs. Redenotizen in: ebd., 27). Heuss setzte sich darin mit dem Nationalsozialismus und dessen historischen und mentalitätsgeschichtlichen Voraussetzungen auseinander, gestand eine deutsche Verantwortung am Krieg ein und wies zugleich auf die große demokratische und kulturelle Tradition in Deutschland hin, an die wieder angeknüpft werden solle: „Die Deutschen müssen bei dem Wort Demokratie ganz vorn anfangen im Buchstabieren, auch wenn sie sich heute Demokraten nennen." TH. HEUSS, Deutschlands Zukunft, hier S. 207; zum historischen Kontext und zur Einschätzung der Rede vgl. TH. HEUSS, Aufzeichnungen, S. 28f.; U. BAUMGÄRTNER, Reden, S. 93–111.

10 Für das Jahr 1946 ließ sich nur eine wirtschaftswissenschaftliche Schrift ermitteln; WILHELM VERSHOFEN: Hauswerk und Siedlung, Berlin 1946.

auch sehr lange saß, hat sie überstanden. An mir ist das Schicksal merkwürdig vorbei gegangen. Goerdeler hatte mich einige Monate vor der Affäre noch aufgesucht, und ich hatte ihm zugesagt, für die ersten Monate seinen Pressechef zu machen. Es ist eine große Anzahl von Freunden und auch von Verwandten dabei ums Leben gekommen.[11] Der Krieg selber hat in meiner Familie eine Anzahl ausgezeichneter junger Männer geraubt, die alle Antinazi waren.[12] Der Sohn selber mußte nicht in den Krieg, da er in einer speziellen Verwaltungsaufgabe unersetzlich war.[13] Er konnte sich dort und dadurch behaupten, obwohl er immer abgelehnt hatte, in die Partei einzutreten. Von Ina Seidel weiß ich nur, daß sie am Starnberger See lebt. Gertrud Bäumer, die ihren Besitz in Niederschlesien im Treck verlassen mußte, hat im Aufseesianum in Bayreuth Unterkunft gefunden. Sie war ja entsetzlich produktiv, hat vor allem ein dickes Dantebuch und ein schmales Goethebuch geschrieben, Biographisches in Romanform; jetzt arbeitet sie an einem Otto III.[14] Ich war Ende Januar bei Walter Goetz in München mit ihr zusammen.[15] Sie nähert sich dem 73. Jahr, was ihr Gesicht gezeichnet hat. Aber sie ist geistig noch überaus frisch.

Meiner Frau selber geht es, von Herzgeschichten abgesehen, gut. Sie läßt Ihre Grüße herzlich erwidern. Sie hat in den letzten Wochen wieder ein kleines Buch geschrieben, dessen Titel noch nicht feststeht. Inhalt: Geschichten aus dem dritten Reich, kurze Erzählungen, am Rand der Geschichte, wie hat sich das furchtbare Geschehen dort und dort in kleinen Nebenschicksalen ausgeformt. Es sind ganz einfache Erzählungen, in denen nicht nur das Gräßliche, sondern auch das Gütige spricht. Ich glaube fast, daß das Buch, das keine erdichteten Geschichten, sondern nur richtige bringt, einen dokumentarischen Charakter haben wird. Es könnte und müßte auch im Ausland gesehen werden, wenn es vorliegt, weil in ihm, völlig

[11] Vgl. zum Schicksal von Hamm, Gessler und anderen Freunden sowie zu Heuss' Verbindungen zum Widerstand Nr. 6, Anm. 10, Anm. 11.

[12] So der Ehemann von Heuss' Nichte Hanna, Arndt Frielinghaus, und sein Neffe Conrad Heuss, die beide im Krieg gefallen waren; vgl. Nr. 4.

[13] Vgl. Nr. 18, Anm. 7.

[14] Nach ihrer Entlassung aus dem Staatsdienst 1933 lebte Bäumer abwechselnd in Berlin und auf Schloss Gießmannsdorf bei Bunzlau in Schlesien, wo sie u. a. ihre Bücher über Dante Alighieri und Johann Wolfgang von Goethe verfasste: GERTRUD BÄUMER: Die Macht der Liebe. Der Weg des Dante Alighieri, München 1941; DIES.: Eine Woche im May. Sieben Tage des jungen Goethe, Tübingen 1944. Im Februar 1945 trat sie die Flucht Richtung Westen an und fand zunächst in dem ehemaligen Internat Aufseesianum in Bamberg (nicht in Bayreuth, wie Heuss irrtümlich schreibt) eine Bleibe. 1947 erschien der historische Roman über Otto III.; DIES.: Der Jüngling im Sternenmantel. Größe und Tragik Ottos III., München 1947; vgl. auch A. SCHASER, Helene Lange, S. 292f, 337–339.

[15] Heuss befand sich am 21. und 22. 1. 1946 auf einer Ministerkonferenz in München und besuchte bei dieser Gelegenheit Goetz, bei dem sich auch Bäumer aufhielt; vgl. Heuss an Brammer, 24. 1. 1946, in: BArch, KlErw. 583; Heuss an Hellpach, 28. 1. 1946, in: GLAK, N Hellpach, 283; Heuss an Walter Bauer 29. 1. 1946, in: BArch, N 1221, 73.

unpropagandistisch, auch die Stimme jenes Deutschland spricht, das zur Stummheit verurteilt war.[16]

Gustav Stotz, der vor ein paar Jahrzehnten bei Ihnen wohnte und dadurch der Vermittler unserer Begegnung wurde, ist vor einigen Jahren am Herzschlag gestorben.[17]

Mit herzlichen Grüßen und in gutem treuem Gedenken
Ihr Theodor Heuss

Nr. 28
An Johannes R. Becher, Berlin-West
25. März 1946; Stuttgart-Degerloch, Löwenstraße 86
DLA, A: Heuss, 73.4058: ms. Schreiben, Durchschlag; ms. Briefkopf: „Dr. Theodor Heuss Kultminister"
Rede in Berlin vor dem Kulturbund zur demokratischen Erneuerung Deutschlands; Gedichtband von Johannes R. Becher

Lieber Becher,

die Heimfahrt verlief ohne Abenteuer und ganz programmgemäß.[1] Hier erwartete mich natürlich eine ungeheuere Post, die sich angesammelt hatte; gleich gab es wieder Kabinettssitzungen, Konferenzen und auch schon wieder eine politische Versammlung in Heilbronn, die ich bereits mit meinen Eindrücken von Berlin etwas blühend machen konnte.[2] Heute am Sonntag Morgen kann ich anfangen, Eindrücke und Briefe etwas in Ordnung zu bringen.

Ich möchte Ihnen als dem Ersten einen freundlichen Gruß senden und mich bedanken für die so liebenswürdige und eigentlich fast großartige Aufnahme, die ich bei meiner Reise gefunden habe. Ich kam mir zwar nicht gerade wie

---

16 ELLY HEUSS-KNAPP: Schmale Wege, Stuttgart/Tübingen 1946. Im Vorwort zur ersten Auflage heißt es: „Zunächst muß ich bitten, daß man mir Glauben schenkt. Alle die hier gesammelten Erzählungen von menschlichen Schicksalen aus jüngst vergangenen Jahren beruhen auf wahren Begebenheiten." Vgl. auch schon Heuss an Heile, 22. 2. 1946, in: BArch, N 1132, 60.

17 Stotz gehörte zu Heuss' Heilbronner Jugendfreunden und verbrachte ab 1902 mit ihm gemeinsame Jahre in München und Berlin, wo die beiden vorübergehend zusammen eine Wohnung bezogen. Zur Beziehung zwischen Stotz und Bab ließen sich keine weiteren Angaben ermitteln.

1 Heuss war aus Berlin zurückgekehrt, wo er am 18. 3. 1946 auf Einladung des Kulturbundes zur demokratischen Erneuerung Deutschlands einen Vortrag über „Deutschland – Schicksal und Aufgabe" gehalten hatte; vgl. Nr. 27, Anm. 9, Nr. 29.

2 Am 23. 3. 1946 hielt Heuss eine Rede in Heilbronn, deren Titel nicht überliefert ist; BArch, N 1221, 684.

Ammannullah vor, der nach 1918 bekanntlich die erste von außen kommende Sehenswürdigkeit Berlins gewesen war,[3] aber es hat mich doch teils bewegt und teils gerührt, daß meine Fahrt in die alte, vertraute und nun so zerstörte Stadt fast etwas wie Symbolgewicht erhielt.

Der Vortragsabend im Kulturbund ist ja, wie ich glaube, spüren zu dürfen, befriedigend verlaufen, und ich würde froh sein, wenn auch der Nachhall ohne Mißklang blieb. Wenn nur das erreicht wurde, was Sie erwartet haben, als Sie mir Ihre Vereinigung als Tribüne angeboten haben.

Ich bin besonders froh darüber, daß die menschliche Atmosphäre zwischen uns beiden von Anbeginn treu und warm gewesen ist, und das ist für mich eine der guten Beigaben des berliner Aufenthalts. Es ist in den Gesprächen manches angeklungen, was in mir weitergeht, und es wäre ganz gut, wenn dies und dies weiter besprochen werden könnte.

Auf der Heimfahrt habe ich begonnen, wozu natürlich die berliner Unruhe keine Pause gab, Ihre Gedichtauswahl zu lesen.[4] Das Buch hat mich mit seinem Grundton stark berührt, und ich glaube, daß es in großen Teilen einen nicht nur persönlichen, sondern auch zeitdokumentarischen Charakter besitzt. Würde ich als Rezensent jetzt vor dem Buch stehen, so würde ich Sie fragen: ist es chronical angelegt, oder wie ist die innere Ordnung seiner Disposition gedacht? Denn in der habe ich mich nicht ganz zurecht gefunden. Der spätere Philologe, der Ihr Buch in die Hand nehmen wird, würde Ihnen gewiß dankbar sein, wenn Sie im Inhaltsverzeichnis zu den Gedichten die Jahreszahlen setzen würden. Vielleicht lächeln Sie darüber, was ich für Sorgen oder Einfälle habe; aber Sie erlauben es mir doch, daß ich diese Frage mit Ihnen oder für Sie mitdenke.

Ich erwarte nun gern das abgetippte Manuskript der stenographischen Rede, um das Manuskript dann möglichst bald stilistisch in Ordnung zu bringen. Ich stelle Ihnen anheim, ob Sie, wenn eine Broschüre aus der Sache gemacht wird, die Begrüßungsworte und die im Anschluß an meinen Vortrag mitgeteilte Kundgebung an den Kulturbund mitabdrucken wollen oder ob Sie meine Rede allein geben werden. Auf jeden Fall sollte der Charakter der Rede beibehalten werden, da ich ja einen Aufsatz vermutlich in der Disposition anders angelegt haben würde. Ich werde mich freuen, wenn es Ihnen gelingt, der Arbeit zum Druck zu verhelfen.[5]

---

[3] Gemeint ist der afghanische König Aman Ullah, der 1928 Berlin besuchte.

[4] JOHANNES R. BECHER: Heimkehr. Neue Gedichte, Berlin 1946.

[5] Die Rede von Heuss aus dem großen Sendesaal im „Haus des Rundfunks" durfte nicht ausgestrahlt werden, wie Heuss am 2. 4. 1946 gegenüber Fritz Rörig bemerkte: „Die Weitergabe durch den Rundfunk fiel aus, wenn ich richtig unterrichtet bin, wegen einiger Bemerkungen, die über die deutsche Soldatengeschichte eingeflochten waren. Damit muß man ja nun rechnen." In: AHL, NL Rörig, 45. Publiziert wurde die Rede erst posthum unter dem Titel „Um Deutschlands Zukunft", in: TH. HEUSS, Aufzeichnungen, S. 184–208.

Empfehlen Sie mich bitte Ihrer Gattin und seien Sie mit Ihren Mitarbeitern bestens gegrüßt von
Ihrem [Theodor Heuss]

Nr. 29
An Dr. Gustav Stolper, [New York]
25. März 1946; Stuttgart-Degerloch, Löwenstraße 86

BArch, N 1221, 489: ms. Schreiben, behändigte Ausfertigung; ms. Briefkopf: „Dr. Theodor Heuss"

Besuch in Berlin: politische Gespräche, Vereinigung von SPD und KPD, Rede vor dem Kulturbund zur demokratischen Erneuerung Deutschlands; literarische Pläne; Erzählband von Elly Heuss-Knapp „Schmale Wege"; Situation des Sohnes; Alltagssorgen; Wiederaufbau der zerstörten Landesbibliothek in Stuttgart

Lieber Gustel,

ein junger Amerikaner, der mir einen Brief von meinem alten Freund Julius Bab aus New York gebracht hat,[1] hat die große Freundlichkeit, Korrespondenz von mir mit nach drüben zu nehmen, so daß ich Euch gern ein paar Zeilen mitgebe. Ich bin ungewiß, ob der große Brief, den ich Anfang Januar Herrn Major Stone von der New York Times für Dich mitgab, in Deine Hand kam. Elly hat inzwischen über Ernstel[2] Euch zu schreiben versucht.[3]

Ich bin jetzt eben 11 Tage in Berlin gewesen,[4] von amerikanischen Offizieren im Militärzug mit hinein- und herausgenommen; sonst wäre ja die Sache ein sehr fragwürdiges Abenteuer gewesen, da die Zonenüberschreitung immer riskant ist, der interzonale Paß bisher fast nur eine Zeitungsnotiz.[5] Der Aufenthalt in Berlin war natürlich sehr interessant. Ein Glücksfall wollte es, daß gerade einen Tag nach meiner Ankunft ein Paket von Euch beim Ludwig[6] eintraf. Wir hatten zwar auch Lebensmittel, Brotlaibe, Rauchfleisch und Marmelade mitgeschleift, aber

---

[1] Bab an Heuss, 11. 10. 1945, ließ sich nicht ermitteln; vgl. Nr. 27.

[2] Ernst Stolper.

[3] Heuss an Gustav und Toni Stolper, vermutlich Anfang 1946, in: BArch, N 1221, 489, ms. Abschrift ebd., 646. Ein Brief von Heuss-Knapp an das Ehepaar Stolper aus dem ersten Quartal 1946 ließ sich nicht ermitteln, allenfalls Heuss-Knapp an Gustav Stolper, 18. 12. 1945, in: E. HEUSS-KNAPP, Bürgerin, S. 303f (Auszüge).

[4] Vgl. auch Nr. 27, Anm. 9, Nr. 28.

[5] Im Juni 1946 führte der Alliierte Kontrollrat den Interzonen-Reisepass ein, den Deutsche benötigten, um die Zonengrenzen überschreiten zu dürfen. Der Pass war 30 Tage gültig.

[6] Heuss' Sohn Ernst Ludwig Heuss.

für die kleine Hanne[7] war nun die Versorgung von mir und meinem persönlichen Referenten,[8] der bei uns wohnte, noch etwas erleichtert.

Berlin sieht ernährungsmäßig sehr schlecht aus. An Brot fehlt es nicht, aber an Kartoffeln, Gemüse und Fett. Obst haben sie seit einem Jahr nicht mehr gesehen.

Die zehn Tage waren sehr turbulent in dienstlichen und politischen Besprechungen. Ich habe mit führenden Leuten aller Parteien dies und jenes durchgesprochen, aber eine klare Perspektive der dortigen Entwicklung natürlich nicht gewinnen können. Die Problematik der Vereinheitlichung von KPD und SPD beherrschte dort Zeitungen und Gespräche, die Straßen wie in Goebbels Zeiten voll von Plakaten. Es ist im Augenblick noch unklar, ob die Vereinigung durch einen Gewaltakt der Suggestion erzwungen oder in formal demokratischer Form durchgepaukt werden wird. Die Sache hat natürlich in ihrer Wirkung eine überzonale Bedeutung.[9]

Was das Verhältnis der liberal-demokratischen und christlich-demokratischen Gruppe anlangt, so bin ich bei meinem Standpunkt geblieben, die württembergische Situation einstweilen noch außerhalb der versuchten Reichsparteien zu halten. Wir machen hier natürlich nicht in Partikularismus, aber wir versuchen, zunächst bei uns die Dinge in Ordnung zu bringen.[10]

Die Rückkehr nach[11] Berlin hatte manchen für mein Lebensgefühl grotesken Zug. Ich wurde gleich „interviewt“ und mußte von meinem Leben erzählen,[12] dann gab es einen Empfang, bei dem mir Friedensburg und der Leiter der Schulverwaltung für die russische Zone und der Rektor der Universität mitteilten, was ich für ein Kerl sei. „Tout Berlin“ war anwesend, aus dem Sektor des Theaters, der bildenden Kunst und der Presse, wobei es ganz interessante Unterhaltungen mit Paul Wegener u. a. gab. Im überfüllten Sendesaal des Rundfunkhauses hielt ich dann eine große Rede über Deutschlands Schicksal und Aufgabe, bei der

---

7 Heuss' Schwiegertochter Hanne Heuss, geb. Elsas.

8 Franz Waldemar Frech.

9 Die KPD drängte seit Herbst 1945 auf einen zonenübergreifenden Zusammenschluss mit der SPD, dem sich die westdeutschen Sozialdemokraten unter Kurt Schumacher entgegenstellten. Unter massivem Druck der sowjetischen Besatzungsmacht und großem Propagandaaufwand beschloss im Februar der Zentralausschuss der ostzonalen SPD die Vereinigung mit der KPD in der SBZ, die schließlich auf dem Gründungsparteitag der SED am 20./21. 4. 1946 erfolgte. Eine Signalwirkung auf die westdeutschen Zonen hatte dieser Zusammenschluss nicht dank der scharfen antikommunistischen Frontstellung Schumachers, doch dokumentierte er die vertiefte Ost-West-Spaltung im politischen Leben der Besatzungszonen; vgl. D. Staritz, Gründung, S. 120–132.

10 Heuss spielt an dieser Stelle auf sein schon im Sommer 1945 verfolgtes und letztendlich vergebliches Bemühen um eine überkonfessionelle bürgerliche Sammlungspartei für Württemberg-Baden an, die Christdemokraten und Liberaldemokraten vereinen sollte; vgl. Nr. 9, Nr. 12, Nr. 17, Nr. 23.

11 In der Vorlage: „von“.

12 Das Radiointerview mit Heuss wurde am 11. 3. 1946 gesendet; ms. Text in: BArch, N 1221, 1. Zu dem weiteren Ablauf des Berlinbesuchs und zu Heuss' Rede vgl. Nr. 27, Anm. 9.

auch zahlreiche alliierte Offiziere anwesend waren. Es gab auch wieder Begrüßungsreden und Ovationen, gerade als ob ich Ammannulah aus Afghanistan gewesen wäre[13]. So wirkte das Erscheinen eines Mannes, der aus dem Südwesten Deutschlands in die alte Hauptstadt kam. Es war etwas wie die Sprengung der Isolierung oder wurde doch wenigstens so aufgemacht. Wenn nur die nachhaltige Wirkung dem entspricht, was sich die Leute davon versprochen haben. Ich bin dann gleich nach der Rede wieder zurückgereist, so daß ich von dem Weiterhall nichts weiß und erst auf die Zeitungen warten muß.[14]

Von den alten Freunden waren u. a. Schreiber, Löbe u. s. f. anwesend.

Von uns selber ist ja Neues nicht viel zu berichten. Mein Boschbuch ist im Satz jetzt fertig, und ich muß mir Abendstunden für die Korrektur herausholen. Auch über den Neudruck der Bücher Dohrn und Naumann sind Verträge abgeschlossen. Vielleicht wird auch der Poelzig neu aufgelegt.[15] Finanziell lohnt sich das alles freilich nicht, da die neuen Steuern 90 % des Honorars wegnehmen werden. Ein kleines Manuskript, dessen Niederschrift mir im vergangenen Sommer sehr viel Spaß machte, Jugenderinnerungen[16] bis zum Abschluß des Heilbronner Gymnasiums, kann ich nicht drucken lassen, solange ich Kultminister bin, da stehen die respektlosesten Sachen drin. Aber ich freue mich schier auf den Zeitpunkt, wo ich procul negotiis[17] in der Niederschrift meiner Lebenserinnerungen fortfahren kann, um die Atmosphäre nach der Jahrhundertwende einzufangen.[18]

Elly hat sich nun in den letzten Wochen doch entschlossen, das Büchlein, was ihr so oft von unserem Verleger Hermann Leins vorgeschlagen wurde, niederzuschreiben,[19] und es ging dann ähnlich wie s. Zt. bei dem „Ausblick vom Münsterturm“:[20] es floß und floß wie bei einem Wasserhahn, den man vergessen hat zuzuschrauben. Es sind 15 kleine Erzählungen, keine erdichteten, sondern alle aus dem Leben. Thematik: Geschichten aus dem dritten Reich, nur Lebensdinge, Auswirkung des gräßlichen Geschehens in anonymen kleinen Schicksalen, ganz schlicht und unsensationell geschrieben. Das Büchlein wird einen gewissen doku-

---

13 Vgl. Nr. 28, Anm. 3.

14 Die zahlreichen Reaktionen Berliner Zeitungen auf Heuss' Rede „Deutschland – Schicksal und Aufgabe“ finden sich gesammelt in: BArch, N 1221, 520.

15 TH. HEUSS, Robert Bosch, vgl. auch Nr. 1, Anm. 7, Nr. 5; die Neuauflage der Dohrn-Biographie erschien 1948 beim Rainer Wunderlich Verlag Hermann Leins; THEODOR HEUSS: Anton Dohrn, zweite erweiterte Ausgabe mit einem Beitrag von Margret Boveri, Stuttgart/Tübingen 1948; TH. HEUSS, Friedrich Naumann [^{2}1949], vgl. auch Nr. 45, Nr. 67; THEODOR HEUSS: Hans Poelzig. Das Lebensbild eines deutschen Baumeisters, Tübingen ^{2}1948, vgl. auch Nr. 37.

16 Hs. am linken Rand ergänzt: „Jugenderinnerungen“.

17 Lateinisch für „fern von den Geschäften“.

18 Vgl. zu den Jugenderinnerungen Nr. 1, Anm. 9.

19 E. HEUSS-KNAPP, Wege, vgl. auch Nr. 27.

20 ELLY HEUSS-KNAPP: Ausblick vom Münsterturm. Erlebtes aus dem Elsaß und dem Reich, Berlin 1934.

mentarischen Charakter haben. Es könnte und müßte gerade in seiner ruhigen Anspruchslosigkeit auch im Ausland beachtet werden; denn es klingt in ihm die vox humana, die Stimme jenes Deutschland, die so lang hatte stumm sein müssen.

Ich habe mich sehr gefreut, bei Ludwig in Berlin auch einen schönen Brief von Toni lesen zu können, der mir von Euch und den Kindern mit Bericht gab.[21] Ludwig ist nervenmäßig ziemlich übernommen und schmal geworden. Er hat Euch wohl davon gesprochen, daß er auch Berlin verlassen wird, um die Leitung von Wybert in Lörrach zu übernehmen.[22] Nun weiß kein Mensch, wie wir Möbel, Bilder, Bücher herausbringen und was aus dem Hausbesitz selber werden soll.[23] Einen Teil meiner Bücher, die in Konstanz verlagert waren, habe ich jetzt hier; aber vor den kommenden habe ich geradezu Angst. Denn so nett unsere Vier-Zimmerwohnung ist, wohin mit den Tausenden von Bänden. Freilich, solche Sorgen sind in Deutschland selten. Die meisten haben ihre Bücher verloren, und viele, viele wären froh, in vier Zimmern hausen zu können. Es ist furchtbar nett, daß Ihr uns gelegentlich etwas senden wollt. Ich war vor einigen Wochen sehr gerührt, von Gottfried Treviranus zwei Liebesgabenpakete durch einen amerikanischen Soldaten gebracht zu erhalten. Es ist der Sendung jetzt auch ein freundschaftlicher Brief gefolgt.[24] Was der Mensch hier besonders schätzt, sind Kaffee, Tee und Fett. Es geht mir persönlich gesundheitlich übrigens gut trotz mancher Müdigkeit. Ich bin auch wieder von meinen 105 Pfund auf 124 gestiegen. Den Krieg hatte ich mit 160 begonnen.

Ob es wohl einmal eine Möglichkeit geben wird, daß man das eine oder andere Eurer Bücher erhält? Ich bin daran nicht nur persönlich interessiert, sondern ich möchte gern Wege finden, um im Ausland gedruckte Arbeiten dieser Zeit auch in unsere Landesbibliothek zu kriegen, von deren 1,3 Millionen Bänden sind 800.000 kaputt. Ich empfinde das mit als eine der schmerzlichsten Verluste, weil ich schon als Schüler in Heilbronn die Stuttgarter Landesbibliothek in Anspruch nehmen durfte. Es ist eines meiner großen Anliegen, diese Sammlung wieder in Ordnung zu bringen. Ich habe im Kabinett schon einen „Sieg“ erreicht, in dem man mir große Summen für die Reparatur des zerstörten Gebäudes bewilligte.[25] Wie aber kommt man zu Büchern von drüben?

---

[21] Toni Stolper an Ernst Ludwig Heuss, 22. 1. 1946, in: FA Heuss, Basel.

[22] Ernst Ludwig Heuss trug sich schon im Sommer 1945 mit dem Gedanken, von Berlin nach Lörrach umzusiedeln, um dort die Geschäftsführung der Wybert GmbH zu übernehmen, die ein Cousin von Heuss-Knapp, Hermann Geiger, begründet hatte. Im Januar 1946 entschloss er sich endgültig dazu und nahm das Angebot seines Onkels an. Im späten Frühjahr 1946 zog Ernst Ludwig Heuss mit seiner Frau nach Lörrach um; Ernst Ludwig Heuss an seine Eltern, 1. 7. 1945 und 10. 7. 1946, in: FA Heuss, Basel.

[23] Vgl. Nr. 3, Anm. 13, Nr. 75.

[24] Vgl. Nr. 22.

[25] Kabinettssitzung vom 7. 2. 1946, in: HStAS, EA 1/920, 139.

Die Adresse, unter der man uns etwas schicken kann, lautet: John H. Boxer, U.S. Civ[ilian], 1st Mil[itary] Gov[ernment] BN. (SEP), Information Control Division, APO 154 c/o Postmaster New York, für Th[eodor] H[euss].[26]

Seid alle herzlich gegrüßt von
Eurem dankbaren Theodor Heuss

[PS][27] Gestern Abend war Prof. Brandt, der Agrarmann, einen sehr netten Abend bei mir – ich hatte ihn in Berlin beim Omgus[28] aufgesucht.[29]

Nr. 30
An Dr. Friedrich Karl Boeters, Berlin-Frohnau
3. April 1946; Stuttgart-Nord, Dillmannstraße 3

DLA, A: Borée, 64.2378: ms. Schreiben, behändigte Ausfertigung; Kopfbogen: „Kultministerium Kultminister Dr. Th. Heuss"

Tätigkeit als Biograph nach 1933

Sehr geehrter Herr Dr. Boeters![1]

Freundlichen Dank für Ihren Brief und die Erinnerung an unser Zusammensein in der Lennéstraße.[2] Ich habe Ihnen damals offenbar einen zur Resignation bereiten Eindruck gemacht, was ich mir selber nicht ganz vorstellen kann, denn ich habe ja in den Jahren nach 1934 meine wichtigsten Bücher geschrieben über Naumann, Dohrn, Poelzig,[3] und ich habe auch nachher nie „resigniert", sondern tapfer weitergearbeitet; ein sehr großes Buch wird in einigen Monaten erschei-

---

26 Adresse von Heuss hs. korrigiert aus: „Mr. Boxer, Oberl[eutnan]t, Stuttgart, Gaisburgstr. 27."

27 Hs. eingefügt am 27. 3. 1946.

28 Das zum 1. 10. 1945 gegründete Office of Military Government of Germany, United States (OMGUS) war die amerikanische Militärregierung für die US-Zone; vgl. CH. WEISZ, OMGUS-Handbuch, S. 28–36.

29 Der Agrarwissenschaftler Karl Brandt war als Berater der US-Militärregierung für Ernährung und Landwirtschaft in Berlin tätig.

1 Pseudonym: Karl Friedrich Borée.

2 Boeters hatte Heuss' Rede am 18. 3. 1946 vor dem Kulturbund gehört und ihm geschrieben: „Ich denke an unsere letzte, von mir herbeigeführte Begegnung, sie fand im Café-Garten von Wertheim an der Lennéstraße statt, ich meine, es war 1934. […] Ich wollte von Ihnen Rat haben, wollte wissen, wie *Sie* unter diesem geistigen Druck sich bewegen könnten. Sie schienen mir damals persönlich resignieren zu wollen, sich – darf ich es so ausdrücken? – auf Ihr Alter zurückziehen zu wollen." Boeters an Heuss, 18. 3. 1946, in: DLA, A: Borée, 64.2214.

3 TH. HEUSS, Friedrich Naumann, vgl. auch Nr. 45, Nr. 67; DERS., Hans Poelzig, vgl. auch Nr. 37; DERS., Anton Dohrn, vgl. auch Nr. 138.

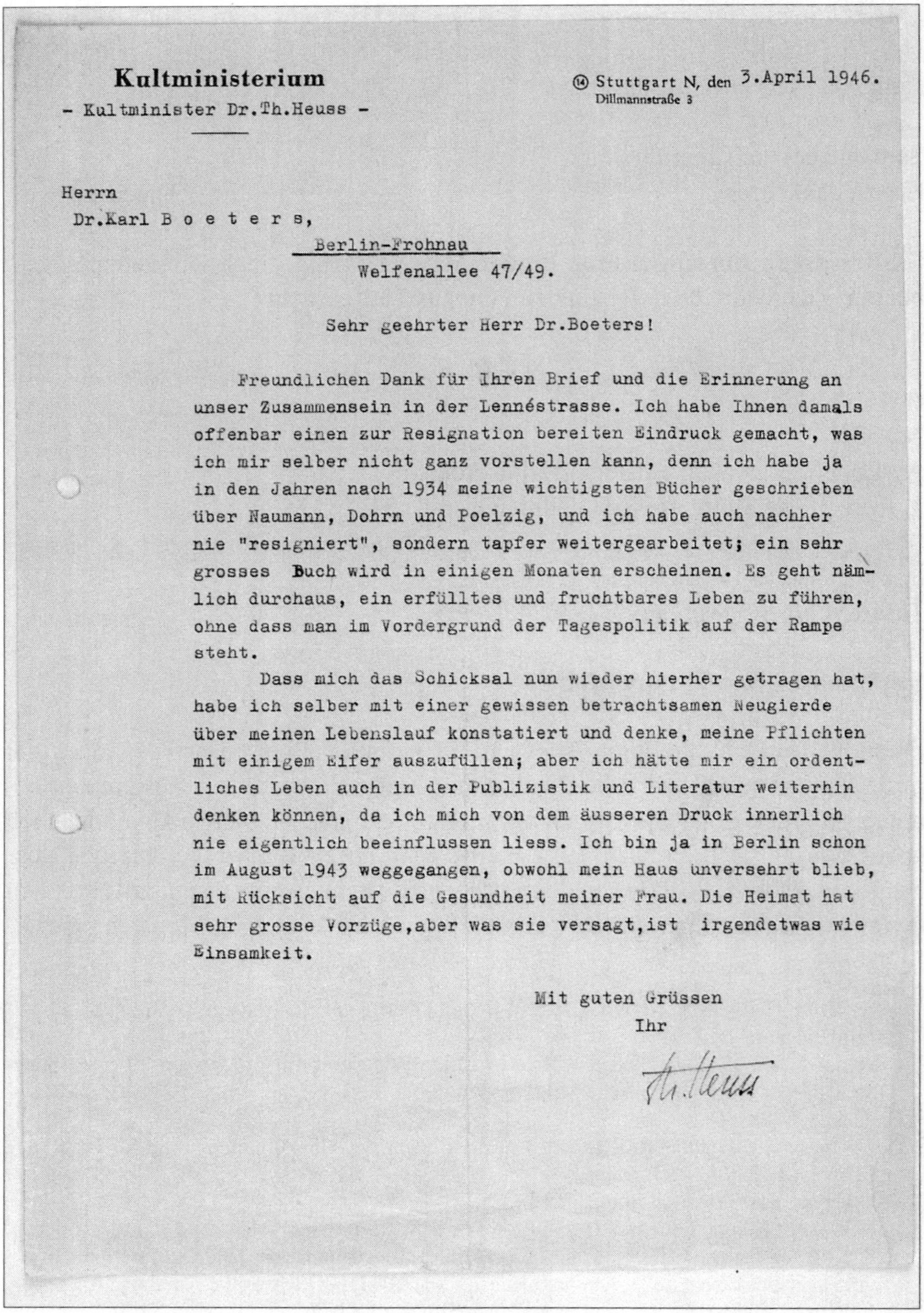

Kultministerium
- Kultminister Dr.Th.Heuss -

⑭ Stuttgart N, den 3.April 1946.
Dillmannstraße 3

Herrn
Dr.Karl B o e t e r s,
Berlin-Frohnau
Welfenallee 47/49.

Sehr geehrter Herr Dr.Boeters!

Freundlichen Dank für Ihren Brief und die Erinnerung an unser Zusammensein in der Lennéstrasse. Ich habe Ihnen damals offenbar einen zur Resignation bereiten Eindruck gemacht, was ich mir selber nicht ganz vorstellen kann, denn ich habe ja in den Jahren nach 1934 meine wichtigsten Bücher geschrieben über Naumann, Dohrn und Poelzig, und ich habe auch nachher nie "resigniert", sondern tapfer weitergearbeitet; ein sehr grosses Buch wird in einigen Monaten erscheinen. Es geht nämlich durchaus, ein erfülltes und fruchtbares Leben zu führen, ohne dass man im Vordergrund der Tagespolitik auf der Rampe steht.

Dass mich das Schicksal nun wieder hierher getragen hat, habe ich selber mit einer gewissen betrachtsamen Neugierde über meinen Lebenslauf konstatiert und denke, meine Pflichten mit einigem Eifer auszufüllen; aber ich hätte mir ein ordentliches Leben auch in der Publizistik und Literatur weiterhin denken können, da ich mich von dem äusseren Druck innerlich nie eigentlich beeinflussen liess. Ich bin ja in Berlin schon im August 1943 weggegangen, obwohl mein Haus unversehrt blieb, mit Rücksicht auf die Gesundheit meiner Frau. Die Heimat hat sehr grosse Vorzüge,aber was sie versagt,ist irgendetwas wie Einsamkeit.

Mit guten Grüssen
Ihr

Th. Heuss

Abb. 8: Theodor Heuss an Friedrich Karl Boeters, 3. 4. 1946

nen.[4] Es geht nämlich durchaus, ein erfülltes und fruchtbares Leben zu führen, ohne daß man im Vordergrund der Tagespolitik auf der Rampe steht.

Daß mich das Schicksal nun wieder hierher getragen hat, habe ich selber mit einer gewissen betrachtsamen Neugierde über meinen Lebenslauf konstatiert, und ich denke, meine Pflichten mit einigem Eifer auszufüllen; aber ich hätte mir ein ordentliches Leben auch in der Publizistik und Literatur weiterhin denken können, da ich mich von dem äußeren Druck innerlich nie eigentlich beeinflussen ließ. Ich bin ja in Berlin schon im August 1943 weggegangen, obwohl mein Haus unversehrt blieb, mit Rücksicht auf die Gesundheit meiner Frau.[5] Die Heimat hat sehr große Vorzüge, aber was sie versagt, ist irgendetwas wie Einsamkeit.

Mit guten Grüßen
Ihr
Th. Heuss

Nr. 31
An Otto Eugen Hasso Becker, Berlin-Friedenau
9. April 1946; Stuttgart-Nord, Dillmannstraße 3

LA Berlin, E Rep. 200-78, 89: ms. Schreiben, behändigte Ausfertigung; Kopfbogen: „Kultministerium Kultminister Dr. Th. Heuss“

Ablehnung einer Wiederbegründung der Zeitschrift „Die Hilfe“

Sehr geehrter Herr Becker!

Freundlichen Dank für Ihren Brief und die freundliche Beurteilung des Vortrags, den ich in Berlin halten konnte.[1] Hoffentlich wirkt das Echo in dem angenommenen Sinne nach. Es wäre für mich natürlich interessant gewesen, mich mit Ihnen auszutauschen und meine Eindrücke an Ihrem Urteil zu ergänzen. Für längere briefliche Diskussion fehlt mir hier einfach die Zeit, da neben den laufenden Dienstgeschäften jeder Tag einen Stoß von Anfragen und Reflexionen aus dem ganzen Reich bringt. An Bott, der ja nun bei uns im Amt ist,[2] gebe ich Ihren Brief weiter; wegen der Anfragen des Neuauferstehens der „Hilfe“ habe ich Herrn Dr. Ziegenfuß mitgeteilt, daß ich persönlich nicht dafür bin, das Blatt neu

---

4 TH. HEUSS, Robert Bosch, vgl. auch Nr. 1, Anm. 7, Nr. 5; zur Entstehung und Bedeutung der Biographien von Heuss vgl. E. W. BECKER, Biographie.

5 Zu den weiteren Gründen für den Umzug von Berlin nach Heidelberg vgl. Nr. 2, Anm. 3.

1 Becker hatte Heuss für dessen Rede am 18. 3. 1946 vor dem Kulturbund gedankt, in der er auch eigene Gedanken ausgesprochen fand; Becker an Heuss, 25. 3. 1946, in: LA Berlin, E Rep. 200-78, 89.

2 Hans Bott war von 1946 bis 1949 Referent im württemberg-badischen Kultusministerium.

zu gründen, weil ja die spezifisch Naumann'sche Tradition jetzt abgerissen ist.[3] Sie könnte nur aufgenommen werden, wenn Frau Bäumer oder ich oder Landrat Wilhelm Heile in Syke bei Bremen mit an die Verantwortung herangehen würden. Frau Bäumer, mit der ich neulich in München darüber sprach,[4] kann das ebenso wenig wie ich, der ich hier in Dienstgeschäften ertrinke.

Mit freundlichen Grüßen
Ihr Th. Heuss

Nr. 32
An Elly Heuss-Knapp, [Badenweiler]
17. Mai 1946; Stuttgart-Degerloch, Löwenstraße 86
FA Heuss, Basel: hs. Schreiben, behändigte Ausfertigung
Umzug des Sohnes Ernst Ludwig Heuss und seiner Frau

Liebe Elly,

Ludwig hat heute früh angerufen. Man rechne jetzt damit, daß im Laufe des Mai die Interzonal-Pässe noch ausgegeben werden.[1] Er rechnet dann, daß er doch noch einen Lastwagen auftreibt, mit dem er eventuell mitfahren wolle.

Dann die Mitteilung: ich hätte Aussicht, in diesem Jahr noch Großvater zu werden.[2] Das wäre ja sehr schön. Er meint, daß es ihm gelinge, Hanne dann mit dem Amerik[anischen] Zug herauszubringen, wenn wir sie in Frankfurt abholen lassen könnten. Sie würde dann evtl. bei uns od. in Esslingen wohnen[3], bis sich seine Abfahrt geregelt habe. (Aber sie muß auch vorher ihren Paß haben.)

---

[3] Ein Schreiben solchen Inhalts an Werner Ziegenfuß ließ sich nicht ermitteln. Friedrich Naumann hatte im Dezember 1894 die Zeitschrift „Die Hilfe" als publizistische Plattform für eine christlich-soziale Bewegung gegründet, sie dann aber vor allem als Organ des Nationalsozialen Vereins genutzt und nach dessen Scheitern 1903 dem Blatt eine linksliberale Ausrichtung gegeben. Die „Hilfe" wurde ein wichtiges Kommunikations- und Integrationsmedium für den Kreis um Naumann. Auf das Angebot von Naumann hin stieg Heuss 1905 in die Redaktion der „Hilfe" ein, redigierte zunächst die Kunstbeilage und war von 1907 bis zu seinem Ausscheiden 1912 für den politischen Teil zuständig. Auch danach schrieb er gelegentlich Beiträge für das Blatt, bevor er von 1933 bis 1936 einer der Herausgeber der Zeitschrift war und in ihr zahlreiche Artikel bis in die vierziger Jahre hinein publizierte. Werner Ziegenfuß übernahm 1941 als letzter Redakteur die „Hilfe", bis das Blatt 1944 eingestellt wurde; vgl. R. BURGER, Theodor Heuss, S. 60–107, 297–320; U. KREY, Demokratie, 80f.

[4] Zum Aufenthalt in München am 21./22. 1. 1946 vgl. Nr. 27, Anm. 15.

[1] Vgl. Nr. 29, Anm. 5.

[2] Vgl. Nr. 41, Anm. 18.

[3] In Esslingen wohnte die Nichte von Heuss, Elisabethe Eleonore (Liselore) Würz, geb. Heuss.

Man wird mit den Terminen noch nicht ganz sicher rechnen können; aber alle Welt wartet ja in der Paß-Sache.

Sonst von hier nichts Neues.

Ich rede am Montag vor den Studenten, am Freitag allgemein politisch in Heidelberg.[4] Helene E[carius] ist jetzt auf dem Kümmelbacher Hof.[5]

Mit herzlichen Grüßen

Theodor

Nr. 33

An Reinhold Nägele, New York

17. Mai 1946; Stuttgart-Nord, Dillmannstraße 3

PA Thomas Nägele: ms. Schreiben, behändigte Ausfertigung; Kopfbogen: „Kultministerium Kultminister Dr. Th. Heuss“

Zerstörung von Heilbronn und Stuttgart; Aufgaben als Kultusminister; Personalpolitik für die Staatliche Akademie der Bildenden Künste Stuttgart und Anfrage nach einer Lehrtätigkeit Reinhold Nägeles

Lieber Freund Nägele!

Seit geraumer Zeit bemühe ich mich, Ihre Adresse zu erfahren. Sie ist mir auch zugesagt worden, aber es scheint doch nicht zu gelingen. Ich nehme nun an, daß unser gemeinsamer Freund Jäckh doch weiß, wo und wie Sie aufzutreiben sind.[1]

Daß mich das Schicksal auf die „alten Tage“ wieder in die Heimat getragen hat, werden Sie vermutlich einmal erfahren haben. Die Rückkehr ist ja mit sehr viel schmerzlichen Eindrücken verbunden. Meine Heimatstadt Heilbronn ist total zerstört.[2] Die ausgebrannte und auch am Turm beschädigte Kilianskirche ragt über Schutthaufen. Nur der Rand der neueren Stadtteile hat unbeschädigte Häuser behalten. Die Altstadt ist völlig weg. Auch in Stuttgart ist das Bild tragisch und trau-

[4] Am folgenden Montag, 21. 5. 1946, hielt Heuss in Heidelberg eine Rede über den deutschen Nationalsinn und eine Ansprache vor dem Collegium Academicum; am 24. 5. 1946 sprach er in Heidelberg für die DVP anlässlich der Gemeindewahlen in den sieben kreisfreien Städten Württemberg-Badens am 26. 5. 1946; vgl. Redenverzeichnis, in: BArch, N 1221, 684.

[5] Unmittelbar nach Kriegsende wurde im Kümmelbacher Hof bei Neckargemünd ein Kurhotel mit Landwirtschaftsbetrieb eingerichtet; freundliche Auskunft von Karl Müller, Ausbildungsleiter des derzeitigen Bildungszentrums Kümmelbacher Hof in Neckargemünd.

[1] Nach seiner Emigration über England in die USA 1939/40 lebte Nägele als freier Maler und Angestellter einer Kunsthandlung in New York, wo auch Jäckh an der Columbia University lehrte.

[2] Vgl. Nr. 18.

Abb. 9: Stuttgarter Innenstadt, 1945

rig genug.[3] An den Hängen gibt es wohl unverletzte Straßenzüge; im Talkessel, Marktplatzgegend, Stiftskirche, Schloß alles kaputt. Ich habe, ehe die Vernichtung so vollständig war, vor ein paar Jahren einmal in der Erinnerung an Ihre Aquarelle, die die Eingeweide der Häuser beim Abbruch festhielten,[4] daran gedacht, das wären jetzt allerhand Motive für den Nägele, aber seit der grausigen Zerstörung läßt man solche Überlegungen fahren.

Wie Sie wissen, kommen ja nun ressortmäßig auch allerhand kunstpflegerische und kunstpolitische Aufgaben auf mich zu. Ich wollte selber natürlich die Re-Organisation des Werkbundes in die Hand nehmen, zumal viele das von mir erwarteten und mir helfen wollten, aber ich schaffe es einfach nicht, weil die laufenden Dienstgeschäfte und die politische Inanspruchnahme Zeit und Kraft wegfressen.[5] Die erste Aufgabe war, wieder die Schulen halbwegs in Gang zu setzen,

---

3 Die Bombenangriffe auf Stuttgart im Juli und September 1944 hatten einen Großteil der Innenstadt zerstört; vgl. Abb. 9.

4 So z. B. die Tempera-Arbeit „Abbrucharbeiten am alten Stuttgarter Bahnhof" von 1924; vgl. B. Reinhardt, Reinhold Nägele, S. 81, 234.

5 Nach dem Krieg kam es schon 1945 zur dezentralen Bildung von Ortsgruppen des Deutschen Werkbundes, in der britischen Zone unter Fritz Schumacher (Hamburg) und Hans Schwippert (Düsseldorf), in der SBZ unter Heinrich Tessenow (Dresden), in der amerikanischen Zone unter Otto Bartning (Heidelberg) und in Berlin unter Hans Scharoun. Im Jahr 1950 wurde für die inzwischen gebildeten Landesgruppen der Dachverband des Deutschen Werkbundes mit Sitz in Düsseldorf gegründet; vgl. Deutsche Werkbund, S. 55–57. – Nachdem Heuss am 4. 11. 1945

dann die Eröffnung der Technischen Hochschule und der Musikhochschule, Auseinandersetzungen um die Neugestaltung des Theaters (das Kleine Haus ist zerstört). Seit einigen Wochen beschäftigt mich jetzt auch die Akademie der Bildenden Künste. Das Gebäude am Weißenhof ist zu einem Drittel zerstört. Die ramponierten, aber noch rettbaren Teile sind allmählich wieder instand gesetzt und beherbergen Teile der Architekturabteilung der Technischen Hochschule und kommende Lehrräume für Akademie und ehemalige Kunstgewerbeschule.

Die Frage des personellen Neuaufbaus mußte sich ziemlich lange hinzögern, weil bei einigen der in Frage kommenden Leute vorher die politische Frage geklärt sein mußte. Mein Versuch, Karl Hofer aus Berlin an die Spitze der Akademie zu bekommen, ist leider mißglückt, da Hofer sich dort gebunden fühlt.[6] Ich habe nun, um einen Lehrkörper einmal zu bilden, der in sich spannungsreich, aber menschlich in Ordnung ist, die Bildhauer Brachert und Baum, die Maler Baumeister, Sohn, Steisslinger und Yelin (diesen für Glasmalerei) berufen. Wir sind dann noch vor der Frage, wen man für Aktzeichnen und dergl. besonders mit heranholt.[7]

In all den Überlegungen hat mich auch die Frage beschäftigt, ob Sie selber an eine Rückkehr hieher denken und ob Sie an einer Lehrtätigkeit Freude finden würden. Auch mit einigen Ihrer alten Bekannten ist die Frage besprochen. Man hat sich gesagt, es wäre wunderschön, wenn der Nägele jetzt da wäre, aber man hat sich dabei auch immer wieder gefragt, würde ihn eine solche Aufgabe eigentlich locken. Der eine sagte: ja, der andere meinte: nein, er will seinen Weg ohne Schulbindungen u. dergl. gehen.

Das ist nun nach so vielen Jahren der Trennung furchtbar schwer zu beantworten. Auf jeden Fall möchte ich mit diesen Zeilen Ihnen doch einmal die Frage

---

Mia Seeger noch Hoffnung machte, bei abnehmender Arbeitsbelastung an der Wiederbegründung des Deutschen Werkbundes mitzuwirken (StadtA Stuttgart, A 85), musste er im Februar 1946 zugestehen, dass er für diese Aufgabe keinen Freiraum mehr habe; Heuss an Richard Döcker, 14. 2. 1946, in: HStAS, EA3/201, 208. – Gegenüber Jäckh, langjähriger Geschäftsführer und 1932/33 Vorsitzender des Werkbundes, bemerkte Heuss am 19. 4. 1946: „Der Werkbund will an vielen Stellen wieder begründet werden und hat auch da und dort wieder die Menschen gesammelt. Man wollte und will von mir die Führung, die ich aber aus arbeitstechnischen Gründen ablehnen muß. Noch ist die Kommunikation zu schwierig und zu umständlich.“ BArch, N 1221, 83. – Darüber hinaus begründete Heuss im September 1946 seine Weigerung, als Kultusminister den Wiederaufbau des Deutschen Werkbundes zu unterstützen, damit, „daß der Werkbund nicht einen ministeriellen Charakter haben soll“; Heuss an Horst Stolpe, 26. 9. 1946, in: HStAS, EA 3/201, 208. Zu den Beziehungen von Heuss zum Deutschen Werkbund vor 1933 vgl. Nr. 35, Anm. 2.

6 Hofer war im Juli 1945 zum Direktor der Hochschule der Künste in Berlin berufen worden. Dokumente über die vergebliche Berufung Hofers nach Stuttgart ließen sich nicht ermitteln.

7 Der Bildhauer Hermann Brachert wurde Direktor der Akademie, Julius Baum Lehrer der Bildhauerklasse, Willi Baumeister Lehrer der Zeichenklasse und Leiter der Fachgruppe Zeichnen und Malen, Hermann Sohn Lehrer für dekorative Malerei und Zeichnen, Fritz Steisslinger Lehrer für Porträt und Landschaft und Rudolf Yelin Lehrer für Glasmalerei und Mosaik.

vorlegen, ob Sie an sich die Heimkehr hieher in Ihrem Lebensprogramm sehen und ob eine Lehrtätigkeit für Sie selber eine Lockung enthält. Lassen Sie mich darüber einmal diese persönlich-gemeinschaftliche Vorfrage an Sie richten, ehe ich das Problem aus der privaten Hand in die amtliche gebe und überprüfe, ob die sachlichen Gegebenheiten dann mit diesem meinem persönlichen Wunsch in Übereinstimmung zu bringen sind.[8]

Ich würde sehr froh sein, einmal zu erfahren, wie es Ihnen, der Frau und den 3 Buben ergangen ist und ergeht. Ich habe ja einige wenige direkte Briefe aus Amerika inzwischen erhalten.[9]

Von uns selber ist nicht sehr viel zu berichten, wir haben eine nette, kleine Wohnung in Degerloch gefunden, die mit zusammengeliehenen Möbeln ausgestattet wurde. Meine Frau, die jetzt einen Erzählungsband mit wahren Begebenheiten aus dem Dritten Reich geschrieben hat,[10] weilt z. Zt. zu einer Herzkur in Badenweiler; der Sohn sitzt noch in dem unbeschädigten Haus in Berlin, hofft aber auch bald herauszukommen, da ihn im Süd-Badischen eine industrielle Stellung schon seit Jahren erwartet.[11]

Zur Publizistik komme ich fast gar nicht mehr. Aber es wird wohl im Lauf der nächsten Monate das Ergebnis der Arbeit der letzten Jahre erscheinen: eine Biographie von Robert Bosch von etwa 800 Seiten; sie ist z. Zt. im Druck.[12]

Mit vielen guten Grüßen in alter Freundschaft
Ihr Theodor Heuss

---

[8] In seinem Antwortschreiben vom 20. 7. 1946 lehnte Nägele eine Rückkehr nach Deutschland generell ab: „Also eine Rückkehr nach der Heimat war u. ist nicht in unserem Lebensplan vorgesehen." BArch, N 1221, 89; vgl. auch Nr. 54.

[9] So z. B. von Gustav und Toni Stolper, Hans Georg Hirsch, Julius Bab, Gottfried Treviranus.

[10] E. Heuss-Knapp, Wege, vgl. auch Nr. 27, Nr. 29.

[11] Vgl. Nr. 29, Anm. 22.

[12] Th. Heuss, Robert Bosch, vgl. auch Nr. 1, Anm. 7, Nr. 5.

Nr. 34
An die Redaktion der „Rhein-Neckar-Zeitung", Heidelberg
26. Mai 1946; Stuttgart-Degerloch, Löwenstraße 86
FA Heuss, Basel: ms. Schreiben, Durchschlag; ms. Briefkopf: „Dr. Theodor Heuss"
Kritik an der parteipolitisch einseitigen Berichterstattung in der „Rhein-Neckar-Zeitung"

Liebe Kollegen,

in der vergangenen Woche war ich zwar zwei Mal in Heidelberg, aber ich habe mich nie bei Ihnen sehen lassen aus dem ganz einfachen Grund, weil es mit der Zeit nicht reichte. Beide Male mußte ich direkt aus den wichtigen Verhandlungen des Verfassungsausschusses zu Vorträgen nach Heidelberg fahren und am anderen Morgen um halb 7 Uhr wieder zurück, um beim Beginn der Ausschußsitzungen wieder da zu sein.[1] Ich bitte, dies zu entschuldigen.

Im Anschluß an meine Wahlversammlung am letzten Freitag[2] hatte ich eine längere Besprechung mit meinen dortigen Parteifreunden, in der auch das Verhältnis der Demokratischen Volkspartei zur Rhein-Neckar-Zeitung wieder einmal besprochen wurde. Ich konnte mich der Berechtigung einer der konkret vorgetragenen Klagen nicht entziehen, die sich ja auch zum Teil direkt gegen mich richten, insoweit sie darauf hinwiesen, daß die Kollegen Agricola und Knorr in ihren Aufsätzen sehr viel stärker die parteipolitischen Argumente und Tendenzen herausarbeiten als ich, der ich mehr über allgemeinpolitische Probleme geschrieben habe und zu den eigentlichen Parteifragen, zumal im werbenden Sinne, wohl außer der Neujahrs-Nummer,[3] nie geschrieben [habe]. Das liegt natürlich an mir selber, da ich journalistisch immer etwas die Tendenz zum allgemein Unterrichtlichen habe und nie im Parteipropagandistischen die Erfüllung meines publizistischen Ehrgeizes erkannte. Aber ich habe meinen Parteifreunden versprochen zu versuchen, mich hier zu bessern. Denn sie haben mir gesagt, daß ihre Einwendungen und Wünsche ja oft genug daran gescheitert sind, daß man sie darauf hinwies: Heuss ist ja ihr Lizenzträger.

Ich bedauere sehr, daß ich durch die sinnlose dienstliche Inanspruchnahme in meiner publizistischen Produktivität gelähmt bin. Nun scheint mir aber auch, von dem abgesehen, in der Behandlung demokratischer Zuschriften dort manches geschehen zu sein, was den Ansprüchen der Billigkeit nicht ganz genügt. Die

---

1 Vgl. zu den Reden in Heidelberg Nr. 32, Anm. 4; zum Verfassungsausschuss Nr. 35, Anm. 17.
2 24. 5. 1946; vgl. Nr. 32, Anm. 4.
3 In der Neujahrsausgabe äußerten sich Vertreter der einzelnen Parteien zu dem Rahmenthema „Wir bauen an Deutschland. Die demokratischen Parteien als Künder und Träger der Neugestaltung", darunter auch Heuss für die DVP; THEODOR HEUSS: Ein Kapitel von der Freiheit, in: RNZ, Nr. 1, 1. 1. 1946.

parteipolitische Aktivität des Kollegen Sartorius ist ja wohl nicht stark genug, um den erstrebten gerechten Ausgleich zu erreichen. Man macht mich darauf aufmerksam, daß Sartorius selber Entscheidungen dieser Art in die Hände von Herrn Elfers gibt, bei dem ein paritätisches Wohlwollen nicht zu spüren sei. Ich bitte sehr, diese Dinge etwas sorgsamer zu beachten. Denn es liegt auf der Hand, daß die Verstimmungen sich versteifen. Eine gesamtpolitische Klärung der Gruppierungen wird sich ja wohl erst im Laufe des Sommers abzeichnen, und es kann dabei noch zu mancher Krisenhaftigkeit kommen. Auf jeden Fall bitte ich nachdrücklich, besorgt zu sein, daß die Aktivität der demokratischen Gruppe in der räumlichen Berücksichtigung und in der Zeitbehandlung mit entsprechender Gerechtigkeit geordnet wird, damit keine Zuspitzung der Gesamtsituation droht.[4]

Mit freundlichen Grüßen Ihr [Theodor Heuss]

Nr. 35
An Dr. Wilhelm Stapel, Hamburg Groß-Flottbek[1]
27. Mai 1946; Stuttgart-Degerloch, Löwenstraße 86
DLA, A: Stapel: ms. Schreiben, behändigte Ausfertigung; ms. Briefkopf: „Dr. Theodor Heuss“
Eingang zahlreicher Bittgesuche; Gründung einer überkonfessionellen Sammlungspartei; Parteipolitik; literarische Projekte; Erzählband von Elly Heuss-Knapp „Schmale Wege“; Entnazifizierung

Lieber Herr Doktor Stapel,

mein langes Stillschweigen hat Sie vielleicht erstaunt, da ich von Natur ein williger Briefschreiber bin und früher auch nette Briefe schreiben konnte. Aber das ministerielle Dasein wird ja sehr teuer bezahlt mit einer schier sinnlosen Unrast des Lebens. Das hat bei mir mit Betriebsmeiertum, soweit ich mich selber beurteilen kann, gar nichts zu tun; vielleicht etwas mit einem eingeborenen Pflichtgefühl, aber die tragische Nuance meiner Existenz liegt darin, daß ich neben den laufenden Dienstgeschäften, Konferenzen in den Ministerien, Besprechungen mit den amerikanischen Offizieren und den Kabinettssitzungen aus ganz Deutschland Briefe kriege, in denen ich um Rat oder um Hilfe gebeten werde, oft genug in sehr ernsthaften Dingen natürlich, oft genug auch mit einer höchst seltsamen Unbefangenheit, etwa wenn mir nahe gelegt wird, Leuten, die ich gar nicht kenne,

---

4 Eine Reaktion der Redaktion ließ sich nicht ermitteln.
1 In der Vorlage: „Flottbeck“.

die behaupten, mich literarisch zu verehren, eine angenehm eingerichtete und nicht zu geschmacklose 4-Zimmerwohnung zu besorgen oder die Möglichkeit, eine öffentliche Bibliothek zu benutzen etc. Natürlich gehe ich auf solche Anregungen, die Filiale eines Wohnungsamtes zu sein, nicht sehr tief ein, aber dies Zeug frißt Zeit, und daneben stehen dann die Besuche von alten Freunden aus dem Osten, die dort alles verloren haben, ein paar Tage auf meinem Sofa nächtigen und von mir Adressen haben wollen, wo und wie sie eine landwirtschaftliche oder gewerbliche Existenz wiederaufbauen können. Da ich nun auch anderthalb Jahrzehnte dem Vorstand des Deutschen Werkbundes angehört habe und bis zu dem berühmten Gesetz über Schmutz und Schund der dauerhafte zweite Vorsitzende des Schutzverbandes deutscher Schriftsteller gewesen bin, kenne ich ungezählte Bildhauer, Architekten, die entweder Professuren haben wollen oder Manuskripte untergebracht.[2] Von denen, die Denazifizierungsbekundungen wünschen, will ich gar nicht anfangen, hier muß ich ja Enttäuschungen am laufenden Band abgeben; Romanschriftsteller wünschen, daß ich dicke Bücher lese, um ihnen zu bekunden, daß solche Bücher nur aus einer nichtnazistischen Gesinnung geschrieben werden konnten. Andere, Schulkameraden, die ich seit Jahrzehnten nicht sah, teilen mir mit, daß sie schon in der Bubenzeit gewußt hätten, daß ich einmal Minister werden würde. Sie haben seit vielen, vielen Jahren darauf gewartet, aber die Torheit begangen, einmal der Partei beizutreten, und nun soll der Herr Minister eine Bekundung schreiben, was für ausgezeichnete Leute sie sind. Der Minister bezweifelt das zwar nicht, aber er ist von einer rohen Zurückhaltung, um für wirklich ernste Fälle, die ihm sachlich und menschlich am Herzen liegen, seinen Namen nicht verbraucht zu haben, dessen Gewicht er im übrigen nicht überschätzt.[3]

---

2 Heuss stand dem von Naumann 1907 begründeten Deutschen Werkbund von Anfang an nahe. Als ihm der Vorstand des Werkbundes einen Posten in der Berliner Geschäftsstelle anbot, zog er Anfang 1918 nach Berlin um und übte diese Tätigkeit bis Ende 1921 bezahlt, anschließend einige Zeit noch unentgeltlich aus. Als Vorstandsmitglied blieb er dem Werkbund bis zum geschlossenen Rücktritt des Vorstands im Herbst 1933 weiterhin eng verbunden; J. CAMPBELL, Werkbund, S. 176, 322. – Heuss war 1909/10 an der Gründung des Schutzverbandes Deutscher Schriftsteller beteiligt, 1911/12 und 1921–1924 zweiter und 1925/26 erster Vorsitzender. Als er im November 1926 im Reichstag vehement für eine umstrittene Gesetzesvorlage zur „Bewahrung der Jugend vor Schmutz- und Schundschriften" eintrat, indem er gegenüber der „Schundliteratur" eine „Sozialpolitik der Seele" befürwortete, und als er für diesen Standpunkt auch noch publizistisch eintrat, löste er wütende Proteste zahlreicher Intellektueller von Thomas Mann bis hin zu Albert Einstein aus. Noch im Dezember 1926 trat Heuss vom Vorsitz zurück; E. FISCHER, Schutzverband, Sp. 39, 529–535.

3 Im politischen Nachlass von Heuss finden sich zahllose Gesuche, die Heuss um eine positive Bekundung für die Spruchkammerverfahren bitten. Heuss lehnte die Anfragen in der Regel ab, wenn er zu den Personen nach 1933 keinen persönlichen Kontakt mehr hatte; vgl. Nr. 179. Einige Bittsteller suchten Heuss sogar in seiner Wohnung auf: „Eben war ein fremder Mann da, aus Mannheim, der a) wünschte, daß ich ihm eine Empfehlung schreibe, daß er eine Stelle bekomme, b) *an* s[eine] Frau, die während s[einer] Gefangenschaft ein Verhältnis hatte, sie solle sich *nicht*

Das klingt etwas wie ein Jammerbrief, aber es ist nicht ganz so schlimm, sondern soll mich nur entschuldigen, daß ich auf Ihre letzten Zuschriften kein Echo gab.[4] Sie wissen ja aus den Zeitungen, daß wir in der amerikanischen Zone nun mit Wahlen und Parteileben beginnen mußten und begonnen haben, und da mir das Schicksal eine gewisse leichte Beredsamkeit geschenkt hat, bin ich seit Anfang des Jahres auch wieder heftig ins öffentliche Reden gerutscht. Die Parteiendinge waren, als ich nach Württemberg kam, schon erstarrt. In Heidelberg war ich mit Radbruch zusammen daran beteiligt gewesen, bereits im Sommer überkonfessionelle Besprechungen einzuleiten, die nicht unmittelbar auf eine Parteienbildung zugingen, am Schluß einer solchen sich aber ziemlich näherten.[5] Ich war dann auch hier noch eine Zeit lang wiederholt an Besprechungen beteiligt zwischen der alten württembergischen Demokratie, der ich ja aus Familientradition angehörte – der Weg zu Naumann war in meiner Frühzeit eine Lösung von ihr[6] –, und den damaligen „Christlich-Sozialen". Aber es ist nichts Positives herausgekommen, und ich ließ die Dinge dann auch wieder auf sich beruhen, zumal einige typische Parteiroutiniers alten Stils, die bei den Partnern in Erscheinung traten, mich nicht gerade sehr stark anziehen konnten.

Wir haben nun parteipolitisch in meinem engeren Rahmen die eigentümliche Lage, ein völlig partikulares Gebilde zu besitzen, ohne Partikularisten sein zu wollen. Ich persönlich war in der seltsamen Lage, sowohl von den sogen. Liberal-Demokraten, sowohl von den Christlichen Demokraten und den Freien Demokraten aus halb Deutschland zu Vorträgen, zu Konferenzen, zu Artikeln eingeladen zu sein. Ich habe überall abgesagt und vertrete bis auf Weiteres die Linie, daß eine gut geglückte ernsthafte Versammlung in Waiblingen oder Nürtingen mir wichtiger ist als eine „Kundgebung" in München oder in Essen oder sonstwo.[7] Denn ich sehe darin unsere Aufgabe, in der engeren Heimat, wo mit die tüchtigste Bevölkerung von ganz Deutschland sitzt, am frühesten etwas wie eine gemäße Ordnung zu schaffen, die dann einen Halt und in manchem vielleicht auch ein Modell für weitere Entwicklungen sein kann. Wir haben den Vorzug, in meinem Freund Reinhold Maier, dem Ministerpräsidenten, einen Mann von Gescheitheit und sachlicher Nüchternheit zu besitzen, und es ist in aller schrecklichen Beengtheit und Notlage und der ewigen Unsicherheit, ob Entscheidungen wieder umgeschmissen werden, einiges schon geschafft worden. Dabei mache ich mir

von ihm scheiden lassen. Ich mußte ihm klar machen, daß beides ein bischen zu viel verlangt sei." Heuss an Heuss-Knapp, 13. 5. 1947, in: FA Heuss, Basel.

4 Nach dem Schreiben von Heuss an Stapel vom 28. 11. 1945 (Nr. 19) ist dies der erste Brief von Heuss, der sich ermitteln lässt. In der Zwischenzeit hatte Stapel mehrere Briefe an Heuss geschrieben, am 29. 12. 1945, 28. 2. 1946, 7. 5. 1946, alle in: BArch, N 1221, 98.

5 Vgl. auch zum folgenden Nr. 9, Nr. 12, Nr. 17, Nr. 23.

6 Vgl. zur demokratischen Familientradition und zum Einfluss Naumanns Nr. 87.

7 Linke Randanstreichung vom Empfänger: „sonstwo … Freund".

natürlich keinen Augenblick darüber Illusionen, daß die Aufgabe morgen oder in zwei Monaten ihr[8] Ende gefunden haben kann. Man ist ja nicht mit einem enthusiastischen Ehrgeiz in die neue Aufgabe hineingestiegen, sondern mit dem Wissen, daß man den sogen. guten Namen, den man sich erworben hatte und erhalten konnte, einfach in die Masse der Pleite zu werfen hatte.

Vom Persönlichen ist nicht viel zu erzählen. Ein Buch habe ich schon lange nicht mehr gelesen. Aber ich habe in den Nachtstunden eines fertig gestellt, das wohl in 1–2 Monaten vorliegen wird und wohl das erste große „Werk" sein wird, das in Deutschland neu erscheint, meine Biographie von Robert Bosch, die um 800 Seiten herum stark sein mag und einen Abriß der technischen, sozialwirtschaftlichen und politischen Entwicklung der letzten 60 Jahre enthält. Ob man das Buch zu den Menschen außerhalb der amerikanischen Zone wird bringen können, ist mir im Augenblick technisch noch unklar; danach sollen auch die Bücher über Naumann, Dohrn und Poelzig neu gedruckt werden; mein kleines Liebig-Bändchen ist, wie ich von Hoffmann & Campe aus Hamburg höre, neu gedruckt worden.[9] Ich könnte mir also vorstellen, daß bis zum Ende des Jahres der Büchermarkt von mir beherrscht wird. Außerdem hat meine Frau vor einigen Wochen einen kleinen Band Erzählungen niedergeschrieben, wahre Begebenheiten aus den 12 Jahren, ganz schlicht und unsensationell, ohne politische Affairen, Auswirkungen der Zeit ins Private und Menschliche und damit dokumentarisch. Das Büchlein soll „Schmale Wege" heißen, das sind nämlich solche, auf denen man stolpern kann, manche aber führen auch ins Himmelreich.[10]

Ihre beiden Betrachtungen über die deutsche Zukunft und über Verfolgungsseuchen habe ich natürlich mit lebhafter Teilnahme gelesen und mich wie immer bei Ihren Arbeiten über die klare Logik und über das Spiel [mit] Thetik und Antithetik gefreut.[11] Sachlich stimme ich ja mit der Grundhaltung des von Ihnen Vorgetragenen weithin überein. Über das eine oder andere würde eine mündliche Diskussion vielleicht gelegentlich auseinandergehende Akzente zeigen; bei der Analyse des Fragebogensystems,[12] dessen schematische Wirkung mit all dem indi-

---

[8] Linke Randanstreichung vom Empfänger: „ihr Ende … werfen hatte."

[9] TH. HEUSS, Robert Bosch, vgl. auch Nr. 1, Anm. 7, Nr. 5; DERS., Friedrich Naumann [^{2}1949], vgl. auch Nr. 45, Nr. 67; DERS., Hans Poelzig [^{2}1948], vgl. auch Nr. 37; DERS., Anton Dohrn [^{2}1948], vgl. auch Nr. 138. Der Hoffmann und Campe Verlag hatte Heuss am 4. 4. 1946 mitgeteilt, dass die Militärregierung eine Neuauflage der Liebig-Biographie von 5.000 Exemplaren genehmigt habe, die noch im Mai 1946 erschienen; BArch, N 1221, 514; THEODOR HEUSS: Justus von Liebig. Vom Genius der Forschung, Hamburg ^{2}1946.

[10] E. HEUSS-KNAPP, Wege, vgl. auch Nr. 27, Nr. 29.

[11] Die beiden Betrachtungen ließen sich nicht ermitteln. In einem Schreiben an Heuss vom 7. 5. 1946 kündigte Stapel eine Denkschrift an, die Heuss „einsichtigen und machthabenden Engländern oder Amerikanern" geben solle; BArch, N 1221, 98.

[12] Zum Fragebogensystem des „Gesetzes Nr. 104 zur Befreiung von Nationalsozialismus und Militarismus" vom 5. 3. 1946 vgl. Nr. 25, Anm. 10.

viduellen Unrecht, das sich daraus ergibt, ja auch von den amerikanischen Herren, mit denen man darüber[13] sprechen kann, nicht verkannt wird, habe ich die Bemerkung zu machen: ich glaube, daß dies in seiner Pedanterie nicht lediglich politisch zu sehen ist, sondern daß es eigentlich erwuchs aus der amerikanischen Gewöhnung der statistisch psychologischen Erhebungen. Das nennt man ja drüben Soziologie, und man kann mit manchen Amerikanern darüber ganz nett diskutieren, daß nun Gallup über uns herrsche.[14] Diese Art von Fragebogen, um Typik zu[15] finden, spielt drüben eine große Rolle im öffentlichen, auch ökonomischen Leben. Ich selber habe zu den Dingen keinen unmittelbaren Zugang. Aber ich weiß aus vielen Gesprächen, wie ernsthaft und systematisch seit Jahren das gehandhabt wird, Begleiterscheinungen eines zunächst amorphen Maßgebildes, das nun für die Gesamtbetrachtung wenigstens eine Art von innerer Gliederung erfahren soll.

Ich will mir gern überlegen, wem ich von den Herren, die ich kennen gelernt habe, einmal Ihre Niederschrift in die Hand geben kann. Wir haben hier oft mit recht einsichtigen, wohlwollenden und hilfsbereiten amerikanischen Herren zu tun. Die größte Schwierigkeit, unter der wir leiden, ist, daß Männer, die sich mit unserer Sonderlage vertraut gemacht haben, nun eben nach einiger Zeit in ihre Heimat zurückkehren, von ihren dortigen Berufspflichten gerufen.

Unsern Allgäuer gemeinsamen Freund[16] habe ich noch immer nicht besuchen können, obwohl er mich oft genug dazu ermuntert. Aber gegenwärtig halten mich neben all dem anderen die fortgesetzten Sitzungen des Verfassungsausschusses fest, so daß ich vermutlich erst nach den Wahlen zur Landesversammlung einmal nach Lindenberg werde fahren können.[17]

Ich wünsche sehr, daß Ihre Frau sich bald wieder ganz erholt, und dann auch dies, daß Ihr Sohn in nicht zu ferner Zeit heimkehren kann.[18] Der Meinige ist eben

---

[13] Linke Randanstreichung vom Empfänger: „darüber … und man"; über Anstreichung stenographische Randnotiz: „Fragebogen".

[14] Der amerikanische Sozialwissenschaftler George Gallup gründete 1936 das Umfrageunternehmen American Institute of Public Opinion. Er hatte großen Einfluss auf die Entwicklung sozialwissenschaftlicher Methoden in der Demoskopie.

[15] Linke Randanstreichung vom Empfänger: „zu finden … Gesprächen".

[16] Otto Gessler.

[17] Am 11. 2. 1946 ordnete der Direktor der Militärregierung in Württemberg-Baden, Oberst William W. Dawson, gegenüber Ministerpräsident Maier einen „Fahrplan" für die Erarbeitung und Annahme einer Landesverfassung an. Dieser sah u. a. vor, einen Verfassungsausschuss zu bilden, der ein Gesetz für die Wahl der Verfassunggebenden Landesversammlung formulieren solle. Am 26. 2. 1946 präsentierte Maier der Militärregierung die Zusammensetzung des Ausschusses: Neben Vertretern der Parteien, den Oberbürgermeistern von Karlsruhe, Mannheim und Stuttgart gehörten auch rechtswissenschaftliche Sachverständige dem Gremium unter dem Vorsitz Wilhelm Keils an. Die Minister der Regierung durften an den Sitzungen teilnehmen und erhielten Anfang Mai den Status ordentlicher Ausschussmitglieder. Zwischen dem 12. 3. und 7. 6. 1946 hielt der Ausschuss insgesamt zwölf Sitzungen ab, auf denen die rechtlichen Voraussetzungen für die Wahl der Verfassunggebenden Landesversammlung sowie ein Vorentwurf einer Verfassung für Württemberg-Baden formuliert wurden. Die Wahl der Landesversammlung fand am 30. 6. 1946

dabei, seine Zelte in Berlin abzubrechen und eine industrielle Stellung in Lörrach anzutreten, die er schon im Jahre 1938 in Aussicht genommen hat.[19] Damals wollte er nur vorher ein Stück Welt gesehen haben und ging nach England als Abteilungsleiter der Handelskammer, und nach einem halben Jahr sandte ihn der Krieg wieder zurück.[20]

Mit vielen guten Grüßen
Ihr

Theodor Heuss

Nr. 36
An Dr. Walter Azone, [Stuttgart]
11. Juni 1946; [Stuttgart-Nord], Dillmannstr. 3

HStAS, EA 3/101, 90: ms. Schreiben, Abschrift, ms. gez., ohne Anrede und Grußformel; ms. Briefkopf: „Kultministerium"[1]

Entlassung von Walter Azone

Zu meinem Bedauern muß ich Ihnen mitteilen, daß Sie auf Befehl der amerikanischen Militärregierung nicht weiter im Dienst verwendet werden können.[2] Ihre Bezüge müssen ab 11. 6. 1946 eingestellt werden.

(Dr. Th. Heuss)
Kultminister

---

statt, ihre konstituierende Sitzung am 15. 7. Dem Gremium gehörte auch Heuss an; vgl. QUELLEN, 1. Teil, S. 1–6, 367–385.

[18] Die Ehefrau von Stapel war Anfang des Jahres an Diphtherie erkrankt. Der Sohn wurde aus der Gefangenschaft in den USA nach Belgien in ein britisches Lager verlegt; Stapel an Heuss, 7. 5. 1946, in: BArch, N 1221, 98.

[19] Von August bis November 1938 arbeitete Ernst Ludwig Heuss an verschiedenen Standorten der von seinem Onkel Hermann Geiger begründeten Firma, in Lörrach bei der Wybert GmbH, in Basel bei dem 1917 errichteten Hauptsitz der GABA AG und in Hilversum/Holland in der GABA-Filiale; vgl. Briefwechsel mit den Eltern aus diesem Zeitraum, in: FA Heuss, Basel; vgl. auch Nr. 29, Anm. 22.

[20] Vgl. Nr. 18, Anm. 7.

[1] Oben links Aktenzeichen: „V Nr. 1163"; oben rechts Vermerk: „Geschr[ieben] Wi[]", Paraphe nicht auflösbar; unter Adressatenname: „Kultusministerium, Abt. U IV". Unter dem abgedruckten Schreiben zwei Abschriften von weiteren Schriftstücken: Schreiben an die Landeshauptkasse Stuttgart-Hohenheim mit der Anweisung, die Bezüge von Dr. Azone sofort einzustellen; Schreiben an den Prüfungsausschuss mit dem Vermerk, dass Dr. Azone von dem Ergebnis der Prüfung seines Fragebogens durch die Militärregierung benachrichtigt wurde. Unten links Vermerk des Bearbeiters (Paraphe nicht auflösbar) vom 4. 6. 1946: „Abschriften der Schriftstücke 1, 2 u. 3 zu den Akten B 40.4. genommen." Schreiben gleichen Inhalts gingen an zahlreiche Mitarbeiter im Kultusministerium; HStAS, EA 3/101, 90.

[2] Die Militärregierung hatte am 24. 5. 1946 eine Liste an das Kultusministerium geschickt mit Namen von Personen, die aufgrund von Entscheidungen über die eingereichten Fragebögen zu entlassen seien, darunter auch Azone, Berichterstatter im Kultusministerium; HStAS, EA 3/101, 90.

Nr. 37
An Dr. Alfred Gerstel, Berkley,[1] Kalifornien, USA
17. Juni 1946; Stuttgart-Degerloch, Löwenstraße 86
IfZ, ED 193, 1: ms. Schreiben, behändigte Ausfertigung; ms. Briefkopf: „Dr. Theodor Heuss Kultminister“[2]
Verbot der Poelzig-Biographie und Plan einer Neuauflage; Rückblick auf den Krieg; Verbindungen zum Widerstand um Carl Goerdeler; Tätigkeit als Publizist, Kultusminister und Parteipolitiker; Erzählband von Elly Heuss-Knapp „Schmale Wege“; Schicksal gemeinsamer Freunde; Dank für Lebensmittelsendung

Lieber Herr Gerstel!

Es war mir eine große Freude, Ihren Brief vom 15. Mai in diesen Tagen zu erhalten.[3] Ihre Zeilen haben mir unser Zusammensein und auch Ihre schönen Räume draußen in Potsdam in die Erinnerung zurückgerufen. Es hat mir wohl getan, daß Sie mich drüben zwischen den neuen Aufgaben und der neuen Umgebung nicht vergessen haben, und es hat mir sogar Spaß gemacht, daß Sie in Kalifornien den Poelzig aufgetrieben und gelesen haben, den ich selber fast für mein literarisch geschlossenstes Buch halte, während das Buch über Anton Dohrn, von dem ich nicht weiß, ob es noch in Ihre Hand kam, das farbigste und unterhaltendste ist.

Das Poelzig-Buch hat seine Geschichte erlebt, die Sie gewiß interessieren wird. Es erschien wohl noch im Jahr 1939 und hatte im ganzen eine freundliche Aufnahme. Danach ergab sich das folgende: Bei einem Luftangriff der Engländer war Hitler gerade bei Speer und ging mit in dessen Luftschutzkeller. Dort wurden ihm zur Beschäftigung neue Kunstbücher vorgelegt, darunter auch mein Poelzig-Buch, worauf er a) um des Gegenstandes, b) um des Autors willen einen seiner berühmten Tobsuchtsanfälle bekam und die weitere Auslieferung des Buches verboten wurde. Leider ist die Hälfte der Auflage, die noch nicht verkauft war, bei der Zerstörung von Berlin mit untergegangen. Der Verlag Wasmuth, der jetzt in Tübingen residiert, beabsichtigt aber, in kleinerem Format meinen Text noch einmal abzudrucken und einen kleineren Bildanhang beizufügen, so daß das Buch doch nicht völlig vergessen sein wird.[4]

Am 14. 4. 1947 wurde Azone von der Spruchkammer Waiblingen entlastet; ebd., EA 3/101, 79; StAL, EL 902/24, 218.

1 In der Vorlage: „Berkeley“.

2 Am Ende des Briefs unter der Zeichnung von Heuss unterstrichene Datumsangabe von unbekannter Hand: „17. 6. 46“.

3 Es ist nur ein stenographischer Entwurf des Briefes von Gerstel an Heuss überliefert; IfZ, ED 193, 1.

4 Vgl. Günther Wasmuth an Heuss, 22. 5. 1946, in: BArch, N 1221, 514. Die zweite Auflage der

Um von mir einiges zu erzählen: Als im August des Jahres 1943 die Situation in Berlin unbehaglicher wurde, sind meine Frau und ich, wesentlich mit Rücksicht auf den Herzzustand meiner Frau, nach Heidelberg in zwei Dachkammern zu meiner Schwägerin gezogen.[5] Das war ein etwas mühsames, romantisches Leben. Ich habe das, was jetzt auch Ihr[6] Schicksal ist, durchgeprobt, das Einholen, die hauswirtschaftlichen Hilfsdienste erledigt, daneben aber auch ein großes Buch geschrieben, eine Biographie von Robert Bosch mit einem Überblick über 60 Jahre deutscher technischer, sozialwirtschaftlicher und politischer Entwicklung.[7] Das Buch ist schon fast ganz umbrochen und wird wohl in ein, zwei Monaten vorliegen, gegen 800 Seiten stark, das erste größere Werk nach der Meinung des Verlegers, das nach dem Zusammenbruch erscheint. Es war übrigens auch sonst gut, daß ich in Heidelberg lebte, ich wäre sonst vermutlich in die Geschichte des 20. Juli mit hereingerissen worden, da ich ja fast alle Beteiligten gut kannte und Goerdeler mich im Dezember 1943 besucht hatte, wobei ich ihm zusagte, für einige Monate, wenn der Versuch geglückt sei, seinen Pressechef zu machen.

Von unserem engeren Freundeskreis sind ja einige das Opfer der Sache geworden, vor allem Fritz Elsas, bei dem Goerdeler nach dem 20. Juli noch Unterschlupf gefunden hatte.[8]

Nach dem Einmarsch der Amerikaner in Heidelberg, das, wie Sie ja wohl wissen, nur die Brückenzerstörung der Süddeutschen erlebte, fing ich, zunächst beschäftigungslos, an, meine Jugenderinnerungen zu schreiben, dann wurde ich „entdeckt" und sehr gebeten, eine Lizenz für eine zu gründende Tageszeitung zu übernehmen.[9] Das tat ich denn auch, obwohl eigentlich mein Ziel auf Buch-Produktion abgestellt war. Wir starteten dann die Rhein-Neckar-Zeitung, aber nach kurzer Zeit erhielt ich die Berufung in die württ[embergische] Heimat und nahm sie sofort an, weil es in meinem Leben eine sinnvolle Kurve zu sein schien, auf die alten Tage wieder zum Ausgangspunkt zurückzukehren.[10] Wie Sie sich denken können, ist die Arbeit sehr mühsam: Schulräume zerstört, sehr viel Personal abgesetzt, die Techn[ische] Hochschule ruiniert usw. usw. Die Zusammenarbeit mit den Herren von der Education-Abteilung verläuft angenehm.[11]

Poelzig-Biographie erschien dann mit reduziertem Abbildungsteil wiederum im Verlag Ernst Wasmuth; TH. HEUSS, Hans Poelzig [²1948].

[5] Vgl. Nr. 2, Anm. 3.

[6] Linke Randanstreichung vom Empfänger: „Ihr Schicksal ... sozialwirtschaftlicher".

[7] TH. HEUSS, Robert Bosch, vgl. auch Nr. 1, Anm. 7, Nr. 5.

[8] Zum Kontakt zu Goerdeler und zum Schicksal von Elsas und weiterer Freunde vgl. Nr. 6, Anm. 10, Anm. 11.

[9] Vgl. zur Besetzung Heidelbergs Nr. 5, Anm. 5; zu den Jugenderinnerungen vgl. Nr. 1, Anm. 9; zur Gründung der „Rhein-Neckar-Zeitung" vgl. Nr. 2, Anm. 1, Nr. 5, Anm. 9, Nr. 7, Anm. 2.

[10] Vgl. Nr. 6, Anm. 17.

[11] Mit der Einrichtung des Kultusministeriums in Stuttgart im September 1945 erfolgte bei der amerikanischen Militärregierung die Errichtung der Education and Religious Affairs Division unter der Leitung von Captain John P. Steiner; vgl. CH. WEISZ, OMGUS-Handbuch, S. 563f.

Wir empfinden stark den Willen zur sachlichen Förderung, aber die Schwierigkeiten setzen ja immer wieder eine sehr enge Grenze für das tatsächliche Gelingen.

Neben den Amtsgeschäften hat sich nun auch wieder die Politik gemeldet. Am Anfang war ich von der demokratischen Seite fast der einzige, der in den größeren Städten draußen herum Reden hielt, da Reinhold Maier, unser Ministerpräsident, der seine Sache ganz ausgezeichnet macht, dienstlich noch mehr überlastet war und ist als ich. Wir haben im ganzen wieder soweit ordentlichen Boden unter die Füße bekommen. In 14 Tagen wählen wir unseren verfassunggebenden Landtag,[12] und es mag für Sie vielleicht ein Zeichen meiner relativ lebendig gebliebenen Beweglichkeit sein, daß ich am gestrigen Sonntag nicht weniger als 4 Wahlreden, darunter zwei ziemlich lange, gehalten habe.[13] – Um die Parteienentwicklung im übrigen Reich habe ich mich aber mit Absicht bis jetzt nicht gekümmert, obwohl von vielen Seiten her der Wunsch nach Reden und Aufsätzen kommt. Ich will zuerst einmal sehen, war wir hier fertig bringen.

Mein Haus in Berlin ist völlig unzerstört geblieben. Es gelang jetzt auch, Möbel und Bibliothek überwiegend herauszuschaffen.[14] Mein Sohn, der Ende August 1939 aus England gerade noch zurückkehrend, die zivile Schuhversorgung organisierte und als einziger Nicht-Pg. von den leitenden Beamten den Krieg durchstand, hat jetzt die Leitung einer Fabrik in Lörrach in Süd-Baden übernommen, die Verwandten meiner Frau gehört. Er hat im August v. J. die jüngste Tochter von Fritz Elsas geheiratet.[15]

Meine Frau ist froh, nach dem Bohème-Dasein in Heidelberg, das sonst ganz reizvoll war, jetzt zwischen zum Teil gepumpten Möbeln wieder einen ordentlichen Haushalt führen zu können. Sie hat vor einigen Monaten ein neues Büchlein geschrieben, das den Titel „Schmale Wege" bekommt und 18 wahre Begebenheiten aus der Zeit des Dritten Reichs schlicht und gut vorträgt, keine große Politik, sondern einfache menschliche Schicksale, durch die auch die Stimme des anderen Deutschland mit durchklingt. Manche meinen, daß dieses Buch, auch in Englisch oder Französisch übersetzt, als unsensationelles Dokument der Zeit Beachtung finden könnte.[16]

---

[12] Vgl. Nr. 35, Anm. 17.

[13] Anlässlich der Wahlen zur Verfassunggebenden Landesversammlung am 30. 6. 1946 sprach Heuss für die DVP am 16. 6. in Sinsheim, Talheim, Güglingen und Brackenheim; vgl. Redenverzeichnis, in: BArch, N 1221, 684; Redemanuskripte ließen sich nicht ermitteln.

[14] Mit Hilfe des Sohnes gelang es, einen Teil der Möbel, Manuskripte und Bücher aus Berlin via Frankfurt a. M. nach Stuttgart zu verfrachten; ein weiterer Teil der Möbel ging nach Lörrach zum Sohn; vgl. Heuss an Heuss-Knapp, 11. 5. 1946, 22. 5. 1946; Heuss an Ernst Ludwig Heuss, 9. 6. 1946, alle Schreiben in: FA Heuss, Basel; vgl. auch Nr. 3, Anm. 13, Nr. 75.

[15] Vgl. zum Englandaufenthalt. Nr. 18, Anm. 11; zur Übersiedlung nach Lörrach Nr. 29, Anm. 22; zur Heirat von Ernst Ludwig Heuss und Hanne Elsas Nr. 8, Anm. 9.

[16] E. HEUSS-KNAPP, Wege, vgl. auch Nr. 27, Nr. 29.

Mit manchen Freunden, die in die Fremde gingen, haben wir frühe Fühlung gewonnen. Gustav Stolpers drei Söhne sind alle in der amerikanischen Armee und haben uns der Reihe nach besucht.[17] Auch sonst sind schon ein paar Briefe und Sendungen von drüben gekommen, worüber wir uns immer sehr freuen.[18] Leider bin ich ganz ohne Fühlung mit Eyck, der hoffentlich noch lebt.[19] An August Weber schrieb ich vor einigen Wochen nach London,[20] erhielt aber noch keine Antwort.

Es ist außerordentlich rührend und freundschaftlich, daß Sie auch an unsere körperliche Situation mit denken. Ich habe die Kriegszeit im ganzen ordentlich durchgestanden, aber doch auch erhebliche Opfer an Kilogramm gebracht, nämlich von 160 auf 105 Pfd. herunterrutschte, was bei 179 cm zu wenig war. Jetzt in Stuttgart habe ich aber diesen Tiefstand wieder heben können und treibe mich so bei 120 Pfd. herum. Es war für uns sehr beglückend, einmal Tee und Kaffee von drüben zu erhalten. Wenn Sie mich aber fragen, womit Sie uns helfen können, so melde ich vor allem Zucker und Fett. Ich weiß nicht, ob das möglich ist, natürlich ist auch sonstiges erwünscht. Die ewigen Kalorien habe ich nämlich satt, weil man von denen nicht satt wird. Eine Mischung der Nahrung hat ja für den geistig Arbeitenden doch einen großen Reiz.

Im März war ich übrigens 14 Tage in Berlin und habe dort im Rundfunkhaus auch einen großen Vortrag gehalten.[21] Die alten Freunde sind ziemlich zerstreut und sind auch politisch in verschiedene Gruppen auseinandergegangen. Ich sprach Schreiber, Külz, Lemmer, Reif usw. Schubert sitzt irgendwo in Mitteldeutschland. Nordmann ist leider gestorben, Luppe in Kiel bei einem Luftangriff mit seiner Frau ums Leben gekommen.

Wollen Sie bitte mich Ihrer Frau Gemahlin bestens empfehlen und seien Sie selber in alter Gesinnung herzlich gegrüßt
von Ihrem dankbar ergebenen — Theodor Heuss

---

[17] Ernst, Max und Wolfgang Stolper.
[18] Vgl. Nr. 33, Anm. 9.
[19] Erich Eyck emigrierte 1937 nach England; vgl. Nr. 103.
[20] Ließ sich nicht ermitteln.
[21] Vgl. Nr. 27, Anm. 9, Nr. 28.

Nr. 38
Bescheinigung für Prof. Dr. Erich Welter, [Stuttgart]
22. Juni 1946; Stuttgart-Nord, Dillmannstraße 3
BArch, N 1314, 78: ms. Schreiben, behändigte Ausfertigung, ohne Anrede und Grußformel; Kopfbogen: „Kultministerium Kultminister Dr. Th. Heuss"
Beziehung zu Erich Welter und zur „Frankfurter Zeitung" während des Nationalsozialismus

Herr Dr. Erich *Welter* ist mir seit einer großen Anzahl von Jahren persönlich und literarisch bekannt. Wir sind uns beruflich wohl zum erstenmal dann näher begegnet, als er die Vossische Zeitung in Berlin leitete. Er hatte bei dem erzwungenen Ende dieser ältesten deutschen Zeitung mich gebeten, in einer Artikelserie die Geschichte der Vossischen Zeitung darzustellen.[1]

Wir sind dann auch, als er zur Frankfurter Zeitung zurückgekehrt war, in Fühlung miteinander geblieben, wenn auch meine Mitarbeit in der Frankfurter Zeitung sich zunächst überwiegend auf Sparten bezog, für die er nicht unmittelbar zuständig war.[2]

Vom Jahr 1941 ab trat ich in ein fest besoldetes Mitarbeiterverhältnis zur Frankfurter Zeitung und kam dadurch anläßlich meiner Besuche in Frankfurt in stärkere berufliche Bindung mit Dr. Welter.[3] Meine Mitarbeit bei der Frankfurter Zeitung wurde von der Partei sehr bald kritisch betrachtet, und die Frankfurter Zeitung bekam, weil das Büro Bormann[4] die Lösung des Vertrags forderte, Schwierigkeiten. Dr. Welter hat mir damals die Beanstandungen gegen mich, die vertraulich der Zeitung mitgeteilt waren und auf der Kontrolle meines Briefwechsels usw. beruhten, mitgeteilt, setzte sich aber absolut dafür ein (wie auch die anderen leitenden Herren), daß trotz des Einspruchs der Parteikanzlei die

---

1 Welter wechselte 1932 von der „Frankfurter Zeitung" zur „Vossischen Zeitung" und fungierte von 1933 bis 1934, als das Blatt sein Erscheinen einstellen musste, als Chefredakteur. Heuss schrieb seit etwa 1916 zahlreiche Artikel für die „Vossische Zeitung". Ende März 1934 erschien anonym die dreiteilige Geschichte des Traditionsblattes unter dem Titel „Drei Jahrhunderte aus der Geschichte der Vossischen Zeitung", in: Vossische Zeitung, Nr. 72, 25. 3. 1934; Nr. 74, 28. 3. 1934; Nr. 77, 31. 3. 1934; vgl. auch N. FREI, JOURNALISMUS, S. 42f; R. BURGER, Theodor Heuss, S. 321.

2 Nach seiner Rückkehr in die Redaktion der „Frankfurter Zeitung" 1934 leitete Welter den Wirtschaftsteil und war stellvertretender Hauptschriftleiter bis zur Schließung des Blattes 1943. Heuss veröffentlichte seit 1933 in der „Frankfurter Zeitung" vor allem kulturgeschichtliche Darstellungen, biographische Miniaturen, Gedenkartikel und Buchbesprechungen, seit 1941 ausschließlich Feuilleton-Beiträge; vgl. R. BURGER, Theodor Heuss, S. 373f.

3 Vgl. auch zum folgenden Nr. 18, Anm. 11. – Eine Bescheinigung ähnlichen Inhalts verfasste Heuss auch für den ehemaligen politischen Redakteur und Chef vom Dienst der „Frankfurter Zeitung", Oskar Stark, der Heuss 1941 den Vorschlag machte, in ein festeres Mitarbeiterverhältnis zur Zeitung einzutreten; Bekundung für Stark, 30. 9. 1947, in: BArch, N 1221, 99.

4 Martin Bormann war seit 1941 Leiter der Parteikanzlei der NSDAP.

Verbindung mit mir aufrechterhalten wurde. Die nach meiner Erinnerung auch im Jahre 1942 erneut geforderte Lösung des Verhältnisses zu mir wurde im Mitwissen von Dr. Welter nicht beachtet. Es wurde damals die Form gefunden, daß ich nicht mit meinem Namen zeichnete, sondern, da die Frankfurter Zeitung auf die weitere Verbindung mit mir großen Wert legte, das Pseudonym Thomas Brackheim wählte. Dieser Tatbestand war nur einem kleinen Kreis bekannt und bedeutete, wenn die Gestapo oder die Parteikanzlei die Nichtbefolgung ihrer Anordnung erfahren hätten, eine berufliche Gefährdung der verantwortlichen Herren.

Daß in der aktuell politischen Stellungnahme auch die Frankfurter Zeitung zu „Konzessionen" an die Direktiven des Propagandaministeriums gezwungen war, ist für den, der jene Zeit in Deutschland gelebt hat, nicht verwunderlich und ist in manchen Fällen für die alten Leser der Frankfurter Zeitung schmerzlich genug gewesen. Aber im ganzen wird man sagen dürfen, daß es den leitenden Männern gelungen ist, ein über die gesamte übrige deutsche Presse sich erhebendes geistiges Niveau zu bewahren, das im Anspruch an die Leser, in der Sprachgestaltung usw. von dem üblich gewordenen Typus und Jargon sich frei hielt. An diesem Tatbestand hat Dr. Erich Welter unzweifelhaft ein starkes Verdienst.[5]

Dr. Welter hat auch nach dem erzwungenen Ende der Frankfurter Zeitung[6] die Verbindung mit mir aufrechterhalten und sich damals, was ich sehr dankbar empfand, mit Gedanken darüber gemacht, wie meine eigene beruflich-wissenschaftliche Situation im bürgerlichen Sinn neu fundamentiert werden könnte. Dabei war ihm natürlich immer bekannt, daß ich selber mit meiner publizistischen Arbeit bei den Nationalsozialisten auf der schwarzen Liste stand.[7]

Dr. Theodor Heuss

5 Zum Kurs zwischen Nonkonformität und Anpassung der „Frankfurter Zeitung" im Nationalsozialismus vgl. Nr. 2, Anm. 2; zu Welters ambivalenter Rolle in der „Frankfurter Zeitung" vgl. F. SIERING, Zeitung, S. 44–47; G. GILLESSEN, Posten, S. 431–433.

6 Am 31. 8. 1943.

7 Schon im Vorfeld der Bücherverbrennung am 10. 5. 1933 stellt die Deutsche Studentenschaft im Rahmen der „Aktion wider den undeutschen Geist" sogenannte „Schwarze Listen" mit den Werken unliebsamer Autoren zusammen, die als Grundlage für die Säuberung öffentlicher Bibliotheken dienten. Auch zwei Werke von Heuss gerieten auf diesen Index; THEODOR HEUSS: Führer aus deutscher Not. Fünf politische Porträts, Berlin, 1927; DERS.: Hitlers Weg. Eine historisch-politische Studie über den Nationalsozialismus, Stuttgart 1932; vgl. zu den Einträgen in die „Schwarze Liste" G. SAUDER, Bücherverbrennung, S. 134.

Nr. 39
An Dr. Thomas Dehler, Bamberg
28. Juni 1946; Stuttgart-Nord, Dillmannstraße 3
AdL, N 1, 7: ms. Schreiben, behändigte Ausfertigung; Kopfbogen: „Kultministerium Kultminister Dr. Th. Heuss"[1]
Redetätigkeit in Württemberg-Baden; Parteiarbeit; politische Tätigkeit von Gertrud Bäumer und anderen ehemaligen liberalen Parteifreunden

Sehr geehrter Herr Dr. Dehler!

Freundlichen Dank für Ihren Brief, in dem Sie mir Ihre Wahl zum Vorsitzenden der Freien Demokratischen Partei in Bayern mitteilen.[2] Vielleicht haben Sie erfahren, daß ich eine ziemlich große Anzahl von Einladungen, in Bayern wie auch sonst politisch zu sprechen, abgelehnt habe aus zwei Gründen: erstens läßt mich mein Amt nicht längere Zeit frei, zweitens will ich helfen, zuerst bei uns in Württemberg die demokratische Sache neu zu festigen. In der früheren Periode war ich fast der einzige Redner, der zur Verfügung stand, jetzt hat sich das geändert. Wir hoffen auch, daß wir bei der Wahl am 30. Juni[3] verhältnismäßig ordentlich abschneiden werden. Der wesentliche Grund meiner Zurückhaltung war auch dann noch dies, daß ich die Persönlichkeiten in den anderen Gegenden nicht recht kannte und daß ich etwas unsicher war, unsere württemberg-badische Kombination jetzt schon in die größeren Bindungen herein zu geben. Ich glaube, daß ich mich bei Ihnen nicht gegen den Verdacht wehren muß, Partikularist geworden zu sein, aber es wäre für uns etwa ein unerträglicher Zustand geworden, unsere Arbeit beeinflussen zu lassen von Parolen, wie Külz sie ausgibt, vielleicht ausgeben muß.[4] Ich denke, daß, falls die Gesamtlage übersichtlicher geworden ist und eine größere Beruhigung erreicht hat, sich manches ändern wird, so habe ich auch für Erlangen für den Herbst einen Vortrag zugesagt.[5]

---

[1] Oben links Vermerk: „Bayern"; Druck: F. HENNING, Lieber Dehler, S. 23f.

[2] Dehler an Heuss, 23. 6. 1946, in: AdL, N 53, 100. Dehler war am 30. 5. 1946 auf der ersten ordentlichen Landesversammlung der bayerischen FDP in Nürnberg zum ersten Vorsitzenden gewählt worden.

[3] Wahlen zur Verfassunggebenden Landesversammlung von Württemberg-Baden.

[4] Am 5. 7. 1945 konstituierte sich in Berlin die Liberal-Demokratische Partei für die SBZ; Wilhelm Külz wurde ihr Vorsitzender. Unter seiner Führung drängte die LDP auf die Bildung einer liberalen Reichspartei, was vor allem unter württembergischen Liberalen auf Ablehnung stieß. Wegen der Beteiligung der LDP an der „Einheitsfront der antifaschistisch-demokratischen Parteien" befürchtete die DVP eine zu starke Anlehnung der liberalen Ostzonenvertreter an die sowjetische Militärregierung und an die SED. Heuss selber misstraute einer Politik, die seiner Ansicht nach auf Parolen und Resolutionen gegründet sei; vgl. J. C. HESS, Fehlstart, S. 94; vgl. auch Heuss an Heile, 22. 2. 1946, in: BArch, N 1132, 60.

[5] Am 24. 10. 1946 sprach Heuss in Erlangen über „Schicksal und Aufgabe"; hs. Redenotizen in: BArch, N 1221, 27. Im Redenverzeichnis ist der Vortrag vermutlich falsch auf den 21. 10. 1946 datiert; vgl. ebd., 684.

Es würde an sich ja gut sein, wenn wir irgendwann einmal im Laufe dieses Sommers uns sehen könnten. Die eigentliche Parteiführung zu übernehmen, was man anfangs von mir erwartete, habe ich wegen der dienstlichen und publizistischen Inanspruchnahme abgelehnt. Der Vorsitzende der Partei ist Dr. Wolfgang Haußmann, seine motorische Kraft aber unser Freund, Generalsekretär Ernst Mayer, dem es gelang, auch bei uns in wenig Monaten die völlig zerlaufene Organisation wieder im Elementaren fertig zu bringen.

Mir selber ist es ähnlich gegangen, wie Frau Dr. Bäumer, daß ich sowohl von der CDU wie von der LDP stark in Anspruch genommen bezw. umworben war. Eine große Anzahl unserer alten Freunde sind ja am Aufbau der CDU führend mit tätig gewesen.[6] Frau Bäumer hat aber, etwa neulich in Ulm, auch in einer Versammlung für die Demokratische Volkspartei gesprochen, weil sie sich in dem Ausmaß doch nicht für parteigebunden hält, wie es manchen erscheinen mag.

Mit freundlichen Grüßen
Ihr Theodor Heuss

Nr. 40
An das Staatssekretariat für Sonderaufgaben Württemberg-Baden, Stuttgart
9. Juli 1946; Stuttgart-Nord, Dillmannstraße 3

HStAS, EA 3/101, 79: ms. Schreiben, behändigte Ausfertigung, ohne Anrede und Grußformel; Kopfbogen: „Kultministerium"[1]

Spruchkammerverfahren für Angehörige der Landwirtschaftlichen Hochschule Hohenheim

Betr.: Vordringliche Durchführung des Spruchkammerverfahrens für Angehörige der Gutswirtschaft und der Forschungsinstitute der Landw[irtschaftlichen] Hochschule Hohenheim[2]

---

6 So z. B. Lemmer und Brammer in Berlin, Goetz für die CSU in München. Über Bäumer äußerte sich Dehler „mit Wehmut, daß sie in ihrem Glauben, die Aufgabe der religiösen Erneuerung unseres Volkes müsse auch auf der politischen Ebene erstrebt werden, den Weg zur Christlich-Sozialen-Union fand." Dehler an Heuss, 23. 6. 1946, in: AdL, N 53, 100. – Angelika Schaser bezweifelt, dass Bäumer der CSU beitrat; vgl. A. SCHASER, Helene Lange, S. 343.

1 Oben links unter Kopfzeile Aktenzeichen: „H Nr. 2041"; oben rechts unterstrichene ms. Verfügung: „Eilt sehr!"; darunter Eingangsstempel vermutlich des Kultusministeriums vom 15. 7. 1946, da das Schreiben urschriftlich vom Staatssekretariat wieder zurück an das Kultusministerium ging; unter Betreffzeile: „Beil[agen]: 1 Liste und 64 Anträge auf Formblatt 4"; unter Zeichnung von Heuss hs. Vermerk, vermutlich durch den Staatssekretär im Staatsministerium, Hermann Gögler: „27 Anträge am 17. 7. weitergeg[eben], Gö".

2 Die Landwirtschaftliche Hochschule Hohenheim hatte am 11. 12. 1945 ihren Vorlesungsbetrieb aufgenommen; vgl. M. WURSTER, Schule, S. 537.

Unter Bezugnahme auf den dortigen Erlaß vom 3. Juni 1946[3] überreiche ich in der Anlage 64 Anträge[4] auf vordringliche Durchführung des Spruchkammerverfahrens für die Angehörigen der Gutswirtschaft und der einzelnen Forschungsinstitute der Landwirtsch[aftlichen] Hochschule Hohenheim mit der Bitte um beschleunigte Behandlung.

Die Landwirtsch[aftliche] Hochschule Hohenheim ist neben der noch im Aufbau befindlichen Hochschule in Weihenstephan die einzige Anstalt ihrer Art in ganz Süd- und Südwestdeutschland. Die Arbeiten der Forschungsinstitute der Landwirtsch[aftlichen] Hochschule sind für die landwirtschaftliche Produktion von entscheidender Bedeutung (Pflanzenzucht, Pflanzenernährung, landw[irtschaftliche] Technologie, Tierzucht, Milchwirtschaft usw.); die ebenfalls angeschlossene Gutswirtschaft leistet für die Lebensmittelversorgung von Stuttgart und Umgebung einen Beitrag, der erheblich ins Gewicht fällt. Da die Landwirtsch[aftliche] Hochschule im Dritten Reich ganz besonders unter dem Druck der NSDAP gestanden hat, ist die Mehrzahl auch der kleineren Angestellten und Arbeiter in irgend einer Weise politisch belastet, wobei betont werden muß, daß es sich dabei fast durchweg um langjährige, eingearbeitete Fachkräfte handelt. Wenn diese große Zahl von Arbeitern, Angestellten, wissenschaftlichen und technischen Hilfskräften nach dem 31. Juli d[iese]s J[ahre]s ihre Arbeit einstellen müßte,[5] so würde dies für die gesamte Landwirtschaft und Nahrungsmittelerzeugung eine Katastrophe bedeuten. Die wichtigen Gartenbau- und Saatzuchtbetriebe müßten

---

3 „Erlass des Staatssekretariats für Sonderaufgaben für die vordringliche Durchführung von Verfahren (Eilverfahren) auf Grund des Gesetzes Nr. 104. Vom 3. 6. 1946", in: GESETZ, Abschnitt S, Nr. 13 und Nr. 14. – Das „Gesetz Nr. 104 zur Befreiung von Nationalsozialismus und Militarismus" vom 5. 3. 1946 sah zur Durchführung des Gesetzes den Aufbau eines Ministeriums für politische Befreiung vor (Art. 23, in: REGIERUNGSBLATT, Nr. 8, 1. 4. 1946). Reinhold Maier richtete aber Anfang April 1946 zunächst nur ein Staatssekretariat für Sonderaufgaben unter der Leitung des Sozialdemokraten Gottlob Kamm beim Staatsministerium ein. Erst im August 1946 setzte die Militärregierung das vorgesehene Ministerium für politische Befreiung durch, dem ebenfalls Kamm vorstand; vgl. P. SAUER, Neubeginn, S. 145, 148.

4 Eine Liste mit den Namen von Personen, die Anträge gestellt hatten, liegt dem Schreiben bei. Einige der Anträge lassen sich nachweisen in: HStAS, EA 11/101, 850.

5 Das „Befreiungsgesetz" ordnete zwar ein Beschäftigungsverbot für zunächst als „hauptschuldig" oder „belastet" Eingestufte bzw. für Mitglieder der NSDAP oder einer ihrer Gliederungen an, hielt aber weiterhin an der Möglichkeit vorläufiger Arbeitsgenehmigungen fest; Art. 58 und 59, in: REGIERUNGSBLATT, Nr. 8, 1. 4. 1946; vgl. auch Nr. 25, Anm. 10. – Im Juni 1946 beschloss die amerikanische Militärregierung, dass sie keine vorläufigen Arbeitsgenehmigungen mehr erteilen werde und die bereits bestehenden für ehemalige NSDAP-Mitglieder am 1. 8. 1946 auslaufen würden. Von nun an war allein das Staatssekretariat für Sonderaufgaben für die Erteilung der Genehmigungen zuständig. Das Staatssekretariat durfte aber Anträgen auf Arbeitsgenehmigung nur dann stattgeben, wenn die öffentliche Sicherheit und Gesundheit betroffen waren. Im Ministerrat war man daraufhin der Meinung, dass die Spruchkammern möglichst zügig zu arbeiten hätten, um so Beschäftigungsverbote schnell aufheben zu können; vgl. P. SAUER, Neubeginn, S. 143–148.

stillgelegt werden, die Produktion von Milch, Käse, Butter und Getreide sowie die Einbringung der Ernte wären aufs schwerste gefährdet. Es würde ein Schaden entstehen, der nicht wieder gutzumachen wäre.

Ich bitte daher, die vorgelegten Anträge als besonders dringlich zu behandeln.

Th. Heuss
Kultminister

Nr. 41
An Dr. Gustav Stolper und Dr. Toni Stolper, [New York]
21. Juli 1946; Stuttgart-Degerloch, Löwenstraße 86
BArch, N 1221, 489: ms. Schreiben, Durchschlag; ms. Briefkopf: „Dr. Theodor Heuss"[1]
Wahl zur Verfassunggebenden Landesversammlung in Württemberg-Baden; Aufnahme von Vertriebenen und Erscheinung des „Grenzernationalismus"; Reduzierung der industriellen Kapazitäten; Entnazifizierung der Jugend; nationalpolitische Vorstellungen der deutschen Kommunisten; wirtschaftliche Entwicklung in den einzelnen Besatzungszonen; Denunziantentum; Befinden des Sohnes; literarische und berufliche Arbeitsbelastung; Dank für Hilfssendungen

Liebe Freunde,

Dein[2] großer Brief vom 5. Juni liegt nun schon zwei bis drei Wochen hier;[3] er ist mit einigen Durchschlägen abgeschrieben worden und um seines wichtigen Inhaltes willen an einige Freunde und Bekannte, wie Reinhold Maier, Paul Reusch, Otto Gessler u. a., gegeben. Auch Geiler hat ihn gekriegt. Ich komme aber erst heute dazu, ihn zu erwidern, denn es ist fast seit Monaten der erste Sonntag, an dem ich mich nicht irgendwo draußen herumtreibe.

Du wirst ja gesehen haben, daß wir Wahlen hatten.[4] Wir haben ein kombiniertes System von Bezirks- und Verhältniswahlen. Ich bin gleich drei Mal gewählt worden und habe dabei die Stadt Heidelberg, wo ich fast etwas wie ein Verlegen-

1 Weiterer Nachweis: FA Heuss, Basel: Durchschlag einer Abschrift.

2 Über weite Strecken des Briefes wendet sich Heuss direkt an Gustav Stolper, obwohl Anrede und Grußformel auch an Toni Stolper gerichtet sind.

3 Vermutlich gemeint ein Brief von Gustav Stolper an Heuss, 8. 6. 1946, in: BArch, N 1221, 489. Darin äußerte sich Stolper vor allem zur amerikanischen Deutschlandpolitik, zur sich vertiefenden Teilung Deutschlands und zur Gefahr der sowjetischen Weltmachtpolitik, die das europäische Gleichgewicht zerstöre.

4 Wahlen zur Verfassunggebenden Landesversammlung von Württemberg-Baden vom 30. 6. 1946.

Abb. 10: Sitzung der Verfassunggebenden Landesversammlung Württemberg-Baden, 24. 10. 1946, erste Reihe v.l.n.r.: Fritz Ulrich (SPD), Reinhold Maier (DVP), Wolfgang Haußmann (DVP), Theodor Heuss (DVP)

heitskandidat war, „erobert" und auch dort das Mandat angenommen.[5] Der erste Württemberger, der in Baden „eingebrochen" ist! Du wirst das sehr komisch finden, daß das als wichtiger Vorgang angesehen wird, darfst aber überzeugt sein, daß ich für meine Person das Maßstäbliche nicht verloren habe, sondern deutlich genug weiß und auch in meinen Versammlungen ausspreche, daß das, was wir so betreiben, die allerbescheidendsten Kringelspiele im Weltgeschehen darstellt. Man muß nur auch sie mit relativer Ernstheit betreiben, und wir haben das auch getan. Ich selber habe mit einer biederen Konsequenz abgelehnt, mich in die gesamtdeutsche Parteienentwicklung hineinzumengen, obwohl man das dringend von den verschiedensten Seiten her fordert. Es kam mir bisher darauf an, und da war ich mit Maier immer einig, zunächst in unserem engeren Bezirk

[5] Seinem Sohn teilte Heuss am 5. 7. 1946 mit, dass er insgesamt viermal gewählt wurde: in Heidelberg, Heilbronn, Göppingen und über die Landesliste; FA Heuss, Basel. In Heidelberg erhielt er 15,7 %, in Heilbronn 22,9 % und in Göppingen 18,1 % der abgegebenen Stimmen; vgl. WAHLEN, S. 106f.

für unsere politische Gruppe den Boden fester zu machen. Wir haben im Ganzen gut abgeschnitten, eine in der Mischung recht brauchbare Fraktion zusammengebracht, die Mehrheit der CDU verhindert, in der es selber recht ordentliche Leute gibt neben den traditionellen Parteiroutiniers.[6] Nun muß man eben sehen, wie sich die kommenden Monate anlassen. Ich hatte gehofft, zwischendurch einmal verschnaufen zu können, aber die Freunde haben mich gebeten, bei der kommenden Verfassungsarbeit mit in die Führung zu gehen;[7] also werden andere Pläne zunächst darunter leiden.

Im November wird über die Verfassung abgestimmt und wieder gewählt werden.[8] Dann wird ein parlamentarisches Kabinett entstehen.[9] Ob ich darin sitzen werde, ist eine völlig offene Frage, die mich innerlich auch sehr wenig bewegt, da ich literarische Pläne und sonstige Pflichten genug vor mir habe, die, auf die Länge gesehen, vielleicht wichtiger sind als die entsetzlich zeitraubenden Konferenzen, Lehrpläne, Theatertenöre, Akademiegraphiker, Sportberichterstattung, Volkshochschulkurse, Radiogesetze, Assistentenstellen und was sonst das tägliche Brot neben Konferenzen und Ausschußsitzungen darstellt.

Zu einer halbwegs sicheren Beurteilung der Weltentwicklung reicht es uns bei dem geringen Material, was wir in die Hand bekommen, nicht. Aber ich fürchte, auch wenn wir es bekämen, würde bei der unerhörten Inanspruchnahme allerlei Leuten die Zeit fehlen, die Mitteilungen richtig zu konsumieren und in ihrem Gewicht richtig zu bemessen. Man kann sich nur damit trösten, daß vermutlich das Schicksal der inneren Ungewißheit auch für die meisten politischen Men-

---

6 Bei einer Wahlbeteiligung von 67,6 % errang die CDU 41, die SPD 32, die DVP 17 und die KPD 10 Sitze; vgl. P. SAUER, Neubeginn, S. 117.

7 Nach der konstituierenden Sitzung der Verfassunggebenden Landesversammlung am 15. 7. 1946 fand am 18. und 19. 7. eine Aussprache über den im Frühjahr durch den Verfassungsausschuss der Vorläufigen Volksvertretung erarbeiteten Vorentwurf statt; vgl. Nr. 35, Anm. 17. Im Anschluss wurden die Einzelberatungen einem neu gebildeten Verfassungsausschuss übertragen, der aus 20 Mitgliedern unter dem Vorsitz von Keil bestand. Er tagte vom 24. 7. bis 10. 9. 1946 vierzehnmal, um auf der Grundlage des Vorentwurfs einen Verfassungsentwurf für die Landesversammlung zu formulieren. Heuss war kein ordentliches stimmberechtigtes Mitglied des Ausschusses, durfte aber aufgrund seiner Ministerstellung an den Sitzungen teilnehmen. Anhand seiner Redebeiträge lässt sich seine Anwesenheit für die Sitzungen vom 31. 7., 1. 8., 15. 8., 16. 8., 22. 8. und 23. 8. 1946 nachweisen; QUELLEN, 2. Teil, S. 128f.

8 Der Verfassungsausschuss der Verfassunggebenden Landesversammlung hatte bis September einen Verfassungsentwurf ausgearbeitet, den die Landesversammlung am 1. 10. 1946 einstimmig annahm, bevor die US-Militärregierung einzelne Bedenken anmeldete. Am 24. 10. 1946 nahm die Verfassunggebende Landesversammlung die Verfassung einschließlich der von der amerikanischen Militärregierung verlangten Änderungen endgültig an (Abb. 10). Genau einen Monat später stimmte die Bevölkerung gemeinsam mit der Wahl zum ersten Landtag auch über die Verfassung ab; 86 % der Abstimmenden sprachen sich für sie aus; vgl. P. SAUER, Neubeginn, S. 126–131.

9 Zur Bildung der Regierung nach den Wahlen vom 24. 11. 1946 vgl. Nr. 59–Nr. 62.

schen gilt, denen der ganze Informationsapparat der Welt zur Verfügung steht. Wir sind am stärksten bewegt durch die Fragen, wie wir die aus dem Ostraum uns zugewiesenen Menschenmassen aufnehmen und verarbeiten können.[10] Wir in unserem Raum erhalten vor allem Menschen aus dem alten Südungarn und dann Sudetendeutsche. Die erste Gruppe findet sich nach dem allgemeinen Urteil leichter zurecht. Sie bringt auch männliche Kräfte mit, während wir aus dem Sudetenraum nur Frauen, Kinder und Greise erhalten. Es ist ein nur von wenigen gesehenes Problem, wie wir den Grenzernationalismus, der sicher hier im Erinnerungsbild noch nicht ausgelöscht ist, verdauen werden; denn seine Typik hat es in unserem Raum nie gegeben. Es wird ungeheuer schwer sein, unser an sich kleinwirtschaftliches Land noch mit einer Agrarreform zu segnen, die uns ernährungspolitisch vermutlich noch zurückwerfen wird (Dietrich, der jetzt Ernährungsmann beim Länderrat ist, beurteilt das etwas optimistischer als ich).[11] Die zweite große Sorge ist die Erhaltung oder Reduzierung der Industriekapazität. In meinen schönen Wahlreden habe ich davon immer ausführlich gehandelt, daß drüben in Amerika die Einsicht wachsen müsse, daß man uns für die [aus aller] Welt benötigten Lebensmittel und Rohstoffe die Zahlungsfähigkeit durch Industrieausfuhr erhalten müsse.[12] Es war, wie ich richtig gespürt habe, ein Gedankengang, der auf die Leute Eindruck machte, weil ich darstellte, daß vor knapp fünfviertel Jahren der amerikanische Bürger zusätzlich Steuern bezahlte, um die deutsche Macht zu vernichten, und heute zusätzlich Steuern bezahlt, um das deutsche Volk vor dem Hunger zu retten. Psychologische Drohung eines Rückzugs auf die Isolation. Ich bemühte mich darzustellen, daß die Problematik keine sentimentale, sondern eine ökonomische ist, daß aber selbstverständlich die moralisch-politische Haltung der Deutschen eine Voraussetzung für die atmosphärische Beurteilung der deutschen Möglichkeiten bildet.

Ich kann mir denken, daß das wirkliche Begreifen der seelischen Verfassung der Deutschen für Euch schwer genug ist. Sie ist ja auch für uns ein Dauerpro-

---

[10] Schon vor Kriegsende begann eine groß angelegte und dann durch die Potsdamer Konferenz (vgl. Anm. 16) Anfang August 1945 sanktionierte Vertreibung der deutschen Bevölkerung aus Polen, Ungarn, der Tschechoslowakei, Jugoslawien, Rumänien und aus dem Reichsgebiet östlich der Oder und Neiße, auf welche die Aufnahmeländer in Mittel- und Westdeutschland nicht vorbereitet waren. Unterbringung, Versorgung, Beschäftigung und Integration der bis 1950 über 12 Millionen Zwangsumgesiedelten stellten für die Länder und Gemeinden eine ungeheure Belastung dar. Bis zum 4. 7. 1946 fanden knapp 380.000, bis Oktober 1947 bereits über 600.000 Vertriebene vor allem aus dem Sudentenland, Ungarn und Polen einschließlich Schlesien Aufnahme in Württemberg-Baden, davon zwei Drittel Frauen und Kinder; vgl. J. ECHTERNKAMP, Krieg, S. 46–59; P. SAUER, Neubeginn, S. 235–263.

[11] Dietrich war seit Mai 1946 auf Beschluss des Ministerpräsidenten Maier Sonderbevollmächtigter für Ernährung und Landwirtschaft des Länderrats für das amerikanische Besatzungsgebiet; vgl. W. VOGEL, Westdeutschland, Teil I, S. 119; vgl. Nr. 55.

[12] Reden dieses Inhalts ließen sich nicht ermitteln.

blem, zumal wenn wir an die jungen Menschen denken, die vielfach nun eben abwartend sind und in ihren besten Elementen jetzt einfach lernen, lernen, lernen wollen, aus der Empfindung heraus, durch den Nationalsozialismus eine verschlampte Wissensunterlage erhalten zu haben. Hier liegt eine gewisse Gefahr der Verstockung vor im Zusammenhang mit der Denazifizierung. Ich bin außerordentlich froh, daß in den letzten Wochen in Ansehung der jungen Jahrgänge die amerikanische Politik eine Lockerung erfahren hat.[13] Mit den einzelnen amerikanischen Herren, mit denen man die Probleme durchsprach, war man sich immer rasch einig, daß die jungen Jahrgänge anders gesehen werden müssen als die älteren, denn es fehlte ihnen die Vergleichsmöglichkeit, und es war ein sachliches Unrecht, wenn irgendeiner in der Hitlerjugend etwas geworden war, ihn deshalb zu diffamieren. Denn ich bin überzeugt, daß Leute etwa Deines oder meines Schlages mit einer gewissen draufgängerischen Unbefangenheit der Jugendjahre in irgendeiner Staatsjugend, in die wir hineingeboren worden wären, auch bald eine kleine Führerrolle gekriegt hätten, ohne daß wir sie gesucht hätten – so wie ich in meiner Gymnasialzeit der unbestrittene Führer der Klasse gewesen bin. Eine nationalistische Verdrossenheit mit aktivistischer Romantik ist, glaube ich, nicht vorhanden. Dazu ist die Müdigkeit zu groß. Aber zwei Gefahren sind da: der Nihilismus gegenüber der Staats- und gesellschaftlichen Ordnung und ein bloß an den Beruf denkendes Banausentum. Ich selber bemühe mich, da meine Art zu sprechen, wie sich erwies, zu den Jungen den Zugang nicht verloren hat, mit zu helfen, ein vom Heldengerede freies und sauberes Vaterlandsgefühl zu pflegen, das von Bescheidenheit, Wirklichkeitssinn, Maß und Einordnung in die abendländische Tradition den Leuten etwas erzählt.

Die Suggestion des Ostens ist verhältnismäßig gering. Die Propagandisten gegen den Osten sind die von dort Vertriebenen und sind auch die Soldaten, die im nördlichen und mittleren Rußland gekämpft haben (etwas anderes ist es bei denen, die aus der Ukraine und von der Krim zurückkehrten). Es ist nur im Unterschied zu der alten Überlieferung dies einzusetzen, daß die Kommunisten jetzt sehr stark in nationalen Tönen und Reichseinheit arbeiten. Im Hintergrund ihrer Gedanken steht ja natürlich dies: die Amerikaner werden ihre Gastrolle in Europa einmal aufgeben, aber Rußland bleibt. Die Einheit des Reiches wird in einem sowjetischen Deutschland gesichert sein. Das erinnert ein bißchen an die Thesen um die Mitte des 19. Jahrhunderts: durch die Einheit zur Freiheit oder durch die

---

[13] Eine von Reinhold Maier vorgelegte Verordnung über eine Jugendamnestie nahm der Länderrat am 6. 8. 1946 an; sie wurde Ende September von der Militärregierung bestätigt. Sie sah die Einstellung der Entnazifizierungsverfahren gegen Jugendliche vor, die nach dem 1. 1. 1919 geboren und voraussichtlich nicht in die Kategorie der Hauptschuldigen oder Belasteten fallen würden; vgl. P. SAUER, Neubeginn, S. 151; Abdruck der „Verordnung Nr. 134 des Ministerpräsidenten: Amnestie-Verordnung zum Gesetz zur Befreiung von Nationalsozialismus und Militarismus vom 6. August 1946" in: REGIERUNGSBLATT, Nr. 18, 11. 10. 1946, S. 216.

Freiheit zur Einheit;[14] bloß ist die Kräfteverlagerung völlig eine andere. Von den innerrussischen Vorgängen, die in Deinem Brief angedeutet sind,[15] weiß man hier nichts. An sich spürt man dies eine, daß in Rußland ein ungeheuer großer Warenhunger vorhanden, der, wenn die deutsche Industrie belassen würde, dieser stärkere Chancen bieten müßte als die industrialisierte westliche Welt; doch sind die Russen, vor allem was das sächsische Gebiet anlangt, sehr intensiv im Abbau der dortigen Industrie vorangegangen, ohne daß man weiß, ob das Gemäße drüben damit angefangen werden kann. Das Groteske der Lage spricht sich mit auch darin aus, daß im Ostraum große Bahnlinien nur noch eingleisig gehen, etwa von Berlin nach Hof.

Als mich kürzlich ein amerikanischer Journalist aus Berlin, ein kluger Mann, der einiges von mir wußte, besuchte, meinte er, nur noch die Herren vom Coordination Office in Stuttgart glaubten an die Potsdamer Beschlüsse; das war wohl etwas überspitzt. Aber die Enttäuschung, daß die Zonengeschichten sich in einem Jahr versteift statt gelockert haben, ist überaus groß.[16] Gerade Dir brauche ich das nicht zu sagen, wie unendlich schwierig die wechselseitige Ergänzung des Industriebedarfs auch innerhalb der reinen Produktionssphäre ist bei der arbeits-

---

14 Diese Alternative spielte eine zentrale Rolle in den Diskussionen der Liberalen und Demokraten in der Zeit vom Vormärz über die Revolution von 1848/49 bis hin zur Reichsgründung 1870/71. Uneinigkeit herrschte darüber, ob eine freiheitliche Verfassung in Teilen des Deutschen Bundes eine Sogwirkung hin auf einen deutschen Nationalstaat entfalten oder ob eine vorweggenommene staatliche Einigung unter undemokratischen Vorzeichen letztlich eine freiheitliche Verfassung nach sich ziehen würde.

15 Im Brief heißt es dazu von Stolper: „Die inneren Schwierigkeiten in Rußland selbst scheinen enorm zu sein, und vor allem fehlt ihnen das Personal, mit dem sie ihr Weltimperium und die zahllosen neuen internationalen Organisationen bemannen können." Wie Anm. 3.

16 Die drei Siegermächte USA, Sowjetunion und Großbritannien tagten vom 17. 7. bis 2. 8. 1945 auf dem Potsdamer Cäcilienhof, um über ein gemeinsames Vorgehen hinsichtlich der Zukunft Deutschlands zu beraten. Das Abschlusskommuniqué der Potsdamer Konferenz (Potsdamer Abkommen) sah u. a. die Entmilitarisierung, Denazifizierung, Demokratisierung und wirtschaftliche und administrative Dezentralisierung Deutschlands vor, legte vorläufig die Westgrenze Polens entlang der Oder-Neiße-Linie fest und regelte die sehr umstrittene Reparationsfrage in dem Sinne, dass jede Besatzungsmacht grundsätzlich ihre Ansprüche aus ihrer Zone befriedigen sollte. Die unterschiedlichen Praktiken der Reparationsentnahme in den einzelnen Zonen, vor allem das rigide Vorgehen der sowjetischen und französischen Militärregierungen, konterkarierten letztlich den in Potsdam festgelegten Grundsatz, Deutschland als wirtschaftliche Einheit zu behandeln. Das Wirtschafts- und Ernährungssystem in Deutschland geriet somit aus dem Gleichgewicht. Auch die in Potsdam formulierte Absicht, zentrale deutsche Verwaltungsstellen einzurichten und damit die staatliche Einheit Deutschlands offen zu halten, scheiterte am französischen Veto und erwies sich ohnehin angesichts der unterschiedlichen gesellschafts- und deutschlandpolitischen Vorstellungen und Praktiken der Besatzungsmächte in ihren Zonen als Illusion. Auch Gustav Stolper äußerte gegenüber Heuss seine Bedenken, „daß jeder Tag der Verlängerung des Military Government den verschiedenen militärischen Zonen den verschiedenen Charakter der okkupierenden Mächte mehr und mehr aufprägt, so daß in wenigen Jahren ein einiges Deutschland gar nicht mehr herstellbar sein mag, weil es innerlich zu existieren aufgehört hat." Wie Anm. 3.

teiligen Differenzierung, die Deutschland in 80 Jahren Gewerbeentwicklung genommen hat. So und so viele Gebrauchsartikel kommen einfach nicht zustande, weil irgendwelche Zusatzgeschichten für den Produktionsprozeß in der russischen Zone liegen. Wir stehen vor der ewigen Gefahr von Fehlinvestierungen, indem man nun in den einzelnen Zonen kleine Industrien in Gang zu bringen suchen muß für den Eigenbedarf. Dabei leidet man noch darunter, daß an sich bereit gestellte, für den Export geeignete Waren nicht abberufen werden. In der französischen Zone, wenigstens in Teilen der feinmechanischen Schwarzwaldindustrie, hat auch schon die Demontage eingesetzt, was zu außerordentlichen Lebensschwierigkeiten führen kann. Es sind natürlich auch mit den Ausweisungen aus dem Sudetengebiet neue gewerbliche Möglichkeiten zu uns gewandert, aber die Auswertung der Menschenerfahrung setzt ein Belassen der Möglichkeiten des Werkzeugmaschinenbaus voraus.

Das ist so ein Teil der Sorgen, über die man sich Gedanken macht. Der Dienstbetrieb ist ziemlich zerrissen. Dazu kommt noch eine ungeheure private Inanspruchnahme aus ganz Deutschland, der ich nur zum geringsten Teil positiv gerecht werden kann. Die Menschen überschätzen natürlich die Möglichkeiten, die in unserer Hand liegen; da und dort kann man jemandem beruflich helfen. Eine der großen Schwierigkeiten, in denen wir stecken, ist die, daß ja die Deutschen, durch Hitler gründlich korrumpiert, der das Denunzieren zur patriotischen Pflicht erhoben hat, heute wesentlich den Kampf gegeneinander führen; die amerikanischen Herren finden das zum Teil sehr verächtlich, zum Teil halten sie es auch für ihre dienstliche Pflicht, allen solchen Anzeigen und Enthüllungen nachzugehen, und Bagatellegeschichten aus einer völlig anderen Atmosphäre, ein irgendwann einmal geschriebener Satz, eine beliebige Rede – Tonfall, werden heute zu Affären, die umständlich untersucht und interpretiert werden müssen. Das lähmt vielen guten Willen.

Vom Persönlichen wird Elly Euch ja kürzlich geschrieben haben.[17] Wir sind froh, daß Ludwig sich offenbar in Lörrach zurechtfindet; er hat auch eine kleine Wohnung in Aussicht und kann nun wohl bald seine Frau, die sich in Badenweiler erholt,[18] zu sich nehmen. Die Ernährungslage in Südbaden ist sehr schlecht. Wir hoffen sehr, daß ihm, da die Firma in Basel ihren Hauptsitz hat, bald der kleine Grenzverkehr gestattet werden wird. Es ist gut, daß er mit den Geigerschen Verwandten persönlich so vertrauensvoll steht[19]. Seine Frau soll, sobald es geht, in der Schweiz herausgefüttert werden. Mein Bruder in Chemnitz schreibt

---

[17] Schreiben ließ sich nicht ermitteln.

[18] Am 18. 6. 1946 hatte Ernst Ludwig Heuss seinen Eltern mitgeteilt, dass seine Frau eine Fehlgeburt erlitten habe; FA Heuss, Basel.

[19] Zur Beziehung von Ernst Ludwig Heuss zu der von seinem Onkel gegründeten GABA AG Basel und seiner Tätigkeit bei der Wybert GmbH in Lörrach vgl. Nr. 29, Anm. 22, Nr. 35 Anm. 19.

im allgemeinen befriedigt. Er hat, da seine Bauschule noch nicht in Gang gesetzt ist, offenbar sonst ziemlich viel zu tun.[20]

Mein Bosch-Buch, über 700 Seiten, wird zur Zeit gedruckt, und ich hoffe, eine Form zu finden, wie ich es Euch zugänglich machen kann. Ellys Buch ist im Satz; desgleichen ein Vortrag von mir „Die deutsche nationale Idee im Wandel der deutschen Geschichte". In dieser Woche soll ich das Anton-Dohrn-Buch noch druckfertig machen, daneben muß ich einen Vortrag über Staat und Kirche vorbereiten, nachdem ich vor drei Tagen die Generaldebatte über die Verfassung in einer großen Rede eingeleitet habe. Dann kommt noch Anfang der nächsten Woche eine geschichtliche Bilanz vor aus Amerika zurückgekehrten Kriegsgefangenen, und Anfang August soll ich vor französischen Studenten über den deutschen Charakter sprechen.[21] Es ist, wie Ihr seht, ein bißchen viel, zum Rezipieren kommt man kaum, und der private freundschaftliche Verkehr ist fast ganz weggesunken. Aber gesundheitlich geht es mir ordentlich. Wir sind Euch zum herzlichsten Dank verpflichtet für die fürsorgliche Betreuung. Es gibt jedes Mal Jubel und Rührung, wenn eine Sendung von Euch eintrifft. Elly hätte zwar statt der Rauchwaren lieber Fett und Zucker erhalten, ich hingegen war sehr erfreut, daß Ihr auch meines Lasters gedacht habt. Wir sollen zwar durch die Besatzungsmächte auch auf diesem Gebiet durch eine furchtbar hohe Steuer zur Tugend erzogen werden, aber ich hoffe, daß ein dünner Ausweg zum Laster schon noch

---

[20] Schreiben von Hermann Heuss an Heuss ließen sich nicht ermitteln. Seit 1919 lehrte Hermann Heuss an den Technischen Lehranstalten Chemnitz das Fach Hochbau. Wegen Kriegszerstörungen blieben die Lehranstalten nach 1945 zunächst geschlossen, so dass Hermann Heuss an der städtischen Oberschule unterrichtete. Außerdem beteiligte er sich an einem Wettbewerb für den Wiederaufbau der Chemnitzer Innenstadt und beriet als Mitglied eines Architektenbeirats das Stadtplanungsamt bei wichtigen Projekten des Städtebaus. Nach der Wiederaufnahme des Lehrbetriebs an den Technischen Lehranstalten Chemnitz im Frühjahr 1947 leitete Hermann Heuss die Ingenieursschule für Bauwesen; vgl. B. SOMMER, Hermann Heuss, S. 83, 92f.

[21] TH. HEUSS, Robert Bosch, vgl. auch Nr. 1, Anm. 7, Nr. 5; E. HEUSS-KNAPP, Wege, vgl. auch Nr. 27, Nr. 29. – Gemeint ist ein Vortrag am 27. 5. 1946, den Heuss vor Studenten der Universität Tübingen im Rahmen der Vortragsreihe „Besinnung" hielt; THEODOR HEUSS: Die deutsche Nationalidee im Wandel der Geschichte, Stuttgart 1946. – TH. HEUSS, Anton Dohrn [^{2}1948], vgl. auch Nr. 138. – Heuss hielt am 25. 7. 1946 vor der Evangelischen Akademie in Bad Boll einen Vortrag über „Staat, Kirche, Schule – Begegnung in gemeinsamer Verantwortung"; Redenotizen in: BArch, N 1221, 27. Zudem sprach Heuss am 24. und 25. 9. 1946 in der neunten und zehnten Sitzung der Verfassunggebenden Landesversammlung zum Thema Staat und Kirche bzw. Schule, Staat und Bekenntnis; vgl. QUELLEN, 3. Teil, S. 320–328, 360–364. – In der zweiten Sitzung der Verfassunggebenden Landesversammlung am 18. 7. 1946 stand die allgemeine Aussprache über den Vorentwurf der Verfassung auf der Tagesordnung, in der sich auch Heuss mit einem Redebeitrag zu Wort meldete; ebd., 2. Teil, S. 37–53. – Am 1. 8. 1946 hielt Heuss auf einem Treffen der Prisoners of War in Comburg eine „Bilanz einer Zeit"; hs. Redenkalender, in: FA Heuss, Basel, Redenotizen ließen sich nicht ermitteln. – Eine Rede vor französischen Studenten Anfang August 1946 ließ sich nicht nachweisen.

bleibt und wenn man wieder anfängt, die Zigarrenstummel zu Rauchtabak zu zerschneiden.[22]

Wir haben uns sehr gefreut, daß die Nachrichten von den Kindern gut sind. Mit Ernstle[23] wollen wir einmal entweder beide oder Elly allein zusammenkommen, sobald sich die Arbeitslage etwas gelockert hat.

Mit vielen guten Grüßen an Euch alle in herzlicher und dankbarer Verbundenheit
Euer [Theodor Heuss]

Nr. 42
An Dr. Ernst Ludwig Heuss und Hanne Heuss, [Lörrach]
30. Juli 1946; Stuttgart-Degerloch, Löwenstraße 86

FA Heuss, Basel: hs. Schreiben, behändigte Ausfertigung; Kopfbogen: „Theodor Heuss"
Glückwünsche zum ersten Hochzeitstag; Arbeitsbelastung; Urlaubspläne

Liebe Hanne, lieber Ludwig,

zur ersten Wiederkehr Eures Hochzeitstages und zu dem Geburtstage[1] sende ich Euch viele herzliche Wünsche. Das Jahr war voll von Schwierigkeiten, Hoffnungen, Enttäuschungen, sah Erfolge und sah Mißgeschicke. Das ist in solcher Zeit nicht anders zu erwarten, u. man muß sehen, mit beidem, dem Guten und dem Schlimmen, auf eine ordentliche Weise fertig zu werden. Ich hoffe vor allem, daß Hanne sich völlig erholt hat u. daß sie nun mit Maß, also nicht mit Ungestüm, daran geht, in den Neuaufbau Eures Lebens die beschauliche Ordnung zu bringen, die nach der Unrast eine Quelle der Kraft bleibt.[2]

Freilich, wenn ich so über Lebensführung philosophiere, komme ich mir fast etwas deplaziert vor, denn das eigene Leben blieb und bleibt voll vom Durcheinander sich hetzender Pflichten. Heute freilich gibt es eine Pause; ich sitze mit verbundenem Kopf zu Hause, wie aus einem alten Jahrgang der Fliegenden Blätter[3] beurlaubt: eine Wurzelherdentzündung soll ihren Eiter entlassen, bevor

---

22 Vgl. Nr. 52.

23 Ernst Stolper.

1 Hanne Elsas und Ernst Ludwig Heuss hatten am 4. 8. 1945 in Berlin geheiratet; vgl. Nr. 8, Anm. 9. Ernst Ludwig Heuss wurde am 5. 8. 1910 geboren.

2 Zum Schicksal von Hanne Elsas vgl. Nr. 8, Anm. 11; auch Nr. 41, Anm. 18.

3 Von 1844 bis 1944 erschien in München die humoristische, reich illustrierte deutsche Wochenschrift „Fliegende Blätter". Geschätzt wurde das Blatt vor allem wegen seiner satirischen Charakterisierung des deutschen Bürgertums.

wir am Freitag für zehn Tage nach Kressermühle[4] bei Leutkirch (Diepoldshofen) fahren. Das hat man für uns ausgemacht. Ich will, wenn das Wetter gut, brav zeichnen u. ein paar Sachen schreiben, zu denen ich hier nicht komme (Fr. Ebert für das Volksschullesebuch und ähnliches).[5]

Zur Erledigung der geschäftl[ichen] Dinge bin ich leider noch nicht gekommen, wie wohl Lotti[6] Samst[a]g Nachm[ittag] u. Sonntag früh hier ist. Die Post wächst immer noch an – jetzt hat sich auch Dirksen gemeldet, u. viele alte Schüler schreiben.

Die Mutter Elsas ist jetzt hier, durch Rotes Kreuz herausgekommen – ich sah sie noch nicht.[7] Die Mutter Heuss seit gestern in Bad Boll, zu einem Vortrag, wird wohl heute Abend oder morgen früh zurückkommen.[8]

Ich bin jetzt nebenher dabei, das Schlußkapitel für den Dohrn neu zu schreiben, nachdem in voriger Woche das Material von Neapel eintraf.[9]

Mit vielen herzlichen Grüßen
Euer Vater Theodor Heuss

---

[4] Eine Kressermühle ließ sich bei Diepoldshofen und Leutkirch nicht ermitteln. Eventuell gemeint die Größer-Mühle in Diepoldshofen, die von den zwanziger Jahren bis 1968 auch eine Pension betrieb; vgl. M. THIERER, Gemeinden, Abb. 82f.

[5] THEODOR HEUSS: Friedrich Ebert, in: Lesebuch für die Volksschulen, hg. v. Kultministerium für Nordwürttemberg und Nordbaden, Bd. 4: 7. und 8. Schuljahr, Stuttgart/Karlsruhe 1946, S. 137–143.

[6] Charlotte Kaempffer, langjährige Sekretärin von Heuss.

[7] Marie Elsas lebte nach ihrer Befreiung aus dem Gefängnis Moabit zunächst noch eine zeitlang in Berlin; vgl. auch Nr. 6, Anm. 8.

[8] Heuss-Knapp referierte am 30. 7. 1946 im Kurhaus Bad Boll, dem Domizil der Evangelischen Akademie, anlässlich der „Tage der Stille und Besinnung für Lehrer und Lehrerinnen" über das Thema „Was kann die Schule vom Elternhaus erwarten?" Freundliche Auskunft von Armin Roether von der Evangelischen Akademie Bad Boll.

[9] In einem Schreiben an Reinhard Dohrn vom 9. 5. 1946 hatte Heuss um einige Materialien für den Neudruck der Dohrn-Biographie gebeten, die Dohrn ihm dann am 11. 7. 1946 zusagte; BSB, Ana 525, Be; DLA, A: Heuss, 73.4583.

Nr. 43
An Prof. Dr. Otto Schmitt, Stuttgart
30. Juli 1946; Stuttgart-Nord, Dillmannstraße 3
UAS, 122, 2: ms. Schreiben, behändigte Ausfertigung; Kopfbogen: „Kultministerium Kultminister Dr. Th. Heuss“[1]
Aufbau der Allgemeinen Abteilung in der Technischen Hochschule Stuttgart

Verehrter Herr Professor!

Es würde mir sehr lieb sein, wenn wir uns vielleicht gemeinsam mit Herrn Dr. Rupp bald einmal über das Schicksal der „Allgemeinen Abteilung“ unterhalten könnten.[2] Ich hatte im Frühjahr die programmatische Vorstellung, daß wir hier etwas Ordentliches aufbauen könnten,[3] und ich bin dankbar genug, daß Sie nun Ihre Erkrankung gut hinter sich gebracht haben. Aber Sie sind, soweit ich sehe, auch der einzige, der nun mit Tatkraft und Übersicht aus dem Rahmen der Hochschule selber an diese Fragen herangehen könnte. Wollen Sie sich doch bitte diese meine Sorge, die auch Ihre Sorge ist, durch den Kopf gehen lassen. Wie wird es mit dem Historiker,[4] dem Philosophen, dem Literar-Historiker, dem Sozialethiker, wie würde es mit der Entwicklung der wirtschaftswissenschaftlichen Dinge?

Ich schreibe diese Zeilen, obwohl ich gleichzeitig mitteilen muß, daß ich zunächst 8 Tage verreisen will. Ich spüre, es ist auch für mich notwendig, ehe die Endauseinandersetzung um die Verfassung kommt, einmal 8 Tag lang vom Betrieb fern zu sein.

Mit freundlichen Grüßen
Ihr ergebener Theodor Heuss

---

1 Unter Datum Vermerk: „A[bteilung]“.

2 Mit der Allgemeinen Abteilung ist die Abteilung für Geisteswissenschaften und Bildungsfächer an der TH Stuttgart gemeint. Im Zuge der Entnazifizierung konnten die Lehrstühle für Deutsche Literatur und Geschichte zunächst nicht besetzt werden. In einer Denkschrift an den Ministerialrat im Kultusministerium, Hans Rupp, vom 20. 5. 1947 setzte sich Schmitt mit dieser personellen Situation auseinander und schlug den Ausbau der Abteilung vor, u. a. durch ein Extraordinariat für Philosophie und ein Ordinariat für Betriebswirtschaftslehre; UAS, 17, 450.

3 Heuss hielt zur Eröffnung der TH Stuttgart am 23. 2. 1946 eine Ansprache, in der er u. a. die zentrale Bedeutung der Allgemeinen Abteilung betonte und vor einer zu starken Spezialisierung der technischen Wissenschaften warnte: „Wenn ich vorhin von der zentralen Bedeutung der ‚Allgemeinen Abteilung‘ sprach, so dachte ich an dies, daß auch an dieser Schule die jungen Menschen von den Bildungskräften der *Religion*, der *Kunst*, der *Geschichte* mitgeformt werden sollen und dies nicht in einem läßlichen, beiläufigen Sinn [...], sondern daß man begreift, daß der Fachmensch, der tüchtig sein soll, verarmt, wenn er sich vom anderen nicht mitnähren läßt.“ ANSPRACHEN, S. 20–26, hier S. 24.

4 Unterstrichen vom Empfänger: „Historiker“, „Philosophen“, „Literar-Historiker“, „Sozialethiker“, „wirtschaftswissenschaftlichen“.

Nr. 44
An Berthold Mitte, Hamburg
13. August 1946; [Stuttgart]
BArch, N 1221, 98: ms. Schreiben, Durchschlag[1]
Beurteilung von Wilhelm Stapel

Sehr geehrter Herr,

die Beantwortung Ihres Briefes, in dem Sie bei mir wegen einer Beurteilung der literarischen und politischen Erscheinung von Dr. Wilhelm *Stapel* anfragen,[2] hat sich verzögert, weil ich verreist gewesen bin.

Ich kenne Herrn Dr. Stapel literarisch seit einigen Jahrzehnten, zumal er als junger Schriftsteller in der damals von mir redigierten Wochenschrift Friedrich Naumanns „Die Hilfe" gelegentlich geschrieben hat.[3] Auch unsere gemeinsame Mitarbeit bei der Zeitschrift „Der Kunstwart" von Avenarius war eine Stelle, wo wir uns literarisch begegneten und wohl auch gegenseitig beobachteten.[4]

Ich habe in der Zeit nach dem Weltkrieg dann Stapels publizistische Tätigkeit als Herausgeber der Zeitschrift „Deutsches Volkstum" verfolgt.[5] Ich bin mit seiner politischen Stellungnahme oft genug nicht einverstanden gewesen. Wir haben vom gemeinsamen Ausgangspunkt, der wohl für ihn wie für mich in der Nähe von Friedrich Naumann lag, eine verschiedene Entwicklung genommen;[6] aber

---

1 Druck: H. KESSLER, Wilhelm Stapel, S. 257–258; weiterer Nachweis: DLA, A: Stapel: ms. Schreiben, Durchschlag.

2 Ein Brief Mittes an Heuss ließ sich nicht ermitteln. Stapel hatte aber Heuss am 31. 7. 1946 mitgeteilt, dass er von den britischen Militärbehörden seiner Aufgabe als Lektor bei der Hanseatischen Verlagsanstalt enthoben worden sei. Sein Rechtsanwalt Mitte habe ihm geraten, zur Klärung der Angelegenheit Beurteilungen über ihn von bekannten Persönlichkeiten einholen zu lassen, woraufhin der Anwalt sich an Heuss wandte; BArch, N 1221, 98. Heuss schickte einen Durchschlag seiner Antwort an Mitte auch Stapel; Heuss an Stapel, 14. 8. 1946, in: DLA, A: Stapel.

3 So z. B. WILHELM STAPEL: Der Trugschluß der Gegner des gleichen Wahlrechts, in: Die Hilfe 14, Nr. 18, 3. 5. 1908, S. 291; DERS.: Ferdinand Avenarius. Zum Kunstwartjubiläum, in: ebd. 18, Nr. 41, 10. 10. 1912, S. 651–653. Zu Heuss' Tätigkeit bei der Zeitschrift „Die Hilfe" vgl. Nr. 31, Anm. 3.

4 Seit 1908 schrieb Heuss auf Anfrage von Ferdinand Avenarius gelegentlich Artikel in der von diesem 1887 gegründeten Zeitschrift „Der Kunstwart", deren kulturpädagogischer Ansatz Heuss beeinflusst hatte; vgl. R. BURGER, Theodor Heuss, S. 100–102. Stapel war von 1911 bis 1916 Redakteur beim „Kunstwart"; vgl. H. KESSLER, Wilhelm Stapel, S. 17–20, 29.

5 Stapel war seit 1918 Herausgeber der Monatsschrift „Deutsches Volkstum", die er zu einem führenden Organ des deutschen Protestantismus und der Konservativen Revolution machte, bis er das Erscheinen der Zeitschrift 1938 einstellen musste; vgl. ebd., S. 210–212.

6 Naumann und dessen Schriften beeindruckten den Primaner Stapel so sehr, dass seine publizistische Karriere zunächst unter linksliberalen Vorzeichen stand. Erst mit seiner dezidierten Abwendung von der parlamentarischen Demokratie zu Beginn der Weimarer Republik brach er mit der nationaldemokratischen Gedankenwelt Naumanns; vgl. ebd., S. 15, 54. Auf die gemein-

wir haben wohl beide immer den Anspruch erhoben, nicht in irgendein Partei-cliché gepreßt zu werden, sondern eine selbständige individuelle Stellungnahme zu den geistigen und politischen Ereignissen wie zu den geschichtlichen Vergangenheiten zu finden und zu verantworten. Mir ist die literarische Begegnung mit Stapel, auch wo der Standpunkt von dem meinen abwich, gerade um deswillen immer wichtig geblieben, weil seine gescheite, auf das Paradoxe zustrebende Erfassung der Probleme den Zwang in sich schloß, die eigene Position eh und je zu überdenken und geistig zu sichern. Die Bücher, die Stapel geschrieben hat, kenne ich nur zum Teil, verdanke aber seiner volksbürgerlichen Erziehung starke Anregungen, schätze seine kleinen Sammlungen „Stapeleien" und sehe in seinem Buch über die drei Stände eine wichtige selbständige Arbeit, die Problematik der Strukturwandlung des Volkes in großer Form zu unternehmen.[7]

Über die Frage, ob und wie sich Stapel politisch-organisatorisch verhalten hat, kann ich nichts aussagen. Ich glaube, daß seine geistige Vorarbeit für den Versuch der volkskonservativen Gruppe, eine ideologische Basis zu gewinnen, sehr entscheidungsvoll gewesen ist.[8] Wahrscheinlich ist er parteipolitisch überhaupt nie organisiert gewesen;[9] da er ein Mann ist, der aus dem fruchtbaren Widerspruch lebt, hat er die Schwächen der weimarer Republik pointiert. Er würde nach dem inneren Gesetz seiner Natur die Haltung des Nationalsozialismus vermutlich in gleicher Weise öffentlich herausgearbeitet haben, wenn das nun eben noch publizistisch-technisch möglich gewesen wäre.

In persönliche Beziehung bin ich zu Stapel wohl im Jahr 1937/38 gekommen, als er meine Biographie über Friedrich Naumann durch einen großen Aufsatz im

---

same politische Herkunft weist auch Stapel in einer Würdigung von Heuss hin: „Ich wurde, gleich Ihnen, ein ‚Naumannianer'. [...] Sie und ich gingen nach Naumanns Tod verschiedene Wege. Aber als wir uns 1940 persönlich begegneten, erwies sich, daß der geistige Zusammenhang zwischen dem Volksliberalen und dem Volkskonservativen keineswegs zerstört war." H. BOTT / H. LEINS, Begegnungen, S. 242.

7 WILHELM STAPEL: Stapeleien, Hamburg 1939; DERS.: Die drei Stände. Versuch einer Morphologie des deutschen Volkes, Hamburg 1941.

8 Nach Auseinandersetzungen über den Kurs der DNVP, den deren Vorsitzender Hugenberg in der Fundamentalopposition gegen die Weimarer Republik sah, spaltete sich Ende 1929 ein Teil der Reichstagsfraktion unter Treviranus ab und organisierte sich als Volkskonservative Vereinigung. Ihr schloss sich ein Teil der zweiten Sezession von der DNVP im Juli 1930 unter Graf von Westarp an, aus der die Konservative Volkspartei hervorging, welche die Regierung Heinrich Brüning unterstützte; vgl. auch zur weiteren Entwicklung FR. FREIHERR HILLER VON GAERTRINGEN, Deutschnationale Volkspartei, S. 544–553; E. JONAS, Volkskonservativen.

9 Während der Weimarer Republik stand Stapel den Volkskonservativen nahe, ohne sich parteipolitisch zu binden; vgl. H. KESSLER, Wilhelm Stapel, S. 237. – Auch nach 1933 war er nicht NSDAP-Mitglied, sympathisierte aber mit der Partei. Der SS gehörte er wahrscheinlich als Fördermitglied an. Darüber hinaus arbeitete Stapel in der „Forschungsabteilung Judenfrage" des „Reichsinstituts für Geschichte des neuen Deutschlands", in die ihn dessen Präsident Walter Frank 1936 berufen hatte; vgl. O. SCHMALZ, Kirchenpolitik, S. 94–96.

„Deutschen Volkstum“ gewürdigt hatte.[10] Im Zusammenhang mit dieser Arbeit ergab sich ein Briefwechsel, der die Jahre hindurch manchmal in knappen, manchmal in längeren Abständen gegangen ist.[11] Eine persönliche Begegnung hat nur ein Mal stattgefunden, als Stapel anläßlich eines berliner Besuches, es mag um 1940 herum gewesen sein, einen Abend bei mir zubrachte und wir uns in unseren Sorgen über das deutsche Staatenschicksal sehr nahe kamen.[12] Es sind neben der Sorge um das Verspielen der außenpolitischen Lage Deutschlands, die Stapel wohl schon frühe kommen sah, vor allem seine Auffassungen über die Sendung des Christentums in der Welt und die Formung des deutschen Menschen durch das Christentum, die ihn zu einem vertieften Gegensatz zur Rosenbergschen Weltanschauung bringen mußten, wie er vorher im Kampf gegen großstädtisch-entwurzelten Libertinismus gestanden hatte.[13]

Ich hoffe, daß diese Bemerkungen Ihnen in irgendwie tunlich sind. Ich würde es für einen absoluten Verlust für die Farbigkeit der deutschen Publizistik halten, wenn Stapels Möglichkeiten beschränkt würden. Sein lebhafter und selbständiger Individualismus (vielleicht würde er selber diese Charakteristik ablehnen) scheint mir gerade auch heute für die Selbstüberprüfung der deutschen geistigen Möglichkeiten wichtig, ja notwendig zu sein.

Mit freundlicher Empfehlung
Ihr sehr ergebener [Theodor Heuss]

---

[10] Deutsches Volkstum. Monatsschrift für das deutsche Geistesleben, 20 (1938), H. 6, Juni, S. 380–387.

[11] Der Briefwechsel setzt im Frühjahr 1938 ein, vor allem als Heuss seine Naumann-Biographie gegenüber der zum Teil kritischen Rezension Stapels verteidigte; Heuss an Stapel, 6. 6. 1938, in: DLA, A: Stapel.

[12] Das Treffen fand am 9. 1. 1940 in der Berliner Wohnung von Heuss statt; Heuss an Stapel, 3. 1., 4. 1., 13. 1. 1940, in: ebd.

[13] Stapel sah den Ausbruch des Zweiten Weltkrieges als ein deutsches und europäisches Verhängnis an; vgl. H. KESSLER, Wilhelm Stapel, S. 220–224. – In der Lehre vom „Volksnomos“ führte Stapel den Volksgedanken mit dem Christentum zusammen; vgl. O. SCHMALZ, Kirchenpolitik, S. 62–69. – Stapels wohlwollende, ethisch-christliche Umdeutung des Hauptwerks von Alfred Rosenberg (Der Mythus des 20. Jahrhunderts. Eine Wertung der seelisch-geistigen Gestaltungskämpfe unserer Zeit, München 1930) rief eine scharfe Erwiderung des Autors hervor. Zudem lancierte Rosenberg 1937 in den „Nationalsozialistischen Monatsheften“ einen Angriff auf Stapels Schrift „Die literarische Vorherrschaft der Juden in Deutschland 1918–1933“, aus dem die Kritik eines rassisch begründeten Antisemitismus an einem ethnisch und kulturell argumentierenden Antisemitismus sprach. Rosenberg gelang es schließlich, Stapel auch im „Reichsinstitut für Geschichte des neuen Deutschlands“ kaltzustellen; vgl. H. KESSLER, Wilhelm Stapel, S. 192–194, 213; W. KLEINHORST, Wilhelm Stapel, S. 218–212; O. SCHMALZ, Kirchenpolitik, S. 82–85.

Nr. 45
An den Rainer Wunderlich Verlag, z. Hd. Dr. Eugen Haendle, Tübingen
13. August 1946; [Stuttgart]
BArch, N 1221, 514: ms. Schreiben, Durchschlag
Kritik an politischen Bedenken wegen eines Neudrucks der Naumann-Biographie

Sehr geehrter Herr Dr. Haendle,

Ihren Brief in Sachen Dohrn-Naumann[1] habe ich bei der Rückkehr von meinem kurzen Ferienaufenthalt vorgefunden. Die Sache mit Dohrn ist so, daß ich, wie ich Herrn Leins neulich mitteilte, ein zweites Vorwort und eine starke Erweiterung des Nachwortes geschrieben habe,[2] die ich aber zunächst wegen der Kontrolle der Richtigkeit der Daten an den ältesten Sohn Dohrn bei Nürnberg und an die Zoologische Station in Neapel geschickt habe.[3] Leider hat mir die Zensur heute das Schreiben nach Neapel wieder zurückgesandt, da es geschäftlich sei. Ich weiß nun natürlich nicht, wie ich den Zensor überzeugen soll, der für mich nicht greifbar, daß[4] es sich um wissenschaftliche Kontrolle handelt. Es wird ja mit dem Setzen nicht so schnell gehen. Die Erweiterung setzt ja erst bei Seite 190 ein und umfaßt vielleicht drei bis vier Seiten. Es ist auch für den Anhang noch etwas eingeschoben.

Ziemlich erstaunt bin ich, daß nun vom Verlag aus Bedenken gegen den Neudruck des Naumannbuches erhoben werden. Es sind über zwei Jahre her, daß Herr Leins bei mir mit dem Wunsch sich meldete, den Naumann neu herausgeben zu können.[5] Ich habe damals das Verlagsrecht bei der Deutschen Verlagsanstalt zu diesem Zweck freigemacht,[6] und es ist nicht zuletzt dieser Vorschlag von Herrn Leins der Anlaß gewesen, daß ich ihm das Boschbuch, um das sich ja viele Verlage bewarben, übergab, wie auch das Dohrnbuch, weil es für mich, von der persönlichen Freundschaft mit Herrn Leins ganz abgesehen, einen Reiz hatte, diese großen Biographien in einem Verlag beisammen zu haben. Daß Sie nun sachlich-politische

1 Haendle an Heuss, 8. 8. 1946, in: BArch, N 1221, 514.
2 TH. HEUSS, Anton Dohrn, [^{2}1948], S. 9–11 (2. Vorwort zum Neudruck), S. 392–399 (Erweiterung des Nachworts); die Mitteilung an Leins ließ sich nicht ermitteln.
3 Heuss an Reinhard Dohrn, 31. 7. 1946, in: DLA, A: Heuss, 73.4557. Der Brief von Heuss an den ältesten Sohn von Anton Dohrn, Boguslav, ließ sich nicht ermitteln, stattdessen die beiden Antwortschreiben mit Korrekturen und Bemerkungen zum Nachwort; Boguslav Dohrn an Heuss, 7. 8. und 12. 8. 1946, in: DLA, A: Heuss, 73.4577-4579.
4 In der Vorlage: „da".
5 Ein Schreiben, in dem Hermann Leins diesen Wunsch äußerte, ließ sich nicht ermitteln. Im Februar 1944 erhielt er aber von Heuss die Naumann-Biographie zur Lektüre, und im folgenden Sommer hatte die DVA bereits das Verlagsrecht an dem Buch dem Rainer Wunderlich Verlag übertragen; Leins an Heuss, 22. 2. und 2. 8. 1944, in: BArch, N 1221, 514.
6 Deutsche Verlags-Anstalt an Heuss, 18. 7. 1944, in: BArch, N 1221, 513.

Bedenken melden, gerade über Naumanns Stellung im letzten Weltkrieg, ist mir völlig unverständlich.[7] Man kann sich überlegen, ob man Naumann, der unzweifelhaft in seiner Entwicklungszeit als Imperialist anzusprechen ist, heute zeigen soll. Aber wenn man an sich solche Erscheinungen nicht mehr dem deutschen Volk zeigen will, dann verzichtet man überhaupt auf wissenschaftlich zu verantwortende Geschichtsdarstellungen. Daß aber Naumanns Haltung während des Weltkrieges heute wohl „auf das schärfste angegriffen" werden könnte, ist mir vollkommen unklar, da die Alldeutschen, die ihn angegriffen haben und angreifen könnten, publizistisch ja gar nicht existent sind.[8] Wieso Naumann gerade in der französischen Zone nicht erscheinen könnte, ist umso unverständlicher, als seine Kriegsbroschüre „Deutschland und Frankreich" voll mit Liebeserklärungen an Frankreich ist.[9] Er selber lag in seiner Entwicklung, was für einen halbwegs aufmerksamen Leser unverkennbar ist, primitiv gesprochen, pro-französisch und anti-englisch. Ein bedeutender amerikanischer Journalist von der New York Times, der das Buch las, als ich wegen der Zeitungslizenz „überprüft" wurde, war von dem Buch sehr eingenommen, vor allem erstaunt, daß ein solches Buch im dritten Reich in seiner Freimütigkeit geschrieben werden konnte.[10]

Ich für meine Person halte das Naumannbuch für das Wichtigste, was ich je geschrieben habe und das ich je schreiben werde; denn es gibt im Rahmen einer

---

[7] „Gegen die Neuauflage des Naumann-Buches", so Haendle gegenüber Heuss, „habe ich die größten Bedenken. Ich habe zwar seine Durchsicht bereits vor einiger Zeit begonnen, hatte dann aber doch sehr stark den Eindruck, daß eine Veröffentlichung mindestens im französischen Gebiet wohl größten Schwierigkeiten begegnen würde, denn man darf doch nicht übergehen, daß Naumann während des [Ersten] Weltkrieges eine Haltung eingenommen hat, die heute wohl doch auf das Schwerste angegriffen wird. Ich fürchte, daß daran auch ein historisches Nachwort und ein zweites Vorwort nicht sehr viel ändern würden." Auch Leins plädiere dafür, das Erscheinen des Buches zunächst zurückzustellen; wie Anm. 1.

[8] Der Alldeutsche Verband (bis 1894 Allgemeiner Deutscher Verband) wurde 1891 unter der Federführung von Alfred Hugenberg und Carl Peters gegründet. Der Verband gehörte im Kaiserreich zu den aggressiven Befürwortern eines extremen, auch rassischen Nationalismus sowie einer imperialistischen Machtpolitik. 1939 wurde er verboten. Auch Naumann vertrat unter dem Einfluss Max Webers einen mitunter schroffen nationalen Imperialismus, verband diesen aber im Gegensatz zu den Alldeutschen mit einem sozialstaatlich erneuerten und demokratischen Liberalismus und propagierte eine Annäherung an die Sozialdemokratie. Im Ersten Weltkrieg kritisierte der Alldeutsche Verband das Mitteleuropakonzept Naumanns; vgl. M. PETERS, Alldeutsche Verband, S. 302–315; P. THEINER, Liberalismus, vor allem S. 70–78, 245.

[9] FRIEDRICH NAUMANN: Deutschland und Frankreich, Stuttgart/Berlin 1914. Naumann hielt die Konfrontation mit dem französischen Nachbarn, dem er die Schuld für den Ausbruch des Krieges gab, für überflüssig und trat für eine zügige Verständigung ein, um Spielraum für die deutsche Großmachtpolitik zu gewinnen; vgl. PH. ALEXANDRE, Friedrich Naumann, S. 23–28.

[10] Gemeint ist der amerikanische Besatzungsoffizier Shepard Stone, der sich im Spätsommer 1945 im Zuge des Lizenzierungsverfahrens für die „Rhein-Neckar-Zeitung" als einer der Fürsprecher von Heuss erwies. Er betonte in seinen Ausführungen u. a. nachdrücklich, dass die Naumann-Biographie Ausdruck der demokratischen Gesinnung von Heuss sei; vgl. R. BURGER, Theodor Heuss, S. 410f; zur Überprüfung von Heuss vgl. Nr. 7, Anm. 2.

Biographie ein Stück deutscher Geschichte, das nach 1918 weitgehend nur in den Verzerrungen von rechts und von links gezeigt wurde. Wenn der Sinn wahrhaftiger Geschichtsauffassung in der kommenden Generation in irgend gepflegt werden soll, dann kann das – ich sage das mit vollem Selbstbewußtsein – nur in einer Form und Gesinnung geschehen, wie ich sie in dem Buch zu geben versuchte. Herr Leins hat mir seiner Zeit den Vorschlag gemacht, das Buch eventuell umzuarbeiten, weil es doch in der Zeit des Nationalsozialismus geformt wurde.[11] Ich habe das, von Zeitgründen abgesehen, abgelehnt, um nicht in den Verdacht zu kommen, als ob ich die Leistung sachlich oder inhaltlich desavouieren und umtönen wollte.[12] Da Herr Leins das Naumannbuch seiner Zeit als das ihm selber am wichtigsten bezeichnet hat, habe ich den vielen Leuten, die immer wieder danach fragen, erzählt, das Buch werde wiederkommen. Das ist natürlich kein Grund, daß es kommen muß. Aber ich will nicht verschweigen, daß mich Ihre Stellungnahme einigermaßen überrascht. Natürlich bin ich zu einer Besprechung mit Ihnen und Herrn Leins gern bereit. Der Zeitpunkt ist bei meiner wahnsinnigen Inanspruchnahme immer eine schwierige Frage. Ich muß am nächsten Samstag in Ebingen sprechen[13] und könnte eventuell auf der Hinfahrt oder auf der Rückfahrt darüber mit Ihnen konferieren, wenn sich die Sache nicht anläßlich eines Besuches hier von Ihnen oder Herrn Leins erledigen läßt.[14]

Mit bester Empfehlung
Ihr [Theodor Heuss]

Nr. 46
Bescheinigung für Dr. Nora Senn, [Heidelberg]
13. August 1946; Stuttgart-Nord, Dillmannstraße 3

GLAK, 465a/59/3/5328: ms. Schreiben, behändigte Ausfertigung, ohne Anrede und Grußformel; Kopfbogen: „Kultministerium"[1]

Empfehlung für die weitere Verwendung im Schuldienst

Fräulein Dr. Nora *Senn*, Studienrätin an der Hedwig-Schule zu Schwetzingen, ist mir, da sie die Tochter einer Base ist, seit ihrer Kindheit nahe bekannt. Sie hat

---

11 Dokumente zu diesem Vorschlag ließen sich nicht ermitteln.

12 Vgl. auch Nr. 3.

13 Heuss sprach nicht am 17. 8. 1946, sondern erst am 31. 8. in Ebingen anlässlich der Gemeindewahlen in Württemberg-Hohenzollern vom 15. 9. 1946; Redenkalender, in: BArch, N 1221, 684.

14 Heuss schickte Leins einen Durchschlag des Schreibens an Haendle; Heuss an Leins, 13. 8. 1946, in: BArch, N 1221, 514.

1 Weiterer Nachweis: BArch, N 1221, 97: ms. Schreiben, Durchschlag.

ihr Studium mit Unterbrechungen unter den schwierigsten äußeren Verhältnissen absolviert. Von Anbeginn lag auf ihr die Verpflichtung, ihre alleinstehende, durch die Inflation jedes Rückhaltes beraubte Mutter zu unterstützen. Einzig aus diesem Grunde ist sie, um eine ständige Stellung im Schulberuf zu erhalten, im Jahr 1938 der NSDAP beigetreten. Die Anwärter standen ja damals unter dem starken Druck, daß ihre feste Anstellung von der Parteimitgliedschaft abhängig gemacht wurde.

Ich habe in all den Jahren immer in Fühlung mit Dr. Nora *Senn* gestanden, zumal in den letzten Jahren, die ich selber in Heidelberg zugebracht habe.[2] Ich weiß aus vielerlei Gesprächen, daß sie von Anbeginn unter dem Entschluß, Pg. zu sein, gelitten hat, der ihrer Familientradition wie ihrer persönlichen Gesinnung widersprach. Ich bin fest davon überzeugt, daß sie ihren Lehrberuf, dem sie mit ihrem Pflichtgefühl anhängt, nie dazu mißbraucht hat, irgendetwas Parteigefälliges auf die Kinder loszulassen, sondern daß sie eher im Gegenteil die Schüler zu einer ihrer eigenen Natur entsprechenden nüchternen, wahrhaftigen Beurteilung der Dinge anhielt. Das proletarische Gerede des Nationalsozialismus wie der Mißbrauch der Naturwissenschaft zu „weltanschaulichen" Konsequenzen ist von ihr immer abgelehnt worden. Ich würde auch annehmen, daß aus ihrem Schülerkreis leicht Bekundungen zu erreichen sind, daß sie nie nationalsozialistische Erziehung betreiben wollte oder betrieben hat.

Ich glaube mich auf Grund einer sehr langjährigen genauen menschlichen Kenntnis persönlich dafür verbürgen zu dürfen, daß Dr. Nora *Senn* dem Neuaufbau des deutschen Schulwesens mit innerer Freiheit in demokratisch humaner und sachlich pädagogischer Gesinnung dienen wird.[3]

[Theodor Heuss]

---

2 Seit Herbst 1943 lebte Heuss in Heidelberg; vgl. Nr. 2, Anm. 3.

3 Eine Bescheinigung ähnlichen Inhalts hatte Heuss bereits am 4. 10. 1945 für Nora Senn, seine Nichte, verfasst; BArch, N 1221, 97. Nachdem Senn am 13. 12. 1946 im Spruchkammerverfahren als Mitläuferin eingestuft wurde (Spruchkammerakte in: GLAK, 465a/59/3/5328), wandte sich Heuss in zwei Schreiben an die US-Militärregierung, um die Wiedereinstellung Senns in den Schuldienst zu beschleunigen; Heuss an Bodeman, 27. 12. 1946, in: BArch, N 1221, 97; Heuss an Bodeman, 18. 3. 1947, in: HStAS, RG 260 OMGWB, 12/9-2/5. Schließlich verwandte sich Heuss beim Landesdirektorium für Kultus und Unterricht in Karlsruhe für seine Nichte, damit diese wieder in das Beamtenverhältnis übernommen und von einer Schule in Eberbach zurück an ihre bisherige Schule in Heidelberg versetzt werde; Heuss an Regierungsdirektor Dietrich, 8. 6. 1948, in: BArch, N 1221, 97; vgl. auch Heuss an Senn, 18. 6. 1948, in: ebd.

Nr. 47
An das Stadtplanungsamt, Abteilung Baupolizei, Stuttgart-West
21. August 1946; [Stuttgart-Nord, Dillmannstraße 3]
HStAS, EA 3/203, 273: ms. Schreiben, Durchschlag, ohne Anrede und Grußformel; ms. Briefkopf: „Kultminister Dr. Th. Heuss“
Befürwortung eines Baugesuchs von Hugo Borst für das Künstlerhaus Sonnenhalde

Betrifft: Haus Sonnenhalde, Gähkopf 3

Zu dem Baugesuch, das Herr Hugo *Borst* durch Herrn Architekt Kiemle für das Künstlerhaus Sonnenhalde, Gähkopf 3, einreichen ließ,[1] erlaube ich mir, einige Bemerkungen zu machen.

Ich kenne die Leistungen und Verdienste von Herrn Hugo Borst für die Pflege der bildenden Kunst seit Jahrzehnten und schätze sie als eine der bedeutungsvollsten Leistungen aus freier bürgerlicher Initiative, die Stuttgart in den vergangenen Jahrzehnten überhaupt erlebt hat.[2]

Ich habe den unverdrossenen Entschluß von Herrn Borst, sein stark mitgenommenes Anwesen so bald als möglich wieder herzurichten, aufs freudigste begrüßt und bin über die Entwicklung seiner Pläne durch ihn fortlaufend unterrichtet worden.

Stuttgart ist stärker als die meisten mit ihm vergleichbaren Städte gerade der Gelegenheit beraubt, bildende Kunst zu zeigen; München hat z. B. das Haus der Kunst erhalten[3] und ist in solchem Betracht in einer viel besseren Lage als Stuttgart. (Nun ist die Kultverwaltung sehr bemüht, die Akademie der Bildenden Künste wieder in Gang zu bringen.[4] Sie hofft damit, die Teilnahme an der bildenden Kunst, die jetzt stark leiden mußte, wieder zu verlebendigen; aber ihre Bemühungen sind natürlich mit davon abhängig, ob ein kunstwilliges Publikum wieder an die Kunst unmittelbar herangeführt werden kann.)

Der hochherzige Entschluß von Herrn Borst, seine einzigartige Sammlung auch weiterhin für die Öffentlichkeit zur Verfügung zu halten, bedarf umso stärker der

1 Eine Ausfertigung des Gesuchs liegt dem Schreiben bei.

2 Seit dem Ausscheiden aus der Firma Bosch konnte sich Borst dem Aufbau und Ausbau einer großen Kunstsammlung und Bibliothek in Stuttgart widmen. 1931 eröffnete er einen Anbau seines Wohnsitzes „Haus Sonnenhalde“ im Gähkopf 3, in dem er seine Sammlung vor allem zeitgenössischer Kunst der Öffentlichkeit zugänglich machte. Die Zerstörung des Hauses im Bombenkrieg überstand die Sammlung weitgehend unbeschadet. 1946 wurde das Haus teilweise, 1952 vollständig wiedererrichtet; vgl. R. ADOLPH, Hugo Borst, S. 24–46.

3 Hitler ließ von 1933 bis 1937 das „Haus der deutschen Kunst“ in München errichten, eines der ersten repräsentativen Monumentalbauten des „Dritten Reiches“.

4 Die Staatliche Akademie der Bildenden Künste Stuttgart wurde 1944 durch Bomben stark zerstört und blieb bis zum Wintersemester 1945/46 geschlossen; vgl. auch Nr. 48, Anm. 4.

Abb. 11: Theodor Heuss und Hugo Borst besuchen die wiedereröffnete Kunstgalerie „Künstlerhaus Sonnenhalde" in Stuttgart, Juni 1949

Unterstützung aller in Frage kommenden Stellen, da ja die Staatsgalerie auf absehbare Zeit in Stuttgart keine Heimat besitzt[5] und die Besichtigung der Galerie in Ludwigsburg zeitlich immer nur Sonntag vormittag möglich ist.
Ich bitte deshalb mit allem Nachdruck, das Baugesuch möglichst bald zu genehmigen.[6] Die Schwierigkeiten, in denen sich die Bauverwaltung vor allem wegen der Baustoffe befindet, sind mir natürlich genau bekannt: aber ich glaube, hier die Empfehlung einer raschen Sonderbehandlung mit dem besten Gewissen befürworten zu dürfen, da es sich um einen besonders gelagerten Ausnahmefall handelt. Die Behörden müssen gerade heute besonders dankbar sein, wenn sie ihre eigenen Bemühungen durch private Initiative unterstützt sehen.

[Theodor Heuss]

5 Die Staatsgalerie (heute das Gebäude der Alten Staatsgalerie) wurde 1944 im Krieg durch Bomben weitgehend zerstört.
6 Eine Genehmigung ließ sich nicht ermitteln.

Nr. 48
An Josef Eberle, Stuttgart
24. August 1946; Stuttgart-Nord, Dillmannstraße 3

DLA, A: Heuss, 73.4088-4093: ms. Schreiben, behändigte Ausfertigung; Kopfbogen: „Kultministerium Kultminister Dr. Th. Heuss"[1]

Verwahrung gegen Kritik an der Personalpolitik für die Staatliche Akademie der Bildenden Künste Stuttgart

Lieber Herr Eberle!

Ich bin Ihnen noch eine Erwiderung auf Ihre bereits einige Wochen zurückliegende Zusendung schuldig.[2] Sie haben mir damals die Abschrift einer Zusendung zugänglich gemacht, in der Klage über den anti-demokratischen Neuaufbau unseres Kulturlebens geführt wurde. Ich bin Ihnen dankbar, daß Sie mir die Zuschrift zur Kenntnisnahme gegeben haben, denn es ist für uns in der Verwaltung ja wichtig genug zu erfahren, wie diese, wie jene Maßnahme beurteilt wird. Wir bekommen ja auch oft genug unmittelbar Zuschriften, bei denen natürlich unser Urteil immer etwas davon abhängt, ob man den Schreiber kennt oder nicht. Die Berufungen an die Akademie sind ein besonderer Lieblingsgegenstand der Erörterungen.[3] Sie glauben gar nicht, wie viele Anwärter sich gemeldet haben und für wie viel Leute Empfehlungen auf die wenigen Posten eingegangen sind und noch eingehen. Es ist selbstverständlich, daß wir die belasteten Männer nicht zurückgeholt haben. Aber ich habe mich auch absolut dagegen gewehrt, die Berufungen parteipolitisch auszurichten. An sich habe ich dem Planungsausschuß eine weitgehende Autorität gegeben,[4] da ich auch dort Selbstverantwortung steigern möchte und mich von den Mergenthaler'schen Methoden absetze, den oder den zu oktroyieren.[5] Ich habe mich, was vielleicht ein Nachteil meiner Natur ist, weder bei dem Maler noch bei dem Schauspieler darnach erkundigt, ob sie zur SPD oder KPD oder CDU oder DVP gehören.

---

1 Oben Mitte unterstrichene ZdA-Verfügung.

2 Ließ sich nicht ermitteln.

3 Vgl. Nr. 33.

4 Das Kultusministerium hatte einen Planungsausschuss unter dem Vorsitz von Brachert eingesetzt, der den Neuaufbau der Akademie vorbereiten sollte und am 6. 5. 1946 zu seiner ersten Sitzung zusammengetreten war. Am 15. 8. 1946 nahm die Akademie ihre Arbeit wieder auf. Bei der feierlichen Eröffnung am 13. 11. 1946 hielt Heuss eine programmatische Rede über „Staat, Politik und Kunst"; vgl. 5 JAHRE KULTMINISTERIUM, S. 86f. Die Rede ist abgedruckt in: Das Neue Vaterland 1, Nr. 17, 21. 12. 1946, S. 9; ebd. 2, Nr. 1, 11. 1. 1947, S. 9.

5 Der nationalsozialistische Kultusminister und Ministerpräsident von Württemberg, Christian Mergenthaler, übte massiven Einfluss bei Personalbesetzungen auf dem Kultur- und Bildungssektor aus; vgl. M. STOLLE, Schulmeister, S. 464f.

Mir kommt es darauf an, persönlich festzustellen, ob ich einen menschlich anständigen Eindruck habe und ob ich glaube, daß die künstlerische und pädagogische Qualität vorhanden ist. Ich möchte in der Akademie einen kameradschaftlichen intriguenfreien Ton haben, im übrigen eine sachlich-fruchtbare Spannung.

Natürlich habe ich, wo es sich um umschriebene Sachangaben handelt, nähere Erkundigung eingezogen. Yelin teilte mir mit, daß er mit der im Anfang der Zuschrift genannten „Ausstellung von Arbeiten des Malers Schober“ gar nichts zu tun hatte; er habe selbst erst nach der Ausstellung davon erfahren, daß dort *ein* Bild von Schober gezeigt worden sei.[6] Schober hat von ihm nie einen „speziellen Ausweis“ erhalten. Schober hat nach seiner Rückkehr aus der französischen Gefangenschaft die Mitgliedskarte des Verbands bildender Künstler unter demselben Vorbehalt bekommen wie die anderen Pg.'s, die erst nach dem 1. 5. 1937 der Partei beigetreten sind[7] – das entsprach einer Anweisung des damaligen zuständigen Offiziers: Leutnant Koch von der Militärregierung. Die allgemeinen raisonierenden Bemerkungen gegen Yelin und gegen Sohn kenne ich, lieber Eberle, und kann sie um deswillen nicht ernst nehmen, weil derartiges Gerede und Geschreibe zu meinem täglichen Brot gehört. Es ist ein Zufall, daß ich sowohl Sohn als Yelin persönlich seit einer Reihe von Jahren kenne,[8] und es ist geradezu lächerlich, sie als „getarnte Nazis“ zu bezeichnen. Yelin, der ja erst im Beginn der 30er Jahre selbständig hervortrat, hat sich natürlich an Wettbewerben beteiligt, und er hat, da er Wandmaler ist und etwas kann, bei Wettbewerben auch Aufträge erhalten. Eine Professur, die ihm angetragen wurde, erhielt er nicht, weil er es ablehnte, in die Partei einzutreten. Er teilte mir auch mit, daß er in der ganzen Nazizeit nur an einer Ausstellung teilgenommen habe – im Jahre 1936/37, bei einer Ausstellung, in der nur religiöse Kunst gezeigt wurde – die letzte Ausstellung, in der religiöse Kunst überhaupt dran kam.[9] Mit den allgemeinen Vorwürfen der Servilität ist nichts anzufangen.

Auf welche Fälle der Briefschreiber am Schluß seiner Ausführungen abhebt, kann ich nicht wissen, infolgedessen auch keine Stellung dazu nehmen. Es ist selbstverständlich, daß wir bei den Berufungen uns die Fragebogen ansehen, aber der „makellose“ Bogen ist wohl ein politischer, kann auch ein moralischer Ausweis sein, ist aber noch nicht einer für spezifische Qualität. Ich glaube, wir haben dies beide im Zusammenhang mit Erscheinungen innerhalb der Presse ja selber schon oft genug empfunden.

---

6 Nähere Angaben zu dieser Ausstellung ließen sich nicht ermitteln.
7 Vgl. Nr. 20a, Anm. 3.
8 Heuss kannte Sohn und Yelin vermutlich aus dem Umfeld des Deutschen Werkbundes.
9 Nähere Angaben zu dieser Ausstellung ließen sich nicht ermitteln.

In der Anlage darf ich Ihnen bei der Gelegenheit auch die Abschrift eines Briefes von Reinhold *Nägele* senden, der leider meinen Vorschlag, an die Akademie als Lehrer zu kommen, glaubt ablehnen zu müssen.[10]

Mit freundlichen Grüßen
Ihr Th. Heuss

Nr. 49

An die Schulaufsichtsbehörden und Bildungsanstalten in Württemberg-Baden
25. September 1946; Stuttgart[-Nord, Dillmannstraße 3]

HStAS, EA 3/603, Liste E, 16: ms. Schreiben, Durchschlag, hs. gezeichnet, ohne Anrede und Grußformel; ms. Briefkopf: „Kultministerium"[1]

Verbreitung einer Kontrollratsanordnung der Alliierten

Betreff: Disziplinarmaßnahmen gegen leitendes und Verwaltungspersonal an Bildungsanstalten sowie gegen Lehrpersonal und Studenten, die sich militaristischer, nazistischer und antidemokratischer Propaganda schuldig gemacht haben.

Bezüglich der Kontrollratsanordnung Nr. 32 (CORC/ P (46 216) vom 26. Juni 1946)[2] ergehen vom Hauptquartier der Militärregierung Württemberg-Baden über den Herrn Ministerpräsidenten[3] nähere Bestimmungen, aus denen folgendes zu entnehmen ist:

Leitende und Verwaltungs- und Lehrpersonen an Bildungsanstalten müssen, abgesehen von anderen Disziplinarmaßnahmen bzw. gerichtlicher Verfolgung, sofort entlassen werden, wenn sie in irgendeiner Weise militaristische, nazistische oder antidemokratische Lehren i[m] S[inne] einer Werbung verbreiten, verteidigen, unterstützen oder andere ermutigen, solche Lehren zu verbreiten oder zu verteidigen.

Ebenso betrifft diese Anordnung Studenten an Universitäten oder Hochschulen und Schüler ähnlicher Hoher Schulen, wie z. B. Musikhochschulen, Akademien usw.

---

[10] Nägele an Heuss, 20./21. 7. 1946, in: BArch, N 1221, 89.

[1] Oben links unter Briefkopf Aktenzeichen: „U I 1420"; unter Betreffzeile: „O[hne] Beil[age]".

[2] Kontrollratsdirektive Nr. 32 „Disziplinarmaßnahmen gegen leitendes und Verwaltungspersonal von Lehranstalten, den Lehrkörpern und die Studenten, die sich militaristischer, nationalsozialistischer und antidemokratischer Propaganda schuldig machen"; in: SAMMLUNG, ohne Seitenangabe.

[3] OMGUS an Reinhold Maier, 6. 8. 1946, in: HStAS, EA 3/603, Liste E, 16, wo Anordnungen zur Durchführung der Kontrollratsdirektive Nr. 32 gegeben werden.

Unter Bildungsanstalten versteht man alle Schulen, staatliche und private, jedweder Art, Abend- und Tagesschulen, vom Kindergarten bis zur Universität.

Diese Anordnung beabsichtigt nicht, in begrenztem Umfang die wissenschaftliche, objektive Diskussion über tatsächliche Vorgänge, die Erklärung oder Auslegung der nazistischen Geschichte oder Ideologie oder militaristischer, nazistischer und antidemokratischer Lehren zu verbieten, solange kein Versuch gemacht wird, nationalsozialistische Errungenschaften zu loben, zu rühmen oder sie als bleibend hinzustellen bzw. die demokratische Regierungsform herabzusetzen.

Verantwortlich für die Ausweisung der Betroffenen sind die Schulaufsichtsbehörden, für Studenten und Schüler die Rektoren bzw. Direktoren, die sich selbst schuldhaft machen, wenn sie über Verfehlungen oben erwähnter Art von Angehörigen der ihnen unterstellten Institute fortgesetzt nachlässig hinwegsehen.

Alle Anstaltsleiter, Schulaufsichtsbeamten, Schulräte und Schulleiter werden ersucht, bei Schulbesuchen dieser Angelegenheit erhöhte Aufmerksamkeit zu schenken, bei Lehrerversammlungen aufklärend zu wirken und bei Verfehlungen hieher zu berichten, mit eingehender Tatsachenangabe.

Wer gemäß den Bestimmungen dieser Anordnung entlassen oder ausgestoßen wird, ist außerstande, ohne Genehmigung, die in jedem Fall durch die Militärregierung zu erteilen ist, von einer Bildungsanstalt angestellt oder zugelassen zu werden.[4]

Th. Heuss
Kultminister

[4] Schon Ende Dezember 1945 hatte Heuss auf Weisung der Militärregierung eine Verpflichtungserklärung an Bezirksschulämter und Bildungsanstalten zu schicken, nach der es allen Lehrkräften untersagt war, sich im nationalsozialistischen und militaristischen Sinne zu betätigen; Heuss an sämtliche Bezirksschulämter, die Leiter der höheren Schulen, die Leiter der Berufsschulen und Fachschulen, die Leiter der Anstalten, 30. 12. 1945, in: HStAS, EA 3/101, 60.

Nr. 50
An Hans Christoph Schöll, Heidelberg
26. September 1946; Stuttgart-Nord, Dillmannstraße 3

DLA, A: Heuss, 68.346: ms. Schreiben, behändigte Ausfertigung; Kopfbogen: „Kultministerium Kultminister Dr. Th. Heuss"

Einfluss der Bevölkerung auf die Verfassungsberatungen für Württemberg-Baden; Stilkritik an der Verfassung

Sehr geehrter Herr Schöll!

Ihr telefonischer Anruf hat mich veranlaßt, heute im Ministerium gleich Haussuchung zu veranstalten, und in der Tat fand sich ein Couvert, wo ganz in der Ecke Ihr Name stand. Ich entsinne mich auch, seinerzeit das Couvert aufgemacht zu haben und den Aufsatz angesehen zu haben. Es war keine Unterschrift und kein Begleitbrief dabei, so daß ich, nachdem die ersten Sätze mit einer Bezugnahme auf meinen seinerzeitigen Aufsatz in der Rhein-Neckar-Zeitung begonnen hatten,[1] annahm, es sei der Durchschlag eines der Rhein-Neckar-Zeitung zugesandten Manuskripts, und das ganze zunächst in den Korb legte, in dem die Zeitungssachen deponiert werden, die keinen aktuellen Eindruck machen, bis sie von mir an freien Sonntagen aufgearbeitet werden können. Die heutige Recherche ergab nun, daß es sich um eine große Täuschung handelt, und ich bitte vielmals um Entschuldigung. Aber solche Betriebsunfälle sind unvermeidlich, wenn hier ein Couvert abgegeben wird, ohne daß irgend ein Begleitschreiben dabei ist, und ein vielseitiges Manuskript jagt notwendig zunächst Schrecken ein; denn die Denkschrift erscheint als eine gegen den Minister erfundene Waffe.

Ich habe Ihre Darlegungen nun gestern Abend gelesen.[2] Den ersten Teil finde ich ungerecht. Eine Verfassung kann nicht von einem Volk gemacht werden. Sie kann meinethalben auf einem Thing in primitiven Verhältnissen besprochen werden, wenn es sich um Leute handelt, die sonst nichts zu tun haben. Heute ist jede solche Arbeit ein Geschäft von Menschen, die sich neben ihren beruflichen Verpflichtungen die Stunden abzwingen, miteinander um Formulierungen zu ringen. Es ist natürlich gut, wenn die Beteiligung „des Volks" diese Bemühungen begleitet, aber das setzt voraus, daß Zeitungen erscheinen oder Zeitschriften mit

---

1 THEODOR HEUSS: Präludien zur Verfassung, in: RNZ, Nr. 34, 27. 4. 1946.

2 HANS CHRISTOPH SCHÖLL: Ein Wort zur Verfassung, in: Der Morgen. Mannheimer Zeitung, Nr. 33, 19. 9. 1946. Schöll kritisierte in seinem Artikel, dass die Bevölkerung keinen Einfluss auf die inhaltlichen Beratungen über die künftige württemberg-badische Verfassung gehabt habe. Er forderte stattdessen, den ungekürzten Verfassungsentwurf noch vor der Verabschiedung durch die Landesversammlung dem Volk vorzulegen mit der Aufforderung, sich dazu zu äußern, denn so werde die Verfassung zu einer „*Sache des ganzen Volkes*"; zur Entstehung der Verfassung und zum Abstimmungsverfahren vgl. Nr. 41, Anm. 8.

genügend Papier und daß in den Zeitgeschehnissen selber diese Verfassungsarbeit nicht als eine ephemere Randerscheinung sich darstellt, solange die großen politischen Entscheidungen ja von ganz anderer Stelle ihre Kraft und leider auch ihre Legitimation beziehen.

Mit den Dingen, die Sie zur sprachlichen Kritik sagen, bin ich weithin einverstanden. Ich habe, selber mit Arbeit wirklich überlastet, nur am Anfang und später nur gelegentlich an der Arbeit des Verfassungsausschusses teilnehmen können.[3] Mit meinen anfänglichen Bemühungen, eine ganz schlichte und jeder Detaillierung entratende undeklamatorische Formung zu erreichen,[4] bin ich ohne Erfolg geblieben, da die Mehrzahl sich aus Gründen, die ich jetzt nicht erörtern will, auf die historische Aufgabe einer „Vollversammlung" eingerichtet hatte. Daß dabei mancherlei sprachliche Unebenheiten und schiefe Ausdrücke hereingekommen sind, ist unvermeidlich. Ich habe selber an einigen Stellen sua sponte[5] Änderungen vorgeschlagen und erreicht, aber die wohl sehr angebrachte Mühseligkeit der sprachlichen Dauer-Kontrolle nicht auf mich genommen, zumal ich in der Erstlesung des Verfassungsausschusses durch Urlaub und Krankheit fast völlig ausgeschieden war. Ob in dem Schlußgehetze noch etwas erreicht werden kann, weiß ich nicht, will aber Ihre Anregungen gerne weiterleiten. Der Ausschuß muß nun doch noch einmal zusammentreten, während ich selber zu einer Ministerkonferenz nach München reisen muß.[6]

Mit freundlichen Grüßen
Ihr sehr ergebener Th. Heuss

---

3 Vgl. Nr. 41, Anm. 7.

4 So forderte Heuss am 18. 7. 1946 in der zweiten Sitzung der Verfassunggebenden Landesversammlung, „daß wir unter dem Gesichtspunkt der Schlichtheit die Verfassung noch einmal sehr gründlich miteinander durcharbeiten." QUELLEN, 2. Teil, S. 52.

5 In der Vorlage: „sua sponde"; lateinisch für „aus eigenem Antrieb".

6 Auch während der Beratungen der Verfassunggebenden Landesversammlung über den Verfassungsentwurf trat der Verfassungsausschuss zu weiteren Sitzungen zusammen, zur 19. und letzten am 10. 10. 1946. Noch am 26. 9. 1946 fuhr Heuss nach München zu einer Konferenz der Kultusminister der Länder in der amerikanischen Besatzungszone, die bis zum 28. 9. tagte; vgl. zum Programm und zur Tagesordnung der Konferenz HStAS, EA 3/101, 17.

Nr. 51
An das Büro der Verfassunggebenden Landesversammlung Württemberg-Baden, Stuttgart
30. September 1946; [Stuttgart-Nord, Dillmannstraße 3]

Archiv des Landtags von Baden-Württemberg, Persönlichkeitendokumentation, Theodor Heuss: ms. Schreiben, Durchschlag (Kopie), ohne Anrede; ms. Briefkopf: „Kultminister Dr. Th. Heuss"

Korrektur der Niederschriften stenographierter Reden von Theodor Heuss

Anbei reiche ich die Korrekturen meiner beiden Reden vom 24. und 25. September zurück.[1] Während die Aufnahme der Rede vom 25. Sept. großenteils keinerlei Korrekturen bedurfte, hat mir die Niederschrift über meine Rede vom 24. Sept. die größten Schwierigkeiten gemacht. Während ich meine Rede bisher für ganz gut gehalten hatte, stand ich zum Teil geradezu vor einem Rätsel, was für einen Mist ich verzapfte. Da ich die Rede frei und nur nach kurzen Notizen gehalten habe, die ich aber nachher wegwarf, mußte ich mir die Mühe machen, den Gedankengang zum Teil einfach zu rekonstruieren, ohne mich an die zum Teil verwirrenden Worte und Sätze der Niederschrift zu halten. Ich möchte nur wünschen, daß meine Korrektur halbwegs lesbar ist und daß nicht nachher neuer Unsinn herauskommt. Ich gebe wohl zu, daß die Materie, über die ich sprach, mit ihren historischen Anspielungen[2] für den, dem der Stoff fremd ist, nicht ganz leicht war, aber manchmal hatte ich das Gefühl, daß der Stenograf sich aus seinen Notizen, die er selber nicht mehr lesen konnte, etwas zusammengedichtet hat. Ich bitte als alter Stenograf diese Kritik nicht zu verübeln.[3]

Ihr sehr ergebener [Theodor Heuss]

---

[1] Auf der neunten Sitzung der Verfassunggebenden Landesversammlung am 24. 9. 1946 sprach Heuss über das Verhältnis von Religion, Kirche und Staat; QUELLEN, 3. Teil, S. 320–328. Tags darauf hielt er auf der zehnten Sitzung der Landesversammlung eine Rede über die Artikel des Verfassungsentwurfs, die Erziehung und Unterricht betrafen; ebd., S. 360–364.

[2] Heuss räumte einleitend am 24. 9. 1946 vor der Verfassunggebenden Landesversammlung ein, dass es ihn schon sehr gereizt habe, „eine Unterhaltung über Thomas von Aquino" zu führen, um dann aber seine geistesgeschichtlichen Ausführungen über das Verhältnis von Staat und Kirche erst in der Mitte des 19. Jahrhunderts beginnen zu lassen; ebd., S. 320–325.

[3] Heuss hatte in der Schule Stenographie nach dem System Stolze-Schrey gelernt und den Anhängern des Systems Gabelsberger einen „Charakterfehler" attestiert, bis sein Bruder Hermann sich gerade dieser Richtung anschloss; TH. HEUSS, Vorspiele, S. 80f. Als Mitglied des Reichstages setzte er sich 1925 in einer Rede erfolgreich für die Vereinheitlichung der Kurzschrift im amtlichen Gebrauch ein, womit er für einige als Verräter von Stolze-Schrey galt; DERS., Erinnerungen, S. 334; Reichstagsrede in: R. DAHRENDORF / M. VOGT, Theodor Heuss, S. 152–157.

Nr. 52
An Dr. Toni Stolper, [New York]
1. Oktober 1946; Stuttgart-Degerloch [Löwenstraße 86]

BArch, N 1221, 489: hs. Schreiben, behändigte Ausfertigung[1]

Gesundheitszustand; Zollbelastung von Tabakwaren; Wahl zum Vorsitzenden der DVP in der US-Zone

Liebe Toni,

heute werden wir mit uns[erer] Verfassungsarbeit zu Ende kommen,[2] u. dann will ich mit Elly noch 2 Wochen nach Baden-Baden. Die Ärzte meinen, es sei gut, wenn ich noch einmal ausspanne – durch 6 Wochen hatte ich immer Rückfälle in einer lästigen Darmgeschichte, u. die Ärzte meinen, das sei „nervös" verursacht. Man hielt mir eine Vorlesung, daß es auch ein „vegetatives Nervensystem" gebe, wovon ich noch kein[e] Notiz genommen hatte. Ich soll halt etwas Diät halten u. einmal fleißig schlafen. Ich will es versuchen.

Wir waren vor 14 Tagen in Lörrach – für Elly eine sentimentale Sache, uns[ere] alten vertrauten Möbel in der neuen Umgebung wieder zu sehen. (Manches ist auf dem Transport verschwunden od. kaputt gegangen.) Die Wohnung ist nett, Ludwig ganz frisch in der Arbeit – leider mußte Hanne gerade bei uns[erem] Besuch mit Blinddarmreizung ins Krankenhaus. Man rechnet damit, daß sie bald einmal nach Basel kommt u. dort vielleicht verarztet wird.

Ob es von Lörrach aus möglich war, Dir Ellys „Kurzgeschichten"[3] zuzuleiten? Sie sind jetzt gesetzt und umbrochen u. sollen bald gedruckt werden; mein „Bosch" ist jetzt auch gedruckt, aber noch nicht gebunden. Wenn ich nur wüßte, wie ich die Arbeit zu Euch hinüberschaffen könnte, auch das Dohrn-Buch.[4]

Eure liebende Fürsorge ist für uns von höchster Bedeutung geworden u. geblieben – ich habe in den zurückliegenden Wochen von dem Reis u. anderen guten leichten Dingen gelebt, die Ihr mir hattet senden lassen.

Aber an *einer* Stelle hat Eure Liebe eine tragikomische Wirkung erhalten. Da muß ich schnell ein SOS ausrufen in der umgekehrten Richtung. Nämlich es ist so, daß Tabakwaren in einer Sendung bis zu 500 g zollfrei bleiben, gleichviel ob Tabak, Zigarren, Zigaretten, aber wenn dieses Gewicht überschritten ist, geht der

---

1 Weiterer Nachweis: BArch, N 1221, 646: ms. Schreiben, Abschrift.

2 Zwar nahm die Verfassunggebende Landesversammlung den Verfassungsentwurf am 1. 10. 1946 einstimmig an, doch führten Beanstandungen der Militärregierung zu einer weiteren Sitzung am 10. 10. 1946, bis die überarbeitete Verfassung am 24. 10. 1946 endgültig verabschiedet werden konnte; vgl. Nr. 41, Anm. 8. Heuss konnte freilich an der Sitzung, in der die Beanstandungen der Militärregierung erörtert wurden, nicht teilnehmen, da er sich aus gesundheitlichen Gründen noch in Baden-Baden aufhielt.

3 E. HEUSS-KNAPP, Wege, vgl. auch Nr. 27, Nr. 29.

4 TH. HEUSS, Robert Bosch, vgl. auch Nr. 1, Anm. 7, Nr. 5; DERS., Anton Dohrn.

Abb. 12: Treffen der drei Zonenvorsitzenden der liberalen Parteien auf dem Gründungsparteitag der DVP in der amerikanischen Zone, 28./29. 9. 1946, v.l.n.r.: Theodor Heuss (amerikanische Zone), Wilhelm Heile (britische Zone), Wilhelm Külz (sowjetische Zone)

Zoll auf hohe Touren. Ich habe dem Fin[anz-]Min[ister] Cahn-Garnier gesagt, daß die Liebe meiner Freunde und die Tüchtigkeit seiner Behörde (Angleich an die Steuergesetze des Kontr[oll-]R[a]ts) mich finanziell zu bedrohen beginnen. Ich könne aber doch nicht recht an Euch schreiben: kontingentiert Eure Liebe! Natürlich bin ich kolossal dankbar, zumal hier eine ordentl[iche] Zigarre so 3–5 M[ar]k kostet und weil die Einkommenssteuer ja so ist, daß ich, wie Ihr wißt, von allen zusätzl[ichen] Arbeitseinkommen 90 % abgeben muß. Die Frage ist ja nun die: Ihr habt freundl[icher] Weise eine Firma beauftragt, mich zu beliefern. Das sind wohl genormte Sendungen. Kann man das *so* umgruppieren, daß Ihr den Auftrag umschreibt: statt 1x im Monat die Sache so aufzuteilen, daß kl[eine] Sendungen[5] 500 gr. nicht überschreiten. Die Sache ist ja grotesk: ich kann Woche um Woche 500 gr. umsonst kriegen. Aber die gewichtsmäßige Überschreitung führt dazu, daß die Zigarette etwa 50 Pf[enni]g Zoll beansprucht. So kostet <mich> jede so hochwillkommene Tabaksendung in der jetzigen Packung 188 M[ar]k – das wäre nicht so erschrecklich, wenn nicht die Einkommenssteuer mir solche Eskapaden eigentlich verbieten würde.

[5] Es folgt gestrichen: „unter".

Ich darf Dir, liebe Toni, diese meine groteske Sorge ganz offen schreiben; ich habe mit den Zoll-Leuten heute ein nettes langes Gespräch geführt; sie waren in dem schwanken[den] Gefühl zwischen Neid u. Mitleid der Meinung, es bleibe nichts, als Dich zu bitten, das Kleiner-Gewicht-Paket zu veranlassen. (Falls das technisch bei der Versandfirma möglich.)

Ob Gustl den Brief erhielt, in dem ich auf s[eine] interessanten Reflexionen vom Sommer geantwortet habe?[6] Man erlebt ja manchmal, daß Briefe an Freunde draußen zurückkehren, wenn der Zensor meint, sie seien polit[isch] oder geschäftl[ich].[7] Das wird ja sich auch einmal lockern.

Vor einigen Wochen netter u. interessanter Besuch von Wolfers, durch den ich Manches über die alten Kollegen von der D[eut]schen Hochsch[ule] für Pol[itik] erfuhr.[8]

Seid alle aufs herzlichste gegrüßt von
Eurem Theodor Heuss

[PS] Das Schicksal zwingt mich, da ein anderer fehlt, in der amerikan[ischen] Zone jetzt der „Parteivorsitzende" der bürgerl[ichen] Demokraten zu sein[9] – schlimm für die Bücher, die ich schreiben wollte.

---

6 Vgl. Nr. 41.

7 Vgl. Nr. 45.

8 Als Nachfolge-Einrichtung der Anfang 1918 noch von Naumann gegründeten Staatsbürgerschule hatte die Deutsche Hochschule für Politik unter der Leitung des Geschäftsführers Jäckh im Oktober 1920 in Berlin ihren Lehrbetrieb aufgenommen. Im Sinne einer „multifunktionalen Institution" vermittelte die Einrichtung spezifische Qualifikationen für die Partei-, Verbands- und politische Öffentlichkeitsarbeit, bot Fortbildungsprogramme für Pädagogen und staatliches Verwaltungspersonal an und stand interessierten Staatsbürgern mit Informations- und Diskussionsangeboten offen. Als Studienleiter blieb Heuss bis zum Sommersemester 1925 an der Hochschule tätig und war für den Aufbau des Lehrplans, die Gewinnung von Dozenten, zu denen Politiker, Beamte und Wissenschaftler gehörten, und für die Beratung der Studenten zuständig. Außerdem hielt er bis 1933 regelmäßig Vorlesungen über Verfassungs- und Parteiengeschichte sowie zu politischen Gegenwartsfragen. Von 1925 bis zu ihrer Auflösung im Frühjahr 1933 war er zudem Mitglied des Vorstandes; vgl. D. LEHNERT, Politik, S. 446 u. 460; A. MISSIROLI, Deutsche Hochschule, S. 21–49. Zur Wiedereröffnung der Deutschen Hochschule für Politik 1949 vgl. Nr. 178.

9 Auf einem Kongress am 28./29. 9. 1946 in Stuttgart schlossen sich die drei liberalen Landesparteien der amerikanischen Zone, DVP (Württemberg-Baden), LDP (Groß-Hessen) und FDP (Bayern), zur Demokratischen Volkspartei (DVP) unter dem Vorsitz von Heuss zusammen; vgl. D. HEIN, Milieupartei, S. 271f; Abb. 12.

Nr. 53
An Dr. Ernst Ludwig Heuss, Lörrach
4. Oktober 1946; Baden-Baden, Haus Quisisana
FA Heuss, Basel: hs. Postkarte, behändigte Ausfertigung[1]
Aufenthalt im Sanatorium; Parteiarbeit

Lieber Ludwig,

die Fahrt gestern verlief <gut>[2] bei einigem Nebel – seit heute fürchten wir, daß die Schönwetterperiode zu Ende ging. Sehr erfreulich, daß uns Dein Paketchen schon erwartete. Was ich selber noch so an Dingen benötige, ist: Zahnpaste, Rasierseife u. Hosenträger, dann wäre das Glück vollkommen. Allerdings brachen mir heut herrl[iche] Ersatzzähne auseinander, so daß ich aus Übermut beschloß, mir gleich 4 Zahnstummel ziehen zu lassen. (Daß das geschehen müsse, war mir schon in St[utt]g[ar]t angekündigt.) Also gibt es <vergnügte>[3] Zeit. – Verfassungsdinge liefen zum Schluß gut;[4] wie es mit der Parteiarbeit werden mag, ist noch ungewiß. Heile und Külz waren auch da – ich halte Distanz.[5]
Hoffentlich geht es Hanne besser.

Herzl[ichen] Gruß an das ganze Haus
Dein Vater Th. H.

[PS] Hatte die Mutter Elsas erträgliche Fahrt?

---

1 Auf Absenderfeld gestrichen: „Kultministerium Stuttgart".
2 Unsichere Lesart wegen Lochung am linken Rand.
3 Wie Anm. 2.
4 Vgl. Nr. 52, Anm. 2.
5 Auf dem Kongress der liberalen Parteien in der amerikanischen Zone am 28./29. 9. 1946 (vgl. Nr. 52, Anm. 9) waren auch der Präsident der FDP der britischen Zone, Heile, und der Vorsitzende der LDP in der SBZ, Külz, anwesend. Die württemberg-badische DVP und – etwas moderater – auch Heuss hielten Distanz gegenüber dem Berliner Führungsanspruch der LDP und sahen in der Vereinigung der liberalen Parteien in der US-Zone vielmehr eine „defensive Aktion gegenüber der Einflußnahme der Berliner LDP als ein tatsächliches Ausgreifen in weitere Räume"; J. C. Hess, Fehlstart, S. 90; vgl. auch D. Hein, Milieupartei, S. 268.

Nr. 54
An Reinhold Nägele, [New York]
14. Oktober 1946; Baden-Baden, Haus Quisisana

PA Thomas Nägele: hs. Schreiben, behändigte Ausfertigung; Kopfbogen: „Theodor Heuss"
Aufenthalt im Sanatorium; Schicksal vermisster Soldaten; Berufungen an die Staatliche Akademie der Bildenden Künste Stuttgart und Absage Reinhold Nägeles; Einschätzung von Bildern Reinhold Nägeles; wirtschaftliche Zukunft Deutschlands

Lieber Freund Nägele,

nach der anstrengenden Verfassungsarbeit u. bevor die Rederei für die Nov.-Wahlen wieder einsetzt,[1] habe ich mich mit Frau für 10 Tage hierhergesetzt: Magen- und Darmuntersuchungen. Ich soll weniger rauchen: das wußte ich schon vorher.[2] Aber das *blos* tugendhafte Leben lohnt nicht recht. Nun nutze ich auch die relative Stille, Briefe zu beantworten; im Dienstbetrieb reicht es nur zu Diktaten. Freilich habe ich Ihren großen Brief nicht bei mir, so daß ich nicht weiß, ob Fragen unbeantwortet bleiben.[3] Wir haben in den letzten Monaten sehr intensiv mit Ihnen gelebt: Borst, Steisslinger, ich tauschten die Berichte, die von Ihnen kamen. Auch Ackerknecht hat informiert u. wurde informiert; wir sehen uns öfters. Er hat mir, wie auch Mörike, von der ungewissen Situation berichtet, in der man immer noch ist, wenn man nach dem Schicksal Ihres Bruders fahndet; alles, was in der Richtung Südost-Europa geht, ist voll Unklarheit.[4] Die Tochter m[eines] Bruders sucht dort auch, seit 3 Jahren, ihren Mann, der von einer Patrouille nicht zurückkehrte.[5] Die Tragik, die durch alle Familien wandert, ist unausdenkbar.

Steisslinger wird Ihnen von der Akademie erzählt haben. Die Zusammensetzung, zu der ich mich entschloß, ist ein Wagnis, das weiß ich – ich wollte sachliche Polarität bei menschlicher Anständigkeit.[6] Die, glaube ich od. hoffe ich doch, ist bei den Beteiligten vorhanden. Ich hätte Sie, als Mensch wie als Künstler, gerne in dem Kreis gehabt. Aber, so scheint es mir, Sie wollen die Bindung mit den

[1] Heuss nahm an den Sitzungen der Verfassunggebenden Landesversammlung und dessen Verfassungsausschuss von Juli bis Oktober 1946 teil; vgl. Nr. 41, Anm. 7, Nr. 50, Nr. 52, Anm. 2. Am 24. 11. 1946 fanden die Wahlen zum ersten württemberg-badischen Landtag statt, mit denen gleichzeitig über die Verfassung abgestimmt wurde.

[2] Vgl. auch Heuss an Gerstel, 11. 10. 1946, in: IfZ, ED 193, 1.

[3] Nägele an Heuss, 20./21. 7. 1946, in: BArch, N 1221, 89.

[4] Otto Nägele, Oberstabsarzt in der Wehrmacht, war noch nach Kriegsende im Mai 1945 in Istrien umgekommen.

[5] Arndt Frielinghaus; vgl. auch Nr. 4, Anm. 6.

[6] Vgl. zur personellen Zusammensetzung der Akademie Nr. 33, Anm. 7.

Söhnen nicht aufgeben, und ein junges Leben in diese Ruinen zu stecken, das kann man ja auch schwer raten. Nun suchen wir noch nach dem Graphiker. Hans Meid? Er sitzt in der Ostzone, u. das macht das Verhandeln so schwer. Die Auswahl ist gering, denn die Jüngeren …

Sie fragen nach Kauffmann. M[ein] Ministerialrat war schon vor 33 im Ministerium, schied als Halbarier aus u. wurde Frühjahr 45 restituiert – wesentl[ich] musikalisch orientiert. Der F. A. K[auffmann], der Kunsthistoriker, an den Sie denken, ist vor 1½ Jahren von einem Militärauto totgefahren worden; ich kannte ihn selber nicht.

Es wird Ihnen Spaß machen, daß m[ein] kl[eines] Arbeitszimmer, neben dem Weisgerber-Porträt aus m[einer] Studentenzeit,[7] voll Nägele hängt: Kaiserstuhl, Blick auf Feuerbacher Berg u. dann die politische Berg- u. Talbahn von 1924, die ich 1928 erwerben wollte, die Borst dann hatte u. m[einem] Fr[eun]d Mück in Heilbronn schenkte.[8] Dessen Wittwe, nach Totalausbombung, bewohnt nur mehr ein Stübchen u. hat mir das Bild auf m[einen] Wunsch einstweilen als Leihgabe, mit dem Recht des Erbantritts, gegeben. Manchmal habe ich die Idee, das Bild photographieren zu lassen, damit Sie mir noch für einige allegorische Hintergrundsfiguren ein[en] Kommentar schreiben. Auch die amerik[anischen] Besucher rätseln fleißig über die Andeutungen.

Politisch soll man noch nichts ins Ausland schreiben. Also lassen wir es. Wir sind ja Zuschauer uns[eres] Schicksals u. sehen zu, uns[ere] Pflicht zu tun. Es

---

7 Albert Weisgerber: Jugendbildnis von Theodor Heuss, Öl auf Leinwand, 1905, Privatbesitz Ursula Heuss-Wolff, Basel, Reproduktion im Theodor-Heuss-Haus, Stuttgart, abgebildet in: PFALZGALERIE KAISERSLAUTERN, Theodor Heuss, Titelabbildung; zur Freundschaft mit Weisgerber ebd., S. 17–20.

8 Kaiserstuhl. Blick zu den Vogesen, Tempera, 1928, Privatbesitz Ursula Heuss-Wolff, Basel, Reproduktion im Theodor-Heuss-Haus, Stuttgart, abgebildet in: B. REINHARDT, Reinhold Nägele, S. 176. Ein Bild Nägeles mit dem Titel „Blick auf Feuerbacher Berg" ließ sich nicht ermitteln. Mit der „politischen Berg- und Talbahn" ist das „Parteienpanorama" gemeint, Tempera, 1925 (1924 datiert), Privatbesitz Ursula Heuss-Wolff, Basel, Original im Theodor-Heuss-Haus Stuttgart, abgebildet in: ebd., S. 126.; vgl. zum „Parteienpanorama" den Brief von Heuss an Nägele als Vorbemerkung zu einem Buch von 1961, das dem Maler und seinem Werk gewidmet ist: „In dem ein bißchen pompösen Amtszimmer des Bundespräsidenten hing ein Nägele, nach dem viele Besucher neugierig äugten; er hatte einen altmeisterlich braunen Grundton mit einer Reihe heller Flecken, dabei, auch von den Gesprächssesseln aus erkennbar, eine große Kurvierung. Sollte es der Umgebung des Niederländers Hieronymus Bosch entstammen, gar seiner eigenen Werkstatt? Ungezählte Menschen mußte ich dann vor dieses Bild führen und erklären: das da oben in dem Ballon ist F. Ebert, hier ist der ‚Zentrumssturm', dort sind die Nationalsozialisten, noch eine kleine Gruppe, aber sie schießen schon, hier rechts unten wird in Monarchismus trainiert usf. usf. Dies Bild, eine Paraphrase über das politische Kräfteringen im Jahr 1924, das jetzt neben ein paar anderen ‚Nägeles' mein Wohnzimmer schmückt – nein, nicht ‚schmückt', sondern den Anlaß zu immer erneuerter Meditation gibt – ist zu meiner großen Freude in diesem Band aufgenommen." Heuss an Nägele, August 1961, in: PA Thomas Nägele; Druck: R. NÄGELE, Bilder, ohne Seitenangabe.

wird noch sehr böse Jahre geben, bis einmal ein bescheidenes Exportgeschäft wieder in Gang kommt, wovon uns[ere] Ernährung abhängt. Diese ist ja, zumal in der franz[ösischen] Zone, sehr mäßig. Man muß halt hoffen, daß man durchkommt.[9]

Mit vielen herzlichen Grüßen an Sie und Ihre Frau von uns beiden
Ihr alter Theodor Heuss

Nr. 55
An Hermann Dietrich, Stuttgart
28. Oktober 1946; Stuttgart-Nord, Dillmanstraße 3
BArch, N 1004, 574: ms. Schreiben, behändigte Ausfertigung; Kopfbogen: „Kultministerium"[1]
Ablehnung einer Ausweitung der allgemeinen Schulpflicht

Auf das Schreiben vom 6. 10. 1946[2]
Betr.: Ausdehnung der allgemeinen Schulpflicht bis zum 16. Lebensjahr unter Verpflichtung zur Landarbeit in den letzten 3 Schuljahren.

Lieber Freund Dietrich!

Der Entwurf des Gesetzes über die Ausdehnung der allgemeinen Schulpflicht ist im Kultministerium genau geprüft und den Leitern aller Schulabteilungen zur Begutachtung vorgelegt worden.[3]

Dabei hat sich einstimmig ergeben, daß jetzt nicht der geeignete Zeitpunkt dafür ist, solche neuen, sehr einschneidenden Maßnahmen durchzuführen. Wie Sie selbst in Ihrem Brief andeuten, fehlt es an Lehrern, Schulräumen und sonstigen äußeren Dingen, die bei der vorgeschlagenen Neuerung notwendig würden, und dann würde dadurch der geregelte Fortgang und die Geschlossenheit der Schularbeit in den letzten Schuljahren aufs schwerste geschädigt.

---

9 Zu einer ähnlich skeptischen Einschätzung der politischen Lage vgl. Heuss an Gerstel, 11. 10. 1946, in: IfZ, ED 193, 1.

1 Unter Briefkopf Aktenzeichen: „U I Nr. 1553"; unter Datumszeile hs. Eingangsdatum vom 4. 11. 1946, darüber hs. gez. vom Sachbearbeiter; links daneben hs. ZdA-Verfügung durch Dietrich.

2 Unterstrichen vom Empfänger: „vom 6. 10. 1946". Das Anschreiben ließ sich nicht ermitteln. Dietrich hatte Heuss vermutlich in seiner Funktion als Leiter des Deutschen Ernährungs- und Landwirtschaftsrates für das amerikanische und britische Besatzungsgebiet geschrieben, der am 10. 9. 1946 ins Leben gerufen wurde; vgl. W. VOGEL, Westdeutschland, Teil I, S. 134f; HANDBUCH, S. 182f.; vgl. auch Nr. 41, Anm. 11.

3 Der Gesetzesentwurf ließ sich nicht ermitteln.

Das Kultministerium kann also den vorgelegten Entwurf nicht gutheißen und bittet, künftig von der Mitwirkung der Schüler zur Behebung des Mangels an Arbeitskräften grundsätzlich abzusehen.

Mit freundlichen Grüßen
Ihr Th. Heuss

Nr. 56
An den Öffentlichen Kläger der Spruchkammer Stuttgart
28. Oktober 1946; [Stuttgart-Nord, Dillmannstraße 3]

StAL, EL 902/20, 66550: ms. Schreiben, behändigte Ausfertigung, ohne Anrede und Grußformel; Kopfbogen: „Kultministerium Kultminister Dr. Th. Heuss“[1]

Bescheinigung für Eberhard Wildermuth

Die Beantwortung Ihres Schreibens vom 22. Oktober 1946 hat sich verzögert, da ich einige Tage verreist war.[2]

Herr Eberhard *Wildermuth* gehört zu meinen nächsten persönlichen und politischen Freunden. Ich habe ihn vor über einem Vierteljahrhundert in dem Kreise der Deutschen Demokratischen Partei kennengelernt.[3] Er gehörte neben dem im Verlauf des 20. Juli hingerichteten ehemaligen Rechtsrat von Stuttgart und späteren 1. Bürgermeister von Berlin, Dr. Fritz Elsas, zu den aktivsten Männern in der demokratischen Bewegung.

Seine aktive Stellungnahme gegen die im Jahre 1923 auch Württemberg bedrohende Hitler-Bewegung hat ihn, da er damals Regierungsrat im Innenministerium gewesen ist, in einige dienstliche Schwierigkeiten gebracht.[4] Er ist dann nach

---

1 Unter dem Adressfeld Aktenzeichen: „Ihr Aktenzeichen 37/18/24968 Ma/Sk.“; darunter: „O[hne] Beil[age]“; weiterer Nachweis: HStAS, Q 1/8, 332: ms. Schreiben, Durchschlag.

2 Wildermuth hatte bei seiner Vernehmung vor der Spruchkammer Reinhold Maier und Heuss als Referenzpersonen angegeben, die Auskunft über seine Person, politische Haltung und seine Kontakte zum Widerstand gegen den Nationalsozialismus geben könnten. Daraufhin wandte sich der Öffentliche Kläger der Spruchkammer Stuttgart am 22. 10. 1946 u. a. an Heuss. Schon am 9. 9. 1946 hatte Heuss eine Erklärung für Wildermuth abgegeben, die aber weniger ausführlich auf seine Rolle im Widerstand einging; StAL, EL 902/20, 66550.

3 Wildermuth gehörte der DDP seit 1919 an. Vgl. auch die Gedächtnisrede von Heuss am 13. 3. 1952 anlässlich des Todes Wildermuths, in: BArch, N 1221, 7; Druck: Th. Heuss, Würdigungen, S. 230–233.

4 1923, im Spätsommer des Krisenjahres der Weimarer Republik, hatte Wildermuth auf Ersuchen des württembergischen Staatspräsidenten Johannes Hieber und des Innenministers Eugen Bolz eine Freiwilligenorganisation zum Schutz der Republik aufgestellt, die aber nicht zum Einsatz kam, als der Putsch Hitlers und seiner Anhänger am 8./9. 11. 1923 in München schnell zusam-

Berlin versetzt worden und in der Wohnbau-Abteilung tätig gewesen, später Direktor der Bau- und Bodenbank geworden. In Berlin, wohin auch Dr. Elsas berufen war, hat sich unsere Freundschaft verfestigt. Wildermuth, der sich schon im ersten Weltkrieg ausgezeichnet hat,[5] ist dann auch im 2. Weltkrieg wieder eingerückt und infolge seiner militärischen Bewährung bis zum Obersten befördert worden. Aus vielerlei Besprechungen vor und während des Kriegs weiß ich, daß er mit großer Skepsis die innere Entwicklung des Offizierkorps zu betrachten gelernt hatte und mit Sorge sah, wie eine alte, einfache, soldatische Auffassung parteipolitisch unterwühlt war. Er selber hat als ein Mann von Einsicht und Weitsicht nicht nur die politische Auswirkung des Nationalsozialismus für die deutsche Stellung in der Welt mit äußerster Besorgnis angesehen, sondern auch die militärische Lage eh und je mit äußerster Nüchternheit und Sorge beurteilt.

Über die Widerstandsbewegung gegen Hitler wurde er bei seinen Urlauben immer unterrichtet. Ob er bei einem seiner Aufenthalte in der Heimat mit Dr. Goerdeler selber einmal in Beziehung gekommen ist, kann ich nicht sagen.[6] Ich selber habe ihn bei einem Besuch im Lazarett in Baden-Baden davon informiert, daß Goerdeler mich selber gebeten hatte, nach einem Glücken[7] des geplanten Attentates sein Pressechef zu werden.[8] Ich selber hatte Goerdeler vorgeschlagen und in solchem Sinn auch mit Wildermuth gesprochen, daß im Fall des Gelingens seine Aufgabe nach meiner Meinung in der verantwortlichen Exekutive für Württemberg liegen müßte.

Ich weiß auch, daß zwischen Dr. Elsas, der einer der Berater von Goerdeler gewesen ist, eine nahe Verständigung erfolgte. Erst später nach dem Attentat erfuhr ich, daß in Berlin erwogen war, Wildermuth an die Spitze des Wachregiments zu berufen, um an dieser Stelle einen zuverlässigen und entschlossenen Mann zu besitzen.[9] Diese Absicht konnte aber dann offenbar nicht durchgesetzt werden, so daß Wildermuth das aussichtslose Kommando des Oberbefehls von Le Havre erhielt, wo er schwer verwundet wurde. Wildermuth ist eine „soldati-

menbrach und keine Ausweitung nach Württemberg mehr zu befürchten war. Dennoch wurde Wildermuth wegen Bildung einer privaten Miliz angeklagt, ohne dass Hieber und Bolz für ihn interveniert hätten. Mit Hilfe seines Verteidigers Reinhold Maier wurde Wildermuth im Juni 1924 freigesprochen, er verließ aber verbittert den Südwesten in Richtung Berlin; vgl. W. KOHLHAAS, Eberhard Wildermuth, S. 58–62; K.-J. MATZ, Reinhold Maier, S. 54f.

5 Fünfmal im Ersten Weltkrieg verwundet, erhielt der Leutnant Wildermuth das Goldene Verwundeten-Abzeichen, den Hausorden von Hohenzollern und die höchste württembergische Tapferkeits-Auszeichnung; W. KOHLHAAS, Eberhard Wildermuth, S. 42.

6 In einem Lebenslauf, den Wildermuth am 23. 10. 1946 für das gegen ihn angestrengte Spruchkammerverfahren verfasste, erwähnte er, dass er sich 1944 „der Gruppe Goerdeler zur Verfügung gestellt“ habe; wie Anm. 2.

7 In der Vorlage: „Mißglücken“.

8 Vgl. Nr. 6, Anm. 11.

9 Vgl. dazu auch J. SCHOLTYSECK, Robert Bosch, S. 489.

sche Natur",[10] aber alles andere als ein „Militarist" in dem sturen und begrenzten Sinn. Er ist in seinem Grundwesen ein freiheitlich gesonnener und human denkender Mensch, der auch in der Zeit des Nationalsozialismus die freundschaftlichen Beziehungen zu Menschen, die aus politischen oder rassischen Gründen verfolgt oder beeinträchtigt waren, aufrecht erhielt und gute und zuverlässige Kameradschaft hielt.[11]

Th. Heuss

Nr. 57
An Wilhelm Keil, [Ludwigsburg]
9. November 1946; Stuttgart Degerloch, Löwenstraße 86
HStAS, Q 1/4, 28: hs. Schreiben, behändigte Ausfertigung; Kopfbogen: „Theodor Heuss"[1]
Glückwünsche zur Goldenen Hochzeit; Übergabe der Bosch-Biographie

Verehrter Freund,

es ist mein Schicksal, daß ich infolge Ihrer Diskretion und der Unzulänglichkeiten Ihrer Propagandisten Ihre Ehrentage erst post festum[2] erfahre – sonst hätte ich mich am Donnerstag auch bei Ihnen eingefunden, wo mich Reinhold Maier vermißte u. wo auch Sie mich wohl vermißt haben. Nun hinke ich wieder einmal mit meinen Glückwünschen für Sie beide etwas hinterher.[3] Doch Sie haben schon manchmal Nachsicht mit mir gehabt. Sie werden diese Tugend auch diesmal üben. Denn meiner Gesinnung sind Sie ja gewiß.[4]

Ich habe nun in das Bosch-Buch, das ich anzunehmen bitte, das Datum des Festtages eingetragen; beim Lesen wird, wo Sie zustimmen oder widersprechen, ein Stück des eigenen Erlebens Ihnen gegenwärtig sein.[5] Hoffentlich werden Sie

---

[10] Laut Erich Mende äußerte sich Heuss im Dezember 1950 distanziert zu Wildermuths „soldatischer Natur", die er als „miles gloriosus" ironisierte; E. MENDE, Freiheit, S. 189.

[11] Das Spruchkammerverfahren gegen Wildermuth wurde am 11. 11. 1946 eingestellt, da er vom „Befreiungsgesetz" nicht betroffen war; wie Anm. 2.

[1] Oben rechts unter Datum Vermerk, vermutlich von Keil: „mündlich".

[2] Lateinisch für „nach dem Fest", „verspätet".

[3] Keil feierte am 7. 11. 1946 seine Goldene Hochzeit mit seiner Frau Juli, geb. Gutekunst.

[4] Zur wechselseitigen Wertschätzung von Keil und Heuss vgl. H. BOTT / H. LEINS, Begegnungen, S. 123–126; TH. HEUSS, Profile, S. 308–312.

[5] Um das Verhältnis von Robert Bosch zur Sozialdemokratie näher zu beleuchten, hatte Heuss zu Beginn seiner Recherchen für die Bosch-Biographie auch Keil um Mithilfe gebeten. Keil hatte vor allem während der Revolutionszeit und in den ersten Jahren der Weimarer Republik mit Bosch korrespondiert. Keil sagte Heuss sofort seine Unterstützung zu; Heuss an Keil, 1. 5. 1942; Keil an Heuss, 6. 5. 1942, beide in: BArch, N 1221, 57; vgl. auch J. SCHOLTYSECK, Robert Bosch, S. 352f.

Abb. 13: Theodor Heuss: Robert Bosch. Leben und Leistung, Stuttgart/Tübingen 1946, Umschlagvorderseite

am Ende der Lesemühe die Empfindung haben, daß die Arbeitsmühe für die nachfahrenden Geschlechter nicht unnütz gewesen ist.

Ihnen beiden herzliche Grüße und gute Wünsche!
In aller Verbundenheit Ihr Theodor Heuss

Nr. 58
An Dr. Erich Böckler, München
11. November 1946; [Stuttgart-Nord, Dillmannstraße 3]
HStAS, EA 3/202, 22: ms. Schreiben, Entwurf; ms. Briefkopf: „Kultminister Dr. Th. Heuss"[1]
Ablehnung einer Ehrenmitgliedschaft beim Theodor-Fischer-Haus

Verehrter Herr Dr. Böckler!

Herr Ministerialrat Kauffmann hat mir mitgeteilt, daß Frau Geheimrat Fischer wünschte, daß ich mit den Herren Fritz Schumacher in Hamburg und Richard Riemerschmid in München die Ehrenmitgliedschaft des Theodor-Fischer-Hauses annehmen möge.[2] Diese freundliche und ehrende Gesinnung weiß ich wohl zu schätzen. Sie bringt mich aber in einige Verlegenheit, die leicht mißverstanden werden könnte. Ich habe nicht nur Theodor Fischer sehr verehrt, sondern stehe auch mit den Herren Schumacher und Riemerschmid in sehr guten, ich könnte fast sagen freundschaftlichen Beziehungen und weiß, daß auch sie für mich Sympathie empfinden.[3] Aber ich habe mir seit vielen, vielen Jahren zum Gesetz gemacht, keinen Komitees beizutreten, keine Aufrufe zu unterschreiben, keine Ehrenmitgliedschaften anzunehmen. In der Nazizeit war ich zwar, wie Sie sich denken können, nicht gerade in Verlegenheit, solche Aufforderungen öfters ablehnen zu müssen, aber in der Zeit, da ich im Parlament war, kamen entsprechende

---

1 Oben vermutlich hs. Tagebuch-Nr.: „K 2748"; unter Datum ms. Vermerk der Schreibkraft (Paraphe nicht auflösbar): „Reingeschr[ieben] 11. 9. 1946. Ha."; vor der Anschrift hs.: „ 1)"; am Briefende unten links hs. Vermerk des Ministerialrats: „2) Ges[ehen] K[auffmann] 12. 11."

2 Das Theodor-Fischer-Haus wurde Anfang 1946 mit Unterstützung der Stadt München und des bayerischen Kultusministeriums gegründet und zeigte seit Mitte Mai den künstlerischen Nachlass des Architekten in einer Gedächtnisausstellung. Das württembergische Kultusministerium spendete im Frühjahr einen Betrag von 2.000 Mark für die Theodor-Fischer-Stiftung, um damit die Verbundenheit des Landes mit Fischer zu betonen, der Anfang des 20. Jahrhunderts an der TH Stuttgart gelehrt hatte; vgl. HStAS, EA 3/202, 22; H. LEITENSTORFER, Theodor Fischers.

3 Als Redakteur der „Hilfe" und im Umfeld des Deutschen Werkbundes lernte Heuss schon zu Beginn des Jahrhunderts die Architekten Fischer, Schumacher und Riemerschmid kennen. In den Dresdner Werkstätten wählten 1907 Heuss und seine Frau Teile ihres Mobiliars von Riemerschmid aus; TH. HEUSS, Würdigungen, S. 296.

Wünsche häufig genug zu mir, und auch jetzt, seit ich Minister bin, hat sich das Verfahren wieder eingespielt.[4] Ich möchte aber gerne bei meinem Verfahren bleiben wollen. Nicht als ob ich unter einer Scheu vor der Öffentlichkeit leide, mit der ich mich ja sozusagen berufsmäßig dauernd unterhalten muß, aber ich will nicht mehr, als es amtlich unbedingt notwendig, eine dekorative Aufgabe übernehmen. Ob man das für Bescheidenheit oder für Hochmut hält, überlasse ich dann jeweils dem Urteil.

Ich bitte Sie, Frau Geheimrat Fischer diese meine Auffassung so mitteilen zu wollen, daß sie nicht verstimmend wirkt; aber ich möchte die paar Jahre, die ich noch zu leben habe, bei meiner alten Methode bleiben und von der Loge des Lebens auf den Jahrmarkt der Eitelkeit heruntergucken, ohne mich selber darin bewegen zu müssen.

Mit freundlichen Grüßen [Theodor Heuss]

Nr. 59
An Dr. Ernst Ludwig Heuss, Lörrach
14. Dezember 1946; Stuttgart-Degerloch, Löwenstraße 86
FA Heuss, Basel: hs. Postkarte, behändigte Ausfertigung
Wahl Reinhold Maiers zum Ministerpräsidenten von Württemberg-Baden; Umbildung des Kabinetts und Rücktritt als Kultusminister

Lieber Ludwig,

die Mutter ist gestern Abend mit dem „Regierungszug" nach Heidelberg gefahren und hält heute in Mannheim eine Rede zur Eröffnung einer Jugendbuchausstellung.[1] Sie hofft, Frau Pütter u. Edith Mugdan zu sehen – kommt morgen Sonnt[a]g od. Montag früh zurück. Da soll um 11 Uhr der Min[ister-]Präs[ident] gewählt werden. Wir hoffen sehr, daß keine Querschläger mehr kommen u. Reinhold es wird. Es hat ziemlichen Eindruck gemacht, daß ich erklärte, daß er heute wichtiger ist als ich – Köhler od. Veit an s[einer] Stelle wären heute, nach m[einer] Meinung, aus gesamtdeutschen Gründen unerwünscht.[2] Die SPD tut

---

[4] Heuss lehnte zahlreiche Ansinnen ähnlicher Natur mit der gleichen Begründung ab, so z. B. in Schreiben an: Peter Eckart, 8. 2. 1947 (BArch, N 1221, 76), Verband evangelischer Schriftsteller und Journalisten, 18. 2. 1947 (ebd., 77), Kretschmer, 16. 7. 1947 (ebd., 85). Eine Ausnahme von seinem Grundsatz macht Heuss im Falle der Unterzeichnung einer Deklaration, die sich mit „Sozialismus" auseinandersetzte; Heuss an Rudolf Mueller, 7. 10. 1947, in: ebd., 89. Die Deklaration liegt dem Schreiben nicht bei und ließ sich nicht ermitteln.

[1] Die Rede ließ sich nicht nachweisen.

[2] Vgl. Nr. 60, Anm. 4.

nun auf einmal sehr traurig, aber sie war ziemlich direktionslos. Es gibt lustige Details. Ich war nur 1x bei den Konferenzen, habe dann aber erklärt, man werde mich bei *dem* Verfahren nicht mehr sehen.[3] Im Ministerium ziemlicher Katzenjammer. Ich werde nun – wenn nicht noch eine Wendung vom Himmel kommt – brav Bücher schreiben bezw. herausgeben. Was aber wird aus Frech, an den ich mich so gut gewöhnte?[4] Schade ist: Auto u. Theater, womit man Freude machen konnte.[5] Gestern triumphale <Erst>[6]aufführung von Hindemiths Oper „Mathis", die m[eine] Theaterpolitik rechtfertigte.[7] – Ich hoffe, Onkel L[udwig][8] erholt sich wieder.

Seid beide herzlich gegrüßt
Dein Vater Th. Heuss

[PS] Am Montag machen wir mit den am[erikanischen] Herren Weihnachtsfeier, die Mutter hält die Eingangsrede, ich die Schlußansprache. Ob *mit* Simpfendörfer, ist noch fraglich.[9]

---

3 Bei den Wahlen zum ersten Landtag von Württemberg-Baden am 24. 11. 1946 errang die CDU 39, die SPD 32, Die DVP 19 und die KPD 10 Sitze. Wegen der zahlreichen schwierigen Aufgaben, die der künftigen Landesregierung bevorstanden, einigten sich die Fraktionen auf eine Allparteienregierung. In den Koalitionsverhandlungen mussten letztlich alle Parteien Konzessionen machen: Die CDU – obwohl stärkste Fraktion im Landtag – verzichtete auf das Amt des Ministerpräsidenten zugunsten von Maier; im Gegenzug ging das Kultusministerium an die CDU, die den Landtagspräsidenten Wilhelm Simpfendörfer für das Amt vorsah. Auf der zweiten Sitzung des Landtags am 16. 12. 1946 wurde Maier mit 71 Ja-Stimmen und 17 Enthaltungen zum Ministerpräsidenten gewählt; vgl. P. SAUER, Neubeginn, S. 186; R. MAIER, Grundstein, S. 325.

4 Hans Waldemar Frech, persönlicher Referent von Heuss im Kultusministerium.

5 Heuss standen als Kultusminister ein Dienstwagen und Theaterfreikarten zur Verfügung.

6 Unsichere Lesart wegen Lochung am linken Rand.

7 Vgl. zur Musik- und Theaterpolitik in Stuttgart TH. STEIERT, Musik- und Theaterpolitik.

8 Ludwig Geiger, jüngerer Bruder von Hermann Geiger und Cousin von Heuss-Knapp.

9 Vgl. zur Weihnachtsfeier im Kultusministerium am 16. 12. 1946 E. HEUSS-KNAPP, Bürgerin, S. 316f.

Nr. 60
An Dr. Gustav Stolper und Dr. Toni Stolper, [New York]
15. Dezember 1946; Stuttgart-Degerloch, Löwenstraße 86
BArch, N 1221, 489: ms. Schreiben, behändigte Ausfertigung, ohne Schlußzeichnung; ms. Briefkopf: „Dr. Theodor Heuss“[1]
Rücktritt als Kultusminister; Erscheinen der Bosch-Biographie; wirtschaftliche Zukunft Deutschlands; Gesundheitszustand

Liebe Freunde,

[…][2]
Von mir persönlich könnte ich jetzt ein großes Kapitel schreiben. Meine Tätigkeit als Kultminister wird in diesen Tagen zu Ende gehen. Die demokratische Volkspartei hatte das Glück bezw. Unglück, bei den letzten Wahlen 52.000 Stimmen zu gewinnen, während alle übrigen Parteien zusammen 53.000 gewannen. Wir nahmen der CDU zwei Sitze ab.[3] Es fehlten 200 bis 300 Stimmen, dann wären es drei Sitze gewesen. Das hat dort sehr verstimmt, und da die CDU mit 39 Mandaten gegen 19 demokratische immerhin die stärkste Partei ist, erhob sie den Anspruch auf Ministerpräsidium und Kultusministerium. Ich will Euch ein Bild der Verhandlungen nicht zeichnen. Ich selber habe mich sehr bald mit einem schlechten Geschmack im Mund zurückgezogen, nachdem ich den Partnern von CDU und SPD sehr deutlich meine Meinung über den schlechten Stil der Fraktionstaktiken gesagt habe. Die Demokraten wollten natürlich an mir festhalten. Ich setzte in der Fraktion selber dann durch, daß mitgeteilt werde, daß ich auf mein Amt verzichte, um eine rettungslose Versteifung der Verhandlungen zu vermeiden. Für die gesamtdeutsche Entwicklung ist im Augenblick der Weiterbestand des Ministerpräsidiums von Reinhold Maier absolut wichtiger. Ich wollte vermeiden, daß bei den drei Ländern der amerikanischen Zone entweder zwei CDU- oder zwei SPD-Ministerpräsidenten gegen den Dritten im Spiel sich näher rücken.[4] Maier hat seine Sache nicht nur in der Öffentlichkeit gut geführt,

---

1 Am Briefende hs. Gruß von Heuss-Knapp: „Alles Gute zu Weihnachten! Bald mehr. Elly. Zettel liegt bei.“ Diese hs. Nachschrift spricht dafür, dass es sich trotz fehlender Schlusszeichnung um eine Ausfertigung handelt.

2 Im ersten Teil des Briefes berichtet Heuss über seine Eindrücke von den Begegnungen mit dem Sohn von Gustav Stolper, dem amerikanischen Offizier Ernst Stolper.

3 Die DVP erhöhte im Vergleich zur Wahl zur Verfassunggebenden Landesversammlung ihre Abgeordnetenzahl von 17 auf 19, die CDU büßte von 41 Sitzen 2 ein. Die anderen Parteien hielten ihre Anzahl an Abgeordnetensitzen; vgl. P. SAUER, Neubeginn, S. 117, 186; zum Folgenden vgl. auch Nr. 59, Anm. 3.

4 In Hessen regierte seit Dezember 1946 der Sozialdemokrat Christian Stock mit einer Großen Koalition aus SPD und CDU. In Bayern, wo die CSU bei den Landtagswahlen die absolute Mehrheit errang, wurde Ende 1946 nach großen innerparteilichen Querelen und mit Unterstützung der

sondern, was ich immer bewundere, den Kabinettssitzungen einen nüchternen, überlegenen Charakter aufzuprägen verstanden. Meine Entscheidung hat die Situation in toto gerettet und die Ehrgeize gelähmt. Sie geschah nicht in einer Aufwallung von opferfrohem Edelmut, noch mit einer Verstimmung über die komische Form von Intriguen, die Teile der CDU und SPD gegen mich spannen, sondern in der vollkommen nüchternen Überlegung, was für Deutschland heute das Wichtige ist. Man jammert jetzt außerhalb der engsten Fraktionskreise im Land, daß ich nicht mehr fungieren werde, da ich immerhin dem Ministerium und damit zum Teil auch dem Land ein sogenanntes geistiges Außengesicht gegeben habe. Aber mein Abschied ist vollkommen klaglos. Ich werde nun wieder stärker an Publizistik und Wissenschaft herangehen, und an Inanspruchnahme sonstiger Art wird es nicht fehlen.[5]

Als Ernstel hier war, habe ich ihm mein eben erschienenes Bosch-Buch zur Übermittlung an Euch übergeben.[6] Hoffentlich war es ihm möglich, es an Euch weitergehen zu lassen. Shepard Stone, der in den letzten Wochen wiederholt behaglich bei uns gewesen ist, hat es übernommen, von Elly's Büchlein Euch einige Exemplare mitzubringen.[7] Wir hoffen nur sehr, daß die Papierbewilligung bald Neuauflagen ermöglicht, denn bei der Bucharmut ist die Nachfrage ja sehr stark. Das Bosch-Buch ist das erste große Werk in der amerikanischen Zone. Es konnte sogar der erste Teil der Auflage auf altem holzfreien Papier gedruckt werden, so daß die Sache auf den amerikanischen Herrn, dem ich das Buch schenkte, einen starken Eindruck gemacht hat. Ich wünschte nur sehr, daß das Buch auch von jenen Amerikanern gelesen wird, die mit über das Schicksal der Firma zu entscheiden haben.[8] Der leitende Mann, Walz, ist jetzt schon seit fünfviertel Jahren gefangen gesetzt, weil er im Aufsichtsrat der Dresdner Bank und der Reichskreditanstalt war.[9] Diese schematischen Entscheidungen schaffen ja

SPD Hans Ehard (CSU) zum Ministerpräsidenten gewählt, der eine Koalitionsregierung mit SPD und Wirtschaftlicher Aufbau-Vereinigung (WAV) bildete.

5 Ähnlich nüchtern, fast erleichtert gegenüber dem Amtsverlust argumentierte Heuss auch in zahlreichen weiteren Briefen, so z. B. an: Karl Brammer, 2. 12. 1946 und o. D., vermutlich Dezember 1946 (BArch, KlErw. 583), Margret Boveri, 4. 12. 1946 (SBB PK, NL Boveri, 782), Ulrich Zeller, 9. 12. 1946 (DLA, A: Heuss, 73.4228-4230), Walter Goetz, 4. 12. 1946 (BArch, N 1215, 35a), Gottfried Traub, 22. 12. 1946 (BArch, N 1059, 61), Helene Ecarius, 29. 12. 1946 (BArch, N 1221, 76), Hans-Heinrich Welchert, 29. 12. 1946 (BArch, KlErw. 876, 1), Theodor Pfizer, 3. 1. 1946 (StadtA Ulm, NL Pfizer, H/Pfizer).

6 TH. HEUSS, Robert Bosch, vgl. auch Nr. 1, Anm. 7, Nr. 5.

7 E. HEUSS-KNAPP, Wege, vgl. auch Nr. 27, Nr. 29.

8 Auch die Robert Bosch GmbH sollte entsprechend den Beschlüssen von Potsdam (vgl. Nr. 41, Anm. 16), die eine Zerschlagung der bestehenden übermäßigen Konzentration der Wirtschaftskraft vorsahen, dezentralisiert werden. Ein Entflechtungsbescheid der US-Militärregierung ordnete 1948 schließlich eine Ausgliederung aller Firmenteile an, die außerhalb Stuttgarts lagen; vgl. R. BECKER, Geschichte, S. 11; allgemein dazu G. SCHULZ, Entflechtungsmaßnahmen, S. 210–222.

9 Vgl. Nr. 26, Anm. 9.

unerwünschte und individuelle, nicht berechtigte Härten, was die amerikanischen Herren, soweit man mit ihnen darüber spricht, meistens selber sehen.

Dein großer letzter Brief, lieber Gustel, war für uns wieder sehr wichtig.[10] Es ist ja immer noch nicht möglich, in unserer Zone fremde Zeitungen zu erhalten. Ich kriege zwar von einer amerikanischen Dame die New York Times Oversea; das hinkt dann immer hinter den Ereignissen her. Über die Lebensmöglichkeiten des von der agraren Basis befreiten Deutschlands, dem man bis jetzt seine Exportwaren nicht abnimmt, brauchen wir uns ja nicht zu unterhalten.[11] Wir möchten sehr wünschen, daß der Zonenzusammenschluß etwas hilft;[12] aber ich bin so lange skeptisch, als die bürokratischen Regelungen nicht gelockert sind, vor allem in Ansehung des Exports. Es muß wieder der goodwill deutscher Firmen und Leistungen weltmarktmäßig zum Zuge kommen, sonst bleibt alles im Theoretischen gerade der Planwirtschaft stecken; dabei sind trotz der Flüchtlingsnot die Gesamtverhältnisse in der amerikanischen Zone bei weitem die besten.[13] Über die Industriepolitik, Franzosen und Russen, will ich nichts schreiben. Denn das würde zu sehr ins „Politische" gehen. Auf dem Verwaltungsweg mit Druck und Zureden vollziehen sich hier still Dinge, die für die später in Deutschland theoretisch zu belassende Industriekapazität katastrophal sein können. Die Bosch-Werkstätten etwa, die nach Süd-Württemberg, heute französische Zone, ver-

---

[10] Gustav Stolper an Heuss, 28. 10. 1946, in: BArch, N 1221, 418.

[11] Die landwirtschaftliche Nutzfläche Deutschlands hatte sich durch die Abtrennung der agrarischen Überschussgebiete im Osten um ein Fünftel reduziert; zudem hatte der Agrarsektor erhebliche Kriegszerstörungen zu verkraften, so dass ein Ertragsrückgang um ein Drittel zu verzeichnen war. Die dramatische Zuspitzung der Ernährungskrise im Frühjahr 1946 führte schließlich zu einer Umorientierung der amerikanischen und britischen Besatzungspolitik und zur Bildung der Bizone; vgl. G. J. TRITTEL, Hunger, S. 20–22 und passim.

[12] Angesichts der desaströsen wirtschaftlichen Verhältnisse in den Ländern arbeiteten die USA seit Sommer 1946 – bekräftigt durch die Rede des amerikanischen Außenministers James F. Byrnes am 6. 9. 1946 in Stuttgart – auf den ökonomischen Zusammenschluss der Zonen hin, wie ihn die Potsdamer Vereinbarung vorgesehen hatte (vgl. Nr. 41, Anm. 16). Dabei kristallisierte sich aufgrund der sowjetischen und französischen Obstruktionspolitik eine kleine Lösung heraus. Am 2. 12. 1946 unterzeichneten der amerikanische und britische Außenminister ein Abkommen über die wirtschaftliche Fusion beider Zonen zum Vereinigten Wirtschaftsgebiet, der Bizone, das zu Beginn des Jahres 1947 in Kraft trat. Daraufhin nahmen in der Bizone fünf deutsche Verwaltungsbehörden für die Ressorts Wirtschaft, Ernährung, Infrastruktur, Finanzen und Kommunikation ihre Arbeit auf. Eine politische Vereinigung war vorerst nicht vorgesehen. Konstruktionsmängel und Kompetenzstreitigkeiten zwischen den Länderregierungen und Verwaltungen führten im Frühsommer 1947 sowie im Februar 1948 zu Reformen der Organisationsstruktur der Bizone. Die meisten Institutionen der Bizone und deren Personal gingen schließlich in den Ministerien der Bundesrepublik auf; vgl. W. BENZ, Besatzungsherrschaft, S. 35–118.

[13] Bis in den Herbst 1946 hinein erlebte die US-Zone „einen zwar noch immer begrenzten, aber sehr dynamischen industriellen Aufschwung", der Ende des Jahres jedoch wieder ins Stocken geriet; W. ABELSHAUSER, Wirtschaftsgeschichte, S. 106–109, hier S. 107; vgl. zum Flüchtlingsproblem in Württemberg-Baden Nr. 41, Anm. 10.

lagert wurden, sollen jetzt ins Saargebiet umgruppiert werden und dergleichen mehr.

Ich müßte Dir noch meine Meinung über Meineckes Buch sagen, aber – ich habe es nicht gelesen.[14] Es steht zwar irgendwo unter meinen Büchern, aber nie war ich so ungebildet wie in der Zeit, da ich für die Bildung amtlich verantwortlich war. Ich habe Bildungspolitik getrieben, habe eine Akademie der Bildenden Künste wieder neu aufgebaut,[15] das Theater einigermaßen in Schuß gebracht, aber zum Konsum von Wissenschaft oder Dichtung bin ich nicht mehr gekommen. Stöße lagern, die gelesen, die zum Teil besprochen werden sollen. Wenn ich soweit bin, will ich einiges dazu sagen.

Gesundheitlich geht es mir wieder gut. Es ist mit in erster Linie Eurer Freundschaft zu verdanken, daß die Ernährung reichhaltiger und farbiger gestaltet ist, als das sonst möglich ist. Wir haben wohl jeden Tag Anlaß, Eurer in Dankbarkeit und Liebe wegen irgend einer munteren und nützlichen Beigabe zu danken. Ich muß aber auch meinen württembergischen Freunden dankbar sein. Die relative Volkstümlichkeit, die ich in einem bestimmten Wahlkreis genieße,[16] hat sich während des Wahlkampfes in Kalorien verzinst. Nach fünf Wochen täglicher Rederei (neben der sonstigen Arbeit) habe ich nicht weniger als sechs Pfund – zugenommen und bin wieder auf 126 Pfund gekommen, immerhin noch 34 Pfd. weniger als beim Eintritt in den Krieg. Aber ich fühle mich im ganzen frisch und leistungsfähig. Der Wegfall des Autos wird ja nun die Dinge etwas ändern. Von Heidelberg her weiß ich, wie mich die Lauferei und Schlepperei angestrengt haben, und da wir hier ganz außerhalb des Stadtzentrums wohnen (übrigens recht nett), habe ich schon etwas Angst vor den überfüllten Elektrischen, in denen zu fahren man Elly kaum wird zumuten können. Aber wieviel besser sind wir doch dran als Millionen, daß wir unsere vier Stuben haben. Das Ungeschickte ist nur, daß in ihnen die Wände fehlen für meine Bücher, die großenteils noch in Kisten in der Garage ruhen.

Damit für heute genug. Ich weiß nicht, wie lange der Brief brauchen wird, bis er in Eure Hand kommt. Das Jahr 1947 wird uns hier stärkste Belastungen bringen;

---

[14] FRIEDRICH MEINECKE: Die deutscher Katastrophe. Betrachtungen und Erinnerungen, Wiesbaden 1946. Meinecke versuchte in seinem vielbeachteten Alterswerk, mit Hilfe einer kollektiven Geistesgeschichte die jüngste Vergangenheit zu deuten, die im Nationalsozialismus kulminiert sei. Stolper hatte Heuss in einem Postskriptum zum Brief vom 28. 10. 1946 über seine Enttäuschung bei der Lektüre von Meineckes Buch berichtet. Meinecke habe den entscheidenden Umstand nicht erklären können, der auf die deutsche Katastrophe zugeführt habe, nämlich „den Mangel an allgemeinem Abscheu vor dem Phänomen Hitler, seinen Methoden und seiner Gefolgschaft *vor* 1933, zu einer Zeit, wo das deutsche Volk *frei* war zu sehen und zu reagieren." Wie Anm. 10; vgl. zu der Einschätzung des Buches durch Heuss Nr. 66.

[15] Vgl. Nr. 33, Nr. 48, Nr. 54.

[16] Heuss vertrat im Landtag den Wahlkreis Heidelberg.

wenn es etwas Schönes bringen wird, dann müßte es ein Wiedersehen mit Euch sein.

Mit herzlichen und dankbaren Grüßen wie immer
Euer [Theodor Heuss]

Nr. 61
An Dr. O. A. Isbert, Stuttgart-Degerloch
22. Dezember 1946; [Stuttgart]
BArch, N 1221, 83: ms. Schreiben, Durchschlag
Rücktritt als Kultusminister

Sehr geehrter Herr Doktor Isbert,

freundlichen Dank für Ihren Brief.[1] Ich habe ihn an Herrn Staatsrat Wittwer zur Kenntnisnahme weitergeleitet. Ich selber besitze weder über Herrn Bettinger noch über Herrn Middelmann ein Urteil, da ich beide Herren nicht kenne. Sie halten es für „vielleicht angebracht", anläßlich meines Ausscheidens aus dem Kabinett „für die DVP dann wenigstens bestimmte andere Positionen zu verlangen" – entschuldigen Sie, daß ich diesem Gedankengang nicht folge. Ich habe mich aus eigener Entscheidung aus den Verhandlungen über die Regierungsbildung, nachdem ich ein Mal daran beteiligt war, zurückgezogen, weil ich das Verfahren der CDU-Leitung, eine Kabinettsbildung als Kompensationsgeschäft anzusehen, im Grundsätzlichen ablehne und für eine Gefährdung der Demokratie halte.[2] Das ist aber ein weites Kapitel. Ich für meine Person lehne es ab, wissend, daß das für ein parteipolitisches Denken als Schwäche gelten mag, Personalentscheidungen in der Beamtung nach der Parteizugehörigkeit zu bewerten.

Ihr ergebener [Theodor Heuss]

1 Ließ sich nicht ermitteln.
2 Zur Regierungsbildung und zum Ausscheiden von Heuss vgl. Nr. 59, Anm. 3, Nr. 60.

Nr. 62
An Dr. Toni Stolper, [New York]
26. Dezember 1946; Stuttgart Degerloch, Löwenstraße 86
BArch, N 1221, 489: hs. Schreiben, behändigte Ausfertigung[1]
Rücktritt als Kultusminister; Dank für Hilfssendungen; Nachricht von Hans Liepmann

Liebe Toni,

schicke bitte die Anlage an Wolfis Adresse – vielleicht kann er mir helfen.[2]

Wir haben Weihnachten behaglich still gefeiert – ich ersticke nur unter den Briefen, die mir mein Ausscheiden aus dem Ministeramt bringt. Die meisten bedauern mich als „Opfer“, während ich mich als „Sieger“ fühle, der die heillos verwirrten und auch subalternen Methoden des Verhandelns zerschlug u. damit die sich anbahnenden „Verständigungen“ der anderen kaputt machte. Die Motive kann ich im einzelnen nicht darstellen; sie gehen ins parteipolitische und personelle Detail. Hauptsache: ich habe die beiden andern Aspiranten auf das Min[ister]-Präsidium zur Strecke gebracht.[3] Die Herren von der MG[4] bedauern m[ein] Ausscheiden, da immer sehr angenehme menschl[iche] Beziehungen bestanden; sie haben mir, im richtigen Moment der Baisse, eine große Kiste Zigarren zum Abschied gesandt u. in einem kl[einen] Akt der Amtsübergabe ausgesprochen, daß der Verkehr weitergehen solle. M[ein] Rücktritt hat mich fast populär gemacht – jetzt versichern auch SPD u. CDU, ich müsse in der öffentl[ichen] Wirksamkeit bleiben. Ich lasse die Dinge ruhig wachsen. Für die d[eut]sche Entwicklung ist wichtig, daß wir mit R. Maier Kontinuität der Geschäftserfahrung und des Goodwill gerettet haben. Ob u. wie lange ich Minister bin, ist daneben zweitrangig – viele wichtigere Dinge, vor allem in der Verfassung, sind gesichert. Da habe ich, gegenüber München und Wiesbaden, die sauberere Lösung durchgekämpft.[5]

Mr. Stone hat Euch wohl inzwischen unsere Grüße bestellt. Er war mehrmals bei uns; ich finde ihn menschlich so angenehm u. sachlich so aufmerksam. Nun bin ich gespannt, was er über D[eut]schland schreiben wird – ein amerik[anischer]

---

1 Hs. Randnotiz von Ernst Ludwig Heuss: „Liebe Toni, Dir und Onkel Gustel nur herzliche Neujahrsgrüße u. alle guten Wünsche. Ich kann jetzt Bücher mit über die Grenze nehmen! Herzlichst Dein Lutz. Ich hoffe, Herrn Dr. Strauss behilflich sein zu können.“ Weiterer Nachweis: BArch, N 1221, 646: ms. Schreiben, Abschrift.

2 Die Anlage für Wolfgang Stolper ließ sich nicht ermitteln.

3 Gemeint sind vermutlich Heinrich Köhler (CDU) und Hermann Veit (SPD); vgl. Nr. 59.

4 Kurzform von OMGUS; vgl. Nr. 29, Anm. 28.

5 Vermutlich bezieht sich Heuss hier vor allem auf die Verankerung der christlichen Gemeinschaftsschule in der Verfassung von Württemberg-Baden; vgl. Nr. 65, Anm. 7.

Freund hier will es mir zugänglich machen.[6] Ob das Bosch-Buch Euch erreicht hat?[7] Inzwischen wurde auch m[ein] Liebig-Büchlein neugedruckt, u. ich freue mich, bis ich Euch den Neudruck des Anton Dohrn, meines farbigsten Buches, senden kann – das wird aber noch einige Monate dauern.[8]

Eure Fürsorge ist sachlich und seelisch eine Labsal. Der Zufall hat es gefügt, daß gerade zur Weihnacht wieder ein Paket kam, das auch m[eine] Taschentüchernot lindert; es ist ja grotesk, was einem zwischendurch fehlt. Und dabei sind wir vom Schicksal so schonend angefaßt worden!

Wir stehen unter dem Eindruck eines großen Berichtes von Hans Liepmann, meinem Protegé vor zwanzig u. mehr Jahren[9] – er hat als englischer Soldat in Afrika u. Burma gekämpft. Schicksale! Die einfallreichsten Fabelerfinder für Romane sind durch die Wirklichkeit blamiert.

Mit vielen herzlichen Grüßen an Euch alle wie immer
Dein dankbarer Theodor Heuss

[PS] Gibt es keine Möglichkeit, uns Eure Bücher aus den letzten Jahren zugänglich zu machen?[10]

---

6 Die Ausführungen Stones über Deutschland erschienen in der „New York Times"; vgl. V. R. BERGHAHN, America, S. 44–51; vgl. auch Nr. 25, Anm. 2.

7 TH. HEUSS, Robert Bosch, vgl. auch Nr. 1, Anm. 7, Nr. 5. In ihrem Schreiben vom 7. 1. 1947 an das Ehepaar Heuss bestätigte Toni Stolper den Empfang der Bosch-Biographie; BArch, N 1221, 489.

8 TH. HEUSS, Justus von Liebig [^{2}1946], vgl. auch Nr. 35, Anm. 9; DERS., Anton Dohrn [^{2}1948], vgl. auch Nr. 138.

9 Hans Liepmann, Sohn eines Berliner Verlagsbuchhändlers, besuchte das Realgymnasium in Berlin-Friedenau. In der Korrespondenz zwischen Heuss und seinem Sohn wird er mehrfach genannt, ohne dass die Beziehung zu ihm deutlich wird. Für Ernst Ludwig Heuss spielte er wohl gelegentlich den Part des älteren Bruders. In den zwanziger Jahren übernahm Liepmann vermutlich kleinere Schreibarbeiten für Heuss, studierte in Berlin, dann in Tübingen Geschichte, Germanistik und Philosophie (Liepmann an Heuss, 12. 3. 1928 und 30. 1. 1929, in: BArch, N 1221, 86) und wurde 1931 mit einer Arbeit über Gotthold Ephraim Lessing promoviert, die er Heuss und seiner Frau widmete. Weitere Angaben zu Liepmann ließen sich nicht ermitteln.

10 Vgl. Nr. 6, Anm. 28.

Nr. 63
An Dr. Otto Gessler, [Lindenberg, Allgäu]
27. Dezember 1946; Stuttgart-Degerloch, Löwenstraße 86

BArch, N 1032, 9a: ms. Schreiben, behändigte Ausfertigung; Kopfbogen: „Theodor Heuss"

Rücktritt als Kultusminister; Ablehnung, eine Biographie über Paul Reusch zu verfassen; literarische Pläne

Lieber Freund,

vielen Dank für Ihren ausführlichen Brief, der mit einer Unzahl anderer in den Weihnachtstagen einlief.[1] Viele Menschen hatten das Bedürfnis, mir ihr Bedauern auszusprechen, daß ausgerechnet ich ein Opfer der schlechten Sitten der deutschen Demokratie geworden sei.[2] Nun kann ich freilich diese Sitten nicht gerade gut finden. Ich habe an den Verhandlungen nur ein Mal teilgenommen und mich dann endgültig beurlauben lassen, weil ich einen schlechten Geschmack in den Mund bekam und es nicht recht ertrug, dabei zu sitzen, während man mich zum Handelsobjekt machen wollte. Ich habe verhältnismäßig sehr schnell die Situation durchschaut – wählen Sie, welches Bild Sie wollen, entweder Alexander gespielt und den gordischen Knoten durchhauen[3] oder den Winkelried, der die auf Reinhold Maier gerichteten schwarz und rot bewimpelten Spieße aus Karlsruhe zusammenfaßte und in die eigene Brust stieß.[4] Ich habe eine Kombination gesprengt, die ich im Augenblick für die gesamtdeutsche Lage für unerwünscht halte,[5] und komme mir deshalb gar nicht als das Opfer vor, sondern fast als ein „Sieger". Das Komische der Situation ist, daß mir jetzt von SPD und CDU Sympathieerklärungen zugehen und man sich über meine Zukunft Gedanken macht, was höchst überflüssig ist, denn ich kann mir meine Arbeit selber gestalten, und an Aufgaben wird es nicht fehlen.

Ich will Ihnen heute gleich schreiben, wegen Ihrer Überlegung, ob ich, da mein Schicksal nun dies zu sein scheint, große Biographien zu schreiben,[6] auch

---

1 Gessler an Heuss, 16. 12. 1946, in: BArch, N 1221, 79.

2 Vgl. zu den Regierungsverhandlungen und zum Ausscheiden von Heuss aus dem Amt des Kultusministers auch Nr. 59, Anm. 3, Nr. 60.

3 Einer antiken griechischen Sage zufolge durchschlug der makedonische König Alexander der Große 334 v. Chr. einen als unlösbar geltenden Knoten mit dem Schwert, und darum wurde ihm die Herrschaft über Asien prophezeit. Bis heute meint die Redewendung die einfache Lösung eines schwierig erscheinenden Problems.

4 Laut dem Chronisten Aegidius Tschudi soll Arnold Winkelried 1386 bei der Schlacht von Sempach ein Bündel Lanzen der gegnerischen Habsburger gepackt und sich damit selber aufgespießt haben, um mit diesem Opfer den Schweizer Eidgenossen eine Bresche zu öffnen und damit den Sieg zu ermöglichen. Mit den „schwarz und rot bewimpelten Spießen aus Karlsruhe" sind die Ambitionen der Karlsruher Politiker Köhler und Veit auf das Amt des Ministerpräsidenten gemeint.

5 Vgl. Nr. 60, Anm. 4.

6 Zwischen 1937 und 1946 erschienen die zum Teil voluminösen Biographien von Heuss über Naumann, Poelzig, Dohrn, Liebig und Bosch; vgl. E. W. BECKER, Biographie.

Paul Reusch zu meinen Opfern wählen solle. Sie haben das früher schon einmal angedeutet.[7] Verfolgen Sie aber bitte diesen Plan nicht weiter. Ich bin mit Reusch in ein sehr angenehmes menschliches Verhältnis gekommen.[8] Ich kann spüren, daß er mich gern hat, und ich finde, daß er eine bedeutende und interessante Erscheinung ist, von der ich auch einmal ein Portrait zeichnen könnte, aber doch nicht mehr als eine Zeichnung sehr subjektiver Auffassung. Das Milieu seines historischen Wirkens, die große Industrie von Rheinland-Westfalen, ist mir in ihrem personellen Bestand völlig fremd. Bei meinen Büchern über Naumann, Poelzig und Bosch kannte ich fast alle Mitspieler persönlich und war deshalb zu einer individuellen Abtönung fähig.[9] Bei Dohrn war mir das Familienmilieu geläufig und im Historischen die Distanz so groß, daß die Benutzung der Quellen eine größere Beweglichkeit gestattete,[10] wo sollte ich heute die Quellen für die rheinisch-westfälische Industrie zusammenkriegen? Das Meiste, was vorliegt, soweit ich es kenne, ist Apologie oder Pamphlet. Ich habe bei meinen bisherigen großen Biographien alles aus den ersten Quellen geschöpft. Eine so breite Arbeit, wie es das rheinisch-westfälische Problem darstellt, kann ich unmöglich unter meine Lebenspläne aufnehmen. Ich werde vermutlich stärker für Parteidinge herangeholt werden,[11] falls mich nicht irgendwelches „Amt" wieder beansprucht, und wenn es einmal eine Pause gibt, schreibe ich an meinen eigenen Lebenserinnerungen weiter.[12] Sie haben ja selber an dem 60. Geburtstag mich dazu animiert, ähnlich wie es Meinecke tat,[13] und als ich im Sommer 1945

---

[7] Ein früherer Brief von Gessler an Heuss, der das Verfassen einer Reusch-Biographie anregt, ließ sich nicht ermitteln. Heuss war bei Gessler seit den zwanziger Jahren mehrmals Gast in Lindenberg, so z. B. auch im Juli 1937 zur Überarbeitung des Manuskripts zur Naumann-Biographie. Bei solchen Gelegenheiten könnte die erwähnte Andeutung gemacht worden sein.

[8] Heuss lernte Reusch, Ruhrindustrieller und Generaldirektor der Gute-Hoffnungs-Hütte, 1931 auf dem 70. Geburtstag von Robert Bosch in Stuttgart kennen. Dort wurde „der Grund gelegt zu einer späteren Männerfreundschaft, die ich bald zu den Beglückungen des eigenen Alters rechnen durfte." TH. HEUSS, Profile, S. 321.

[9] Naumann war spätestens seit 1902, als der Abiturient Heuss sein Idol persönlich kennenlernte, für ihn der politische Mentor, mit dem er bis zu dessen Tode 1919 eng zusammenarbeitete und auf den er sich zeit seines Lebens berief. Poelzig stand Heuss über seine Tätigkeit beim Deutschen Werkbund nahe. Bosch war ihm bekannt aus dem Umfeld des Linksliberalismus und als Mäzen politisch-pädagogischer Projekte; vgl. E. W. BECKER, Biographie, S. 62.

[10] Den Zoologen Anton Dohrn kannte Heuss zwar nicht mehr persönlich, lernte aber während seines Studiums in München dessen Sohn, den Naumann-Anhänger Wolfgang Dohrn, kennen, der später erster Geschäftsführer des Deutschen Werkbundes wurde. In den darauffolgenden Jahrzehnten entwickelte sich eine Freundschaft zu den Söhnen Reinhard und Boguslav Dohrn; letzterer hatte Heuss 1939 mit der Biographie seines Vaters beauftragt; vgl. ebd., S. 62f.

[11] Neben seinem Vorstandsposten bei der württemberg-badischen DVP bekleidete Heuss seit Ende September 1946 den Vorsitz der DVP in der amerikanischen Zone; vgl. Nr. 52, Anm. 9.

[12] Vgl. zu den Jugenderinnerungen Nr. 1, Anm. 9.

[13] In seinem Geburtstagsschreiben an Heuss vom 23. 1. 1944 hatte Gessler die interessante Biographie seines Freundes gelobt, die „mit allen Mitteln" geschrieben werden müsse, da sie ein „besonders

in ein paar Wochen meine Heilbronner Jugend bis zum Abitur niederschrieb, hat mir das sehr viel Spaß gemacht. Freilich, beim Weitergang der Aufgabe müßte ich Briefe u. dergl. herausholen, die, in Kisten gestapelt, in der Garage liegen. So glücklich ich dran bin, eine Vierzimmerwohnung zu haben, so bedrückend und schwierig ist doch die Enge, wenn man den Kram eines bald langen Lebens drin sortieren soll.

Ich hoffe, daß ich in der nächsten Zeit auch etwas zum Lesen komme, nie war ich so „ungebildet“ als in der Zeit, da ich Bildungsminister war. Alle Welt will jetzt Aufsätze und Bücher von mir. Ich könnte aus meinen Essays in der Frankfurter Zeitung und sonstwo gleich eine ganze Serie Bücher zusammenstellen; aber es eilt mir damit nicht.[14] Einen großen Nachteil hat die Wendung meines äußeren Schicksals: die Beweglichkeit mit dem Auto ist in Wegfall gekommen. Das ist auch für meine Frau etwas schmerzlich, die ja nun mit mir im Landtag sitzt und ihre Aufgaben ganz eifrig anfassen will, aber doch immer wieder die Warnung erhält, daß sie ihrem Herzen nicht zu viel zumuten darf.

Ich freue mich sehr, wenn die kommenden Wochen einen Besuch von Ihnen bringen.

Seien Sie bis dahin mit Ihrer Frau herzlich gegrüßt. Wie immer
Ihr dankbar ergebener Theodor Heuss

wertvolles Zeitdokument“ sei; BArch, N 1221, 270. Meinecke hatte hingegen nur in allgemeiner Form angeregt, dass Heuss „der Welt“ ein Buch schreiben solle, das „den inneren Gehalt und Sinn im Unsinn unserer Zeit und zugleich das Ziel für alle weitere Bemühung um Deutschlands Erhaltung zeigen müßte. Sie wären der Mann, ein solches Buch zu schreiben“; Meinecke an Heuss, 28. 1. 1944, in: ebd., 270; vgl. auch Stapel an Heuss, 13. 1. 1945, in: DLA, A: Stapel; Heuss an Hugo Schradin, 17. 1.1945, in: AdL, N 13, 6.

14 Heuss verfasste vor allem zwischen 1933 und 1943 zahlreiche biographische Porträts, die vornehmlich in der „Frankfurter Zeitung“ abgedruckt wurden. Ein Teil dieser Artikel erschien in der Nachkriegszeit in Sammelbänden; THEODOR HEUSS: Deutsche Gestalten. Studien zum 19. Jahrhundert, Stuttgart/Tübingen 1947; DERS.: Schattenbeschwörungen. Randfiguren in der Geschichte, Stuttgart/Tübingen 1947; zur Zusammenarbeit mit der „Frankfurter Zeitung“ vgl. auch Nr. 18, Anm. 11, Nr. 38.

Nr. 64
An Hermann Leins, Reutlingen
27. Dezember 1946; [Stuttgart-Degerloch, Löwenstraße 86]
BArch, N 1221, 514: ms. Schreiben, Durchschlag
Publizistische und literarische Pläne; große Nachfrage nach der Bosch-Biographie

Lieber Leins,

wenn Sie wieder einmal nach Stuttgart kommen, müssen Sie bei mir hereinsehen. Es gibt, glaube ich, einige Dinge zu besprechen. Wie Sie gesehen haben, ist meine Ministerlaufbahn zu Ende gegangen.[1] Ich kann Ihnen darüber ja auch einiges, falls es Sie interessiert, erzählen. Ob irgend eine andere Aufgabe an mich heranwächst, weiß ich noch nicht. Auf jeden Fall werde ich in den nächsten Wochen stark publizistische Verpflichtungen nachholen und vielleicht auch Buchüberlegungen nähertreten; die Verlage melden sich schon eifrig. Ob dem Eifer die Erfüllungsmöglichkeiten entsprechen, weiß ich nicht.

Ich möchte gern wissen, was mit dem List-Manuskript eigentlich los ist und wie sich für Ihre Gesamtplanungen Naumann, Dohrn u. s. f. darstellen.[2]

Die Jagd nach dem Bosch wird allmählich ein Kreuz.[3] Die Leute kommen sogar zu mir in die Wohnung, um dann freilich schnöde hinausexpediert zu werden. Ich bin selber bis auf ein Exemplar reduziert. Das Vorletzte wurde ich los und zwar ganz gern, weil irgend jemand auf die gute Idee gekommen war, mir aus seinem Geflügelhof eine – Gans zu senden. Das hätte der alte Bosch selber zugegeben, daß hier nur seine Biographie ein Äquivalent schafft.

Hoffentlich haben Sie nette geruhige Feiertage gehabt. Meine Frau hatte sich bei der Landtagssitzung, in der der Raum nicht geheizt war, stark erkältet.

Was mir sachlich besonders wichtig ist, ist folgendes: Prof. Gustav Radbruch in Heidelberg quält mich seit Wochen, ich sollte ihm für eine kleine Sammlung deutscher Volksmänner, die er im Verlag Rausch[4] in Heidelberg herausbringt, ein 60-Seiten-Bändchen über Naumann schreiben; ich habe es mit Rücksicht auf den geplanten Neudruck, der mir natürlich viel wichtiger ist, abgelehnt; jetzt ist

---

[1] Vgl. Nr. 59–Nr. 63.

[2] Die Rede, die Heuss am 30. 11. 1946 in Reutlingen zum 100. Todestag von Friedrich List hielt, erschien 1947; THEODOR HEUSS: Der Reutlinger Friedrich List. Rede bei der Gedenkfeier der Stadt Reutlingen zum 100. Geburtstag von Friedrich List am 30. November 1946, Stuttgart/Tübingen 1947; TH. HEUSS, Friedrich Naumann [^{2}1949], vgl. auch Nr. 45, Nr. 67; DERS., Anton Dohrn [^{2}1948], vgl. auch Nr. 138.

[3] Der zunächst von der amerikanischen Militärregierung bewilligten Auflage von 5.000 Stück standen wenige Wochen nach Erscheinen der Biographie schon an die 50.000 Bestellungen gegenüber; vgl. Heuss an Traub, 22. 12. 1946, in: BArch, N 1059, 61.

[4] In der Vorlage: „Rauch".

der Verleger selber auch noch gekommen.[5] Ich würde hier gern Klarheit haben, da ich ja spüre, daß[6] in Ihrem Verlag selber ein Widerstand gegen die Neuausgabe von Naumann vorliegt.[7]

Mit guten Neujahrswünschen für Sie Alle
Ihr [Theodor Heuss]

Nr. 65
An Dr. Wilhelm Stapel, [Hamburg Groß-Flottbek]
7. Januar 1947; Stuttgart-Degerloch, Löwenstraße 86

DLA, A: Stapel: ms. Schreiben, behändigte Ausfertigung; Kopfbogen: „Theodor Heuss"

Rücktritt als Kultusminister und Rückblick auf Amtszeit; Zeitschriftenmarkt und Publizistik; Kälteeinbruch und Ernährungslage; Vereinsamung Otto Gesslers

Lieber Herr Doktor Stapel,

freundlichen Dank für Ihren Brief,[1] der nun freilich in einer Zeit eingelaufen ist, in der ich mit Korrespondenz völlig zugedeckt bin. Wie Sie aus den Zeitungen vielleicht sahen, hat meine Ministertätigkeit kurz vor Weihnachten ein Ende gefunden, weil die CDU sich auf dieses Ministerium kapriziert hat wie auch auf den Ministerpräsidenten, da sie als stärkste Partei nach einem arithmetischen Verfahren glaubte, ihre Ansprüche melden und zu Bedingungen machen zu sollen. Ich habe mich an den sogen. Verhandlungen selber nicht sehr beteiligt, da man sich ja ein Stück Würdegefühl bewahrt hat, und dann innerhalb meiner Fraktion meinen Rücktritt durchgesetzt, um die fraktionellen Verkrampfungen zu lösen[2] und die anrückende Verständigung zwischen CDU und SPD zu sprengen. Das ist mir auch geglückt, so daß ich mich gar nicht als „Opfer" der Regierungsumbildung ansehe, sondern als taktischer „Sieger". Ich wollte unter allen Umständen vermeiden, daß in der amerikanischen Zone, da die Parteidinge sich verengen,

[5] Radbruch ging zunächst noch von einer bedingten Zusage von Heuss aus, der für das Bändchen über Naumann seine Frau als Autorin vorgeschlagen hatte; Radbruch an Heuss, 21. 10. 1946, in: BArch, N 1221, 92. Am 20. 12. 1946 hatte sich auch der Adolf Rausch Verlag in Heidelberg an Heuss gewandt in der Erwartung, ihn für die Broschüre über Naumann zu gewinnen. In seinem Antwortschreiben vom 3. 1. 1947 lehnte Heuss erneut ab mit der Begründung, dass demnächst seine Naumann-Biographie wieder aufgelegt werde; ebd.

[6] In der Vorlage folgt gestrichen: „Sie".

[7] Vgl. Nr. 45.

[1] Stapel an Heuss, 17. 12. 1946, in: BArch, N 1221, 98.

[2] Linke Randanstreichung vom Empfänger: „lösen … gar nicht".

eine CDU-Cooperation München-Stuttgart sich gegen Wiesbaden abhebe oder eine SPD-Cooperation Stuttgart-Wiesbaden gegen München. Das Einzelspiel der Dinge kann ich Ihnen nicht beschreiben, es würde Sie auch nicht interessieren, für die mögliche gesamtdeutsche Entwicklung schien es mir das größte Bedürfnis zu sein, den nüchtern-gescheiten, geschäftserfahrenen und menschlich anständigen bisherigen Ministerpräsidenten Reinhold Maier zu erhalten, mit dem ich seit Jahrzehnten politisch und menschlich nahe befreundet bin.[3]

Ich bin aber damit nicht Minister i. R. geworden, wie mir die Leute jetzt auf den Adressen schreiben, sondern das Leben wird unruhig genug bleiben. Die Leute kommen nach wie vor mit Bitten um Rat und Hilfe zu mir, und da ich ja auch im Landtag sitze und für die amerikanische Zone den Parteivorsitzenden abzugeben habe, geht die Unruhe weiter.[4] Ich kann auf die 15 Monate mit einiger Befriedigung zurückblicken. Wir sind in den Schuldingen aus dem Gröbsten herausgekommen, wenn es sich freilich zunächst nur darum handelte, die Dinge wieder in Gang zu bringen. Wir haben auch in den Fragen von Theater und bildender Kunst einige Lösungen fertig gebracht,[5] und es gelang mir, in der Verfassung mit der christlichen Gemeinschaftsschule unter Ausschaltung des sogen. Elternrechtes der weimarer Verfassung, das[6] von der CDU verlangt wurde, eine reinlichere Lösung erreicht zu haben als Hessen und Bayern.[7] Die örtlichen und

---

[3] Vgl. zum Rücktritt von Heuss vom Amt des Kultusministers Nr. 59–Nr. 63.

[4] Heuss vertrat nach der Wahl vom 24. 11. 1946 zum ersten württemberg-badischen Landtag den Wahlkreis Heidelberg; zur Wahl zum Parteivorsitzenden der DVP in der US-Zone vgl. Nr. 52, Anm. 9.

[5] Linke Randanstreichung vom Empfänger: „fertig … versagte sich." Während der Amtszeit von Heuss nahm das Württembergische Staatstheater den Spielbetrieb wieder auf. Zudem wurde mit dem Neuaufbau und Lehrbetrieb in der Staatlichen Akademie der Bildenden Künste Stuttgart begonnen; vgl. FÜNF JAHRE, S. 81–85; Nr. 48, Anm. 4.

[6] In der Vorlage: „die".

[7] Art. 144, Abs. 1 der Weimarer Reichsverfassung legte zwar die Verstaatlichung des Schulwesens fest, doch dazu konkurrierend sah Art. 120 die „Erziehung des Nachwuchses" als „oberste Pflicht und natürliches Recht der Eltern" vor; vgl. CH. GUSY, Weimarer Reichsverfassung, S. 331–337. – Über das Thema „Bekenntnisschule" („Elternrecht") oder „christliche Gemeinschaftsschule" unter Staatsaufsicht wurden während der Beratungen über die Verfassung für Württemberg-Baden heftige Debatten geführt. Heuss befürwortete die Gemeinschaftsschulen und lehnte jede Form von Bekenntnisschulen ab, die aus dem Recht der Eltern abgeleitet würden, ihren Kindern jeweils „konfessionelle Zwergschulen" einzurichten; vgl. Rede von Heuss auf der zweiten Sitzung der Verfassunggebenden Landesversammlung, 18. 7. 1946, in: QUELLEN, 2. Teil, S. 49. Art. 37, Abs. 3 der Verfassung für Württemberg-Baden lautete schließlich: „Die öffentlichen Volksschulen sind christliche Gemeinschaftsschulen." Ebd., 3. Teil, S. 548. – Art. 56, Abs. 2 der am 1. 12. 1946 ratifizierten hessischen Verfassung besagt: „An allen hessischen Schulen werden die Kinder aller religiösen Bekenntnisse und Weltanschauungen in der Regel gemeinsam erzogen (Gemeinschaftsschulen)." Art. 135, Abs. 1 der ebenfalls am 1. 12. 1946 ratifizierten bayerischen Verfassung besagt: „Die öffentlichen Volksschulen sind Bekenntnis- oder Gemeinschaftsschulen. Die Wahl der Schulart steht den Erziehungsberechtigten frei. Die Gemeinschaftsschulen sind jedoch nur an Orten mit bekenntnismäßig gemischter Bevölkerung auf Antrag der Erziehungs-

bezirklichen Schulkämpfe, die uns bedroht haben würden, da wir mit den Zuwanderern vor einem starken konfessionellen Mischprozeß stehen,[8] sind nun ausgeschieden. Bei der evangelischen Kirche habe ich dabei einen guten Akkord erreicht, beim Episcopat ist es nicht geglückt, obwohl dort Sachberater meinen Standpunkt eingesehen haben; aber der Bischof selber versagte sich. Ich werde nun wieder stärker in die Publizistik zurückkehren und wenn es einmal eine größere Pause der Verpflichtungen gibt, wieder an meine Erinnerungen gehen.[9] Es hat mir vor anderthalb Jahren viel Spaß gemacht, meine Heilbronner Schulbubenjugend niederzuschreiben und neben dem Individuellen ein Stück Zeit- und Ortstypik einzufangen. Für die Veröffentlichung kam das freilich nicht in Frage, solange ich Unterrichtsminister war, da es auf der mir in meiner Bubenzeit selbstverständlichen These aufgebaut war, daß Gott zwischen Lehrern und Schülern eine legitime Freundschaft[10] als Lebensgesetz angeordnet hat.

Daß Sie aus den Schwierigkeiten nicht herauskommen, sondern auch noch Ihre sonderlichen Abenteuer erlebt haben, tut mir leid genug.[11] Irgendwann müssen sich ja diese Dinge entkrampfen. Es ist eine Geduldsfrage, eine Nervenfrage, freilich auf wie lange gesehen auch eine Geldfrage. Hoffentlich können Sie „durchhalten". Es will mir so aussehen, daß der freie Schriftsteller in eine schwierige Situation kommt; von den aufgeblähten Zeitschriften werden[12] ja viele verschwinden und in nicht zu ferner Zeit; denn die Papierberichte für die amerikanische und britische Zone werden immer trüber. Ich selber bin vor ein paar Wochen mit meiner Boschbiographie herausgekommen, die 730 Seiten stark ist. Der Verleger sagte mir, daß schon vor dem Erscheinen 45.000 Bestellungen da waren, während er nur für 5.000 das Papier bewilligt erhielt. Er wollte das Naumannbuch, das Dohrnbuch im Anschluß daran herausbringen, aber ich bin sehr unsicher, ob ihm das gelingen wird.[13] Zwischendurch erschienen und erscheinen Vorträge aus gelegentlichem Anlaß von mir. Ich lasse Ihnen, unsicher,

---

berechtigten zu errichten." Beide in: CONSTITUTIONS, S. 25, 41. Bei den Beratungen des Parlamentarischen Rates über das Grundgesetz setzte sich Heuss wiederum erfolgreich für die christlichen Gemeinschaftsschulen ein; vgl. Nr. 161, Anm. 4.

8 Gemeint ist das Flüchtlings- und Vertriebenenproblem nach dem Zweiten Weltkrieg; vgl. Nr. 41, Anm. 10.

9 Vgl. zu den Jugenderinnerungen Nr. 1, Anm. 9.

10 Vermutlich gemeint: „Feindschaft"; vgl. TH. HEUSS, Vorspiele, S. 69, wo Heuss vom Lehrer als dem „institutionellen und natürlichen Widersacher" spricht, demgegenüber „alle Kampfmittel eines fairen Feldzuges erlaubt seien."

11 Stapel hatte Heuss über seine erfolglosen Bemühungen berichtet, die im März 1946 durch die britische Militärregierung veranlasste Entlassung aus der Hanseatischen Verlagsanstalt rückgängig zu machen, und über die Weigerung deutscher Verlage, seine Bücher zu drucken; wie Anm. 1; vgl. auch H. KESSLER, Wilhelm Stapel, S. 225–227; Nr. 44, Anm. 2.

12 Von hier bis zum Ende des nächsten Absatzes rechte Randanstreichung vom Empfänger.

13 TH. HEUSS, Robert Bosch, vgl. auch Nr. 1, Anm. 7, Nr. 5; DERS., Friedrich Naumann [^{2}1949], vgl. auch Nr. 45, Nr. 67; DERS., Anton Dohrn [^{2}1948], vgl. auch Nr. 138.

ob das früher schon geschehen ist, ein kleines Heft über die deutsche Nationalidee zugehen.[14] Neulich las ich auch schon die Korrekturen eines Heftchens über den Zeitgeist und seine Wirkung auf die Lehrerschaft. Der Vortrag wurde auf der Evangelischen Akademie vor einem Jahr gehalten, hat aber bis zu seinem Satz bis jetzt gebraucht.[15]

Persönlich geht es uns ordentlich. Die Freundschaft einiger Leute in Amerika, darunter auch etwa Treviranus[16], sorgt dafür, daß wir hin und wieder etwas Zusätzliches erhalten. Mit der Wärme in der kleinen Wohnung ist es freilich jetzt bei dem starken Kälteeinfall auch recht mäßig bestellt. Immerhin ist unsere gesamte Ernährungslage noch relativ ordentlich und mein Volksmannstum von ehedem verzinst sich gelegentlich in Kalorien und Vitaminen.

Ich freue mich, daß Sie von dem Sohn doch verhältnismäßig befriedigende Nachrichten haben, aber daß Ihre Frau eine Operation durchmachen mußte, betrübt mich.[17] Ich wünsche Ihnen und ihr sehr, daß Sie über die Sorgen hinaus sind.

Unseren Freund Gessler[18] habe ich in den letzten Monaten im Allgäu und hier wiederholt gesehen. Er leidet sehr unter der Vereinsamung. Ich stoße ihn immer wieder an, die Erinnerungen niederzuschreiben. Es kann zur Klärung der Geschichte der letzten Jahrzehnte nicht genug an authentischem Material hinterlassen werden.[19] Einstweilen steckt ja noch fast alle Geschichtsbetrachtung in der aktuellen Zweckhaftigkeit; aber auch das muß sich einmal ändern.

Mit guten Grüßen und Wünschen
Ihr Theodor Heuss

[14] TH. HEUSS, Nationalidee.

[15] Der Vortrag, den Heuss am 15. 1. 1946 in der Evangelischen Akademie Bad Boll hielt, erschien unter dem Titel: THEODOR HEUSS: Der Zeitgeist in seiner Wirkung auf die Lehrerschaft, Tübingen 1946.

[16] Unterstrichen vom Empfänger: „Treviranus“; am linken Zeilenrand hs. Anstreichung.

[17] Stapels Frau wurde im Sommer 1946 an Brustkrebs operiert, sein Sohn war mittlerweile Pfarrer für zehn Kriegsgefangenenlager in England; wie Anm. 1.

[18] Unterstrichen vom Empfänger: „Gessler“; am linken Zeilenrand hs. Anstreichung.

[19] So hatte Heuss schon am 15. 5. 1938 Gessler ermuntert, seine Erinnerungen niederzuschreiben; BArch, N 1221, 79. Sie erschienen schließlich 1958 mit einer Vorbemerkung von Heuss; vgl. O. GESSLER, Reichswehrpolitik. Schon Anfang 1946 hatte Heuss in einem Zeitungsartikel unter dem Titel „Schreibt Erinnerungen auf!“ dafür plädiert, zeitgenössisches Schrifttum aus der Zeit des Nationalsozialismus aufzuheben und individuelle Erfahrungen und Beobachtungen aus dieser Zeit festzuhalten, um der Nachwelt einen tatsachengetreuen Eindruck dieser Geschichtsepoche jenseits tagespolitischer Zweckliteratur zu verschaffen; RNZ, Nr. 12, 9. 2. 1946, abgedruckt in: R. DAHRENDORF / M. VOGT, Theodor Heuss, 309–312.

Nr. 66
An Prof. Dr. Friedrich Meinecke, [Berlin-Dahlem]
23. Januar 1947; Stuttgart-Degerloch, Löwenstraße 86
GStA PK, VI. HA, NL Meinecke, 213: hs. Schreiben, behändigte Ausfertigung; Kopfbogen: „Theodor Heuss“[1]
Arbeitsbelastung; Einschätzung von Friedrich Meineckes Buch „Die deutsche Katastrophe“

Lieber Herr Professor Meinecke,

vor geraumer Zeit wurde ich aus – Amerika um eine Meinung über Ihr Buch „Die deutsche Katastrophe“ gebeten; ich mußte antworten, daß ich es nicht, noch nicht kenne.[2] Denn ich war nie so buchfremd als in der Zeit, da ich das Kult-Ministerium verwaltete; die Verwaltungsdinge wieder in Gang zu bringen, war außerordentlich mühsam. Die Beanspruchung hat nun nicht nachgelassen; m[eine] Frau u. ich sind beide im Landtag u. zudem bin ich Vorsitzender der Dem[okratischen] Partei der am[erikanischen] Zone.[3] Aber ich hoffe, daß ich nun doch manches nachholen kann u. auch einige Pläne fördern – von den Lebenserinnerungen, die Sie vor bald 3 Jahren einmal anregten, ist die Jugendzeit in Heilbronn niedergeschrieben.[4]

Ihr Buch habe ich jetzt gelesen, mit Gewinn, doch auch mit der Einschränkung, daß der imperialistische Zug der *ganzen* Zeitepoche mir nicht als Hintergrund deutlich wird. Der deutsche Fehler liegt wohl darin, daß die politische u. militärische Führung seit Bismarcks Abgang in Konkurrenz lagen, während anderwärts die Führung, nach den Mißerfolgen von Mac Mahon u. Boulanger, politisch geblieben war.[5] Ich darf Ihnen einen Vortrag senden, den ich im Frühsommer in Tübingen hielt; historisch sind hier verwandte Fragen angepackt.[6]

---

1 Oben rechts unter der Datumszeile Erledigungsvermerk für Antwortschreiben am 6. 2. 1947.

2 Vgl. Nr. 60.

3 Zur Wahl von Heuss in den Landtag von Württemberg-Baden vgl. Nr. 65, Anm. 4; zur Wahl zum Vorsitzenden der DVP in der US-Zone Nr. 52, Anm. 9. Heuss-Knapp wurde über die Landesliste in den Landtag gewählt.

4 Vgl. zu den Jugenderinnerungen Nr. 1, Anm. 9; zur Anregung durch Meinecke vgl. Nr. 63, Anm. 13.

5 Der französische Marschall Patrice de Mac-Mahon schlug 1871 den Aufstand der Pariser Kommune nieder. 1873 wurde er zum zweiten Präsidenten der Dritten Republik gewählt. Nachdem seine Bemühungen um eine antirepublikanische Regierung gescheitert waren, reichte er 1879 seine Entlassung ein. Als Kriegsminister war der französische General Georges Boulanger einer der vehementesten Verfechter eines Revanchekrieges gegen Deutschland. Nach seiner Entlassung behielten er und seine nationalistischen Anhänger, die sich „Boulangisten“ nannten, zunächst noch großen politischen und öffentlichen Einfluss, bevor sich Boulanger 1889 wegen Staatstreichplänen vor Gericht verantworten sollte, dem er sich durch Flucht nach Brüssel entzog. Gegenüber der gefestigten Republik verlor er nun an Bedeutung.

6 TH. HEUSS, Nationalidee.

Es geht uns ordentlich. Kürzlich erschien, über 700 Seiten stark, meine Bosch-Biographie; auch ein Band Erzählungen m[einer] Frau.[7] Der Dohrn u. der Naumann sollen nun gedruckt werden[8] – Papierprobleme. Dieser Tage war Gessler bei uns; er ist wieder sehr frisch. Vom Sohn aus Lörrach gute Nachrichten. Auch von Walter Goetz im Ganzen Erfreuliches – freilich der jüngste Sohn seit bald 2 Jahren im Osten vermißt.

Wir grüßen Sie alle mit herzlichen Wünschen
Ihr Theodor Heuss

Nr. 67
An Otto Debatin, [Stuttgart]
25. Januar 1947; Stuttgart-Degerloch, Löwenstraße 86
RB, 1 832, 058: ms. Schreiben, behändigte Ausfertigung; Kopfbogen: „Theodor Heuss"[1]
Überarbeitung der Naumann-Biographie für den Neudruck

Lieber Herr Debatin,

Gottes Mühlen mahlen langsam. Jetzt nun erhielt ich von Leins den Brief, den Sie am 7. März wegen des eventuellen Neudrucks von Naumann an Fausel geschrieben haben.[2] Vor bald drei Jahren hatte Leins mir gesagt, daß er den Naumann nach dem Krieg neu drucken wolle.[3] Da das Buch geraume Zeit vergriffen war und ich an Herrn Kilpper wenig Freude erlebt habe, ließ ich mir das Verlagsrecht von der Verlagsanstalt zurückerstatten, was die auch damals gern taten.[4] Wegen dieser Bereitschaft des Naumann-Neudrucks gab ich dann ja auch den Bosch zu Leins, der auch das sonstige „oeuvre" (etwas das Buch über Dohrn) und einige Essaysammlungen herausbringen will.[5] Ich werde das Naumannbuch in den nächsten Wochen noch einmal kritisch durcharbeiten; vor allem einige Kürzungen in dem rein Parteigeschichtlichen machen, denn der zweite Krieg hat ja die Vergangenheit noch viel ferner gerückt. Dabei muß ich auch Bedenken,

---

7 TH. HEUSS, Robert Bosch, vgl. auch Nr. 1, Anm. 7, Nr. 5; E. HEUSS-KNAPP, Wege, vgl. auch Nr. 27, Nr. 29.

8 TH. HEUSS, Anton Dohrn [^{2}1948], vgl. auch Nr. 138; DERS., Friedrich Naumann [^{2}1949], vgl. auch Nr. 45, Nr. 67.

1 Unten auf der ersten Seite Erledigungvermerk für Antwortschreiben.

2 Das Schreiben von Debatin an Fausel ließ sich nicht ermitteln.

3 Vgl. Nr. 45, Anm. 5.

4 DVA an Heuss, 18. 7. 1944, in: BArch, N 1221, 513; vgl. auch Nr. 45.

5 So TH. HEUSS, Anton Dohrn [^{2}1948]; DERS., Deutsche Gestalten; DERS., Schattenbeschwörungen.

die der Lektor von Leins zu den außenpolitischen Stellungnahmen von Naumann gemacht hat, überlegen.[6] Für diese Arbeit sind Ihre Anmerkungen mir ganz wichtig, aber ich werde ja nun um der geschichtlichen Wahrheit willen den Naumann, der ein Machtimperialist zu mindestens um die Jahrhundertwende gewesen ist, nicht zu einem pazifistischen Engelchen umarbeiten können, wollen und dürfen.[7] Die amerikanische Zensur ist hier von mir nicht gefürchtet. Das Buch ist von einem der Herren, der in Deutschland studiert hat, gelesen worden (nicht aus Zensurgründen!), und er war stark beeindruckt, daß dieses in der Nazizeit erschienene Buch jüdische Menschen wie Hallgarten, Liebermann anständig und mit Hochachtung behandelt hat.[8] Man hat, wie ich spüren darf, im allgemeinen Respekt vor meinen Büchern, so daß ich keine Zweckliteratur zu verfassen brauche.

Der Boschband macht mir viel Beschwerde, weil Tag um Tag Leute mir schreiben, ich solle ihnen ein Buch verschaffen, was ich natürlich auch nicht kann. Man sagt mir im ganzen viel Freundliches und ist erstaunt über meine „Einfühlung" in die technische Problematik. Ich habe das Buch auch fleißig an amerikanische Herren verschenkt; einige Exemplare sind auch schon über das Wasser gegangen.[9]

Mit freundlichen Grüßen
Ihr Theodor Heuss

[6] Vgl. zu diesen Bedenken Haendle an Heuss, 8. 8. 1946, in: BArch, N 1221, 514; Nr. 45.

[7] Zum imperialistischen Zug bei Naumann vgl. Nr. 45, Anm. 8; vgl. auch Heuss an Stapel, 3. 1. 1949, in: DLA, A: Stapel.

[8] Vermutlich gemeint der amerikanische Besatzungsoffizier Stone, der sich im Sommer 1945 lobend über das Buch geäußert hatte; vgl. Nr. 45, Anm. 10. Heuss bezeichnete den amerikanischen Bankier und Sozialreformer Charles Hallgarten als „bedeutenden jüdischen Philanthropen", mit dem Naumann ein „auf gegenseitigem Respekt aufgebautes Freundschaftsverhältnis" verband; TH. HEUSS, Friedrich Naumann, S. 111. Zum Maler Max Liebermann ebd., S. 305.

[9] Zur großen Nachfrage nach der Bosch-Biographie vgl. auch Nr. 63.

Nr. 68
An Reinhard[1] Appel, Stuttgart
27. Januar 1947; [Stuttgart-Degerloch, Löwenstraße 86]
BArch, N 1221, 72: ms. Schreiben, Durchschlag
Unterlassene Berichterstattung in der „Rhein-Neckar-Zeitung" über eine Rede von Theodor Heuss

Sehr geehrter Herr Appel,

am 6. Januar habe ich auf der Vertretertagung der demokratischen Volkspartei im Staatstheater eine auch durch die Plakatzeilen angekündigte große außenpolitische Rede von einer Stunde gehalten, in der ich auch meine Auffassung über die Regierungsbildung dargelegt habe.[2] Die Presseberichterstattung ist, soweit ich das verfolgt habe, im allgemeinen ordentlich gewesen;[3] nur in der Rhein-Neckar-Zeitung ist von dieser Rede und Veranstaltung keine Silbe erschienen, obwohl ich Lizenzträger der Rhein-Neckar-Zeitung bin und Abgeordneter der Stadt Heidelberg. Ich habe Herrn Dr. Agricola darauf aufmerksam gemacht, daß das eigentlich nicht angängig ist.[4] Über beliebige kleine sozialdemokratische oder kommunistische Kreisveranstaltungen erscheinen Berichte. Diese Veranstaltung wird totgeschwiegen. Ich betrachte nun durchaus nicht die Rhein-Neckar-Zeitung als ein Unternehmen für meinen Privatruhm, aber das Verschweigen der großen öffentlichen Veranstaltung der letzten Wochen ist einfach eine journalistische grobe Unterlassung. Dr. Agricola macht mich darauf aufmerksam, daß es ja schließlich zu Ihrem Pflichtenkreis gehört, diese Dinge zu beachten. Ich muß Sie mit allem Nachdruck darauf hinweisen, daß diese Art der Pflichterfüllung ich als nicht sehr genügend betrachte, und möchte Sie ersuchen, Ihrer Aufgabe etwas gewissenhafter zu entsprechen. Ich möchte nicht durch Ihr gleichgültiges Verhalten zum politischen Gespött werden, daß die Leute meinen, gerade in Heidelberg hält man das, was Heuss in Stuttgart redet oder schreibt, nicht für wichtig genug, um davon Notiz zu nehmen.[5]

Mit freundlicher Empfehlung
Ihr [Theodor Heuss]

1 Im Adressfeld irrtümlich: „Reinhold".
2 Heuss sprach auf dem traditionellen Dreikönigstreffen der südwestdeutschen Liberalen über „Deutschlands Leben ist Europas Frieden", in: Das neue Vaterland 2, Nr. 2, 25. 1. 1947, S. 7.
3 So z. B. StZ, Nr. 2, 8. 1. 1947.
4 Ein derartiges Schreiben ließ sich nicht ermitteln. Vgl. aber zu der Klage von Heuss, die Aktivitäten der DVP würden in der „Rhein-Neckar-Zeitung" zu wenig Berücksichtigung finden, Nr. 34.
5 Laut freundlicher Auskunft von Reinhard Appel wurde dieses Schreiben von Erich Schairer beantwortet; der Brief ließ sich nicht ermitteln.

Nr. 69
An Fritz Ulrich, [Stuttgart]
4. Februar 1947; [Stuttgart-Degerloch, Löwenstraße 86]
BArch, N 1221, 101: ms. Schreiben, Durchschlag
Kritik an Straßenumbenennungen in Heilbronn

Lieber Herr Kollege!

Wir haben uns neulich kurz über die Umbenennung von Heilbronner Straßen unterhalten.[1] Sie erinnern sich, daß ich, als diese Geschichte in Stuttgart sich abspielte, an das Staatsministerium einen Brief[2] richtete und einige warnende Gedanken dabei vortrug. Ich konnte an der Besprechung, die, wie ich erfuhr, stattfand, im Kabinett selber nicht teilnehmen, da ich gerade damals in Krankheitsurlaub gehen mußte.[3] Die Vorgänge in Heilbronn, mit dem wir beide ja auch persönlich nahe verbunden sind,[4] veranlassen mich, auf die Sache noch einmal zurückzukommen. Ich glaube, es wurde mir seinerzeit erzählt, daß das Innenministerium die Gemeinden ersuchen soll, bei der Namensstürmerei zurückhaltend zu sein. Ob und wie das geschehen ist, weiß ich nun freilich nicht.

In der Zwischenzeit erhielt ich die Liste der Straßenumbenennungsvorschläge in Heilbronn,[5] die jetzt zum Teil dadurch verursacht sind, daß man Doppelnamen bei den eingemeindeten Vororten vermeiden will, was ja verständlich ist. Zum Teil handelt es sich um Säuberungsaktionen. Die Stellungnahme[6] zu den Vorschlägen leidet etwas darunter, daß man nicht genau weiß, ob die Namen einfach

---

1 Die Direktive Nr. 30 des Alliierten Kontrollrats zur „Beseitigung deutscher Denkmäler und Museen militärischen oder nationalsozialistischen Charakters“ vom 13. 5. 1946 besagte u. a., dass sämtliche Straßennamen nationalsozialistischer oder militärischer Prägung, die nach dem 1. 8. 1914 eingeführt worden waren, zu ändern seien. Im Heilbronner Gemeinderat setzten sich SPD und KPD für eine weitgehende Umsetzung dieser Direktive ein, CDU und DVP plädierten hingegen für Zurückhaltung; StadtA Heilbronn, Verwaltungsregistratur (Straßenumbenennungen); Abdruck der Direktive Nr. 30 in: SAMMLUNG, ohne Seitenangabe.

2 Ließ sich nicht ermitteln.

3 Kabinettssitzung vom 27. 9. 1946, in der Heuss fehlte. Im Protokoll heißt es zum Punkt „Straßenumbenennungen in Stuttgart“: „Das Schreiben des H[errn] Kultministers, das die Straßenumbenennungen beanstandet und anregt, ob nicht ein bremsendes Eingreifen des Innenministeriums möglich wäre, damit die Sache nicht weitertreibt, wird verlesen. Es besteht die allgemeine Überzeugung, daß lediglich auf suasorischem [überredendem; der Bearb.] Wege durch Fühlungnahme der Herren Minister mit ihren Parteien etwas geschehen kann.“ HStAS, EA 1/920, 139.

4 Heuss wuchs ab 1890 in Heilbronn auf und war dort von 1912/1913 bis Ende 1917 als Chefredakteur der „Neckar-Zeitung“ und des „März“ tätig. Ulrich vertrat von 1919 bis 1933 die Stadt Heilbronn im württembergischen Landtag, von 1946 bis 1968 im württemberg-badischen bzw. baden-württembergischen Landtag.

5 Verschiedene Listen sind nachweisbar in: StadtA Heilbronn, Verwaltungsregistratur (Straßenumbenennungen).

6 Ließ sich nicht ermitteln.

wegkommen, weil sie an anderer Stelle auch vorhanden sind, oder ob man sie entfernt, weil die Bezeichnungen als unzuträglich erscheinen. Man kann die Kritik einmal ansetzen bei der Entfernung von Namen, das andere Mal bei der Erfindung neuer Namen.

Um bei dem ersten zu bleiben, so scheint es mir ja an sich verständlich, wenn man glaubt, militärische Namen aus der letzten Generation entfernen zu müssen, weil daran politisch unfrohe Erinnerungen hängen. Aber wenn in solchem Betracht etwa Tirpitz oder Oßwald oder Ludendorff fallen sollen, für die ich weiter keine Lanze zu brechen geneigt bin, so scheint es mir ein Mangel an Geschichtsgefühl, Bismarck, Moltke, Blücher, Radetzky, Scharnhorst, Gneisenau, Spichern[7], Yorck, Ziethen u. a. zu entfernen. Ich halte die Lösung, die man für die Kasernenkomplexe vorschlägt, für verständig. Ob man alle die österreichischen Namen fallen lassen soll, ist mir nicht ganz klar. Auf den Ludwig Finckh oder den Hermann Löns kann man gut verzichten, auch auf den Nietzsche; den Raabe-Weg soll man ruhig belassen, den Prinzen Eugen ebenso. Ich für meine Person halte auch den Admiral Spee und den Admiral Scheer für in sich untadelige Leute.

Was nun die Ersatzbenennungen anlangt, so scheint mir, ist die Phantasie der Bearbeiter nicht allzu groß gewesen, indem sie nun in der Hauptsache Ortsnamen der Nachbarschaft verwandt haben. Wo sie aber auf neue Leute kamen, sind sie im politischen Raum allzu eng stecken geblieben. Daß Rosa Luxemburg und Liebknecht irgendwo dran kommen, finde ich ja nun nach der historischen Rolle, in der sie stehen, vermutlich unvermeidlich, wenn freilich meine eigene Meinung über Liebknechts geistige Bedeutung nicht der Legende entspricht, in der er steht.[8] Aber für einen Krampf halte ich etwa Ossietzky, Ernst Toller und gar Erich Mühsam, von denen ich die beiden letzteren persönlich kannte, für Mühsam sogar einmal die Gelder für eine Arztrechnung zusammenbrachte, in Heilbronn zu verewigen.[9] Beide sind ausgesprochene großstädtische Literatentypen, als Dichter unbedeutende Nachempfinder. Mühsam würde geradezu ein Spottgedicht machen,

---

7 Gemeinde in Lothringen, Schauplatz einer Schlacht im deutsch-französischen Krieg am 6. 8. 1870.

8 In seinen „Erinnerungen" hält Heuss über Karl Liebknecht fest: „Karl Liebknecht […] hat mich nicht zu beeindrucken verstanden. Seine aggressive Beredsamkeit verbarg kaum, daß er eigentlich wenig zu sagen hatte. Ich hielt ihn – und halte ihn – für wenig begabt, da er sich nur in überkommenen und schematischen Denk- und Wortformen bewegte. Vielleicht war ein hysterischer Zug in ihm. Es ist mir unwahrscheinlich, daß die Geschichte, auch in seiner Partei, eine Führungsaufgabe für ihn bereithielt; die scheußliche Art seiner Ermordung im Januar 1919 schenkte ihm den Märtyrernachruhm und ersparte ihm den Untergang ins Namenlose – dem ein Versager sonst verfällt." TH. HEUSS, Erinnerungen, S. 83.

9 Heuss lernte Toller auf einer der Lauensteiner Tagungen des Verlegers Eugen Diederichs im Juni 1917 kennen: „[…] der junge Kommunist Ernst Toller [war da], ein im Grunde zarter Enthusiast, der nach ein paar Jahren zu einer politisch-militärischen Führungsrolle in dem Zwischenspiel der Münchener Räteherrschaft ansteigen sollte, der er nach seiner Natur gar nicht gewachsen sein konnte"; ebd., S. 215. Zur Hilfe für den „‚Edelkommunisten' Erich Mühsam, der seinen traurigen Namen mit dem Ausdruck der Resignation trug," vgl. ebd., S. 341.

würde man ihm erzählen, daß er in einer württembergischen Stadt einer Straße den Namen gegeben hat. Er war ein ausgefallener Bohemien-Typ. Es scheint mir sogar ein Krampf zu sein, den von mir sehr als Zeichner geschätzten Heinrich Zille, den Zeichner des Berliner Kleinbürgertums und Moabit-Proletariats, bei uns zu verewigen, denn er hat als Typus gar nichts mit unserer Welt zu tun.[10]

Wenn schon Namen etwa aus der bildenden Kunst kommen sollen, dann kann man die großen württ[embergischen] Maler wie Otto Reiniger, Hermann Pleuer, Friedrich Keller (die beiden letzteren auch Maler der modernen Industrie und des Arbeiters) wählen, will man Dichter einer radikalen oder fortschrittlichen Haltung, so kann man Hermann Essig aus Willsbach nehmen, den frühverstorbenen Dramatiker, oder Alfons Paquet, dessen Mutter eine Burger aus der Fleinerstraße gewesen ist. Ich weiß nicht, ob Hermann Hesse schon eine Straße nach seinem Namen besitzt. Es gibt auch einen aus Heilbronn gebürtigen württembergischen Dichter Robert Oechsler, der noch in meine Jugend hereinragte und auch Heilbronner Geschichten geschrieben hat. Man kann, falls nicht schon eine Straße nach ihm benannt ist, den vor Jahrzehnten verstorbenen Stadtpfarrer Stähle, der die hübschen Heimatbücher „Der Steinmetz von St. Kilian" und „Der Bürgermeister und sein Sohn" geschrieben hat, nehmen.[11] Ich würde auch für tunlich halten, eine Straße nach Max Rosengart, der ja einmal Ehrenbürger der Stadt war,[12] zu nennen. Hat eigentlich Gustav Binder seine Straße? Solcher Rückgriff auf heimatliche Namen, bei dem sich die Späteren dann durch eine ordentliche Umschreibung im Adreßbuch an stadtbürgerliche Leistungen erinnern mögen, scheint mir sinnvoller zu sein als Benennungen, die wesentlich aus einer Gegensatzhaltung gewählt sind und wie Mühsam, Toller usw. den Verlegenheitscharakter an der Stirne tragen.

Ich weiß nicht, wie der Heilbronner Ausschuß eigentlich zusammengesetzt ist und wer von Ihren Parteifreunden daran beteiligt, möchte aber fast annehmen, daß ein Mann wie Gemeinderat Britsch oder wie Knapper (ist er noch auf dem Rathaus?) für meine Auffassung Sinn hat.

Ich erwarte natürlich nicht, lieber Kollege, daß Sie sich den kritischen Bemerkungen in den zufällig gegriffenen Vorschlägen einfach anschließen; ich weiß auch gar nicht, wer von den Demokraten in der Kommission sitzt, aber ich glaube,

---

10 Heuss urteilte 1908 über Zille und die „Häßlichkeit" seiner Zeichnungen, „daß Zille in seiner Kunst Dinge sagt, die außer ihm keiner sagen kann, kurz, daß er für das neue Berlin und sein Proletariat die künstlerische Form gefunden hat." THEODOR HEUSS: Zille, in: Die Hilfe 14, Nr. 31, 2. 8. 1908, S. 503f, abgedruckt in: TH. HEUSS, Lust, S. 173–176.

11 PHILIPP SPIESS [WILHELM KARL ALEXANDER STAEHLE]: Der Bürgermeister und sein Sohn. Erzählung aus dem alten Heilbronn, Heilbronn [3]1924; DERS.: Der Steinmetz von St. Kilian. Erzählung aus dem alten Heilbronn, Heilbronn 1894.

12 Rosengart wurde zu seinem 75. Geburtstag 1930 das Ehrenbürgerrecht der Stadt Heilbronn verliehen.

wir sind beide der Meinung, daß es etwas Subalternes besitzt, Männer wie Bismarck und Moltke durch den Beschluß einer Kommission sozusagen aus der deutschen Geschichte hinauszukomplimentieren oder auf die schwarze Liste zu setzen. Sie sind in Gottes Namen halt einmal große und bedeutende Figuren des deutschen Werdens. Man kann gegen Bismarck eine geistvolle Polemik betreiben, und er bleibt damit doch die größte politische Erscheinung Europas in der zweiten Hälfte des 19. Jahrhunderts. Man wird es Moltke nicht gerade übelnehmen dürfen, daß er in drei Kriegen strategisch der Sieger geblieben ist.[13] Ich fürchte auch, daß diese Art von Denazifizierung und Demilitarisierung der Namen seelisch wieder überflüssige Gegenreaktionen schafft. Figuren wie Carl Peters mögen ruhig gestrichen werden. Sie sind ephemer, aber man soll nicht in das Kleinliche ausgleiten.[14]

Mit freundlichen Grüßen
Ihr [Theodor Heuss]

Nr. 70
An Dr. Thomas Dehler, Bamberg
8. Februar 1947; Stuttgart-Degerloch, Löwenstraße 86
AdL, N 1, 3023: ms. Schreiben, behändigte Ausfertigung; Kopfbogen: „Theodor Heuss"[1]
Teilnahme an der Konferenz der Liberalen Weltunion in Oxford

Lieber Doktor Dehler,

Sie werden auch jetzt den Brief von Liberal International bekommen haben mit der Einladung, daß einer von uns beiden zu einer Konferenz nach England eingeladen ist.[2] An sich finde ich es ja notwendig, auch wenn ich diese Art von

[13] Als Chef des preußischen Generalstabes war Helmuth Karl Bernhard von Moltke (der Ältere) maßgeblich für die Siege in den sogenannten deutschen Einigungskriegen gegen Dänemark (1864), gegen Österreich (1866) und gegen Frankreich (1870/71) verantwortlich.

[14] Am 25. 9. 1947 verabschiedete der Gemeinderat mit den Stimmen von SPD und KPD und gegen diejenigen von CDU und DVP eine umfangreiche Liste für Straßenumbenennungen in Heilbronn; StadtA Heilbronn, Verwaltungsregistratur (Straßenumbenennungen). – Heuss schickte seinem Freund, den Heilbronner Gemeinderat Dürr, einen Durchschlag seines Schreibens mit der Anregung, eine Straße nach seinem Vater Louis Heuss und seinem Bruder Ludwig Heuss zu nennen; Heuss an Dürr, 4. 2. 1947, in: BArch, N 1221, 55.

[1] Druck: F. Henning, Theodor Heuss, S. 25f; weiterer Nachweis: BArch, N 1221, 75: ms. Schreiben, Durchschlag.

[2] British Liberal International Council an Heuss, 27. 1. 1947; British Liberal International Council an Dehler, 24. 1. 1947, beide in: AdL, Liberal International, 10500/1. Um die internationale Zu-

Konferenzen nicht überschätze, solche Einladungen wahrzunehmen. Aber ich selber bin in der traurigen Situation, Zeitungs- und Brief-Englisch wohl lesen zu können, aber in einem Gespräch bin ich hilflos, und wenn ich mir in London vor einem Vierteljahrhundert Versammlungsreden anhörte, habe ich wohl gewußt, wovon die Leute reden, aber irgendwelche feineren Pointen habe ich nicht verstanden.[3] Ich würde bei einer solchen Konferenz wie ein soignierter Mannequin[4] herumstehen, die Leute würden sich erkundigen, ob ich im KZ war, was ich dann mit Bedauern ablehnen müßte, andere würden mich für einen Beurlaubten des Oberhauses halten, aber eine Temperatur der vertraulichen Aussprache, wofür die Angelsachsen bei solchen Gelegenheiten sehr viele Voraussetzungen mitbringen, würde nicht entstehen. Ich kann also mit einem einigermaßen guten Gewissen, so außerordentlich die Lockung ist, nicht annehmen und muß den Leuten sehr liebenswürdig mit der Sprachbegründung abschreiben.

Nun hoffe ich zu Gott, daß Sie englisch können. Sie sind ja aus einer jüngeren Generation, und ich halte es auch für wahrscheinlich, daß Sie mit einem frischeren Hirn in den letzten anderthalb Jahren Kenntnisse wieder in Gang gebracht haben. Geben Sie mir also bitte schnell Bescheid, wie Ihre Stellung zu der Einladung ist.[5] Wenn Sie ja sagen können, ist alles in Ordnung, und ich werde den Herren dann schreiben, daß Sie eine wunderbare Vertretung der Deutschen darstellen. Sonst müssen wir uns unterhalten, wen wir vorschlagen. Es dürfte nicht die Verlegenheit entstehen, daß Wilhelm Heile die deutschen Liberalen vertritt, der wohl englisch spricht und sich für den großen Außenpolitiker hält, aber die

---

sammenarbeit liberaler Politiker zu fördern, wurde auf einem Kongress in Oxford vom 9. bis 14. 4. 1947 die Liberale Weltunion gegründet. Einladungen gingen auch an führende liberale Politiker in der sowjetischen, britischen und amerikanischen Zone Deutschlands. Für die US-Zone war neben Heuss, der von dem nach England emigrierten liberalen Verleger und Vorstandsmitglied der Jungliberalen Internationalen, Hans Albert Kluthe, vorgeschlagen worden, auch Dehler, Vorsitzender der bayerischen FDP, vorgesehen; vgl. Kluthe an Heuss, 25. 1. 1947, in: BArch, N 1162, 19; zur Konferenz in Oxford vgl. J. H. MACCALLUM SCOTT, Experiment, S. 34–57.

3 Heuss bemerkte zu seinen Englischkenntnissen, „daß ich in keiner der modernen Sprachen, auch wenn ich sie einigermaßen lesen konnte, eine erträgliche Sprachfertigkeit erreichte." TH. HEUSS, Vorspiele, S. 74; vgl. auch Heuss an Isy Krämer, 24. 10. 1948, in: DNB, Deutsches Exilarchiv 1933–1945, Frankfurt a. M., EB 93/135, I.D.018. – Heuss war mit seiner Frau im Juli 1911 nach England gereist und hatte sich u. a. in Oxford aufgehalten; diese Reise schlug sich in einer Aufsatzreihe in der Zeitschrift „Die Hilfe" nieder; THEODOR HEUSS: Englische Reise, Teil I, II, III, in: Die Hilfe 17, Nr. 33, 17. 8. 1911, S. 522f; Teil II ebd., Nr. 34, 24. 8. 1911, S. 539f; Teil III ebd., Nr. 35, 31. 8. 1911, S. 554–556; Teilabdruck in: DERS., Ort, S. 202–217; vgl. auch DERS., Erinnerungen, S. 155–158.

4 In der Vorlage: „Mannequim".

5 Das Antwortschreiben von Dehler ließ sich nicht ermitteln. Doch aus dem darauf reagierenden Schreiben von Heuss an Dehler vom 22. 2. 1947 geht hervor, dass auch Dehler meinte, wegen seiner mangelhaften Englischkenntnisse an dem Kongress nicht teilnehmen zu können, und Heuss bat, nach Oxford zu reisen; AdL, N 1, 3023. Vgl. auch die Zusage von Heuss an British Liberal International Council (Nr. 74); F. HENNING, Theodor Heuss, S. 26f.

deutschen Dinge instinkthaft nur aus der niedersächsischen Ebene her sieht und kein rechtes Maßempfinden besitzt.[6] Es tut mir leid, das schreiben zu müssen, da ich mit Heile seit bald vier Jahrzehnten persönlich befreundet bin, aber solche Verbindungen dürfen bei solchen Personalentscheidungen keine Rolle spielen. Wir würden, falls Sie nicht können, uns überlegen müssen, wen wir den englischen Herren als deutschen Repräsentanten vorschlagen können. Ich denke im Augenblick, ohne genau ihre englischen Kenntnisse zu übersehen, an meinen Freund, den Staatssekretär Wildermuth, der freilich in Tübingen sitzt. Er war anderthalb Jahre in englischer Kriegsgefangenschaft und hat dort wohl fleißig englisch getrieben, und an den Abgeordneten Dr. Brandenburg-Pforzheim, der selber im Äußeren einen angelsächsischen Typ darstellt und einigermaßen englisch versteht.

Für eine baldige Antwort wäre ich Ihnen sehr dankbar.

Mit guten Grüßen
Ihr Theodor Heuss

Nr. 71
An Prof. Dr. Eugen Fischer-Baling, [Berlin]
19. Februar 1947; Stuttgart-Degerloch, Löwenstraße 86
PA Sandra Weishappel-Schmitt: hs. Schreiben, behändigte Ausfertigung; Kopfbogen: „Theodor Heuss"[1]
Auseinandersetzung mit dem Geschichtsverständnis von Eugen Fischer-Baling

Lieber Professor Fischer,

schönen Dank für die Zusendung Ihrer Schrift.[2] Ich muß sie einstweilen dorthin stellen, wo die Bücher „zur Zeit" stehen – irgendwann werde ich sie lesen. Aber jetzt laufe ich von[3] Sitzung zu Sitzung und von Rede zu Rede u. bin, ohne Hilfskraft, im einen geheizten Zimmer der kleinen Wohnung dabei, meiner Korrespondenz nachzukommen u. selber Bücher zu schreiben.

Ich[4] lasse Ihnen die Wiedergabe eines Vortrages zugehen, den ich vor ¾ Jahren hielt.[5]

6 Vgl. zu zur Einschätzung Heiles durch Heuss Nr. 87.
1 Oben Mitte hs. ZdA-Verfügung vom Empfänger.
2 EUGEN FISCHER-BALING: Feinde ringsum. Eine kritische Betrachtung, Berlin 1946.
3 Unterstrichen vom Empfänger: „von Sitzung zu Sitzung", „Rede", „Rede", „einen".
4 Von hier bis zum Ende des Absatzes linke Randanstreichung vom Empfänger.
5 TH. HEUSS, Nationalidee.

Sie sehen daraus, wo sich meine Geschichtsbetrachtung mit der Ihrigen berührt (nach der getippten Anlage), wo sie davon abweicht.

Unter einer „abgründigen Reue“[6] kann ich mir selber nicht viel vorstellen – das ist meinethalben ein seelischer[7] Generationenvorgang. Ich bin für eine realistische[8] Erziehung zur Einsicht, für ein Befreien, soweit das möglich, von der romantischen Verblasenheit, halte[9] aber nicht viel, obwohl zu Hause durchaus antibismarckisch erzogen, von der Polemik gegen Bismarck und bin der Meinung, daß, ohne Hybris, die deutsche Sozialpolitik und das deutsche Schulwesen sich gut sehen lassen konnten.[10]

Mit freundl[ichen] Grüßen
Ihr

Theodor Heuss

Nr. 72
An Helmut Erbe, [Tübingen]
22. Februar 1947; Stuttgart-Degerloch, Löwenstraße 86
PA Helmut Erbe: hs. Schreiben, behändigte Ausfertigung; Kopfbogen: „Theodor Heuss“
Streit über die Zustimmung zum „Ermächtigungsgesetz“ von 1933

Lieber Helmut Erbe,

schönen Dank für Ihren Brief[1] – er ist nicht das einzige Echo unseres Schlachtenlärms gewesen. Ich nehme an, das Sie das „Neue Vaterland“ mit unseren Kampfreden gelesen haben – im Radio hat die Sache offenbar *sehr* scharf gewirkt.[2]

---

6 Fischer-Baling gab in seinem Begleitschreiben der Hoffnung Ausdruck, dass Heuss ihm zustimmen könnte, „daß der deutsche Weg durch eine abgründige Reue geht.“ Fischer-Baling an Heuss, 10. 2. 1947, in: PA Weishappel-Schmitt.

7 Unterstrichen vom Empfänger: „seelischer Generationenvorgang“; am linken Rand Fragezeichen.

8 Unterstrichen vom Empfänger: „realistische Erziehung“, „Einsicht“; am linken Rand Kürzel nicht auflösbar.

9 Unterstrichen vom Empfänger: „halte aber nicht viel“.

10 Vgl. zur differenzierten Einschätzung Bismarcks TH. HEUSS, Nationalidee, S. 19f; DERS., Bismarck-Bild; Heuss an Fritz Rörig, 2. 4. 1946, in: AHL, NL Rörig, 45.

1 Ließ sich nicht ermitteln.

2 Gemeint ist eine Veranstaltung der DVP am 31. 1. 1947, die im Radio übertragen wurde. Auf dieser Versammlung setzten sich Heuss und Reinhold Maier in kämpferischen Reden gegen den Vorwurf zur Wehr, sie hätten als ehemalige Reichstagsabgeordnete mit ihrer Zustimmung zum „Gesetz zur Behebung der Not von Volk und Reich“, dem sogenannten „Ermächtigungsgesetz“, am 23. 3. 1933 dem Regime Hitlers Vorschub geleistet. Heuss polemisierte gegen den Mitherausgeber der „Stuttgarter Zeitung“, Franz Karl Maier, er gehe als „Robespierre von Ochsenhausen“

Denn ich erhielt auch sehr heftige Briefe, die mir Entrüstung, Enttäuschung, Verachtung mitteilten. Es berührt mich nicht zu sehr.
Eberle ist kein „Kommunist“. Er ist ein sehr netter Kerl u. ganz guter Dichter, aber nun eben im Zorn der Solidarität des Kollegen.[3]

Ein Sondergesetz wollen wir aber nicht gleich machen – man muß den Kampf frisch durchhalten.[4]

Mit schönen Grüßen
Ihr Theodor Heuss

---

und selbsternannter Pazifist „gern auf Menschenjagd“; Das Neue Vaterland 2, Nr. 3, 8. 2. 1947, S. 10f. – Franz Karl Maier hatte kurz nach der württemberg-badischen Landtagswahl vom 24. 11. 1946 eine Pressekampagne gegen diejenigen Spitzenpolitiker initiiert, die mit ihrer Zustimmung zum „Ermächtigungsgesetz“ die Herrschaft der Nationalsozialisten legalisiert hatten und nun wieder zu höchsten politischen Ämtern gekommen waren. Im Visier hatte Franz Karl Maier vor allem den CDU-Abgeordneten Wilhelm Simpfendörfer und Ministerpräsident Reinhold Maier. Weil sich jeder „Mitläufer“ im Rahmen der Entnazifizierung vor einer Spruchkammer zu verantworten habe, forderte Franz Karl Maier ein Verfahren auch gegen Reinhold Maier und Simpfendörfer, das er selber als Öffentlicher Kläger am 24. 1. 1947 bei der Spruchkammer Stuttgart einleitete. Um den Vorwürfen zu begegnen, setzte der Landtag schon im Dezember 1946 auf Antrag von CDU und DVP einen Untersuchungsausschuss ein, der zwischen 5. 2. und 28. 3. 1947 in acht Sitzungen südwestdeutsche Politiker unterschiedlicher parteipolitischer Provenienz zu Wort kommen ließ, die an der Abstimmung im Reichstag 1933 teilgenommen hatten – darunter auch Heuss, der seinerzeit dem „Ermächtigungsgesetz“ zugestimmt hatte. Ende März legte der Ausschussvorsitzende dem Landtagspräsidenten den Abschlussbericht vor, in dem die Mehrheit des Ausschusses die sogenannten „Ja-Sager“ trotz ihres politischen Irrtums entlastete, weil sie die Herrschaft Hitlers mir ihrer Entscheidung nicht hatten fördern wollen. Die Protokolle des Untersuchungsausschusses liegen ediert vor in: E. W. BECKER / TH. RÖSSLEIN, Irrtum; zur Einschätzung des Ausschusses E. W. BECKER, Ermächtigung; zur Einschätzung der Zustimmung von Heuss zum „Ermächtigungsgesetz“ J. C. HESS, Deutsche Lage, S. 83–94.

3 Josef Eberle, der gemeinsam mit Franz Karl Maier die „Stuttgarter Zeitung“ herausgab, übte in einem offenen Brief scharfe Kritik an der Polemik des von ihm sonst hochgeschätzten Heuss gegen seinen Kollegen; StZ, 5. 2. 1947.

4 Seinem Sohn schrieb Heuss am 25. 1. 1947, dass er sich innerlich darauf vorbereite, „gegen den Herrn öffentlichen Ankläger eine recht scharfe Klinge zu führen […], der seine letzten Quellen wohl in einem wichtigtuerischen Geltungsbedürfnis besitzt.“ FA Heuss, Basel; vgl. auch Heuss an Toni Stolper, 16. 2. 1947, in: BArch, N 1221, 489 und 646 (ms. Transkription).

Nr. 73
An K. Schmid, Stuttgart-Heumaden
22. Februar 1947; [Stuttgart-Degerloch, Löwenstraße 86]
BArch, N 1221, 95: ms. Schreiben, Durchschlag
Ablehnung einer Beschäftigung von Gustav Wyneken im Schuldienst

Sehr geehrter Herr,

freundlichen Dank für Ihren Brief und seine Beilage.[1] Es ist nun so, daß ich mich aus Gründen, die Sie verstehen werden, in den Fragen der Personalpolitik, nachdem ich das Amt verlassen habe, sehr zurückhalte, so daß ich in den beiden letzten Monaten nur ein einziges Mal zu einer Sachbesprechung im Kultministerium gewesen bin. Ich nehme aber an, daß diese Fragen wie bisher wesentlich von Herrn Ministerialdirektor Bäuerle vorbereitet werden.

Was nun Ihre Anregung betrifft, Gustav Wyneken eine Aufgabe in Württemberg-Baden zu stellen, Sie sprechen von einem der Internate, so kann ich mir nicht recht vorstellen, an welche Internate Sie denken; die wenigen, die in unserem Bezirke sind, haben ja privaten Charakter.

Wenn ich selber noch mitentscheiden müßte, so würde meine Grundstimmung Ihrer Anregung gegenüber ablehnend sein; zum einen glaube ich, daß Wyneken jetzt ein Mann gegen 70 sein muß, und ich selber habe in meiner Dienstzeit den größten Wert darauf gelegt, bei Berufungen, wenn es ging, unter 55 zu bleiben, um noch die Entwicklung einer Tradition zu ermöglichen. Zum anderen aber ist meine Erinnerung an einen Vortrag, den ich vor einigen Jahrzehnten von Wyneken in Berlin gehört habe, sehr negativ.[2] Es ist in meinem Gedächtnis eine Mischung von intellektueller Geschraubtheit und Eitelkeit völlig im Gegensatz zu den noch früheren Erinnerungen an August Halm, von dem mir das Bewußtsein einer geschlossenen und in ihrer Schlichtheit überlegenen Persönlichkeit geblieben ist.

Was Ihre Anregung betrifft, es möchte einmal in einer württembergischen Zeitung über Wyneken etwas geschrieben werden, so möchte ich annehmen, daß Herr Josef Eberle von der Stuttgarter Zeitung, dessen „Brücke zur Welt" ja ausgezeichnet gemacht ist, dafür durchaus Willigkeit zeigen wird, bloß bin ich persönlich gegenwärtig nicht der geeignete Mann, die Verbindung herzustellen, da

1 Schmid an Heuss, 14. 2. 1947, in: BArch, N 1221, 95. Die Beilage ließ sich im Nachlass Heuss nicht ermitteln, vermutlich aber gemeint: AUGUST HALM: Von zwei Kulturen der Musik. Mit einer Einführung von Gustav Wyneken, Stuttgart [3]1947.

2 Ließ sich nicht ermitteln.

die Herren von der Zeitung mir wegen meines Eingreifens in den Krieg Maier gegen Maier eine sonderliche Fehde angesagt haben.[3]

Mit freundlicher Empfehlung
Ihr ergebener [Theodor Heuss]

Nr. 74
An den British Liberal International Council, London
24. Februar 1947; Stuttgart-Degerloch, Löwenstraße 86
AdL, Liberal International, 10500/1: hs. Schreiben, behändigte Ausfertigung[1]
Teilnahme an der Konferenz der Liberalen Weltunion in Oxford

Very honored Mr. MacCallum Scott,

forgive me, for the answer to your friendly invitation having been delayed. I wanted first to come to an agreement with Dr. Dehler, who of us two would be in the position to comply with the invitation.[2] On my own decision I am somewhat doubtful, because I am not master of the English language.[3] I can read English well, but can only speak and understand it very incompletely. I thought that Dr. Dehler, who belongs to a younger generation,[4] would be more secure in speaking than I, but that appears not to be the case. He has asked me just now to <come in his place of this> undertaking.[5]

I find your plan more splendid and am too thankful that you foresee such an expression for the participation of German Liberals.

For in this time of distress it will appear to me as a sign full of promise, when Germans in the atmosphere of free humanity are able to work and express themselves.

But for my participation it would be a certain presumption that at the Conference there stands at my disposal an Englishman or German as interpreter, who can inform me about the essential come of the Conference. In case Herr Kluthe takes part in the Conference, as I hope he will, he will indeed perhaps be able to

---

3 Vgl. Nr. 72, Anm. 2, Anm. 3.

1 Weitere Nachweise: AdL, Liberal International, 10500/1: ms. Schreiben, deutsche Übersetzung; BArch, N 1162, 39: ms. Schreiben, deutsche Übersetzung als Abschrift zur Kenntnisnahme für Kluthe; vgl. auch Heuss an Kluthe, 22. 2. 1947, in: ebd.

2 Vgl. Nr. 70.

3 Vgl. Nr. 70, Anm. 3.

4 Es folgt gestrichen: „be".

5 Das Schreiben von Dehler an Heuss ließ sich nicht ermitteln.

render this service.[6] I will endeavour in the next few days to take the necessary steps for making the journey possible.

With friendly and grateful compliments
Yours   Theodor Heuss

Nr. 75
An den Rainer Wunderlich Verlag, z. Hd. Hermann Leins, Tübingen
5. März 1947; [Stuttgart-Degerloch, Löwenstraße 86]
BArch, N 1221, 514: ms. Schreiben, Durchschlag
Suche nach vermissten biographischen Essays

Lieber Leins,

freundlichen Dank für Ihren großen Brief.[1] Die Listsache ist in der Zwischenzeit durchgesehen und an die Verlagsanstaltsdruckerei zurückgegangen.[2]

Wegen der „Deutschen Köpfe"[3] herrscht seit Sonntag Verzweiflungsstimmung im Haus und zwar nicht bloß ihrethalben; die Kisten in der Garage sind alle geleert worden, aber die Leitzordner, mit deren Auftauchen noch gerechnet wurde, waren nicht dabei. So fehlt im Augenblick das ganze publizistische Oeuvre seit 1937. Mein sogenanntes Archiv war seiner Zeit auf einem Gut bei Märkisch-Buckow verlagert, ist ja dann aber zurückgekehrt.[4] Nun habe ich nach Lörrach an Ludwig geschrieben, ob er sich ein Bild machen kann, wo jene Leitzordner sind.[5] Es ist nicht nur wegen des jetzigen Buchplanes so schlimm, sondern weil mir im Augenblick auch viele andere Aufsätze fehlen, die für Sammlungen geeignet wären. Denn gerade in dieser Zeit habe ich für Zeitschriften und für die Frankfurter ohne die Verhetzung sonstiger Verpflichtungen meine besten Arbeiten geschrieben.[6] Manches davon kann man ja auf dem Weg über Fotokopie durch

6 Im Antwortschreiben vom 10. 3. 1947 teilte die Liberale Weltunion mit, dass sich Kluthe bereit erklärt habe, Heuss Dolmetscherdienste zu leisten; AdL, Liberal International, 10500/1.

1 Leins an Heuss, 26. 2. 1947, in: BArch, N 1221, 514.

2 Vgl. Nr. 64, Anm. 2.

3 Sammlung biographischer Essays, die 1947 erschien; TH. HEUSS, Deutsche Gestalten.

4 Zum Schicksal des Archivs im Zweiten Weltkrieg vgl. Nr. 3, Anm. 13. Im Laufe des Frühjahrs 1946 fand ein Teil der Möbel, Bücher und Manuskripte wieder den Weg nach Stuttgart; vgl. Nr. 37, Anm. 14. Am 19. 1. 1947 teilte Heuss seinem Sohn mit, dass die Garage noch voller unausgepackter Kisten stehe und er einige seiner Essays vermisse; FA Basel; vgl. auch TH. HERTFELDER, Bücher, S. 8.

5 Heuss an Ernst Ludwig Heuss, 3. 3. 1947, in: FA Basel.

6 Vgl. Nr. 63, Anm. 14; zur Zusammenarbeit mit der „Frankfurter Zeitung" vgl. Nr. 18, Anm. 11.

die Universitätsbibliothek Tübingen rekonstruieren, wenn es auch mühsam sein wird, die Arbeiten über Max Weber, Spengler? aufzufinden. Es ist mir eingefallen, daß in die Serie „Deutsche Köpfe“ auch ein Essay über Ernst Abbe kommen könnte, der im Hauptblatt der Frankfurter erschien, aber ich trauere um Mommsen, Humboldt, Hegel, und ich weiß auch nicht, ob in Ihrer Liste Brentano, Harnack, Virchow sind.[7] Ich wollte nicht versäumen, dieses mein Erschrecken gleich mitzuteilen. Ich will im badischen Verlag in Freiburg nachfragen, ob man dort weiß, ob jemand „Bilder und Berichte“ aufgehoben hat.[8] Das Paradoxe ist, daß ich selber gar nicht ganz genau weiß, über wen alles ich geschrieben habe. Auf jeden Fall wäre ich Ihnen sehr dankbar, wenn Sie mir bald eine Liste der Namen schicken lassen könnten, die dort einmal bei Ihnen hergestellt wurde. Es fällt mir dann eher ein, wer hinzugefügt werden sollte; z. B. war in der Frauenbeilage einmal etwas über Henriette Feuerbach, was in Tübingen aufgestöbert werden könnte.[9] Ich müßte freilich einmal ein oder zwei Tage dort sitzen.

Vermutlich ist die verlagstechnische Lage so, daß mit den abenteuerlichen Lebensläufen eher ein Start möglich sein wird.[10] Ich habe bei der Korrektur der ersten 30 Fahnen der „Deutschen Köpfe“ an sich die Empfindung gehabt, daß die Arbeiten sich gut lesen, aber wenn Virchow und Mommsen und Humboldt fehlen, so fehlt halt irgend etwas, was durch Thaer oder Hehn oder Fröbel nicht ausgefüllt wird.[11] (Nun weiß ich im Augenblick gar nicht, ob der Fröbel da ist.)

Mit vielen Grüßen
Ihr [Theodor Heuss]

---

[7] Alle biographischen Beiträge erschienen in der „Frankfurter Zeitung“: THEODOR HEUSS: Oswald Spengler, Nr. 240, 11. 5. 1936; DERS.: Max Weber, Nr. 226–227, 28. 6. 1936; DERS.: Der Professor wird Unternehmer. Zum 100. Geburtstag von Ernst Abbe, Nr. 39, 23. 1. 1940. Die folgenden Beiträge erschienen in der Beilage „Bilder und Berichte“ der „Frankfurter Zeitung“: R.S. [THEODOR HEUSS]: Theodor Mommsen, der Historiker des Römertums, 19. 7. 1942; DERS.: Wilhelm v. Humboldt, Bildungsmächte und Staatsgeschehen, 12. 7. 1942; DERS.: Hegel und die Staatsphilosophie, 10. 5. 1942; DERS.: Lujo Brentano, 15. 2. 1942; DERS.: Adolf von Harnack, 24. 5. 1942; DERS.: Rudolf Virchow, 23. 4. 1942. Mit Ausnahme des Artikels über Spengler wurden alle diese Beiträge in den geplanten Sammelband aufgenommen; TH. HEUSS, Deutsche Gestalten.

[8] Die Beilage „Bilder und Berichte“ war nur der Auslandsauflage der „Frankfurter Zeitung“ beigefügt; vgl. R. BURGER, Theodor Heuss, S. 372.

[9] THOMAS BRACKHEIM [THEODOR HEUSS]: Henriette Feuerbach. In Erinnerung an ihren Todestag, der sich am fünften August zum fünfundzwanzigsten Male gejährt hat, in: FZ, Nr. 404, 10. 8. 1942 (Beilage „Die Frau“). Auch dieser Beitrag fand Eingang in: TH. HEUSS, Deutsche Gestalten, S. 295–304.

[10] TH. HEUSS, Schattenbeschwörungen.

[11] Alle drei Artikel erschienen ebenfalls in der Beilage „Bilder und Berichte“ der „Frankfurter Zeitung“: R.S. [THEODOR HEUSS]: Albrecht Thaer und die „rationelle Landwirtschaft“, 24. 1. 1943; DERS.: Victor Hehn und die vergleichende Kulturgeschichte, 27. 6. 1943; DERS.: Friedrich Fröbel, 15. 3. 1942. Auch diese biographischen Skizzen wurden neu gedruckt in: TH. HEUSS, Deutsche Gestalten.

Nr. 76
An den British Liberal International Council, [London]
8. März 1947; [Stuttgart-Degerloch, Löwenstraße 86]
AdL, Liberal International, 10500/1: hs. Schreiben, behändigte Ausfertigung[1]
Vorbereitungen für die Reise zur Konferenz der Liberalen Weltunion in Oxford

Dear Sir,

Your letter of 29th. January came to my hands just today,[2] as it was addressed to the „Stuttgart newspaper", and your letter was foolishly sent to my previous address in Heidelberg, and so I received [it] only today. I hope, that meanwhile you received my promise and that Mr. Kluthe gave you personal informations, which informations about myself I have sent to him.[3] I enclose a few details once again on a separate note.[4] Concerning the other Germans, who may come, I am not able to give you any informations, as I do not know, whom you have invited and from whom you received any promise.[5] I hope, that the matters about Pass will be settled in the right time.[6] Unfortunately the post offices function are working very slowly. I have been just told, that there is now possible to get letters from England to Germany by air mail. I am daily diligently taking English lessons, to be more sure in understanding and speaking.[7] In 1911 I spent two days in Oxford, it is 36 years ago,[8] and I would be happy to see again the lovely[9] town, despite the very short time of preparations. Simultaneously I feel the great (meaning) importance of your invitation, after all, that what happened, as representator of Germany to be allowed to be in your (circle) society.

With friendly greetings
Yours very sincerely Dr. T. Heuss

1 Anlage: Lebenslauf von Theodor Heuss auf englisch; weiterer Nachweis: BArch, N 1221, 86: ms. Schreiben, deutsche Übersetzung.

2 British Liberal International Council an Heuss, 29. 1. 1947, in: BArch, N 1221, 86.

3 Heuss an Kluthe, 2. 3. 1947, in: BArch, N 1162, 39.

4 Vgl. Anm. 1.

5 An der Tagung in Oxford nahmen schließlich als Mitglieder der deutschen Delegation neben Heuss Hermann Schäfer für die britische und Helmut Külz für die sowjetische Zone teil; vgl. F. Henning, Theodor Heuss, S. 27.

6 Die Ausstellung eines Reisepasses sollte sich noch bis Ende März verzögern; vgl. Nr. 79.

7 Neben seinen Englischkenntnissen (vgl. Nr. 70, Anm. 3) beschäftigte Heuss auch die Frage nach angemessener Kleidung für die Konferenz; vgl. Heuss an Kluthe, 27. 3. 1947, in: BArch, N 1162, 39.

8 Vgl. Nr. 70, Anm. 3.

9 In der Vorlage: „lovly".

Nr. 77
An Gottfried Traub, [München-Solln]
20. März 1947; Stuttgart-Degerloch, Löwenstraße 86

BArch, N 1059, 61: ms. Schreiben, behändigte Ausfertigung; Kopfbogen: „Theodor Heuss"[1]

Pressekampagne gegen Gertrud Bäumer

Lieber Freund,

den Brief von Kraemer gebe ich Dir wunschgemäß zurück.[2] Ich entsinne mich seiner noch. Wegen Gertrud Bäumer geht etwa seit drei Monaten ein großes Kesseltreiben, von der „Weltbühne" und wohl auch dem „Tagesspiegel" begonnen, auch meine Heidelberger Zeitung hat sich leider auch mit einem offenen Brief daran beteiligt.[3] Frau Bäumer, die kürzlich bei uns war, ist davon sehr betroffen. Sie hat eine private Schutzschrift verfaßt.[4]

Die Geschichte scheint ein politisches Gesicht zu haben.

Mit herzlichen Grüßen
Dein Th. Heuss

---

[1] Unten ms. Vermerk: „Anlage zurück"; darunter hs. Verfügung: „bitte zurück!".

[2] Wilhelm Kraemer an Traub, 26. 1. 1947, in: BArch, N 1059, 64. Kraemer erinnerte sich in seinem Schreiben an eine frühe Begegnung mit Heuss, als dieser Traub 1911/12 in einer Auseinandersetzung mit dem Oberkirchenrat publizistisch unterstützt hatte; vgl. Nr. 104, Anm. 5.

[3] Die Autoren der Artikel warfen Bäumer u. a. Opportunismus, Zusammenarbeit mit den Nationalsozialisten und Verherrlichung des „totalen Krieges" vor; ILSE REINICKE: Für oder wider Gertrud Bäumer? In: Die Weltbühne N. F. 1 (1946), Nr. 11, S. 346–349; URSULA PROKSCH: Repräsentantinnen Deutschlands? In: Der Tagesspiegel, 8. 12. 1946. In der „Rhein-Neckar-Zeitung" erschien von Heuss' Mitherausgeber Agricola „Ein offener Brief an Gertrud Bäumer", in dem dieser Bäumer vorhielt, sie habe nach 1933 „Verrat an der Demokratie geübt"; RNZ, Nr. 8, 18. 1. 1947; vgl. auch A. SCHASER, Helene Lange, S. 344f.

[4] Bäumer schickte Heuss ein Antwortschreiben an Agricola mit der Bitte um Veröffentlichung; Bäumer an Heuss, 19. 1. 1947, in: FA Heuss, Basel. Zudem wehrte sie sich gegen die Pressekampagne in mehreren Artikeln und verfasste eine „Erklärung in eigener Sache", die in Auszügen abgedruckt ist in: G. BÄUMER, Lebens, S. 339–344; vgl. auch A. SCHASER, Helene Lange, S. 345.

Nr. 78
An Albrecht Fischer, [Stuttgart]
26. März 1947; Stuttgart-Degerloch, Löwenstraße 86
RB, 1 013, 083: hs. Schreiben, behändigte Ausfertigung (Kopie); Kopfbogen: „Theodor Heuss“[1]
Glückwünsche zum 70. Geburtstag

Verehrter Herr Baurat,

Sie haben sich, wenn Sie Ihre Phantasie auf den Weg sandten, für Ihren siebzigsten Geburtstag eine schönere Zeitatmosphäre ausgedacht als diese so fragwürdige Gegenwart. Aber wir haben ja alle lernen müssen, zwischen Resignationen und Hoffnungen uns zurechtzufinden. Und Ihnen, der Sie in der Skepsis sich frühe geübt haben und eine vollkommene Vorstellung von der Unvollkommenheit des Menschen und der Menschen besitzen, ist das gelungen. Sie haben, glaube ich, immer das Gemäße zu tun verstanden, undoktrinär, unverdrossen, innerlich frei.

Ich sende Ihnen zum 70. Geburtstage meinen herzlichen Glückwunsch, hoffend, daß die Elastizität, die Sie auszeichnet, Ihnen erhalten bleiben möge; sie wird noch manchmal sehr notwendig sein.[2]

Mit guten Grüßen
Ihr
Theodor Heuss

Nr. 79
An Dr. Ernst Ludwig Heuss, [Lörrach]
28. März 1947; Stuttgart-Degerloch, Löwenstraße 86
FA Heuss, Basel: ms. Schreiben, behändigte Ausfertigung
Auslieferung der Bosch-Biographie; Artikel über Theodor Heuss im „Tagesspiegel“; Parteireden; Vorbereitung der Englandreise; Angebot einer Professur

---

1 Oben Mitte Erledigungsvermerk vom Empfänger vom 5. 4. 1947; unten Entwurf einer Antwort vermutlich vom Empfänger.

2 Heuss lernte den Verbandsfunktionär Albrecht Fischer im Umfeld der Firma Bosch kennen, für die Fischer seit 1934 als wirtschaftspolitischer Berater fungierte. Fischer gehörte neben Walz und Willy Schloßstein zum engsten Zirkel der Verschwörer des „Boschkreises“, wurde schon in der Nacht nach dem 20. 7. 1944 verhaftet, vom Volksgerichtshof Anfang 1945 freigesprochen, jedoch erst Anfang April aus dem KZ Sachsenhausen entlassen; vgl. J. SCHOLTYSECK, Robert Bosch, S. 200–202, 502, 521–527, 531.

an der Technischen Hochschule München; Rücktritt Wilhelm Simpfendörfers als Kultusminister; Familienfeier in Heilbronn

Lieber Ludwig,

Leins hat mir heute geschrieben, Du möchtest wegen der zehn Exemplare noch etwas Geduld haben.[1] Die Buchbinderei setzt jetzt offenbar erst wieder ein, es sei ihm für die nächste Zeit die Lieferung der Restauflage von 3.000 Stück zugesagt. Ich denke, das macht für Dich nichts aus. Ich will die 20 Stück, die ich kürzlich erhielt, etwas zurückhalten, weil noch eine Reihe von Verpflichtungen, darunter auch Stocker, noch nicht erfüllt sind.

In der Anlage übersende ich Dir ein kleines Porträt von mir, das neulich im Tagesspiegel stand.[2] Wer der Verfasser ist, weiß ich nicht. Die Zahl der Besucher vor einem Jahr war zu groß.[3] Für Reif ist es zu elegant geschrieben. Schicke es gelegentlich zurück, wie auch die Rezension des Bosch-Buches, die Margret Boveri im Berliner Kurier veröffentlicht hat; Wilf. Bruckmann hat sie mir gesandt.[4]

Seit den Rothenburger Tagen hast Du die Mutter wohl einmal gesprochen; die Geschichte bringt mir zusätzlich wieder einige Arbeit, und alles wäre leichter, wenn die Autofrage gelöst wäre.[5] In der letzten Woche habe ich drei Versammlungen im Hohenloheschen abgehalten, die zum Teil sehr gut besucht waren und auch nahrhaft verlaufen sind.[6]

Viel Umständlichkeiten bringt die England-Reise, da, zum großen Ärger der

---

1 Der Brief von Leins ließ sich nicht ermitteln. Ernst Ludwig Heuss hatte am 17. 3. 1947 seinen Vater um 10 Exemplare der Bosch-Biographie für den Weiterverkauf gebeten; FA Heuss, Basel.

2 Der Tagesspiegel, 20. 3. 1947.

3 Gemeint ist die Berlinreise vom März 1946; vgl. Nr. 27–Nr. 29.

4 Der „rote" Bosch, in: Der Kurier, Nr. 56, 7. 3. 1947. Ein derartiges Schreiben von Wilfried Bruckmann an Heuss ließ sich nicht ermitteln.

5 Am 17. 3. 1947 hatten in Rothenburg ob der Tauber die Vertreter aller liberaler Landes- und Zonenorganisationen mit Ausnahme des französischen Besatzungsgebietes im sogenannten Koordinierungsausschuss getagt, der seit Mai 1946 die Gründung einer gesamtdeutschen liberalen Partei vorbereiten sollte. Trotz aller Differenzen vor allem zwischen der Stuttgarter und Berliner Führung wurde auf dieser Sitzung die Demokratische Partei Deutschlands (DPD) gegründet, welche die liberalen Parteien der amerikanischen, britischen und sowjetischen Zone zusammenschloss. An der Spitze der neuen Partei standen Heuss als Exponent der westlichen Zonen und Wilhelm Külz als Vertreter der SBZ; vgl. zu den Gegensätzen zwischen Stuttgarter und Berliner Machtansprüchen Nr. 39, Anm. 4, Nr. 53, Anm. 5; vgl. zur Parteigründung und ihrer Einschätzung J. C. HESS, Fehlstart, S. 94–98; D. HEIN, Milieupartei, S. 291–293; zeitgenössisch ERNST MAYER: Demokratie drängt zur Einheit, in: Das neue Vaterland 2 (1947), Nr. 6, 22. 3. 1947. – Zu den Bemühungen von Heuss um die Zuweisung eines PKW vgl. Nr. 82.

6 Heuss sprach über die „politische Lage" am 21. 3. in Künzelsau, am 22. 3. in Bad Mergentheim sowie am 23. 2. 1947 in Tauberbischofsheim; Redenkalender, in: BArch, N 1221, 684. Redenotizen ließen sich nicht ermitteln.

hiesigen amerikanischen Herren, die Papiere irgendwo unterwegs verlegt waren und dauernd an Dienststellen telefoniert werden mußte; vor drei Tagen sollen sie jetzt in Berlin gefunden worden sein, und man ist optimistisch, daß die Sache doch noch technisch in Ordnung kommt.[7] Ich habe deshalb mit der Hilfe hiesiger englischer Herren nach London depeschiert und Luftpost losgelassen.[8] Aber bevor ich nicht die Dokumente in der Hand habe, traue ich der Geschichte noch nicht ganz. Inzwischen studieren wir, wie verkehrstechnisch die Geschichte zu machen ist, wobei natürlich auch die Auskünfte einander widersprechen. Bei August Weber kann ich wohnen.[9] Der Hauptaufenthalt aber wird in Oxford sein.

Es wird Dich interessieren, daß die Technische Hochschule in München mir dieser Tage eine ordentliche Professur auf einem neu zu errichtenden „Lehrstuhl für Politik" angeboten hat. Ich habe die Berufung aber abgelehnt, da ich ja nun nicht wieder wandern will.[10] Ich würde ja auch in München in die aktive Politik hereingezogen werden, und bayrische Politik unmittelbar mitzumachen habe ich schon vor über drei Jahrzehnten abgelehnt, als mir damals die Chefredaktion der Münchener Neuesten Nachrichten angeboten worden war.[11] Aus meiner Generation sind auch nicht sehr viel Leute in München, die mir nahestehen, und die hiesige Landschaft liegt mir doch mehr wie die dortige.

Die Affäre meines Amtsnachfolgers hat uns unendlich viele Sitzungen und Verhandlungen gekostet. Es war wirklich ein überflüssiger Kraftaufwand, bis sich S[impfendörfer] entschlossen hat, was ich ihm durch seine Freunde schon sehr frühe raten ließ, das Kabinett und seine Partei zu entlasten. Er hat das gestern erst in der letzten Minute getan; es wäre zu einer ziemlich peinlichen Auseinandersetzung gekommen.[12] In der nächsten Woche wird es mit der Diskussion über Er-

---

[7] Vgl. zu den Verzögerungen in der Passangelegenheit auch Heuss an Kluthe, 27. 3. 1947, in: BArch, N 1162, 39.

[8] Heuss an British Liberal International Council, 27. 3. 1947, in: AdL, Liberal International, 10500/1.

[9] Vgl. Heuss an Kluthe, 27. 3. 1947, in: BArch, N 1162, 39.

[10] Rektor der TH München an Heuss, 18. 3. 1947 und 31. 3. 1947, in: BArch, N 1221, 383. Der Absagebrief von Heuss vom 26. 3. 1947 ließ sich nicht ermitteln.

[11] Ludwig Thoma bot Heuss im Januar 1914 den Posten des Chefredakteurs der „Münchner Neuesten Nachrichten" an; vgl. R. BURGER, Theodor Heuss, S. 145.

[12] Der Nachfolger von Heuss im Amt des Kultusministers, Simpfendörfer, war wegen seiner Zustimmung zum „Ermächtigungsgesetz" 1933 und seiner Haltung zum Nationalsozialismus in den Brennpunkt der öffentlichen Kritik geraten, vgl. Nr. 72, Anm. 2. Kurz vor Abschluss der Arbeit des Untersuchungsausschusses, der diese Vorwürfe untersuchen sollte, veröffentlichte die Presse Unterlagen aus den Jahren 1933 und 1936, die Simpfendörfer so schwer belasteten, dass er sich Ende März von seinem Landtagsmandat beurlauben und vom Amt des Kultusministers entbinden ließ; vgl. E. W. BECKER / TH. RÖSSLEIN, Irrtum, S. 27; vgl. auch Heuss an Brammer, 20. 3. 1947, in: BArch, KlErw. 583.

mächtigungsgesetz noch einmal große Politik geben.[13] Es scheint, daß von der parlamentarischen Seite aus die Geschichte dann erledigt sein wird. Die Schießerei der Presse wird ja sicher weitergehen. Man hat jetzt auch in Eurer Zone in einem illustrierten Blatt mit einem völlig verlogenen und unwissenden Aufsatz gegen Reinhold zu schießen begonnen.[14] Er soll aber, wie mir ein Journalist sagte, in diesem zweiten Angriff den Untersuchungsausschuß als „Sieger" verlassen haben, alle Parteien haben ihm Ehrenerklärungen abgegeben.[15]

Margret Boveri war am Sonntag Abend hier, hat aber nur die Mutter angetroffen, da ich selber zur gleichen Zeit in Tauberbischofsheim vor 600 Leuten predigte.[16] Mommsen[17] haben wir leider gar nicht gesehen, was vielleicht daran lag, daß er hier zu stark in Anspruch genommen war, oder daran, daß unser Telefon ein paar Tage hintereinander trotz ärztlicher Behandlung immer wieder stundenlang krank war, so daß wir ganz außerhalb der Welt waren.

Ihr werdet jetzt bald an den Umzug kommen. Daß sich Hanne dabei sehr zurückhalten muß, ist, denke ich, ihr selber klar, so daß ich keine Ratschläge zu erteilen habe. Die Mutter, die eine Zeitlang stark unter Herzattacken litt, aber seit ein paar Tagen wieder besser dran ist, überlegt sehr, ob sie während meiner Reise auf den Speyrerhof nach Heidelberg geht.

Am Sonntag vormittag war die Familie in Heilbronn beisammen (die Mutter fehlte). Wir haben auf dem Familiengrab eine kleine Gedenkplatte, die künstlerisch recht gut ist, für Conrad eingeweiht, wobei ich eine kleine Gedenkrede hielt. Es waren noch einige Familienfreunde da. Am 24. hat sich der unselige Todestag zum zweiten Mal gejährt.[18] Wuggel[19] erzählte, daß ihr Kind sehr fest und gesund und ohne Husterei von dem Sechs-Wochen-Allgäu-Aufenthalt zurückgekehrt ist.[20]

---

[13] Am 2. 4. 1947 debattierte der Landtag ausführlich und kontrovers über den Abschlussbericht des Untersuchungsausschusses; vgl. VERHANDLUNGEN DES WÜRTTEMBERG-BADISCHEN LANDTAGS, Protokollbd. 1, S. 313–345; E. W. BECKER / TH. RÖSSLEIN, Irrtum, S. 29f.

[14] Der Artikel erschien 1947 unter dem Titel „… um damit zu säumen!" Der Verfasser warf Reinhold Maier vor, als württembergischer Wirtschaftsminister 1930–1933 mit der Subventionierung der Waffenfabrik Mauser in Oberndorf ohne Wissen des Landtags geheime Aufrüstung betrieben, gegen Bestimmungen des Versailler Friedensvertrages verstoßen und sich des Landesverrates schuldig gemacht zu haben. Darüber hinaus polemisierte der Autor gegen Maiers Scheidung von seiner jüdischen Ehefrau 1943; Die Neue Demokratie im Bild. Illustrierte Wochenzeitschrift in der französischen Zone, H. 5, S. 7.

[15] Zur Aussage von Maier in dieser Angelegenheit vor dem Untersuchungsausschuss am 26. 3. 1947 und zur „Ehrenerklärung" vgl. E. W. BECKER / TH. RÖSSLEIN, Irrtum, S. 316–326.

[16] Vgl. Anm. 6.

[17] Vermutlich Konrad Mommsen, ein Enkel von Theodor Mommsen. Ernst Ludwig Heuss war mit Konrad Mommsen befreundet.

[18] Vgl. zum Tode von Heuss' Neffen Conrad Heuss Nr. 4.

[19] Heuss' Nichte, Hanna Frielinghaus-Heuss.

[20] Jannamaria Frielinghaus, verh. Guffarth.

Damit kann dieser Erzählbrief geschlossen werden. Ich denke, daß wir vor meiner Reise, die vermutlich am Ostertag starten wird,[21] noch einmal miteinander werden telefonieren können.

Mit herzlichem Gruß
Dein Vater Theodor Heuss

[PS][22] Für Hanne die nachträglichen guten Glückwünsche – Mommsen sollte etwas als Geschenk für sie mitnehmen, kam aber nicht. Ob er noch kommt?

Nr. 80
An Josef Eberle, [Stuttgart]
3. April 1947; Stuttgart-Degerloch, Löwenstraße 86
DLA, A: Heuss, 73.4088-4093: hs. Schreiben, behändigte Ausfertigung; Kopfbogen: „Theodor Heuss“[1]
Stilkritik an Josef Eberle

Lieber Herr Eberle,

ich weiß, daß Sie bös auf mich sind.[2]
Nun ist es so, ich kann, wie Sie sehen, bös werden, aber nicht recht sein.

Es macht mir deshalb Spaß, mit Ihnen Sprachstudien zu treiben, wobei Sie Schairer hinzuziehen können.

Nämlich: kann man von einer „Bemerkung Herrn Schöttles“ sprechen oder muß es nicht „des Herrn Schöttle“ heißen.[3] Ich glaube, das ist eine Frage des „Suebismus“[4] …

---

21 Gemeint ist die Reise nach Oxford zu dem Kongress der Liberalen Weltunion vom 9. bis 14. 4. 1947; vgl. Nr. 70, Anm. 2.

22 Hs. Postskriptum.

1 Oben rechts unter Absenderadresse unterstrichene ZdA-Verfügung.

2 Gemeint ist der „offene Brief“ Eberles vom 5. 2. 1947 in der „Stuttgarter Zeitung“, in dem er die Polemik von Heuss kritisierte, die dieser in einer Rede am 31. 1. 1947 gegen Franz Karl Maier geübt hatte; vgl. Nr. 72, Anm. 2.

3 Heuss bezieht sich hier auf einen Artikel von Eberle (StZ, Nr. 26, 2. 4. 1947) unter dem Titel „Revolverjournalismus“, in dem dieser die Angriffe des SPD-Landtagsabgeordneten und Herausgebers der „Stuttgarter Nachrichten“, Erwin Schöttle, gegen die vermeintliche Monopolstellung der „Stuttgarter Zeitung“ kritisiert hatte: „Aber noch eine andere Bemerkung Herrn Schöttles bedarf einer Korrektur, damit sich kein falscher Begriff bildet.“

4 In lateinischer statt deutscher Schrift: „Suebismus“, bedeutet „schwäbische Eigenart“.

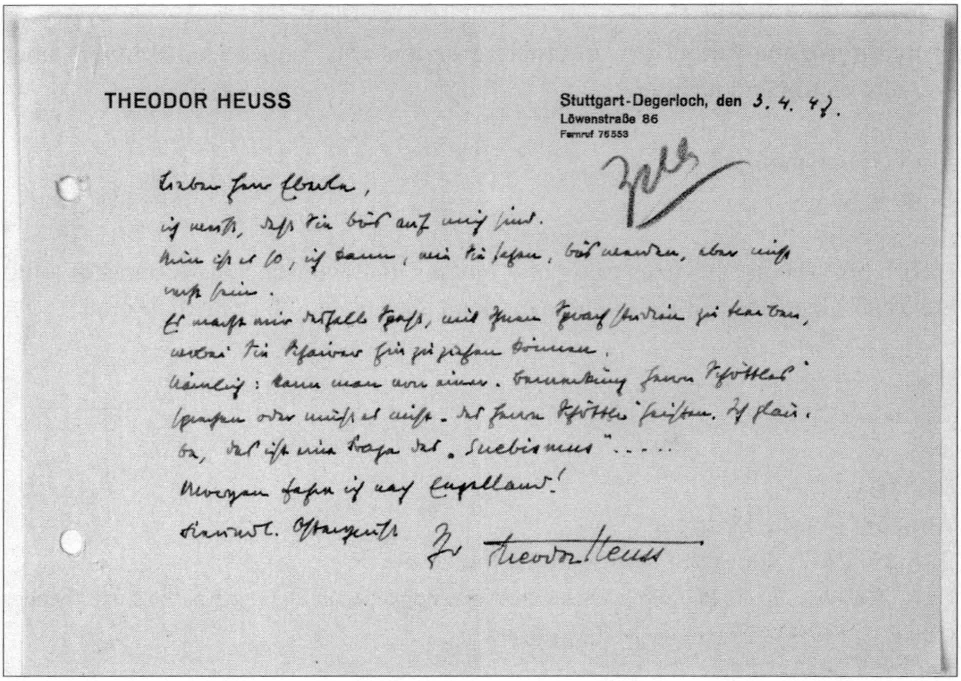
THEODOR HEUSS

Stuttgart-Degerloch, den 3. 4. 47.
Löwenstraße 86
Fernruf 76553

Abb. 14: Theodor Heuss an Josef Eberle, 3. 4. 1947

Morgen fahre ich nach Engelland!

Freundl[iche] Ostergrüße
Ihr Theodor Heuss

Nr. 81
An Dr. Ernst Ludwig Heuss, Basel
12. April 1947; Oxford, Wadham College
FA Heuss, Basel: hs. Postkarte, behändigte Ausfertigung
Teilnahme an der Konferenz der Liberalen Weltunion in Oxford

Lieber Ludwig,

zum Schreiben kommt man nicht – eine Sitzung nach der anderen; dazwischen laufe ich zwischen der Architektur herum. Jeden Tag Sonnenschein – <langsam>[1] wird es auch gut warm. Heute sprach ich in der Wirtschaftsdebatte über

[1] Unsichere Lesart wegen Lochung am linken Rand.

kitzliche Themen – doch nur die Einleitung englisch.[2] Doch kann ich den engl[ischen] u. franz[ösischen] Reden folgen. Man erhielt als D[eut]scher Beifall im Voraus. Wir wohnen in einem alten College. Eyck ist z. Zt. in der Schweiz, doch besuchte mich der Sohn. Auch Bonn kam her, um mich zu sehen. Ob es für <Schwarzi> noch reicht, ahne ich nicht, da Weber ein großes Programm für mich zurecht machte.[3] Schicke diese Zeilen evtl. gleich an die Mutter – dorthin dauert es so lange. Ich rechne damit, am Mittw[och] leider schon wieder wegzufahren, wegen der Reden in Göttingen u. Hannover.[4] Allerhand <Leute>[5] kennen gelernt. Aber das Gespräch in Englisch bleibt ein Gegackse.

Seid alle herzl[ich] gegrüßt
Dein Vater

Th. Heuss

Nr. 82
An Dr. Arnulf Klett, Stuttgart
23. April 1947; [Stuttgart-Degerloch, Löwenstraße 86]
BArch, N 1221, 84: ms. Schreiben, Durchschlag
Bitte um Zuweisung eines Automobils

Verehrter Herr Oberbürgermeister,

darf ich wieder einmal Ihr freundliches Wohlwollen in Anspruch nehmen.[1] Seit ich das Ministerium niedergelegt habe, bin ich ohne Wagen.[2] Das hat sich in vielen Dingen, da die Inanspruchnahme nicht geringer geworden ist, schon als höchst mißlich herausgestellt, um so mehr, als ich in der Zwischenzeit mich bereit fand, den Vorsitz der demokratischen Partei Deutschlands zu übernehmen.[3] Eine Rücksprache, die ich in den letzten Tagen mit Herrn Direktor Staelin von den Daimler-Benzwerken hatte, ergab nun, daß die Zuweisung der eventuell in zwei Monaten zum Ausstoß kommenden Wagen durch das Straßenverkehrsamt

---

2 Heuss sprach am 11. 4. 1947 auf der Konferenz zum Thema „Freihandel und Reparationen"; Redenkalender, in: BArch, N 1221, 684. Das Protokoll der Tagung ließ sich nicht ermitteln.

3 August Weber gewährte Heuss Unterkunft in London.

4 Nachgewiesen ist im Redenkalender die Rede in Göttingen am 18. 4. 1947 anlässlich der niedersächsischen Landtagswahlen vom 20. 4. 1947; ebd.

5 Wie Anm. 1.

1 Schon am 22. 10. 1946 hatte Heuss den Stuttgarter Oberbürgermeister Klett darum gebeten, das dem Deutschen Auslandsinstitut zur Verfügung gestellte Gebäude am Charlottenplatz 17 nicht der Polizeiverwaltung zu überlassen; StadtA Stuttgart, Hauptaktei Gruppe 3, 3007-10.

2 Vgl. zum Ausscheiden aus dem Amt des Kultusministers Mitte Dezember 1946 Nr. 59–Nr. 63.

3 Vgl. Nr. 79, Anm. 5.

geht. Als Parteivorsitzender wie als Lizenzträger der Rhein-Neckar-Zeitung habe ich, wie ich erfahre, einen anerkannten Anspruch auf einen Wagen. Ich würde Ihnen außerordentlich verbunden sein, wenn Sie mit dafür Sorge tragen wollten, daß ich trotz der verhältnismäßig späten Meldung (die ja vorher noch nicht nötig war) bei den Zuweisungen mit an der Spitze berücksichtigt werden könnte. Ich verliere entsetzlich viel Arbeitszeit, auch meine Frau, die wie ich im Landtag sitzt. Schließlich bin ich durch mein Boschbuch ja auch der Epiker der Motorisierung geworden und der Lobpreiser der heimatlichen Leistung.[4] So glaube ich mit diesen Zeilen keine Fehlbitte zu tun, wenn ich an Ihre freundschaftliche Unterstützung appelliere.[5]

Mit den besten Grüßen
Ihr [Theodor Heuss]

Nr. 83
An den British Liberal International Council, London
30. April 1947; Stuttgart-Degerloch, Löwenstraße 86

AdL, Liberal International, 10500/1: ms. Schreiben, behändigte Ausfertigung; Kopfbogen: „Theodor Heuss"

Dank für die Einladung zur Konferenz der Liberalen Weltunion in Oxford

Dear Mister MacCallum Scott,

when, some days ago, I returned to my native country, so urgent a correspondence waited for me that I could not work [out] at once my English impressions. Things being now in a certain distance I also tried to publish some of my experiences and impressions.[1] I include the first publications.

I heartily wish to give you my best thanks for your kind invitation. My German countrymen and I myself thank you for the possibility of taking part in the

---

4 Th. Heuss, Robert Bosch, vgl. auch Nr. 1, Anm. 7, Nr. 5.

5 Bis Ende 1947 blieben die Bemühungen von Heuss um die Genehmigung für einen Autokauf vergeblich. Vermutlich erst als Ernst Mayer bei Reinhold Maier um Unterstützung in dieser Angelegenheit bat, bekam Heuss ein Automobil zugewiesen, das sich das Ehepaar Heuss gemeinsam zu Weihnachten schenkte und das auf den Namen „Casimir" getauft wurde; Ernst Mayer an Reinhold Maier, 2. 10. 1947, in: HStAS, Q 1/8, 334; Heuss an Ernst Ludwig Heuss, 19. 11. 1947, in: FA Heuss, Basel; E. Heuss-Knapp, Bürgerin, S. 322; vgl. auch Nr. 196.

1 Heuss verarbeitete seine Eindrücke aus England in mehreren Zeitungsartikeln; Theodor Heuss: Wiedersehen mit Oxford, in: RNZ, Nr. 50, 1. 5. 1947; Ders.: Englandreise 1947, 2 Teile, in: RNZ, Nr. 51/54, 3./10. 5. 1947; vgl. auch Nr. 70, Nr. 74, Nr. 76.

conferences in such a free and fair way. Notwithstanding the progress of all organizational efforts – and you can be sure that we always endeavour – those days were a personal and objektive gain.

With kindest regards for you and your wife
Yours sincerely Theodor Heuss

Nr. 84
An den FDP-Landesverband Hamburg
4. Mai 1947; [Stuttgart-Degerloch, Löwenstraße 86]
BArch, N 1221, 405: ms. Schreiben, Durchschlag
Vorstandswahl für die DPD

Sehr geehrte Herren,

verzeihen Sie, daß die Beantwortung Ihres Briefes von Anfang April so lange auf sich warten ließ.[1] Ich war verreist und wurde nach der Heimkehr von einer Unsumme neuer Verpflichtungen zunächst schier erdrückt.

Wie ich höre, hat Herr Generalsekretär Ernst Mayer von sich aus Ihnen eine Antwort schon zugehen lassen.[2]

Die Benennung der beiden Vorsitzenden der demokratischen Partei Deutschlands in Rothenburg, die mit Zustimmung der Herren aus der britischen Zone erfolgte – diese gehörten zu den ungeduldigen Dränglern –, wird von mir nur als Provisorium angesehen.[3] Sicher sollte in der Tatsache, daß nur zwei Männer benannt wurden, keine Mißachtung der britischen Zone oder gar des Herrn Ministers Blücher erfolgen. Freilich würde ich persönlich, wenn der Vorschlag gemacht worden wäre, ein Triumvirat zu errichten, was womöglich für einen vierten Vertreter aus der französischen Zone einen weiteren Platz offen gehalten hätte, dem widerraten haben und dies natürlich gar nicht aus persönlichen, sondern aus rein sachlich politischen Erwägungen. Wir müssen die Zonenaufteilung als solche hinnehmen, sie kommt wie die Länderaufteilung in den parlamentarischen Körperschaften zum Ausdruck; aber ich bin der Auffassung, daß wir sie aus gesamtpsychologischen Gründen innerhalb des Parteienaufbaus nicht auch noch

1 Anschreiben ließ sich nicht ermitteln.
2 Ließ sich nicht ermitteln.
3 Vgl. zur Konstituierung der DPD in Rothenburg ob der Tauber und der Wahl von Wilhelm Külz und Heuss zu den Vorsitzenden der Partei Nr. 79, Anm. 5; zu den Diskussionen um den Parteivorsitz D. HEIN, Milieupartei, S. 291.

ausdrücklich beachten sollten. Ob der Vorsitzende Blücher oder Heuss oder sonstwie heißt, ist demgegenüber völlig gleichgültig. Ich hoffe, daß Sie diesen Gesichtspunkt würdigen.

Herrn Dr. Schäfer, mit dem ich ja in London zusammen war,[4] habe ich persönlich zum Ausdruck gebracht, daß irgend eine bewußte oder fahrlässige Gleichgültigkeit gegenüber einem Vertretungsanspruch der britischen Zone nicht in Frage kam.

Mit freundlichem Gruß
Ihr [Theodor Heuss]

Nr. 85
An Elly Heuss-Knapp, [Badenweiler]
8. Mai 1947; [Stuttgart-Degerloch, Löwenstraße 86]
FA Heuss, Basel: hs. Schreiben, behändigte Ausfertigung
Gesundheitszustand; Nachfolge für das Amt des Kultusministers

Liebe Elly,

die Anlage zeigt Dir, daß die Rh[ein-]N[eckar-]Z[ei]t[un]g besser ist als ihr Ruf u. daß es sich lohnte, daß ich dem Belzner das Buch mitgab.[1]

Heute früh, da das Telefon nicht durchdrang, ging ich gegen 9 Uhr zu Dr. Neuffer, der gleich 2 Gesundheitsatteste schrieb – mit denen muß ich nun morgen zum Stempeln zum Hauptgesundheitsamt.

Weg zur Mil[itär-]Reg[ierung] umsonst – heute, wegen 8. Mai,[2] Büros geschlossen – halber Vormittag kaputt.

Neuffer verschrieb mir etwas wegen Ekzem am Ohr, das sei heute häufig, Mangelkrankheit – nur kriegte ich bis jetzt nicht das „Kinderöl", das ich zum Wegmachen brauche. Es darf kein Wasser dran kommen.

Frech ließ mir durch Hoffmann sagen, daß die Reise gut ging[3] – Ernst M[ayer] hat mir nochmals 20 l Benzin gegeben.

---

4 Vgl. Nr. 76, Anm. 5.

1 Gemeint ist der Abdruck des Kapitels „Blühende Zweige" aus E. HEUSS-KNAPP, Wege, in: RNZ, Nr. 50, 1. 5. 1947.

2 Anlässlich der bedingungslosen Kapitulation der Deutschen Wehrmacht zum 8. 5. 1945 wurde an diesem Jahrestag der „Victory Europe Day" begangen.

3 Zu Frech vgl. Nr. 59, Anm. 3. – Eventuell Wilhelm Hoffmann gemeint, Direktor der Württembergischen Landesbibliothek, mit dem Heuss schon vor 1945 befreundet war. – Vor allem wegen ihres Herzleidens hielt sich Heuss-Knapp von Anfang Mai bis Juli 1947 in der Klinik Schloss Hausbaden in Badenweiler auf.

Abb. 15: Theodor Heuss und Elly Heuss-Knapp in ihrer Wohnung in Stuttgart-Degerloch, Löwenstraße 86, um 1947

Martha[4] sandte Dir eingeschrieben 1 Paar Strümpfe – ich antworte ihr, daß ich sie nicht nachsende. Macht ja überflüssig Mühe.

Das Wohnungsamt hat in einem persönlichen Schreiben des Leiters den Anspruch auf die beiden Arbeitszimmer u. s. f. anerkannt – die Sache ist also jetzt vorbei.[5]

Sonst ist nichts zu vermelden.

Heute abend machte ich den Entwurf für die Reihenfolge der „Deutschen Köpfe".[6]

Frech war da: noch kein Minister in Sicht.[7] Die evang[elische] CDU sucht u. sucht u. findet nicht.[8] Sie scheint an Hupfeld[9] auch herangetreten zu sein – es wäre wahrscheinlich falsch, jetzt einen Theologen dorthin zu setzen.

Herzliche Grüße
Dein Theodor

Nr. 86
An Gottfried Traub, [München-Solln]
19. Mai 1947; Stuttgart-Degerloch, Löwenstraße 86
BArch, N 1059, 61: hs. Schreiben, behändigte Ausfertigung
Einschätzung von Hjalmar Schacht

Lieber Freund,

das Strafmaß scheint mir auch zu hoch zu sein. Ich bin nie zu den Verhandlungen hingegangen, denn ich wollte nicht von Schacht erkannt werden u. habe an solchem Spektakulären an sich keine Freude.[1] Von einem Am[erikaner] befragt,

4 Martha Heuss, geb. Langnickel, Ehefrau von Heuss' Bruder Hermann.
5 Heuss hatte das Stuttgarter Wohnungsamt am 23. 4. 1947 um die Anerkennung zweier Räume seiner Wohnung als Geschäftszimmer für sich und seine Frau gebeten. Am 5. 5. 1947 erteilte das Wohnungsamt die Genehmigung; BArch, N 1221, 81 und 105.
6 TH. HEUSS, Deutsche Gestalten.
7 Gemeint ist die Nachfolge des zurückgetretenen Kultusministers Simpfendörfer, die schließlich der Ministerialdirektor im Kultusministerium, Bäuerle, antrat; vgl. Nr. 79, Anm. 12.
8 Vgl. auch Heuss an Brammer, 2. 5. 1947, in: BArch, KlErw. 583.
9 In der Vorlage „Hupfeldt".
1 Im Prozess gegen die Hauptkriegsverbrecher vor dem Internationalen Militärtribunal in Nürnberg wurde Schacht freigesprochen. Hingegen stufte ihn eine Stuttgarter Spruchkammer am 13. 5. 1947 als „Hauptschuldigen" ein und verurteilte ihn unter Einziehung seines Vermögens zu 8 Jahren Arbeitslager. Das Berufungsverfahren der Spruchkammer des Ludwigsburger Interniertenlagers reihte Schacht wiederum in die Gruppe der Entlasteten ein. Im Herbst 1949 erkannte schließlich

wie ich ihn beurteile: ein Mann, der nicht im Schatten leben kann, das ist seine Grenze, auch seine politische, gewesen.[2] – Viel Arbeit: bis vorgestern 10 Versammlungen in Südwürttemberg, immerhin nicht ohne Erfolg.[3] Meine Frau 4 Wochen in Heidelb[er]g u. jetzt in Badenweiler, bettlägerig wegen ewiger Herz-Affairen. – Meine Reise in England war interessant, aber, wegen <vieler>[4] Begegnungen, auch sehr anstrengend.[5]

Mit herzlichen Grüßen
Dein Theodor Heuss

Nr. 87
An Wilhelm Heile, Syke bei Bremen
22. Mai 1947; [Stuttgart-Degerloch, Löwenstraße 86]
BArch, N 1221, 56: ms. Schreiben, Durchschlag
Einfluss von Friedrich Naumann auf Theodor Heuss und Wilhelm Heile; Haltung zu Pazifismus, Föderalismus und Einheitsstaat; Ablehnung der Gründung bürgerlicher Landesparteien

Lieber Heile,

die ganze vorige Woche war ich in Südwürttemberg auf Wahlagitation,[1] mit Ausnahme eines Tages, da ich dann hier Deine Sendung vorfand, die ich unterwegs las.[2] Ich bestellte mir auch gleich bei Karl Vetter die Nummer seines „Morgen" mit dem Europaaufsatz, den Du erwähnst, um eventuell auf ihn eingehen zu

auch das württemberg-badische Ministerium für politische Befreiung dieses Urteil an; vgl. P. SAUER, Neubeginn, S. 172f.

2 Schacht gehörte im Dezember 1918 zu den Mitbegründern der DDP und unterstützte gemeinsam mit Heuss im Februar 1919 den Wahlkampf der österreichischen Demokraten in Wien. 1926 trat Schacht aus der DDP aus, näherte sich der nationalen Rechten an und nahm 1931 am Treffen der „Harzburger Front" teil. Hitler ernannte ihn 1933 zum Reichsbankpräsidenten; vgl. TH. HEUSS, Erinnerungen, S. 244f, 410f.

3 Zwischen dem 6. und 17. 5. 1947 sprach Heuss im württemberg-hohenzollerschen Wahlkampf für die DVP in Ravensburg, Balingen, Freudenstadt, Alpirsbach, Pfalzgrafenweiler, Calw, Tuttlingen, Tübingen, Friedrichshafen und Lindau; Redenkalender, in: BArch, N 1221, 684; hs. Redenotizen der Reden in Ravensburg und Balingen in: ebd., 27.

4 Unsichere Lesart wegen Lochung am linken Rand.

5 Vgl. zur Englandreise von Heuss im April 1947 Nr. 70, Nr. 74, Nr. 76, Nr. 83.

1 Vgl. Nr. 86, Anm. 3.

2 Heile an Heuss, 6. 5. 1947, in: BArch, N 1221, 56.

können.[3] Das Blatt, was heute einlief, enthält ihn aber nicht. Ich sehe den „Morgen" nur gelegentlich, wie ich ja überhaupt ein miserabler Zeitungsleser bin.

Da ich nun nach meiner Rückkehr aus Südwürttemberg gleich zwei Tage im Budget-Ausschuß saß und morgen wieder zu einem Lehrerfortbildungskurs verreisen muß,[4] will ich aber die Antwort an Dich nicht weiter hinausschieben; denn auch die Pfingsttage sind arbeitsmäßig auch schon besetzt.

Die Lektüre der Broschüre war ziemlich quälend für mich.[5] Ich bin nicht in der Lage, ein sicheres Urteil abzugeben, da ich von den Akteuren persönlich nur Dich und Dr. Greve kenne, die anderen aber nicht, außer Büll, von dem ich aber seit 17 Jahren nichts mehr gesehen und gehört habe.[6] Ich habe auch nie die Absicht gehabt, mich in Eure niedersächsischen Gegensätze und Rivalitäten einzumengen, da ich der Meinung war und bin, so etwas muß schließlich von erwachsenen Männern untereinander erledigt werden. Ich glaube, ich gebe ein Exemplar der Broschüre in unsere Landesbibliothek in das Fach querelles allemandes.[7]

Hinter der Zuspitzung der persönlichen Gegensätze und hinter dem menschlichen Mißtrauen sind ja nun sachliche Gegensätze spürbar, die sich auf die Vor-

---

[3] Heile hatte Heuss auf diesen Artikel hingewiesen (wie Anm. 2), der sich mit der Europa-Problematik befasste; Die Einigung Europas. Ein Interview mit Wilhelm Heile, in: Der Mannheimer Morgen, Nr. 49, 30. 4. 1947.

[4] Heuss sprach am 23. 5. 1947 auf der Comburg in Schwäbisch Hall vor dem Lehrerbund über „Willensbildung zur Demokratie"; Redenkalender, in: BArch, N 1221, 684; Redenotizen ließen sich nicht ermitteln.

[5] WILHELM HEILE: Abschied von der FDP, Syke 1947. Seiner Frau schrieb Heuss am 13. 5. 1947: „Heile hat eine quälend egozentrische Broschüre über s[einen] Krach mit den Hannoverschen Demokraten erscheinen lassen u. mir geschickt"; FA Heuss, Basel.

[6] Heinrich Otto Greve und Johannes Büll waren wie Heuss vor 1933 in der DDP aktiv.

[7] Hintergrund des Konflikts zwischen Heile, der seit Anfang 1946 Vorsitzender des FDP in der britischen Zone war, und seinen Kollegen im Parteivorstand, darunter Greve, waren die außen- und innenpolitischen Vorstellungen Heiles. Gespeist aus einem radikalen Anti-Borussismus, der eine direkte Entwicklungslinie von Martin Luther über Friedrich II. und Otto von Bismarck bis hin zu Adolf Hitler zog, sah Heile Deutschlands Zukunft – in Anlehnung an die Tradition des Heiligen Römischen Reiches Deutscher Nation – ausschließlich in einer lockeren föderalen Ordnung jenseits eines zentralistischen Nationalstaates. Heile hoffte, mit dieser Konstruktion verlorene deutsche Gebiete restituieren zu können, Vorbild für eine europäische Föderation zu sein und dem Sicherheitsbedürfnis der Nachbarn zu entsprechen: „Nur wir können das Abendland retten. Nur wir können der Menschheit den dauernden Frieden bringen." Innenpolitisch befürwortete Heile ein Zwei-Parteien-System. Gegenüber den in der preußischen Tradition der „Staatstotalität" stehenden Sozialisten trat er für die Bildung einer großen bürgerlichen Sammlungspartei ein, welche die CDU, FDP und NLP umfassen sollte; wie Anm. 2. – Nachdem Verhandlungen mit der CDU im März 1946 gescheitert waren, konzentrierten sich Heiles Bemühungen auf die Vereinigung mit der NLP. Aufgrund eigenmächtiger Verhandlungen mit dieser Partei geriet Heile in zunehmend unüberbrückbare Gegensätze zu seinen Vorstandskollegen und wurde sukzessive zugunsten von Franz Blücher entmachtet. Nachdem die Mehrheit der Partei den Vereinigungsbemühungen Heiles eine Absage erteilt hatte, verschärfte sich der Konflikt, der schließlich im März 1947 mit dem Übertritt Heiles zur NLP endete; vgl. D. HEIN, Milieupartei, S. 118–127; K. SCHRÖDER, FDP, S. 106–154.

stellung der deutschen und der europäischen Zukunft beziehen; dazu freilich kann ich ja meine Meinung sagen im Anschluß an Deine Pyrmonter Rede und an einige der Aufsätze, die beigedruckt sind, sowie in Erwiderung auf Deinen großen Brief, den ich von Dir direkt erhalten hatte.[8]

In diesem Brief gibst Du auch etwas wie eine persönliche Analyse meiner und Deiner Entwicklung, die einiges zutreffend sieht, aber doch nicht vollständig ist.[9] Wir sind zu Naumann aus sehr verschiedenen Gegenden gekommen; Du kamst aus der deutsch-sozialen Atmosphäre über den nationalliberalen Patzig zu Naumann, als er die national-soziale Periode schon hinter sich hatte und dabei war, dem Liberalismus sein sozialpolitisches Gewissen zurückzugeben sowie seine eigene nationalistisch-imperialistische Jugend in einer größeren Welt sich abzuschleifen.[10] Meine Jugendherkunft ist radikal antimilitaristisch und antibismärckisch, das Sozialistische streifend; mein Vater war in den letzteren Dingen viel „radikaler" als etwa Payer und Haußmann und aktiv sehr sozialpolitisch tätig.[11]

---

[8] Auf dem ersten Parteitag der FDP der britischen Zone in Bad Pyrmont vom 18. bis 20. 5. 1946 begann die schleichende Entmachtung Heiles, als er zum „Präsidenten" der Partei gewählt wurde (damit in ein Amt außerhalb der Parteisatzung und ohne geregelte Befugnisse) und der Vorsitz an Blücher überging; D. HEIN, Milieupartei, S. 124; K. SCHRÖDER, FDP, S. 129f. Die Parteitagsrede „Deutsche Demokratie und europäische Einigung" und Aufsätze von Heile sowie Materialien, die seine Position stützen sollten, sind abgedruckt in: W. HEILE, Abschied.

[9] Dazu meinte Heile in seinem Brief an Heuss: „Ich bin weit mehr als Du durch die preußische Schule in Treitschke'schen Gedankengängen erzogen worden und habe es sehr schwer gehabt, das dadurch entstandene falsche historische und politische Bild zu erkennen und loszuwerden. Vielleicht haben die langen Jahre der Freundschaft mit Naumann, der noch mehr in der Treitschke'schen Vorstellung wurzelte und sich noch schwerer von ihr losgelöst hat, mir meine innere Befreiung besonders schwer gemacht. Du hast ja ähnliches erlebt, hast aber in Deiner Jugend im Staate der Payer und Haußmann unter dem Eindruck heranwachsen können, daß auch Deine schwäbischen Landsleute Schiller und Uhland keine schlechten Deutschen waren. Aber wenn Dir auch der bundesstaatliche Gedanke der schwäbischen Demokratie nie fremd geworden ist, so bist Du später doch viel stärker in den Gedankengängen des jungen Naumann hängen geblieben, die ohne den Zusammenbruch von 1918 einen demokratischen Imperialismus deutscher Nation bedeutet hätten, der zwar eine Demokratisierung, damit aber doch auch eine Stabilisierung des Bismarck'schen Lebenswerkes hätte bringen müssen." Wie Anm. 2.

[10] Seit der Jahrhundertwende propagierte Naumann das Projekt eines „Gesamtliberalismus", das den Liberalismus auf die volkswirtschaftlichen und sozialen Probleme der modernen Industrie- und Klassengesellschaft einschwören sollte und ein Zweckbündnis zwischen Sozialdemokratie und Liberalismus befürwortete. Nach dem verheerenden Ergebnis des Nationalsozialen Vereins bei den Reichstagswahlen 1903 trat Naumann für einen Anschluss an die linksliberale Freisinnige Vereinigung ein, der noch im selben Jahr erfolgte; vgl. P. THEINER, Liberalismus, S. 106–127.

[11] Heuss' Großvater väterlicherseits, Georg Ludwig Heuss, nahm als junger Mann an der Revolution von 1848/49 teil, hielt „nicht viel vom Soldatentum" und trug eine „antibismarckische, eine antipreußische Grundstimmung" in sich. Sein Sohn, Louis Heuss, wurde in dieser Gesinnung erzogen. Er gehörte der linksliberalen Deutschen Volkspartei in Württemberg an und kam als leitender Regierungsbaumeister in Heilbronn mit den problematischen Wohn- und Lebensverhältnissen der Arbeiterschaft in Berührung. Mit einer kleinen Schrift setzte er sich für den gemeinnützigen Bau von Arbeiterwohnsiedlungen in Stadtrandbezirken ein. Bisweilen begleitete

Das „Soziale" brauchte mir Naumann nicht beizubringen, aber was ich als Schüler von ihm lernte, war dies, daß die Industriepolitik gewisse weltpolitische Konsequenzen habe, und von dieser Seite her wurde mir die Notwendigkeit der machpolitischen Sicherung klar.[12] Das war in meiner Schuljugend ein sehr diskutiertes Problem in unserer Familie. Ich habe in meiner Lehrzeit die Industrialisierung als Volkserhaltung begriffen, und mit den stärksten Eindruck, den Naumann auf mich gemacht hat, sehe ich in der Rückschau darin, daß er mir auch das technisch-industrielle Problem im Zusammenhang mit den künstlerischen Gestaltungsfragen offenbarte.[13] Wenn freilich dies nur ein Durchgangspunkt war und ich vieles später anders zu sehen lernte, so waren für meinen seelischen Anschluß an Naumann diese Nebentöne höchst wichtig.

Doch will ich hier ja keinen autobiographischen Beitrag schreiben. Die Anmerkung erfolgt nur, um zu zeigen, daß unser Ausgangspunkt verschieden war. Du bist dann weitergeschritten und hast die pazifistische Ideologie stärker in Dich hineinfließen lassen, während ich selber ihr gegenüber bezw. ihren Vertretern zurückhaltend blieb. Ich bin zwar genügend Schüler von Lujo Brentano, um etwas von der Kraft des Cobden-Wortes „Free trade and peace" gespürt zu haben.[14] Ich bin dem alldeutschen Gerede und dem imperialistischen Getue immer

---

Heuss seinen Vater bei dessen sozialer Vereinstätigkeit; vgl. TH. HEUSS, Vorspiele, S. 33, 63f. Neben Naumann gehörte Louis Heuss zu den Personen, deren Einfluss Heuss auf seine Entwicklung besonders betonte; THEODOR HEUSS: Rede nach der Wahl zum Bundespräsidenten vor Bundestag, Bundesrat und Bundesversammlung, 12. 9. 1949, in: R. DAHRENDORF / M. VOGT, Theodor Heuss, S. 376.

[12] Noch als Schüler lernte Heuss die von Naumann herausgegebene Zeitschrift „Die Hilfe" kennen. Als Heuss Naumann in Heilbronn erstmalig persönlich auf einer Veranstaltung erlebte, war er fasziniert von den rhetorischen Fähigkeiten und der charismatischen Ausstrahlung; TH. HEUSS, Vorspiele, S. 196f. In seiner Programmschrift „Demokratie und Kaisertum" (FRIEDRICH NAUMANN: Demokratie und Kaisertum. Ein Handbuch für innere Politik, Berlin 1900) verfolgte Naumann die Idee eines sozialen Caesars. Dieser galt ihm als Garant, unter den Bedingungen der Industriegesellschaft innen- und sozialpolitische Reformen wie z. B. die Demokratisierung des Wahlrechts voranzutreiben sowie der ökonomischen und demographischen Dynamik des Deutschen Reiches durch eine ausgreifende Kolonialpolitik ein Ventil zu geben. Imperiale Machtpolitik, innere Demokratisierung und wirtschaftliche Prosperität standen für Naumann im Zeichen eines plebiszitären Kaisertums in einer engen Beziehung; vgl. P. THEINER, Liberalismus, S. 63–71; vgl. auch Nr. 45, Anm. 8.

[13] Naumann besaß starke künstlerische Neigungen. Er war sich der sozialen und politischen Bedeutung ästhetischer Motive bewusst und beschäftigte sich mit der Frage, welches die geeigneten künstlerischen Formen im Zeitalter der Industrialisierung und Maschinisierung seien. 1907 gehörte er zu den Gründungsvätern des Deutschen Werkbundes; J. CAMPBELL, Deutsche Werkbund, S. 23–30; vgl. zu Heuss' Tätigkeit beim Deutschen Werkbund Nr. 35, Anm. 2.

[14] Heuss wurde 1905 von dem Münchener Nationalökonomen Brentano promoviert; zur Einschätzung Brentanos vgl. TH. HEUSS, Vorspiele, S. 223–225; DERS., Deutsche Gestalten, S. 277–284. – Der englische Unternehmer und führende Vertreter des „Manchesterliberalismus" sowie der Freihandelsbewegung, Richard Cobden, war davon überzeugt, dass der freie Welthandel kriegerische Auseinandersetzungen zwischen den Nationen überflüssig machen werde: „I believed Free

fremd gegenübergestanden und habe es nie mitgemacht. Ich glaube, ich habe sogar im Beginn von 1914 keine Sprüche losgelassen, die mir heute peinlich sein könnten, da ich Außenpolitik immer für etwas sehr nüchternes hielt, aber ich habe mich auch von den internationalen Konferenzen immer fern gehalten, mit zwei Ausnahmen, da ich einmal in Warschau und einmal in Athen dabei war; beide Mal auf persönliches Drängen des Auswärtigen Amtes; die Atmosphäre unverbindlicher Unterhaltungen war mir dabei menschlich ganz reizvoll, aber ich habe ihr kein großes Gewicht beigelegt.[15]

Der Unterschied zwischen uns beiden liegt in den zwei folgenden Dingen. Du missest solchen Gesprächen eine große Bedeutung bei, darüber haben wir uns schon vor über 20 Jahren einmal unterhalten, als Du meintest, ein Zusammensein von Dir und Herriot würde in 24 Stunden die europäischen Dinge lösen. Ich sagte Dir damals, daß das Hybris sei. Die politischen Entscheidungen sind viel komplexer. Ich kann freilich nicht beurteilen, ob Du für die fremde Welt die politische Figur gewesen bist, wie es in Deinen Bekundungen zum Ausdruck kommt.[16] Aber Du mußtest in der Bewertung doch auch immer das einsetzen, was Deine deutsche Position anlangt. Die war, wenn ich richtig sehe, doch immer so, daß man Dir menschlich Achtung zollte, aber Deiner Aktivität mehr einen privaten oder persönlichen denn einen national-verbindlichen Maßstab zubilligte. Hier empfand und empfinde ich bei Deinen Darstellungen, verzeih, daß ich das so deutlich ausspreche, einen Antagonismus.

Würde ich mehr Zeit haben, so würde ich Dir breit darstellen, daß ich Dein Geschichtsbild nicht teile. Ich finde es recht glücklich, wie Du gegenüber Friedrich

---

Trade would have the tendency to unite mankind in the bonds of peace"; R. COBDEN, Speeches, S. 518.

15 Heuss verhielt sich während des Ersten Weltkrieges zum einen zurückhaltend gegenüber der nationalistischen Kriegszielhysterie breiter Kreise im Bürgertum. Doch zum anderen stand er auch unter dem Einfluss des Mitteleuropa-Konzepts seines Mentors Naumann. Dessen „Föderativimperialismus" sah Grenzverschiebungen vor allem in Zentraleuropa auf Kosten Russlands und die Bildung eines Bundes souveräner Staaten vor, der de facto unter deutscher Hegemonie stehen sollte. Dieses „Nebeneinander von imperialistischen Ansprüchen und föderalistischen Zugeständnissen" (P. THEINER, Liberalismus, S. 244) prägte auch Heuss, der den Frieden von Brest-Litowsk guthieß und eine Verständigung mit den Alliierten ablehnte, wenn diese den territorialen Status von 1914 wiederherstellen würden; vgl. J. C. HESS, Theodor Heuss, S. 146–149. – In den „Erinnerungen" begründete Heuss seine Zurückhaltung gegenüber internationalen Kongressen mit „mangelnde[r] Sicherheit im Gebrauch fremder Sprachen". 1931 reiste er dann aber auf Bitten des Auswärtigen Amtes zu Kongressen der Entente Internationale des Partis Radicaux et des Partis Démocratiques Similaires nach Athen und der Amitié des Peuples nach Warschau; vgl. TH. HEUSS, Erinnerungen, S. 400–405; zur Griechenlandreise vgl. Nr. 143, Anm. 4.

16 In seiner Rede auf dem Pyrmonter Parteitag vom 19. 5. 1946 erinnerte Heile an seine zahllosen Reisen und Gespräche mit den führenden Politikern Europas zwischen 1918 und 1932, die seinem Konzept einer europäischen Ordnung zugestimmt hätten; vgl. W. HEILE, Abschied, S. 47f; zum Pyrmonter Parteitag vgl. Anm. 8; zu Heiles Verknüpfung von Europagedanken und nationalem Revisionismus vgl. J. C. HESS, Europagedanke, S. 572–622.

Wilhelm Foerster, den ich für einen Menschen schnöden Ressentiments halte (Naumann war zu stolz, um mit ihm zu diskutieren), die historische Position der französischen Entwicklung gegenüber der deutschen darstellst.[17] Aber die Betrachtung des „heiligen römischen Reiches deutscher Nation", des „Gottesreiches", die wiederholt bei Dir vorkommt, halte ich für gänzlich abwegig.[18] Es strömt etwas von der Romantik des sacrum imperium herein, wie sie auch in Büchern von Gertrud Bäumer lebendig ist (sehr schön, aber die Sachsenkönige und die Staufer waren neben der religiösen Romantik zum Teil handfeste Imperialisten).[19] Aber dies wie Deine Betrachtung der preußischen Geschichte[20] ist ja nun ein Komplex für sich und wäre nicht ein eigentlich politisches Diskutandum, wenn Du nicht Deine aktuellen Forderungen in eine Geschichtsbetrachtung einbetten würdest, die, wie mir scheint, der Historie nicht ganz gerecht wird und Verbindlichkeiten begründen möchte, die nach meiner Sicht einfach nicht gegeben sind.

Und nun zum Aktuellen: Wenn ich über Föderalismus und dergleichen rede,[21] sage ich den Leuten, daß wir uns von den überkommenen Vorstellungen freimachen müßten, weil die Gegebenheiten sich völlig verändert haben. Ich verzichte auch immer auf alle Polemik gegen Preußen, weil die Polemik gegen die Geschichte mir immer etwas unfruchtbar erscheint und heute darin etwas wie eine seelische Preisgabe des deutschen Ostens mitschwingt, die in irgend zu zeigen mir heute gesamtpolitisch nicht erlaubt scheint. Ich halte den „Einheitsstaat" heute für eine Unmöglichkeit. Daß er dem Wesen der Deutschen an sich widerspreche, scheint mir eine unrichtige Behauptung zu sein. Er ist in Deutschland mißglückt, er hat in Frankreich Jahrhunderte gebraucht, um fertig gestellt zu werden, und die englisch-schottische Geschichte ist ja auch ein langes Gewürge gewesen. Wir haben die Tatbestände zu nehmen, wie sie sind. Die Tatfrage ist die, ob man die bundesstaatliche Form, die wir bekommen werden, übergehen läßt in die staatenbündlerische, wie sie etwa in den Positionen der französischen Denkschrift für Moskau und in den Bekundungen von François-Poncet als wünschenswert zum Ausdruck gebracht wird.[22] Hier ist dann die „deutsche Konföde-

[17] WILHELM HEILE: Deutscher Bundesstaat im europäischen Staatenbund. Antwort an Fr. W. Foerster auf einen Artikel in der Neuen Zürcher Zeitung, in: W. HEILE, Abschied, S. 82–89.

[18] So bezeichnete Heile in seiner Rede auf dem Pyrmonter Parteitag das Heilige Römische Reich Deutscher Nation als große einigende Idee des Mittelalters, die bis in die Gegenwart strahle; vgl. ebd., S. 46f; außerdem Anm. 7.

[19] Heuss spielt auf die Bücher von Gertrud Bäumer über die Ottonen an: GERTRUD BÄUMER: Die Reichsidee bei den Ottonen. Heinrich I. und Otto der Große. Otto III. und Heinrich II., Nürnberg/Bamberg/Passau 1947; DIES., Jüngling.

[20] Vgl. Anm. 7.

[21] So z. B. am 14. 7. 1947 vor der Staatsbürgerlichen Gesellschaft in Stuttgart, am 9. 9. 1947 vor der Volkshochschule Schwäbisch Gmünd und am 13. 10. 1947 vor der Volkshochschule Aalen; Redenkalender, in: BArch, N 1221, 684; Redenotizen ließen sich nicht ermitteln.

[22] Für die Außenministerkonferenz in Moskau vom 10. 3. bis 24. 4. 1947 hatte der französische Außenminister George Bidault am 17. 1. 1947 detaillierte Memoranden vorgelegt, in denen die

ration" Ausgangspunkt und Herzstück der europäischen Konföderation. Ich sehe, daß dieser Gedankengang manchen Deutschen, die sich als Europäer vorkommen, sehr gut eingeht, halte ihn aber für sehr gefährlich. Es kommt auf die teutsche Libertät von 1648 heraus und will 1866 ungeschehen machen.[23] Das kann man formal tun, sachlich nur, indem man den Ruin Deutschlands nach seiner sozialwirtschaftlichen Struktur in Kauf nimmt. Ich pflege den Leuten zu sagen, daß ohne alles Gerede über Unitarismus, Zentralismus und Föderalismus die Tatbestände der Sozialversicherung in den achtziger Jahren die stärkste unitarische Wirkung gehabt haben, die man nicht mehr negieren kann;[24] zum anderen ist dies zu sehen: Deutschland wird nie mehr eine militärische Macht haben. Sein Siedlungsgebiet wird ein Leerraum der Macht sein. Jedes Vakuum ist nach einem physikalischen Gesetz dem Einströmen fremder Kräfte ausgesetzt. Hier hat die Geschichte Lehren genug gegeben.

Rechtlich politisch ist das Problem sehr einfach, und in all Deinen Äußerungen ist es mir undeutlich geblieben, wie Du dazu stehst: soll die deutsche Einheit, gleichviel wie die Gliederung der Zuständigkeiten erfolgt, auf einem Zusammentritt von Staaten beruhen, die einen Bund miteinander schließen (dazu müßten es eigentlich freie Staaten sein!), oder wird das deutsche Volk eine eigene politische Figur wieder werden, d. h. einen Reichstag wählen und eine von diesem abhängige Reichsregierung besitzen, also nicht einen Bundestag à la Frankfurt?[25] Wenn ich diese letztere These bejahe, so dann nicht aus 1848-

---

verfassungspolitischen Vorstellungen Frankreichs für die künftige Gestaltung Deutschlands formuliert waren. Dieser „Rohentwurf einer Verfassung" sah einen „Bundesstaat" vor, der die Länder zusammenfasste. Die Länder sollten aber in vielen Punkten die Suprematie gegenüber der Zentralgewalt besitzen, so dass dieses Gebilde den Charakter eines Staatenbundes hatte. Auf der Moskauer Konferenz spielte dieser Entwurf dann angesichts der Konflikte zwischen den Großmächten keine große Rolle; vgl. H.-P. SCHWARZ, Reich, S. 190f; allgemein R. HUDELMANN, Zentralismus, S. 181–209; E. WOLFRUM, Besatzungspolitik, S. 172–174. – Der ehemalige französische Botschafter in Deutschland, André François-Poncet, sprach sich nach Kriegsende gegen ein „Reich unitaire et centralisé" aus, befürwortete dann aber im Jahr 1946 die Einheit Deutschlands „sur une base fédéraliste" bzw. eine „fédération allemande", die eine staatenbundliche bis bundesstaatliche Organisation zuließ, freilich unter Ablehnung von Zentralverwaltungsstellen mit deutschen Staatssekretären im Alliierten Kontrollrat; vgl. D. HÜSER, Frankreichs, S. 605f.

23 Mit „Teutscher Libertät" ist die Verteidigung der ständischen Freiheiten (einschließlich Konfessionswahl) der Fürsten gegenüber dem Kaiser und den Reichsbehörden gemeint, wie es auch der Westfälische Friede von 1648 festschrieb, der den Dreißigjährigen Krieg beendete. – Als Folge des deutsch-deutschen Krieges von 1866 und der österreichischen Niederlage bei Königgrätz entstand unter preußischer Führung der Norddeutsche Bund, dem sich alle deutschen Staaten nördlich der Mainlinie anschlossen. Dieser Zusammenschluss bedeutete das Ende des Deutschen Bundes, der 1815 die Nachfolge des Alten Reiches angetreten hatte, und die Vorstufe zur Gründung des Deutschen Reiches 1871.

24 Gemeint sind die unter Bismarck eingeführten Sozialversicherungen: Krankenversicherung (1883), Unfallversicherung (1884), Alters- und Invaliditätsversicherung (1889).

25 An die Stelle des Heiligen Römischen Reiches Deutscher Nation trat 1815 der Deutsche Bund, dessen höchstes Gremium der Bundestag in Frankfurt a. M. war. Dieser setzte sich nicht aus ge-

Romantik (ich will ein kleines Buch über 1848 schreiben),[26] sondern weil achtzig Jahre nicht auszuwischen sind in einer Zeit der politischen Bewußtheit. Gehen die Siegermächte nicht darauf ein, so wird das unabweisbar *das* Politikum der nächsten Generation, wie das das Politikum meines Großvaters gewesen ist.[27]

Daraus ergibt sich auch meine Stellung zu Deiner Frage, ob ich bereit wäre, etwas wie Landesparteien aufzuziehen.[28] Ob Karl Vetter den Ehrgeiz hat, in die Parteienpolitik enger einzusteigen, ahne ich nicht. Ich habe ihn leider längere Zeit nicht gesehen, da wir beide arbeitsmäßig sinnlos übernommen sind. Ich selber habe weder die Zeit noch die Lust, im Sinne Deiner Anregung einen neuen parteipolitischen Durcheinander zu machen. Ich habe mich im vergangenen September bereit erklärt, den Vorsitz der Zonenpartei zu übernehmen und dann auch neben Külz die demokratische Partei Deutschlands zu führen.[29] Ehrgeiz hat mich an keine dieser Stellen getrieben, sondern ich empfinde sehr stark die Resignation gegenüber den literarisch-wissenschaftlichen Plänen, die mich innerlich mehr beschäftigen als Parteitaktik und Personenrivalitäten. Aber ich bin wieder einmal in die Parteipolitik hereingerutscht und habe ihr zulieb eine an sich lockende Hochschulprofessur, die mir jetzt angeboten war, abgelehnt.[30] Ich wüßte gar nicht, wie ich Deinen Plan anfassen sollte. Wenn ich etwa auf Bayern blicke, so sind die Kreise und Menschen, mit denen ich freundschaftlich und politisch zusammenhänge, viel unitarischer als unsereins, und es sind wertvolle Menschen. Es würde geradezu ein Verrat an ihnen sein, die sich gegenüber dem weißblauen Klerikalismus tapfer wehren, wollte ich jetzt um einer Konzeption willen, die ich im Elementaren für falsch halte, Parteienpolitik auf Landesgrundlage einleiten wollen, die ja doch nur möglich wäre, wenn sie gleichzeitig die CDU sprengen wollte. Das würde aber ein Politisieren bedeuten, zu dem ich kein Talent und keinen Beruf besitze.

---

wählten Abgeordneten zusammen, sondern war eine Versammlung von Gesandten der Bundesstaaten unter dem Vorsitz des österreichischen Gesandten.

[26] THEODOR HEUSS: 1848. Werke und Erbe, Stuttgart 1948; vgl. auch Nr. 135.

[27] Vgl. zur Teilnahme von Georg Ludwig Heuss an der Freiheitsbewegung der Revolution von 1848/49 Anm. 11. – Die Frage nach dem künftigen Staatsaufbau Deutschlands blieb Diskussionsthema zwischen Heuss und Heile. So meinte Heuss Anfang 1948, er „betrachte das Problem [des Föderalismus; d. Bearb.] aber nicht vom Gefühl und nicht von der Theorie her, sondern von der praktischen Zweckhaftigkeit, die der Mischformen bedarf." Heuss an Heile, 2. 2. 1948, in: BArch, N 1132, 60.

[28] Heile hatte Heuss vorgeschlagen, in Anlehnung an seine Bemühungen um eine bürgerliche Sammlungspartei in Niedersachsen als Gegenpol zur SPD (vgl. Anm. 7) auch in anderen Ländern solche Landesparteien zu gründen, so eine „Schwäbische Landespartei"; wie Anm. 2.

[29] Vgl. zur Bildung der liberalen Partei in der US-Zone Nr. 52, Anm. 9; zur Gründung der DPD Nr. 79, Anm. 5.

[30] Vgl. Nr. 79.

Der Brief kann Dich nicht befriedigen, aber es schien mir doch wichtig, einmal meine Position herunterzudiktieren.[31] Ich hoffe, daß es Dir persönlich ordentlich geht. Ich bin etwas verhetzt, zumal der Aufenthalt in England sehr anstrengend war[32] und gleich hinterher die Wahlbewegung[33] neben Sitzungen und publizistischen Verpflichtungen losging. Elly hat ihr Herz in dem bösen Winter sehr verdorben und liegt seit sechs Wochen mit knappen Unterbrechungen, die sich aber immer gerächt haben, im Bett, jetzt in einem Sanatorium in Badenweiler; sie wird wohl noch wochenlang Ruhe halten müssen.[34]

Mit freundlichen Grüßen
Dein [Theodor Heuss]

Nr. 88
An Ernst Mosich, Grünwald bei München
24. Mai 1947; [Stuttgart-Degerloch; Löwenstraße 86]
BArch, N 1221, 88: ms. Schreiben, Durchschlag[1]
Verteidigung von Walter Goetz

Sehr geehrter, lieber Herr Mosich,

Sie hatten die Freundlichkeit, mir Ihren Briefwechsel mit Walter Goetz zuzusenden;[2] vielleicht erwarten Sie ein Echo darauf.

Wie ich Ihnen ja neulich schon schrieb,[3] bin ich mit Korrespondenz, ewigen Reden und Sitzungen gequält genug, aber ich will Ihnen doch einiges sagen, das Ihnen freilich, wie ich fürchten muß, wenig Freude machen wird.

Ob Walter Goetz Ihnen noch einmal auf Ihren Zensurenbrief geantwortet hat, weiß ich nicht.[4] Ich an seiner Stelle würde es ganz gewiß nicht getan haben. Sie dürfen es mir nicht übel nehmen, wenn ich Ihnen eine Antwort gebe, die soviel be-

---

31 Gegenüber seiner Frau bemerkte Heuss zu diesem Brief an Heile: „Ich hoffe, er schreibt mich jetzt politisch ab." Heuss an Heuss-Knapp, 22. 5. 1947, in: FA Heuss, Basel.

32 Reise nach Oxford vom 9. bis 14. 4. 1947 zur Konferenz der Liberalen Weltunion; vgl. Nr. 70, Anm. 2, Nr. 74, Nr. 76, Nr. 81, Nr. 83.

33 Vgl. zur Redetätigkeit von Heuss für die DVP im Landtagswahlkampf von Württemberg-Hohenzollern Nr. 86, Anm. 3.

34 Vgl. Nr. 85, Anm. 3.

1 Oben links Verfügung vermutlich von Heuss: „Bitte zurück".

2 Goetz an Mosich, 13. 5. 1947; Mosich an Goetz, 19. 5. 1947, beide in: BArch, N 1221, 88.

3 Ließ sich nicht ermitteln; aus einem Schreiben von Mosich an Heuss vom 17. 5. 1947 geht aber hervor, dass Heuss Mosich am 12. 5. 1947 geschrieben hatte; ebd.

4 Mosich an Goetz, 19. 5. 1947, in: ebd. Eine Reaktion von Goetz auf Mosich ließ sich nicht ermitteln.

sagt: ich finde Ihren Brief ungehörig. Damit bin ich freilich in die Schulmeisterei selber hineingeraten. Ich kenne Walter Goetz seit meinem ersten Semester im Jahr 1902.[5] Er ist im Wachstum der Jahrzehnte nicht nur politischer Wegkamerad gewesen, sondern einer meiner nächsten persönlichen Freunde geworden, mit dem und dessen Familie ich und meine Familie sich aufs engste verbunden fühlen. Daß er aus der politischen Situation, wie sie sich im Spätsommer 1945 in München darstellte, an der CDU[6] sich beteiligt hat (genauso wie Sie es getan haben), hat mein Verhältnis zu ihm keinen Augenblick tangiert, da ich noch nie auf die Idee gekommen bin, einen Menschen nach seiner Parteizugehörigkeit zu bewerten, sondern nach seiner Substanz. Ich kenne Goetz nun in dem Wechsel der politischen Situationen und auch die absolute innere Sicherheit seiner wissenschaftlichen Haltung; daß Sie ihm schreiben, in der Umschreibung „wie man meinte", er rede so oder so, „um beim Ministerium nicht anzustoßen", finde ich geradezu unglaublich.[7] Hier fühle ich mich für Goetz verletzt. Das, was Sie insinuieren, ist offenbar eine Wissenschaft mit umgekehrtem Parteivorzeichen. Goetz ist noch nie der Diener eines Ministeriums gewesen, sondern immer der seiner Einsicht und seiner Überzeugung. Für Sie hat sich offenbar alles, was mit bayrischer Regierung zusammenhängt (ich kenne keinen der Herren), zu einem Monstrum verwandelt. Dieses Monstrum hat mir vor etwa zwei Monaten eine ordentliche Professur in München an der TH angeboten.[8] Ich habe sie abgelehnt, weil ich nicht wieder auf Wohnungssuche gehen will und weil ich mehr in die Atmosphäre meiner Heimat gehöre als in jene Bayerns. Hätte ich angenommen, so wäre ich vermutlich nach Ihrer Auffassung auch ein Diener der CDU[9] geworden, oder man kann die Sache sogar so großartig sehen, daß die Herren mich berufen wollten, um mich zu gewinnen.

[5] Über die Begegnung des Studenten Heuss mit Goetz, Naumann-Anhänger und zweiter Vorsitzender des Nationalsozialen Vereins in München sowie Historiker an der dortigen Universität, vgl. TH. HEUSS, Erinnerungen, S. 221f; aus der Sicht von Goetz vgl. H. LEINS / H. BOTT, Begegnungen, S. 33–38.

[6] Gemeint: „CSU".

[7] Goetz, in der Weimarer Republik Reichstagsabgeordneter der DDP und nach 1933 Mitherausgeber der „Hilfe", trat nach Kriegsende in die CSU ein, weil er für eine liberale Partei in Bayern keine Erfolgsaussichten sah. Nachdem sein Parteifreund Mosich am 7. 4. 1947 aus der CSU ausgetreten war, forderte er diesen Schritt auch von Goetz ein. Er warf ihm seine Vortragstätigkeit für Schulräte und Lehrer im Auftrag des Kultusministeriums vor: „Ich habe Teilnehmer an der von Ihnen erwähnten Schulung der Schulräte gesprochen, die […] sich […] sorgend und quälend darüber unterhielten, daß ‚auch Sie' sich allzu ausschließlich der formalen Methodik des Aufbaues des neuen Geschichtsunterrichts in den Schulen zugewandt hätten und daß ‚auch Sie' es vermieden haben, eine klare und unmißverständliche Abgrenzung gegenüber den heute im Vordergrund der Öffentlichkeit wirksamen Geschichtsfälschern zu ziehen – wie man meinte: um beim Ministerium nicht anzustoßen." Mosich an Goetz, 19. 5. 1947, in: BArch, N 1221, 88. Im weiteren Verlauf des Jahres 1947 entfremdete sich aber auch Goetz zunehmend von der CSU und trat 1950 der FDP bei; vgl. W. V. WEIGAND, Walter Wilhelm Goetz, S. 361f.

[8] Vgl. Nr. 79.

[9] Gemeint: „CSU".

Das ist doch eine Colportageauffassung der Wissenschaft. Ich rede auch vor Schulräten und überlasse sie nachher ihrem Urteilen auch der „auch der“.[10]

Sie haben auch Prittwitz eine Ihrer Zensuren erteilt.[11] Nun bin ich den münchener Dingen zu fern, um seine dortige politische Rolle beurteilen zu können. Ich habe Ihnen auch nicht über seine Vergangenheit eine Meinung beizubringen, zumal ich nicht weiß, seit wann Sie ihn persönlich kennen. Ich kenne ihn über ein Vierteljahrhundert, freilich ohne größere Intimität, aber doch mit der selbstverständlichen Vertrautheit gegenüber einem unbefangenen Mann, der nun gerade auf seine Herkunft nie abgehoben hat. Wissen Sie, als ich jung war, habe ich die Stenographie Stolze-Schrey gelernt, und jeder, der zur Gabelsberger gehörte, schien mir damals einen moralischen Defekt zu haben.[12] Ich war damals sehr jung. Ihr Brief erinnert mich ein bißchen an diese meine Jugend, da Sie Ihre moralischen und intellektuellen Urteile nach Parteizugehörigkeit zu dosieren scheinen.

Verzeihen Sie, daß dieser Brief fast grob geworden ist. Sie sitzen in Grünwald in der Einsamkeit und geben Ihre Erlasse über das deutsche Schicksal. Im Nordwesten von Deutschland sitzt Wilhelm Heile und tut das in seiner Weise auch.[13] Ihr kommt in die Gefahr, eine Kombination von Rigorosität und geschichtlichem Selbstgefühl zu entwickeln, die denen, die im täglichen Dreckkampf stehen, auf die Nerven gehen.

Ich erwarte auf diesen Brief keine Antwort. Ich habe mich gefreut, als ich in Hannover erfuhr, daß Sie Ihre politische Position in den Reihen der demokratischen Partei gefunden haben, denn ich schätze Ihre Kenntnisse und Ihren Eifer. Aber hüten Sie sich vor rechthaberischer Intoleranz und legen Sie den Bakel[14] auf die Seite.[15]

Mit bestem Gruß
Ihr [Theodor Heuss]

---

[10] Anspielung auf das Schreiben von Mosich an Goetz; wie Anm. 7.

[11] Mosich hatte über den ehemaligen Diplomaten und einstigen Parteifreund von Heuss in der DDP, Friedrich Wilhelm von Prittwitz und Gaffron, der 1945 der CSU beigetreten und ein Jahr darauf stellvertretender Vorsitzender der CSU-Fraktion im bayerischen Landtag geworden war, folgendermaßen geurteilt: „P[rittwitz] ist politisch verbraucht durch seine Zustimmung zu all' den bisherigen Fehlwegen der UNION. […] Aber hier – im Neuen – hatte er die Möglichkeit, sich und die Titel-Gloriole seiner Vergangenheit nutzvoll und produktiv für den Kampf um den besseren, den richtigen, den demokratischen Weg einzusetzen. Und er hat restlos versagt.“ Wie Anm. 4.

[12] Vgl. Nr. 51, Anm. 3.

[13] Vgl. Nr. 87.

[14] Rohrstock.

[15] In einem weiteren Schreiben verwahrte sich Mosich, sich von Heuss „schulmeistern“ zu lassen, und wiederholte seine Kritik an Goetz; Mosich an Heuss, 27. 5. 1947, in: BArch, N 1221, 88. Heuss beabsichtigte, auf diesen Brief nicht mehr zu reagieren; Heuss an Reif, 2. 6. 1947, in: AdL, N 19, 192.

Nr. 89
An Dr. Paul Binder, [Tübingen]
25. Mai 1947; Stuttgart-Degerloch, Löwenstraße 86
ACDP, 01-105-017: hs. Schreiben, behändigte Ausfertigung; Kopfbogen: „Theodor Heuss“[1]
Entstehungsbedingungen der Bosch-Biographie

Verehrter Herr Dr. Binder,

über Ihre Bemerkungen zu dem Bosch-Buch habe ich mich gefreut – Sie gehören zu den Lesern, die die Schwierigkeit des Unterfangens spürten.[2] Da leben noch zwei Ehefrauen und x Direktoren, die „dabei“ waren, und die Geschichte läuft, auch geschäftlich, in die Gegenwart hinein – nun aber mußte eben Geschichte daraus gemacht werden, u. die muß wahrhaftig sein. Es steht ja nicht nur Bosch's, sondern auch mein Name auf dem Spiel.[3]

Manche erzählen mir jetzt, mündlich oder schriftlich, die und die Geschichte von Bosch; ich ändere aber natürlich nichts mehr, da ich literarisch in anderem Zeug stecke. Aber daß wir uns nicht vor ein paar Jahren kennenlernten, ist doch schade – denn da hätten Sie mir den „Explosionsrat“ geschenkt, und der wäre als heiterer Schnörkel in das Buch gekommen.[4]

Wenn man nur eine größere Auflage erreichen könnte! Das Buch bleibt in unserem Bezirk stecken und wird auch hier nur z. T. in die rechten Hände gelangen. Es müßte in die Bibliotheken der Fachschulen u. s. f. …

Die Änderung Ihrer Situation erlebte ich, als ich mich gerade in Ihrem Gau herumtrieb.[5] Nun, diese Zeit wird andere, neue Aufgaben für Sie bereit halten.

Mit freundlichen Grüßen
Ihr
Theodor Heuss

---

1 Unter der Datumszeile von unbekannter Hand nicht auflösbares hs. Kürzel.

2 Binder hatte die Bosch-Biographie von Heuss am 19. 5. 1947 gelobt: „Gerade aus diesem Grund konnte ich ermessen, wie unendlich geschickt Sie Dinge zur Darstellung gebracht haben, ohne sie offen auszusprechen, und ich muß sagen, daß, wer einigermaßen versteht, Ihr Buch zu lesen, den Eindruck einer absolut zutreffenden Schilderung haben muß.“ DLA, A: Heuss, 73.4453.

3 Vgl. zu den schwierigen Entstehungsbedingungen der Bosch-Biographie Nr. 5; E. W. Becker, Biographie, S. 64.

4 Binder hatte von einer Begegnung Robert Boschs mit seinem Vater berichtet: „Als Robert Bosch den König wissen ließ, daß er den Kommerzienrat nicht annehmen würde, sagte er zu meinem Vater, daß sich jetzt die Regierung darum bemühe, eine andere Auszeichnung für ihn zu finden, worauf mein Vater sagte, er fände es gar nicht schwierig, ihm eine absolut individuelle Auszeichnung zu verleihen, nämlich den Titel eines Explosionsrats. Explosionszünder mache er, und explodieren würde er auch zu jeder passenden und unpassenden Gelegenheit.“ Wie Anm. 2.

5 Binder schrieb Heuss, dass er sein Amt als Vizepräsident des Staatssekretariats des Landes Württemberg-Hohenzollern mit Sitz in Tübingen niedergelegt habe; wie Anm. 2.

Nr. 90
An Elly Heuss-Knapp, [Badenweiler]
31. Mai 1947; Stuttgart-Degerloch, Löwenstraße 86

FA Heuss, Basel: ms. Schreiben, behändigte Ausfertigung[1]

Bemühungen um Pässe für die Schweiz; Nachfolge für das Amt des Kultusministers; unerwünschter Logiergast Walther Rauschenberger; Buchanfragen

Liebe Elly,

wir führen in dem, was Lotti[2] „Wintergarten" nennt, eine kleine Idylle auf. Steisslinger, der Dich sehr grüßen läßt, malt an mir herum,[3] Lotti sitzt daneben, und wir arbeiten einmal wieder einiges ab. – Mit der Paßgeschichte sind wir immer noch nicht weitergekommen.[4] Lotti hat mit den hübschesten Kleidern und dem gesamten Familienschmuck die Partner in ungezählten Besuchen zu becirzen unternommen, aber über die Vorschriften, deren Existenz mir auch Boxer bestätigte, ist sie damit nicht hinweggekommen. Ich will von mir aus, wenn ich es schaffe, noch einmal am Montag den Versuch machen. Gestern traf ich einen von Berlin gerade hier anwesenden Offizier, den großen starken Riesen, den Du auch einmal kennen gelernt hast. Der ist gestern nach Berlin zurückgefahren und will sehen, ob er von dort aus eingreifen kann. Als ich mich entschuldigte, daß ich ihn mit diesen Geschichten behellige, war er sehr nett und meinte, wieso, es ist doch unsere Pflicht, unseren Freunden zu helfen. Ob aber die Mühen Erfolg haben werden, ist mir immer noch unklar.

Gestern lange Fraktionssitzung. Die Ministersache noch in Schwebe.[5] Der Mann war offenbar ziemlich aktiv bei den Deutschnationalen, hat auch törichterweise mitgeteilt, daß er von Naumann zu Stoecker sei, und man hat Sorge, daß es wieder ein politisches Geschieße geben könne. Der persönliche Eindruck bei der Besprechung mit den Fraktionen war bei unseren Leuten nicht schlecht. Wild meinte aber, daß er zu norddeutsch sei und schwer den Zugang zu dem

---

1 Am Briefende Verweis auf Anlagen, die sich nicht ermitteln ließen.

2 Charlotte Kaempffer, Sekretärin von Heuss.

3 Vgl. zum Porträtieren von Heuss durch Steisslinger H.-J. IMIELA, Fritz Steisslinger, 307–310.

4 Für ein geplantes Treffen mit dem Ehepaar Stolper in der Schweiz benötigten Heuss und seine Frau entsprechende Reisedokumente. Heuss hatte Gustav Stolper schon am 11. 2. 1947 für wenige Stunden in Stuttgart getroffen, als dieser den ehemaligen US-Präsidenten Herbert Hoover auf dessen Mission nach Deutschland und Österreich als Wirtschaftsberater begleitete. Für den Sommer plante die Familie Stolper eine Europareise, auf der sie dann auch Heuss und seine Frau zu sehen hofften. Als Treffpunkt kristallisierte sich Sils Maria in der Schweiz heraus; vgl. Heuss an Toni Stolper, 16. 2. 1947; Toni Stolper an Ehepaar Heuss, 7. 3. 1947, beide in: BArch, N 1221, 489; T. STOLPER, Leben, S. 448–459; vgl. auch Nr. 91, Nr. 96, Nr. 99.

5 Gemeint ist die Nachfolge des zurückgetretenen Kultusministers Simpfendörfer, für den die CDU den Heidelberger Theologen Renatus Hupfeld vorsah; vgl. Nr. 79, Anm. 12, Nr. 85.

Schwäbischen finde, bezw. umgekehrt. Ich halte mich natürlich nach wie vor sehr zurück. Reinhold hat gestern sehr eindrucksvoll gegenüber dem CDU-Mann Bausch geredet, der offenbar überscharf von dem Denazifizierungsgesetz geredet hatte (ich hatte die Rede nicht gehört, da wir eine Unterkommission über das Radiogesetz während der Plenarsitzung hatten).[6] Es sind im ganzen außerdem wichtige und interessante Organisationsfragen im bizonalen Ausmaß unterwegs.[7]

Zu Hause habe ich eine ärgerliche Situation, da einfach, während ich in Heidelberg war, die gute Magdalene[8] insistierend, Walther Rauschenberger von Frankfurt hier einrückte, mitteilte, er brauche nur eine Chaiselongue, er werde niemand stören, seine Muter sei schon mit meiner Mutter befreundet gewesen u. s. f. Ich bin nun in der dummsten Situation. Magdalene hatte ihm schon gesagt, daß wir Dohrn[9] erwarten, worauf er meinte, es seien ja zwei Chaiselongues da, u. Magdalene fühlte gleich heraus, daß er sich den Aufenthalt auf eine Angelegenheit von Wochen gedacht habe. Das traf denn auch zu. Er will nicht mehr nach Frankfurt zurück, da er mit seiner Frau nicht mehr harmoniert. Er ist leider auch ausgebombt und habe nun eine Stube, die ihn wieder gemütskrank mache. Er wolle jetzt wieder in seine württembergische Heimat. Meine Stimmung ist eine Kombination von Mitleid und der unhöflichsten Grobheit. Ich habe ihm auseinandergesetzt, daß ein längerer Aufenthalt gar nicht in Frage kommt, daß ich so wahnsinnig in Anspruch genommen sei, daß ich zu Hause wenigstens ein kleines ungestörtes Privatleben brauche, daß seine Versicherungen, er werde mich nicht stören, sinnlos seien, da ich das auch nicht aushalte, jemanden dauernd fühlen zu lassen, daß ich ihn nicht in meinen Stuben haben will. Er meint, ich könne ihn doch nicht auf die Straße setzen, ich meinte, ich könne das doch, da ich tief verärgert sei über die Art, wie er ohne Anfrage über mich verfüge. Er versicherte mir, daß

---

[6] Der CDU-Abgeordnete Paul Bausch hatte in seiner Rede am 30. 5. 1947 vor dem Landtag das „Gesetz Nr. 104 zur Befreiung von Nationalsozialismus und Militarismus" kritisiert, woraufhin Reinhold Maier an die gemeinsame Verantwortung aller Regierungsparteien für das Gesetz und für die Durchführung der Entnazifizierung erinnerte; VERHANDLUNGEN DES WÜRTTEMBERG-BADISCHEN LANDTAGS, Protokollbd. 1, 22. Sitzung, 30. 5. 1947, S. 500–506, 516f; vgl. zum „Befreiungsgesetz" Nr. 25, Anm. 10.

[7] Die Anfang 1947 aus der amerikanischen und englischen Zone gebildete Bizone erwies sich im Laufe des ersten Halbjahres als eine Fehlkonstruktion aufgrund der unterschiedlichen administrativen und politischen Strukturen der beiden Zonen und der räumlichen Trennung der einzelnen Organisationseinheiten. Diese Mängel führten Ende Mai zum „Abkommen über die Neugestaltung der zweizonalen Wirtschaftsstellen", das am 10. 6. 1947 in Kraft trat und die Einsetzung eines Parlaments (Wirtschaftsrat), eines Exekutivausschusses als Lenkungseinrichtung, die Ernennung von Direktoren an der Spitze der Fachressorts und die Zentralisierung der bizonalen Behörden in Frankfurt a. M. vorsah; vgl. W. BENZ, Besatzungsherrschaft, S. 54–64; Nr. 60, Anm. 12.

[8] Haushälterin beim Ehepaar Heuss; Nachname ließ sich nicht ermitteln.

[9] Boguslav Dohrn; vgl. Heuss an Heuss-Knapp, 9. 6. 1947, in: FA Heuss, Basel.

er ein sehr unpraktischer Mensch sei und von meiner Lebenserfahrung und Weltkunde Hilfe und Stütze erwarte. Ich sagte ihm, daß das jeden Tag soundsoviel Leute täten und enttäuscht wären und daß ich mich im Zustand dauernder Notwehr befände. Wie ich ihn rauskriege, weiß ich noch nicht, aber rauskriegen werde ich ihn. Er meinte einmal, ich sei im Unterschied zu früher so erregbar geworden, worauf ich ihm versicherte, daß ich einer der behaglichsten Leute sei.[10]

Ein Päckchen von Dora Faul und die Handtücher haben wir Dir zugeschickt.

Lotti ist jetzt auch soweit, daß sie ihren Interzonenpaß mit allen erforderlichen Papieren eingereicht hat; sie wird also bald abschwirren.[11] Wir studieren jetzt in der Nachbarschaft ein Vervielfältigungsbüro, wo man vielleicht Ersatz zur Aushilfe kriegt, auch Frl. Hamann will helfen. (Lotti: Frl. H[amann] war begeistert geradezu, hierherauf kommen zu können.)

Die Hauptsache ist, daß es den Schwestern gelingt, Deinen Aufenthalt zu verlängern. Bücher müßtest Du doch eigentlich durch Krutina so viele bekommen, als Du brauchst.

Lotti hat Frau Fink getroffen, die sich sehr ausführlich nach dem Befinden erkundigte und herzlich, gute Besserung wünschend, grüßen läßt.

Einen großen Brief von Walter Goetz werde ich Dir noch schicken, wenn Ernst Mayer ein Stück davon gelesen haben wird.[12] Ich habe seinethalben eine sehr scharfe briefliche Auseinandersetzung mit Ernst Mosich gehabt.[13] Frau Goetz hat einen starken Zusammenbruch gehabt, ist jetzt seit einigen Monaten in der Schweiz und wird im Juni zurückerwartet.

Den[14] Verlagsplan „Große Deutsche" habe ich natürlich nicht angenommen, da ich mit den anderen Zusagen von Herausgeberschaft u. s. f. ja auch nicht weiterkomme; so was kann man nur in einer Universitätsstadt machen. Ich habe den Leuten geschrieben, daß ich die Verbindung zwischen ihnen und Peter Rassow herstellen will; der ist ja kein großer Schriftsteller, aber wird einen gewissen Überblick besitzen, wer an jüngeren Historikern in Frage kommt.[15]

---

10 Heuss sorgte schließlich dafür, dass Rauschenberger seine Wohnung verließ; Heuss an Heuss-Knapp, 3. und 28. 6. 1947, in: ebd.

11 Charlotte Kaempffer reiste Anfang Juni 1947 nach Berlin; vgl. Heuss an Heuss-Knapp, 2. 6. 1947, in: ebd.; zum Interzonen-Reisepass vgl. Nr. 29, Anm. 5.

12 Goetz an Heuss, 27. 5. 1947, in: BArch, N 1221, 80.

13 Vgl. Nr. 88.

14 Von hier bis „vorgestern ganz nett" von unbekannter Hand hs. Markierung durch eckige Klammern.

15 Im Frühjahr 1947 hatte sich der August Bagel Verlag an Heuss gewandt mit der Bitte, die Herausgeberschaft eines großen biographischen Sammelwerkes zu übernehmen. Heuss lehnte, obwohl er das Projekt schätzte, wegen seiner großen politischen und publizistischen Beanspruchung ab, zumal er über keinerlei Hilfskräfte verfügte, empfahl aber dem Verlag, Kontakt mit dem Kölner Historiker Rassow aufzunehmen. Seit Mitte der fünfziger Jahre zeichnete Heuss dann neben

Auch Diesel will ein Buch von mir gestartet wissen. Auch Erbe in Tübingen will haben, daß ich die Geschichte seiner Firma schreibe. Das Staatsministerium will mich in ein Kuratorium für Geschichtsdokumentationen schicken, und nebenher könnte ich jeden Abend eine Rede halten.[16] Dabei war die im Collegium Academicum in Heidelberg vorgestern ganz nett.[17] Marianne[18] war an den Bahnhof gekommen; sie war am Mittwoch, 5 Min. nachdem ich weggegangen war, von Jugenheim[19] zurückgekehrt. Daß von Lotte Jürgens 2 Leintücher kamen (Bett-Tücher), schrieb ich Dir wohl schon.

Soviel für heute.

Mit herzlichen Grüßen von der Fraktion, von Minister a. D. Andre, der sich nach Dir erkundigte, und der übrigen Klientel

Dein Theodor

Nr. 91

An Elly Heuss-Knapp, [Badenweiler]

16. Juni 1947; Stuttgart-Degerloch, Löwenstraße 86

FA Heuss, Basel: hs. Schreiben, behändigte Ausfertigung; Kopfbogen: „Theodor Heuss“

Bemühungen um Pässe für die Schweiz; Gesundheitszustand von Elly Heuss-Knapp; Rede in Haßmersheim über die Revolution 1848/49

Liebe Elly,

am Freitag u. Samstag ist es mißlungen, telefonisch nach Lörrach durchzudringen – heute früh hat mich Ludwig erreicht. Schwere Verständlichkeit; doch dies, daß

Hermann Heimpel und Benno Reifenberg als Mitherausgeber verantwortlich für ein anderes großes biographisches Unternehmen, „Die Großen Deutschen“, das im Propyläen-Verlag bei Ullstein erschien; August Bagel Verlag an Heuss, 25. 4. 1947; Heuss an August Bagel Verlag, 15. 5. 1947, beide in: BArch, N 1221, 73; Heuss an Rassow, 1. 6. 1947, in: BArch, N 1228, 89.

16 Eugen Diesel hatte Heuss am 29. 5. 1947 gebeten, ein Buch über die schwäbische Form der Demokratie zu schreiben; BArch, N 1221, 76. Otto Erbe, Eigentümer der Firma Erbe für Elektromedizin in Tübingen, hatte seinem langjährigen Parteifreund Heuss ein Exposé über die Firmengeschichte zugeschickt und ihn gebeten, dieses auszuarbeiten. Heuss lehnte aus Zeitgründen ab, gab aber einige Hinweise für das Verfassen einer solchen Arbeit; Schreiben von Erbe an Heuss ließ sich nicht ermitteln; Heuss an Erbe, 3. 6. 1947, in: PA Helmut Erbe; ein derartiges Schreiben des Staatsministeriums an Heuss ließ sich nicht ermitteln.

17 Heuss sprach am 24. 5. 1947 vor dem Collegium Academicum in Heidelberg über „Probleme des Parlamentarismus“; Redenkalender, in: BArch, N 1221, 684; Redenotizen ließen sich nicht ermitteln.

18 Schwägerin von Heuss, Marianne Lesser, bei der Heuss und seine Frau von 1943 bis 1945 in Heidelberg-Handschuhsheim wohnten.

19 Jugenheim in Rheinhessen an der Bergstraße.

er Ende der Woche kommen wird, von od. nach München, um dort den Wagen zu holen.

Ich fuhr dann zur CIC, um die Genehmigung der am[erikanischen] Polizei zu kriegen.[1] Diesmal war ein liebenswürdiger u. verständiger junger Offizier da – am Samstag hatte ich mir den Ton verbeten, worüber der Partner sehr erstaunt. Es bedurfte dann nicht der angekündigten 8 Tage, <sondern>[2] nur 5 Minuten, u. der Stempel war erreicht. <Dann raste>[3] ich auf die d[eut]sche Paß-Stelle. Jetzt läuft das Gesuch mit allen Unterlagen. Man will alles dran setzen, daß die Genehmigung in 4 und nicht erst in 8 Wochen kommt. Ich will sehen, wen ich in Berlin „ansetzen" kann.

Dein Brief vom 10., am 12. in Freiburg abgestempelt (durch Controle),[4] lag dann da, als ich von der Vormittags-Arbeit zurück war. Ludwig hatte schon gesagt, daß Du Dich jetzt in der Erholung befindest. Nun warten wir, wie sich das Leben ohne Medikamente einspielt. Ich halte von Heineke[5] – ärztlich, das Wissenschaftliche ist mir fremd – viel mehr als von Deinem Heidelberger.[6] Da Du eine brave Gesinnung hast, holst Du Dir alle Argumente zusammen, ihn zu „entlasten". Ich für meine Person würde mich nie in seine Behandlung begeben.

Gestern habe ich in Sinsheim u. Haßmersheim gesprochen.[7] Ich wurde vom Bürgermeister (CDU) als Sohn der Gemeinde eingeführt; sie haben dort eine gestickte Fahne aus dem Jahr 48 kürzlich entdeckt und hinter mir aufgespannt. Ich erzählte am Anfang nur Familiengeschichten, mit allerhand Behaglichkeit, u. kriegte mit den ca. 150 Leuten des vollen Rathaussaals guten Kontakt. Als ich auf das Politische von 48 zu sprechen kam, rief ein alter Schiffer: „Und der Fritz"; dem erzählte ich dessen Geschichte.[8] Nachher schenkten sie mir in den Erzählungen nach dem Urgroßvater, von dem ich es wußte, noch 2 Bürgermeister aus der Familie. Es war eine gelungene Sache; Ernst M[ayer] war, wegen einer Kreistagung, auch mit von der Partie.

Am nächsten Sonntag sollte ich in Marburg u. Heidelberg sein, drück mich aber um beides.

---

1 Heuss bemühte sich, Pässe für die Reise mit seiner Frau in die Schweiz zur Familie Stolper zu bekommen; vgl. Nr. 90, Anm. 4.

2 Unsichere Lesart wegen Stempelaufdruck.

3 Wie Anm. 2.

4 Heuss-Knapp an Heuss, 10. 6. 1947, in: FA Heuss, Basel.

5 Auch in den folgenden hs. Schreiben von Heuss an seine Frau: „Heinecke".

6 Bevor sie nach Badenweiler reiste, ließ sich Heuss-Knapp in Heidelberg behandeln.

7 Heuss sprach am 15. 6. 1947 in Sinsheim und Haßmersheim über „Die politische Lage"; Redenkalender, in: BArch, N 1221, 684; Redenotizen ließen sich nicht ermitteln.

8 Die Vorfahren von Heuss väterlicherseits waren Neckarschiffer in Haßmersheim. Sein Urgroßonkel Fritz Heuss nahm als Hauptmann einer Freischärlerkompanie an den Revolutionskämpfen im Frühjahr 1849 teil; vgl. TH. HEUSS, Vorspiele, S. 19–25.

Es[9] sind noch ein paar Exkursionen geplant: Ende Juni bayr[ischer] Parteitag, 4.–6. Juli Parteitag in Eisenach mit Abstecher Leipzig u. vermutlich Sitzung in Berlin, wo ich aber nur 1 od. 2 Tage bleiben werde, denn ab Mitte Juli muß man für die Schweiz startbereit sein.[10]

Du brauchst keine Sorge zu haben, daß ich mich „übernehme". Ich bin sehr gut „in Form", schlafe gut, werde draußen verwöhnt – 8 Stück delikaten Obstkuchen in Sinsheim.

Wegen Wangen (Frau Brenner? Frech wird gefragt) wollen wir die Verbindung aufnehmen.[11]

An H[eineke] schicke ich den Bosch, sobald wir – Packpapier haben. Ich sehe mich schon danach um.[12]

Heute kommt noch Rich. Freudenberg, morgen Mommsen – auf den bin ich nicht so scharf, weil er unfruchtbar theoretisiert.

Hoffentlich hält die Besserung gut an. Ich sagte den Leuten, daß *Du* nicht schreiben sollest, also haben Dir manche nicht geschrieben.

Schöne Grüße   Theodor

Nr. 92

An Elly Heuss-Knapp, [Badenweiler]

19. Juni 1947; Stuttgart-Degerloch, Löwenstraße 86

FA Heuss, Basel: hs. Schreiben, behändigte Ausfertigung; Kopfbogen: „Theodor Heuss"

Landtagsdebatte über universitäre Selbstverwaltung

Liebe Elly,

der Brief vom Montag kam heute Do.[1] – ich war aber ab 10 Uhr im Landtag, Kult-Etat, nachher Fraktion. So konnte ich ihn nicht beantworten, aber ich nehme an, daß inzwischen die Mitteilung über den Mantel und über Frau Berner bei Dir

[9] Am Anfang und am Ende dieses Absatzes von unbekannter Hand hs. Markierung durch eckige Klammern.

[10] Heuss hielt am 29. 6. 1947 in Bad Aibling vor der bayerischen FDP eine Parteitagsrede; Redenkalender, in: BArch, N 1221, 684; hs. Redemanuskript in: ebd., 27. Zum Parteitag der ostzonalen LDP in Eisenach und zur Sitzung der DPD in Berlin vgl. Nr. 95, Nr. 97; zur geplanten Reise in die Schweiz vgl. Nr. 90, Anm. 4.

[11] Heuss-Knapp wollte an eine Frau, deren Namen ihr entfallen war, in Wangen schreiben, dass diese Heuss Kirschen zum Einmachen schicken solle; Heuss-Knapp an Heuss, 10. 6. 1947, in: FA Heuss, Basel.

[12] Heuss-Knapp bat ihren Mann, ihrem Arzt Albert Heineke ein Exemplar der Bosch-Biographie zuzusenden; Heuss-Knapp an Heuss, 10. 6. 1947, in: ebd.

[1] Ein Brief von Heuss-Knapp an ihren Mann vom 16. 6. 1947 ließ sich nicht ermitteln.

eingegangen ist. Nun bleibt ein theologisches Problem zu klären: ist der liebenswürdige Paduaner auch für vergessene Sachen zuständig.[2] Denn Du hast den Mantel nicht verlegt, sondern hängen lassen![3]

Natürlich will ich von mir aus besorgt sein, daß die Paßgeschichte in Berlin nicht liegen bleibt[4] – man sagte mir hier, 8–10 Tage werde es dauern, bis die Papiere dorthin gekommen sind. Ich will dann Weigert schreiben, er soll sich darum kümmern.

Heute erhielt ich von „Karlchen"[5] einen Brief, ob wir etwas von Weigerts u. Brandenburgs wüßten[6] – er ist in Hannover.

Ich habe heute in die Kult-Debatte eingegriffen, vor allem Universitätsfragen – Schnabel hatte da leider im Ausschuß eine animose Stimmung verbreitet. Ich habe einen blöden SPD-CDU-Antrag zu Schanden geredet, so daß die CDU ihn fallen ließ u. offenbar auch die SPD unsicher wurde. Morgen früh wird Bäuerle die Sache abschließen.[7]

Halte ruhig das Rekonvaleszenten-Tempo. Mit Ludwig werde ich dann die Reisegeschichten besprechen; er wird Toni wohl schon am 24. 6. sprechen.

Alle Leute lassen Dich grüßen.
Dein Theodor

[PS] Vorhin in der Akademie in einem Vortrag über das Wesen des Kunstwerks von Guardini – sehr gute Formulierungen, vielleicht nicht etwas dinglich genug.

---

2 Dem Heiligen Antonius von Padua wurde u. a. das Patronat für das Wiederauffinden verlorener Gegenstände zugeschrieben, daher auch sein Scherzname „Schlampertoni".

3 Heuss-Knapp hatte nach ihrer Ankunft in Badenweiler ihren Mantel vermisst; Heuss-Knapp an Heuss, 13. 6. 1947, in: FA Heuss, Basel.

4 Pässe für die geplante Reise in die Schweiz; vgl. Nr. 90, Anm. 4.

5 Nachname ließ sich nicht ermitteln.

6 Vermutlich Familien aus der Nachbarschaft von Heuss in der Kamillenstraße in Berlin. Hans Werner Weigert war in die USA emigriert.

7 Der Historiker und Landesdirektor für Unterricht und Kultus in Nordbaden, Franz Schnabel, hatte nach 1945 das Versagen der Universitäten vor den Herausforderungen des Nationalsozialismus kritisiert, womit er vor allem auf die Universität Heidelberg abzielte: „Bevor die Universität ihre Tore wieder öffnet, werden ihre Lehrer sich zu äußern haben, […] welche Idee der Wissenschaft in den Vorlesungen und Prüfungen wieder zur Geltung gelangt." Zit. n. C. REHM, Franz Schnabel, S. 32. So trat er für eine Begrenzung der universitären Selbstverwaltung vor allem bei der Personalrekrutierung ein. In diesem Sinne formulierte der Finanzausschuss des Landtags von Württemberg-Baden am 9. 6. 1947 einen Antrag, der u. a. die Staatsregierung ersuchte, darauf „bedacht zu sein, daß bei der Berufung von Hochschulprofessoren nicht nur die wissenschaftliche Qualifikation, sondern auch die Persönlichkeit und die positive Einstellung der Kandidaten zu unserem demokratischen Staat bei der Auswahl entscheidend berücksichtigt werden. Es sind Maßnahmen zu treffen, welche die Kontrolle durch die Volksvertretung über die Zusammensetzung des Lehrkörpers gewährleisten." In der sich daran anschließenden Dis-

Nr. 93
An Elly Heuss-Knapp, [Badenweiler]
26. Juni 1947; Stuttgart-Degerloch, Löwenstraße 86
FA Heuss, Basel: hs. Schreiben, behändigte Ausfertigung; Kopfbogen: „Theodor Heuss"[1]
Gesundheitszustand von Elly Heuss-Knapp; Kritik von Elly Heuss-Knapp an den Briefen ihres Mannes; Nachfolge für das Amt des Kultusministers

Liebe Elly,

die Magdalene[2] hat heute einfach Tisch u. Stühle auf den Rasen gestellt u. mich damit in den Garten verpflanzt. Um 9 Uhr kam die Frau Otto, u. ich diktierte ihr eine Stunde Zeug in die Maschine, was Durchschläge braucht. An den Kinderlärm muß man sich etwas gewöhnen. Aber im Schatten bei warmem Wind ist es ganz angenehm. Nur das Telefonieren ist störend. Magdalene erledigt einiges, indem sie von oben herunterruft. Aber manchmal muß man doch hinauf.

Als ich gestern Abend Lörrach anrief, war niemand zu Hause. Ich hätte gerne von Ludwig gehört, wie er Dich fand. Nun hat Dein heutiger Brief bestätigt, was er erzählte, daß es doch wieder einen Rückfall gab.[3] Ich fürchte, die Hitze ist für Dich jetzt auch nicht gut – kann man Dir wenigstens den Liegestuhl in die Waldeskühle bringen. (Falls es so etwas gibt.)

Daß Du findest, daß ich Dir wie ein Wittwer schreibe, der sich sein Leben schon eingerichtet hat, ist eigentlich nicht nett.[4] Ich habe die Empfindung, daß ich Dir sehr brav u. nett immerzu geschrieben habe – vielleicht habe ich zu wenig von Deiner Krankheit geschrieben, aber Du weißt ja, in deren Detail-Verlauf kann ich mich aus mangelhafter Medizin-Phantasie nicht hineindenken. Und wenn ich Dir meine Meinung vortrage, daß die Heidelb[erger] Behandlung eine

kussion am 19. 7. 1947 wandte sich Heuss gegen eine Beschneidung der universitären Selbstverwaltung, weil er eine Instrumentalisierung von Personalentscheidungen für die Parteipolitik befürchtete. Tags darauf sprach vor dem Landtag noch Bäuerle zu dem Antrag. Trotz gegenteiliger Erwartungen von Heuss wurde der Antrag des Finanzausschusses zur stärkeren Kontrolle der Universitäten schließlich doch angenommen; vgl. VERHANDLUNGEN DES WÜRTTEMBERG-BADISCHEN LANDTAGS, Protokollbd. 2, 30. Sitzung, S. 715–758; Heuss an Willy Andreas, 18. 7. 1947, in: GLAK, N Andreas, 763; vgl. auch P. HERDE, Kontinuitäten.

1 Oben links Vermerk durch Heuss: „2. Brief"; verweist auf einen ersten Brief, den Heuss ebenfalls am 26. 6. 1947 seiner Frau schrieb; FA Heuss, Basel.

2 Vgl. Nr. 90, Anm. 8.

3 Heuss-Knapp an Heuss, 24. 6. 1947, in: FA Heuss, Basel.

4 Heuss-Knapp schrieb ihrem Mann von der Befürchtung, „daß ich für Dich nur noch eine Last bin und Du das Leben wie ein Witwer schon ganz gewohnt bist. So klingen Deine Briefe." Heuss-Knapp an Heuss, 24. 6. 1947, in: ebd. Heuss-Knapp fühlte sich schon längere Zeit einsam in Badenweiler, wenn sie am 10. 6. 1947 ihrem Mann gegenüber einräumt: „Ich habe so das Gefühl, als ob Ihr alle mich schon kaum mehr entbehrtet. […] Ich habe oft schrecklich Heimweh, nach Dir." Ebd.

Verschlimmerung brachte, bist Du böse.[5] Der heutige Brief des Ö.[6] an mich steigert ja auch nicht m[einen] Respekt vor ihm. Aber das ist ein Fall für sich.

Es[7] muß halt dabei bleiben, daß Du zunächst noch ohne Depressionen Geduld trainierst u. auf Heineke hörst. Ob[8] Du das Mandat niederlegst, wird später besprochen.[9] Fred[10]meint: nein; er hält eine gewisse Echo weckende Tätigkeit als Deiner Art entsprechend und deshalb erlaubt, ja bekömmlich. (In Maßen!)

Entscheidend ist, ob wir wieder zu einem Auto kommen.[11] Die Fraktion hat beschlossen, bei R[einhold] M[aier] eine Demarche zu machen, wegen des Kultm[inisteriums] eine Krise zu riskieren.[12] Ich hoffe, es verläuft ohne Verstimmung. Man weiß: ich dränge gar nicht, bin aber schließlich bereit. (Die Sache kommt in Zusammenhang mit der Ernennung Köhlers in den frankfurter Exekutiv-Ausschuß.)[13] Wolfgang[14] wird deshalb nicht nach Aibling[15] fahren. Vielleicht besuche ich von dort aus, 20 km, Sissi.[16] Zu einem Besuch bei Goetz wird es kaum reichen.
Die Umbrüche für das eine Buch sind noch nicht gelesen.[17]

Sieh also zu, daß Du nicht den Mut verlierst; die Lebensrhythmik wird sich schon nach den rechten Maßen einrichten lassen.

Herzliche Grüße
Dein Theodor

[PS] Wir haben nur 1x Kirschen vom Riedberg gekauft.

---

5 Vgl. Nr. 97.
6 Name ließ sich nicht auflösen.
7 Von hier bis „Geduld trainierst "von unbekannter Hand hs. Markierung durch eckige Klammern.
8 Von hier bis „(In Maßen!) "von unbekannter Hand hs. Markierung durch eckige Klammern.
9 Gemeint ist das Mandat von Heuss-Knapp für den württemberg-badischen Landtag, das sie bis zur Wahl ihres Mannes zum Bundespräsidenten wahrnahm.
10 Alfred Würz, der Ehemann der Nichte von Heuss, Elisabethe Eleonore, der als Arzt wiederholt Familienrat gab.
11 Vgl. Nr. 82, Anm. 5.
12 Die Nachfolge des zurückgetretenen Kultusministers Simpfendörfer war zu diesem Zeitpunkt noch immer nicht geklärt; vgl. Nr. 79, Anm. 12. Die DVP-Fraktion im Landtag drängte vermutlich darauf, Heuss wieder das Kultusministerium zu übertragen. Dies hätte eine Krise mit der CDU provoziert, die nach der Landtagswahl auf das Amt des Ministerpräsidenten verzichtet und stattdessen das Kultusministerium erhalten hatte; vgl. Nr. 59, Anm. 3.
13 Der im Zuge der Reform der Bizone am 10. 6. 1947 eingerichtete Exekutivausschuss (vgl. Nr. 90, Anm. 7) stand bis 9. 8. 1947 unter dem Vorsitz des badischen Wirtschaftsministers Köhler; vgl. W. Vogel, Westdeutschland, Teil I, S. 93.
14 Wolfgang Haußmann.
15 Zum Parteitag der bayerischen FDP in Bad Aibling am 29. 6. 1947 vgl. Nr. 91, Anm. 10.
16 Sissi Brentano, Tochter von Lujo Brentano, wohnte in Prien am Chiemsee.
17 Vermutlich handelt es sich um Th. Heuss, Deutsche Gestalten.

Nr. 94
An Hermann Missenharter, [Stuttgart]
26. Juni 1947; Stuttgart-Degerloch, Löwenstraße 86
StadtA Heilbronn, E001, 170: hs. Schreiben, behändigte Ausfertigung; Kopfbogen: „Theodor Heuss"
Schwäbische Dichtkunst und literarische Pläne

Lieber Herr Missenharter,

schönen Dank für Ihre Zeilen.

Daß der Rat wegen der Tochter Frucht trug, freut mich.[1]

Daß Sie mich für den „Senior des schwäbischen Schrifttums" halten,[2] erstaunt mich – ich würde annehmen, daß wir ungefähr gleichaltrig sind (x Januar 84) – mein Talent zum Ehrengreis ist ja gering. Und von den „Dichtern" sind viele älter. Denken Sie an Hans Heinrich Ehrler u. andere.

Über Ihr Büchlein freue ich mich. Leins bringt von mir Essai-Sammlungen am laufenden Band heraus[3] – als er mir neulich, von Ackerknecht[4] angeregt, vorschlug, auch einen Schwabenband zu machen (L. Pfau[5] u. andere Essais), sagte ich nein.[6] Denn ich will vorher das Naumann- u. das Dohrn-Buch neu gedruckt sehen.[7] Nun ist es gut, daß wir uns nicht in die Quere kommen.

Hoffentlich entspricht die „Bekundung" dem, was Sie brauchen können.[8] Ich bin z. Zt. ohne Hilfskraft u. muß das Zeug handschriftlich erledigen.

Mit guten Grüßen
Ihr vielgeplagter Theodor Heuss

---

[1] Heuss erreichte noch als Kultusminister, dass Missenharters Tochter ins Stuttgarter Königin-Katharina-Stift aufgenommen wurde; Missenharter an Heuss, 20. 5. 1947, in: BArch, N 1221, 88.

[2] Missenharter legte seinem Brief an Heuss eine seiner Veröffentlichungen bei (HERMANN MISSENHARTER: Schwäbische Essays, Urach 1946) mit den Worten: „Jetzt darf ich dem Senior unseres schwäbischen Schrifttums ein kleines Buch auf den Tisch legen". Wie Anm. 1.

[3] TH. HEUSS, Deutsche Gestalten; DERS., Schattenbeschwörungen.

[4] Der ehemalige Direktor der Stettiner Stadtbücherei, Erwin Ackerknecht, war mittlerweile Kulturreferent in Ludwigsburg und war Heuss bei der Entstehung der Dohrn-Biographie behilflich gewesen.

[5] THEODOR HEUSS: Der Schwabe Ludwig Pfau. Zum hundertsten Geburtstag am 24. August, in: Vossische Zeitung, Nr. 380, 14. 8. 1921.

[6] Leins an Heuss, 30. 5. 1947, in: BArch, N 1221, 514; ein Absagebrief von Heuss an Leins ließ sich nicht ermitteln.

[7] TH. HEUSS, Friedrich Naumann [[2]1949], vgl. auch Nr. 45, Nr. 67; DERS., Anton Dohrn [[2]1948], vgl. auch Nr. 138.

[8] Missenharter hatte Heuss um ein paar Zeilen gebeten, um ihn für das anstehende Spruchkammerverfahren zu entlasten; wie Anm. 1. Die „Bekundung" von Heuss ließ sich nicht ermitteln.

Nr. 95
An Elly Heuss-Knapp, [Badenweiler]
7. Juli 1947; Eisenach und Weimar

FA Heuss, Basel: hs. Schreiben, behändigte Ausfertigung

Parteitag der ostzonalen LDP in Eisenach

Liebe Elly,

eben wird, ganz ordentlich, rednerisch etwas zu brav, das sozialpolit[ische] Referat von einer Frau aus Dresden abgeschlossen, u. ein Schulrat beginnt, über Kulturpolitik zu reden, bezw. abzulesen.

Die Hitze ist gebrochen, was sehr angenehm. Denn ich bin nicht mit dem hellen Sommeranzug, sondern mit dem neuen, dunkeln [da]. Und das war nicht an jedem Tag das richtige.

Zu erzählen ist nicht allzuviel. Der Parteitag ist stark besucht[1] – einige ordentl[iche] Referate, über die Wirtschaft von Dr. Gärtner-Weimar, ein Elsässer, der bei Deinem Vater studiert [hat] (nicht promoviert). Es wird ziemlich offen gesprochen, auch darüber diskutiert, wer sich richtig oder falsch verhält in der Auseinandersetzung mit der Besatzungsmacht. Ich habe gestern Abend gesprochen,[2] sog. „Höhepunkt", ich war gut in Fahrt, schrecklich langer Beifall. Auch die Pointen wurden verstanden.

August Weber ist nicht hier, aber in – Berlin. Er scheint zu spät gekommen zu sein od. hat es mit dem Paß nicht mehr rechtzeitig schaffen [können]. Er soll aber morgen in B[er]lin an den Besprechungen und an dem Empfang bei der Russ[ischen] M[ilitär-]Reg[ierung] teilnehmen.[3] Heute früh habe ich wunderbar auf der Wartburg gefrühstückt; es war auch sonst recht hübsch. Seit 1902 war ich nicht mehr oben![4]

Ich habe, da entsetzlich viel Diskussionsredner gemeldet waren, die Eisenacher Sache nicht mehr bis zum Schluß mitgemacht, sondern bin nach dem Essen mit Külz jr.[5] hierher gefahren – Wetter sonnig, doch nicht zu heiß. Viele Leute lassen Dich grüßen, vor allem auch Frau Külz.

---

1 Vom 4. bis 7. 7. 1947 fand in Eisenach der 2. Parteitag der ostzonalen LDP statt. Zu den Auseinandersetzungen auf diesem Parteitag vgl. Nr. 97; das Protokoll des Parteitags in: AdL, L6, 9.

2 Heuss sprach am 5. 7. 1947 in einer Begrüßung über „die politische Lage" und hielt tags darauf eine Programmrede; Redenkalender, in: BArch, N 1221, 684; hs. Redemanuskript der Programmrede in: ebd., 27; Abdruck im Protokoll, wie Anm. 1; ms. Übertragung der Programmrede unter dem Titel „Das deutsche Schicksal und unsere Aufgabe", in: R. DAHRENDORF / M. VOGT, Theodor Heuss, S. 337–345.

3 Vgl. Nr. 97, Anm. 8.

4 Heuss unternahm nach dem Abitur eine Wanderung nach Thüringen und in den Harz; vgl. TH. HEUSS, Vorspiele, S. 210f. Im Folgenden schrieb Heuss seinen Brief in Weimar fort.

5 Helmut Külz.

In Berlin will ich nicht allzuviel Leute sehen, die beiden Margareten,[6] vielleicht Meinecke. Ich hoffe, daß man mir evtl. ein Auto zur Verfügung stellt.

Tag der Rückkehr hängt davon ab, was Zeit bei der od. der Dienststelle verloren geht; ich will mich natürlich auch darum kümmern.[7]

Nun wünsche ich sehr, daß das Befinden sich aufwärts bewegt hat.

Viele Grüße Theodor

Nr. 96
An Elly Heuss-Knapp, [Badenweiler]
15. Juli 1947; Stuttgart-Degerloch, Löwenstraße 86

FA Heuss, Basel: hs. Schreiben, behändigte Ausfertigung; Kopfbogen: „Theodor Heuss"

Bemühungen um Pässe für die Schweiz; Nachfolge für das Amt des Kultusministers

Liebe Elly,

das Telefongespräch mit Ludwig heute früh war ziemlich schwierig, oft aussetzend, aber die ungeschickte Geschichte, daß Du am Freitag Dein Zimmer räumen mußt, habe ich doch begriffen. Dann kam auch ein Brief von Heineke, der Bedenken gegen die Höhe von Sils Maria hat.[1] Es ist eine arge Sache, daß nun soviel Schwierigkeit[en] in den Plan kommen, auf dessen Verwirklichung wir uns so freuten. Auch Gustl[2] scheint ungeduldig zu werden wegen des Termins. Aber er unterschätzt die Schwierigkeiten, die in der am[erikanischen] Bürokratie liegen u. über die man mir in B[er]lin ja selber klagte. Ich habe den Herren in Berlin natürlich sehr nachdrücklich gesagt, daß wir in *dieser* Woche noch reisen müßten, da ja sonst der ganze Sinn des Unternehmens hinfällig würde.[3] Das sahen sie auch alle ein. Aber – wann gibt der zuständige Mann rein technisch die Sache weiter? Und wie lange dauert es, bis sie hier ist? Im „Notfall" werden wir halt zuerst

---

6 Margarete Vater und Margret Boveri; vgl. Heuss an Heuss-Knapp, 10. 7. 1947, in: FA Heuss, Basel.

7 Beantragung von Pässen für die geplante Reise in die Schweiz zur Familie Stolper; vgl. Nr. 90, Anm. 4.

1 Das Schreiben des Arztes von Heuss-Knapp, Heineke, ließ sich nicht ermitteln. In Sils Maria in der Schweiz wollten Heuss und seine Frau die Familie Stolper treffen; vgl. Nr. 90, Anm. 4. Wegen ihres schlechten Gesundheitszustandes konnte Heuss-Knapp die Reise aber kurzfristig nicht antreten; vgl. Heuss an Krämer, 3. 9. 1947, in: DNB, Deutsches Exilarchiv 1933–1945, Frankfurt a. M., EB 93/135, I.D.018.

2 Gustav Stolper.

3 Zum Aufenthalt von Heuss in Berlin vgl. Nr. 97, Anm. 8.

nach Riehen[4] gehen u. dort weitere Dispositionen verabreden. Ich lasse mich, wenn es soweit ist, hier nicht weiter aufhalten.[5]

Die CDU ist auf ihrer Suche nach Ersatz auf den Prälaten Schlatter gekommen, den Sohn des Professors – der weiß aber noch nicht, ob er soll oder will.[6] Reinhold über Wolfgangs Drängen etwas verstimmt, aber sonst wohlauf.[7]

Zu Hause alles in Ordnung. Magdalene[8] kommt nun morgen auch nicht weg, weil auch ihre Paß-Geschichte, vor Wochen eingeleitet, nicht fertig wurde. Helene,[9] sehr eifrig, bleibt aber auf alle Fälle, Termin gleichgültig, u. hütet das Haus – sie scheint uns zu lieben u. strahlte, als ich ihr Essen heute lobte.

Hoffentlich kann ich bald bei Dir sein.

Viele Grüße Theodor

Nr. 97
An Dr. Wilhelm Külz, Berlin-Wilmersdorf
16. Juli 1947; [Stuttgart-Degerloch, Löwenstraße 86]
BArch, N 1221, 58: ms. Schreiben, Durchschlag
Parteitag der ostzonalen LDP in Eisenach: Haltung gegenüber sowjetischer Besatzungsmacht, Gefahr der Überalterung der Partei, Kritik an Wilhelm Külz' Äußerungen zur Münchener Konferenz, am Einfluss der Gewerkschaften auf die Politik und am Verhalten gegenüber August Weber

Lieber Dr. Külz![1]

Nun bin ich mit einigen Umfahrten glücklich wieder in Stuttgart eingetroffen[2] und zunächst auf einen ungeheuren Berg von Briefen u. s. f. gestoßen. Aber vielleicht darf ich Ihnen, bevor die Tagesgeschäfte mich wieder ganz in Anspruch nehmen und die geplante Auslandsreise[3] (hoffentlich) in Gang kommt, einiges über meine Eindrücke und Meinungen niederschreiben. Es war mir, trotz

4 In Riehen bei Basel wohnte der Cousin von Heuss-Knapp, Ludwig Geiger.
5 Am 16. 7. 1947 konnte Heuss seiner Frau melden, dass die Ausweispapiere am nächsten Tag per Flugzeug in Stuttgart eintreffen würden; FA Heuss, Basel.
6 Nach dem Rücktritt des Kultusministers Simpfendörfer Ende März 1947 suchte die CDU nach einem Nachfolger; vgl. Nr. 79, Anm. 12.
7 Die DVP-Fraktion im Landtag unter Wolfgang Haußmann drängte vermutlich Reinhold Maier, Heuss wieder zum Kultusminister zu berufen; vgl. Nr. 93.
8 Vgl. Nr. 90, Anm. 8.
9 Nachname ließ sich nicht ermitteln.
1 Zur Einschätzung dieses Briefes von Heuss an Külz vgl. J. C. Hess, Fehlstart, S. 101–103.
2 Aus Eisenach und Berlin; vgl. Nr. 95.
3 In die Schweiz zur Familie Stolper; vgl. Nr. 90, Anm. 4.

der Zerreißung meiner Arbeit, sehr wichtig, daß ich an der Tagung in Eisenach und an den Sitzungen in Berlin teilnehmen konnte; ich habe alte Freunde wiedergesehen, neue, auch jüngere Menschen kennengelernt und nun unmittelbar die mannigfaltige Problematik des ost- und mitteldeutschen Raumes gespürt.

Leider habe ich nun in Eisenach gerade *die* Auseinandersetzung nicht miterlebt, die das eigentliche Presseecho fand.[4] Ich nahm an, daß an dem Sonntagvormittag die Satzungsgeschichten behandelt wurden, und hielt mich deshalb, da der und jener mich sprechen wollte, gar nicht im Saale auf. So erfuhr ich erst post festum,[5] daß auch Wahlen vorgenommen wurden und daß es dabei zu einer Besprechung personeller und sachlicher Diskrepanzen gekommen war. Mein Urteil über den Verlauf der Dinge ist also etwas ungewiß – ich habe über den Charakter der Auseinandersetzung eigentlich erst bei dem „Empfang" am Dienstagabend und bei der Sitzung am Mittwochfrüh einen ungefähren Eindruck gewonnen.[6]

Ich bin nun nicht ganz sicher – was ich Ihnen ja am Dienstag gleich sagte –, ob es richtig war oder ist, die Berliner Opposition vor der Besatzungsmacht zu bagatellisieren.[7] Gewiß kann ich, mit den Menschen und den Umständen nicht vertraut, kein apodiktisches Urteil abgeben. Aber ich würde wohl dem russischen Obersten gegenüber den Vorgang als ein *positives* Problem gewertet haben. Sie meinten wohl selber, ohne eine „Opposition" sei auch die Parteien-Politik „langweilig", und es war mir selber ganz erfreulich, mit welchem Freimut gelegentlich in Eisenach geredet wurde, wenn die Worte auch nicht immer „politisch" waren. Ich werde davon hier erzählen, denn es ist ja im gesamtvaterländischen Sinne notwendig, daß der Westen nicht glaubt, der Osten sei eine bloße „Zone des Schweigens". Nur werde ich das Gefühl nicht los, daß für die innere Bewegungsfreiheit eine stärkere Distanz oder Reserve sachlich oder psychologisch richtig wäre, zumal in dem Toastwechsel des Dienstagabend angemessen gewesen wäre. Kastner etwa, der in Eisenach so anregend gesprochen hatte – ich war nicht mit

---

4 Auf dem 2. Parteitag der ostzonalen LDP in Eisenach vom 4. bis 7. 7. 1947 wurde zwar Wilhelm Külz als Vorsitzender bestätigt, er sah sich aber Angriffen aus dem Berliner Landesverband ausgesetzt, der die Forderung nach einem deutschen Einheitsstaat sowie die große Nähe der LDP zur SED monierte und deshalb gegen eine Wiederwahl von Külz votierte; die Erklärungen der beiden Vertreter des Berliner Landesverbandes, Anton Schöpke und Carl-Hubert Schwennicke, in: K.-H. GRUNDMANN, Verständigungsbereitschaft, S. 116–118; vgl. auch B. BODE, Liberal-Demokraten, S. 71; Das neue Vaterland 2, Nr. 14, Juli 1947, S. 8; Heuss an Heuss-Knapp, 5. 7. 1947, in: FA Heuss, Basel.

5 Lateinisch für „nach dem Fest", „verspätet".

6 Vgl. Anm. 8.

7 Der auf dem Eisenacher Parteitag anwesende sowjetische Offizier nahm die Kritik des Berliner Landesverbandes, dem er eine nationalistische, militaristische und antisowjetische Stoßrichtung unterstellte, mit Missfallen auf. Wilhelm Külz beschwichtigte diese Einwände, indem er zusicherte, die Partei werde sich bemühen, diese „negativen Erscheinungen" zu überwinden, was wiederum bei den Gästen aus den westlichen Zonen für Unmut sorgte; B. BODE, Liberal-Demokraten, S. 71; vgl. auch Nr. 108.

allem einverstanden, aber die Rede steckte voll von Einfällen –, ging für meine Empfindung in Berlin gegenüber der Besatzungsmacht viel zu weit.[8]

Ich habe ein wenig das Gefühl mitgenommen, daß Ihr in der Gefahr der Überalterung steht. Nun ist es natürlich richtig, daß Alter nicht nur eine Sache der Jahressumme ist, ich selber mit meinen 63 halte mich noch für ganz beweglich, und als Heile in seiner Absageschrift von dem „greisen Herrn Külz" schrieb,[9] fand ich das ziemlich albern. Es handelt sich nicht um uns, es geht auch nicht um die „Jugend", die ja in Eisenach, einige Male ganz geschickt, schier als Masse auftrat. Unsere Aufgabe ist, den Jahresklassen zwischen 35 und 50 heute die entscheidende Chance zu geben. Sie sind, weil sie publizistisch, rednerisch, in Vertretungskörpern arbeitend, 1½ Jahrzehnte von der Erprobung und Bewährung in liberalem und demokratischem Sinne ausgeschlossen waren, nur in wenigen Exemplaren sichtbar. Für mich ist es immer eine Freude, daß vor allem in Hessen, aber auch in Bayern und schließlich auch bei uns dieser Typus vordergründig geworden ist, ich pflege ihn, wo ich kann, mit einer Art von aufmunternder Zärtlichkeit; bei den „Briten" kenne ich mich nicht so aus. Persönliche Beziehungen zu dem in Frage stehenden Kreise der Ostzone habe ich ja nur zu Reif, mit dem ich seit Jahrzehnten befreundet bin. Aber ich habe von den anderen Herren bei den berliner Besprechungen einen ausgezeichneten Eindruck gewonnen: Gespanntheit, Elastizität, Mut und Bildung, nichts Subalternes. Dieser Typus darf in seiner Eigenbeweglichkeit nicht bagatellisiert werden, und ganz gewiß darf man ihm gegenüber nicht die Erfahrung des Alters ausspielen.[10]

Es hat mich gefreut, daß wir in der Angelegenheit der Grundsatzerklärung, die von Ernst Mayer entworfen und von mir nur überprüft war, rasch und gut vorangekommen sind.[11] Ich hoffe auch, daß die Aussprache über die Münchner Konferenz, zu der ich Ihnen ja sehr offen meine Meinung sagte, klärend wirkte. Sie

---

8 Hermann Kastner sprach auf dem Eisenacher Parteitag laut Protokoll über „Revolution und Rechtsstaat", in: AdL, L6, 9. Am 8. 7. 1947 hatte die sowjetische Militäradministration Spitzenpolitiker der LDP und ihre Gäste aus den Westzonen zu einem Empfang in das Berliner Haus der Kultur eingeladen, der sich wegen der Spannungen innerhalb der LDP und mit der sowjetischen Besatzungsmacht zu einer „hochpolitischen Aktion mit vielen Reden" entwickelte, wie Wilhelm Külz seinem Tagebuch anvertraute; W. KÜLZ, Liberaler, S. 95; vgl. auch Heuss an Heuss-Knapp, 10. 7. 1947, in: FA Heuss, Basel. – Tags darauf fand eine Sitzung des vorläufigen Vorstandes der DPD unter Beteiligung von Vertretern der vier Besatzungsmächte in Berlin statt. Auf dieser Sitzung vertrat Kastner die Ansicht, dass die Münchener Konferenz „darauf angelegt gewesen sei, die Ostminister auszuschließen." Dieser Auffassung widersprach Heuss; Protokoll der Sitzung vom 9. 7. 1947 in: AdL, N 1, 2935; zur Münchener Konferenz vgl. Anm. 12.

9 W. HEILE, Abschied, S. 3.

10 Zu diesem Typus zählte Heuss gewiss auch Schwennicke.

11 Diese Grundsatzerklärung von Mayer und Heuss wurde mit nur wenigen Änderungen vom DPD-Vorstand am 9. 7. 1947 in Berlin angenommen; vgl. D. HEIN, Milieupartei, S. 293f; Entwürfe der Grundsatzerklärung in: BArch, N 1221, 407.

haben verkannt, *wie* ungeschickt Ihre Äußerung in ihrer stilistischen Schroffheit im Westen und Süden wirken mußte.[12] Denn sie galt – das ist mir von mir fremden, doch uns nahestehenden Journalisten in Aibling gesagt worden[13] – als Sukkurs[14] für die SED. Wahrscheinlich weiß man bei der Presse zu sehr um Ihre liebenswürdige Äußerungsbereitschaft. Ich selber, obwohl oder weil alter Pressemann, lehne Interviews meistens ab, habe sie jetzt auch hier abgelehnt, da man mich über Eisenach und Berlin befragen wollte. Natürlich weiß ich, daß solche Zurückhaltung dem modernen politischen Betrieb nicht mehr angemessen (und Ernst Mayer ist über meine Haltung sehr unglücklich) – mein Rat und meine Bitte an Sie gehen dahin, bei allen entsprechenden Äußerungen nicht bloß an Ihre Position in der Ostzone, sondern auch an das seelische Echo der Worte bei uns zu denken.

Von der relativen Berechtigung Eurer sogenannten Blockpolitik habe ich mich überzeugen lassen, wenn ich auch den Begriff (aus der alten französischen Parlamentspraxis via Bülow zu uns gekommen) für verfehlt halte.[15] Wollen Sie aber bitte scharf ins Auge fassen, daß wir um der Politik willen (und um der Gewerkschaften!) nicht bloß in den oberen Instanzen die Infiltration durch die

---

[12] Der bayerische Ministerpräsident Ehard hatte seine Amtskollegen aus allen Ländern der vier Besatzungszonen für den 6. bis 8. 6. 1947 nach München zu einer Konferenz eingeladen. Nach längeren Auseinandersetzungen unter den ostzonalen Parteien und mit der sowjetischen Militärregierung entschlossen sich die ostdeutschen Ministerpräsidenten zu einer Teilnahme an der Konferenz unter der Bedingung, die Bildung einer deutschen Zentralverwaltung durch Verständigung der demokratischen Parteien und Gewerkschaften auf die Tagesordnung zu setzen. Auf diesem Wege sollte ein gesamtdeutscher Staat geschaffen werden. Nachdem auf der Vorbesprechung am 5. 7. 1947 die Tagesordnung nur Fragen der Ernährungs- und Wirtschaftsnot sowie der Flüchtlingsproblematik vorsah und sich die ostdeutschen Ministerpräsidenten mit ihren Vorschlägen zu einer deutschen Zentralverwaltung nicht durchsetzen konnten, verließen sie den Tagungsort noch vor Beginn der eigentlichen Konferenz wieder. Anschließend wiesen sich die östlichen und westlichen Parteivertreter gegenseitig die Verantwortung für das Scheitern der Konferenz zu. So kritisierte Wilhelm Külz in einer Erklärung die westdeutsche Konferenzleitung in München, was wiederum auf der DPD-Sitzung in Berlin am 9. 7. 1947 moniert wurde; vgl. B. BODE, Liberal-Demokraten, S. 63–68; Protokoll der Sitzung vom 9. 7. 1947 in: AdL, N 1, 2935.

[13] Am 29. 6. 1947 fand in Bad Aibling ein Parteitag der bayerischen FDP statt, auf dem Heuss eine Rede hielt; vgl. Nr. 91, Anm. 10.

[14] Unterstützung.

[15] Um beim Aufbau Deutschlands ein Wiederaufleben der Parteigegensätze der Weimarer Republik zu verhindern, erklärten sich auch die bürgerlichen Parteien in der SBZ zur Annahme eines Vorschlags der KPD bereit und traten am 14. 7. 1945 der „Einheitsfront der antifaschistisch-demokratischen Parteien" bei. Dieses Bündnis sollte die Machtposition der KPD sichern; es schränkte den selbständigen Aktionsradius von CDU und LDP ein und führte zu Konflikten wegen der beanspruchten Führungsrolle der KPD; vgl. D. STARITZ, Gründung, S. 97–100, 150–156. – Reichskanzler Bernhard von Bülow hatte sich seit Ende 1906 auf eine regierungsnahe Reichstagsmehrheit aus konservativen und liberalen Parteien unter Ausschluss von Zentrum und SPD gestützt (Bülow-Block). Der Block brach 1909 wegen Uneinigkeit über die Änderung des preußischen Dreiklassenwahlrechts und über die Reichsfinanzreform auseinander.

Gewerkschaften oder andere sogenannte überparteiliche Verbände ablehnen müssen.[16] Das *gibt* eine Fehlentwicklung, von der wir nicht wünschen, daß sie nach Westen und Süden ansteckend wirkt. Denn *hier*, so glaube ich, kommen wir in einiger Zeit dahin, daß die gegenwärtige *politische* Hypertrophie des gewerkschaftlichen, die ja dann auch in das bäuerliche u. s. f. übergreifen müßte, durch eine gesunde Entwicklung zur umgrenzten fruchtbaren Leistung abgelöst wird.

Sehr leid tat es mir, daß offenbar versäumt war, August Weber nach Weimar zu bringen. Ihr Sohn hatte in London den Einfall gehabt, ihn einzuladen,[17] er wollte ihn auch in Jena, wo Weber studiert hat, vor den Studenten sprechen lassen – nun machte sich Weber die Mühe der Reisemöglichkeit, und als er glücklich da war, saß er nebendraußen. Nicht einmal in Berlin bei unserer Sitzung ist mit einem Grußwort seiner gedacht worden. Ich würde mich nicht verwundern, wenn er darüber, daß er völlig als zufällig anwesende, aber nicht eigentlich als beratungsberechtigte Figur behandelt wurde, verdrossen wäre (wozu er in seiner Naturanlage wenig Talent hat). Er ist, wie Sie wohl wissen, nicht Engländer geworden, sondern fühlt sich mit Recht als unser Exponent, und man wird in England, wie ich vermute, die gleichgültige Behandlung bemerken. Das müßte, scheint mir, irgendwie korrigiert werden.

Nun ist der Brief doch ziemlich lang geworden. Sie müssen ihn eben hinnehmen, wie er ist. Daß ich der Partei in Eisenach, wie man mir von vielen Seiten versicherte, einen Dienst habe leisten können, ist mir eine Genugtuung. Es war ja nicht meine Absicht, ihr einen „asketischen" Genuß zu bereiten, sondern ihr einiges zum Denken und einiges für die Gesinnung zu geben.

Mit herzlichem Gruß, auch an Ihre Frau
Ihr [Theodor Heuss]

[16] Die Dachorganisation FDGB und ihre Einzelgewerkschaften fungierten zunehmend als Transmissionsriemen der SED-Politik in die Betriebe hinein und sollten die Position der mit der SED konkurrierenden bürgerlichen Parteien schwächen; D. STARITZ, Gründung, S. 142–150.

[17] Der Sohn, Helmut Külz, nahm auch an der Konferenz der Liberalen Weltunion in Oxford teil.

Nr. 98
An August Helfferich, [Neustadt an der Weinstraße]
17. Juli 1947; [Stuttgart-Degerloch, Löwenstraße 86]
BArch, N 1221, 81: ms. Schreiben, Durchschlag, ohne Anrede und Grußformel
Bescheinigung für August Helfferich

Bekundung.[1]

Mit Herrn August Helfferich bin ich in den zwanziger Jahren durch seine Eigenschaft, daß er damals Vorsitzender der deutsch-demokratischen Partei in Neustadt gewesen ist, in persönliche Beziehungen gekommen, die einen persönlich-freundschaftlichen Charakter angenommen haben. Als nach 1933 meine politische Betätigung aufhörte, haben die Beziehungen sich natürlich gelockert bezw. sich auf gelegentlichen Briefaustausch beschränkt. Als ich erfuhr, daß Herr Helfferich der NSDAP beigetreten sei, hat mich das erstaunt, da seine ruhig betrachtende Art zu dem dynamisch-machtpolitischen und brutalen Wesen der Partei nicht paßte.

Anläßlich eines Verwandten-Besuches in der Pfalz habe ich ihn dann aufgesucht[2] und eine eingehende Aussprache mit ihm gehabt. Ich glaube, daß meine mit vollstem Freimut ihm damals vorgetragene Verwerfung der nationalsozialistischen Methode nicht ohne Eindruck auf ihn geblieben war, da er meinte, auch ich als alter, engster Mitarbeiter des national-sozialen Friedrich Naumann würde die Grund-Thesen des Nationalsozialismus bejahen können.

Ob Herr August Helfferich in der Pfalz oder in Neustadt parteipolitisch hervorgetreten ist und wie das evtl. geschah, vermag ich nicht zu beurteilen. Er selber hat damals meine scharfe Kritik am Nationalsozialismus weithin akzeptiert. Ich entsinne mich auch noch, daß wir eine eingehende Unterhaltung über das Problem der Fremdarbeiter geführt haben, von denen eine Anzahl in seinem Betrieb beschäftigt war (Ukrainerinnen), über deren Haltung und Leistung hat er sich damals sehr sympathisch und human geäußert. Ich glaube, Herr Helfferich gehört zu den nicht wenigen Menschen, die meinten, durch ihre Erfahrung und ihre Stellung im öffentlichen Bewußtsein zumindest auf die Entwicklung des örtlichen Nationalsozialismus einen positiven Einfluß ausüben zu können.

[Theodor Heuss]

---

1 Helfferich hatte Heuss in einem Schreiben vom 5. 7. 1947 um ein Zeugnis zur Entlastung bei einem Berufungsverfahren gebeten. Die Zentrale Säuberungskommission hatte in ihrem Urteil den Fabrikdirektor Helfferich entlassen, ihm jede weitere führende Stellung untersagt und 100.000 Reichsmark Geldbuße verhängt. Mit einem Begleitschreiben sandte Heuss die vorliegende Bekundung Helfferich zu; BArch, N 1221, 81.

2 Heuss hielt sich vom 23. bis 25. 9. 1941 bei Helene Ecarius in Speyer auf und fuhr anschließend nach Neustadt, wo er vermutlich auch Helfferich aufsuchte; Heuss an Heuss-Knapp, 23. und 24. 9. 1941, in: FA Heuss, Basel.

Nr. 99
An Dr. Ernst Ludwig Heuss, Riehen bei Basel
28. Juli 1947; Sils Maria, Hotel Waldhaus, Schweiz
FA Heuss, Basel: hs. Postkarte, behändigte Ausfertigung[1]
Aufenthalt in der Schweiz bei Familie Stolper; Bitte um Zusendung von Literatur

Lieber Ludwig,

vermutlich warst Du einmal bei der Mutter u. hast dann gehört, daß alles hier gut geht. Gustl[2] diktiert fleißig u. diskutiert mit mir; ich schreibe ihm in den <nächsten>[3] Tagen ein staatsrechtl[iches] Memorandum.[4] Habe auch schon brav gezeichnet. Das Wetter fast zu schön – ich fürchte zu große Trockenheit im Flachland. Kartoffel!! Ich habe an Deine Adresse eine Länderrat-Denkschrift erbeten, an der Gustl viel liegt, Flüchtlingsfragen.[5] Nun kommt der Hayek am 4. Aug. für einige Tage hierher; es wäre mir sehr wichtig, wenn ich sein Buch vorher lesen könnte.[6] Kannst Du es mir als Eilsendung zugehen lassen?

Sehr merkwürdig der Zustand, daß man von den Dingen „unserer" Politik hier nichts mehr sieht u. liest als unbedeutende Notizen. Mit <der>[7] Fürstin von Hohenzollern[8] diskutiert man südwürttembergische Probleme; sie ist mit Carlo Schmid gut bekannt.

---

1 Auf der Vorderseite Ansicht vom Silsersee im Engadin, Schweiz.

2 Gustav Stolper.

3 Unsichere Lesart wegen Lochung am linken Rand.

4 Angeregt durch seine Teilnahme an der Mission Hoovers in Deutschland im Februar 1947 (vgl. Nr. 90, Anm. 4), verfasste Gustav Stolper in Sils Maria den Hauptteil seines Buches „German Realities". Es sollte in Auseinandersetzung mit dem Deutschland-Bild der Amerikaner nach dem Ende des Zweiten Weltkrieges über die Situation und den Charakter Deutschlands aufklären; GUSTAV STOLPER: German Realities, New York 1948. Die Entstehung des Buches begleiteten in der Schweiz intensive Gespräche mit Freunden, unter ihnen auch Heuss, der für Stolper die Abhandlung „Zur Frage der staatsrechtlichen Gestaltung Deutschlands" verfasste; DLA, A: Heuss, 73.3971, abgedruckt in: TH. HEUSS, Aufzeichnungen, S. 111–140. Über den Aufenthalt Stolpers in der Schweiz vgl. T. STOLPER, Leben, S. 458–461; vgl. auch Heuss an Andreas, 20. 8. 1947, in: GLAK, N Andreas, 763; Heuss an Dürr, 20. 8. 1947, in: PA Elsbeth Haule. Für die „Rhein-Neckar-Zeitung" verarbeitete Heuss seine Schweizer Eindrücke in den „Notizen aus dem Engadin", in: RNZ, Nr. 98, 23. 8. 1947.

5 Eine zunehmende Unzufriedenheit unter den Flüchtlingen über ihre Aufnahme in Württemberg-Baden veranlasste den amerikanischen Militärgouverneur, General Lucius D. Clay, zu deutlicher Kritik vor dem Länderrat, der daraufhin eine Denkschrift über das Flüchtlingsproblem verfasste, die am 30. 6. 1947 verabschiedet wurde; vgl. AKTEN, Bd. 2, S. 186f.

6 FRIEDRICH A. VON HAYEK: Der Weg zur Knechtschaft, hg. und eingel. v. Wilhelm Röpke, Erlenbach-Zürich 1945.

7 Wie Anm. 3.

8 Vermutlich Margarethe von Hohenzollern-Sigmaringen; vgl. E. WOLFRUM, Besatzungspolitik, S. 262.

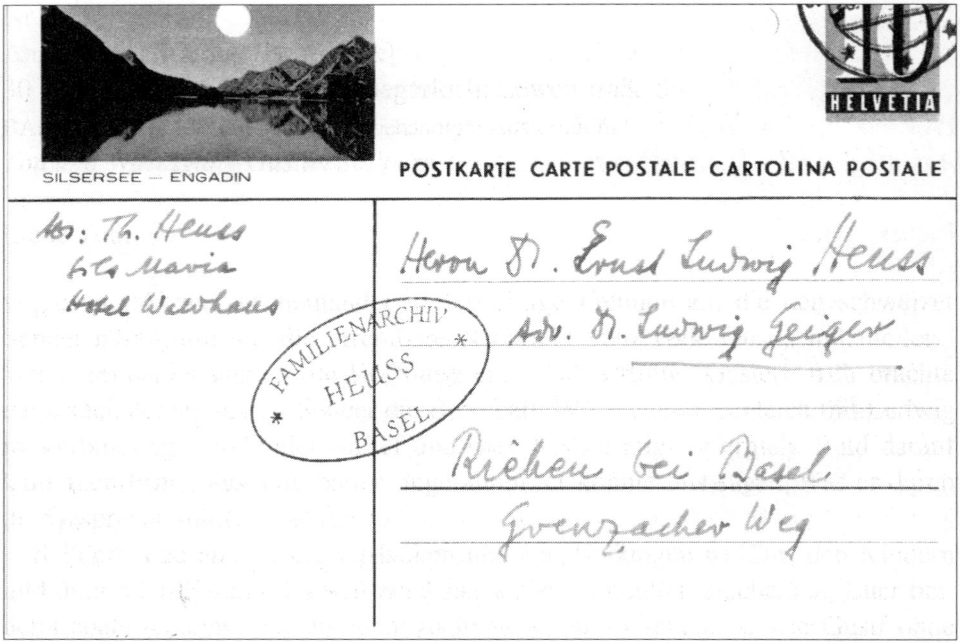

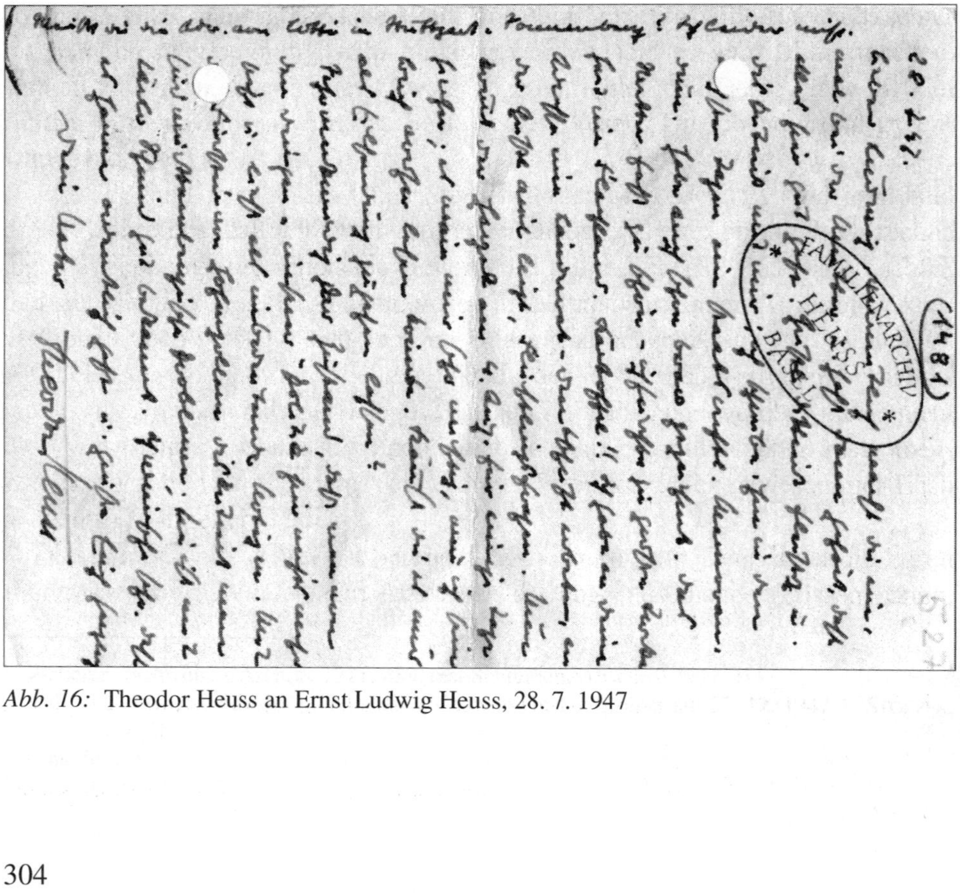

Abb. 16: Theodor Heuss an Ernst Ludwig Heuss, 28. 7. 1947

Ich wünsche sehr, daß es Hanne[9] ordentlich geht u. grüße Euch herzlich
Dein Vater Theodor Heuss

[PS] Weißt Du die Adr[esse] von Lotti[10] in Stuttgart-Sonnenberg? Ich leider nicht.

Nr. 100
An Emil Belzner, [Heidelberg]
2. September 1947; Stuttgart-Degerloch, Löwenstraße 86
DLA, A: Belzner: hs. Schreiben, behändigte Ausfertigung; Kopfbogen: „Theodor Heuss"
Glückwünsche zur Hochzeit

Lieber Herr Belzner,

zur Vermählung herzlichen Glückwunsch.

Ich nehme an, daß der neue Status ein bischen zu Ihrer Domestizierung beiträgt – seltsamer Doppelsinn von domus![1] – und daß die irenische[2] Gesinnung auch der Rh[ein-]N[eckar-]Z[ei]t[un]g und dem Wild, auf das Sie pirschen, zu gute kommt.[3]

Freundl[ichen] Gruß u. Empfehlung an die Gattin
Ihr Theodor Heuss

Nr. 101
An Dr. Gustav Stolper und Dr. Toni Stolper, [New York]
17. September 1947; Stuttgart-Degerloch, Löwenstraße 86
BArch, N 1221, 489: ms. Schreiben, behändigte Ausfertigung; Kopfbogen: „Theodor Heuss"
Suche nach Literatur für Gustav Stolper; Arbeitsbelastung; Dank für Gastfreundschaft in der Schweiz; Gesundheitszustand von Elly Heuss-Knapp; Bemühungen um ein Automobil; Folgen des trockenen Klimas in Deutschland; literarische Vorhaben

---

[9] Hanne Heuss, Schwiegertochter von Heuss.
[10] Charlotte Kaempffer, Sekretärin von Heuss.
[1] In lateinischer statt deutscher Schrift: „domus"; lateinisch für „Haus".
[2] Griechisch für „friedlich", „friedfertig".
[3] Vgl. auch Nr. 25, Anm. 14.

Liebe Toni, lieber Gustl!

Elly hat natürlich sehr recht, wenn sie seit geraumer Zeit sagt, mein Stillschweigen Euch gegenüber entspreche doch gar nicht meiner Gewöhnung rascher Korrespondenz, aber sie weiß ja nichts von den Bemühungen, die ich seit meiner Rückkehr mache, um einiges Material, was ich Gustl versprochen habe, noch zu beschaffen. Ich habe eine ganze Anzahl von Leuten des Ministeriums und der Landesbibliothek angesetzt, die Gutachten der Sozialisierungskommission von 1920 aufzutreiben[1] oder den Parteivorstand der NSDAP vom Jahr 1932 ausfindig zu machen, aber in zureichendem Maße ist dies nicht geglückt. Es ist mir nur ein Gutachten zur Kommunalisierung in Aussicht gestellt, das vor einem Vierteljahrhundert abgegeben wurde, aber auch das habe ich nicht gekriegt, und ich glaube auch nicht, daß es das ist, womit Gustl etwas anfangen könnte. Der Witz ist eben der, daß von der Landesbibliothek, die 1,3 Millionen Bücher hatte, über 800.000 vernichtet sind und 10.000 der anderen noch in Schlössern, Salzbergwerken verlagert, da die Räume für die Rückführung erst wieder hergestellt werden. Eine Schrift über die Leute um Hitler habe ich aber aufgetrieben und gebe auf einer Beilage die Herkunftsmitteilung.[2] Die Durchsicht bestätigt meine Auffassung, die ich Euch seinerzeit vortrug, daß in der Hauptsache Süd- und Westdeutsche neben einigen Auslandsdeutschen die nächsten Mitarbeiter bilden. Es ist nur ein Preuße darin genannt, zu meinem leichten Trost kein Württemberger.

Elly hat Euch wohl von der Heimreise berichtet. Wir haben inzwischen auch von Hanni eine nette Karte erhalten.[3] Was mich selber betrifft, so geriet ich gleich in schreckliche Drangsale. Hunderte von Briefschaften warteten hier, und obwohl ich bis Ende September um Befreiung von Redenhalten gebeten hatte, mußte ich, Dienstag abend zurückgekehrt, am Freitag gleich auf dem Bizonalen Genossenschaftstag (Gewerbliche Genossenschaften) in Karlsruhe eine programmatische wirtschaftspolitische Rede halten.[4] Eigentlich sollte das von einem sozialdemokratischen Wirtschaftsminister Norddeutschlands geschehen; dieser sagte aber ab, und da ich mit dem Leiter der Sache gut bekannt bin, sprang ich mit Vergnügen ein. Unsere Unterhaltungen in der Schweiz gaben mir ja neuen Stoff genug, aber die Sache ging dann so weiter, 8 Tage später wieder Karlsruhe, jetzt politisch vor über 1.000 Menschen,[5] dann einige Volkshochschul-Eröffnungen

---

[1] Vermutlich gemeint: BERICHT DER SOZIALISIERUNGSKOMMISSION ÜBER DIE FRAGE DER SOZIALISIERUNG DES KOHLEBERGBAUS, Berlin 1920.

[2] Ließ sich nicht genau ermitteln, eventuell gemeint: ERWIN WEBER: Hitler und seine Paladine, Calw 1946.

[3] Johanna Stolper, Tochter von Toni und Gustav Stolper; Karte ließ sich nicht ermitteln.

[4] Am 22. 8. 1947; Redenkalender, in: BArch, N 1221, 684; hs. Redenotizen in: ebd., 27.

[5] Für die DVP über das „Deutsche Schicksal"; Redenkalender, in: ebd., 684; hs. Redenotizen in: ebd., 27.

mit historischen programmatischen Reden,[6] Programmtagungen der Partei, Fraktionssitzungen, Ausschußberatungen des Landtags, die alte Turbulenz war gleich wieder da, aber all dies leider ohne Lotti,[7] so daß ich einen mühevollen Krieg mit der Papierunordnung zu führen hatte und habe; zwischendurch ein paar Mal in Heidelberg wegen Zeitungssachen, Personalschwierigkeiten in der Redaktion,[8] der Landtag selber beginnt erst wieder am 1. Oktober.

Die Schweizer Wochen sanken darüber aber nicht in die Vergangenheit, sondern sind mir gefühlsmäßig dauernd höchst gegenwärtig als eine angenehme Erfrischung der Seele. Das eigentlich Schöne war doch dies, was mir freilich schon vorher seelisch deutlich war, daß unsere Begegnung und unser Zusammensein sich so abspielten und vollzogen, als ob wir uns nach 8 Tagen und nicht nach 8 Jahren wiedergesehen hätten. Es war wohltuend, eine große Landschaft um sich zu haben, es war angenehm, Emmentaler zum Frühstück, Chianti zum Abendessen, aber es war beglückend, die alte menschliche Atmosphäre zu spüren im Austausch der Gedanken und der Empfindungen. Für die großartige und fürsorgliche Gastlichkeit, die Ihr mir durch diese Einladung zukommen ließet, bleibe ich Euch zu Dank verpflichtet, aber dazu bedarf es keiner langen Ausführungen. Ihr spürt das selber. Wir alle empfinden Eure Freundschaft als ein Geschenk des Schicksals nicht erst jetzt, da unser Ergehen Eure gute Stütze empfangen darf, sondern seit den Jahrzehnten, da wir uns zum ersten Mal trafen und uns, wie man im Württembergischen sagt, gleich „angenommen" haben.[9]

Elly's Befinden ist noch in einem dauernd schwankenden Zustand. Heute soll ein Konsilium von gleich 4 Ärzten, den alten und 2 neuen, stattfinden. Das letzte Kardiogramm hat, wie es scheint, eine leichte Verschlechterung ergeben, aber man findet damit jetzt vielleicht den besseren Ansatzpunkt für die Therapie. Die paar Sitzungen, die sie mitgemacht hat, sind ihr an sich gut bekommen, und manche Nächte sind auch störungslos verlaufen, aber dann kommen wieder sehr böse Situationen ganz plötzlich mit argen Herzschmerzen und Beklemmungen, denen dann die deprimierte Beurteilung ihres Gesamtzustandes folgt. Alle Treppen und kleine Hügel bleiben Schreckvorstellungen. Ich habe gleich nach der Heimkehr die Jagd nach dem gesuchten Automobil angefangen,[10] sehe aber noch nicht, ob und wie ich eines erwischen werde. Mein „Anspruch" ist von allen

[6] Z. B. vor der Volkshochschule Schwäbisch Gmünd am 9. 9. 1947; Redenkalender, in: ebd., 684; Redenotizen ließen sich nicht ermitteln.

[7] Die Sekretärin von Heuss, Charlotte Kaempffer, war nach Berlin gereist.

[8] Redaktion der „Rhein-Neckar-Zeitung".

[9] Heuss war im Frühsommer 1918 im Auftrag von Naumann nach Wien gereist, um sich über die Mitteleuropa-Problematik aus Wiener Perspektive zu informieren. Dort lernte er Gustav Stolper und dessen spätere Frau, Toni Kassowitz, kennen; vgl. TH. HEUSS, Erinnerungen, S. 226f; T. STOLPER, Leben, S. 103f.

[10] Vgl. Nr. 82, Anm. 5.

Stellen anerkannt, aber auch dieser Bezirk ist ja ein Gelände für Kompensationen, und da hat unsereins nichts „anhand". Alle Leute sagen, es sei scheußlich, daß ich keinen Wagen habe, denn alle Parteiführer und Lizenzträger haben solch ein Möbel, aber da ich solange einen Dienstwagen zur Verfügung hatte und mein Vermögen in der Ostzone in wichtigen Teilen unterging, habe ich ungeschickterweise versäumt, die Dinge in die Hand zu nehmen, als alles noch lockerer war.

Soll ich eine Reflexion über die allgemeine Lage anfügen? Eigentlich redet man nur vom Wetter. Sein ununterbrochener Glanz ist die furchtbarste Geschichte. Seit wir hier sind, also jetzt 4 Wochen, haben wir einen einzigen gewittrigen Regentag gehabt. Eine Zeitlang war es wenigstens kühl, jetzt ist es wieder heiß. Das Mais, welches die Bauern angepflanzt haben, weil es in der Bewirtschaftung entweder frei oder locker ist, verdorrt. Die Obsternte im Ganzen gut, doch ist man mißtrauisch, ob die Früchte sich halten. Beim Wein fürchtet man, daß er zuviel Zucker haben wird und der notwendigen Säure entbehrt. Aber während man auf die Landwirtschaft blickte, hat sich auch für die Industrie eine katastrophale Situation ergeben, weil durch den tiefen Wasserstand die Stromversorgung sehr schnell abgesunken ist und natürlich auch die Kohlen fehlen, um mit ihnen die Werke in Gang zu halten. Ganze Industrien dürfen nicht arbeiten; daraus erwächst auch gleich eine soziale Problematik in der Lohnsphäre. Das Schlimme dabei ist, daß sehr viele Menschen die Angst vor dem kommenden Winter so stark in den Gliedern sitzen haben, daß dies schon lähmend wirkt.[11] Gleichzeitig ist die Benzinzuteilung radikal herabgesetzt worden, vermutlich um für den Landtransport die nötigen Mengen zu reservieren.

Ich muß gestehen, daß es mir selber nicht ganz wohl ist, wenn ich daran denke, daß wir Monate zu Dritt in der kleinen Stube von Elly existieren werden, wobei ich keinen eigenen Schreibtisch habe, aber auch das wird ja vorbeigehen.

Persönlich geht es mir dabei recht gut. Zwischen all dem Kram der Reden und Sitzungen schreibe ich tapfer an dem kleinen Buch über 1848,[12] das zu Zweidrittel jetzt fertig ist und ganz munter werden wird, keine Wissenschaft, sondern publizistisch mit historisch-politischen Durchblicken, daneben warten leider vergebens Korrekturbögen auf das Imprimatur (der Poelzig ist jetzt auch neu gesetzt),[13] und immer wieder kommen neue Anfragen von Verlegern, die mir das Nein schwer machen, etwa eine größere Naumann-Auswahl von ein paar hundert Seiten.[14] Es wäre alles leichter, wenn nicht zwischendurch immer wieder die

[11] Der außerordentlich strenge und lange Winter 1946/47 hatte zusammen mit den Engpässen im Transport- und Energiewesen zu einer Ernährungskatastrophe geführt; vgl. G. J. TRITTEL, Hunger, S. 81–125.

[12] TH. HEUSS, 1848, vgl. auch Nr. 135.

[13] TH. HEUSS, Hans Poelzig [^{2}1948], vgl. auch Nr. 37.

[14] Heuss an Koehler & Vogtländer Verlag, 17. 9. 1947, in: BArch, N 1221, 514.

Sitzungen der Ausschüsse kämen, bei denen ich mich manchmal überflüssig fühle, die ich aber nicht schwänzen darf, da die Fraktion halt auch vertreten sein muß und man den Auswärtigen bei den schlechten Verkehrsverhältnissen das ewige Hin und Her nicht recht zumuten kann.

Wir warten mit Ungeduld auf Nachricht aus Lörrach, aber die Terminarithmetik ist in der Branche des Kinderkriegens erfahrungsgemäß eine Wissenschaft mit vielen Fehlerquellen.[15]

Damit für dieses Mal genug.

Seid alle herzlich gegrüßt in treuer dankbarer Verbundenheit
Euer Theodor Heuss

Nr. 102
An Dr. Ernst Ludwig Heuss, [Lörrach]
2. Oktober 1947; Stuttgart-Degerloch, Löwenstraße 86

FA Heuss, Basel: hs. Schreiben, behändigte Ausfertigung; Kopfbogen: „Theodor Heuss“

Geburt der Enkelin Barbara Heuss; Gesundheitszustand von Elly Heuss-Knapp

Lieber Ludwig,

das Bildchen, das gestern einging, hat uns sehr viel Spaß gemacht. Die kleine Barbara[1] scheint uns ja durch energisches Geschrei gegen den Eingriff in ihr Recht am eigenen Bild zu protestieren, während der Vater sein zufriedenes Glücksbehagen auf sie auszustrahlen versucht. Man wartet nun auf das nächste Bildchen, das zeigen wird, daß Barbara ihr Schicksal, nun Erdenbürgerin zu sein, freundschaftlich akzeptiert hat; die Mutter behauptet, so nach drei, vier Wochen beginne das Lächeln, das im Bild abzufangen freilich schwierig sein mag.

Die Mutter liegt fest an Gelbsucht, gleicht einer geschminkten Quitte. Die Hoffnung, in 8 Tagen wieder aktionsfähig zu sein, ist dahin; eine Entfärbung trat noch nicht ein, u. das ist für die Mutter ziemlich deprimierend, denn die ersten Schritte in die Aktivität waren ihr ganz gut bekommen. Die Herzsache ist z. Zt., da die Mutter jetzt immer im Bett liegt (in ihrer Stube), etwas in den Hintergrund getreten. Die Rückert-Auswahl wurde jetzt abgeschlossen.[2] Daneben kontrolliert

---

[15] Am 17. 9. 1947 wurde die Tochter von Hanne und Ernst Ludwig Heuss, Barbara Toni, in Basel geboren; Ernst Ludwig Heuss an seine Eltern, 22. 9. 1947, in: FA Heuss, Basel; vgl. Nr. 102.

[1] Die Enkelin, Barbara Heuss; vgl. Nr. 101, Anm. 15.

[2] FRIEDRICH RÜCKERT: Gedichte. Eine Auswahl, hg. v. Elly Heuss-Knapp, Stuttgart 1948.

Abb. 17: Ernst Ludwig Heuss und Hanne Heuss mit Tochter Barbara, um 1949

die Mutter mein 48er-Bändchen,[3] das zu 7/8 jetzt fertig geschrieben ist, aber auch von mir noch einmal überprüft werden muß.

Heute abend fahre ich (Schlafwagen) nach Bremen, rede dort morgen Abend,[4] rutsche nach der Rede wieder heimwärts (bis Heidelberg), um den Sonntag für das Buchschreiben zu gewinnen.

Seid alle herzlich gegrüßt – für Hanne gute Wünsche zur weiteren Erholung.
Dein Vater Theodor Heuss

[PS] Gestern Abend „Gratulationsbesuch" von Harkorts.

3 TH. HEUSS, 1848, vgl. auch Nr. 135.

4 Heuss sprach am 3. 10. 1947 vor der BDVP über „Die politische Lage"; Redenkalender, in: BArch, N 1221, 684; Redenotizen ließen sich nicht ermitteln.

Nr. 103
An Dr. Erich Eyck, [Oxford]
7. Oktober 1947; Stuttgart-Degerloch, Löwenstraße 86

BArch, KlErw. 586, 2: ms. Schreiben, behändigte Ausfertigung; Kopfbogen: „Theodor Heuss“

Dank für Hilfssendung; Publikationen; Rückblick auf Amtszeit als Kultusminister; Parteipolitik; familiäre Situation; Besuch bei der Familie Stolper in der Schweiz

Lieber Freund,

das war eine überaus erwünschte Überraschung, als ich via Mosich heute Ihre Sendung empfing.[1] Mit dem Feingefühl, was Sie immer ausgezeichnet hat, haben Sie den rechten Moment erwischt; denn außer ein paar schweizer Stumpen, die ich kürzlich von Unbekannt gesandt erhalten hatte, und einem fragwürdigen Rauchtabak war der Vorrat erschöpft, und mit Sorge dachte ich daran, wie nun das Schlußkapitel eines kleinen 1848-Buches ausfallen sollte, das in den nächsten zehn Tagen abgeschlossen werden muß.[2] Denn zur Arbeit etwas zu rauchen, ist nun das Laster geblieben, auch wenn die vergangenen Jahre den Versuch gemacht haben, auf diesem Gebiet die Tugendhaftigkeit zu erzwingen.

Wie sehr ich bedauert habe, daß Sie z. Zt. meines Englandbesuches im April selber in der Schweiz weilten, brauche ich Ihnen nicht zu sagen.[3] Es ist zu ungeschickt, daß wir gerade aneinander vorbeigefahren sind. Immerhin wird Ihr Sohn Ihnen einiges von unserem Ergehen berichtet haben, und vielleicht sind Sie auch einmal August Weber zwischendurch begegnet, bei dem ich ja einige Tage Gast sein durfte.

Daß Sie in der Zwischenzeit eine Reihe z. T. voluminöser Werke veröffentlicht haben, hat mir Freude gemacht, den Gladstone habe ich noch gelesen, aber dann war es aus. Doch denke ich, die Kommunikation mit der Welt setzt allmählich wieder ein, und dann wird auch Ihr Bismarck für mich greifbar werden.[4] Ich will mich erkundigen, ob man nach England jetzt Bücher schicken kann, dann sollen Sie meine Biographie von Robert Bosch erhalten, die, soweit ich sehe, das dickste Buch ist, was bisher in der amerikanischen Zone erschien. Der Verleger plant auch, meine Bücher über Naumann und Anton Dohrn wieder zu drucken. Von dem Poelzig, den Hitler s. Zt. verboten hat, ist ein Neudruck bereits im Umbruch, außerdem sind zwei Essaysammlungen bereits im Druck, aber die

1 Ließ sich nicht ermitteln.
2 Th. Heuss, 1848, vgl. auch Nr. 135.
3 Reise von Heuss nach Oxford vom 9. bis 14. 4. 1947 zur Konferenz der Liberalen Weltunion; vgl. Nr. 70, Anm. 2, Nr. 74, Nr. 76, Nr. 81, Nr. 83.
4 Erich Eyck: Gladstone, Erlenbach-Zürich/Leipzig 1938; Ders.: Bismarck. Leben und Werk, 3 Bde., Erlenbach-Zürich 1941–1944.

Buchbinderei versagt.[5] Leider ist mir beim Umzug auf unerklärliche Weise ein Teil meiner gesammelten Aufsätze abhanden gekommen, so daß einige andere Publikationspläne zunächst aufgegeben werden mußten.[6]

Wie Sie wissen, war ich fünfviertel Jahre lang hier Kultusminister, habe das Amt aber dann niedergelegt, um die Ministerpräsidentschaft von Reinhold Maier gegenüber den Ansprüchen von CDU und SPD zu sichern.[7] Das Ministeramt war nicht unfruchtbar, so schwierig es war, die Schul- und Bildungsdinge wieder in Gang zu bringen, und auch noch auf lange sind wir in dieser Sphäre notleidend, provisorische Schulräume, überfüllte Klassen, ungenügende Lehrmittel. Die Aufgabe der Ministertätigkeit hat mich arbeitstechnisch aber nicht entlastet, denn ich halte in ganz Deutschland zwischendurch Reden; in den letzten Monaten etwa Oberbayern, Bremen, Bielefeld, Leipzig und Eisenach, vom engeren Bereich ganz abgesehen.[8] Man hat mich zum Parteiführer gemacht,[9] zu dem ich an sich geringe Talente besitze, weil ich nicht eigentlich betriebsam genug bin, aber immerhin halte ich den Leuten die großen Reden, die ihnen gefallen, und verhüte in den Sitzungen, daß Personalehrgeize zum Intriguenbetrieb führen. An sich liegt mir sehr viel daran, den jüngeren Menschen eine Chance zu geben. Berufungen an den Universitäten habe ich abgelehnt.[10] Ich bin froh, hier eine annehmbare Vierzimmerwohnung zu haben, in der ich freilich alle meine Bücher nicht aufstellen kann, und es hat ja einen gewissen symbolischen Reiz, daß meine Lebenskurve auf die alten Tage (ich bin Jahrgang 1884) wieder in die schwäbische Heimat zurückgeführt hat. Der Landtag, in dem meine Frau und ich als Mitglieder sitzen,[11] nimmt natürlich ziemlich viel Zeit weg, zumal ich oft Ausschüsse zu leiten habe, aber man kann sich ja nicht darum drücken.

Meine Frau, die Sie alle sehr grüßen läßt, ist gesundheitlich nicht gut dran. Sie war von April 5 Monate weg, in Herzsanatorien, doch ohne entscheidende Besserung. Die Ärzte meinen, das sei nun eben die Reaktion auf die Hitlerzeit, die im Anfang viel Arbeit für sie gebracht hat und später viel Aufregungen.[12] Sie

---

[5] TH. HEUSS, Robert Bosch, vgl. auch Nr. 1, Anm. 7, Nr. 5; DERS., Friedrich Naumann [[2]1949], vgl. auch Nr. 45, Nr. 67; DERS., Anton Dohrn [[2]1948], vgl. auch Nr. 138; DERS., Hans Poelzig, [[2]1948], vgl. auch Nr. 37; Essaysammlungen: TH. HEUSS, Deutsche Gestalten; DERS., Schattenbeschwörungen.

[6] Zum Verlust eines Teils des Archivs vgl. Nr. 3, Anm. 13, Nr. 75, Anm. 4.

[7] Vgl. Nr. 59–Nr. 63.

[8] Am 29. 6. 1947 in Bad Aibling vor der bayerischen FDP (vgl. Nr. 91, Anm. 10), am 3. 10. 1947 in Bremen vor der BDVP (vgl. Nr. 102, Anm. 4), am 7./8. 6. 1947 vor den Liberalen in Bielefeld, am 3. 7. 1947 vor der LDP in Leipzig und am 5./6. 7. 1947 auf dem Parteitag der LDP in Eisenach (vgl. Nr. 95, Anm. 2, Nr. 97).

[9] Seit Herbst 1946 bekleidete Heuss den Vorsitz der DVP in der US-Zone (vgl. Nr. 52, Anm. 9) und seit März 1947 war er neben Wilhelm Külz Vorsitzender der DPD (vgl. Nr. 79, Anm. 5).

[10] Vgl. Nr. 79.

[11] Vgl. Nr. 65, Anm. 4, Nr. 66, Anm. 3.

[12] Vgl. Nr. 2, Anm. 3.

hatte nach der Rückkehr Ende August langsam begonnen, wieder an den Dingen teilzunehmen, Sitzungen zu besuchen etc., aber nun ist sie vor einigen Wochen von einer völlig törichten Gelbsucht überfallen worden, die sie sehr mitnimmt. Sie liegt fest im Bett und bittet deshalb zu entschuldigen, daß sie selber nicht schreibt.

Der Sohn hat im August 1945, wie Sie vielleicht erfahren haben, die zweite Tochter von Fritz Elsas geheiratet, der selber im Zusammenhang mit dem 20. Juli hingerichtet wurde.[13] Goerdeler hat noch bei ihm Unterschlupf gefunden, und nach dem Prinzip der Sippenhaft wurde auch unsere Schwiegertochter für acht Monate noch in ein KZ gesteckt. Sie ist am 17. September Mutter einer Tochter Barbara geworden, und es scheint nach anfänglichen Schwierigkeiten Mutter und Kind jetzt gut zu gehen. Unser Sohn war bis Sommer 1946 in Berlin, wo unser Haus unzerstört blieb, und leitet jetzt die Vettern meiner Frau gehörige Wybert-Fabrik bei Lörrach.[14]

Im Sommer war ich, zusammen mit Hans Kallmann (früher Frankfurter Zeitung), einige Wochen in Sils Maria, wohin mich Gustav Stolper eingeladen hatte. Stolper arbeitete an einem wichtigen Buch über die deutsche und europäische Situation, wobei er sich von uns beraten ließ.[15] Kallmann ist beim Omgus in Berlin tätig. Leider konnte meine Frau wegen der Höhenlage nicht mitkommen. Sie blieb bei ihren Verwandten in Basel. Das Zusammensein mit Gustav und Toni Stolper war außerordentlich gelungen, so als ob man sich vor acht Tagen getrennt hatte, und was lag doch in den Jahren der Trennung!

Ob Sie sich über die parteipolitische Situation in Deutschland interessieren? Die Zugehörigkeiten des alten Freundeskreises zu dieser oder jener Gruppe sind zum Teil rein zufällig und örtlich bedingt.[16] Mir selber ist es ziemlich wurscht, ob einer zur CDU oder SPD ging, da ich den Parteikram nicht ganz so wichtig nehme, wie es vielleicht nötig wäre. Wir haben hier im Lande ein gutes kameradschaftliches Verhältnis und auch in den anderen Gruppen Menschen, mit denen man freimütig reden kann. Wenn Sie über einzelne Schicksale Bescheid wissen wollen, will ich gern aushelfen, soweit ich es kann. Ich kriege von Zeit zu Zeit von Bruno Lewin, von Dr. Gerstel Nachricht, höre, daß es Oskar Meyer recht ordentlich geht,[17] und sehe zu, soweit es in der bedrängten Zeit möglich ist, die alten freundschaftlichen Verbindungen nicht abreißen zu lassen.

---

13 Vgl. zur Hochzeit Nr. 8, Anm. 9; zum Schicksal von Fritz und Hanne Elsas Nr. 6, Anm. 10, Nr. 8, Anm. 11.

14 Vgl. Nr. 29, Anm. 22.

15 G. STOLPER, German Realities; zum Besuch in der Schweiz vgl. Nr. 99.

16 Vgl. Nr. 39, Anm. 6.

17 So Bruno Lewin an Heuss, 21. 7. 1946 und 5. 1. 1947, in: BArch, N 1221, 86; über den sich bessernden gesundheitlichen Zustand Oscar Meyers berichtete Gerstel an Heuss, 10. 1. 1947, in: ebd., 79.

Ich hoffe, daß in der Familie bei Ihnen alles sich ohne Sorge entwickelt, und darf wohl auch einmal mit einer Übersicht über Tun und Ergehen rechnen.

Mit herzlichen Grüßen für Sie und Ihre Frau in alter Verbundenheit
Ihr
Theodor Heuss

Nr. 104
An Gottfried Traub, [München-Solln]
7. Oktober 1947; Stuttgart-Degerloch, Löwenstraße 86
BArch, N 1059, 61: ms. Schreiben, behändigte Ausfertigung; Kopfbogen: „Theodor Heuss"[1]
Württembergische Landtagskandidatur von Theodor Heuss 1912 in Backnang; Gesundheitszustand von Elly Heuss-Knapp; Befinden von Ernst Ludwig Heuss

Lieber Freund,

da ich in der letzten Zeit viel unterwegs war, sogar bis Bremen fuhr,[2] hat sich die Beantwortung Deines Briefes etwas verzögert.[3] Die Übersendung meiner vor 35 Jahren an Dich gerichteten Zeilen hat mir doch ziemlich viel Spaß gemacht.[4] Ich kam mir etwas wohlweise vor bei diesem Wiedersehen, aber praktisch gar nicht so dumm. Hätte ich mich damals nicht so scharf für Dich eingesetzt, so wäre mein Leben vielleicht komischerweise anders verlaufen; denn als ich im Jahre 1912 im Bezirk Backnang zum Landtag kandidierte, wurde in dem frommen Weisacher Tal ein Flugblatt verbreitet, daß, wer sich so wie ich für den Pfarrer Traub einsetze, unmöglich von den kirchlichen Kreisen gewählt werden könne. Ich bin denn auch mit etwa 200 Stimmen unterlegen (von etwa 3.000). Nämlich wenn ich gewählt worden wäre, wäre ich vermutlich in die württembergische Landespolitik 1918 hereingeraten. Und vielleicht damals schon ministrabel gewesen. Aber der andere Weg über Berlin war vermutlich dann doch der fruchtbarere.[5]

---

1 Am Briefende Verweis auf Anlage: „R[eichs]m[ark] 1,--".
2 Vgl. Nr. 102, Anm. 4.
3 Anschreiben ließ sich nicht ermitteln.
4 Heuss an Traub, 23. 9. 1912, in: BArch, N 1221, 101.
5 Heuss lernte den Pfarrer Traub während seiner Tätigkeit als Redakteur für die Zeitschrift „Die Hilfe" 1905–1912 näher kennen, für die Traub wöchentlich eine „Andacht" verfasste. Als gegen Traub vom Oberkirchenrat ein Disziplinarverfahren wegen vermeintlich pantheistischer Anschauungen eingeleitet wurde, unterstützte Heuss seinen engen Mitarbeiter und Freund 1911/12 publizistisch in der „Hilfe" und dann in der „Neckar-Zeitung", wie der Brief von Heuss an Traub vom 23. 9. 1912 deutlich macht; ebd. Traub verlor dennoch sein kirchliches Pfarramt; vgl. dazu

Mir persönlich geht es ordentlich. Ich stecke in den Schlußkapiteln eines kleinen Buches über das Jahr 1848.[6] Leider ist der Gesundheitsstand meiner Frau unerfreulich. Die fünf Monate Herzkur haben keine deutliche Wendung zum Guten gebracht, und zu allem Überfluß liegt sie jetzt seit einigen Wochen mit einer argen Gelbsucht im Bett.

Unser Sohn, den Du vor 36 Jahren getauft hast,[7] ist Mitte September Vater einer Tochter geworden.[8] Es scheint jetzt Mutter und Kind ordentlich zu gehen.

Die Boschdinge sind noch im Schwebezustand.[9] Morgenthaus Einfluß in Amerika selber scheint im Rückgang.[10] Ich war im August vier Wochen mit meinem Freund Gustav Stolper, der jetzt in New York wohnt, in Sils Maria zusammen; er arbeitet an einem Buch über die deutsche und europäische Situation, wozu er meine Beratung erbeten hatte.[11]

Mit herzlichen Grüßen
Dein Theodor Heuss

---

und zur erfolglosen Landtagskandidatur von Heuss in Backnang 1912 TH. HEUSS, Erinnerungen, S. 173–175, 186–188; R. BURGER, Theodor Heuss, S. 72, 98. – Anfang 1918 wechselte Heuss nach Berlin, um dort in die Geschäftsführung des Deutschen Werkbundes einzusteigen und die Redaktion der Zeitschrift „Deutsche Politik" zu übernehmen. In Berlin gelang ihm dann auch 1924 der Sprung in den Reichstag.

6 TH. HEUSS, 1848, vgl. auch Nr. 135.

7 Traub hatte Ernst Ludwig Heuss im April 1911 in Straßburg getauft; vgl. TH. HEUSS, Erinnerungen, S. 174.

8 Barbara Heuss; vgl. Nr. 101, Anm. 15.

9 Vgl. Nr. 60, Anm. 8.

10 Der amerikanische Finanzminister Henry Morgenthau jr. hatte im September 1944 Präsident Roosevelt einen Plan vorgelegt, der u. a. die Zerstörung oder Demontage aller deutschen Betriebe, die rüstungsnahe Güter produzieren konnten, sowie die harte Bestrafung der Täter vorsah, die am Judenmord beteiligt waren. Diese Ziele schlugen sich schließlich im Frühjahr 1945 in der Besatzungsdirektive JCS 1067 nieder. Eine flächendeckende Entindustrialisierung und Reagrarisierung aller deutscher Regionen sah der sogenannte Morgenthau-Plan hingegen nicht vor. Mit dem Tode Roosevelts am 12. 4. 1945 ging unter dessen Nachfolger Harry S. Truman Morgenthaus Einfluss zurück, weil die USA weniger Deutschland, sondern die Expansionspolitik der Sowjetunion als internationales Problem ansahen; vgl. B. GREINER, Morgenthau-Legende.

11 Vgl. Nr. 99, Anm. 4, Nr. 101.

Nr. 105
An Dr. Ernst Ludwig Heuss, [Lörrach]
17. Oktober 1947; Stuttgart-Degerloch, Löwenstraße 86
FA Heuss, Basel: hs. Schreiben, behändigte Ausfertigung; Kopfbogen: „Theodor Heuss"
Erziehungsratschläge; Gesundheitszustand und Tätigkeiten von Elly Heuss-Knapp

Lieber Ludwig,

daß Hanne nun wieder zu Hause sein kann, war uns eine gute Nachricht.[1] Ich hoffe nun sehr, daß das Fehlen einer Kinderschwester keine Überanstrengung mit sich bringt. Es ist jetzt geradezu ein Gottesgeschenk, daß Ihr Euch nicht um Heizung zu kümmern habt. Das Kind wird, denke ich, so erzogen, daß es Euch nicht die Nachtruhe stört – man muß da eventuell ein paarmal hart sein.

Leider ist die Gelbsucht der Mutter sehr zähe, u. sie fürchtet immer noch, daß die Ärzte sie in ein Krankenhaus schleifen. Vor 3 Tagen sah es nach Besserung aus. Aber es gab wieder einen Rückschlag, der sie deprimierte. Zwischendurch recht aktionsfähig; sie hat Lotti die Einleitung zu ihrer Rückert-Auswahl diktiert u. jetzt einen Vortrag über die Kunst der Rede.[2] Fred Würz kümmert sich auch um sie. Er meinte neulich, Du solltest einmal bei ihnen anrufen (Essl[ingen] 17654). Doch weiß man bei ihrem Einladebetrieb [nicht], wann sie zu Hause.

Ich bin gestern Abend mit dem 48-Buch fertig geworden.[3] Vorgestern im Landtag große Etat-Rede, in der ich mich vor allem mit Köhler wegen s[einer] Stellung gegen die Heidelberger Universität herumschlug.[4]

Die Gratulationen sende ich zurück. Wir bekamen auch noch einige.[5] Die Mutter freute sich sehr über den Brief des Rottaler Pfarrers.[6] Es ist unbedingt notwendig, daß Du der „Familie Henning"[7] ein paar Zeilen schreibst, am besten

---

[1] Hanne Heuss brachte ihre Tochter Barbara im Frauenspital in Basel zur Welt; vgl. Ernst Ludwig Heuss an seine Eltern, 22. 9. 1947, in: FA Heuss, Basel.

[2] F. RÜCKERT, Gedichte. Auf einem demokratischen Frauentag am 22. 10. 1947 wurde eine Rede von Heuss-Knapp über Naumann als Redner vorgelesen; vgl. E. HEUSS-KNAPP, Bürgerin, S. 321.

[3] TH. HEUSS, 1848, vgl. auch Nr. 135.

[4] Nicht vorgestern (15. 10. 1947), sondern am Vortag (16. 10. 1947) hatte Heuss diese Rede zum Entwurf des Haushaltsplans gehalten. Er kritisierte darin die Politik des Finanzministers und nordbadischen Landesbezirkspräsidenten, Heinrich Köhler, gegenüber der Universität Heidelberg und warf ihm vor, die Universität wegen Unbotmäßigkeit finanziell unter Druck setzen zu wollen. Hintergrund dieser Politik Köhlers war das zerrüttete Verhältnis zwischen der Universität Heidelberg und dem Landesdirektor für Unterricht und Kultus, Schnabel, der aufgrund der Affinität zahlreicher Universitätslehrer zum Nationalsozialismus die universitäre Selbstverwaltung beschneiden wollte; VERHANDLUNGEN DES WÜRTTEMBERG-BADISCHEN LANDTAGS, Protokollbd. 2, 47. Sitzung, S. 1176; vgl. auch Nr. 92, Anm. 7, Nr. 106, Anm. 5.

[5] Zur Geburt der Enkelin Barbara.

[6] Ließ sich nicht ermitteln.

[7] Familie aus Stuttgart, die eng mit der Familie Geiger befreundet war; freundliche Auskunft von Ursula Heuss-Wolff.

in dieser neutralen Form; ein Schweigen (od. eine Mitteilung durch uns) wäre eine ganz unmögliche Unfreundlichkeit, zu der Du doch kein Recht hast.

Leider bin ich alle kommenden Sonntage unterwegs. Gemeindewahlen u. Parteitage.[8] Und es gäbe so schöne Dinge behaglich im kalten Zimmer zu schreiben.

Wolfis[9] Bilder sind entzückend – das Schlafbild ist wohl das behaglichste.

Seid alle herzl[ich] gegrüßt
Dein Vater Theodor Heuss

Nr. 106
An Prof. Dr. Willy Andreas, Heidelberg
22. Oktober 1947; Stuttgart-Degerloch, Löwenstraße 86

GLAK, N Andreas, 763: ms. Schreiben, behändigte Ausfertigung; Kopfbogen: „Theodor Heuss“[1]

Kritik an Beschränkung der universitären Selbstverwaltung

Lieber Andreas,

freundlichen Dank für Ihre Zeilen.[2] Ich habe in der Sache sofort Herrn Bäuerle[3] instruiert und will auch mit Reinhold Maier[4] sprechen. An sich scheint es mir nicht sehr wahrscheinlich, daß diese Geschichte bis ins Kabinett kommt.

Was die Auseinandersetzung Köhler-Heuss betrifft, so kann natürlich der knappe Zeitungsbericht kein Bild vom Verlauf der Debatte geben, bei der Köhler mir mit Zitaten aus Jaspers replizierte.[5] Was mein Anliegen ist, ist dies, die Uni-

---

8 Heuss sprach jeweils sonntags am 26. 10. 1947 zur Eröffnung des Zonenparteitages der DVP in Schwetzingen, am 9., 16., und 30. 11. 1947 in Pforzheim, Heidelberg, Wertheim, Schönau und Marbach und an zahlreichen weiteren Terminen anlässlich der Gemeindewahlen in Württemberg-Baden vom 7. 12. 1947; Redenkalender, in: BArch, N 1221, 684.

9 Wolfgang Stolper, der künftige Pate von Barbara Heuss.

1 Weiterer Nachweis: BArch, N 1221, 72: ms. Schreiben, Durchschlag.

2 Andreas an Heuss, 18. 10. 1947, in: ebd. Andreas hatte Heuss gebeten, sein Emeritierungsgesuch von Reinhold Maier und Theodor Bäuerle unterstützen zu lassen. Als ehemaliger Rektor der Universität Heidelberg wegen seiner zu großen Nähe zum Nationalsozialismus belastet, wurde Andreas im Februar 1946 durch die amerikanische Militärregierung aus dem Lehramt entlassen. Nach einem günstigen Spruchkammerbescheid im Sommer 1947 riet ihm Heuss, nicht gegen den Willen der Militärregierung eine Rückkehr in das Universitätsamt anzustreben, sondern sich emeritieren zu lassen, auch um Freiraum für historische Forschungen zu gewinnen; Heuss an Andreas, 18. 7. 1947, in: GLAK, N Andreas, 763.

3 Unterstrichen vom Empfänger: „Bäuerle“; vgl. Heuss an Bäuerle, 22. 10. 1947, in: BArch, N 1221, 54.

4 Unterstrichen vom Empfänger: „Reinhold Maier“.

versität aus dem Zustand des wechselseitigen Ressentiments von Regierung und Lehrkörper herauszuführen. Die parlamentarische Atmosphäre gegenüber den Hochschulen ist nicht allzu günstig, und ich halte es für wenig glücklich, wenn die internen Ressentiments, die in einer Hochschule so gut grassieren wie in jeder anderen Körperschaft, nun nach außen wirken und der Gesamtatmosphäre schlecht bekommen. Ich weiß gut genug, daß Professoren keine Engel sind, aber ich habe Scheu vor der Bürokratisierung[6] oder Parlamentarisierung der wissenschaftlichen und pädagogischen Qualifikation; darum nämlich handelt es sich.

Mit freundlichen Grüßen
Ihr

Theodor Heuss

Nr. 107
An Dr. Wilhelm Stapel, [Hamburg Groß-Flottbek]
27. Oktober 1947; Stuttgart-Degerloch, Löwenstraße 86

DLA, A: Stapel: ms. Schreiben, behändigte Ausfertigung; Kopfbogen: „Theodor Heuss"[1]

Deutsche Kriegsgefangene in England; Entnazifizierung und Internierungspraxis in Deutschland; Anerkennung der humanitären Haltung in der Schweiz; Publikationstätigkeit

Lieber Doktor Stapel,

meine so lange währende Schweigsamkeit hat Sie hoffentlich nicht verdrossen. Ich selber habe Ihnen gegenüber ein schlechtes Gewissen, aber ich habe das in dem letzten halben Jahr gegenüber sehr vielen Menschen bekommen müssen. An sich bin ich kein schlechter Briefschreiber, aber ich war wochenlang unterwegs und monatelang ohne Hilfskraft, so daß ich eine furchtbare Unordnung in meine kleine Arbeitsstube bekam und bloß allmählich, seit meine Mitarbeiterin wieder zurück,[2] etwas Ordnung in diese Dinge kriege.

---

[5] In der Debatte des württemberg-badischen Landtags am 16. 10. 1947 über den Entwurf des Haushaltsplans reagierte Köhler auf die Kritik von Heuss an der Beschneidung der universitären Selbstverwaltung (vgl. Nr. 105, Anm. 4) und rechtfertigte seinen Standpunkt, „daß bei aller Wahrung der Rechte der Selbstverwaltung diese nicht ausarte in *eine Diktatur der Professoren*". Dabei führte er Jaspers als Kronzeugen auf, indem er aus dessen Rede „Vom lebendigen Geist der Universität" von 1946 zitierte; vgl. VERHANDLUNGEN DES WÜRTTEMBERG-BADISCHEN LANDTAGS, Protokollbd. 2, 48. Sitzung, 16. 10. 1947, S. 1189; K. JASPERS / F. ERNST, Geist, Zitate auf S. 26f.; vgl. auch Heuss an Walter Bauer, 22. 10. 1947, in: BArch, N 1221, 73.

[6] Unterstrichen vom Empfänger: „Bürokratisierung … Qualifikation".

[1] Weiterer Nachweis: BArch, N 1221, 98: ms. Schreiben, Durchschlag.

[2] Charlotte Kaempffer war wieder aus Berlin zurückgekehrt.

In Ihrem letzten Brief hat mich am meisten die Mitteilung gefreut, daß nun der Sohn aus der langen Gefangenschaft hat zurückkehren können und jetzt ein Pfarramt in Ihrer Nähe versehen kann.[3] Als ich im April in England war, habe ich dem deutschen Herrn, der sich um die deutschen Kriegsgefangenen kümmerte, seine Adresse gegeben[4] und ihn gebeten, sich des Falles anzunehmen. Ich kann mir aber nicht schmeicheln, daß meine Fürsprache irgendwelchen Einfluß ausgeübt hat, denn es gibt bei den Engländern ein sehr differenziertes Punktsystem, nach dem sie die Entlassung betreiben. Ich habe bei dem Aufenthalt ein Gefangenenlager in der Nähe Londons besucht, war aber natürlich ein Mann ohne Pfunde und in der Zeit sehr begrenzt.[5]

In der damals von Ihnen erwähnten Angelegenheit der schwarzen, weißen und grauen Listen[6] habe ich keine rechte Auskunft bekommen können, da die Leute, mit denen ich sprach, mit derlei nichts zu tun hatten, doch wurde mir gesagt, daß es einen solchen Tarif gäbe, der aber nicht durchsichtig sei und wiederholtem Wechsel unterworfen.

Ich möchte nur hoffen dürfen, daß Ihre Sache allmählich einer vernünftigen Klärung entgegenreift.[7] Diese ganze Entnazifizierungssache ist ja, zumal in unserer Zone, viel zu pedantisch angelegt. Wir waren uns seiner Zeit im Kabinett von Anbeginn darüber klar, daß die Durchführung zu einer der ärgsten politischen und psychologischen Belastungen führen würde.[8] Doch mußte der Weg beschritten werden, um die Handhabung aus den baren Zufälligkeiten der local governments herauszuführen. Über mancherlei sind wir ja auch hinweggekommen. Schwierigkeiten machen nur immer die Deutschen selber, völlig unbefriedigend ist aber noch die Lage jener Leute, die der automatischen Internierung anheim gefallen waren.[9] Hier wirkt sich dann besonders tragisch aus die Zufälligkeit, in welcher Zone einer gerade seine Freiheit verlor.

---

3 Stapel an Heuss, 9. 9. 1947, in: ebd. Der Sohn von Stapel war Pfarrer in Altona.

4 Linke Randanstreichung vom Empfänger: „gegeben … ein sehr".

5 Stapel hatte Heuss vor dessen Besuch der Tagung der Liberalen Weltunion in Oxford im April 1947 darauf aufmerksam gemacht, dass sein Sohn noch in englischer Gefangenschaft sei; Stapel an Heuss, 28. 3. 1947, in: ebd. – Heuss hatte das Gefangenenlager Wilton-Park besucht; vgl. dazu rückblickend Heuss an Erich Raederscheidt, 17. 4. 1956, in: BArch, B 122, 182.

6 Stapel berichtete Heuss, dass er auf einer „black list" der Engländer stünde und somit schon vorverurteilt sei; Stapel an Heuss, 28. 3. 1947, in: BArch, N 1221, 98; zur „Weißen Liste" vgl. Nr. 5, Anm. 7.

7 Stapel wurde von der englischen Militärregierung aus der Hanseatischen Verlagsanstalt entlassen; vgl. Nr. 65, Anm. 11. Ende 1947 strengte Stapel ein Entnazifizierungsverfahren gegen sich selber an, in dem er schließlich als entlastet eingestuft wurde; vgl. H. KESSLER, Wilhelm Stapel, S. 226f.

8 So kritisierte Ministerpräsident Reinhold Maier in den Kabinettssitzungen vom 19. und 25. 2. 1946 vor allem, dass die US-Militärregierung dem „Befreiungsgesetz" eine Liste formaler Belastungskriterien für die vorläufige Einstufung von Angeklagten beigegeben hatte, und versuchte, den Amerikanern Änderungen abzuhandeln. Nach dem Einlenken der Regierungen in Bayern und Hessen gab dann aber auch Maier den Widerstand gegen das Gesetz auf; vgl. HStAS, EA 1/920, 139; L. NIETHAMMER, Mitläuferfabrik, S. 322–325; vgl. auch Nr. 25, Anm. 10.

Im August war ich einige Wochen in der Schweiz als Gast meines Freundes Gustav Stolper, der 1933 nach Amerika emigrierte, im Februar als Sachverständiger den früheren Präsidenten Hoover nach Deutschland begleitete und in diesem Sommer ein wichtiges Buch gegen Morgenthau und die ganze Jalta-Kombination geschrieben hat.[10] Ich habe wochenlang mit ihm die deutschen und die europäischen Dinge durchgesprochen und möchte nur wünschen, daß seine Arbeit, die wohl in einigen Monaten in Amerika erscheint, auch bei uns zugänglich wird. Es war schon ganz wohltuend, einmal in der Schweiz zu weilen. Ich selber habe ja vielleicht um meiner süddeutschen Herkunft willen immer eine gewissen Sympathie für die Schweiz gehabt und mich von dem Ressentiment freigehalten, das viele Deutsche gegen die Schweiz nährten – geistreicher, aber überspitzter Ausdruck bei Christoph Steding.[11] Jetzt erschien mir als Funktion der Schweiz nicht das relative Wohlleben, das man bei teuren Preisen antrifft, sondern das andere, ein Maß gehalten zu haben für die menschlichen Dinge im abendländischen Raum. Das ist in einer Welt der Zerstörung und des Mißtrauens wohl eine konservative Leistung, aber, wie mir scheint, eine sehr notwendige. Ich lege Ihnen ein kleines Buch bei, das dieser Tage von mir erschienen ist,[12] eine größere seriöse Sammlung unter dem Titel „Deutsche Gestalten, Studien zum 19. Jahrhundert"[13] ist bereits umgebrochen, soll aber erst im nächsten Jahr erscheinen.[14] Sie führt in einem etwas wilden Durcheinander der Figuren von Wilhelm Humboldt bis zu Max Weber. Die kleine Sammlung „Schattenbeschwörungen" ist „leichte Ware"; aber der Verfasser der „Stapeleien"[15] hat ja auch dafür Sinn, daß man in die Geschichte gelegentlich mit ironischen Augen blicken kann. So darf ich hoffen, daß das eine oder andere der Stücke, etwa der „Räpple", oder der „Mehemed Ali" Ihnen Spaß machen wird. Nebenher schrieb ich noch etwas im Eiltempo auf An-

---

[9] Zur Internierungspraxis vgl. Nr. 20a, Anm. 2.

[10] Zur Teilnahme Stolpers an der Hoover-Mission vgl. Nr. 90, Anm. 4; zu G. STOLPER, German Realities, Nr. 99, Anm. 4; zum Morgenthau-Plan Nr. 104, Anm. 10. – Auf der Konferenz im sowjetischen Jalta auf der Krim vom 4. bis 11. 2. 1945 verhandelten die Regierungschefs der USA, der Sowjetunion und Großbritanniens über die Beendigung des Krieges und die Regelung der Beziehungen der Alliierten untereinander und zum deutschen Kriegsgegner. Die Beratungen über die Aufteilung Deutschlands in Besatzungszonen und über die Reparationen betrafen die unmittelbare alliierte Nachkriegspolitik in Deutschland; vgl. H. GRAML, Alliierten, S. 31–60.

[11] CHRISTOPH STEDING: Das Reich und die Krankheit der europäischen Kultur, Hamburg 1938. In seiner Kulturkritik sieht Steding den Verfall des Deutschen Reiches seit dem 17. Jahrhundert in Analogie zum Verfall Europas und polemisiert gegen neutrale Staaten wie die Schweiz; zur Rezeption des Buches, dessen Verfasser vor der Fertigstellung starb, und zur Einschätzung durch Heuss vgl. H. HEIBER, Walter Frank, S. 510–532; THEODOR HEUSS: Politische oder polemische Wissenschaft. Zu Christoph Stedings Werk, in: Das deutsche Wort 15 (1939), S. 257–267.

[12] TH. HEUSS, Schattenbeschwörungen.

[13] Linke stenographische Randnotiz vom Empfänger: „Deutsche Gestalten".

[14] TH. HEUSS, Deutsche Gestalten, erschien dann doch schon 1947.

[15] W. STAPEL, Stapeleien.

regung eines Verlegers, ein Büchlein über das Jahr 1848,[16] wobei ich vor allem die außenpolitische Komponente berücksichtigte. Das soll dann, wenn es nicht zu viel Stromsperren gibt, zum Frühjahr fertig sein.

Ein paar Worte zum Familienschicksal: meine Frau ist leider gesundheitlich wenig gut dran; sie hat schier fünf Monate mit Herzgeschichten in Sanatorien zugebracht; nachdem sie einige Wochen hier wieder mit der Arbeit begonnen, ist sie von einer schweren Gelbsucht überfallen worden, die sie seit bald fünf Wochen ganz ans Bett fesselt; weil die Behandlung zu Haus (Diätproblem) nicht voranhalf, ist sie nun wieder in ein Krankenhaus gewandert. Seit 5 Wochen sind wir die Großeltern einer kleinen Enkeltochter, die, wie es scheint, ordentlich gedeiht.[17]

Mit freundschaftlichen Grüßen
Ihr

Theodor Heuss

Nr. 108
An Dr. August Weber, London
22. November 1947; [Stuttgart-Degerloch, Löwenstraße 86]
BArch, N 1221, 103: ms. Schreiben, Durchschlag
Differenzen zwischen ost- und westzonalen liberalen Parteien in der Deutschlandpolitik; Kritik an ostzonaler LDP und an Wilhelm Külz

Lieber Freund,

herzlichen Dank für Ihren eingehenden Brief,[1] in dem jede Zeile Ihre Sorge um die Entwicklung der parteipolitischen Dinge in Deutschland zeigt. Es ist natürlich nicht so, daß ich über Ihre Meinungsäußerung schimpfe oder lächle, sondern Sie wissen gut genug, daß ich Ihr freiwilliges Urteil und Ihren Überblick immer zu schätzen wußte.

Als wir am 3. 11. die Parteivorstände der Liberalen in Frankfurt beisammen hatten (von der britischen Zone fehlte Blücher, aber Middelhauve-Köln war anwesend), lag die Sache so: Külz kam mit dem Antrag, wir sollten vom Westen aus eine Einladung an die Parteien erlassen, das im Frühjahr mißglückte Experiment einer improvisierten deutschen Reichsvertretung durch die Parteiführungen neu zu starten.[2] Ich habe inzwischen von einem berliner Herrn der CDU, mit

[16] Linke Randnotiz vom Empfänger: „1848"; TH. HEUSS, 1848, vgl. auch Nr. 135.
[17] Barbara Heuss.
[1] Ließ sich nicht ermitteln.
[2] Anfang 1947 waren die Bemühungen Eugen Schiffers und Wilhelm Külz', parteiübergreifend deutsche Vertreter zur Außenministerkonferenz nach Moskau (10. 3.–24. 4. 1947) zu schicken, an dem Misstrauen der westdeutschen Parteiführungen gegenüber der SED und der sowjetischen

Abb. 18: Vorstandssitzung der DPD in Frankfurt a. M., 3. 11. 1947, v.l.n.r.: August Martin Euler (LDP Hessen), Thomas Dehler (FDP Bayern), Wilhelm Külz (LDP sowjetische Zone), Wolfgang Haußmann (DVP Württemberg-Baden), Theodor Heuss (DVP Württemberg-Baden), Eberhard Wildermuth (DVP Württemberg-Hohenzollern), Carl-Hubert Schwennicke (LDP Berlin)

dem ich dieser Tage hier beisammen war,[3] erfahren, daß Külz sich gegenüber SED und CDU bei einer zentralen Blocksitzung in Berlin stark gemacht hatte, daß diese Einladung keine Schwierigkeiten machen werde. Er hat nun in Frankfurt keine Gegenliebe gefunden, sondern fast von allen Seiten mit verschiedener Abtönung einen Refus.[4] Ich selber vertrat folgenden Standpunkt.[5] Wir kriegen es gar nicht fertig, heute unter der Mitwirkung d[er] SED eine Auffassung über die

---

Deutschlandpolitik gescheitert; vgl. B. Bode, Liberal-Demokraten, S. 57–63. – Einen weiteren Versuch in diese Richtung startete Külz auf der Sitzung des vorläufigen Reichsvorstandes der DPD am 3. 11. 1947 in Frankfurt a. M., als er vorschlug, „eine Entschließung zur Londoner Konferenz zu fassen, die sich zur Einheit Deutschlands bekennt", und eine nationale Reichsvertretung zu benennen, die den deutschen Standpunkt auf dieser Konferenz zum Ausdruck bringen solle; Sitzungsprotokoll in: BArch, N 1221, 407, Auszüge in: K.-H. Grundmann, Verständigungsbereitschaft, S. 94–98; Abb. 18. – Die Außenministerkonferenz in London vom 25. 11. bis 15. 12. 1947 galt als letzte Möglichkeit einer gemeinsamen Deutschlandpolitik der Siegermächte. Ziel der Konferenz waren die Bildung einer deutschen Zentralregierung, die Vorbereitung eines Friedensvertrages und die Herstellung der wirtschaftlichen Einheit. Unüberbrückbare Differenzen vor allem zwischen den Westmächten und der Sowjetunion führten zu einem Scheitern der Konferenz, so dass die Weststaatsbildung und die Konsolidierung der SBZ zur DDR fortschreiten konnten; vgl. H. Graml, Alliierten, S. 192–195.

3 Eventuell Lemmer oder Brammer, ehemalige Parteifreunde von Heuss aus der DDP.

4 Französisch für „Absage".

5 Vgl. die Beiträge von Heuss im Sitzungsprotokoll, in: K.-H. Grundmann, Verständigungsbereitschaft, S. 95f.

deutschen Dinge einheitlich herzustellen, die einigermaßen geschlossen den Alliierten gegenüber vertreten werden könnte. Ich erzählte, daß ich in allen meinen Versammlungen zum Ausdruck gebracht habe, daß es ein Glück war, daß die Versuche im Februar gescheitert sind; denn wenn die Deutschen nach Moskau gerufen worden wären, hätten sie der Welt die Uneinheitlichkeit der deutschen Dinge demonstriert.[6] Wenn schon Vertretung, dann eher durch ein Gremium der Ministerpräsidenten, weil hinter diesen eine immerhin legitime Verantwortung stünde. Wenn jetzt Parteivertreter nach London kämen, so würde die unabweisliche Gefahr die sein, daß entweder die gegensätzlichen Auffassungen auch dort durchschimmerten oder daß die einzelnen Alliierten für ihre Auseinandersetzung die Deutschen gebrauchen bezw. mißbrauchen. Einige der Stimmen, die sich gegen Külz wandten, bestritten überhaupt, daß die SED als deutsche Partei gewertet werden könne;[7] mir persönlich geht diese fragende Formulierung zu weit, da es sich doch immerhin um Millionen von Deutschen handelt, in denen natürlich auch Elemente drinstecken, die nicht einfach als Funktionäre der russischen Machtpolitik zu betrachten sind.

Als wir in Frankfurt vor der Frage standen, über Külz' Antrag abzustimmen, schlug Lieutenant vor, auf die Abstimmung zu verzichten. Sie hätte ergeben, daß die Herren der Ostzone allein geblieben. Ich selber habe die Auffassung, daß im Augenblick der Erlaß eines Statuts über Deutschland uns für die innen- und außenpolitische Entwicklung erwünschter sein muß als der eines Vertrages, der in irgend einmal nachfolgen kann, denn die Lebensbedingungen für Deutschland werden so schwer sein, daß eine vertragliche Verpflichtung eine totale Lähmung jener Kräfte mit sich führen würde, die ihr Ja dazu sagen. Man darf nicht vergessen, daß jetzt bald drei Jahre vorbei sind, seitdem der Krieg zu Ende. Hitlers Schuld ist zwar natürlich nicht aus dem Bewußtsein des Volkes verschwunden, aber sie ist psychologisch durch so viel neue Nöte und Ungewißheiten überdeckt und durch so viel neue weltpolitische Probleme zwischen den Siegern in ihrer unmittelbaren Wirkungskraft geschwächt, daß die Masse die Zusammenhänge gar nicht mehr ganz gegenwärtig hat.

In dieser Situation haben wir in Frankfurt eine Entschließung formuliert, die auf den Anspruch der Parteien und auf den Gedanken einer Improvisation der Gesamtvertretung durch die Ministerpräsidenten der Länder gar nicht einging, sondern ganz primitiv sagte, eine aus allgemeinen Wahlen, die unbeeinflußt sind, hervorgegangene Volksvertretung ist allein imstande und legitimiert, ein Wort zu der deutschen Zukunftsgestaltung zu sagen.[8] Ich weiß natürlich gut genug,

---

[6] Vgl. Anm. 2.

[7] So die Auffassung von Eberhard Wildermuth, Ernst Mayer und August Euler; vgl. ebd., S. 96.

[8] Nachdem der Antrag der LDP nicht konsensfähig war, lautete die einstimmig angenommene Resolution schließlich: „Der in Frankfurt am Main versammelte Vorstand der DPD lenkt die Auf-

daß das nicht von heute auf morgen verwirklicht wird. Es liegt der SPD- und SED-Komplex im Osten ungeklärt dazwischen,[9] aber der Gedanke einer gesamtdeutschen Volksvertretung ist vor allem auch notwendig, weil in der französischen Zone die staatenbündlerische Auffassung von der Besatzungsmacht und wohl auch von einzelnen Gruppen gepflegt wird. Dann kriegen wir wieder die teutsche Libertät von 1648, und die Teilstaaten werden Raub der fremden Politik.[10] Ich kann mir nicht recht vorstellen, daß diese unsere These in der angelsächsischen Welt nicht richtig verstanden wird.

An der Aktion des Friedensburg-Komitees habe ich mich nicht beteiligt und werde mich auch nicht beteiligen.[11] Sie hatte einen ungeschickten Start, und ich fürchte, wenn jetzt die Unterschriften gesammelt werden, handelt es sich um einen Jahrmarkt der Eitelkeit.

Es ist anzunehmen, daß die Parteien der Ostzone nun irgend eine Aktion unternehmen werden; praktisch herauskommen wird auch dabei nichts.[12]

Kastner in Dresden ist trotz der Unterstützung durch Külz nicht mehr zum Vorsitzenden des dortigen Landesverbandes gewählt worden. Er ist freilich 3. Vorsitzender der liberaldemokratischen Partei der Ostzone in Eisenach geblieben.[13]

Daß der liberaldemokratische Landesverband Berlin jetzt eine Wochenschrift lizensiert erhalten hat,[14] halte ich für einen Gewinn; die Leute sind dort in dem

---

merksamkeit der Alliierten erneut auf die Notwendigkeit der unverzüglichen Wiederherstellung der deutschen Gesamtstaatlichkeit. Er erwartet die baldige Ausschreibung von allgemeinen, unbeeinflußten demokratischen Wahlen in allen Besatzungszonen und die Bildung einer deutschen Gesamtregierung nach dem Willen des deutschen Volkes." Ebd., S. 97.

9 Zur Zwangsvereinigung von SPD und KPD zur SED im April 1946 vgl. Nr. 29, Anm. 9.

10 Vgl. zu den Staatenbundplänen Frankreichs und zur „teutschen Libertät" Nr. 87, Anm. 22, 23.

11 Auf Initiative des Berliner Bürgermeisters Ferdinand Friedensburg trafen sich am 9. 11. 1947 am Wannsee bekannte Persönlichkeiten zu einem überparteilichen Gespräch über gesamtdeutsche Fragen und über die Bildung einer nationalen Repräsentation, um gegenüber den Alliierten auf der bevorstehenden Außenministerkonferenz in London einen deutschen Standpunkt zu vertreten. In dem auf der Konferenz formulierten Aufruf forderten die Unterzeichnenden – unter ihnen Ferdinand Friedensburg, Alfred Weber, Karl Geiler und Paul Löbe – die wirtschaftliche und politische Einheit Deutschlands, die Ausarbeitung eines Besatzungsstatuts für alle Zonen und die Schaffung von Zentralverwaltungen. Das Unternehmen verlief jedoch bald im Sande, als sich von dieser Erklärung vor allem die SPD, aber auch die CDU und LDP scharf distanzierten und von einer gemeinsamen nationalen Repräsentation gegenüber den Alliierten nicht mehr die Rede sein konnte. Heuss widersprach Pressemeldungen, nach denen er an dem Treffen am 9. 11. 1947 teilgenommen habe; Heuss an Toni Stolper, 14. 11. 1947, in: BArch, N 1221, 489; Heuss an Wilhelm Külz, 15. 11. 1947, in: ebd., 58; K. Bender, Deutschland, S. 93–95; F. Friedensburg, Deutschlands Einheit, S. 176–194.

12 Vgl. zu den Bemühungen der ostzonalen Parteien um eine gesamtdeutsche Vertretung für die Londoner Konferenz, die schließlich in der „Volkskongreß"-Bewegung mündeten, B. Bode, Liberal-Demokraten, S. 77–82.

13 Auf dem Parteitag der LDP vom 4. bis 7. 7. 1947 in Eisenach; vgl. Nr. 95, Nr. 97.

14 Vermutlich die „Informationen des Landesverbandes Berlin der LDP" oder die „Mitteilungen der Landesgeschäftsstelle", die ab August 1948 zusammengefasst wurden in „Berliner LDP-Blätter. Informationen und Mitteilungen des Landesverbandes Berlin der Liberal-Demokratischen Partei".

„Morgen“ nie zu Wort gekommen.[15] Aber es kann sich natürlich auch ergeben, daß die innerparteiliche Diskussion unfrohe Züge erhält.

Daß uns Külz psychologisch auch hier große Schwierigkeiten macht, liegt auf der Hand. In unserer Presse distanzieren wir, aber wir können nicht scharf polemisch den Schnitt ziehen, weil viele Tausende von Freunden drüben bei uns die innere Anlehnung suchen. Es ist mir persönlich noch nicht ganz deutlich, ob und wo sich eine sachlich in sich ruhende Konkurrenzfigur gegenüber Külz herausbildet. Die menschliche Substanz ist bei denjenigen unserer alten Freunde im Osten, die bei der CDU sind, wie etwa Schreiber, stärker als bei den Liberaldemokraten, so viel ordentliche Leute darunter zu finden sind. Ich selber sollte jetzt wieder im November in den Osten fahren, aber die schwere Erkrankung meiner Frau auf der einen Seite und die bevorstehenden Gemeindewahlen in unserem Land haben mich veranlaßt, kurz zu treten.[16] Immerhin, da es meiner Frau seit einigen Tagen nach ihrem eigenen Gefühl entschieden besser geht, rutsche ich heute Nacht nach Hannover, um dort einiges zu predigen.[17]

Soweit war ich im Diktat, als der neue Postgang Ihre Karte gebracht hat.[18] Der frankfurter Gruß an Sie war in der Tat von Külz angeregt.[19] Er hat Ihnen gegenüber ja ein schlechtes Gewissen, weil ich ihm s. Zt. sehr eingehend über sein falsches Verhalten Vorwürfe gemacht hatte.[20] Daß er an dem Empfangsabend in Berlin in falschen Tönen geantwortet hat, habe ich ihm am gleichen Abend noch gesagt. Er hätte die berliner Opposition nicht bagatellisieren dürfen, sondern dem russischen Offizier klar machen, daß dies eben die Stimmung sei, mit der er zu rechnen habe.

Persönliches ist nicht viel zu sagen. Die Enkeltochter scheint zu gedeihen. Dietrich habe ich längere Zeit nicht gesehen. Seine Frau ist vor wenigen Tagen gestorben. Mein Sohn war neulich hier, um seine Mutter zu besuchen. Er hat sich ganz gut in das Geschäftliche hereingefunden.[21]

Mit herzlichen Grüßen von Haus zu Haus wie immer
Ihr [Theodor Heuss]

---

[15] Gemeint ist das Berliner Sprachrohr der ostzonalen LDP „Der Morgen. Berliner Allgemeine“.

[16] Zum Gesundheitszustand von Heuss-Knapp vgl. Nr. 101–Nr. 107; Gemeindewahlen in Württemberg-Baden am 7. 12. 1947.

[17] Heuss sprach am 25. 11. 1947 vor der FDP in Hannover über die Londoner Außenministerkonferenz; Redenkalender, in: BArch, N 1221, 684; hs. Redenotizen in: ebd., 27.

[18] Ließ sich nicht ermitteln.

[19] Ließ sich im Protokoll der Sitzung vom 3. 11. 1947 nicht nachweisen; wie Anm. 2.

[20] Vgl. auch im Folgenden Nr. 97.

[21] Zur Tätigkeit von Ernst Ludwig Heuss bei der Wybert GmbH vgl. Nr. 29, Anm. 22.

Nr. 109
An Dr. Kurt Hiller, London
5. Dezember 1947; [Stuttgart-Degerloch, Löwenstraße 86]
BArch, N 1221, 82: ms. Schreiben, Durchschlag
Zustimmung der Reichstagsabgeordneten der Deutschen Staatspartei zum „Ermächtigungsgesetz" am 23. 3. 1933

Sehr geehrter Herr Dr. Hiller,[1]

als die Geschichte mit der Zustimmung zum Ermächtigungsgesetz vor etwa einem Jahr in die politische Auseinandersetzung vor der Regierungsneubildung in Württemberg-Baden hereinwirkte, hat die demokratische Landtagsfraktion, von der zwei Mitglieder 1933 im Reichstag saßen,[2] beantragt, einen parlamentarischen Untersuchungsausschuß einzusetzen.[3] Durch ihn sollte die damalige Situation für das Bewußtsein der Gegenwart geklärt werden. Die verschiedensten Standpunkte sollten darin ihren Ausdruck finden können. Der Ausschuß selber war von allen Parteien besetzt. Ich weiß nicht, ob die Sache für Sie selber so wichtig ist, daß Sie den ganzen Bericht durchlesen wollen, aber es schien mir richtig, mir die Landtagsdrucksache einmal geben zu lassen und sie Ihnen einfach zuzusenden.[4]

Dort finden Sie auch Teile der stenographisch aufgenommenen Ausführungen, die ich vor dem Ausschuß gemacht habe.[5] Ich habe keine formulierte Erklärung abgegeben; die Pointierung ist aus der Atmosphäre zu verstehen, in der sich die Verhandlungen des Ausschusses abspielen.

---

[1] Hiller hatte Heuss in einem Schreiben vom 26. 11. 1947 um die Beantwortung folgender Fragen gebeten, die im Zusammenhang mit der Zustimmung der Reichstagsabgeordneten der Deutschen Staatspartei zum „Ermächtigungsgesetz" am 23. 3. 1933 (vgl. Nr. 72, Anm. 2) standen: „1) Ist, was ich heute aus Berlin erfuhr, richtig? Insbesondere betreffs Ihrer Person [dass Heuss gegen das Gesetz stimmen wollte, sich dann aber der Fraktionsdisziplin beugte; d. Bearb.]? 2) Wer war der andre Gegner des Ja zum Ermächtigungsgesetz? 3) Welches war die Haltung der Staatsparteiführer außerhalb der Fraktion? (Ich denke an Männer wie Frankfurter, Külz, August Weber, an Frauen wie Bäumer.) 4) Gab es Fraktionszwang? Was wäre geschehen, wenn sich jemand dem Zwang nicht gefügt hätte? Oder im Falle des Nichtzwangs: wenn der Dissentierende entsprechend gestimmt hätte? 5) Mir hat kurz vor seinem Tode in London der sozialdemokratische Parteiführer Hans Vogel (langjähriger Reichstagsabgeordneter für Nürnberg) erzählt, am 23. 3. 33 sei vor der Abstimmung der Zentrumsabgeordnete Professor Friedrich Dessauer aufgeregt zur SPD-Fraktion gelaufen und habe die Sozialdemokraten beschworen, ja mit Ja zu stimmen, weil sonst ein Blutbad im Reichstag unvermeidlich sei. Die SPD-Fraktion hat dann bekanntlich doch geschlossen mit Nein gestimmt. Darf ich fragen, ob Dessauer die Staatsparteiler analog beschworen hat?" BArch, N 1221, 82.

[2] Heuss selber und Reinhold Maier.

[3] Vgl. Nr. 72, Anm. 2.

[4] Bericht des Untersuchungsausschusses in: WÜRTTEMBERG-BADISCHER LANDTAG, Beilagen, Bd. 1, S. 89–106; abgedruckt in: E. W. BECKER / TH. RÖSSLEIN, Irrtum, S. 331–362.

[5] Vgl. ebd., S. 137–142.

Die Staatspartei im Reichstag war auf eine kleine Gruppe von fünf Leuten zusammengeschlagen: Dr. Reinhold Maier-Württemberg, der ehemalige Reichsfinanzminister Dietrich, Heinrich Landahl, jetzt SPD-Senator in Hamburg, Ernst Lemmer, jetzt CDU-Vorsitzender in Berlin, und ich. Dietrich und ich setzten uns für ein Nein ein.[6]

Vorangegangen war eine lange Beratung des Parteiausschusses.[7] Wer an ihr teilgenommen hat, weiß ich im Einzelnen nicht mehr, so daß ich Ihre Frage nach der Stellungnahme einzelner Persönlichkeiten präcise nicht beantworten kann. Ich weiß etwa nicht, ob Frankfurter, Külz, August Weber anwesend waren; Frau Bäumer war da und plädierte sehr nachdrücklich für ein Nein. Dessen entsinne ich mich deshalb, weil ich gerade mit ihr damals einen verhältnismäßig nahen Kontakt hatte, da sie mit der Bitte an mich herangetreten war, die Herausgabe der alten Naumannschen „Hilfe“, die ich von 1905 bis 1912 geleitet hatte, zu übernehmen.[8] In jenem Parteiausschuß war dies das Charakteristische, daß vor allem die Beamten der verschiedenen Kategorien, mochten sie bisher innerhalb des Parteibetriebes zu der sozusagen radikaleren Richtung gehört haben, die Abgeordneten beschworen, ja zu sagen. Sie fürchteten und, wie es sich später zeigte, nicht ohne Grund, zu dem der Verfolgung am meisten ausgesetzten Menschenkreis zu gehören, wobei Verfolgung Pensionierung mit geringen Bezügen, Strafversetzung, Nichtbeförderung u. s. f. hieß. Der Vertrauensmännertyp der Partei waren Lehrer, Postbeamte an den kleineren Plätzen.

Ein eigentlicher „Fraktionszwang“ bestand in der staatsparteilichen Fraktion nie. Aber der Parteiausschuß hatte beschlossen, die paar Abgeordneten sollten wenigstens einheitlich abstimmen, damit ihre Ziffern sich nicht selber aufheben, damit nicht in die Parteigruppen hinaus eine Differenzierung von dem schlechteren oder dem besseren Demokraten getragen werde. Ich selber beurteilte die Möglichkeiten der weiteren Parteiarbeit von Anbeginn sehr skeptisch. Aber es gab doch auch Stimmen, die meinten, daß das Parteigefüge der kleinen treuen Gruppen draußen aufrecht erhalten werden könne und daß man es nicht durch gegensätzliche Abstimmung vollends zersprengen solle. Lemmer und Landahl

---

6 Vgl. zu den Umständen und Motiven, welche die fünf Reichstagsabgeordneten und vor allem Heuss zur Zustimmung zum „Ermächtigungsgesetz“ am 23. 3. 1933 bewogen hatten, J. C. HESS, Deutsche Lage, S. 83–94.

7 Die Zusammensetzung, der Termin oder die Protokolle der Sitzung des Parteiausschusses konnten nicht nachgewiesen werden. Möglicherweise handelt es sich um eine Sitzung des Arbeitsausschusses der Deutschen Staatspartei, die Heuss in den nachgelassenen „Erinnerungen“ erwähnt. Heuss weist darauf hin, dass sich in dieser Sitzung kein geschlossenes Meinungsbild abzeichnete und der Reichstagsgruppe die Entscheidung über das „Ermächtigungsgesetz“ überlassen werden sollte unter der Bedingung, einheitlich abzustimmen; vgl. TH. HEUSS, Machtergreifung, S. 24.

8 Vgl. zu den Umständen der Übernahme der Herausgeberschaft der „Hilfe“ zum Jahreswechsel 1932/33 R. BURGER, Theodor Heuss, S. 296; Nr. 18, Anm. 11, Nr. 31, Anm. 3.

konnten damals als linker Flügel, wenn man von dem kleinen Häuflein so reden will, gelten, Dietrich und ich als der rechte. Ich selber war dann der Einzige, der dann noch nach dem Parteiverbot durch Herumreisen im Land einige Monate die Beziehungen aufrecht erhielt.[9]

Ihre Frage, ob Prof. Dessauer an staatsparteiliche Abgeordnete herantrat, mit Ja zu stimmen, kann ich nicht beantworten. Mir ist ein solcher Vorgang nicht bekannt. Für Annahme oder Ablehnung war die kleine Fünf-Männer-Gruppe irrelevant. Ich selber habe an dem Abend mit Brüning Fühlung genommen, in Vertretung von Dietrich. Darüber ist in meiner Aussage etwas enthalten.[10]

Darf ich noch die allgemeine Bemerkung machen: die Frage des Ermächtigungsgesetzes wird heute als Geschichtsvorgang furchtbar überschätzt, seitdem durch die Spruchkammergeschichten die Motivenreihe durchsucht wird und ein Mann wie Schacht auf die Idee kommt, seine politische Haltung mit dem Ermächtigungsgesetz zu begründen.[11] Die Virulenz und Turbulenz der revolutionären Gewaltaktionen hatten sich schon vorher durchgesetzt und kümmerten sich um ein Ja oder Nein nicht. Ich selber wäre froh, sozusagen als biographische Notiz das Nein in meiner Lebensgeschichte zu haben. Ich habe das in meiner Bekundung zum Ärger mancher Leute historisches Stilgefühl genannt,[12] aber ein Schuldgefühl der Geschichte gegenüber habe ich nun in der Tat nie gehabt; die bösen Dinge liefen nach einem anderen Gesetz.

Entschuldigen Sie, daß der Brief etwas lang geworden ist, aber Ihre präcisen Anfragen vermittelten mir den Eindruck, daß Ihnen an der Klärung der Dinge viel gelegen ist.

Mit verbindlichen Grüßen
Ihr sehr ergebener [Theodor Heuss]

---

[9] Vgl. zu dieser Vortragstätigkeit 1933 TH. HEUSS, Machtergreifung, S. 29; außerdem die Notiz zum Jahr 1933 im hs. Redenkalender, in: FA Heuss, Basel.

[10] Brüning hatte Heuss am Abend des 22. 3. 1933 berichtet, dass das Zentrum nach langen Debatten wohl dem „Ermächtigungsgesetz“ seine Zustimmung geben werde, auch wenn er, Brüning, skeptisch bleibe; vgl. E. W. BECKER / TH. RÖSSLEIN, Irrtum, S. 140; TH. HEUSS, Machtergreifung, S. 24f; zum Ringen des Zentrums um die Zustimmung zum „Ermächtigungsgesetz“ vgl. R. MORSEY, Zentrum, S. 353–367.

[11] Franz Karl Maier, Mitherausgeber der „Stuttgarter Zeitung“ und treibende Kraft in der Pressekampagne und im Spruchkammerverfahren gegen Reinhold Maier und Wilhelm Simpfendörfer, war im Herbst 1946 zum Öffentlichen Kläger im Spruchkammerverfahren gegen Schacht bestellt worden. Die Rechfertigungsstrategie Schachts war ihm deshalb wohlbekannt und diente als Hebel gegen Reinhold Maier und Simpfendörfer, die dem „Ermächtigungsgesetz“ am 23. 3. 1933 zugestimmt hatten; vgl. K.-J. MATZ, Reinhold Maier, S. 287; vgl. auch Nr. 72, Anm. 2, Nr. 86.

[12] Vgl. E. W. BECKER / TH. RÖSSLEIN, Irrtum, S. 138, 142.

Nr. 110
An Dr. Paul Reusch, [Katharinenhof, Oppenweiler, Württemberg]
17. Dezember 1947; Stuttgart-Degerloch, Löwenstraße 86
RWWA, 130-400101290/129: hs. Schreiben, behändigte Ausfertigung; Kopfbogen: „Theodor Heuss“[1]
Dank für positive Einschätzung des Sammelbandes „Schattenbeschwörungen“

Lieber Herr Reusch,

für Ihre beiden Briefe herzlichen Dank.[2]

In der Tat: solches persönliche Echo freut den Autor.[3] Daß der Stoff und die Behandlungsart Ihnen „liegen“ würden, nahm ich ja an. Ich habe ein paar freundliche Briefe erhalten, auch von „Berufshistorikern“, die zugeben, einiges gelernt zu haben.[4] Die meisten Leser werden wohl dankbar sein, aus dieser Sauzeit und ihrer vorherrschenden Zweckliteratur auf Nebenwege mit seltsamen Blumen entführt zu werden.

Das „Œuvre“ von Heuss wächst, zwei neue Bücher sind schon umbrochen, eines, über 1848, im Herbst geschrieben, ging in die Setzerei.[5] Es wird mir ein Vergnügen sein, wenn das Zeug da ist, Ihrer Muße etwas Nahrung zuzuführen.

Von der erneuten freundlichen Einladung wird gerne einmal Gebrauch gemacht. Ich möchte aber die Gesundung meiner Frau abwarten. Sie hat jetzt einige kleine Spazierversuche im Freien gemacht, die noch mit starker Ermüdung bezahlt werden müssen.

Gute Wünsche zum Fest. Mein Sohn meint zwar, ich solle post festum[6] nach Lörrach fahren und die drei Monate alte erste Enkeltochter bewundern. Aber es sieht so aus, als ob wir am 29. u. 30. 12. – Landtag halten.[7]

Wie immer
Ihr dankbar ergebener Theodor Heuss

---

1 Oben auf der ersten Seite Verfügung: „ad acta“; darunter vermutlich Paraphe von Empfänger.
2 Ließen sich nicht ermitteln.
3 TH. HEUSS, Schattenbeschwörungen, die Heuss Reusch am 7. 12. 1947 zugesandt hatte; RWWA, 130-400101290/129.
4 Vgl. zu dieser Einschätzung des Buches auch ein Schreiben von Heuss an Dürr vom 21. 12. 1947: „[…] der gute Professor Andreas in Heidelberg schreibt mir, es erweise mich als ‚Vollbluthistoriker‘. Na also!“ PA Elsbeth Haule.
5 TH. HEUSS, Deutsche Gestalten; das zweite Buch im Umbruch eventuell die Broschüre DERS.: Hans Otto Schaller. Ein Gedenkblatt, Stuttgart/Tübingen 1947; DERS., 1848, vgl. auch Nr. 135.
6 In lateinischer Schrift: „post festum“; lateinisch für „nach dem Fest“, „verspätet“.
7 Am 29. und 30. 12. 1947 fanden keine Sitzungen des württemberg-badischen Landtags statt.

Nr. 111
An Dr. Wilhelm Külz, Berlin-Wilmersdorf
19. Dezember 1947; Stuttgart-Degerloch, Löwenstraße 86
BArch, N 1221, 58: ms. Schreiben, Abschrift, ms. gez.; ms. Briefkopf: „Dr. Theodor Heuss“[1]
Kritik an der Beteiligung der ostzonalen LDP an der „Volkskongreß“-Bewegung in der SBZ; Verlust der Vertrauensgrundlage für weitere Zusammenarbeit in der DPD; Anberaumung einer Krisensitzung über die Zukunft der DPD

Verehrter, lieber Doktor Külz,

diesen Brief schreibe ich nur ungern; er hätte wohl schon vor zwei bis drei Wochen geschrieben werden sollen, aber zunächst lagen wir hier in dem Gemeindewahlkampf,[2] der mich Tag um Tag in eine andere Stadt führte, und dann hatten wir im Landtag die abschließenden Etatberatungen, an denen ich in vollem Umfange teilnehmen mußte, zumal Dr. Haußmann zur Zeit erkrankt liegt. Der heutige Sonntag ist seit langem der erste sogenannte freie Tag, den ich gewonnen habe.

Ich bin sehr unglücklich über die allgemein politische und besonders über die parteipolitische Entwicklung der vergangenen Wochen. Daß die Stellungnahme der LDP in der Ostzone uns gewisse Schwierigkeiten machte, über die wir aber hinweggekommen sind, veranschlage ich nicht sehr hoch.[3] Wir haben bei den Wahlen als einzige Gruppe gute Erfolge gehabt.[4] Aber ich sehe, wie das sachliche Vertrauensverhältnis einen starken Stoß erlitten hat.

Als ich Ihnen vor einigen Wochen schrieb, daß zwischen Ihren Darlegungen über das liberaldemokratische Memorandum vor London, die Sie in Frankfurt gemacht haben, und den Pressemitteilungen ein Unterschied klaffe, erhielt ich von Ihnen eine Antwort, die mich wenig befriedigen und überzeugen konnte.[5]

Wir hatten in Frankfurt eine parteipolitische Cooperation vor London eindeutig abgelehnt und [uns] in unserer Entschließung auf die Forderung nach einer freien

---

[1] Druck: W. Külz, Liberaler, S. 179–182; K.-H. Grundmann, Verständigungsbereitschaft, S. 101–103; Abschriften, die von der Vorlage formal leicht abweichen, wurden an weitere Personen gesandt und sind u. a. nachweisbar in: AdL, N 54, 85; AdL, N 19, 192.

[2] Gemeindewahlen in Württemberg-Baden vom 7. 12. 1947.

[3] Vermutlich die Erklärung des LDP-Vorstandes zur Beteiligung am „1. Deutschen Volkskongreß“ vom 2. 12. 1947; vgl. Anm. 7.

[4] Bei den Gemeindewahlen in Württemberg-Baden konnte die DVP von 1,6 Millionen abgegebenen Stimmen 180.000 gewinnen; Statistische Monatshefte Württemberg-Baden 2 (1948), H. 4, S. 87–94.

[5] Heuss hatte Külz am 15. 11. 1947 um Aufklärung über Presseberichte gebeten, die aussagten, dass das LDP-Memorandum zur Londoner Außenministerkonferenz mit Rücksicht auf die sowjetische Besatzungsmacht gekürzt worden sei; BArch, N 1221, 58. Die Antwort von Külz ließ sich nicht ermitteln. Zur Sitzung des vorläufigen Reichsvorstandes der DPD in Frankfurt a. M. am 3. 11. 1947, auf der Külz u. a. die Bildung einer nationalen Vertretung für die Londoner Außenministerkonferenz vorschlug, vgl. Nr. 108, Anm. 2.

Nationalrepräsentation beschränkt.[6] Sie haben dann im Osten führend an einer Aktion mitgewirkt, die wir, auch wenn sie vom Westen ausgegangen wäre, wie das Ihre Anregung war, abgelehnt hätten.[7] Ich selber habe vom Frühjahr ab immer diesen Gedanken eines sich selber legitimierenden Mehrparteien-Gremiums abgelehnt, weil ich ihm die staatsrechtliche wie die moralische Qualifikation bestreite.[8] Ich gebe zu, daß man darüber verschiedener Meinung sein kann, hatte aber den Eindruck, daß die Herren, die in Frankfurt waren, ohne daß ich mit irgend einem vorher darüber geredet hätte, meine grundsätzliche Auffassung überwiegend teilten.[9]

In einem der Rundschreiben von Herrn Lieutenant wird mitgeteilt, daß der Einfall, etwas derartiges zu machen, von Dr. Schiffer stammt.[10] Bei allem Respekt vor dessen geistiger Vitalität konnte gerade dieser Hinweis gerade auf mich wenig überzeugend wirken, denn ich weiß aus der gemeinsamen Fraktionsarbeit, daß es die Spezialität von Schiffer gewesen ist, Einfälle zu haben, die zunächst eine gewisse Brillanz haben.[11] Daß die liberaldemokratische Partei der Ostzone den Weg, der dann zu dem sogenannten Volkskongreß führte, gegangen ist, wird hier als ein absoluter Bruch der Abrede von Frankfurt betrachtet.[12] Nun ist es natürlich

---

6 Vgl. zu dieser Entschließung Nr. 108, Anm. 8.

7 Als die SED Ende November 1947 zu einem „Volkskongreß für Einheit und gerechten Frieden" einlud, um auf diesem Wege eine nationale Vertretung für die Außenministerkonferenz in London zu bilden, entschloss sich die LDP unter Führung von Külz zu einer Teilnahme an dieser Veranstaltung. Der SED sollte auf diese Weise das Feld der Bemühungen um die nationale Einheit nicht alleine überlassen werden, um so die Aktion „zu einer wirklichen überparteilichen Volksbewegung zu gestalten", wie es in einer Stellungnahme der LDP am 2. 12. 1947 hieß; K.-H. GRUNDMANN, Verständigungsbereitschaft, S. 99f. An dem „Volkskongreß" in Berlin am 6./7. 12. 1947 nahmen schließlich über 2.000 Vertreter von Parteien und Massenorganisationen aus der SBZ und aus den Westzonen – zumeist kommunistische Abgesandte – teil, nicht hingegen die liberalen Parteien, CDU und SPD aus den Westzonen sowie die ostzonale CDU unter Jakob Kaiser; vgl. K. Bender; Deutschland, S. 96–147; B. BODE, Liberal-Demokraten, S. 78–81; J. C. HESS, Fehlstart, S. 104–107.

8 Vgl. zu den Bemühungen von Külz Anfang 1947, parteiübergreifend eine deutsche Vertretung zur Außenministerkonferenz nach Moskau zu schicken, Nr. 108, Anm. 2.

9 So fasste Heuss auf der Sitzung des vorläufigen Reichsvorstandes der DPD am 3. 11. 1947 in Frankfurt a. Main die allgemeine Stimmung hinsichtlich des Vorschlags von Külz so zusammen: „Eine nationale Repräsentanz durch Vertreter der Parteien hat keine überwiegende Mehrheit für sich." K.-H. GRUNDMANN, Verständigungsbereitschaft, S. 96.

10 Das Rundschreiben ließ sich nicht ermitteln. Auf einer Sitzung der „Einheitsfront der antifaschistisch-demokratischen Parteien" am 24. 11. 1947 schlug Schiffer vor, wenigstens Vertreter der ostzonalen Parteien als Sprecher des ganzen deutschen Volkes zur Außenministerkonferenz nach London zu schicken; vgl. B. BODE, Liberal-Demokraten, S. 77f; vgl. auch Der Morgen, Nr. 281, 2. 12. 1947.

11 Heuss arbeitete ab Mai 1924 mit dem Vorsitzenden der DDP-Reichstagsfraktion Schiffer zusammen, bis dieser Ende des Jahres aus dem Reichstag ausschied. In seinen „Erinnerungen" hebt Heuss die „Wendigkeit" von Schiffer in dessen politischen Stellungnahmen hervor; vgl. TH. HEUSS, Erinnerungen, 318.

12 Zur dieser Abrede, die auf der Sitzung des Vorstands der DPD in Frankfurt a. M. am 3. 11. 1947 getroffen wurde, vgl. Nr. 108, Anm. 8.

so, daß Sie sagen werden, wir sind in der Ostzone in unseren Entscheidungen unabhängig. Aber Sie dürfen dann nicht erstaunt sein, wenn von unserer Seite gesagt wird, daß mit dieser Haltung in einer so entscheidenden Frage die Voraussetzungen einer „Coordination" und ihrer Konsequenzen zerbrochen sind.[13]

Was ich dann von dem sogen. Volkskongreß las, bezw. was ich zufällig am Radio davon hörte, hat mich in meinem historisch-politischen Gefühl geradezu beelendet. Die übermittelten Reden-Fetzen, die ich vernahm, waren billiger Stahlhelm-Stil mit veränderten Vorzeichen, kein ernsthaftes Wort von der weltgeschichtlichen Problematik, in der wir drinstehen, Platitüden von Volksversammlungsphrasen. Konnte ein Mann von Ihrer politischen Erfahrung einen Augenblick ernsthaft daran denken, daß die londoner Konferenz den Applaus einer zweitausend[-köpfigen] Menschenversammlung in Berlin, die höchst zufällig zusammendirigiert war, als Geschichtsauftrag für Deutschland empfände. Vielleicht war es ganz schön, Menschen vor sich zu haben, die glaubten, Geschichte zu machen. Einem halbwegs nüchternen Urteil mußte doch von Anbeginn klar sein, daß derlei nicht der Start ist, um zu einer Delegation von Rang zu kommen. Ich hätte ein solches Verfahren auch verschmäht und bekämpft, wenn es in der Westzone oder mit der Westzone gemacht worden wäre. Das ist ein Mißverstehen oder Mißbrauchen der Demokratie. Und dazuhin einfach schlechter Stil. Die Antwort aus London konnte keinem halbsinnigen Menschen einen Augenblick zweifelhaft sein.[14] Daraus ergibt sich, daß das ganze Arrangement trotz der außenpolitischen Fassade eine rein innenpolitische Sinngebung und vielleicht auch Quasi-Rechtfertigung besitzt.

In dieser Auffassung, die ich von Anbeginn hatte, werde ich bestärkt durch die Mitteilung der Zeitungen, daß dieser sogen. „Volkskongreß" über seinen einmaligen Demonstrationscharakter hinaus eine Dauerinstitution werden soll. Es werden jetzt Landesvolkskongresse gemacht.[15] Was ist denn das anderes als eine neue Firmierung dessen, was Ihr bis jetzt Antifaschistischen Einheitsausschuß oder Block-Politik genannt habt.[16] Da haben wir Euch nie weiter hereingeredet,

---

[13] Auf die Teilnahme der LDP am „Volkskongreß" reagierten die liberalen Parteien der Westzonen skeptisch bis massiv ablehnend. Vor allem die hessische LDP verstand die Politik von Külz als Kapitulation vor dem totalitären Anspruch der SED und forderte von Külz das Ausscheiden aus dem Vorstand der DPD; vgl. D. HEIN, Milieupartei, S. 306–308. Heuss selber sah schon kurz nach dem „Volkskongreß" den Bruch mit den ostzonalen Liberalen als unvermeidlich an; vgl. Heuss an August Weber, 9. 12. 1947, in: BArch, N 1221, 103.

[14] Der Delegation, die auf dem „Volkskongreß" gewählt wurde und der von der LDP Schiffer und Külz angehörten, wurde von den britischen Behörden die Einreise nach Großbritannien verweigert. Zudem lehnten in London die Westmächte den Antrag der Sowjetunion auf Anhörung der Delegation ab, da diese nicht das politische Meinungsspektrum Deutschlands repräsentiere; vgl. K. BENDER, Deutschland, S. 137f.

[15] So der Artikel „Nun auch ‚Landes-Volkskongresse'", in: StZ, Nr. 100, 17. 12. 1947.

[16] Vgl. zur Blockpolitik bzw. zur Einheitsfront Nr. 97, Anm. 15.

obwohl ich das Verfahren im Zeitalter, wo man die parlamentarische Demokratie predigt, als innerlich brüchig ansehe. Nun aber ist die Geschichte mit einem neuen Namen, mit dem Anspruch einer gesamtdeutschen Verbindlichkeit plakatiert, und das ist es, was wir mit aller Entschiedenheit ablehnen.

Ich will mich nicht pharisäerhaft zu einem Gerichtsherren über die parteipolitische Situation der Ostzone aufwerfen. Ich spüre nur dies deutlich genug: von Demokratie und deutscher Entscheidung wird so lange nicht die Rede sein können, als interne Parteibesprechungen in der Anwesenheit fremder Offiziere, gleichviel welcher Besatzungsmacht, stattfinden. Dieser Zustand macht eine sachliche Bewertung von Meinungsäußerungen überhaupt unmöglich. Wir können gar nicht übersehen, wenn wir Äußerungen und Entscheidungen der Parteifreunde aus dem Osten erhalten, ob diese ihrer inneren Auffassung entsprechen oder den Wünschen der Besatzungsmacht. Das schafft bei allem selbstverständlichen Willen, den einheitlichen Rhythmus der Gesinnungen zu erhalten, fortgesetzt unmögliche, ja unerträgliche Situationen. Versicherungen, daß man das besondere Vertrauen der Besatzungsmacht habe, können hier nicht wirken, und auch der Hinweis, den Herr Lieutenant wiederholt machte, was alles durch eine offene Aussprache erreicht oder verhindert worden sei, schlägt bei dieser Gesamtsituation wenig zu Buche.

Anregungen aus der britischen wie aus der französischen Zone wie auch unser eigenes Bedürfnis haben die Frage entstehen lassen, ob wir jetzt nach der neuen Situation den Coordinations-Ausschuß einberufen. Es sind verschiedene Termine in Vorschlag gebracht worden, auch verschiedene Orte. Wir selber hier wünschten Anfang Januar Stuttgart, da wir am 5. und 6. unsere seit Jahrzehnten traditionelle Tagung haben.[17] Ich kann im Augenblick noch nicht übersehen, wie die telefonischen und telegrafischen Verhandlungen, die Ernst Mayer zu führen begonnen hat, praktisch verlaufen werden. Es ist dabei natürlich auch eine Vertretung der Ostzone sehr erwünscht. Aber ich stehe nicht an, Ihnen mit allem Freimut zu sagen, daß mir von verschiedenen Seiten gesagt wurde, daß man sich mit Ihnen nicht mehr an einen Tisch setzen werde und sofort den Ausschuß verlasse, da eine Erbitterung, wenn nicht Verbitterung über Ihr Mißachten der Grundanlage der frankfurter Beschlüsse entstanden ist.[18] Ich selber gehe natürlich nicht so weit, da unsere alten Beziehungen mir es immer möglich machen werden, mit Ihnen ein offenes, sachliches Gespräch zu führen,[19] und da ich selber nur geringes Talent zum Ressentiment besitze. Aber wenn die Sitzung in Stuttgart stattfinden sollte,

---

[17] Seit 1866, kurz nach Gründung der württembergischen Demokratischen Volkspartei, treffen sich die Liberalen jährlich zum Dreikönigstag am 6. Januar.

[18] Zur kritischen Haltung vor allem der hessischen LDP vgl. Anm. 13, Anm. 20.

[19] Heuss kannte Külz als langjährigen Angehörigen der DDP-Fraktion im Reichstag und hatte auch nach 1933 Kontakt zum oppositionellen Kreis um Külz; vgl. J. C. HESS, Nazis, S. 161f.

müßte ich selber wünschen, daß Sie nicht teilnehmen. Denn es würde nach der eindeutigen Haltung, die wir zu dem Volkskongreß eingenommen haben, unmöglich erscheinen, daß wir zu irgendeiner verwaschenen Entschließung kommen, und einen schroffen Bruch mit Ihnen möchte ich von hier aus vermeiden. Wollen Sie bitte nicht die Meinung haben, daß das Schicksal von Ostdeutschland und die ideelle Zusammengehörigkeit mit der liberaldemokratischen Partei in der Ostzone für unser Bewußtsein irgendwie blasser geworden wäre. Ich muß es mir versagen, in diesen Zeilen, die jetzt schon lang genug geworden sind, den Versuch zu machen, die augenblickliche weltpolitische Lage zu beurteilen; sachlich ist dazu kein Deutscher recht im Stande, und ich bin in diesen Dingen zur Zeit auch nichts anderes als ein x-beliebiger Zeitungsleser. Ich denke nicht daran, den Osten abzuschreiben, aber fürchte, daß die kommende Politik der Volkskongresse ein Scheidungsgefühl akzentuieren wird, daß für die deutsche Gesamtlage nur unerwünscht sein kann.[20]

Die Vorgänge in der CDU sind mir nach der sachlichen und personellen Seite im Einzelnen undurchsichtig.[21] Ich übersehe die Rolle nicht, die Nuschke dort jetzt spielt; die anderen Namen, die ich in der Zeitung las, sind mir eben nichts anderes als Namen, aber ich habe die Empfindung, daß Jakob Kaiser, den ich in meinem Leben noch nie gesehen habe, in der Niederlage eine deutsche Figur geworden ist, während Sie, so hart es ist, das auszusprechen, eine gewesen sind. Das schmerzt mich sehr, aber die Dinge müssen auch hart gesagt werden können.

Empfehlen Sie mich der Gattin und seien Sie gegrüßt
Ihr

Theodor Heuss

---

[20] Im Laufe des Jahres 1947 hatten sich die Vorstellungen zur deutschen Frage zwischen ost- und westdeutschen Liberalen immer weiter auseinanderentwickelt. Während die ostzonale LDP – und dort vor allem Külz – der nationalen Einheit und außenpolitischen Neutralität größte Priorität zusprach und innen- bzw. sozialpolitische Probleme zurückstellte, plädierten die Liberalen in den Westzonen – unter diesen mit Nachdruck die hessische LDP mit Euler an der Spitze – zunehmend für eine auf marktwirtschaftlicher Grundlage vollzogene Westintegration, da nur auf diese Weise eine freiheitliche und demokratische Staats- und Gesellschaftsordnung garantiert schien. Die Konsequenz dieser Haltung lief letzlich auf eine Weststaatsbildung und Teilung Deutschlands hinaus. Heuss hingegen befürwortete bis in das Jahr 1948 hinein das Zusammenspiel von Demokratie, Freiheit und nationaler Einheit und blieb in der Frage der Weststaatsgründung zunächst zurückhaltend; vgl. D. HEIN, Milieupartei, S. 294–303; J. C. HESS, Mächtespiels, S. 106–135.

[21] Der CDU-Vorstand in der SBZ unter Führung Kaisers hatte eine Teilnahme am „Volkskongreß" abgelehnt. Auf Druck der Sowjetischen Militäradministration wurden daraufhin Kaiser und der 2. Vorsitzende Lemmer von den ostzonalen Landesverbänden faktisch abgesetzt, und Otto Nuschke übernahm die Leitung der Partei; vgl. M. RICHTER, Ost-CDU, S. 32–38.

Nr. 112
An Franz Blücher, [Essen-Bredeney]
25. Dezember 1947; Stuttgart-Degerloch, Löwenstraße 86
AdL, N 14, 40: hs. Schreiben, behändigte Ausfertigung; Kopfbogen: „Theodor Heuss“[1]
Arbeitsbelastung; Kritik an Wilhelm Külz und dessen Beteiligung an der „Volkskongreß“-Bewegung

Verehrter Herr Blücher,

freundlichen Dank für Ihr liebenswürdiges Gedenken u. die guten Wünsche.[2] Die können wir ja alle brauchen. Das persönlich Schlimme der Lage ist gegenwärtig ja wesentlich dies, daß so viel und so vielerlei an den paar Menschen zerrt, was soll man alles bewältigen an öffentlichen und an privaten Anforderungen. Und daneben gibt es noch einen Beruf u. manchmal auch das Bedürfnis, etwas Gescheites zu lesen oder gar selber, mit dem Glauben, es sei nicht dumm, zu schreiben. Und man will mich selber seit Jahr u. Tag zum Hochschulprofessor machen[3] – ich kann es ganz gut mit den jungen Leuten, habe aber Sorge wegen der festen Termine. Und so fort …

An Külz schrieb ich neulich ein größeres Promemoria[4] – ich halte seine persönliche und sachliche Position für völlig verunglückt u. die Volkskongreß-Politik [für] nichts anderes als eine pathetische Umdrapierung der östlichen „Block“- u. „Einheits-Ausschuß“-Geschichten. Kaiser hat eine weit bessere Figur gemacht. So erscheint mir wenigstens diese Sache. Ich denke, Ernst Mayers Bemühungen um den Aussprache-Termin werden in diesen Tagen Erfolg haben, u. wir werden dann bald zu einer mündlichen Behandlung der Dinge Gelegenheit haben.[5]

Mit guten Wünschen zum neuen Jahr
Ihr Theodor Heuss

1 Datumsvermerk vom Empfänger vom 30. 12. 1947; unterstrichen im Kopfbogen: „Heuss“.
2 Blücher an Heuss, 22. 12. 1947, in: AdL, N 14, 40.
3 Zur Ablehnung einer Professur an der TH München vgl. Nr. 79; zum Angebot einer Professur an der TH Stuttgart vgl. Nr. 115.
4 Vgl. Nr. 111.
5 Vgl. auch die Schreiben von Heuss an die parteiinternen Kritiker von Külz aus dem Berliner Landesverband: Reif, 25. 12. 1947 (AdL, N 19, 192), Schwennicke, 25. 12. 1947 (ebd., N 54, 85).

Nr. 113
An Dr. Toni Stolper, [New York]
30. Dezember 1947; Stuttgart-Degerloch, Löwenstraße 86
BArch, N 1221, 489: hs. Schreiben, behändigte Ausfertigung[1]
Tod und Würdigung Gustav Stolpers

Liebe Toni,

vorgestern Abend, nacheinander, riefen einige Freunde an, die den schweizer Sender hören, um mir die furchtbare Nachricht vom Tode Gustls mitzuteilen.[2] Wir klammerten uns an die Hoffnung eines Hör-Irrtums. Gestern früh brachte dann auch der stuttgarter Sender die Botschaft. Wir setzten uns gleich mit Ludwig in Verbindung, der Meilen anrief und dort die Bestätigung erhielt. Bald darauf kam auch Ernst[3] aus Wiesbaden angefahren; er konnte uns sagen, was er durch die Gespräche mit Dir wußte.

Seitdem sind alle unsere Gedanken und Empfindungen bei Dir, den Kindern und dem toten Freund. Es will zunächst schier unmöglich erscheinen, Euer beider Lebensgemeinschaft als nicht mehr gegeben zu sehen: so wie Gustl ohne Dich nicht die Entfaltung genommen hätte, wie er sie nahm (und er wußte das), so war ja auch seine motorische Natur und sein Schaffenswille für Dich, schier bis zur Selbstverleugnung, zum Inhalt geworden, und es wird Mühe machen, sich auszudenken, wie sich jetzt Deine Tage einrichten und Deine Pläne ihr Ziel finden. In den Kindern wird das Beste seines Wesens Dir lebendig und gegenwärtig bleiben. Das ist ein Trost.

Wir alle sind mit diesem jähen Sterben ärmer geworden. Es sind jetzt bald dreißig Jahre her, daß ich Euch zum ersten Male begegnet bin, und ich rechne diese Begegnung zum schönsten Gewinn des reifen Lebens.[4] Das war so schön, daß sich die Seelen gleich fanden, unser Verhältnis war keinen Augenblick konventionell, man verstand sich auch im Unausgesprochenen, achtete des anderen Art, belehrte sich, ließ sich belehren, und aus dem spontanen Vertrauensverhältnis mußte eine Freundschaft erstehen, die deshalb so beglückend wurde, weil sie nicht bloß von Mann zu Mann ging, sondern bald genug familienmäßig zusammenwuchs. So nahe war nur mein Verhältnis zu Friedrich Mück gewesen, der Euch ja auch so sehr geliebt hatte.

Dieser menschliche Verlust bedrückt uns jetzt so sehr. Denn auch die bösen Jahre, die uns räumlich u. im Austausch so lange auseinandergerissen hatten,

---

1 Weiterer Nachweis: BArch, N 1221, 489: ms. Schreiben, Abschrift.
2 Vgl. zu den Umständen des plötzlichen Todes von Gustav Stolper am 27. 12. 1947 T. Stolper, Leben, S. 472f.
3 Ernst Stolper.
4 Vgl. Nr. 101, Anm. 9.

konnten den inneren Zusammenhang gar nicht berühren.[5] Als wir Gustl im Februar für die knappen Stunden bei uns hatten, war es doch eben so, als ob er von einer Reise zurückgekehrt sei, und unser Zusammensein im Engadin, an der Weltlage gemessen höchst ungewöhnlich und außerordentlich, wurde für mein Gefühl und auch für das Eure vom ersten Wiedersehen an etwas wie der normalste Vorgang.[6] Diese Erfahrung der Seele besitzt eine den Schmerz lindernde Kraft. Der tote Freund wird uns, wenn das Gedächtnis ruft, und es wird ihn in Dank und Liebe oft rufen, mit dem Elementaren seines Wesens, seiner Güte, seiner Schwungkraft, seinem Humor und seinem Trotz in den unabdingbaren Werten der menschlichen Haltung immer gegenwärtig sein. Das ist ein Besitz, den uns auch die Trennung nicht rauben wird.

Und doch bleibt er uns unersetzlich, und das spüren wir in aller Herbheit, weil nun sein Rat, sein Urteil, seine Einsicht in die Geschehnisse der Welt uns fehlen wird. Sein überschauendes Sachwissen, seine kritische Gescheitheit, die doch immer von einer produktiven Phantasie genährt war, die sind nun in dem Sinne für uns dahin, daß wir nicht mehr fragen können: was hältst du von dem? Und wie siehst du diese Sache? Im Ethischen werden wir es immer spüren. Aber er konnte helfen, die verwickelten Dinge klar zu machen, mit Geduld (bei mir wenigstens) wirtschaftliche Zusammenhänge zu verdeutlichen, und das war das Schöne seines eingeborenen Wesens, daß er, der doch auch das Böse und das Dumme am Werk gesehen hat, in solche Belehrung ein Element seines starken Optimismus legen konnte. Er hat die Problematik des Daseins nicht verharmlost, aber er hat sie zur Fruchtbarkeit zu wenden verstanden. Das war die moralische Kraft seiner Natur.

Daß Gustl in diesem Augenblick sterben mußte, ist voll Tragik. Vielleicht würde er abwinken, vielleicht mich auch mit scharfem Blick anblitzen, wenn ich sage, daß er eben in einem gewissen Geschichtsauftrag stand. Vielleicht [ist] er daran erloschen, daß er ihn, in seiner Termingebundenheit, so ernst nahm (wie er ja auch genommen werden mußte), daß er arbeitsmäßig sich daran verzehrte. Als wir da oben im Engadin beisammen waren, strotzte er ja von Produktivität, und die große Schau der europäischen, der deutschen Dinge bedrängte ihn.[7] Und nun: wie war das Bild noch beweiskräftiger zu machen, was gab es in der Argumentation noch an Für und Wider, wo noch neues Material – fast fürchte ich, daß die Pflichtbesessenheit, mit dieser Leistung in den moralischen und politischen

---

5 Gustav Stolper emigrierte 1933 mit seiner Familie in die USA; vgl. T. STOLPER, Leben, S. 320–30. Während der Emigration pflegte das Ehepaar Stolper – so lange es noch möglich war – einen intensiven Briefwechsel mit dem Ehepaar Heuss; beide Familien trafen sich zudem 1936 in Südtirol; vgl. Nr. 6, Anm. 5.

6 Vgl. zu diesen beiden Treffen in Stuttgart und in der Schweiz Nr. 90, Anm. 4, Nr. 99, Nr. 101.

7 In Sils Maria im Engadin verfasste Stolper wesentliche Teile seines Buches „German Realities“; vgl. Nr. 99, Anm. 4.

Geschichtsprozeß einzugreifen, ihn noch gebunden hat, als er der gelassenen Erholung längst bedürftig geworden. Aber wer kann seine Natur ändern? Und die innere Spannung galt doch schon den Auseinandersetzungen, die dem Anruf folgen mußten! So wie er wird sie niemand führen können.

Das ist für die Vollendung dieser seiner Aufgabe menschlich so bedrückend; das ist aber auch für die Klärung der deutschen Dinge im Weltenmachtkampf ein Verlust, der durch niemanden ausgeglichen werden kann. Halte es bitte nicht für ein Ausweichen in sentimentales Pathos: dieser Tod, von drängender Überarbeitung ausgelöst, hat etwas von einer Opferung für Deutschland, das danklos die frühen u. leistungsstarken Mühen Gustls entgegengenommen hatte und nun von seiner Lebenshaltung beschämt ist.

Es hat sich so ergeben, liebe Toni, daß dieser Brief der Mittrauer ein wenig eine Auseinandersetzung mit der geistigen Erscheinung von Gustl wurde, wie ich sie sehe. Du läßt sie Dir gefallen. Unsere liebenden und trauernden Gedanken sind bei Dir und den Kindern, die innere Verbundenheit mit dem Hingeschiedenen wird durch den Tod nicht berührt.[8]

In herzlicher Treue
Dein Theodor Heuss

Nr. 114
An Dr. Margret Boveri [Berlin-Dahlem]
9. Januar 1948; Stuttgart-Degerloch, Löwenstraße 86

SBB PK, Nachlass Boveri, 782: hs. Schreiben, behändigte Ausfertigung; Kopfbogen: „Theodor Heuss"

Gesundheitszustand von Elly Heuss-Knapp; Arbeitsbelastung; Einschätzung der politischen Entwicklung in Deutschland; Buchpublikationen; Tod Gustav Stolpers; Bildungsdefizit

Liebe Freundin,

dies ist die Situation: abschließende Etatdebatte im Landtag, der Berichterstatter schnurrt abgelesene Millionenziffern herunter,[1] ich sitze brav auf der vorderen

---

[8] Vgl. zum Tod Gustav Stolpers auch das folgende Schreiben von Heuss an Toni Stolper, 11. 1. 1948, in: BArch, N 1221, 489.

[1] In der Etatdebatte im Landtag am 9. 1. 1948 sprachen Josef Harter und Joseph Ersing als Berichterstatter; vgl. VERHANDLUNGEN DES WÜRTTEMBERG-BADISCHEN LANDTAGS, Protokollbd. 3, 58. Sitzung, 9. 1. 1948, S. 1429–1442.

Bank u. mache acte de présence.[2] Ein Stoß Briefe hat mich in die Sitzung begleitet, aber auch – Elly, die heute ihren ersten Schritt ins „große Leben" wagt, wagen kann, weil wir jetzt ein Auto haben![3] Die Krankheit sah eine Zeit lang sehr böse aus, 15 Wochen Gelbsucht = bettlägerig, 5 Wochen Krankenhaus, Unsicherheit, ob die Lebergeschichten perniciösen Charakter annehmen. Nun ist die Hauptsache: Geduld. Herzattacken[4] stellen sich immer noch ein, auch Übelkeit, aber das gehöre zum Bild auch der Genesung.

Eigentlich sollten Sie zu Weihnachten das mitfolgende Büchlein erhalten.[5] Aber wie viel blieb in diesen Wochen liegen. Tag um Tag Wahlreden (übrigens mit Erfolg)[6] u. dann Etatdebatten, bei denen ich auch ein paarmal tönen mußte.[7] Dabei hatte sich entsetzlich viel Zeug gestaut, u. wegen der Külzerei mußte es Konferenz und Ärgerlichkeiten geben.[8]

Ich soll Mitte des Monats nach Berlin, irgend ein neuer Club zur Lösung der deutschen Dinge, aber ich komme nicht, denn es sind doch nur Filialen des Jahrmarktes der Eitelkeit;[9] wir beginnen zu gleicher Zeit die Ordnung des Verhältnisses Württemberg-Baden[10] – eine an sich, weltgeschichtlich gesehen, Bagatelle, aber die Leute hier interessieren sich dafür, zumal wenn sie Beamte sind, schier mehr als für die großen Dinge. Natürlich würde es mir wichtig genug sein, mir von Ihnen das u. das erzählen zu lassen. Ich sehe die d[eut]sche Entwicklung ziemlich skeptisch, weil die Verkonstruierung, die bisher in Frankfurt existierte, dort die Apparatur unwirksam machte.[11] Daß London <verpatzen> würde,[12] war mir klar wie dies, daß der ekelhafte Schwebezustand sich noch lange hinziehen u. von einem weiteren deutschen Verfall begleitet sein wird. Aber das Politisieren führt ja nicht weit in der Erkenntnis.

Schade, daß Sie gesundheitlich zu klagen haben;[13] hoffentlich kriegen Sie die Geschichten bald hinter sich. Meine schöne Aktivität ist noch gut im Gang – zwischendurch schrieb ich ein Buch über 1848, von dem ich jetzt die Korrekturen

---

[2] Französisch für „kurz sehen lassen".
[3] Vgl. Nr. 82.
[4] In der Vorlage: „Herzattaken".
[5] Vermutlich TH. HEUSS, Schattenbeschwörungen.
[6] Zu den württemberg-badischen Gemeindewahlen vom 7. 12. 1947 vgl. Nr. 111, Anm. 4.
[7] Vgl. Nr. 105, Anm. 4, Nr. 106, Anm. 5.
[8] Vgl. zur Auseinandersetzung mit Wilhelm Külz Nr. 111.
[9] Einladung und Absage ließen sich nicht ermitteln.
[10] Die erste Beratung des Entwurfs eines Gesetzes Nr. 186 über die Neuordnung der Verwaltung der Landesbezirke Württemberg und Baden begann am 30. 1. 1948; vgl. VERHANDLUNGEN DES WÜRTTEMBERG-BADISCHEN LANDTAGS, Protokollbd. 3, 61. Sitzung, 30. 1. 1948, S. 1489-1521.
[11] Vgl. zu den Konstruktionsmängeln und den Organisationsreformen in der Bizone Nr. 60, Anm. 12, Nr. 90, Anm. 7.
[12] Zur Konferenz der alliierten Außenminister in London vom 25. 11. bis 15. 12. 1947 vgl. Nr. 108, Anm. 2.
[13] Ein entsprechendes Schreiben von Boveri an Heuss ließ sich nicht ermitteln.

lese.[14] Auch von Dohrn sind jetzt die ersten Fahnen da; wir werden also bei der Neuauflage – wann kommt sie? – gemeinsam auftreten.[15]

Stolpers Tod hat uns sehr schwer getroffen – Gehirnschlag am 24. 12., Tod am 27. Sein Buch German Realities ist z. Zt. drüben im Druck.[16] Welter bat mich für die Wi[rtschafts] Z[ei]t[un]g um einen Aufsatz, der aber kein „Nachruf" sein dürfe – er kommt wohl auch in Ihre Hand.[17]

Von Lörrach kommen gute Nachrichten. Die Hanne[18] scheint sich nun erholt zu haben, das Kind gedeiht, ist aber noch nicht besichtigt.

Elly hat das von Ihnen übersetzte Büchlein schon mit Spaß gelesen, ans andere wird sie bald gehen[19] – wann *ich*? Ich weiß nicht, wie lange es her ist, seitdem ich[20] die letzte „Belletristik" las. Ich glaube Frühjahr 44 Hesses Glasperlenspiel,[21] aber das kann man nicht einmal in diese Kategorie pressen. Mein Bildungsdefizit wächst, aber einstweilen habe ich von früher noch eine gewisse Substanz zu verzehren. Den Curé des Bernanos kenne ich nicht,[22] noch nicht, aber Elly wirbt seit Jahren dafür.

Mit vielen herzlichen Grüßen u. guten Wünschen zum neuen Jahr
Ihr Theodor Heuss

---

[14] Th. Heuss, 1848, vgl. auch Nr. 135.

[15] Für die erweiterte Zweitauflage der Dohrn-Biographie stellte Boveri einen Beitrag von 1943 über „Das Haus am Rione Amadeo", dem Wohnhaus Dohrn in der Zoologischen Station von Neapel, zur Verfügung; Th. Heuss, Anton Dohrn [²1948], S. 400–406.

[16] Vgl. zu diesem Buch Nr. 99, Anm. 4.

[17] Theodor Heuss: Eine Begegnung, in: Wirtschafts Zeitung, Nr. 2, 9. 1. 1948.

[18] Schwiegertochter Hanne Heuss, Mutter der Enkeltochter Barbara.

[19] Vermutlich Jean Webster: Daddy Langbein. Roman, deutsch von Margret Boveri, Berlin 1948; das andere Buch ließ sich nicht ermitteln.

[20] Es folgt gestrichen vermutlich: „keine".

[21] Hermann Hesse: Das Glasperlenspiel. Versuch einer Lebensbeschreibung des Magister Ludi Josef Knecht samt Knechts hinterlassenen Schriften, Zürich 1943; Heuss hatte das Werk besprochen in: RNZ, Nr. 109, 19. 10. 1946.

[22] Georges Bernanos: Journal d'un curé de campagne, Paris 1936; deutsch: Ders.: Tagebuch eines Landpfarrers. Ein Roman, Wien 1936.

Nr. 115
An Dr. Ernst Ludwig Heuss, [Lörrach]
14. Januar 1948; Stuttgart-Degerloch, Löwenstraße 86
FA Heuss, Basel: hs. Schreiben, behändigte Ausfertigung
Honorarprofessur an der Technischen Hochschule Stuttgart

Lieber Ludwig,

[…][1]
Vorgestern hat das Kabinett meine Professur an der T.H. „bestätigt".[2] Eine „ordentliche Professur" habe ich abgelehnt, damit niemand rede, ich hätte versorgt werden wollen. Die sog. „Honorarprofessur" gibt mir auch zeitlich freiere Hand. Der Rh[ein-]N[eckar-]Z[ei]t[un]g habe ich verboten, den Titel in das Impressum aufzunehmen – das, um Agricola zu erziehen, der sich ein bischen zu sehr als Professor fühlt.[3]

Seid alle herzlich gegrüßt
Dein Vater Theodor Heuss

Nr. 116
An Professor Dr. Max Hildebert Boehm, [Ratzeburg, Landkreis Lauenburg]
19. Januar 1948; Stuttgart-Degerloch, Löwenstraße 86
BArch, N 1077, 4: ms. Schreiben, behändigte Ausfertigung, ms. gez.[1]
Einschätzung der Ideen, Funktionen und Entwicklungen des deutschen Parteiwesens in Geschichte und Gegenwart

Lieber Professor Böhm,

Ihr Brief mit den Fragen und Sentenzen über das Parteienwesen in Deutschland wartet nun schon reichlich lange auf eine Beantwortung; ich mußte Sie, als er

---

1 Im ersten Teil des Briefes berichtet Heuss über ein Schreiben von Fritz Klein, einen anstehenden Besuch von August Weber in der Schweiz und den Gesundheitszustand seiner Frau.

2 Die Abteilung für Geisteswissenschaften und Bildungsfächer hatte am 19. 11. 1947 beim Kultusministerium den Antrag eingereicht, Heuss eine Honorarprofessur für Politische Wissenschaften zu übertragen. Das Kabinett gab diesem Antrag seine Zustimmung; UAS, Personalakte Theodor Heuss; 1. Sitzung des Ministerrates, 12. 1. 1948, in: HStAS, EA 1/920, 141.

3 Agricola wurde 1947 als Professor für Politische Ökonomie an die Universität Halle berufen.

1 Vermutlich war Heuss nach Diktat verreist und konnte den Brief nicht mehr selber zeichnen; Druck: Deutsche Studien 7 (1969), H. 25, S. 6–12; weitere Nachweise: BArch, N 1077, 4: ms. Schreiben, Durchschlag; BArch, N 1221, 74: ms. Schreiben, Durchschlag.

eintraf, um Geduld bitten, weil nun eben Parteiengeschäfte die Zeit wegfraßen.[2] Und jetzt habe ich Ihren Schrieb noch einmal durchgelesen; er rührt ja in seinen letzten Gründen an die Überlegung: ist denn das, was Du treibst, mit Reden und Reisen und Organisationssitzungen und Parolen und Interviews eigentlich sinnvoll, bist Du denn nicht einfach der Gefangene historischer Fiktionen oder persönlicher Gewöhnungen, die auf ihr Gewicht zu prüfen gerade in Deutschland sehr notwendig wäre? Sie erwarten von mir keine frisch-fröhliche Apologie des Parteienwesens, aber ein Urteil über dessen Leistungsfähigkeit oder -unkraft im letzten deutschen Vierteljahrhundert, eine Meinung, ob denn die Bindung von Staatsführung an den „Volkswillen" – setzten wir einmal voraus, daß es so etwas gibt – nur denkbar und fruchtbar sei im Rahmen der „formalen Demokratie".

Damit sind wir gleich bei dem Stichwort angekommen, das bei den Erörterungen vor bald drei Jahrzehnten fast etwas wie Mode geworden war. Vermutlich hat es den Begriff (wie ja auch die Sache) schon vorher gegeben, aber er war kein Courant-Geld[3] der politischen Polemik. Seltsam genug, wie rasch er dies wurde. Ich entsinne mich noch recht gut jener Versammlung, da wir uns begegneten und aufeinanderstießen; ich glaube, Eduard Stadtler, der sie einleitete, hatte mich als Gast gebeten, und ich gebe zu, daß ich die Männer, die da eine „Vereinigung für parteifreie Politik" starten wollten, etwas schnöde ironisierte: es käme mir so vor, als ob ein Stammtisch für alkoholfreien Wein oder ein Raucherclub für nikotinfreie Zigarren gegründet werden sollte. Damit wirkte ich vermutlich wie ein Höriger der Parteidoktrin und mußte in diesem Kreis, obwohl ich noch gar nicht so alt war, als eine Leihgabe aus dem Museum der politischen Paläontologie gelten.[4]

Nun ist es so, daß ich, glaube ich, auch damals schon wußte, daß es eine „parteifreie Politik" gab und gibt.[5] Ich denke dabei nicht an den Menschentyp, der in seiner „Parteilosigkeit" sich selber einen auszeichnenden Charakter bestätigt und durch Wissen, Urteilskraft sachlich den Anspruch erhebt und erheben darf, politisch gehört zu werden. (Typus: Carl Jentsch, vielleicht auch Constantin Frantz.)

---

[2] Boehm an Heuss, 18. 8. 1947, in: BArch, N 1221, 74; Heuss an Boehm, 17. 9. 1947, in: BArch, N 1077, 4.

[3] Umlaufende Währung.

[4] Vgl. zu dieser Episode am 14. 12. 1920 auch TH. HEUSS, Erinnerungen, S. 253f. Über Boehm heißt es dort: „Max Hildebert Boehm, mit dem ich später in ein ordentliches Verhältnis kam […], hat den Anwesenden und mir mitgeteilt, daß ich *der* Typ sei, der ‚überwunden' werden müsse. Ich habe dieses Verdikt überstanden."

[5] In seinem Schreiben an Heuss zweifelte Boehm an der Leistungsfähigkeit von Parteien, da das Parteiwesen eine „demokratische Uniformierung" eingeleitet und den Einfluss großer Persönlichkeiten wie Max Weber in der Politik verhindert habe. So hätten die Parteien auch nicht den Untergang der ersten deutschen Demokratie verhindern können. Boehm plädierte deshalb für eine „parteifreie Politik" in Deutschland als Ausdruck von Demokratie; Boehm an Heuss, 18. 8. 1947, in: BArch, N 1221, 74.

Nein, es gibt Sachgebiete der Politik, die meinethalben irgendeinen fundierten großen Glaubens- und Anschauungshintergrund haben, aber ihrem Charakter nach nicht in die Kategorie des Parteipolitischen gehören. Dazu rechne ich die eminente Bedeutung der rechtlich geregelten öffentlichen Verwaltung, die dabei im Gegensatz zur Politik schlechthin zu sehen mir nie in den Kram paßte, rechne dazu auch die Grundelemente staatlicher Außenpolitik. Nun aber dies: für solche Erkenntnis einen Verein zu gründen, schien mir nicht recht logisch, wollte man nicht erkennen und anerkennen, daß solcher Zusammenschluß in sich selber die Tendenz trage, programmatisch, propagandistisch, also „Partei“ zu werden. Mit der unausgesprochenen Meinung aller Beteiligten, daß eine „parteifreie“ Politik eben ihrer Natur nach die Bessere sei. Aber nun genug von dieser Reminiszenz.

Wer heute in die parteimäßig getönte Tagespolitik hineingeht, der muß damit rechnen, das werden Sie selber schon gespürt haben, lieber Böhm, daß dem Wort und der Tatsache sehr viel sorgende Zurückhaltung begegnet. Das ist eine Erbschaft des Nationalsozialismus. Das „Pg.“-Gewesen-Sein hat Hunderttausende, darunter zahllose uninteressante Opfer der Massensuggestion, persönlich und familiär so unglücklich gemacht, daß sie nur mehr Privatleute bleiben wollen.[6] Aber das ist es nicht allein. Die verzerrende Geschichtsdarstellung des Nationalsozialismus über das frühere „Parteiengezänk“, über den „Kuhhandel der Parteien“ u. s. f. sitzt noch so fest in allen Köpfen – und die der jungen Menschen haben gar nichts anderes gehört. Das macht das Gespräch oder doch seinen Beginn so schwierig. Die Vorstellung von dem „Ein-Parteien-System“ war so unendlich viel bequemer. Endlich schien die „Zwietracht“ der Deutschen überwunden, von der man als unserer volkhaften Spezialität so viel geredet hatte, daß man gar nicht mehr wußte, daß auch andere Völker ihre Bürgerkriege (und wie blutige!) geführt, ihre tiefen Gegensätze erlebt hatten und erleben. Die Legende übermächtigte die Realitäten. Dabei war etwas seltsames geschehen. Das höchst nüchterne Wort „Partei“ usurpierte ein heroisches Pathos in dem Augenblick, da es philologisch und sachlich sinnentleert war. Es kommt ja von pars, Teil, setzt nun eben weitere Teile voraus, die in Gegnerschaft und Partnerschaft, doch nicht in Feindschaft, ein Ganzes bilden. Indem sich der Teil mit dem Ganzen gleichsetzte – nicht bloß ideologisch, denn diese Tendenz steckt in allen Parteien, die nicht sozialökonomisch oder landschaftlich oder konfessionell gebunden sind, sondern realistisch –, hob sie den Sinn des Parteiwesens auf, ein Kräftemessen der politischen Grundanschauungen eines Volkes darzustellen.

Das brauche ich Ihnen aber eigentlich gar nicht zu erzählen. Das wissen Sie selber. Aber Sie erwarten ja keinen systematischen Essai von mir, sondern lassen es sich gefallen, daß diese oder jene Überlegung auftaucht, wenn man an das

[6] Vgl. zur Entnazifizierung ehemaliger Parteimitglieder der NSDAP Nr. 20a, Anm. 3, Nr. 25, Anm. 10.

gegenwärtige Parteienschicksal denkt. Das gegenwärtige? Ach, das ist so fragwürdig wie fragmentarisch – handelt es sich doch um „licenzierte“, um zugelassene, fast möchte man sagen nun in ihrem Beginn angeordnete Parteien.[7] Wäre es nicht so tragisch, so könnte man die Situation für geschichtlich skurril halten. Aber nun, und darüber müssen wir uns vielleicht verständigen, diese gegenwärtigen Parteien sind Erben einer Vergangenheit, ob sie voll Stolz sagen: ja, das sind wir, bald achtzig Jahre alt, ob sie mit Nachdruck versichern: etwas ganz Neues hat begonnen, der Geschichtseinschnitt fordert neue Maße und neue Menschen und so fort. Sie kennen ja die Sprüche, die da, so oder so, bei allen Gruppen im Umlauf sind.

Aus unserer gemeinsamen Lehrtätigkeit an der Deutschen Hochschule für Politik[8] wissen Sie nun meine Neigung, die Dinge weniger begrifflich als geschichtlich zu sehen. Parteiprogramme haben, auch als ich noch jung war, geringen Eindruck auf mich gemacht. Ich weiß, daß sie notwendig sind, und habe später brav an derlei mitgearbeitet. Aber der Weg von Menschen ist schier wichtiger, ihr Verhalten in Entscheidungsstunden folgenreicher. Unser Parteiwesen ist heute noch – mit vielerlei Umfärbungen – im Wesenhaften von der Situation der sechziger Jahre des alten Jahrhunderts bestimmt. In dem Kampf um die preußische Heeresreform, in dem ihm folgenden Verfassungskonflikt und durch den Sieg bei Königgrätz wurde das deutsche Parteienschicksal modelliert. Das ist gewiß überspitzt, und ich will gar nicht in eine sachliche Besprechung eintreten, was der Sieg des modernen Militärdenkers Roon über die Boyen-Legende kriegspolitisch bedeutet hat. Aber damals wurde um große Angelegenheiten mit großen Leidenschaften gestritten – vielleicht zum letzten Mal in der innerdeutschen Parlamentsgeschichte. Das Parteienschicksal aber war besiegelt, als Bismarck nach dem Kriegserfolg beim preußischen Abgeordnetenhaus die – Indemnitätsvorlage einbrachte: er wolle nicht unbedingt behaupten, daß sein Verfahren richtig gewesen, die Verfassung habe da eine Lücke, aber das Parlament möge nun über die Gelder des Militärbudgets dieser Jahre, die ohne Bewilligung verwendet wurden, entscheiden! In der Beantwortung zerbrachen die Konservativen und die Liberalen, und von dem Augenblick war der deutsche Parteientyp festgelegt: gouvernemental und oppositionell, aber eben im deutschen Stil, nämlich

---

7 Auf der Konferenz von Potsdam einigten sich alle Besatzungsmächte darauf, in ganz Deutschland demokratische Parteien zuzulassen und zu fördern. Im Laufe des Jahres 1945 ließen die Alliierten in ihren Zonen die Gründung von Parteien zu, in der SBZ gleich auf Zonenebene, in den Westzonen zunächst auf Kreisebene. Jede Partei musste durch die jeweiligen Militärregierungen lizenziert werden; vgl. W. BENZ, Potsdam, S. 137–141.

8 Heuss hielt an der Deutschen Hochschule für Politik Vorlesungen über die Geschichte des deutschen Parteiwesens; vgl. Nr. 52, Anm. 8. Boehm trat Anfang der dreißiger Jahre in das Kollegium der Hochschule ein und bekleidete den Lehrstuhl für „Deutschtumspolitik“; vgl. A. MISSIROLI, Deutsche Hochschule, S. 38, 40.

so, daß sie sich begnügten, den Vorhof der staatlichen Macht zu bevölkern.[9] Das katholische Zentrum und die (eisenacher) Sozialdemokratie,[10] beide auch Kinder dieses so geschichtsträchtigen Jahrzehnts, haben die Typik durch ihre Sonderspielart ergänzt, doch nicht im Elementaren umgebildet.

Was soll dieser geschichtliche Hinweis? Weiche ich Ihren Fragen aus? Ich hoffe, Sie verstehen, vorauf es mir ankommt. Die deutschen Parteien als den politischen Machtcharakter des Staates mitstrukturierende Kräfte haben sich im Zeitalter des monarchischen Konstitutionalismus nie mehr erholt. Als Naumann, 1908, sich von Wilhelm II. abwandte und das „parlamentarische System" forderte, um das Reich gegen Unbesonnenheiten seines Kaisers zu sichern,[11] predigte er ohne Echo – man könnte schreiben: „Heiterkeit links und in der Mitte, Protestrufe rechts." Die Begrenzung auf die Legislative, in der tüchtige Arbeit geleistet wurde, hatte das Machtstreben in eine biedere Pflichtarbeit gewandelt, ein Gewöhnungszustand. Im Krieg erweitert sich dann die „Macht" des Reichstags – ach, sehr ungewollt.[12] Aber da war an der Spitze ein Leerraum an

---

[9] Der preußische Kriegsminister Albrecht von Roon brachte 1860 eine Vorlage zur Reform des Heeres in das preußische Abgeordnetenhaus ein. Diese Reform sah eine Verdoppelung der Friedensstärke des Heeres durch Erhöhung der jährlichen Rekrutenaushebung und eine Verlängerung der Dienstzeit von zwei auf drei Jahre vor; zudem sollte die von den preußischen Heeresreformern – unter ihnen Hermann von Boyen – 1814 ins Leben gerufene Landwehr, die eine Verklammerung von Heer und Gesellschaft intendierte, in die Reserve abgedrängt werden. Die Opposition im Abgeordnetenhaus sah darin ein Stärkung des extrakonstitutionellen Charakters der Armee in der Hand des Königs und verweigerte die Zustimmung zu dem erforderlichen Budget. Der Konflikt entwickelte sich zur Verfassungskrise, weil die Regierung die Reform auch ohne Zustimmung des Parlaments umzusetzen begann und mehrfach Zuflucht zu Parlamentsauflösungen nahm. Aus den Neuwahlen ging die liberale Opposition jedoch gestärkt hervor und schloss sich 1861 zur Deutschen Fortschrittspartei zusammen. 1862 schieden die liberalen Minister aus der Regierung aus. Durch die Berufung Otto von Bismarcks zum Ministerpräsidenten folgte eine vierjährige Regierungszeit gegen die parlamentarische Mehrheit und ohne verfassungsmäßig bewilligtes Budget. Nach dem preußischen Sieg gegen die österreichischen Truppen bei Königgrätz 1866 (vgl. Nr. 87, Anm. 23) nahm das Abgeordnetenhaus mit großer Mehrheit schließlich die sogenannte Indemnitätsvorlage an, mit der die Regierung staatsrechtlich entlastet wurde für die Nichtbeachtung des parlamentarischen Budgetrechts. In Folge dieser Abstimmung spalteten sich die liberalen Befürworter der Vorlage von der Fortschrittspartei ab und gründeten 1867 die Nationalliberale Partei, die über zehn Jahre Bismarcks Politik unterstützte. Von den Konservativen trennte sich die Freikonservative Partei als Sprecherin eines aufgeklärt-moderaten Konservativismus, die vorbehaltlos Bismarck und seine nationale Politik unterstützte.

[10] Die Katholiken im Deutschen Reich formierten sich 1870/71 zum Zentrum, um als konfessionelle Minderheit im neuen Deutschen Kaiserreich ihre Interessen schlagkräftig zu vertreten. Die Sozialistische Arbeiterpartei wurde 1869 in Eisenach gegründet.

[11] Äußerer Anlass für Naumanns Abwendung vom Kaiser und Hinwendung zum angelsächsisch geprägten Parlamentarismus war das undiplomatische Interview Wilhelms II. 1908 in der englischen Tageszeitung „Daily Telegraph", das im Reichstag und in der Presse als Ausdruck des „persönlichen Regiments" des Kaisers heftig kritisiert wurde; vgl. P. THEINER, Liberalismus, S. 183–190.

[12] Hatte der Reichstag nach Kriegsausbruch zunächst an Einfluss verloren, gewann er während des Krieges wieder schubweise an Bedeutung. Periodisch musste er den Kriegskrediten zustimmen und

Macht entstanden, und so flossen die Kräfte nach dem physikalischen Gesetz in das Vakuum.

Das wurde dann doch die höchst eigentümliche Situation nach 1918, daß nach dem Einsturz der Monarchien die deutschen Parteien, mochten sie sich selber für revolutionär halten oder revolutionärer Tendenzen bezichtigt werden, neben der Beamtung der wohlerworbenen Rechte *die* konservativen Kräfte darstellten, die Träger einer sonst zerrissenen Geschichtskontinuität. Man mag sie deshalb schelten, und Sie erinnern sich gewiß, daß damals Moeller van den Bruck sehr viel von dem „konservativen Revolutionär" sprach.[13] Aber das war lediglich Literatur, gewiß artistisch von hohen Graden, gegenüber dem Schwergewicht der moles iners[14] unverbindlich.

Das sind nun Trivialitäten, die ich Ihnen nicht vortragen will, wie diese demokratische Republik in der außenpolitischen Machtlosigkeit und in der Mühsal der inneren Befehdung glanzlos wurde, mit einer Hypothek der Kriegsniederlage belastet. Aber eben dies, daß die Demokratie nicht erobert worden war, hat sie um eine Schulung in der Staatsführung betrogen. Ich will die Parteienpolitik der weimarer Zeit nicht in den Einzelzügen kritisch beurteilen, tadeln oder loben, sie hat Männer sehr unterschiedlichen Kalibers sichtbar gemacht, sie stand unter dem Zwang der Parteienkoalition, was gewiß Mühseligkeiten mit sich brachte, doch auch Gegensätze im Austrag linderte – wenn der „Parteienstaat", wie man ihn dann nannte, an Glaubwürdigkeit bei dem „Mann auf der Straße" zu verlieren begann, dann nicht bloß wegen des „Versagens" in dieser oder jener Sache. Die gesetzgeberische Arbeit, etwa im sozialpolitischen Sektor, war gut, die Machtlosigkeit von den Siegern des Krieges angeordnet. Mir schien immer als die wesenhafte Crux dies zu sein, daß das parlamentarische Mehrheitssystem, das ja nicht von der Ratio erdacht, sondern von der Geschichte – Kampf um das Haus

---

wurde zunehmend als Diskussionsforum und Integrationsinstrument wichtig. Ende 1916 wurde der Haushalts- in den sogenannten Hauptausschuss des Reichstages umgewandelt, der von der Reichsleitung in Kriegs- und außenpolitischen Angelegenheiten Rechenschaft verlangen konnte. Seit Sommer 1917 formierte sich im Reichstag eine Opposition, die für eine Friedensresolution eintrat. Angesichts der aussichtslosen militärischen Lage und der sich verschärfenden innenpolitischen Spannungen gelang durch die sogenannten Oktoberreformen eine Parlamentarisierung der Monarchie; Reichskanzler und Staatssekretäre bedurften nun des Vertrauens des Reichstages. Damit sollte der Reichstag aber auch die Verantwortung für die bevorstehende Niederlage und den Friedensschluss übernehmen. Die Revolution vermochten die Oktoberreformen aber auch nicht zu verhindern.

[13] Arthur Moeller van den Bruck gründete 1919 den Juniklub, dem auch Boehm angehörte und dessen völkische, antidemokratische und antiparlamentarische Stoßrichtung ein wichtiges Element im ideologischen Sammelbecken der Konservativen Revolution war. Der Begriff „Konservative Revolution" tauchte 1927 erstmals bei Hugo von Hofmannsthal auf; vgl. A. Mohler / K. Weissmann, Konservative Revolution, S. 94–96; S. Breuer, Anatomie.

[14] Lateinisch für „träge Masse".

Stuart![15] – geschaffen wurde und erst nachträglich seine Art von Ideologie erhielt, nicht bloß die Technik des Reiches wurde, sondern auch die von Lippe und Mecklenburg-Strelitz, die von Preußen, Bayern u. s. f. Das gab bei den gegensätzlichen Kombinationen jene Wirrungen, die ins Elementare der Parteigläubigkeit zurückwirkten.[16] Dazu die Verlockungen des allzu mechanischen Proporzes im Reich.[17] Dazu die Blockierung der demokratischen „Spielregeln" durch die Gruppen, die grundsätzlich antiparlamentarisch waren – jene „unechten Mehrheiten" von links und rechts, die in das System der Notverordnungen zwangen.[18]

Ihr Kreis, lieber Böhm, hat damals gemeint, die „formale" Demokratie möge ersetzt oder doch ergänzt werden durch etwas wie den berufsständischen Aufbau des Staates.[19] Zu dieser sozialphilosophischen Melodie hatten Vergangenheit und Gegenwart ihre Partituren geliefert, das Orchester war eine höchst gemischte Gesellschaft, und zum Dirigentenstuhl drängten sich recht gegensätzliche Naturen. Wer wollte, wer sollte den Stab führen? Walther Rathenau, der die „neue Gesellschaft" beschrieb, oder Othmar Spann, der den „wahren Staat" darstellte und mit professoralen Zensuren der Geschichte ihre Irrtümer nachwies, der Georg Bernhard und der Gottfried Feder traten an, die revolutionäre Macht-Technik des

15 Gemeint ist die Vertreibung des letzten männlichen englischen Königs des Hauses Stuart in der Glorious Revolution von 1688/89, mit der das Parlament den Machtkampf mit dem Stuart-Königtum für sich entschied; die Durchsetzung der Bill of Rights schuf dann die Grundlage für das parlamentarische Regierungssystem.

16 In allen Ländern wurde zu Beginn der Weimarer Republik das parlamentarische Regierungssystem eingeführt. Zwischen Reich und Ländern konnte dies Gegensätze im Hinblick auf die Mehrheitsverhältnisse in den Parlamenten und auf die Zusammensetzungen der Regierungen bedeuten; vgl. CH. GUSY, Weimarer Reichsverfassung, S. 228–231. Schon in der Weimarer Republik machte Heuss u. a. den Länderparlamentarismus als Folge der „Kleinstaaterei" für das schlechte Funktionieren des Parlamentarismus verantwortlich und verlangte eine Reichsreform; vgl. J. C. HESS, Theodor Heuss, S. 100–104.

17 Gemeint ist das Verhältniswahlrecht, das Heuss in Anlehnung an Naumann schon zu Beginn der Weimarer Republik kritisierte. Demokratie als „Herrschaftsübertragung auf Zeit" vertrage sich nicht mit der Widerspiegelung der Auffassungen aller in der Gesellschaft vertretenen Gruppen; das Verhältniswahlrecht führe zur Zersplitterung der Parteienlandschaft, zur „Entpersönlichung des Verhältnisses zwischen dem Wähler und dem Gewählten" und zum Eindringen berufständischer Interessen in das Parlament. Parlamentarisches System und Proporz schlossen sich nach Heuss' Auffassung aus; vgl. ebd., S. 105–107; CH. GUSY, Weimarer Reichsverfassung, S. 116–121.

18 Nach den Septemberwahlen 1930 und dem Erfolg der NSDAP war angesichts der Mehrheitsverhältnisse im Reichstag nur noch ein Minderheitenkabinett unter Reichskanzler Brüning möglich. Damit begann die Politik der Notverordnungen und der Übergang zum Präsidialsystem, das die Mehrheit im Reichstag tolerierte. Diesen Tolerierungskurs trug auch die SPD aus Gründen der Staatsräson und aus Rücksichtnahme auf den preußischen Koalitionspartner Zentrum mit. Seit den Reichstagswahlen vom 31. 7. 1932 verfügten NSDAP und KPD über eine negative Mehrheit im Reichstag; vgl. ebd., S. 406–414.

19 Vgl. zu Heuss' ablehnender Haltung gegenüber der berufsständischen Idee J. C. HESS, Theodor Heuss, S. 87f.

„Räte-Gedankens“, die, wie mir scheint, von Michael Bakunin stammt, verfestigte sich zu einem Sozialsystem, das manche mit dem Erbe der deutschen Romantik vermählten.[20] Gab es nicht auch, aus katholischer Schau, eine Art von Renaissance der Stände-Würdigung der Scholastik?[21] Und Rudolf Steiner faltete in seiner „Dreigliederung des sozialen Organismus“ die Staatsindividualität zu heterogenen Zweckgebilden auseinander.[22] Das war, mit wenigen bunten Steinchen, ein höchst eigentümliches Kaleidoskop, mit verwandten Aspekten. Die Betrachtungsweise wollte sich abheben von den Abstraktionen und Fiktionen der „formalen“ Demokratie und ihrer Behelfsform eines addierten Mehrheitswillens, sie gab sich realistisch, dinghaft und war doch eine Wanderung nach Utopien. Man polemisierte gegen den egalitären Rationalismus, aus dem die „atomisierende“ Demokratie des „Staatsbürgertums“ stamme, und lag doch im selben Spital krank, wenn auch auf einer anderen Station. Denn alle diese Versuche leben aus der Methodik, Sozialbestände rational, das heißt zugleich rechenhaft zu begreifen und zu fixieren. Sie pressen die Dynamik des Fließenden in die Statik eines Gewordenen, die in der Gefahr bleibt, morgen wieder gesprengt zu werden.

Man hielt damals diese Gedanken für modern und fruchtbar. Sie waren es nicht ganz. Denn bei der Schaffung einer „Ersten Kammer“ für Elsaß-Lothringen

---

[20] WALTHER RATHENAU: Die neue Gesellschaft, Berlin 1919. Weniger in dieser Schrift als vielmehr in seiner Broschüre über den „neuen Staat“ setzte sich Rathenau für einen eigentümlichen organischen Staatsaufbau ein, der Anleihen an der berufsständischen Idee machte; DERS.: Der neue Staat, Berlin 1919. – Der in Wien lehrende Sozialphilosoph Spann war einer der einflussreichsten Vertreter der Idee eines organisch hierarchischen Ständestaates als Ausdruck der Ungleichheit des Menschen; OTHMAR SPANN: Der wahre Staat. Vorlesungen über Abbruch und Neubau der Gesellschaft, Leipzig 1921; vgl. auch K. SONTHEIMER, Denken, S. 199–201. – Der Chefredakteur der „Vossischen Zeitung“ und spätere DDP-Abgeordnete im Reichstag, Bernhard, kritisierte vor allem in den ersten Jahren der Weimarer Republik die Parteien als Ausdruck von Mittelmaß, Zersplitterung und Cliquenwirtschaft und beklagte den Einfluss der Parteien auf die Regierung; vgl. M. KLEIN, Georg Bernhard, S. 37f. – Feder war Experte der NSDAP in Wirtschaftsfragen und vertrat einen Antikapitalismus unter dem Schlagwort der „Brechung der Zinsknechtschaft“; GOTTFRIED FEDER: Das Programm der NSDAP und seine weltanschaulichen Grundlagen, München 1927. – Neben Karl Marx und Lenin gilt der Anarchist Bakunin als Begründer des modernen Rätegedankens. – Zum Einfluss der politischen Romantik, vor allem Friedrich von Hardenbergs (Novalis), auf Vertreter der Konservativen Revolution H. KURZKE, Romantik, S. 36–49.

[21] So in der neuscholastischen Staatsrechtslehre, die in Anknüpfung an Thomas von Aquin einen geschlossen-geordneten, organischen Staatsaufbau als Antwort auf Staatsformen individualistischer Prägung formulierten; D. PETRIG, Emil Erich Hölscher, S. 77–83.

[22] Im März 1919 veröffentlichte Steiner einen „Aufruf an das deutsche Volk und an die Kulturwelt“, in dem er zur Lösung der drängenden Zeitprobleme eine soziale Struktur der Menschheit empfahl. In der Wochenschrift „Dreigliederung des sozialen Organismus“ führte Steiner seine Gedanken weiter aus. Er gliederte den sozialen Organismus in drei selbständige Sphären: den Geist-, Rechts- und Wirtschaftsunterorganismus; vgl. RUDOLF STEINER: Aufruf an das deutsche Volk und an die Kulturwelt; DERS.: Die Dreigliederung des sozialen Organismus, eine Notwendigkeit der Zeit, beide in: DERS., Aufsätze, S. 418–424, 15–21.

(1911) und noch intensiver 1917/1918 bei den Versuchen, das preußische „Herrenhaus“ zu reformieren, hatte man das Kapitel durchbuchstabiert, wie denn das Parteiwesen ergänzt werden könne.[23] (Seine Überwindung war noch nicht das Ziel.) Jene Vorfeldgefechte um die sozusagen gewichtsmäßige Umgrenzung der Berufsstände zeigten deutlich genug die sachliche Schwierigkeit wie auch das andere: daß es sich um Machtfrage und Machtentscheidung handelte. Gerade dem aber glaubte man ausweichen zu können. Ich selber war, wie Sie wissen, damals ein Skeptiker und bin es geblieben, wenn man heute wieder von „Entpolitisierung“ der Wirtschaft redet.[24] Die Dinge sind zu komplex. Wie liegen sie denn? Nicht bloß der „starke“ Staat, wie wir ihn im 17. und 18. Jahrhundert als Modell zu sehen gewöhnt wurden, war in dem sog. Merkantilismus der dauernde Interventionist in den Wirtschaftsdingen,[25] sondern gerade der „schwache“ Staat, der unser Schicksal nach einer Art von Gleichgewichtslage wurde, ist in der Gefahr, dauernd zur Intervention gerufen zu werden. Das bedeutet dann praktisch dies, daß der Berufsvertreter, dessen Sachverstand dem Spürgefühl oder Ausgleichsbedürfnis des „Politikers“ natürlich als überlegen gesetzt wird, in Abwehr oder Forderung Interessent ist. Das politische Gremium wird zur Börse, auf der das Staatsethos nicht mehr „notiert“ ist: „gestrichen“.

Aber nun spüre ich Ihre zum Widerspruch geneigte Ungeduld: „Ist denn das Staatsethos bei den Parteien in richtiger Hut?“ Ich überrasche Sie mit der Antwort: im Ganzen Ja. Es gibt die Schattierungen, es gibt historische Wandlungen, es kommt dabei darauf an, ob die Ausgangskonzeption des Parteipolitischen sozialökonomisch bestimmt war oder etwa aus einer kirchenpolitischen Sonderlage entstand und wie weit solche Überkommenheiten in dem Ausweiten der Ver-

---

23 1911 erhielt Elsass-Lothringen eine eigene Verfassung und ein eigenes Parlament, das aus zwei Kammern bestand. Die Mitglieder der Ersten Kammer erlangten ihr Mandat teils qua Amt, teils durch Wahl seitens bestimmter Berufungskörperschaften, teils durch kaiserliche Ernennung; vgl. E. R. HUBER, Deutsche Verfassungsgeschichte, Bd. 4, S. 473. – Das Preußische Herrenhaus diente als Sitz für die Erste Kammer des Preußischen Landtags, die aus vom König berufenen Bürgern, aus Adligen mit erblichem Anspruch und aus Oberbürgermeistern und anderen Funktionsträgern qua Amt bestand. Gegen Ende des Ersten Weltkrieges nahm die Diskussion um eine Reform der Zusammensetzung des Herrenhauses zu. Eine Gesetzesvorlage sah vor, das Herrenhaus als Gegengewicht zur demokratisch gewählten Zweiten Kammer zu erhalten und den adliggroßagrarische Einfluss zugunsten berufsständischer Elemente zurückzudrängen. Das Herrenhaus sollte als Garant eines überparteilichen Interessenausgleichs fungieren. Die Reform kam nach der Revolution aber nicht mehr zum Tragen, als die preußische Regierung im November 1918 das Herrenhaus auflöste; vgl. ebd., Bd. 5, S. 480f, 107; H. SPENKUCH, Preußische Herrenhaus, S. 124–149.

24 Vgl. zur Haltung von Heuss gegenüber dem Verhältnis von Politik und Wirtschaft J. C. HESS, Theodor Heuss, S. 132–139.

25 Um dem großen Finanzierungsbedarf für stehende Heere, Beamtenapparat und Hofhaltung gerecht zu werden, bedurften die absolutistisch regierten Staaten sicherer Einnahmequellen. Daraus entwickelte sich die interventionistische und dirigistische wirtschaftspolitische Praxis des Merkantilismus.

antwortungen und Aufgaben denaturiert wurden. Über die Seh- und Sinntäuschung der vulgärmarxistischen Lehre von der wirtschaftlichen Determiniertheit der Parteienentscheidungen brauchen wir uns nicht zu unterhalten: ihr ist ja auch, nachdem der Beginn die These zum Modell genommen hatte, die sozialdemokratische Bewegung einigermaßen entwachsen, seitdem sie aus der klassenkämpferischen Opposition in eine staatstragende Mitverantwortung getreten war.[26] Ihr Unglück war nur, eine Begriffswelt mit sich weiter schleppen zu müssen, die ihr einmal wichtig, ja heilig gewesen war und der sie jetzt, honoriger Weise, nicht den schlichten Abschied erteilen konnte. Aber Ähnliches gilt ja für fast alle Gruppen. Indem nun die Parteien legitim an die Staatsgestaltung herangeführt wurden, werden sie Teilhaber des in der gesetzlichen[27] Ordnung ruhenden Ethos. Sie finden das etwas übertrieben oder romantisch ausgedrückt und weisen auf Parteipatronage in der Stellenbesetzung, auf „Kuhhandel“ bei der Machtverteilung und dergleichen. Man soll daran nicht vorbeisehen und nicht sentimental beschönigen wollen und auch nicht den Begriff der Staatsräson dafür strapazieren. Aber wer die Mühen der Parteien ohne das Ressentiment der Zu-Kurz-Gekommenen und ohne den Snobismus der Klügler und ohne das Geschwätz der Weiber am Brunnen und der Männer am Biertisch würdigt, wird dafür ein Gefühl haben. Daß nicht mehr das Beamtentum im alten Sinn diese Aufgabe trägt, ist eine der schlimmsten Wirkungen des Nationalsozialismus, indem er, das viel berufene „Beute“-System[28] der amerikanischen Demokratie des 19. Jahrhunderts in Schatten stellend, den Staat mit seinen Amtsfunktionen für eine Parteigesinnung oder doch -gefolgschaft monopolisierte und damit als den Träger des baren Rechts- und Ordnungsgedankens verdarb.

Sie fragen, wie wohl Friedrich Naumann den Weg und die innere Formung des deutschen Parteiwesens beurteilt haben könnte? Ich glaube, das ziemlich deutlich zu sehen. Als er 1896 den „nationalsozialen Verein“ ins Leben rief, tat er dies mit innerer Unsicherheit, mehr von dem Fordern der Freunde gedrängt als dem eingeborenen Wirkungswillen folgend. Denn er war, Erfolgsaussichten betrachtend, durchaus rechenhafter Realist. Die Wahlniederlage von 1903, die das Mißlingen des eigenständigen Versuchs brachte, stellte ihn vor die Frage der organisatorischen Resignation.[29] Er brauchte die Partei nicht, um jemand zu sein,

---

[26] In der Weimarer Republik stellte die SPD mit Friedrich Ebert den ersten Reichspräsidenten, viermal den Reichskanzler, war an diversen Koalitionen beteiligt und hatte in den Ländern, vor allem in der preußischen Regierung, eine staatstragende Rolle inne.

[27] Gestrichen: „gesetzgeberischen“.

[28] Gemeint ist das Spoils-System, das seit Anfang des 19. Jahrhunderts die Verteilung sämtlicher Beamtenstellen durch die jeweils siegreiche Partei erlaubt, unabhängig von Qualifikation und Verdienst; vgl. dazu schon A. DE TOCQUEVILLE, Demokratie, S. 122f, 149f.

[29] Bei den Reichstagswahlen 1903 erhielt der Nationalsoziale Verein nur knapp 28.000 Stimmen; vgl. P. THEINER, Liberalismus, S. 123; zur Gründung und Auflösung des Nationalsozialen Vereins

der gehört wurde. Ja, die vielen guten Freunde meinten, früher, damals, später, seine „Wirkung“ auf die Gesinnung der Deutschen würde stärker bleiben oder werden, wenn er sich von Parteizweckhaftigkeit und -rücksicht frei halte. Das ließ sich hören. Aber eben dies, bloßer Prediger von Einsichten, ein praeceptor Germaniae, wie Rudolph Sohm ihn 1903 nannte,[30] wollte er nicht sein, sondern er wollte in die Verantwortung der Machtteilnahme. Dabei hat er das Parteiwesen nicht idealisiert, doch bemühte er sich mehr als andere, die deutschen Verfassungsdinge aus der historischen Verhärtung im „Konstitutionalismus“ herauszuführen und den Machtwillen durch Mehrheitsbildung immerdar zu verkündigen. Er glaubte, damit die Qualität der Parlamente zu heben, sie für gestalterische Menschen anziehender zu machen und die Partnerin[31] aus einer eigenbrötlerischen, rechthaberischen Programmatik zu befreien.

Vielleicht hat er sich darin getäuscht, weil dieser Durchstoß der Parteien zur Machtbeteiligung nicht die Frucht eines bewußten inneren Machtkampfes, sondern Folge einer äußeren Niederlage war, also ohne die Legende eines Sieges, ohne die Schöpfung einer geschichtlich-bestimmten Formenwelt. Praktisch hat Naumann die Parteidinge, ohne Illusionen über ihre Bedingtheiten, sehr ernst genommen, leicht verstimmt gegen die ästhetisierende Distanzgestaltung, wie sie etwa Werner Sombart betrieb, der ein Snob war, aber ganz und gar nicht der von Ihnen berufene Max Weber, der kein Snob war.[32]

Das deutsche Parteienwesen, in vielem noch unfrei, hat etwas Tastendes. Die starke Geschichtszäsur ist da, die Zusammenhänge zerriß und die zurückliegende Zeit nur in Karikaturen der heranwachsenden Generation anbot. Große Aufgaben und Entscheidungen, vor denen in der Geschichte, bei uns wie anderwärts, das Elementare der Parteienbildung heraustrat, fehlen. Die Neugründungen sind „licenziert“ – das ist meinethalben verständig, raubt aber den Gruppen von vornherein ihr Pathos, da sie als „zugelassen“, d. h. erwünscht erscheinen – ich sprach schon davon. Wir haben in der Ostzone erlebt, wie sich dieser Zustand praktisch auswirkte und auswirkt. Viele junge Menschen, manche verstört, manche mit zynischer Genugtuung, daß die Dinge auch mit der Demokratie so schwierig und weithin unfruchtbar geblieben sind, stehen als schier Unbeteiligte daneben,

---

sowie zum Übertritt Naumanns und zahlreicher Anhänger zur linksliberalen Freisinnigen Vereinigung vgl. ebd., S. 53–127; Nr. 87, Anm. 10.

30 Auf dem letzten Parteitag des Nationalsozialen Vereins am 29./30. 8. 1903 bezeichnete Sohm Naumann als „Doctor Germaniae“; vgl. TH. HEUSS, Friedrich Naumann, S. 226.

31 Gemeint die Freisinnige Vereinigung.

32 Zum Einfluss von Naumanns Parteiverständnis auf Heuss vgl. J. C. HESS, Theodor Heuss, S. 89–98; zu Sombarts Nähe zur Konservativen Revolution, welche die moderne Parteiendemokratie ablehnte, F. LENGER, Werner Sombart, S. 284–286; Max Weber hingegen engagierte sich 1919 für die DDP im Wahlkampf für die Nationalversammlung; vgl. J. RADKAU, Max Weber, S. 782–784.

„Attentisten", sie warten ab – andere hadern, daß sich wieder „die Alten", die doch schon einmal „versagt" haben, im Vordergrund aufhalten. Die Zwischengeneration, die sich erproben oder bewähren konnte, fehlt; daß man, vielleicht mit Opfern, dem Nazismus sich versagte, ist noch kein Erweis, daß man eine Führungsaufgabe zu bewältigen verstehe. Das war der Anlaß zu so vielen Mißgriffen der Besatzungsmächte im Beginn ihrer Herrschaft, daß sie „Märtyrer" in Funktionen brachte, neben Tüchtigen zahllose, die nur durch Dummheit oder Fahrlässigkeit, aber nicht durch Mut und Leistung zu ihrer Not, ihrem Ruhm und ihrer – Stellung kamen.

Es ist nun so, daß diese Alten oder sagen wir Älteren dann gewiß eine Belastung für das werdende deutsche Parteienwesen darstellen, wenn sie meinen, ihr neuer Geschichtsauftrag sei wesentlich eine Rechtfertigung ihrer Vergangenheit. Man mag es psychologisch verstehen. Im Grunde ist das armselig. Die Elastizität muß schon vorhanden sein, die alte Denkgewöhnungen abstreifen kann. Doch hat die Kontinuität auch eine wesentliche Bedeutung, vielleicht weniger in den „Spitzen" als in der „Mitte". Vielleicht lächeln Sie darüber, wenn ich Ihnen sage: mir ist in diesem Parteienwesen von heute das eigentlich immer ein Geschenk, wenn ich da Männern und Frauen begegne, wieder begegne, die einfach wieder da sind, mitmachen, ihre kleinen Pflichten tun. Sie haben nie etwas durch die Parteien erstrebt oder erreicht, aber sie haben, das geht manchmal in unserem Land durch Familiengenerationen, sich dazu gerechnet. Es war *ihr* Beitrag zu dem Gedeihen des öffentlichen Wesens. Sie waren weder Snobs noch Ehrgeizlinge noch Interessenten, sondern einfach Bürger rechtlichen Denkens, innerlich frei genug, um dem Kampf und der Suggestion des Nationalsozialismus nicht zu unterliegen. Sie haben sich nicht im Hassen verzehrt, sie haben sich auch nicht „getarnt" – wie verräterisch für die Zeit, daß man ohne dieses Wort nicht mehr auskommt –, sie sind jetzt wieder da. Die Partei ist für sie keine Kirche, auch kein Instrument wichtigtuerischer Vereinsmeierei, sondern die unproblematische Gegebenheit, in der die Meinungen über das öffentliche Wesen zu einem verantwortlichen Willen sich formen müssen.

Dieser Brief ist gewiß nicht in allen Stücken eine präzise Antwort auf Ihr Schreiben. Aber Sie werden nachsichtig sein, wenn ich den oder jenen Nebenweg eingeschlagen habe und es darauf ankommen ließ, wohin er mich führe. Den großen Weg werden wir ja gemeinsam zu suchen und zu gehen haben, beide nicht recht wissend, zu welchem Ziel er ende.

Mit den besten Grüßen
Ihr

Theodor Heuss

Nr. 117
An Prof. Dr. Otto Schmitt, [Stuttgart]
26. Januar 1948; Stuttgart-Degerloch, Löwenstraße 86
UAS, 122, 2: hs. Schreiben, behändigte Ausfertigung; Kopfbogen: „Theodor Heuss“[1]
Themenvorschläge für Vorlesungen an der Technischen Hochschule Stuttgart

Verehrter Herr Professor,

freundlichen Dank für Ihre Zeilen.[2]

Ich habe mir das Folgende überlegt: im Sommer eine zweistündige geschichtl[iche] Vorlesung (die Stunden zusammengelegt) und eine einstündige theoretische.[3]

Man schlug mir vor, mit 1918 zu beginnen. Aber ich finde, das geht nicht recht – die deutsche Problematik entfaltet sich früher. Das heißt: ich möchte im Sommer[4] 1890 bis 1918 und im Winter 1918–1933 lesen. Es wird sowieso knapp werden. Kündigen wir das eine so an:[5] die deutsche Geschichte seit 1890: 1. Teil. Die wilhelminische Epoche 1890–1918. (Woraus sich folgern läßt, daß das weiter geht.) Hier denke ich an Dienstag 5–7 Uhr.[6]

Das zweite: Einführung[7] in die politischen Grundbegriffe. Ich will nicht sagen: Einführung in die Politik,[8] damit nicht der Verdacht entsteht, es handle sich um Parteigefärbtes. Hier denke ich an Donnerst[a]g 5–6 od. 6–7 Uhr.

Grammel meinte, Vormittag käme für derlei nicht in Frage. Über die Termine[9] kann man ja noch reden, auch über die Thematik.

---

1 Unten auf der 1. Seite Vermerk vom Empfänger: „German history since 1890, 1st part: The wilhelminian era 1890–1918“; darunter: „Introduction into [gestrichen: political] principles of politics“.

2 Schmitt gratulierte in seinem Schreiben vom 23. 1. 1948 Heuss zur Ernennung zum Honorarprofessor und bat um eine Vorlesungsankündigung; UAS, 122, 2.

3 Daneben Vermerk vom Empfänger: „Polit[ische] Ideenlehre“. Laut Programm der TH Stuttgart für das Sommersemester 1948 hielt Heuss für die Abteilung für Geisteswissenschaften und Bildungsfächer eine zweistündige Vorlesung über „Deutsche Geschichte seit 1890, 1. Teil: Die Wilhelminische Epoche 1890–1918“ und eine einstündige Vorlesung über „Einführung in die politischen Grundbegriffe“.

4 Es folgt gestrichen: „19“; unterstrichen vom Empfänger: „1890 bis 1918“.

5 Es folgt gestrichen: „Neu“; unterstrichen vom Empfänger: „Deutsche Geschichte seit 1890: 1. Teil“; am linken Rand Sternchen und Vermerk: „2 st[ündig]“.

6 Rechte Randnotiz vom Empfänger: „Richter v[on] Washington bis Truman“. Der Lehrbeauftragte der TH Stuttgart, Dr. A. Richter, bot im Sommersemester 1948 eine Veranstaltung über die „Geschichte der Vereinigten Staaten von Washington bis Truman“ an.

7 Unterstrichen vom Empfänger: „Einführung in die politischen Grundbegriffe“; am linken Rand Sternchen und Vermerk: „1 st[ündig]“.

8 Unterstrichen vom Empfänger: „Politik“.

9 Unterstrichen vom Empfänger: „Termine“.

Ein Kolleg über 1848 scheint mir doch zu speziell zu sein – ich habe gerade ein kl[eines] Buch über dessen Probleme geschrieben.[10]

Sind Sie telefonisch erreichbar?[11]

Ich bin leider z. Zt. ohne Hilfskraft – Glatteis-Sturz der Sekretärin!

Mit freundl[ichem] Gruß
Ihr

Theodor Heuss

Nr. 118
An Dr. Hans Reif, [Berlin-Zehlendorf]
7. Februar 1948; Stuttgart-Degerloch, Löwenstraße 86
AdL, N 19, 192: hs. Schreiben, behändigte Ausfertigung; Kopfbogen: „Theodor Heuss"
Planung eines Vortrags in Berlin über die Revolution 1848/49

Lieber Reif,

in Frankfurt[1] sagte ich Schw[ennicke] grundsätzlich zu, am 14. 3. in B[er]lin für den lib[eral-]dem[okratischen] Landesverb[an]d eine 48er-Kundgebung zu halten. Zur Bedingung war nur gemacht, daß alles technisch vorbereitet ist, daß ich an dem Abend wieder wegfahren kann.[2] Antwort erhielt ich bisher keine.

Nun krieg ich heute von P. Liebig die Bitte, an dem 14. bei s[einem] Verein in Tempelhof eine 48er-Rede zu halten; er höre von Ihnen, ich sei sowieso in Berlin als Hauptredner eines Parteitags.[3] Davon weiß ich nichts. Vielleicht bringt

[10] TH. HEUSS, 1848, vgl. auch Nr. 135.

[11] Notiz vom Empfänger: „28".

[1] Am 18. 1. 1948 traf sich der Reichsvorstand der DPD – Wilhelm Külz war auf Drängen von Heuss nicht erschienen – in Frankfurt a. M., um über die Situation der Partei nach der Teilnahme der ostzonalen LDP am „Volkskongreß" zu debattieren; vgl. Nr. 111. Eine mehrstündige deutschlandpolitische Aussprache, die von gegenseitigen Vorwürfen geprägt war, brachte keine Einigung zwischen den Vertretern der Ost- und Westliberalen. Schließlich nahm die Mehrheit der Teilnehmer ein Kommuniqué von Heuss an, das faktisch auf eine Rücktrittsforderung gegenüber Wilhelm Külz und Arthur Lieutenant hinauslief. Daraufhin verließen die ostzonalen Vertreter der DPD die Sitzung; das Experiment einer reichsweiten liberalen Partei war gescheitert; vgl. D. HEIN, Milieupartei, S. 312f; J. C. HESS, Fehlstart, S. 110–121; Protokoll der Sitzung in: BArch, N 1221, 407.

[2] Heuss an Schwennicke, 26. 1. 1948, in: AdL, N 54, 85.

[3] Ein Schreiben dieses Inhalts ließ sich nicht ermitteln. Am 13./14. 3. 1948 sollte ein Parteitag des Berliner Landesverbandes der LDP stattfinden, an dem die Bezirksverbände des Ostsektors der Stadt auf Befehl der sowjetischen Militärregierung nicht mehr teilnehmen durften; vgl. J. FIJALKOWSKI u. a., Berlin, S. 83–85; zum schon länger schwelenden Konflikt zwischen der Führung des ostzonalen Zonenverbandes der LDP unter Külz und dem Berliner Landesverband unter Schwennicke vgl. Nr. 97, Anm. 4, 7.

Liebig das durcheinander. Aber ich schreibe gleich, daß die Dinge nicht wieder wie im Sommer durch Büro-Konfusion mißglücken.[4]

Ich kann, hier arbeitsmäßig gebunden, nur ganz knapp nach Berlin kommen. Ich bringe das große Opfer der Reise nur für die Pointe, 1848 nicht in die einseitige Parteirederei abgleiten zu lassen. Polit[ische] Parteitagsreden sind im Augenblick nicht von mir beabsichtigt, denn es wäre sinnlos, wenn ich mich in die Interna der Ostzonen-Diskussion begeben würde. Es soll auch moralisch nützen, wenn ich, falls Ihr was Ordentliches aufziehen könnt, eine 48-Rede halte. Aber nicht Sache des Tempelhofer Vereins; dann schon Landesverband. Ich liege nicht 3–4 Tage auf der Walze für einen exzentrisch situierten Bezirksverein.

Klären Sie mit Schw[ennicke] die Dinge. Ich habe z. Zt. keinen Interzonen-Paß[5] – seit Wochen zur Erneuerung eingereicht –, es muß also das Technische auch heute vorbereitet werden.

Schöne Grüße, auch der Gattin,
Ihr

Theodor Heuss

Nr. 119
An Otto Debatin, [Stuttgart]
16. Februar 1948; Stuttgart-Degerloch, Löwenstraße 86

RB, 1 832, 058: hs. Schreiben, behändigte Ausfertigung; Kopfbogen: „Theodor Heuss"[1]

Kritik an Otto Debatins Einschätzung der Entnazifizierung; umstrittene Rückkehr des Architekten Paul Schmitthenner an die Technische Hochschule Stuttgart

Sehr geehrter Herr Debatin,

es ist mir vollkommen unerfindlich, wie ich zu dem Vergnügen komme, der Kotzkübel für Ihr Ressentiment zu werden.[2]

---

4 Heuss hatte nach dem Parteitag der LDP in Eisenach am 9. 7. 1947 an einer Programmbesprechung des Vorstands der DPD in Berlin teilgenommen. In dem Brief an Schwennicke erinnerte er daran, dass er sich für die Rückreise nach Stuttgart drei Tage lang selber um die technischen Details kümmern musste; wie Anm. 2.

5 Vgl. Nr. 29, Anm. 5; zur Berlin-Reise vgl. Nr. 120.

1 Oben links über Absenderadresse Verfügung vom Empfänger: „Bitte Abschrift z[u] D[ebatin]"; die Abschrift ist der Vorlage beigelegt.

2 Debatin hatte sich in einem Schreiben an Heuss vom 11. 2. 1948 darüber beklagt, dass Heuss sich aus Zeitmangel nicht für seinen Freund, den Architekten Schmitthenner, einsetzen wolle. Heuss hatte im November 1945 als Kultusminister Schmitthenner wegen dessen Affinität zum Nationalsozialismus auf Befehl der US-Militärregierung aus dem Lehramt an der TH Stuttgart entlassen müssen. Schmitthenner war seit 1932 agitatorisch aktiv im „Kampfbund für Deutsche

Ich bin gerne bereit, zu begreifen, daß sich bei Ihnen Ärger und Verstimmung gestaut haben. Aber die Art, wie Sie sie loslassen, finde ich vollkommen deplaziert. Sie sind gescheit u. versiert genug, wenn Sie sich nicht in vereinsamter Rechthaberei verstockt haben, zu wissen, daß die deutschen Regierungen, die Sie verhöhnen, an der unseligen technischen Gestaltung der Denazifizierungsdinge keine Schuld tragen. Sie tun so, als ob Gleichgültigkeit od. Sadismus uns auf das Schicksal ehemaliger Nationalsozialisten blicken lassen – dabei wird eine sinnlose Masse von Zeit, die ich persönlich gerne anderem zuwenden möchte, weggefressen. Ich bin erstaunt, daß Sie sich die Mühe machten, gerade mir gegenüber quasi-geistreiche Ausführungen über parlamentarische Demokratie zu machen – was soll das!? Wir sind doch keine Kindsköpfe, die sich mit Erbsen anschießen.[3]

Zum Fall Schmitthenner das: Professoren, Schüler überliefen und überlaufen mich, um mich „ins Bild zu setzen". Ich nehme mir die Freiheit zu sagen: laßt mich in Ruhe mit der Geschichte, Ihnen gegenüber wie auch andern. Nicht aus Übelwollen gegen Sch[mitthenner], den ich persönlich wohl schon seit 1912 kenne (oder 1918) u. zu meinen Freunden rechne.[4] Ich habe nun in der Tat einfach nicht die Zeit, mir immer wieder das Gleiche erzählen zu lassen, was ich meist besser, länger u. genauer kenne als die, die es mir erzählen. Auch Bäuerle ist völlig im Bilde;[5] auch er, der dazu aus Gutmütigkeit ein schlechter Disponent der Zeit ist, ist „völlig im Bilde". Ich habe meinerseits von Anbeginn atmosphärisch das meine getan, um für Sch[mitthenner] die Rückkehr nicht zu erschweren,[6] u. auch im Kulturpol[itischen] Ausschuß in diesem Sinn die ganze Sache zur Sprache gebracht. Ich hoffe, sie wird ordentlich verlaufen. Sie müssen mir schon

Kultur" und seit 1933 NSDAP-Mitglied, distanzierte sich aber später vom NS-Regime und setzte sich für Verfolgte und Verurteilte ein. Doch auch nach seiner Entlastung in einem Spruchkammerverfahren verhinderten Schmitthenners Gegner durch eine intensive Pressekampagne die Rückberufung auf seinen Lehrstuhl; vgl. W. VOIGT / HARTMUT FRANK, Paul Schmitthenner, S. 91–97. In diesem Zusammenhang kritisierte Debatin, dem im Zuge der Entnazifizierung das Wahlrecht entzogen wurde, mit beißender Ironie die politische Säuberungspraxis und die parlamentarische Demokratie; DLA, A: Heuss, 73.4464.

3 Heuss kannte Debatin bereits aus der Weimarer Republik, als dieser Personalleiter der Firma Bosch sowie 1919 Begründer und Herausgeber der Werkszeitung „Bosch-Zünder" war. Im Zuge der Entstehung der Bosch-Biographie war Debatin außerdem einer der Ansprechpartner für Heuss in der Firma Bosch. Trotz der Unstimmigkeiten zwischen beiden nach 1945 setzte sich Heuss für Debatin im Rahmen der Entnazifizierung ein und verfasste am 21. 5. 1949 eine Bescheinigung für das Berufungsverfahren vor der Zentralspruchkammer Ludwigsburg; RB, 1 013, 115.

4 Heuss lernte Schmitthenner vermutlich im Umfeld des Deutschen Werkbundes kennen. Im Zusammenhang mit der Entstehung der Biographie über Poelzig hatte sich Heuss 1938 an Schmitthenner gewandt; BArch, N 1221, 96.

5 Als Kultusminister war Bäuerle zuständig für die Berufungen an der TH Stuttgart.

6 Die ms. Abschrift der Vorlage verweist an dieser Stelle mit einem Sternchen auf eine hs. Notiz von Debatin: „Ja, er hat nach einer mit Sch[mitthenner] im Krankenhaus herzlich gepflogenen Aussprache bald hernach Sch[mitthenner]s hinterhältigen Gegenspieler Döcker als Prof. an die Hochschule berufen! Ist das fair?"

zubilligen, daß ich das Verfahren nach m[einer] Kenntnis der Dinge so betreibe, wie es[7] zweckmäßig ist. Fast mußte ich fürchten, daß Ihr Eifer nicht immer das Richtige trifft.

Auch meinerseits: nichts für ungut!

Ihr erg[ebener] Theodor Heuss

Nr. 120
An Dr. Toni Stolper, [New York]
24. März 1948; Stuttgart-Degerloch, Löwenstraße 86

BArch, N 1221, 489: ms. Schreiben, behändigte Ausfertigung; ms. Briefkopf: „Theodor Heuss"

Deutsche Ausgabe von Gustav Stolpers Buch „German Realities"; Reise nach Berlin; Einschätzung Martin Niemöllers; Buchpublikationen; Teilnahme an der Konferenz der Liberalen Weltunion in Zürich; berufliche und private Aufgaben

Liebe Toni,

gestern ist Gustavs Buch, die amerikanische Ausgabe, gekommen. Die Aufmachung ist ganz wirkungsvoll, und der Satz von Sir Norman Angell gibt eine gute Höhenlage.[1] Ich habe das Vorwort gleich gelesen und im historischen Teil einiges geschmökert. Heute früh besuchte ich dann gleich Welter, der das Buch noch nicht hat, dafür die deutsche Übersetzung zur Hälfte bereits gelesen.[2] Er will mir Freitag oder Samstag das Manuskript zustellen. Er sagte mir, daß er einige kleine, aber mehr stilistische Änderungsvorschläge sich angemerkt hat, die er aber, ehe er sie vorschlägt, mit dem englischen Grundtext vergleichen will. Den Entwurf Deines Vorwortes hat auch er noch nicht.

Wir sind beide der Auffassung, daß die Widmung an die Söhne in dem Buch erscheinen soll, entweder auch einfach auf einem Widmungsblatt oder am Schluß Deines Vorwortes mit dem Vermerk, daß die amerikanische Ausgabe die Widmung mit diesem Text enthält und daß sie auch für die deutsche Ausgabe gelten soll.[3]

Welter findet, daß die Widmung auch in Deutschland gerade nach dem Charakter, den das Buch bekommen hat, stark wirken wird.

---

7 In der Vorlage: „sie".

1 G. STOLPER, German Realities. Ein Zitat bzw. ein Motto von Angell ließ sich nicht ermitteln.

2 In deutscher Übersetzung 1949 erschienen: GUSTAV STOLPER: Die deutsche Wirklichkeit. Ein Beitrag zum künftigen Frieden Europas, Hamburg.

3 In der englischen Ausgabe heißt es auf dem Widmungsblatt: „To My Three Sons Who Served with the American Forces in Germany"; G. STOLPER, German Realities., S. V.

Er erzählt mir, daß die Pointierung gegen den Morgenthau-Plan[4] und gegen die Kenntnislosigkeit des damaligen Präsidenten[5] gegenüber der schweizer Fassung an präciser Schärfe noch zugenommen hat. Und daß auch die Kritik an bestimmten Haltungen der MG sehr wirkungsvoll sei. Hans,[6] mit dem ich in Berlin ja auch eingehend sprach, hat nicht so sehr die Sorge, daß die Deutschen zu sehr aus ihrer Schuldsituation herausgehauen werden, als daß die Sowjets, so kritisch sie selber behandelt werden, Teile propagandistisch verwerten können. Ich glaube das nicht recht, bin aber in meiner Stellungnahme noch zurückhaltend, bis ich die Übersetzung unmittelbar auf mich habe wirken lassen können.

Daß das Buch in Darmstadt erscheinen wird, ist mir in Deinem Brief neu;[7] ich hatte selber vor 10 Tagen mit Hans noch darüber geredet, daß es in Hamburg kommen werde, und er meinte damals, daß das ja die Frage der Zulassung gegenüber dem, wie er sie bisher gesehen habe, ändere.[8] Offenbar hatte er sich über diese Geschichte schon Gedanken gemacht, die nun durch meine falsche Darstellung unsicher wurden. Ich schreibe ihm heute, daß Darmstadt der Erscheinungsort sein wird. Der Zufall will es, daß ich anläßlich der hessischen Gemeindewahlen am 13. 4. in Darmstadt in einer öffentlichen Versammlung zu reden haben werde.[9] Ich will die Gelegenheit wahrnehmen, den Verlag aufzusuchen, und dann feststellen, wie dort die Sache mit Papier, Verkehr mit der amerikanischen Bücherstelle sich entwickelt hat. Ich werde mich dabei nicht gerade als Dein Beauftragter aufspielen, aber durch Briefe an Claassen nach Hamburg mich vorher legitimieren.

Meine Reise nach Berlin war eine rechte Strapaze gewesen.[10] Man hatte mir einen Flugplatz von Frankfurt bestellt, aber dann im letzten Augenblick hier auf der MG gesagt, es sei doch nicht geglückt, den Platz zu sichern (er war aber gesichert); ich brauchte nun von einem Donnerstag Mittag 12 Uhr bis an den Samstag früh 7 Uhr mit zwei Nachtfahrten, um nach Berlin zu kommen, war statt 5 Tage nur 2 Tage dort und wurde dann durch einen englischen Militärzug wieder herausbefördert.

Ich wohnte, brav verwöhnt, bei Hansens,[11] die mir für den Sonntag Mittag auch Lemmer und Jakob Kaiser zu langen Gesprächen bestellten; sonst war ich dauernd

---

4 Vgl. Nr. 104, Anm. 10.

5 Franklin D. Roosevelt.

6 Vermutlich Hans Kallmann.

7 Toni Stolper beabsichtigte, das Buch im Darmstädter Verlag Claassen & Würth herauszubringen; Toni Stolper an Heuss, 14. 3. 1948, in: BArch, N 1221, 489; vgl. auch Nr. 147.

8 Die Genehmigungspraxis für Druckerzeugnisse war in der britischen Zone, in der auch Hamburg lag, weniger rigoros als in der amerikanischen; vgl. G. Clemens, Kulturpolitik, S. 205f.

9 Redenkalender, in: BArch, N 1221, 684; Redenotizen ließen sich nicht ermitteln.

10 Vgl. Nr. 118.

11 Vermutlich die Familie von Hans Liepmann oder Hans Kallmann.

auf dem Parteitag des liberal-demokratischen Landesverbandes und habe alle sonstigen Abreden fahren lassen müssen. Der Zufall wollte es, daß Ludwig[12] wegen eines Furunkels in der Nase von Berlin nicht wegfahren durfte, sondern im Bett lag, in unserem alten Häuschen, so daß ich zwischendurch Krankenbesuche machen mußte. Ein paar Tage später ist er mit einem französischen Militärzug, von dem die Russen einen Wagen abhängten, herausgekommen. Es war also auch für ihn ein Abenteuer.

Du fragst, ob Du die Briefe direkt schicken sollst oder über Ludwig. Es wird so sein, daß bei den schleunigen Nachrichten die direkte Sendung zu empfehlen ist, bezw., wenn es sich um schwerere Sachen handelt, der Weg über Ernst,[13] solange er in Wiesbaden ist. Der Unterschied in den Porti ist ja horrend. Welter ist ganz erschrocken, als ich ihm davon erzählte, was allein die Sendung der Manuskripte gekostet hat.[14] Ich hoffe aber, [daß] ich die Dinge, die Du an Ludwig sandtest, Vorwortentwurf, Gedenkreden, bald erhalten werde. Ernst, der uns neulich hier besuchte, wollte mir auch bei Gelegenheit zwei der Reden, die er besitzt, zusenden. Es ist übrigens wegen der Beurteilung von Niemöller wieder zu einer Auseinandersetzung mit Wolfi[15] gekommen; ich habe ihm den Aufsatz gegeben, in dem ich zu N[iemöller]'s Haltung meine kritischen Bemerkungen gemacht habe.[16] Denn N[iemöller] hat sich die Sache zu billig gemacht. Man muß bei aller Kritik an der Technik der Denazifizierung immer etwas aufpassen, daß da nicht neue Formen von nationalistischen Selbstgerechtigkeiten entstehen. Ich kenne jetzt schon eine ganze Reihe von Leuten, die es uns übel nehmen, daß wir nicht Nazi geworden sind, und die sich jetzt als Märtyrer des wahren Deutschtums aufführen, weil sie eine Zeitlang nicht wählen dürfen.[17] Ich selber habe im Einzelfall schon manchen Pg.'s durch Bekundungen geholfen, aber nur solchen, mit denen ich nach 1933 in persönlicher Beziehung stand.[18] Ich bin von nichts ferner als von Ressentimentgefühlen, aber es gibt natürlich Grenzen.

---

[12] Ernst Ludwig Heuss, der am 27. 2. 1948 nach Berlin gefahren war; vgl. Ernst Ludwig Heuss an Heuss, 25. 2. 1948, in: FA Heuss, Basel.

[13] Ernst Stolper.

[14] Die Sendung der deutschen Übersetzung von Gustav Stolpers „German Realities" kostete 45 Dollar; vgl. Toni Stolper an Heuss, 14. 3. 1948, in: BArch, N 1221, 489.

[15] Wolfgang Stolper.

[16] Niemöller hatte in seiner Eigenschaft als Präsident der Synode der evangelischen Kirche von Hessen, Nassau und Frankfurt a. M. eine Erklärung zur Entnazifizierung formuliert, die Anfang Februar 1948 in seinem Amtsbezirk von allen Kirchenkanzeln verlesen wurde. Die darin enthaltene Aufforderung, jede Mitwirkung an den Spruchkammerverfahren einzustellen, provozierte eine kritische Replik von Heuss; vgl. J. BENTLEY, Martin Niemöller, S. 239; THEODOR HEUSS: Entnazifizierung – Methode oder Aufgabe? In: RNZ, Nr. 22, 21. 2. 1948.

[17] Zu den Sühnemaßnahmen der Spruchkammern gehörten auch Wahlrechtsbeschränkungen.

[18] Vgl. Nr. 46, Nr. 98, Nr. 179.

Ob in der Zwischenzeit die beiden Bändchen, die ich als Drucksache an Dich losließ, eingetroffen sind?[19] Mit dem Lesen brauchst Du Dich nicht zu beeilen. Heute ist das erste Stück des Poelzig-Neudrucks in meine Hand gekommen und der Dohrn-Neudruck ist schon im Umbruch.[20] Man muß sich fast schämen, auf wie hohen Touren die Heuss-Produktion läuft. Aber das Wichtigste ist mir ja, daß das Naumannbuch wieder drankommt, und ich nehme Deinen Vorschlag, mir das zusammengestrichene Exemplar wieder zur Verfügung zu stellen, ganz gern an.[21] Und dies aus einem sehr aktuellen Grund. Vorgestern hat mir der Leiter der hiesigen amerikanischen Education, mit dem ich in meiner Amtszeit sehr gut zusammengearbeitet habe,[22] nach seiner Rückkehr aus Amerika sagen lassen, daß ein Bekannter von ihm drüben ein Exemplar des Buches zu erhalten wünsche, da er über Naumann arbeite. Ich habe mir nun von den 3 Exemplaren, die ich noch besitze, eines für diesen Zweck vom Herzen gerissen und kann deshalb jedes Stück als kommende Druckunterlage gut gebrauchen. Vielleicht kann das Buch in die Textilsendung getan werden, die Du über Ernstel oder Fraser laufen lassen willst. Als Fraser mit Wolfi einmal hier war, habe ich ihn freilich nicht kennengelernt. Ich bin unsicher, ob ich ihn einfach um seine Postnummer bitten soll. Mir würde eine Sendung an Ernst fast als das Gemäße erscheinen, da Wiesbaden ja nicht aus der Welt liegt.

Wenn Du eine Europa-Reise machst, zu der ich Dir sehr zurede, mußt Du es natürlich erreichen, daß Du auch nach Deutschland kommen kannst. Denn die Kommunikation mit der Schweiz ist ja nach wie vor ein Abenteuer. Ich habe jetzt den Versuch eingeleitet, Ende Mai mit einigen Freunden an der Konferenz der liberalen Weltunion in Zürich teilzunehmen.[23] Das wird wieder die größten Mühsale machen, von der Devisenfrage ganz abgesehen, bei der Ludwig glaubt, mir helfen zu können. Denn die allgemeine politische Versteifung wirkt ja immer auf die Straffung des Bürokratischen zurück. Ich habe da ja meine neuesten berliner Erfahrungen hinter mir, und das individuelle Wohlwollen, das ich bei den

---

[19] Vermutlich TH. HEUSS, Schattenbeschwörungen; DERS., 1848, vgl. auch Nr. 135.

[20] TH. HEUSS, Anton Dohrn [^{2}1948], vgl. auch Nr. 138; DERS., Hans Poelzig, [^{2}1948], vgl. auch Nr. 37.

[21] Toni Stolper an Heuss, 14. 3. 1948, in: BArch, N 1221, 489; TH. HEUSS, Friedrich Naumann [^{2}1949], vgl. auch Nr. 45, Nr. 67.

[22] John P. Steiner, Direktor der Education and Religious Affairs Division in Württemberg-Baden; vgl. CH. WEISZ, OMGUS-Handbuch, S. 563–568.

[23] Die Liberale Weltunion kam vom 21. bis 25. 5. 1948 in Zürich zu einer Konferenz zusammen. Heuss schlug für die deutsche Delegation neben seiner Person Thomas Dehler, Ernst Mayer, Hans Reif, Carl-Hubert Schwennicke und Eberhard Wildermuth vor. Problematisch bei den Vorbereitungen der Reise gestalteten sich die Devisenfrage und die Ausreisegenehmigung; vgl. Kluthe an Heuss, 23. 2. 1948; Heuss an Kluthe, 5. 3. 1948, beide in: BArch, N 1162, 19; Heuss an Wolfgang Glaesser, 3. 3. 1948, in: BArch, N 1221, 56; zur Tagung in Zürich MACCALLUM SCOTT, Experiment, S. 71–81; vgl. auch Nr. 128, Nr. 131.

hiesigen Herren der MG spüren darf, nützt mir gar nichts. Ich fürchte, falls die Maiausreise gelingt, für dieses Jahr nicht noch einmal den Exitus zu erreichen.

Im April und im Mai werde ich viel unterwegs sein, da in Hessen und in Bayern Gemeindewahlen sind und ich schier etwas wie Monopolredner über 1848 geworden bin[24] (jetzt wollen mich auch die Hansestädte haben!); da ich aber im Mai mit meinen Vorlesungen beginne,[25] muß ich kurz treten. Elly will, wie Du schon weißt, Mitte April für einige Wochen nach Badenweiler. Vorher ruht die Sorge auf ihr, nach einer neuen Hausgehilfin sich umzusehen, da unsere Magdalene[26] damit rechnen kann, daß ihr Verlobter in nächster Zeit aus französischer Gefangenschaft entlassen wird; sie ist nicht mehr jung und will gleich heiraten. Es ist nicht leicht, jemanden zu finden, da wir ja viel unterwegs sind und nicht ein beliebiger Mensch die Sache hier schmeißen kann.

Also, es wäre *sehr* sehr schön, wenn man sich im Sommer hier sehen könnte. In der Buchfrage wird, denke ich, in den kommenden Wochen eine Klärung erreicht werden. Ich bin natürlich auch außerordentlich gespannt darauf, wie das publizistische Echo in USA selber sein wird.

In der Sache Werth hast Du den zweiten Brief in der Zwischenzeit erhalten; es sieht so aus, als ob eine Zeitschrift entstünde, hinter der Reuter und Meynen stehen, die aber zunächst einige andere Vordergrundsfiguren besitzt und nur „Der Volkswirt" heißen soll.[27]

Mit vielen herzlichen Grüßen, auch von Elly, die vorhin auf das Arbeitsamt gefahren ist,
Dein Theodor

---

[24] Gemeindewahlen in Hessen und Bayern am 25. 4. 1948; zu den Reden vgl. Nr. 124, Anm. 7.

[25] Vgl. Nr. 117.

[26] Vgl. Nr. 90, Anm. 8.

[27] 1933 musste Gustav Stolper kurz vor seiner Emigration aus Deutschland die von ihm gegründete Zeitschrift „Der Deutsche Volkswirt" unter Wert an Franz Reuter und Franz Meynen verkaufen; vgl. T. STOLPER, Leben, S. 318–320. Diese wandten sich nach dem Krieg an Stolper, weil sie das Blatt wieder neu ins Leben rufen und dafür Stolpers Einwilligung bekommen wollten. Ernest Werth hatte Heuss in einem Brief vom 16. 2. 1948 vor diesen Absichten Reuters und Meynens gewarnt und eine vermögensrechtliche Klärung des Verkaufs von 1933 angeregt; BArch, N 1221, 104. Heuss selber bekräftigte gegenüber Reuter am 12. 5. 1948 noch einmal, dass Gustav Stolper jeden Kontakt mit Reuter abgelehnt habe; ebd., 489; vgl. auch Heuss an Toni Stolper, 1. 3. 1948 und 12. 5. 1948, in: ebd.; Heuss an Werth, 27. 2. 1948, in: ebd., 104.

Nr. 121
An Dr. Ernst Ludwig Heuss, [Lörrach]
27. März 1948; Stuttgart-Degerloch, Löwenstraße 86
FA Heuss, Basel: hs. Schreiben, behändigte Ausfertigung
Neuausgabe des Wörterbuchs „Politik"; Gustav Stolpers Buch „German Realities"; innerparteiliche Kritik an Wolfgang Haußmanns Führungsstil

Lieber Ludwig,

als ich in Berlin war,[1] wurde ich von einigen Studenten bedrängt, das kleine Wörterbuch „Politik", ergänzt, wieder herauszugeben – es sei bei ihnen das begehrteste Leihobjekt.[2] In der Tat scheint nichts Verwandtes am Markt. Ich habe dem Halberstadter Verlag geschrieben, mir das Verlagsrecht zurückzugeben[3] – hier würde Leins, dem ich die Sache für die D[eut]sche Verlagsanstalt anbot (zu R. Wunderlich paßt sie nicht), gerne losgehen.[4] Nun habe ich selber nur noch ein einziges Stück. Ich brauche aber 2, die vernichtet, d. h. auseinandergeschnitten werden können, u. schrieb deshalb bereits nach Chemnitz u. Ludwigsburg,[5] falls mir Halberstadt nicht, worum ich bat, d. h. der frühere Verlag, einige senden kann. Dir gab ich nach m[einer] Erinnerung auch eines, mit Widmung. Das soll heilig gehalten werden. Aber Du könntest es mir, falls m[ein] sonstiger Fischzug erfolglos u. falls Du es noch besitzest, leihweise senden. Damit ich zur Kontrolle ein unzerstörtes Stück besitze. Das ganze ist noch ein etwas vager Plan, da die Ergänzung, Stichworte aus der Hitler-Zeit u. s. f., noch große Schwierigkeiten macht – aber vielleicht wird die Geschichte die Nebenher-Arbeit der Sommermonate, wenn das Herum-Rede-Reisen aufhört, das in den 2 nächsten Monaten kolossal anschwillt.[6]

Wir lesen eben Gustls Buch, höchst eindrucksvoll.[7] Toni's Vorwort ist im Ganzen so gut, daß ich m[einen] Vorschlag, ein charakterisierendes Nachwort zu schreiben, wahrscheinlich zurückziehe,[8] denn das würde leicht als Wichtigtuerei erscheinen. Heute Abend kommt Erich Welter zu uns, um den Komplex zu besprechen. Am Montag erwarten wir die Mutter Elsas.

---

1 Vgl. Nr. 118, Nr. 120.

2 THEODOR HEUSS: Politik. Ein Nachschlagebuch für Theorie und Geschichte, Halberstadt 1927.

3 Heuss an H. Meyer's Buchdruckerei, 19. 3. 1948, in: BArch, N 1221, 514.

4 Heuss an Leins, 19. 3. 1948, in: ebd.

5 In Chemnitz wohnte der Bruder von Heuss, Hermann Heuss, in Ludwigsburg die Schwägerin Hedwig Heuss.

6 Zu einer Neuauflage sollte es nicht mehr kommen, vermutlich wegen des großen Aufwandes für die Überarbeitung bzw. Aktualisierung der Einträge; vgl. Heuss an Leins, 3. 5. 1948, in: BArch, N 1221, 514; Heuss an Harriet Schleber Verlag, 4. 5. 1948, in: ebd., 95.

7 G. STOLPER, German Realities.

8 Die deutsche Ausgabe enthielt schließlich doch ein Nachwort von Heuss; vgl. G. STOLPER, Deutsche Wirklichkeit, S. 369–372.

An Hanne schönen Dank für Ihren Bericht-Brief.[9] Wir sind so froh, daß sie gesundheitlich z. Zt. ohne Anfechtung ist, u. wollen sehr hoffen, daß das so bleibt, daß Ihr von dem Sommer, wenn die Bindung an das Kind sich etwas lockerte, in Ausflügen u. Geselligkeit etwas mehr habt, als das bisher möglich war.

Hier ziemlich viel innerer Parteikrakehl, weil verständliche Verstimmung über Wolfgangs stuttgarter „Führung", die keine mehr ist. Ich soll da immer vermitteln, suche mich aber zu distanzieren.[10]

Mit guten Grüßen an die ganze Familie
Dein Vater Theodor H.

Nr. 122
An Hermann Hildbrand, Eibau, Sachsen
5. April 1948; [Stuttgart-Degerloch, Löwenstraße 86]
BArch, N 1221, 82: ms. Schreiben, Durchschlag
Angebot eines Tauschgeschäfts: Bücher gegen Textilien

Sehr geehrter Herr Hildbrand,

für Ihre freundlichen Zeilen besten Dank.[1] Sie haben mir und meiner Frau damit eine freudige Überraschung bereitet und in Ihrem Vorschlag eine schwache Stelle unseres Daseins getroffen, denn seit wir vor bald fünf Jahren unsere Wohnung in Berlin verlassen haben, weil die Bomberei zu stark wurde,[2] schlafen wir in Betten, die uns Freunde geliehen haben. Die Aussicht, uns „selbständig" zu machen, hat einen sehr großen Reiz. Auch die Möglichkeit, zu etwas Hemdenstoff zu kommen, ist nicht von ungefähr, weil ein gut Teil meiner Hemden, zur Reparatur ausgelagert, in meiner Heimatstadt Heilbronn untergegangen ist.

Nun ist es so, daß das Boschbuch,[3] von dem ich nur noch ganz wenige Exemplare habe, im Gewicht die Kilogrenze überschreitet. Aber da es als Band in dieser Zeit eine selten gute Leistung ist, wollte ich es nicht zerreißen. Ich lasse das Buch gleichzeitig an Freunde nach Berlin gehen, mit der Bitte, es an Sie weiter-

---

9 Ließ sich nicht ermitteln.

10 Wolfgang Haußmann war Vorsitzender der württemberg-badischen DVP und der DVP-Fraktion im Stuttgarter Stadtrat. Nähere Angaben zu „Verstimmungen" in der DVP über Haußmanns Führungsstil ließen sich nicht ermitteln.

1 Hildbrand bot Heuss im Tausch gegen ein Exemplar der Bosch-Biographie Stoffe für Hemden und Bettbezüge an; Hildbrand an Heuss, o. D., in: BArch, N 1221, 82.

2 Vgl. Nr. 2, Anm. 3.

3 TH. HEUSS, Robert Bosch, vgl. auch Nr. 1, Anm. 7, Nr. 5.

zuleiten. Ich hoffe sehr, daß die Sendung in nicht zu ferner Zeit glücklich bei Ihnen ankommt.[4]

Ich will aber nun Ihr freundliches Angebot nicht auf den Bosch allein sich erstrecken lassen, sondern frage an, ob ich Ihnen eventuell auch ein paar andere Bücher noch senden soll, die, nicht so umfangreich, in den letzten Monaten aus meiner Feder erschienen sind. Es handelt sich um folgende Bände: eine größere Essaysammlung „Deutsche Gestalten. Studien zum 19. Jahrhundert", eine kleinere Aufsatzreihe „Schattenbeschwörung", mit dem Untertitel „Randfiguren der Geschichte", ein Büchlein „1848. Werk und Erbe" und eine neugedruckte Biographie des großen Architekten Hans Poelzig; die Erstauflage dieses Werkes war im Jahr 1941 von Hitler verboten worden.[5] Ich frage ganz unbefangen an, ob ich Ihnen diese Bücher oder das Eine oder Andere von ihnen senden darf, auch von meiner Frau liegt ein Erzählband vor, „Schmale Wege", der Geschichten aus dem dritten Reich wiedergibt.[6] Wegen der textiltechnischen Fragen, in denen ich selber Laie bin, habe ich meine Frau gebeten, Ihnen zu schreiben.[7]

Mit freundlichem Heimatgruß
Ihr [Theodor Heuss]

Nr. 123
An Dr. Eugen Thoma, Karlsruhe
9. April 1948; [Stuttgart-Degerloch, Löwenstraße 86]
BArch, N 1221, 100: ms. Schreiben, Durchschlag[1]
Befürwortung eines Emeritierungsgesuchs von Willy Andreas

Verehrter Herr Ministerialrat,

als ich kürzlich in Heidelberg war, habe ich mich bei einem gemeinsamen Bekannten nach dem Stand der Dinge von Professor Andreas erkundigt und erfuhr dabei, daß sich in den letzten Monaten nichts geändert habe.[2] Ich selber habe leider, da die kurzen Besuche in Heidelberg immer in einem Berufsgehetze sind,[3] Andreas schon viele Monate nicht mehr gesprochen.

---

[4] Ob es zu dem Tausch tatsächlich gekommen ist, ließ sich nicht ermitteln. Die Buchsendung sollte Hildbrand vorerst nicht erreichen; vgl. Hildbrand an Heuss, o. D., in: BArch, N 1221, 82.

[5] TH. HEUSS, Deutsche Gestalten; DERS., Schattenbeschwörungen; DERS.,1848, vgl. auch Nr. 135; DERS., Hans Poelzig, vgl. auch Nr. 37.

[6] E. HEUSS-KNAPP, Wege, vgl. auch Nr. 27, Nr. 29.

[7] Heuss-Knapp an Hildbrand, 6. 4. 1948, in: BArch, N 1221, 82.

[1] Weiterer Nachweis: GLAK, N Andreas, 763: ms. Schreiben, Abschrift, ms. gez.

[2] Gemeint ist das Emeritierungsgesuch von Andreas; vgl. Nr. 106, Anm. 2.

Nun erlaube ich mir aber doch, in dieser Sache mich wieder einmal an Sie zu wenden. Wir haben ja die Angelegenheit wiederholt besprochen. Daß sie nicht zu einem loyalen, raschen Abschluß gebracht wird, wächst sich nach meinem Empfinden zu einem sachlichen Unrecht größeren Stiles und zu einer menschlichen Quälerei aus, die eigentlich nicht verantwortet werden kann.

Ich habe weder Zeit noch Anlaß noch detaillierte Aktenkenntnis genug, um noch einmal das Hin und Her dieser Geschichte aufzurollen. Der Tatbestand ist nun der, daß der Spruchkammerentscheid seit unendlicher Zeit vorliegt und daß ein Emeritierungsgesuch von Andreas eingereicht wurde. Ich selber habe, der ich mit Andreas seit der gemeinsamen Studentenzeit befreundet bin, ihm s. Zt. den menschlichen Rat gegeben, die Emeritierung einzureichen, im Interesse seiner Gesundheit und um die größere wissenschaftliche Arbeit, an der er sitzt, voranzubringen.[4] Es sieht aber so aus, als ob dieses Gesuch, bei dem Andreas nach meinem Gefühl ein ausgesprochenes Entgegenkommen gezeigt hat, aus irgendwelchen mir undurchsichtigen Gründen nicht zur Erledigung gebracht wird. Woran liegt das?

Ich habe von mir aus kein unbedingtes Streitbedürfnis und daß ich s. Zt. im Plenum des Landtags auf die Schnabel-Sache eingegangen bin,[5] war ja aus der Situation geboren. Ich halte dafür, daß diese Erörterungen nicht sehr erwünscht sind. Aber ich muß mir vorbehalten, wenn ich auch nicht regelmäßiges Mitglied des Finanzausschusses bin, wenn der Kulturetat drankommt, die Behandlung dieser Geschichte, die ja fast eine Mißhandlung eines Menschen wird, aufzurollen.

Man ist heute dabei, durch die Wendung in der amerikanischen Gesamtpolitik in Fragen der Denazifizierung, der Wiedereinstellung u. s. f. in einer anderen Weise zu arbeiten als vor zwei und einem Jahr.[6] Ich weiß gut genug, daß das nicht allen Deutschen so paßt; aber es entsteht jetzt der schwer erträgliche Zustand, daß man „Fälle“ von Leuten, die gar nie Nazi gewesen sind, die aber in das zeitübliche Kreuz und Quer von Intriguen und Mißverständnissen gekommen waren,[7] einfach liegen läßt.

---

3 Als Mitherausgeber der „Rhein-Neckar-Zeitung“ war die Anwesenheit von Heuss in Heidelberg immer wieder erforderlich.

4 Heuss an Andreas, 18. 7. 1947, in: GLAK, N Andreas, 763.

5 Vgl. Nr. 105, Anm. 4, Nr. 106, Anm. 5.

6 Im Laufe des Jahres 1947 zeichnete sich ein Kurswechsel der US-Regierung im Hinblick auf die politische Säuberung ab. Im Zuge der Weststaatskonzeption sollten politische Kompetenzen zunehmend auf deutsche Stellen übertragen und deshalb die Entnazifizierung zu einem schnellen Abschluss gebracht werden. Das 1. Änderungsgesetz zum „Befreiungsgesetz“ vom Oktober 1947 sah vor, die meisten kleinen Amtsträger durch einen finanziellen Sühnebescheid vom Beschäftigungsverbot zu befreien, das 2. Änderungsgesetz vom März 1948 erlaubte die Einstufung aller „Belasteten“ zu „Mitläufern“ und beschränkte das Beschäftigungsverbot auf „Hauptschuldige“; vgl. C. VOLLNHALS, Entnazifizierung, S. 22f.

7 Schnabel verfolgte aus seiner Position als Landesdirektor für Kultus und Unterricht in Nordbaden heraus die Absicht, den vakanten Lehrstuhl von Andreas zu bekommen, und wandte sich deshalb gegen Andreas' Rehabilitierung; vgl. V. SELLIN, Universität Heidelberg, S. 102.

Als wir uns früher einmal über den ganzen Komplex unterhalten haben, waren wir uns darüber einig, daß die Sache einer menschlich guten Lösung entgegengeführt werden müsse. Ich habe in diesem Sinn auch mit Herrn Min[isterial]-direktor Franz einmal gesprochen und zwar beide mal ja nun als alter Freund von Andreas. Jetzt werde ich in die Lage gezwungen durch das Hängenbleiben der Entscheidungen, die Sache mit den Augen des Abgeordneten für Heidelberg anzusehen, dem ja die Universitätsdinge ein besonderes Anliegen sein müssen.

Es ist mir bekannt genug, wie schwierig die Kommunikation zwischen den stuttgarter und karlsruher Entscheidungen auch jetzt noch geblieben ist. Aber ich will einen Durchschlag dieses Briefes auch an Herrn Kultminister Bäuerle geben und ihn bitten, seinerseits mit Herrn Ministerialdirektor Franz für eine rasche Klärung der Dinge zu sorgen.[8]

Mit freundlicher Begrüßung
Ihr ergebener [Theodor Heuss]

Nr. 124
An Dr. Joachim Moras, Ofterschwang über Sonthofen
10. April 1948; Stuttgart-Degerloch, Löwenstraße 86
DLA, D: Merkur: ms. Schreiben, behändigte Ausfertigung; Kopfbogen: „Theodor Heuss"[1]
Absage, Beitrag für die Zeitschrift „Merkur" zu verfassen

Lieber Doktor Moras,

natürlich habe ich Ihnen und Paeschke gegenüber ein sehr schlechtes Gewissen. Paeschke hat mir ein paar Mal rührend Vorschläge gemacht und auch so etwas wie halbe Zusagen bekommen; aber es ist bis heute nichts daraus geworden.[2] Das tut mir selber leid, zumal wenn ich daran denke, wie ich Ihnen dankbar sein muß, daß ich an der „Europäischen Revue" in den Jahren der Verfemung weiterarbeiten konnte und mit einem Teil der Arbeit auf dem Laufenden blieb.[3] Aber in meinem Leben hat sich eine sinnlose Wendung vollzogen; daß ich gute Bücher und

---

8 Vgl. Heuss an Bäuerle, 10. 4. 1948, in: BArch, N 1221, 54.

1 Unter der Datumszeile Eingangsvermerk vom 12. 4. 1948; unter der Schlusszeichnung hs. Vermerk von Heuss: „Durchschlag geht an Paeschke".

2 Vgl. Hans Paeschke an Heuss, 28. 11. 1946, 3. 3. 1947, 1. 4. 1947, 14. 5. 1947, 6. 11. 1947, 26. 11. 1947, 2. 1. 1948; Heuss an Paeschke, 12. 12. 1946, 11. 3. 1947, 28. 3. 1947, 15. 11. 1947, 9. 12. 1947, alle Schreiben in: DLA, D: Merkur.

3 Moras, seit 1933 Schriftleiter und später Herausgeber der „Europäischen Revue", hatte Heuss seit 1937 die Möglichkeit gegeben, in seinem Blatt Artikel zu veröffentlichen; vgl. R. BURGER, Theodor Heuss, S. 325–327.

nette Aufsätze schrieb, verdanke ich ja dem Führer, der meine sonstige Wirksamkeit kalt gestellt hatte.[4] Das ist eine sehr nachhaltige Wirkung von Hitler gewesen, denn in den letzten zwei Jahren sind schon vier Bücher erschienen, die alle in der Hitler-Zeit geschrieben wurden. (Darunter zwei Essay-Sammlungen aus der Beilage der Frankfurter Zeitung.)[5] Aber jetzt ist es so, daß ich mir zum Schreiben die Zeit abringen muß. Ein kleines Buch über das Jahr 1848 ist wesentlich im Sommerurlaub geschrieben;[6] was ich hier publizistisch fabriziere, geht fast immer an die Rhein-Neckar-Zeitung, ist also Tagespublizistik. Zum betrachtsamen und behutsamen Essay bin ich seit Jahr und Tag wegen Sitzungen, Reisen, Besuchen, Briefen, Reden gar nicht gekommen. Wenn ich Ihnen meinen Kalender zeigen würde, so würden Sie sehen, daß ich jetzt hintereinander fünf Abende in Hessen und Südwürttemberg rede, dann sechs Abende hintereinander in Bayern, der Rheinpfalz und Baden; daneben halte ich Kurse, Anfang Mai drei Volkshochschulvorträge, städtische Feiern für 1848, Ende Mai zuerst Zürich, dann Hamburg, zwischendurch Vorbereitung der beiden Vorlesungen, die ich im Sommer an der hiesigen TH halte, Neubearbeitung eines vor 20 Jahren geschriebenen kleinen Handwörterbuches über Politik.[7] Über die Schuldinge habe ich einen Stoß von Denkschriften hier liegen, der noch nicht gelesen wurde, ich rede zwar eifrig mit in unserem sogen. kulturpolitischen Ausschuß des Landtags, sehe aber, wie der gute Reformwille theoretisches Reden bleibt, weil die Räume und die Lehrer fehlen und die Kinder unterernährt sind. Um wirklich etwas mit Verantwortung schreiben zu können, müsste ich in die ewig wechselnden Reformpläne der einzelnen Zonen einsteigen.[8] Und das schaffe ich einfach nicht. Ich lese auch kaum Bücher, wenn nicht gerade wie kürzlich eine Bahnfahrt hin und her nach

---

4 Nach der Übernahme der Regierungsgewalt durch Hitler hatte Heuss im Laufe des Jahres 1933 einen Großteil seiner Aufgaben verloren. Im Mai war er aus der Deutschen Hochschule für Politik entlassen worden, im Juli hatte er sein Reichstagsmandat verloren und im Oktober war er von seinem Vorstandsposten im Deutschen Werkbund zurückgetreten; vgl. E. W. BECKER, Demokrat, S. 110–112; vgl. auch Heuss an Gerstel, 8. 4. 1949, in: IfZ, ED 193, 1.

5 TH. HEUSS, Robert Bosch, vgl. auch Nr. 1, Anm. 7, Nr. 5; DERS., Justus von Liebig [^{2}1946], vgl. auch Nr. 35, Anm. 9; DERS., Deutsche Gestalten; DERS., Schattenbeschwörungen.

6 TH. HEUSS, 1848, vgl. auch Nr. 135.

7 Folgende Reden ließen sich nachweisen: in Wetzlar (10. 4. 1948), Fulda (11. 4.), Marburg (12. 4.) und Darmstadt (13. 4.) vor der FDP anlässlich der hessischen Gemeindewahlen vom 25. 4. 1948, in Schwenningen (15. 4.) vor der DVP über „Deutschland und die Weltlage", in Lauf an der Pegnitz (20. 4.), Würzburg (21. 4.) und Aschaffenburg (22. 4.) vor der FDP anlässlich der bayerischen Gemeindewahlen vom 25. 4. 1948, in den Volkshochschulen von Göppingen (5. 5.) und Reutlingen (12. 5.) über die Revolution von 1848/49, in Zürich (24. 5.) vor der Liberalen Weltunion über „Die Schweiz als Beispiel" (vgl. Nr. 120, Anm. 23) und in Hamburg (30. 5.) vor der FDP über die Revolution von 1848/49; vgl. Redenkalender, in: BArch, N 1221, 684; Redenotizen ließen sich nicht ermitteln. – Zur Vorlesungstätigkeit an der TH Stuttgart vgl. Nr. 117. – Zur geplanten Überarbeitung des Handwörterbuches „Politik" vgl. Nr. 121.

8 Moras hatte Heuss gebeten, einen Aufsatz über die Bildungsproblematik in den Schulen zu schreiben; Moras an Heuss, 6. 4. 1948, in: DLA, D: Merkur.

Kassel[9] mir eine ruhige Ecke schenkt; aber da habe ich amerikanische nationalökonomische Theorie getrieben, um einiges aufzuholen.

Das ist ein Zustand, unter dem ich selber leide, denn meine Sehnsucht ist eigentlich, meine in Heidelberg begonnenen Lebenserinnerungen in ruhiger Gelassenheit niederzuschreiben.[10] Ich will im Augenblick nur hoffen, daß mir einmal etwas einfällt, was für Euch sinnvoll wäre, aber rechnet jetzt nicht mit einem Schulaufsatz.

Mit herzlichen Grüßen
Ihr Theodor Heuss

Nr. 125
An Elly Heuss-Knapp, [Badenweiler]
26. April 1948; Stuttgart-Degerloch, Löwenstraße 86
FA Heuss, Basel: ms. Schreiben, behändigte Ausfertigung; Kopfbogen: „Theodor Heuss"[1]
Umstände des Todes von Wilhelm Külz

Liebe Elly,

[…][2]

Sonst ist im Augenblick nichts mitzuteilen. Ich wünsche sehr, daß die Herzanfechtungen zurückgehen, das autogene Training Dir psychologisch Spaß macht. Als Drucksache lasse ich Dir das „Neue Vaterland" zugehen, in dem Du meinen Aufsatz über Külz lesen kannst.[3] Külz Tod[4] hat eine dramatisch-tragische Pointe. Der Sohn Külz hatte an dem Tag sein Rücktrittsgesuch wegen seines Konflikts mit der SED eingereicht,[5] russische Offiziere bedrängten den alten Külz am Abend, er müsse diesen Rücktritt rückgängig machen, nach zwei bis drei Stunden gelang es dem Vater, den Sohn telefonisch in Weimar zu erreichen (die Mutter war mit in Weimar).

---

9 Heuss sprach am 1. 4. 1948 in Kassel über die Revolution von 1848/49; Redenkalender, in: BArch, N 1221, 684; Redenotizen ließen sich nicht ermitteln.

10 Vgl. zu den „Jugenderinnerungen" Nr. 1, Anm. 9.

1 Am Schluss des Briefes hs. eingefügtes Postskriptum von Charlotte Kaempffer: „böse Lotti hat keine Korrekturen gelesen, aber es ist arg spät geworden. Lieben Gruß."

2 Im ersten Teil des Briefes berichtet Heuss vor allem über zahlreiche Versammlungsreisen, Reden, Treffen mit Freunden sowie über die Einstellung einer neuen Haushaltshilfe und erkundigt sich nach dem Gesundheitszustand seiner Frau.

3 THEODOR HEUSS: Dr. Wilhelm Külz, in: Das Neue Vaterland 3, Nr. 8, April 1948, S. 3.

4 Wilhelm Külz starb am 10. 4. 1948.

5 Helmut Külz war von seinem Amt als thüringischer Justizminister zurückgetreten.

Es gab dann eine offenbar erregte Unterhaltung zwischen Vater und Sohn. Der Sohn blieb aber bei seiner Haltung. Der Alte nahm dann Schlafmittel. Als am anderen Morgen die russischen Herren die Entscheidung des Sohnes hören wollten, lebte der Vater nicht mehr. Es gab dann natürlich die tollsten Gerüchte in Berlin und ein groß aufgemachtes Staatsbegräbnis, mit Aufbahrung und allen Ehren.

(Magdalene[6] sagt, die Suppe stehe auf dem Tisch).

Mit herzlichem Gruß
Dein Theodor

Nr. 126
An Heinrich Schöffler, Vaihingen an der Enz
26. April 1948; [Stuttgart-Degerloch, Löwenstraße 86]
BArch, N 1221, 96: ms. Schreiben, Durchschlag
Reformbedarf in den Volksschulen; Befürwortung humanistischer Gymnasien

Sehr geehrter Herr Schulrat,

die Unsumme von Briefen, die mich bei der Rückkehr von einer einwöchigen Versammlungsreise aus Bayern erwartete,[1] macht es mir unmöglich, brieflich in eine schulpolitische Auseinandersetzung einzutreten. Es interessiert mich eigentlich, in welche Art von Stenogramm der Landtagsverhandlungen Sie Einblick genommen haben, um eine so vollkommen abwegige Auffassung zu gewinnen, wie sie in Ihrem Brief zum Vortrag kommt.[2] Im Landtagsplenum selber habe ich über diese Dinge nie gesprochen. Ob die Verhandlungen im kulturpolitischen Ausschuß stenographisch aufgenommen werden, weiß ich nicht. Das Problem der Volksschullehrerbesoldung ist im Ausschuß von Herrn Schneckenburger aufgeworfen worden, worauf ich allerdings mit der Unbefangenheit und Schärfe, die mich in diesen Dingen auszeichnet, ihm erwiderte, er möge um Gottes Willen von diesen Geschichten nicht reden, da er damit von Anbeginn die Atmosphäre,

---

[6] Vgl. Nr. 90, Anm. 8.

[1] Vgl. Nr. 124, Anm. 7.

[2] Schöffler hatte die vermeintlichen Ausführungen seines Parteifreundes Heuss kritisiert, die er laut Stenogramm im Landtag gemacht habe, nämlich „daß der Kampf der Volksschullehrer um die Einheitsschule und im Zusammenhang damit um die Besserstellung der Volksschule wesentlich auf Gehaltswünsche der Volksschullehrer zurückzuführen sei.“ Schöffler wies zudem auf das Ungleichgewicht in den Schülerzahlen zwischen Volksschulen und Oberschulen hin und plädierte für die sechsjährige Grundschule; Schöffler an Heuss, 21. 4. 1948, in: BArch, N 1221, 96.

in der allein eine sachliche Schulreform möglich ist, psychologisch verderbe. Ich habe das Gefühl, daß meine Darlegungen auch Eindruck gemacht haben. Wenn sie in schiefer Beleuchtung hinausgetragen werden, bin ich natürlich wehrlos.

Sie werden doch nicht annehmen, daß ich für hohe Schülerziffern in der Volksschulklasse schwärme und für niedere bei den höheren Schulen. Ich habe meinerseits die Bereitwilligkeit zur sechsjährigen Grundschule ausgesprochen, obwohl ich diese Streitdiskussionen über das Alter, in dem man die Begabung erkenne (ob nach dem 4. oder 6. Jahr) in der heute üblichen Verallgemeinerung für Blech halte. Meine eigenen Absichten hätten eine andere Lösung vorgesehen. Ich habe in den Besprechungen meine Zustimmung davon abhängig gemacht, daß ein bestimmter, wenn auch ziffernmäßig geringer Typus von humanistischen Gymnasien erhalten bleibt, in den man im 5. Schuljahr eintreten kann und wo Latein Grundfach wird. Der Nationalsozialismus hat hier an geistiger Kontinuität sehr viel zerschlagen. Wenn wir im geistigen Gespräch mit der Welt bleiben wollen, dürfen wir bestimmte Traditionen nicht aus einem modischen Zweckrationalismus preisgeben. Aber das ist ein langes Kapitel, was ich nicht noch anfügen kann.[3]

Mit freundlicher Begrüßung
Ihr [Theodor Heuss]

Nr. 127
An Josef Eberle, Stuttgart-Sonnenberg
8. Mai 1948; [Stuttgart-]Degerloch, Löwenstraße 86
DLA, A: Heuss, 73.4088-4093: hs. Postkarte, behändigte Ausfertigung[1]
Lektüre-Empfehlung von Christian Friedrich Daniel Schubarts Rhapsodie „Ahasver“

Lieber Eberle,

vergessen Sie nicht, im Schubart die Rhapsodie „Ahasver“ nachzulesen.[2] Sie ist das, was man kraftgenialisch nennt, hat aber großartige Partien. Ich habe sie

---

3 Vgl. auch Nr. 207.

1 Oben rechts Vermerk vom Empfänger, Datum doppelt unterstrichen: „Zum 4. Juli“; unten links unterstriche ZdA-Verfügung.

2 Gemeint ist die lyrische Rhapsodie „Der ewige Jude“ von Schubart aus dem Jahr 1783, in: CH. F. D. SCHUBART, Gedichte, S. 403–407.

in den Heilbronner Oberklassen wohl 4 x „deklamiert", um die Lehrer zu verblüffen.[3]

Schönen Gruß, auch der Gattin,
Ihr Theodor Heuss

Nr. 128
An Hans Paeschke, [Baden-Baden]
19. Mai 1948; Stuttgart-Degerloch, Löwenstraße 86
DLA, D: Merkur: ms. Schreiben, behändigte Ausfertigung; Kopfbogen: „Theodor Heuss"[1]
Reden über die Revolution 1848/49; Vortragsstil von Theodor Heuss

Lieber Herr Paeschke,

freundlichen Dank für Ihre Zeilen.[2] Wann ich in Konstanz reden werde, terminmäßig, weiß ich selber noch nicht.[3] Auch das Thema ist noch nicht genau umschrieben. Man wollte etwas über das Jahr 1848 und seine literarische Auswirkung, zumal im Südwesten. Aber soweit ich sehen kann, ist eine solche von geistigem Rang nicht vorhanden gewesen. Ich habe deshalb vorgeschlagen, „die geistig-literarische Problematik des Vormärz und der 1848iger-Bewegung". Wie ich mir das zurechtlege, ahne ich noch nicht. Ich habe von mir aus natürlich nichts dagegen, wenn Ihr Kulturring das mit dem Börsenverein vereinbart, daß der Vortrag als gemeinsame Veranstaltung gilt. Zwei Mal kann ich den Vortrag ganz sicher nicht halten, um so mehr, als ich ihn ja nicht ausarbeite. Das habe ich noch nie mit Vorträgen gemacht, sondern nach Notizen frei spreche. Ich habe nur als Student ein paar Mal Vorträge aufgeschrieben, und dann hat mir das ganze Reden keinen Spaß gemacht.[4] Die Folge davon ist natürlich, daß auch kein Manuskript

3 So heißt es in den Jugenderinnerungen: „Wie oft habe ich Schubarts seitenlange herrlich-titanische Kraftburschenrhapsodie ‚Ahasverus' gedröhnt und gestöhnt." TH. HEUSS, Vorspiele, S. 76f.

1 Oben unterstrichene Verfügung: „Abl[age]".

2 Paeschke hatte in einem Brief vom 16. 5. 1948 angefragt, ob Heuss bei einer gemeinsamen Tagung des Börsenvereins des Deutschen Buchhandels und des Südwestdeutschen Kulturrings in Konstanz den für den Börsenverein gedachten Vortrag auch für den Kulturring halten könne und ob dieser Vortrag sich für eine Veröffentlichung im „Merkur" eigne; DLA, A: Merkur.

3 Heuss wollte am 20. 6. 1948 in Konstanz über die „Geistige und literarische Bewegung um 1848" sprechen; Redenkalender, in: BArch, N 1221, 684; Redenotizen in: ebd., 27. Vermutlich wegen der Währungsreform fiel die Veranstaltung aber aus; vgl. Nr. 131.

4 Heuss berichtet in seinen „Jugenderinnerungen" über eine Episode aus seiner Studienzeit, in der er einen ausgearbeiteten Vortrag über religiöse Malerei „über die Köpfe der ungefähr fünfzig Leute hinweglas". Er zog damals die Konsequenz: „Die Erfahrung des Abends wurde lehr- und

für den Abdruck zur Verfügung stehen wird. Ich habe im Herbst ein kleines Buch über die politische Seite von 1848 geschrieben[5] und damit meinen Obolus an die Vergangenheit erstattet, mit der schrecklichen Wirkung, daß ich zwischen Tübingen und Hamburg, zwischen Nürnberg und Düsseldorf 1848iger-Reden zu halten habe. Ich kriege es einfach nicht fertig, zumal mir auch das entsprechende Literaturmaterial gar nicht zur Hand steht, eine spezifische Verdichtung der Problematik in das Literarische so zu vollziehen, daß daraus ein verständiger Essay werden würde. Mein Leben ist für derlei leider viel zu verhetzt; morgen muß ich z. B. für 3 Tage nach Zürich fahren und habe den Paß noch nicht.[6] Was das an Lauferei bedeutet! Eine geruhsame Abendstunde kenne ich schon lange nicht mehr, und wenn ich sie kenne, mache ich Kärrnerarbeit, um ein vor 20 Jahren erschienenes kleines politisches Wörterbuch auf den Stand der heutigen Dinge zu bringen.[7] Haben Sie Mitleid mit mir. Ich freue mich auf ein Wiedersehen.

Mit freundlichem Gruß
Ihr

Th. Heuss

Nr. 129
An Otto Debatin, Stuttgart
3. Juni 1948; Stuttgart-Degerloch, Löwenstraße 86
RB, 1 832, 058: ms. Brief, behändigte Ausfertigung; Kopfbogen: „Theodor Heuss“[1]
Umstrittene Rückkehr des Architekten Paul Schmitthenner an die Technische Hochschule Stuttgart; Zurückweisung der Kritik an Reinhold Maiers Zustimmung zum „Befreiungsgesetz“; Verwahrung gegen politisch-moralische Belehrungen

Sehr geehrter Herr Debatin,

in den letzten zwei Wochen hat mich mein unruhiges Leben zwischen Zürich, Hamburg, Bremen und Düsseldorf herumgejagt,[2] so daß ich nur langsam zur

---

fast folgenreich: es war die erste und blieb die letzte Rede vor wartenden Menschen, die wörtlich niedergeschrieben wurde. Ich merkte, daß es für den Redner ein größerer Gewinn sei, in den Augen der Hörer als auf den Papierbogen zu lesen.“ TH. HEUSS, Vorspiele, S. 235; vgl. auch U. BAUMGÄRTNER, Reden, S. 40–45.

5 TH. HEUSS, 1848, vgl. auch Nr. 135.

6 Vgl. Nr. 120, Anm. 23.

7 TH. HEUSS, Politik; vgl. Nr. 121.

1 Am Ende des Briefes hs. Bemerkung vom Empfänger: „Nachschrift vom 5. 2. 50: Der Skandal May – Meyer u. a., der heute die Zeitungen füllt, beweist *mir*, dass ich mit meinem Urteil über

Durchsicht des Stoßes von Briefen, Denkschriften, Manuskripten u. s. f. komme. Daher die Verzögerung der Antwort.

Ich halte unseren skurrilen Briefwechsel an sich für überflüssig. Denn wir scheinen ja aneinander vorbei zu reden, wenn ich nicht Ihren letzten Brief nun eben auch wieder als einen Monolog ansehen soll.[3]

Wenn ich mich recht besinne, ist dieser Briefwechsel dadurch entstanden, daß Sie mich aufsuchen wollten, um mich über Schmitthenner zu unterrichten.[4] Ich habe Ihnen damals geschrieben,[5] das sei überflüssig. Ich wurde nämlich wegen Schmitthenner brieflich und mündlich geradezu zugedeckt, und dabei ergab sich jedes Mal, daß ich selber Schmitthenner länger und besser kannte als alle die, die mich über ihn unterrichten wollten. Da ich nun mit meiner Zeit sparsam bin und auch sparsam sein muß, habe ich Ihnen geschrieben, die Aussprache sei nicht nötig. Ich selber war ja mit Schmitthenner immer direkt oder indirekt in Beziehung, hielt mich aber, seitdem ich das Ministerium verlassen habe, in der amtlich politischen Behandlung der Sache zurück, weil ich unter allen Umständen den Eindruck zu vermeiden hatte, daß ich neben meinem Nachfolger eine Art von Nebenregierung betreiben wolle.

Mein damaliges Schreiben,[6] das ich im Einzelnen nicht mehr kenne, hat mir eine Antwort eingetragen, die ich, verzeihen Sie, vollkommen deplaciert fand.[7] Ich habe Ihnen das zum Ausdruck gebracht,[8] und nun haben Sie erneut zu einem Schreiben ausgeholt, indem Sie – ich glaube, Sie sind der Erste, der das getan hat – dahinter gekommen sind, daß ich humorlos bin und sogar „die kultivierte Eleganz" vermissen lasse.[9] In Ihrem neuen Brief bin ja nicht ich das Ziel Ihrer Angriffe, sondern Dr. Reinhold Maier, Wilhelm Keil, Wolfgang Haußmann, aber ich

dieses Gesetz u. seine Folgen Recht habe." Vgl. zum Korruptionsskandal im Ministerium für politische Befreiung StZ, Nr. 22, 27. 1. 1950. Weiterer Nachweis: DLA, A: Heuss, 73.4431: ms. Schreiben, Durchschlag.

2 Heuss nahm in Zürich an der Tagung der Liberalen Weltunion vom 21. bis 25. 5. 1948 teil; vgl. Nr. 120, Anm. 23. – Er hielt am 30. und 31. 5. 1948 in Hamburg und Düsseldorf Reden über die Revolution von 1848/49; Redenkalender, in: BArch, N 1221, 684; Redenotizen ließen sich nicht ermitteln.

3 Debatin an Heuss, 20. 5. 1948, in: RB, 1 832, 058.

4 Zum „Fall Schmitthenner" vgl. Nr. 119, Anm. 2.

5 Unterstrichen vom Empfänger: „geschrieben"; danach Sternchen mit Verweis auf Bemerkung vom Empfänger am Seitenende: „Nein; ich hatte angerufen und musste von H[euss] eine verletzend schroffe Ablehnung hinnehmen."

6 Sternchen mit Verweis auf Bemerkung vom Empfänger am Seitenende (vgl. Anm. 5). Das Schreiben von Heuss ließ sich nicht ermitteln.

7 Debatin an Heuss, 11. 2. 1948, in: RB, 1 832, 058.

8 Vgl. Nr. 119.

9 In Reaktion auf den Brief vom 16. 2. 1948 hatte Debatin festgestellt, Heuss lasse „die kultivierte Eleganz des Heuss-Stils stellenweise vermissen", zudem habe er bei ihm „mehr überlegenen Humor und weniger Anfälligkeit für Empfindlichkeit vorausgesetzt"; wie Anm. 3.

weiß nicht recht, was ich damit anfangen soll. Ich will mich nicht in eine psychologische Analyse Ihres Zustandes begeben, denn meine Bemerkungen über Ihr Ressentiment oder über Ihre Rechthaberei haben Sie offenbar verletzt; aber ich glaube zu spüren, daß Ihr neuerlicher Brief sehr typische Züge zeigt, nämlich des allzu rasch Vergessenkönnens des Zustandes, wie wir ihn 1945 gehabt haben.

Ich halte Ihre Vorwürfe gegen Dr. Reinhold Maier für vollkommen unberechtigt;[10] sie sind so marktgängig wie billig. Ich war ja damals noch Mitglied des Kabinetts und erinnere mich sehr genau der vollkommen nüchternen Klarheit, mit der Reinhold Maier die politisch-psychologischen Konsequenzen des Gesetzes dargetan hat, wie er um Änderungen kämpfte, nachdem München und Wiesbaden bereits zugesagt hatten.[11] Daß er das Gesetz mit dann unterschrieben hat, auch wenn es ein schlechtes Gesetz war, war eine Notwendigkeit, um überhaupt ein Gesetz zu erhalten; daß er damit Beifall oder Dank erntete, hat er so wenig erwartet wie irgend einer der Männer, die in dieser Situation in eine Verantwortung traten. Sie, wie sehr viele Deutsche, haben den Zustand des Herbstes 1945 vergessen, in dem einfach Verordnungen der Militärregierungen mit höchst unterschiedlicher Praxis der Leutnants in den einzelnen Kreisen den[12] und den aus Amt und Beruf hinauswarfen.[13] Es ist eine sentimentale Meinung, die ich bei einem Mann von Ihrer Intelligenz nicht vermutet hätte, zu glauben, daß eine Erinnerung an ein Roosevelt-Wort irgend einen Eindruck gemacht hätte.[14] Das scheint mir genauso harmlos zu sein wie die Meinungen nach dem ersten Krieg, wenn man die Kriegsschuldthese der anderen ablehne und sogar dokumentarisch belege, werden die Kriegsfolgen abgewendet oder gemindert.[15] So einfach voll-

---

[10] Debatin hatte Maier seine Zustimmung zum „Gesetz Nr. 104 zur Befreiung von Nationalsozialismus und Militarismus" vom 5. 3. 1946 vorgeworfen; wie Anm. 3; vgl. zum „Befreiungsgesetz" Nr. 25, Anm. 10.

[11] Vgl. Nr. 107, Anm. 8.

[12] Unterstrichen vom Empfänger: „den und den".

[13] Sternchen mit Verweis auf linke Randbemerkung vom Empfänger: „Das Gesetz hat allerdings ratzebutz *alle* aus Amt und Beruf ausgeschlossen"; vgl. zur frühen Entnazifizierung Nr. 20a, Anm. 3.

[14] Debatin hatte die Passage aus einer Rede des amerikanischen Präsidenten Roosevelt zitiert, in dem dieser sich am 25. 8. 1943 verbürgt habe, dass im Falle einer bedingungslosen Kapitulation Deutschlands nur die verantwortlichen NS-Führer zur Rechenschaft gezogen würden; wie Anm. 3.

[15] Kreuz mit Verweis auf rechte Randbemerkung vom Empfänger: „ Wehren aber muß man sich u. muß dem Gegner bisweilen den Spiegel entgegenhalten." Im Artikel 231 des Friedensvertrages von Versailles von 1919 legten die Alliierten die Verantwortung des Deutschen Reiches und seiner Verbündeten für den Ersten Weltkrieg fest, um auf diese Weise juristisch ihre Reparationsansprüche abzusichern. Im Verlauf der äußerst heftigen Debatte um diesen Artikel wurde die Kriegsschuldthese für die Weimarer Republik dauerhaft zu einer traumatischen Belastung. Um der „Kriegsschuldlüge" zu begegnen und deutsche Revisionsansprüche zu belegen, gab das Auswärtige Amt Ende 1919 die „Deutschen Dokumente zum Kriegsausbruch" und 1922–1927 die vierzigbändige Aktenedition „Große Politik der Europäischen Kabinette, 1871–1914" heraus; vgl. U. HEINEMANN, Niederlage, S. 74–87.

ziehen sich die Dinge nicht, sondern in sehr realistischen Kleinkämpfen. In denen hat sich gerade Reinhold Maier oft genug und auch mit Erfolg eingesetzt (Befreiung von Hans Walz);[16] er weiß auch in diesen Dingen, daß man nicht trompetet und daß man auch nicht mit Dank rechnet. Mir scheint, daß Sie nicht wissen, wie die Befreiung der Konzentrationslager auf die öffentliche Meinung Amerikas gewirkt hat und wie ungeheuer schwer es war und ist, über diesen volkspsychologischen Eindruck drüben in Amerika selber hinwegzukommen. Man ist auf dem Weg, die Deutschen selber haben es sich aber bereits wieder zu leicht gemacht und diese Dinge vergessen, weil sie ja daran unschuldig gewesen sind.[17] Gewiß, Sie waren daran so unschuldig wie ich, aber wir haben alle an den Folgen mitzuleiden.

Es ist nun, um den Brief nicht ins Materiell-Breite zerfließen zu lassen, nur noch eine Bemerkung zu machen: ich fühle mich gar nicht so erhaben, um nicht interessiert und dankbar Briefe mit Ratschlägen, Fragen, Bitten, die ich fast täglich zu Dutzenden kriege, zu lesen.[18] Ich weiß, daß das eine Last ist, die dem Menschen zuwächst, wenn er ins öffentliche Leben getreten ist, für mich eine sonderliche Last, weil ich nur gelegentlich eine Hilfskraft habe, das Meiste handschriftlich erledigen muß, viel unterwegs bin und am liebsten Bücher schreiben würde. Ich habe auch gar nichts dagegen, wenn ich von primitiven Menschen Klagen und Anklage erhalte, und wo immer es geht und ich es sachlich verantworten kann, bin ich bereit, den Menschen zu helfen, bin auch froh, schon einige aus dem Internierungslager gebracht zu haben, wo der Fall entsprechend gelagert war; aber was ich für Zeitverschwendung halte und wogegen ich offenbar sauer reagiert habe, ist dies, von einem Mann wie Ihnen allgemeine Belehrungen über Recht und Unrecht zu erhalten oder über den Widerspruch zwischen den Bekenntnissen zur Demokratie und der gegenwärtigen Lage. Solche Belehrungen brauche ich nun wirklich nicht, und es schien mir auch für Sie eine Zeitverschwendung zu sein, sich damit literarisch aufzuhalten. Niemand will Sie „mundtot" machen, aber auch unsereins hat ein gewisses Recht der Notwehr.[19]

Mit den besten Empfehlungen
Ihr
Theodor Heuss

---

16 Vgl. Nr. 26.

17 In diesem Sinne äußerte sich Heuss bereits am 25. 11. 1945 in seiner Rede „In Memoriam"; vgl. Nr. 16, Anm. 2.

18 Debatin hatte gegenüber Heuss bemerkt: „Wer als Politiker und Volksvertreter in der Öffentlichkeit steht, hat, mag er auch in der Großen Politik seine Aufgabe erblicken, damit zu rechnen, hin und wieder die Zeit aufbringen zu müssen, die Meinungsäußerung eines schlichten Volksgenossen zur Kenntnis zu nehmen." Wie Anm. 3.

19 Sternchen mit Verweis auf Bemerkung vom Empfänger am Seitenende: „Zugestanden, aber anhören müsst Ihr bisweilen schon, was andere meinen."

Nr. 130

An den Deutschen Pressedienst GmbH, z. Hd. Dr. Heinz Büchsenschütz, Hamburg

9. Juni 1948; Stuttgart Degerloch, Löwenstraße 86

StAF, T1/Büchsenschütz, 5: ms. Schreiben, behändigte Ausfertigung; Kopfbogen: „Theodor Heuss“[1]

Einheitliche Benennung der liberalen Parteien in den Ländern der Westzonen

Sehr geehrter Herr Doktor,

Ihren freundlichen Brief fand ich vor,[2] als die Parforcetour Hamburg-Bremen-Düsseldorf abgeschlossen war. Inzwischen wurde eine kleine Einlage Nürnberg-Heidelberg gemacht.[3] Es geht halt so weiter. In Bremen hatten Ernst Mayer und ich eine recht fruchtbare Aussprache mit den Herren aus Nordwestdeutschland, freilich ohne Blücher. Die Namensfrage ist auch dort erörtert.[4] Ihre Lösung ist ja, wie Sie wissen, dadurch erschwert, daß einige Gruppen aus partikularpropagandistischen Gründen an ihren Namen hängen. Wir waren uns ziemlich einig darüber, daß jetzt im Augenblick eine Aktion in dieser Frage verfrüht oder zwecklos wäre, auch wegen des Kontrollrats. Ich selber vertrete die Auffassung, daß in dem Augenblick, da eine Art von Wahlbewegung für eine westdeutsche Volksvertretung beginnen wird, über die einheitliche Benennung eine Verständigung erreicht sein muß. Ich hoffe, daß die Hessen lernen werden, daß die Bezeichnung liberaldemokratisch wegen der Okkupierung dieses Namens durch eine Politik, die sie selber am stärksten distanzieren, für sie unerwünscht wird.[5]

Mit freundlichen Grüßen
Ihr

Th. Heuss

---

[1] Eingangsstempel oben rechts vom 11. 6. 1948; darunter hs. Datumsvermerk vom Empfänger vom 14. 6. 1948.

[2] Ließ sich nicht ermitteln.

[3] In Hamburg, Düsseldorf und Nürnberg hielt Heuss am 30., 31. 5 und 6. 6. 1948 Reden über die Revolution von 1948/49; Redenkalender, in: BArch, N 1221, 684; Redenotizen ließen sich nicht ermitteln.

[4] Die drei Landesverbände der liberalen Parteien in der amerikanischen Zone hatten trotz des zonalen Zusammenschlusses im September 1946 ihre Namen beibehalten: in Bayern FDP, in Hessen LDP, in Württemberg-Baden DVP und in Bremen BDVP bzw. FDP; vgl. auch Nr. 174.

[5] Wie die hessischen nannten sich auch die Liberalen in der sowjetischen Zone LDP. Vor allem die hessische LDP unter Euler hatte die Deutschlandpolitik der ostzonalen LDP vehement abgelehnt und zum Sturz von Wilhelm Külz beigetragen; vgl. Nr. 111, Anm. 20. Schon am 12. 1. 1948 wies Heuss in einem Schreiben Euler darauf hin, dass in Zukunft eine gemeinsame Parteibezeichnung im Wirtschaftsrat wünschenswert sei; BArch, N 1221, 56.

Nr. 131
An Dr. Ernst Ludwig Heuss, [Lörrach]
18. Juni 1948; [Stuttgart-Degerloch, Löwenstraße 86]
FA Heuss, Basel: hs. Schreiben, behändigte Ausfertigung
Währungsreform; Konflikt zwischen Rudolf Agricola und Hermann Knorr in der „Rhein-Neckar-Zeitung“

Lieber Ludwig,

fast hätte ich dieser Tage angerufen, um Dir zu sagen, daß die Mutter u. ich vom 19. bis 21. in Konstanz seien. Ich sollte dort am Sonntag auf dem Buchhändlertag tönen. Aber wegen der Währungsgeschichte fällt die Sache plötzlich aus.[1] Ob nur Vertagung? Die Menschen sind ziemlich nervös.

Am letzten Samst[a]g sprach ich in Neustadt (Pfalz)[2] u. besuchte auch wieder Speyer – die Mutter blieb so lange in Heidelb[er]g.

Knorr will Agricola aus der Rh[ein-]N[eckar-]Z[ei]t[un]g hinausboxen, weil A[gricola] einen von K[norr] abgelehnten Aufsatz über Demokratie in dem mannheimer „Morgen“ brachte. Schafft viel Krangel.[3] A[gricola] hat einen großen Taktfehler begangen, Kn[orr] ist sachlich im Recht, u. ich stehe nun seltsam zwischen den beiden Freunden.[4]

---

[1] Nach dem Kriegsende unterliefen Schwarzmarkt und Kompensationsgeschäfte das staatliche Bewirtschaftungssystem der Alliierten. Nachdem sich die Westzonen mit der sowjetischen Besatzungszone Anfang 1948 nicht auf eine gemeinsame Währungsreform einigen konnten, war der Entschluss zu einem alleinigen Vorgehen der Westmächte definitiv gefallen. Am 18. 6. 1948 erfuhr die deutsche Bevölkerung die Einzelheiten der Reform, die dann zwei Tage später in Kraft trat. Private Verbindlichkeiten und alle Bank- und Sparguthaben wurden im Verhältnis zehn zu eins abgewertet. Als sogenannte Kopfquote erhielt jeder Einwohner in den drei Westzonen im Umtausch gegen 60 Reichsmark sofort 40 neue Deutsche Mark, im August die restlichen 20. Während sich mit Einführung der neuen Währung schlagartig die Geschäfte mit gehorteten Waren füllten, brach der Schwarzmarkt zusammen. Mit der Währungsreform war grundsätzlich eine Vorentscheidung über die künftige Wirtschaftsordnung getroffen worden. Das alliierte Bewirtschaftungssystem wurde nach dem 20. Juni zunehmend zugunsten einer wettbewerbsorientierten Marktwirtschaft ersetzt, deren Durchsetzung vor allem der Direktor der Verwaltung für Wirtschaft, Ludwig Erhard, forcierte; vgl. W. BENZ, Besatzungsherrschaft, S. 127–149; vgl. auch Heuss an Isy Krämer, 19. 6. 1948, in: DNB, Deutsches Exilarchiv 1933–1945, Frankfurt a. M., EB 93/135, I.D.018; zur Rede auf dem Buchhändlertag vgl. Nr. 128.

[2] Am 12. 6. 1948 sprach Heuss vor der DVP über „1848 und heute“; Redenkalender, in: BArch, N 1221, 684; Redenotizen ließen sich nicht ermitteln.

[3] Verdrehungen, Verwicklungen.

[4] Nach Auffassung des Mitherausgebers der „Rhein-Neckar-Zeitung“, Agricola, hatte sich die Zeitung nach ihrer Gründung im September 1945 zunehmend von ihren demokratischen Grundsätzen entfernt und einen einseitigen prowestlichen und antisowjetischen Kurs verfolgt. Aus diesem Grund sah sich der Kommunist Agricola im März 1948 veranlasst, unter dem Titel „Demokratie“ einen Artikel über diese Situation für die „Rhein-Neckar-Zeitung“ zu schreiben, dessen Veröffentlichung aber von dem Mitlizenzträger Knorr, dann auch von Heuss abgelehnt wurde.

Von Zürich schrieb man mir, die Basler Nachrichten hätten über uns[er] zürcher Auftreten wenig günstig geschrieben.[6] Was? Uns schien die Sache im Ganzen wohlgelungen.

Gesundheitlich geht es gut – ich bin froh, durch die Geldsache ein paar ruhige Sonntage zu gewinnen.

Seid alle herzl[ich] gegrüßt
Euer Theodor H.

Nr. 132
An Dr. Ernst Ludwig Heuss, Lörrach
29. Juni 1948; Stuttgart-Degerloch, Löwenstraße 86
FA Heuss, Basel: hs. Postkarte, behändigte Ausfertigung
Währungsreform; Berlin-Blockade; Teilnahme an der westdeutschen Verfassunggebenden Versammlung

Lieber Ludwig,

die Mutter ist ein bischen traurig, daß Du selber nie schreibst, und sie macht bereits wieder für den Spätsommer Badenweiler-Pläne, um in ihrem „Training"[1] fortzufahren u. die Entwicklung der kl[einen] Barbara[2] zu genießen. Denn sie findet, daß ihr durch die immerhin weite Entfernung in dieser Sparte viel verloren geht, worauf sie Anspruch habe. Das unfrohe Wetter lähmt Sonntagsentschlüsse. Die Rede-Politik macht, wegen Geldschnitt, eine Pause;[3] gestern war ich mit

---

Schließlich überließ Agricola den Artikel dem „Mannheimer Morgen", wo er am 5. 6. 1948 (Nr. 63) erschien. Knorr fühlte sich daraufhin von Agricola hintergangen und setzte sich dafür ein, ihm die Lizenz zu entziehen, da dieser wegen einer Professor an der Universität Halle ohnehin seinen redaktionellen Aufgaben nicht genügend nachkommen könne. Auch Heuss billigte das Verhalten seines Kollegen Agricola nicht; vgl. Heuss an Agricola, 14. 6. 1948; Agricola an Heuss, 26. 6. 1948; Notizen von Agricola und Knorr zu diesem Vorgang; alle Dokumente in: FA Heuss, Basel; vgl. auch Nr. 145, Anm. 1.

6 Der Artikel in den „Basler Nachrichten" zur Tagung der Liberalen Weltunion in Zürich vom 21. bis 25. 5. 1948 enthält sich jeglicher Wertung; Basler Nachrichten, Nr. 212, 24. 5. 1948; zur Zürcher Tagung vgl. Nr. 120, Anm. 23.

1 Heuss-Knapp hatte bereits während ihres Kuraufenthalts in Badenweiler im Frühjahr 1948 mit autogenem Training begonnen; Heuss an Heuss-Knapp, 23. 4. 1948, in: FA Heuss, Basel; vgl. auch Heuss an Jäckh, 20. 7. 1948, in: BArch, N 1221, 83.

2 Das Enkelkind Barbara Heuss in Lörrach.

3 Vgl. zur Währungsreform Nr. 131, Anm. 1.

Ernst M[ayer] zu einer 7 Stunden Partei-Sitzung in Frankfurt.[4] Ich war so erleuchtet zu veranlassen, daß vor 4 Wochen sofort *alle* Treibstoffscheine <in wirkl[ichen]>[5] Stoff verwandelt wurden. Kunstvoll schaukeln wir uns durch die Geldscheinlosigkeit. Wenn der Großvater die 2 Währungen in Berlin erlebt hätte! Der „Sieg" des Nominalismus![6] Aber was für ein Sieg. Die Dinge sind ja vollkommen verworren, und es spielt sich etwas Weltgeschichte ab, ob Berlin „gehalten" werden kann.[7] Ich bin noch ungewiß, ob ich in die westd[eu]tsche Volksvertretung gehen will; es würde im Winter eine elende Last.[8]

---

4 Am 28. 6. 1948 fand in Frankfurt a. M. eine informelle Aussprache führender westdeutscher Liberaler über die Londoner Empfehlungen (vgl. Anm. 8) statt; darüber hinaus ließ sich Ernst Mayer seine Pläne für die Gründung einer liberalen Bundespartei in den Westzonen bestätigen; vgl. D. HEIN, Milieupartei, S. 325; Zusammenfassung der Sitzung durch Heuss in dem Rundschreiben Nr. 4, 5. 7. 1948, in: BArch, N 1221, 407.

5 Unsichere Lesart wegen Lochung am linken Rand.

6 Der Vater von Heuss-Knapp, Georg Friedrich Knapp, schrieb wichtige Arbeiten zur Geldtheorie, darunter 1905 die „Staatliche Theorie des Geldes". Darin entwickelte Knapp eine Geldtheorie des Nominalismus, die das Geld von seinem Stoffwert löst und als reinen Ausdruck einer Rechtsordnung interpretiert; G. F. KNAPP, Theorie, S. 1–20. – Durch die westliche Währungsreform geriet auch die Militärregierung in der SBZ in Zugzwang. Noch im Juni improvisierte sie eine Geldsanierung für ihre Zone, die auch ganz Berlin einbezog. Daraufhin führten die Westmächte in ihren Sektoren von Berlin ebenfalls die neue Westwährung ein, so dass bis zur Spaltung der Stadt 1961 (Bau der Mauer) zwei Währungen in Berlin bestanden; vgl. W. BENZ, Besatzungsherrschaft, S. 144.

7 Als Reaktion auf die Währungsreform in den Westzonen und den Westsektoren Berlins verhängte die sowjetische Besatzungsmacht am 24. 6. 1948 eine Blockade aller Land- und Wasserwege zwischen den Westsektoren von Berlin und den westlichen Besatzungszonen. Hinter dieser Aktion der sowjetischen Militärregierung stand letztlich die Absicht, die sich abzeichnende Weststaatsgründung zu verhindern oder zumindest ganz Berlin in die eigene Besatzungszone zu integrieren. Die Westalliierten ließen aber ihre Truppen in Berlin und versorgten fast ein Jahr lang die Stadt mit allem Lebensnotwendigen über Transportflugzeuge aus der Luft. Der Erfolg dieser spektakulären Aktion führte – neben dem Marshall-Plan – auch zu einem engeren Schulterschluss der westeuropäischen Länder und vor allem der deutschen Westzonen mit den USA, während das internationale Ansehen der Sowjetunion litt. Angesichts des Scheiterns der Berlin-Blockade lenkte die sowjetische Regierung schließlich ein und hob am 12. 5. 1949 die Abriegelung der Stadt auf; vgl. W. BENZ, Berlin-Blockade, S. 485–494.

8 Noch im August 1948 gestand Heuss angesichts des schlechten Gesundheitszustandes seiner Frau seine geringe Bereitschaft, an den Verhandlungen des Parlamentarischen Rates zur Erarbeitung einer Verfassung teilzunehmen: „Ich habe nicht zu viel Lust dazu, weil die Sache in Koblenz od. Godesberg sein soll. Würde Karlsruhe gewählt werden, wäre der Entschluß leichter. Elly sieht ein, daß in uns[erem] Kreis hier kein anderer recht in Frage kommt, aber klagt auf Vorrat über Einsamkeit." Heuss an Toni Stolper, 11. 8. 1948, in: BArch, N 1221, 489; vgl. auch Nr. 167, Anm. 3. – Vom 23. 2. bis 6. 3. und vom 20. 4. bis 2. 6. 1948 hatten sich in London die Außenminister der USA, Großbritanniens, Frankreichs und der drei Beneluxstaaten getroffen, um über die Frage einer westdeutschen Verfassung zu verhandeln. Im veröffentlichten Schlusskommuniqué vom 7. 6. 1948, den Londoner Empfehlungen, wurden die Deutschen in den Westzonen u. a. dazu aufgerufen, sich eine Verfassung auf föderaler Grundlage zu geben und damit begrenzt regierungsmäßige Verantwortung zu übernehmen. In starker Anlehnung an dieses Kommuniqué überreichten am 1. 7. 1948 die westlichen Militärgouverneure in Frankfurt a. M. den elf Ministerpräsidenten

Hoffentl[ich] hält bei Hanne[9] die Kopfwehlosigkeit an.

Mit guten Grüßen an Euch drei
Dein Vater Th. Heuss

[PS] Mont[a]g bis Mittwoch wohnte Voegi[10] bei uns, Wolfg[ang][11] bei Harkorts. Es war recht behaglich. Die Sache mit Gustls deutscher Ausgabe schwebt immer noch.[12] Ich bearbeite z. Zt. das Lexikon „Politik",[13] eine freudlose Sache.

Nr. 133
An Franz Blücher, [Essen-Bredeney]
2. Juli 1948; [Stuttgart-Degerloch, Löwenstraße 86]
BArch, N 1221, 54: ms. Schreiben, Durchschlag
Befürwortung von Pensionen für ehemalige Wehrmachtsangehörige

Lieber Herr Blücher,

ob Ernst Mayer schon dazu kam, meine am Dienstag gleich diktierten 10 „Punktationen"[1] weiterzuleiten, weiß ich nicht.

Wir haben vor, Ende der nächsten Woche hier eine kombinierte Fraktions- und Vorstandssitzung abzuhalten, und es wäre vielleicht ganz gut, bis dahin ihr angekündigtes Gravamen[2] erhalten zu haben.

---

ihrer Besatzungszonen die sogenannten Frankfurter Dokumente, in denen die Regierungschefs der Länder u. a. aufgerufen wurden, eine Verfassunggebende Versammlung spätestens bis zum 1. 9. 1948 einzuberufen, um eine demokratische Verfassung auszuarbeiten, die aber zugleich die Option auf die deutsche Einheit offen zu halten habe. Ein Besatzungsstatut sollte Mindesteinflussmöglichkeiten der Alliierten in der Innen- und Außenpolitik vorsehen; vgl. M. F. FELDKAMP, Parlamentarische Rat, S. 15–19; THEODOR HEUSS: „Föderalismus". Eine Betrachtung vor Durchführung der Londoner „Empfehlungen". Neuformung staatlicher Einheiten, in: RNZ, Nr. 75, 1. 7. 1948, abgedruckt in: TH. HERTFELDER / J. C. HESS, Streiten, S. 43–46.

9 Schwiegertochter Hanne Heuss.

10 Martha Voegeli, Ehefrau von Wolfgang Stolper.

11 Wolfgang Stolper.

12 G. STOLPER, Deutsche Wirklichkeit.

13 Vgl. Nr. 121.

1 Die Stellungnahme der westzonalen Liberalen auf einer informellen Sitzung am 28. 6. 1948 in Frankfurt a. M. zu den Londoner Empfehlungen und dem darin festgelegten Verfassungsauftrag hatte Heuss in zehn Punkten zusammengefasst, die Ernst Mayer als Rundschreiben Nr. 4 am 5. 7. 1948 an alle liberalen Landesverbände und Vorstandsmitglieder weitersandte. Auch Blücher hatte an der Sitzung teilgenommen; Rundschreiben in: BArch, N 1221, 407; vgl. auch Nr. 132, Anm. 4, 8.

2 Der Begriff stammt aus dem Mittelalter und bezeichnet eine Beschwerde gegen die kirchliche oder weltliche Autorität. Im Hinblick auf die Londoner Empfehlungen und Frankfurter Doku-

Der Anlaß dieser Zeilen ist aber anderer Art. Ich hatte vor, bei der frankfurter Begegnung noch eine Angelegenheit zur internen Besprechung zu bringen, bin aber nicht mehr dazu gekommen. Vor einigen Monaten hatte ich mich publizistisch dafür eingesetzt, das Recht der ehemaligen Wehrmachtsangehörigen auf Pensionen grundsätzlich zu vertreten.[3] Ernst Mayer hat im „Neuen Vaterland" den Aufsatz abgedruckt, vielleicht haben Sie ihn gesehen.[4] Diese Stellungnahme, die wesentlich moralisch-politisch bedingt war, um dem Offiziersberuf zunächst intern aus der billigen und unsinnigen Pauschalverfemung herauszuhelfen, hat mir, wie Sie sich denken können, eine Unmasse von Zuschriften für und wider eingetragen. Seit der Währungsreform steigt das nun wieder an. Ich bin mir bewußt, daß die Grundentscheidungen ja beim Kontrollrat lagen und liegen, und ich weiß auch, die psychologische Situation, daß <sehr>[5] rasch der Einwand kommt: die Kriegsversehrten bekommen nur so viel, die „Generäle" können dann nicht so und so viel kriegen. Es ist mir auch völlig klar, daß aus finanziellen Gründen und bei dem ungeheueren Verschleiß rasch beförderter Leute nicht einfach der alte Pensionskatalog übernommen werden kann. Aber es müßte von

---

mente (vgl. Nr. 132, Anm. 8) formierte sich gegen den am 28. 6. 1948 in Frankfurt a. M. gefundenen deutschlandpolitischen Formelkompromiss (vgl. Anm. 1) breiter Widerstand von führenden Vertretern der westdeutschen Liberalen, der sein Zentrum in der britischen Zone hatte. Kritisiert wurde vom Landesverband Nordrhein-Westfalen vor allem die in London beschlossene internationale Ruhrkontrolle und die geplanten Änderungen der deutsch-niederländischen Grenze, allgemein die starke föderale Ausrichtung der alliierten Verfassungsvorgaben. Schließlich wandte sich vor allem Blücher gegen die seiner Ansicht nach durch die Frankfurter Dokumente drohende Teilung Deutschlands. Diese Befürchtungen entsprachen der Stimmungslage zahlreicher Liberaler auch über die britische Zone hinaus. Der Führungsanspruch der württemberg-badischen DVP unter dem organisatorischen Mandat Ernst Mayers wurde zunehmend infrage gestellt, da der Landesverband und auch Heuss die Londoner Empfehlungen grundsätzlich begrüßten; vgl. D. Hein, Milieupartei, S. 325–327.

3 Theodor Heuss: Pensionen für Offiziere? In: RNZ, Nr. 27, 4. 3. 1948; abgedruckt in: R. Dahrendorf / M. Vogt, Theodor Heuss, S. 346–348. Heuss, dem die Mitschuld und -verantwortung deutscher Militärs an Nationalsozialismus und Krieg durchaus bewusst waren, reagierte in dem Artikel auf einen Aufsatz vom 28. 2. 1948 in der „Rhein-Neckar-Zeitung", in dem sich der Autor kategorisch gegen eine Pensionsgewährung an frühere Offiziere ausgesprochen hatte. Heuss hingegen forderte ein neues Gesetz, das den Berufsoffizieren und Wehrmachtsbeamten der Zeit vor der Regierung Hitler sowie deren Angehörigen einen anderen Rechtszustand zubillige als den zahlreichen militärischen Aufsteigern nach 1933 und vor allem im Krieg, um so dem Rechtsstaat genüge zu tun; vgl. die Erläuterungen von M. Vogt in: ebd., S. 348f. Schon kurz nach Erscheinen des Artikels verwahrte sich Heuss gegen Vorwürfe seines Mitherausgebers der „Rhein-Neckar-Zeitung", Knorr: „Meine Erwiderung in Sachen der Offizierspensionen ist nicht von Ressentiment bestimmt, wie Sie meinen, sondern nur von dem Bedürfnis, die Rhein-Neckar-Zeitung von quasi radikalen Redensarten frei zu halten und eine ressentimentfreie Rechtlichkeit zum Ausdruck zu bringen. Ob das populär oder nicht populär ist, berührt mich gar nicht." Heuss an Knorr, 8. 3. 1948, in: FA Heuss, Basel.

4 Das Neue Vaterland 3, Nr. 5, März 1948, S. 3.

5 Unsichere Lesart wegen Lochung am rechten Rand.

der deutschen Seite her – und da ist ja jetzt nur noch Frankfurt zuständig[6] – versucht werden durchzusetzen, daß auch für die ehemaligen Wehrmachtsangehörigen Pension einbehaltener Gehalt ist. Es ist vollkommen unerträglich, daß alte Offiziere, ihre Witwen u. s. f., die mit der Nazipartei nie etwas zu tun hatten, jetzt in die öffentliche Wohlfahrt geschleudert werden, während Mitläufer wieder in ihre Stellungen kommen, womöglich Minderbelastete Pensionen erhalten, wenn sie Richter oder Studienrat oder bei Post und Eisenbahn waren. Es müßte dort a. einmal der Versuch eines statistischen Überblicks unternommen werden, b. ein Fachmann die Pensionsrechte von Frankreich, England und USA für diese Kategorie studieren, um auch die Argumente gegenüber den Besatzungsmächten zur Verfügung zu haben.

Mit freundlichen Grüßen
Ihr [Theodor Heuss]

Nr. 134
An Dr. Wolfgang Glaesser, Zürich
2. Juli 1948; [Stuttgart-Degerloch, Löwenstraße 86]
BArch, N 1221, 56: ms. Schreiben, Durchschlag
Beziehung zu Konrad Adenauer und Josef Müller; Zurückhaltung gegenüber deutscher Propagierung einer Europa-Idee; Einschätzung von Heinrich Ritzel; Haltung der Liberalen zu den Londoner Empfehlungen

Lieber Herr Glaesser,

freundlichen Dank für Ihre beiden Briefe, wovon besonders auch die Darstellung Ihrer Begegnung mit den CDU-Leuten mich interessiert hat.[1] Ich bin ja in der seltsamen Lage, was gewiß z. T. an mir selber liegt und meinem Mangel an Betriebsamkeit, daß ich Herrn Dr. Adenauer persönlich gar nicht kenne und Dr. Josef Müller nur aus einer flüchtigen, unformellen Begegnung, als er vor vielleicht zwei Jahren einmal hier war und bei einer größeren gesellschaftlichen Veranstaltung

6 In Frankfurt a. M. waren die Behörden der Bizone angesiedelt; vgl. Nr. 90, Anm. 7.
1 Glaesser an Heuss, 24. 6. und 29. 6. 1948, in: BArch, N 1221, 56. In seinem Schreiben vom 29. 6. 1948 hatte Glaesser über ein in Zürich gegebenes Bankett der „Arbeitsgemeinschaft ‚Demokratisches Deutschland' in der Schweiz" für die Vorstände von CDU und CSU berichtet. Auf dieser Veranstaltung gewann Glaesser den Eindruck, dass der bayerische CSU-Landesvorsitzende Josef Müller der neue starke Mann in der deutschen Politik sein werde, hingegen Adenauer „doch eigentlich recht alt geworden" sei und voraussichtlich von seiner Partei auf das künftige Amt des Bundespräsidenten abgeschoben werde.

der verschiedenen politischen Kreise mein alter Bekannter Prittwitz-Gaffron mich ihm vorstellte. Ich hatte das Gefühl, daß wir leicht und locker miteinander reden konnten, aber er war für mich selber noch gar nicht Figur von größerer politischer Bedeutung, denn seine Auseinandersetzungen über die Führung in Bayern gingen erst später los.[2] Diejenigen unserer alten politischen Freunde wie Walter Goetz, die zur bayrischen CSU gehören und anfänglich dort auch ganz aktiv waren, wollen in dem Verbande bleiben, solange Josef Müller eine maßgebliche Rolle spielt, da in seiner Person eine reichspolitische Zuverlässigkeit gegeben erscheint. Als ich neulich in Düsseldorf bei einer Festsitzung des Landtags von Nordrhein-Westfalen (auf Severings Vorschlag) über das Jahr 1848 sprach,[3] hatte Adenauer durch Krankheit sich entschuldigen lassen, so daß meine Hoffnung, einmal einen persönlichen Eindruck von ihm zu bekommen, vergeblich war.

Vielleicht wäre es ganz gut, wenn ich Herrn Dr. Kindt-Kiefer einmal informell kennen lernen würde.[4] Vor ein paar Monaten, als er hier war, hatte ich mich bereit erklärt, von einem alten protestantischen Bekannten aufgefordert, mir einmal seine Siedlungsabsichten vortragen zu lassen. Aber es ist aus unserer Begegnung nichts geworden, da er früher abfahren mußte.

Was Ihre früheren Darlegungen zur Europa-Union betrifft, so ist mir nicht ganz deutlich, auf welche Äußerungen in einem Aufsatz von mir Sie sich beziehen.[5] Ich muß gestehen, daß ich mich in den verschiedenen Verbänden, die sich des Europa-Problems angenommen haben, nach der personellen und nach der sachlichen Seite nicht recht auskenne. Ich habe mich selber nirgends angeschlossen, da ich nur Verbänden beitrete, wo eine Aktivität zweckmäßig ist und von mir auch tatsächlich geleistet werden kann; dabei muß ich immer die zeitliche Begrenzung meiner Arbeitsfähigkeit beachten. Grundsätzlich aber schien es mir

---

2 Müller gehörte 1945 zu den Mitgründern der CSU, die er als eine interkonfessionelle, liberalkonservative Volkspartei „reichstreuer" Ausrichtung verstand – in bewusster Abgrenzung zu Bestrebungen, welche die katholisch-konservative sowie altbayerisch geprägte BVP-Tradition wiederbeleben wollten. Zwei Anläufe, das Amt des Ministerpräsidenten zu übernehmen, scheiterten 1945 und 1946 am Widerstand der amerikanischen Militärregierung und des CSU-Landtagsflügels unter Alois Hundhammer. Als Müller im Mai 1949 den Landesvorsitz verlor, war sein Konzept letztlich gescheitert; vgl. CH. HENZLER, Christlich-Soziale Union, S. 109–144.

3 Am 31. 5. 1948 im Düsseldorfer Landtag; Redenkalender, in: BArch, N 1221, 684; Redenotizen ließen sich nicht ermitteln.

4 Jakob Kindt-Kiefer, Mitbegründer der „Arbeitsgemeinschaft ‚Demokratisches Deutschland' in der Schweiz", hatte die Einladung an die Vorstände von CDU und CSU nach Zürich ausgesprochen. Glaesser berichtete, dass Kindt-Kiefer in Deutschland ein großes Siedlungswerk der Christlichen Nothilfe für die CDU gründen wolle; Glaesser an Heuss, 29. 6. 1948, in: ebd., 56.

5 Mit Bezug auf einen nicht näher genannten Artikel von Heuss wollte Glaesser seinen Briefpartner über die geringe Bedeutung der „Europa-Union" in der Schweiz und den seines Erachtens unseligen Einfluss des sozialdemokratischen Emigranten Ritzel (seit 1939 Zentralsekretär der Schweizer „Europa-Union") auf diese Organisation aufklären; Glaesser an Heuss, 24. 6. 1948, in: ebd.

richtig, daß die Deutschen nicht allzu viel von Europa reden, weil sie sonst wieder sich in die Situation hineinreden, eine Führungsaufgabe vor sich zu sehen, die von den anderen ihnen gar nicht zugestanden wird.

So selbstverständlich es ist, daß Europa ein halbwegs gesundes Deutschland braucht, um selber leben zu können, so scheint mir für die deutsche Deklamation die gedämpfte Stimme heute empfehlenswert, es möchte sonst so aussehen, daß wir, nachdem die Europa-Konzeption Hitlers[6] zerplatzt ist, nun uns mit einer neuen wichtig machen. Sie erwähnen in dem Brief den früheren hessischen Abgeordneten Ritzel. Ich kenne ihn von vor Jahrzehnten.[7] Aber wenn ich mir seine Figur vergegenwärtige, habe ich ein unbehagliches Gefühl. Es ist mir nichts unmittelbar „Nachteiliges" von ihm bekannt, aber seine Augen gefielen mir nie recht. Ich glaube, er ist recht robust, aber auch anmaßend und vermutlich ungebildet. Ich glaube nicht, daß er bei den deutschen Sozialdemokraten je eine irgendwie repräsentative Rolle gespielt hat oder auch zur Zeit in ihrer Fantasie eine solche spielt. Das will ich aber einmal beiläufig festzustellen versuchen. Ob es mir gelingt, weiß ich nicht. Denn ich glaube, daß er bei meinen alten sozialistischen Bekannten gar nicht recht Figur geworden ist.

Am letzten Montag haben wir eine informelle Konferenz in Frankfurt mit Blücher, Schäfer, Dehler und Euler gehabt, bei der die Londoner Empfehlungen und ihre Konsequenzen erörtert wurden.[8] Leider war die französische Zone nicht vertreten. Wir sind sachlich zu ziemlich übereinstimmenden Auffassungen gekommen, aber man weiß ja nie, ob Unklarheiten in der Interpretation bei den Besatzungsmächten uns selber immer wieder zwingen, in der Bewertung der Situation eine taktische Wendung vorzunehmen.

Wie steht es mit Ihrer Deutschlandreise? Der letzte Brief sagt davon nichts.

Von August Weber kam gestern ein sehr munterer Brief.[9] Er schreibt, daß er durch einen Besuch vom Verlauf der züricher Tagung unmittelbaren Bericht erhielt. Er hält die englischen Liberalen personell und finanziell für ziemlich schwach.

Mit guten Grüßen an Sie und die Freunde
Ihr [Theodor Heuss]

[6] Mit der nationalsozialistischen Europa-Konzeption verbanden sich seit dem Sieg über Frankreich 1940 – abgesehen von den unmittelbaren Annexionen im Westen und Osten – zum Teil nebulöse und widersprüchliche Vorstellungen von einem „Großgermanischen Reich" unter einer abgestuften deutschen Gewaltherrschaft. Seit dem Überfall auf die Sowjetunion (22. 6. 1941), vor allem seit der Niederlage von Stalingrad Anfang 1943 und dem Vormarsch der sowjetischen Truppen Richtung Westen beschworen die Nationalsozialisten zudem die Rettung der europäischen Zivilisation vor der „Barbarei" aus dem Osten; vgl. M. Burleigh, Zeit, S. 486–496.

[7] Heuss kannte Ritzel vermutlich aus dem Reichstag, dem Ritzel 1930–1933 als SPD-Abgeordneter angehörte.

[8] Vgl. Nr. 132, Anm. 8, Nr. 133, Anm. 1.

[9] August Weber an Heuss, 24. 6. 1948, in: BArch, N 1221, 103.

Nr. 135
An Hans Bott, Stuttgart,
3. Juli 1948; [Stuttgart-Degerloch, Löwenstraße 86]
BArch, N 1221, 54: ms. Schreiben, Durchschlag
Stilkritik der US-Militärregierung an Theodor Heuss' Buch über die Revolution 1848/49

Sehr geehrter Herr Bott,

Sie haben mir freundlicherweise die Stellungnahme einer Dienststelle des Omgus Education Branch[1] zugeleitet und erwarten meine Rückäußerung.[2]

Ich kann Ihnen nun sagen, daß ich die Notizen zu meinem Buch[3] mit Erstaunen, zum Teil mit Heiterkeit gelesen habe. Ich wurde umgehend gerade fünfzig Jahre jünger und kam mir wie ein Schulbub vor, der von einem pedantischen Lehrer seinen Aufsatz korrigiert zurückerhält. In der Erinnerung hat mich nur beruhigt, daß Aufsätze auf dem Pennal[4] meine Stärke waren und Mängel in der Algebra ausgeglichen haben.[5]

Zunächst dies: ich wußte gar nicht, daß mein Büchlein zu Omgus Education Branch wandern würde. Denn dort hat es nichts verloren. Es ist ein totales Mißverständnis des Herrn, der mir einen guten Stil beibringen will, wenn er annimmt, daß mein Buch als Schulbuch gedacht und geschrieben worden wäre. Es ist bei der Niederschrift keinen Augenblick an eine solche Aufgabe gedacht worden. Aber es ist auch mir nachher die Auffassung nahegetragen worden, daß die Arbeit für Lehrer verschiedener Kategorien bei dem heutigen Mangel an geeigneten Büchern richtig sein könnte, um ihnen für die Darstellung der zeitgenössischen Probleme von 1848 Gesichtspunkte und Durchblicke zu geben. Ich bin trotz meines Kritikers der Auffassung, daß diese Meinung über mein Buch nicht ganz unberechtigt ist.

Es ist dabei ein völlig falscher Schluß, daß es mein Ehrgeiz gewesen sei, ein „populäres" Buch zu schreiben, was daraus gefolgert wird, daß ich ablehnte, das Buch in den „Gelehrten Forschungen" zu sehen. Dazu gehört es nämlich nicht. Ich habe selber genügend wissenschaftliche Bücher geschrieben, die alle aus ersten Quellen gearbeitet wurden, um gerade für diese Arbeit einen solchen Rang nicht zu beanspruchen; denn ich habe ja an neuem Material nichts beigebracht.[6] Aber

---

1 Abteilung der Education and Religious Affairs Division; vgl. Nr. 37, Anm. 11.

2 Weder die Stellungnahme der Militärregierung noch das Schreiben von Bott ließen sich ermitteln.

3 TH. HEUSS, 1848.

4 Höhere Lehranstalt.

5 Vgl. TH. HEUSS, Vorspiele, S. 76.

6 So beanspruchte Heuss für seine während der nationalsozialistischen Zeit verfassten Biographien über Naumann, Poelzig, Dohrn und Bosch, dass sie auf wissenschaftlicher, quellengesättigter

ich habe im Aufbau und in der Durchführung selbständige Wertungen gegeben. Damit habe ich mich an Menschen gewandt, denen das Materiale im Ganzen bekannt sein sollte (wie auch etwa dem Lehrer), die aber beim Lesen zum selbständigen Nachdenken kommen sollen.

Sehr viel Spaß haben mir die Vorschläge gemacht, diese oder jene Satzkonstruktion zu ändern oder von mir individuell gebrauchte Worte und Begriffe zu vermeiden, weil sie ungewöhnlich oder salopp seien. Sehr vergnüglich war mir aber auch die Liste der Fremdwörter, bei denen nur also die geläufigsten Fachausdrücke mitbeanstandet wurden. Aber das mag auf sich beruhen.

Der Vorgang hat aber nun, glaube ich, auch eine ernste Seite. Wir lesen in den Zeitungen und bekommen es in den amtlichen Deklarationen versichert, daß die amerikanische Militärregierung sich aus Eingriffen in die innerdeutsche Entwicklung zurückziehe, daß sie aber, verständlich genug, nach der Richtung ihre Überwachung weiter ausübt, daß keine militaristische oder nationalsozialistische Propaganda sich da oder dort wieder einniste. Daß uns die amerikanische Militärregierung aber sprachliche Belehrungen zugehen läßt, ist eine Mühewaltung, von der sie sich freihalten könnte. Es wird mir persönlich ein Vergnügen machen, meinen zahlreichen amerikanischen Freunden, die mich z. T. für einen guten Schriftsteller halten, davon Kenntnis zu geben, daß ich bei Omgus Berlin eine sehr mäßige Note erhalten habe. Daß der Rezensent zwei Flüchtigkeitsfehler bezw. Ungenauigkeiten entdeckt hat, ist verdienstvoll und dankenswert, aber die Gesamtmühe hätte er sich sparen können, da die Voraussetzungen der Mühen, denen er sich unterzog, gar nicht gegeben waren und da ich mit meinen 64 Jahren für alle Besserungs- und Erziehungsversuche ein völlig untaugliches Objekt bin.

Ich überlasse es Ihnen, ob und in welcher Weise Sie diese meine Auffassung verwerten wollen.

Mit freundlichem Gruß
Ihr [Theodor Heuss]

und objektiver Grundlage geschrieben seien – ein Anspruch, den ihm die Rezipienten ebenfalls bescheinigten; vgl. E. W. Becker, Biographie, S. 69–71.

Nr. 136
An Dr. Paul Waeldin, Lahr, Baden,
3. Juli 1948; [Stuttgart-Degerloch, Löwenstraße 86]
BArch, N 1221, 102: ms. Schreiben, Durchschlag
Befürwortung des Zusammenschlusses von Württemberg und Baden

Verehrter, lieber Herr Waeldin,

vorgestern erzählte mir Ernst Mayer von seinem Besuch in Lahr und von der erstaunlichen Verwirrung, die die Frau Kollegin Teutsch angerichtet hat. Da ich keinen Grund habe anzunehmen, daß eine Böswilligkeit in der Berichterstattung vorliegt, kann ich mir nur denken, daß sie entweder ein schlechtes Gehör besitzt oder die Sprache der Ironie nicht gelernt hat. Der Letzteren bediene ich mich nämlich gelegentlich, wenn ich mit den badenschen Freunden rede und ihnen klarzumachen suche, daß Württemberg sie nicht brauche, daß aber Baden heute der eigentliche Gewinner sei bei der Schaffung eines südwestdeutschen Gesamtstaates.[1]

Es kommt mir fast paradox vor, daß gerade ich über diese Materie sozusagen beruhigende Bemerkungen abgeben muß. Denn erstens habe ich schon in den Wahlbewegungen 1919, nach dem Wegfall der Dynastien, den Zusammenschluß der beiden Staaten in allgemeinen Versammlungen gepredigt (im Gegensatz zu Payer und Haußmann),[2] 2. habe ich bereits im Juni und Juli 1945 in zwei Denkschriften, um die ich von amerikanischer Seite über die deutschen Dinge gebeten worden war, den gleichen Standpunkt vertreten.[3]

Wenn ich auch in der württembergischen Tradition aufgewachsen bin und viel über württembergische Wirtschafts- und Geistesgeschichte geschrieben habe, so war ich, glaube ich, zeitlebens frei von einem württembergischen Partikularismus. Dazu fehlen bei mir auch alle familiären Voraussetzungen.[4] Mein Großvater gehört zu den seltenen Exemplaren, die aus dem Badischen ins Württembergische „aus-

[1] Hintergrund dieser Verstimmung der badischen Abgeordneten Hildegard Teutsch war vermutlich, wie die letzte Passage des Briefes nahelegt, ein Besuch von Heuss in Neustadt an der Weinstraße, wo er am 12. 6. 1948 vor der DVP eine Rede über „1848 und heute" hielt; Redenkalender, in: BArch, N 1221, 684. Bei dieser Gelegenheit hatte er sich wohl auch über die Vereinigung von Württemberg und Baden geäußert, was den Protest von Teutsch hervorgerufen haben dürfte.

[2] So z. B. am 17. 1. 1919 in einer Rede in Stuttgart; THEODOR HEUSS: Deutschlands Zukunft, Stuttgart 1919, S. 7f.

[3] TH. HEUSS, Nordbaden – Nordwürttemberg; eine weitere Denkschrift vom Sommer 1945 über dieses Thema ließ sich nicht ermitteln. Heuss bezieht sich eventuell auf eine Denkschrift, die er im Juli 1947 auf Bitten seines Freundes Gustav Stolper erstellte und in der er eine „verwaltungsmäßige Vereinheitlichung von Württemberg und Baden" propagierte; TH. HEUSS, Frage, S. 134f; vgl. auch Nr. 99, Anm. 4.

[4] Zur familiären Herkunft vgl. auch im Folgenden TH. HEUSS, Vorspiele, S. 17–41.

gewandert" sind. Die väterliche Familie sitzt hunderte von Jahren in einem badischen Neckardorf, die mütterliche ist eine rhein-pfälzische Pfarrer- und Förstersippe. Es kommt mir fast komisch vor, daß gerade ich der Gegenstand mißtrauischer Bewertung geworden bin.

Die Dinge liegen so, daß ich alle diese Fragen immer nur vom gesamtdeutschen Aspekt betrachtet habe und betrachte und daß ich gegenüber Bayern immer eine Stärkung der südwestdeutschen Ecke vertreten habe. Aber in der Beurteilung der aktuellen Situation habe ich den Nordbadenern immer klar zu machen versucht, und im Ganzen auch mit Erfolg, daß sie bei der furchtbaren Zerstörung von Mannheim, Bruchsal, Pforzheim und Karlsruhe durch den Lastenausgleich mit Württemberg, in dem trotz der Katastrophen von Heilbronn und Ulm und den Schäden von Stuttgart eine ganze Anzahl intakter größerer Industriestädte vorhanden sind, eine wesentliche Erleichterung finden werden. Und nicht anders ist es mit Südbaden, zumal nach der Substanzentnahme, die dieses Land in den letzten drei Jahren erfahren hat.[5] Ich habe in einer Landtagssitzung vor Monaten schon darauf hingewiesen, daß unsere finanzpolitischen Überlegungen dem ganzen Raum heute schon gelten müßten, habe die sachliche Zusammenarbeit der drei Universitäten und der zwei Hochschulen schon für heute gefordert, um etwa bei Instituten Fehlinvestierungen auszuweichen.[6] Ich habe nie in meinem Leben Respekt gehabt vor den Landesgrenzen, die zwischen 1803 und 1810 zustande gekommen sind, wie eben die Bestechung der Sekretäre von Napoleon besser funktionierte.[7] Der mittelstaatliche Patriotismus ist ja eine seltsame Leistung des 19. Jahrhunderts geworden; aber sehen wir ihn etwas näher an, so ist er eine Beamtenangelegenheit, abhängig vom Sitz der Landeshauptkasse und des königlichen bezw. großherzoglichen Ordenskapitels. Die Stammes- und Menschengeschichte hat sich darum nicht gekümmert. Von etwas stärkerem Einfluß war die kirchliche und konfessionelle Struktur, aber auch das darf nicht überspitzt werden.

Der Brief ist etwas lang geworden, aber die Mitteilung von Ernst Mayer hat mich fast etwas bestürzt. Ich bitte Sie, damit keine Mißverständnisse zurückbleiben, den Freunden mitzuteilen, daß sie eine total falsche Orientierung erfahren

---

5 Gemeint ist die französische Demontagepolitik in Südbaden.

6 Verhandlungen des Württemberg-Badischen Landtags, Protokollbd. 3, 64. Sitzung, 5. 2. 1948, S. 1569–1571.

7 Als Entschädigung für die Verluste linksrheinischer Territorien an Napoleon und für ihre Unterstützung der französischen Expansionspolitik konnten Bayern, Württemberg und Baden ihre Territorien zu zusammenhängen Flächenstaaten bedeutend ausbauen. Diese Gebietsvergrößerungen erfolgten in mehreren Schritten zwischen 1803 (Reichsdeputationshauptschluss) und 1810 (Grenzausgleich zwischen Bayern und Württemberg). Zudem erfuhren diese Staaten von Napoleons Gnaden eine Aufwertung, als 1806 Bayern und Württemberg zum Königreich, Baden zum Großherzogtum erhoben wurden. Die neuen Grenzziehungen sollten bis 1945 Bestand haben.

haben, und auch die Frau Kollegin Teutsch wissen zu lassen, daß mich dies Ergebnis unserer Begegnung in Neustadt aufs Höchste erstaunen mußte.[8]

Mit den besten Grüßen
Ihr [Theodor Heuss]

Nr. 137
An Prof. Dr. Willy Andreas, Heidelberg
7. Juli 1948; Stuttgart-Degerloch, Löwenstraße 86
GLAK, N Andreas, 809: hs. Postkarte, behändigte Ausfertigung
Emeritierungsgesuch von Willy Andreas; historisch argumentierende Landtagsrede

Lieber Andreas,

die Nachricht, die ich heute Abend nach einem langwierigen Landtag vorfand, hat mich in der Tat von Herzen gefreut – nun ist hoffentlich nicht mehr mit einem der in Ihrem Fall so eifrigen Querschüsse zu rechnen.[1] In m[einem] Schreibtisch ruht ja eine Akte A. – ich denke, sie kann jetzt „abgelegt" werden. Mir kommt es vor allem darauf an, daß Sie die innere Freiheit u. Überlegenheit gegenüber diesen Geschichten zurückgewonnen haben u. nun noch in ruhiger Stete an Ihren wissenschaftlichen Plänen weiterarbeiten, um ihnen den Abschluß zu geben. Ich wäre manchmal froh, das Gezerre u. Gereise los zu sein! Aber ich muß wohl in das Gremium, was das Wahl-Statut (od. wie das Ding heißen wird) vorbereiten soll.[2] Heute habe ich im Landtag darüber eine Stunde lang geredet u. mir dabei

8 Vgl. zu dem Eintreten von Heuss für eine Vereinigung von Württemberg, Baden und der Pfalz u. a. seine Schreiben an: Josef Winschuh, 15. 7. 1948 (BArch, N 1221, 8), Stark, 3. 11. 1948, Strahl, 4. 11. 1948 (beide in: ebd., 99); vgl. auch die Rede von Heuss zur „Staatenbildung im deutschen Südwesten", 27. 7. 1948, in: ebd., 1.

1 Andreas hatte Heuss in einer Postkarte vom 5. 7. 1948 mitgeteilt, dass er wieder als ordentlicher Professor an der Universität Heidelberg eingesetzt werde unter gleichzeitiger Emeritierung, womit seine Pensionsansprüche gesichert seien; ebd., 72; vgl. auch Nr. 106, Anm. 2, Nr. 123. Als sich die Emeritierung dann doch weiter verzögerte, bot Heuss seine Vermittlung bei den entsprechenden Behörden an und urteilte über den Vorgang: „Die ganze Behandlung dieser Sachen ist eine Sauerei geworden." Heuss an Andreas, 27. 7. 1948, in: GLAK, N Andreas, 763; vgl. auch Andreas an Heuss, 23. 7. 1948, in: BArch, N 1221, 72.

2 Gemeint ist vermutlich der Ausschuss, der einen Wahlmodus ausarbeiten sollte, nach dem die Abgeordneten für die Verfassunggebende Versammlung bestimmt wurden. Die Ministerpräsidenten einigten sich auf der Grundlage des Ausschussberichts am 27. 7. 1948 darauf, die Abgeordneten der Versammlung entsprechend den Mehrheitsverhältnissen in den Landtagen zu wählen; vgl. M. F. FELDKAMP, Parlamentarische Rat, S. 36.

den Dr. Wohleb etwas vorgeknöpft. Die Rede hat auch Karl d[en] Gr[oßen] und Otto den Gr[oßen] strapaziert u. den „Vereinigten Landtag“ hervorgeholt u. die Genealogie der Familie Wittelsbach bezw. die Abfolge ihrer „Linien“ vorgenommen – es war zum mindesten historisch einiges daraus zu lernen.[3] M[eine] literar[ische] Nebenarbeit ist z. Zt. sehr mühselig: Durchsicht eines 1926 erschienenen Wörterbüchleins über „Politik“[4] – Hineinpacken der neuen Ereignisse u. Probleme.

Ihnen u. Ihrer Frau weiterhin alles Gute für eine volle Erholung. Wie immer
Ihr Theodor Heuss

Nr. 138
An Prof. Dr. Reinhard Dohrn, Neapel
11. Juli 1948; Stuttgart-Degerloch, Löwenstraße 86
BSB, Ana 525, Be: hs. Postkarte, behändigte Ausfertigung[1]
Neuauflage der Biographie über Anton Dohrn

Lieber Reinhard,

in der letzten Woche erhielt ich den „Umbruch“ für die Neuauflage von A[nton] D[ohrn][2] – wegen des kleineren Formates müssen die „laufenden“ Titel über den einzelnen[3] Seiten z. T. geändert werden. Es sollen nun doch auch die meisten Bilder wiederkehren. Das Vorwort schrieb ich vor 2 Jahren![4] Der Verlag ist von

3 Heuss sprach vor dem württemberg-badischen Landtag am 7. 7. 1948 über den Verfassungsauftrag, wie ihn die Frankfurter Dokumente vorsahen. Im Zusammenhang mit dem Dokument Nr. II, das eine Neufestlegung bestimmter Ländergrenzen ankündigte, warnte er vor zu viel Ehrfurcht gegenüber historischen Hinterlassenschaften. Er spannte den Bogen seiner Betrachtungen von der Gaubildung durch Karl den Großen über die Wiederherstellung der Stammesherzogtümer durch Otto den Großen und über die einmalige Einberufung des preußischen Vereinigten Landtags 1847, einer Versammlung aller Provinzialstände der neun Provinzen, bis hin zu den Wittelsbachern, um den bayerischen Ansprüchen auf die Pfalz zu begegnen. Dabei kritisierte er den badischen Staatspräsidenten Leo Wohleb, der Nord- und Süd-Baden zu einem eigenen Land vereinigen wollte; vgl. VERHANDLUNGEN DES WÜRTTEMBERG-BADISCHEN LANDTAGS, Protokollbd. 4, 77. Sitzung, S. 1865–1870, hier S. 1869f; vgl. zu den historischen Exkursen von Heuss auch im Parlamentarischen Rat Heuss an Heuss-Knapp, 21. 10. 1948, in: FA Heuss, Basel.

4 Vgl. Nr. 121; das Wörterbuch war 1927 erschienen, nicht 1926.

1 Oben rechts neben Datumsangabe Vermerk vom Empfänger: „beantw[ortet] 10. 8. 1948 <M[anuskript] erhalten>“.

2 TH. HEUSS, Anton Dohrn.

3 Es folgt gestrichen: „Zei“.

4 Vgl. Nr. 45. In der Neuausgabe ist das Vorwort zum Neudruck auf August 1948 aktualisiert.

dem Buch so eingenommen, daß er 5.000 drucken lassen will – Atlantis[5] wagte damals nur 3.000. Ich übersehe nicht, ob die Sache wegen des Währungsschnittes, der uns die Ersparnisse, mir zum 2. Mal die Lebensversicherung wegnimmt, zu riskiert ist.[6] Ob man nun wohl mit dem Buch auch ins Ausland kommt? Krieg ist ja sozusagen keiner mehr, aber es gibt auch keine Valutarelation. Den „Nachruf" von Margret drucken wir in der Neuauflage mit ab, u. Kühns Essai – ich habe mit ihm korrespondiert[7] – will ich in meinem Vorwort auch noch ankündigen.[8] Hoffentl[ich] ist das Buch in 2, 3 Monaten fix u. fertig.[9]

Es geht mir ordentlich. Freilich bin ich sehr viel unterwegs. Ellys Befinden (Herz-Attacken) bleibt schwankend. Ich habe viel herumzureden, zwischendurch sind einige Essaibände von mir erschienen, auch Nachdruck von Poelzig u. s. f.[10] Der Sohn sitzt in Lörrach, als Fabrikleiter von Wybert; wir haben eine Enkeltochter von 10 Monaten.[11] Von Bux[12] lange nichts gehört – im Frühjahr war ich in Lauf mit ihm zusammen u. fand ihn frisch.[13] Aber was wird er jetzt machen? Ich hoffe, daß bei Euch alles in Ordnung geht. Werden Buxens Architekturpläne verwirklicht?[14]

Mit vielen guten Grüßen
Ihr

Theodor Heuss

---

[5] Der Atlantis-Verlag in Berlin/Zürich, bei dem die Erstauflage erschienen war.

[6] Vgl. zur Währungsreform Nr. 131, Anm. 1.

[7] Ermitteln ließen sich Kühn an Heuss, 14. 4. 1946 und 13. 5. 1946, in: DLA, A: Heuss, 73.4600.

[8] Vgl. zu Boveris Beitrag Nr. 114, Anm. 15. Heuss kündigte im Vorwort zum Neudruck der Biographie eine wissenschaftsgeschichtliche Studie des Zoologen Alfred Kühn über Dohrn an; TH. HEUSS, Anton Dohrn [²1948], S. 11.

[9] Zum Neudruck der Dohrn-Biographie vgl. auch Heuss an Boveri, 22. 2. 1948, in: SBB PK, NL Boveri, 782; Heuss an Reinhard Dohrn, 1. 11. 1948, in: BSB, Ana 525, Be.

[10] TH. HEUSS, Deutsche Gestalten; DERS., Schattenbeschwörungen; DERS., Hans Poelzig [²1948], vgl. auch Nr. 37.

[11] Zur Tätigkeit von Ernst Ludwig Heuss bei Wybert vgl. Nr. 29, Anm. 22; Enkeltochter Barbara Heuss.

[12] Boguslav (Bux) Dohrn, Sohn von Anton Dohrn und Bruder von Reinhard Dohrn.

[13] Vermutlich im Zusammenhang mit einer Reise nach Lauf an der Pegnitz, wo Heuss am 20. 4. 1948 eine Rede anlässlich der bayerischen Gemeindewahlen vom 25. 4. 1948 hielt; vgl. Redenkalender, in: BArch, N 1221, 684.

[14] Diese Pläne ließen sich nicht näher nachweisen.

Nr. 139
An Dr. Toni Stolper, [New York]
16. Juli 1948; Stuttgart-Degerloch, [Löwenstraße 86]
BArch, N 1221, 489: hs. Schreiben, behändigte Ausfertigung[1]
Berlin-Blockade und „Luftbrücke"; Einschätzung der Frankfurter Dokumente; mentale Folgen der Währungsreform; Dank für Kleidersendung; Rezeption von Gustav Stolpers Buch „German Realities" in der Schweiz; Erinnerung an Gustav Stolper; Befinden der Familie Heuss

Liebe Toni,

vorgestern kam Dein Brief aus den Ferien[2] – wir haben doch sehr die Empfindung, daß Dir der Wechsel der Umgebung wohl getan hat, wenn freilich nun auf der Heimkehr die Sorge vor den Entscheidungen liegt. Daß man Sorge vor der Hitze dabei noch haben kann u. muß, ist uns z. Zt. eine ganz undenkbare Vorstellung. Die berühmten „ältesten Männer" entsinnen sich nicht eines Juli wie des diesjährigen: Schneefall im Schwarzwald, in der Schweiz angeblich bis zu 2 Meter, der Bodensee über s[eine] Ufer tretend – das völlige Gegenspiel zum letzten Jahr, für den Wasserhaushalt des Bodens erwünscht, den Brennstoffüberlegungen abträglich.

Seit dem letzten Brief war Ernst[3] bei uns, den Rest der großen Sendungen abladend – auf der Rückkehr von Garmisch hat er auch den kl[einen] Frank[4] der Tante Elly mit Erfolg vorgeführt. Das böse Zwischenspiel in Italien,[5] wohin Edith[6] eben gereist war, mag ihn erschreckt haben. Doch hat die rasche Pazifizierung ja nun die Sorgen gelöst.

Politisch ist hier, wie Du Dir denken kannst, erhebliche Spannung wegen Berlin, wo ja jeder Freunde hat – es bleibt die ungeheure Paradoxie, daß die Luftgeschwader, deren Brausen die Menschen immer noch erschreckt, jetzt Rettung statt Vernichtung bringen sollen.[7] Zu welcher „Lösung" die verkrampfte Situation geführt werden soll, ist mir persönlich immer noch nicht recht aus-

---

1 Auf der Rückseite des Briefes Postskriptum von Ernst Stolper: „Have just mailed you a long letter. Love Ernst." Weiterer Nachweis: BArch, N 1221, 646: ms. Schreiben, Abschrift.

2 Toni Stolper hielt sich in Seattle auf; Toni Stolper an Heuss und Heuss-Knapp, 7. 7. 1948, in: ebd., 489.

3 Ernst Stolper.

4 Sohn von Ernst Stolper.

5 Am 14. 7. 1948 wurde ein Attentat auf den Generalsekretär der Kommunistischen Partei Italiens, Palmiro Togliatti, verübt. Daraufhin erschütterte ein spontaner, teils gewaltsamer Generalstreik Italien, der aber nach wenigen Tagen – auch unter dem mäßigenden Einfluss des schnell wieder genesenden Togliatti – zusammenbrach; vgl. F. HAUSMANN, Geschichte, S. 47.

6 Vermutlich Edith Mugdan.

7 Vgl. zur „Luftbrücke" Nr. 132, Anm. 7.

denkbar. Inzwischen quälen wir uns mit dem „Statut" od. der „Verfassung" für die Westzonen[8] – mühsam genug, weil man ja spürt, daß die 3 Mil[itär-]Gouv[erneure] nun in ihrer Einigung ja doch Repräsentanten keiner völlig einheitlichen Grundvorstellung sind. Und es ist nicht deutlich, ob die d[eu]tschen Parteien halbwegs im Elementaren eine erträgliche, verträgl[iche] Gemeinschaft finden. Ein *staats*-politisch abgetönter Wahlkampf würde im Augenblick den „unpolitischen" Volkshintergrund seelisch kaum erreichen.[9] Denn die Phantasie der Millionen ist seit dem Geldschnitt fast nur von den Individualsorgen beherrscht.[10] Man spürt es auch an der Correspondenz, an den Bitten um Rat und Hilfe. In einigen Monaten wird man wissen, ob die Sache sich einspielt. Nach m[einem] Gefühl hängt Entscheidendes davon ab, daß das Demontage- u. Reparationsprogramm zunächst sistiert wird u. der d[eu]tsche Produzent, ohne zu viel Bürokratisierung, an den Weltmarkt herangelassen wird. Das ist vor allem auch psychologisch wichtig.

Die schier überreiche Sendung sei nochmals aufs herzlichste bedankt. Mit zweien der Mäntel habe ich mich bereits im Gebrauch angefreundet – es ist ein glücklicher Zufall, daß die Hemden mir passen, denn von diesem Artikel war ein Stoß in Heilbronn mit untergegangen. Wir haben neben dem, was an Harkorts ging u. was – zunächst – für Ludwig[11] zur Entscheidung zurückbehalten wurde, einige Sachen an Ostflüchtlinge geben können. Ich will, da meine Wanderperiode abgeschlossen ist, evtl. sogar den in den Voralpen wohnenden Dirksen wegen des Lodenmantels fragen! Aber er wird vorher Ludwig vorgelegt.[12] Daß der eine Frack schon zu einem Schauspieler wanderte, dem kürzl[ich] in Heidelberg alles verbrannte, schrieb ich Dir wohl schon.[13]

---

[8] Die Ministerpräsidenten der westdeutschen Besatzungszonen hatten in den Koblenzer Beschlüssen am 10. 7. 1948 eine Stellungnahme zu den Frankfurter Dokumenten formuliert. Darin unterstrichen sie, dass sie keine Verantwortung für die Teilung Deutschlands zu übernehmen gedachten, jeglichen Eindruck einer westdeutschen Staatsgründung vermeiden und allenfalls an der Gründung eines staatlichen Provisoriums durch die Ausarbeitung eines Grundgesetzes mitwirken wollten. Erst nach einer gesamtdeutschen Regelung und der Wiederherstellung der deutschen Souveränität sei eine Verfassung zu verabschieden. Nach längeren Auseinandersetzungen mit den Westalliierten kam es schließlich am 26. 7. 1948 doch noch zu einer Einigung. Diese trug in einigen Punkten den deutschen Wünschen Rechnung, den vorläufigen Charakter der Verfassung herauszustreichen; vgl. M. F. FELDKAMP, Parlamentarische Rat, S. 21–28; zum Verfassungsauftrag und Besatzungsstatut vgl. Nr. 132, Anm. 8.

[9] Die Abgeordneten des Parlamentarischen Rates wurden nicht durch die Bevölkerung, sondern nach einem bestimmten Wahlmodus durch die Landtage gewählt; vgl. M. F. FELDKAMP, Parlamentarische Rat, S. 35–37. Heuss wurde vom württemberg-badischen Landtag für die DVP in den Parlamentarischen Rat gesandt; vgl. Nr. 137, Anm. 2; Heuss an Stolper, 11. 8. 1948, in: BArch, N 1221, 489.

[10] Vgl. zur Währungsreform Nr. 131, Anm. 1.

[11] Ernst Ludwig Heuss.

[12] Vgl. Heuss an seinen Sohn, 16. 7. 1948, in: FA Heuss, Basel.

[13] Ließ sich nicht ermitteln.

Daß Mötteli von der N.Z.Z. mit s[einem] Gutachten so ablehnend wirkte, ist enttäuschend.[14] Ich hatte gerade ihm von Gustls Stellung im d[eu]tschen Bewußtsein u. von s[einer] menschlichen Art einiges erzählt, was ihn zu interessieren schien. Aber der andere schw[eizer] Verlag wurde mir neulich recht gelobt. Nun hoffe ich vor allem aber, daß die Sache mit Darmstadt bald zum Klappen kommt.[15] Der Buchmarkt erfährt jetzt eine Reinigung – aber nach ernsthaften Arbeiten soll weiter gefragt werden.

Wir werden am 25. Juli mit unseren herzl[ichen] Gedanken bei Dir sein. Gustls Temperament war ja zu kräftig u. elementar, um den 60. Geburtstag als die Vorpforte zum Patriarchentum zu begehen – aber es wäre für ihn ein Tag ausruhender und trotz aller Stürme dankbarer Behaglichkeit geworden. Vermutlich wäre er schon im Kampf um die Auswertung des Buches gestanden, den *so* ja keiner an seiner Stelle führen kann. Für Dich wird es ein Tag der Wehmut, aber auch der Dankbarkeit sein. Ich denke, daß Max und Hanni[16] den Tag beide mit Dir werden verbringen können. Wie gerne hätten viele, viele Gustl an diesem Tage gesagt, was ihnen die Begegnung mit seinem Menschentum bedeutet hat.

Von Lörrach haben wir ordentl[iche] Nachrichten.[17] Das Kind scheint sehr reizend zu gedeihen, Hanne viel besser dran zu sein, Ludwig natürlich, wie jeder Betriebsleiter heute, in unmittelbaren Liquiditätssorgen u. etwas überschafft, auch viel mit den Gedanken bei s[einem] berliner Kreis. Aber das wird schon in Ordnung kommen. Ellys Befinden morgens gut, nachmittags labil, aber sie hat in der vorigen Woche sehr nett u. erfolgreich im Landtag über das Problem der herumvagierenden Jugend gesprochen, *ohne* gesundheitl[iche] Nebenwirkung.[18] Das hat das Selbstvertrauen wieder gestärkt.

Von uns beiden viele herzliche u. dankbare Grüße
Dein Theodor H.

---

[14] Toni Stolper hatte am 7. 7. 1948 Heuss berichtet, dass Carlo Mötteli von einer Publikation von G. STOLPER, German Realities, in der Schweiz abgeraten habe, da die Perspektive des Buches zu amerikanisch sei; wie Anm. 2. In der „Neuen Zürcher Zeitung" hatte Mötteli das Buch hingegen weitgehend positiv rezensiert; NZZ, Nr. 169, 21. 6. 1948.

[15] Die deutsche Übersetzung von G. STOLPER, German Realities, sollte im Darmstädter Verlag Claassen & Würth erscheinen, wurde aber schließlich beim Hamburger Verlag Claassen & Goverts publiziert; vgl. Nr. 120, Nr. 147.

[16] Max und Johanna Stolper, Kinder von Gustav und Toni Stolper.

[17] Dort wohnten Ernst Ludwig und Hanne Heuss mit ihrer Tochter Barbara.

[18] Heuss-Knapp war Berichterstatterin für den „Entwurf eines Gesetzes Nr. 344 über den Schutz und die Fürsorge für heimatlose Jugendliche"; ihr Redebeitrag in der 78. Sitzung vom 8. 7. 1948 in: VERHANDLUNGEN DES WÜRTTEMBERG-BADISCHEN LANDTAGS, Protokollbd. 4, S. 1894f.

Nr. 140
An den Öffentlichen Kläger der Spruchkammer Stuttgart
18. Juli 1948; [Stuttgart-Degerloch, Löwenstraße 86]

BArch, N 1221, 98: ms. Schreiben, Durchschlag, ohne Anrede[1]

Einstellungsbeschluss eines Spruchkammerverfahrens gegen Theodor Heuss

Dieser Tage erhielt ich einen Einstellungsbeschluß über ein Verfahren, das gegen mich eingeleitet war.[2] Ich bin Ihnen für die Übersendung des Dokumentes dankbar, denn erst dadurch habe ich davon erfahren, daß ein Herr Steinkuhle aus Maubach eine Anklage gegen mich erhoben hatte.[3] Der Vorgang hatte für mich etwas Skurriles, und ich bedauere nur, daß die Arbeitskraft der Spruchkammer durch diese Geschichte in Anspruch genommen wurde. Daß dabei mein Hitler-Buch vom Jahre 1932, das im Jahr 1933 mit Beschimpfungen feierlich verbrannt wurde, herangezogen wurde, ist genauso paradox wie die Beschuldigung meiner gelegentlichen Mitarbeit am „Reich", denn diese Zeitschrift war in ihrer Gründungsperiode, was den Mitarbeiterstab anlangte, fast völlig nazifrei; als sich Goebbels dann dieses Instrumentes bemächtigte, habe ich mich sofort von der Mitarbeit, die ja nur einen literarisch-historischen Charakter besessen hatte, völlig zurückgezogen.[4]

Fast aber bin ich versucht, bei der Spruchkammer anzufragen, ob denn dort meine Aufsätze aus dem „Reich" vorhanden sind als Material. Es ist nämlich so, daß mir ein paar Aktenbündel mit Aufsätzen bei der Umsiedlung von Berlin hierher verloren gegangen sind.[5] Ich entsinne mich wesentlich eines Aufsatzes über Gottfried Keller und Anton Dohrn,[6] und die Aussicht, daß diese Aufsätze irgendwo greifbar sind, läßt mich zu der Überlegung kommen, ob mir eventuell dieses „Material" für mein Archiv abgetreten werden kann oder ob ich es, falls so etwas nicht möglich ist, fotocopieren lassen darf. Entschuldigen Sie die Mühewaltung, die durch dieses Schreiben für Sie entsteht; aber der überraschende Vorgang hat nun auch diese überraschende Folge.[7]

Mit freundlichen Grüßen [Theodor Heuss]

---

1 Unter Adresszeile unterstrichen: „Aktenzeichen 37/05 8496".

2 Spruchkammer an Heuss, 14. 6. 1948, in: BArch, N 1221, 98; vgl. Abb. 19.

3 Fritz Steinkuhle warf Heuss vor, 1932 ein Buch über Hitler (TH. HEUSS, Hitlers Weg) veröffentlicht, Artikel für die Zeitschrift „Das Reich" geschrieben und am 23. 3. 1933 dem „Ermächtigungsgesetz" zugestimmt zu haben. Alle Anklagepunkte verwarf die Spruchkammer; wie Anm. 2.

4 Zur Mitarbeit an der Zeitschrift „Das Reich" vgl. R. BURGER, Theodor Heuss, S. 329–333.

5 Vgl. Nr. 75.

6 THEODOR HEUSS: Das größere Vaterland. Zum 50. Geburtstag Gottfried Kellers, in: Das Reich 1, Nr. 8, 14. 7. 1940, S. 21; DERS.: Die Zoologische Station in Neapel. Zu Anton Dohrns 100. Geburtstag am 29. Dezember 1940, in: ebd., Nr. 31, 29. 12. 1940, S. 20.

7 Eine Antwort der Spruchkammer Stuttgart ließ sich nicht ermitteln; vgl. auch Nr. 154.

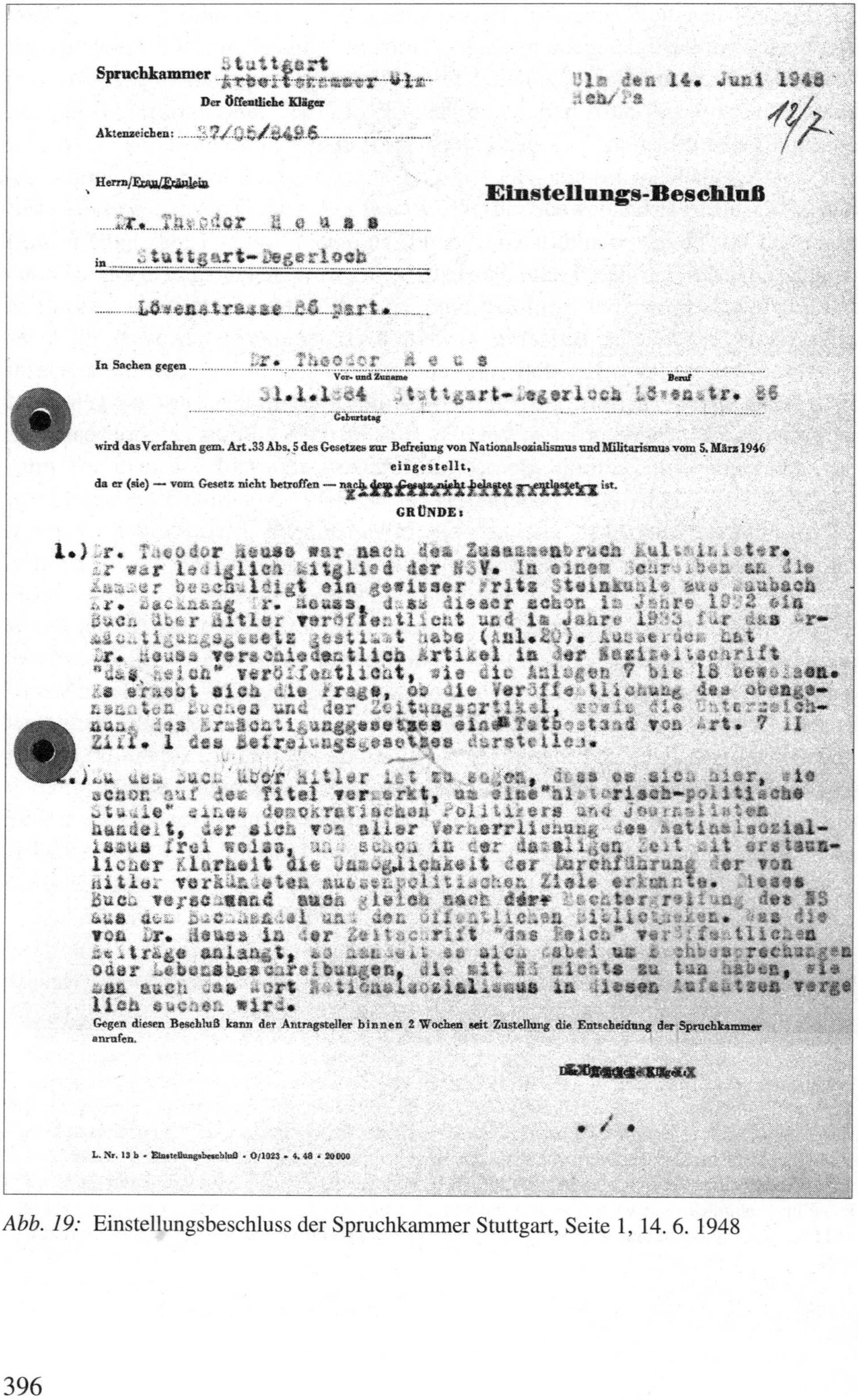

Spruchkammer Stuttgart ~~Arbeitskammer Ulm~~
Der Öffentliche Kläger
Aktenzeichen: 37/05/8496

Ulm den 14. Juni 1948
Hch/Pa

12/7

Herrn/~~Frau/Fräulein~~
Dr. Theodor H e u s s
in Stuttgart-Degerloch
Löwenstrasse 86 part.

Einstellungs-Beschluß

In Sachen gegen Dr. Theodor H e u s s
Vor- und Zuname — Beruf
31.1.1884 Stuttgart-Degerloch Löwenstr. 86
Geburtstag

wird das Verfahren gem. Art. 33 Abs. 5 des Gesetzes zur Befreiung von Nationalsozialismus und Militarismus vom 5. März 1946
eingestellt,
da er (sie) — vom Gesetz nicht betroffen — ~~nach dem Gesetz nicht belastet — entlastet —~~ ist.

GRÜNDE:

1.) Dr. Theodor Heuss war nach dem Zusammenbruch Kultminister. Er war lediglich Mitglied der NSV. In einem Schreiben an die Kammer beschuldigt ein gewisser Fritz Steinkuhle aus Maubach Kr. Backnang Dr. Heuss, dass dieser schon im Jahre 1932 ein Buch über Hitler veröffentlicht und im Jahre 1933 für das Ermächtigungsgesetz gestimmt habe (Anl. 20). Ausserdem hat Dr. Heuss verschiedentlich Artikel in der Nazizeitschrift "das Reich" veröffentlicht, wie die Anlagen 7 bis 18 beweisen. Es erhebt sich die Frage, ob die Veröffentlichung des obengenannten Buches und der Zeitungsartikel, sowie die Unterzeichnung des Ermächtigunggesetzes einen Tatbestand von Art. 7 II Ziff. 1 des Befreiungsgesetzes darstellen.

2.) Zu dem Buch über Hitler ist zu sagen, dass es sich hier, wie schon auf dem Titel vermerkt, um eine "historisch-politische Studie" eines demokratischen Politikers und Journalisten handelt, der sich von aller Verherrlichung des Nationalsozialismus frei weiss, und schon in der damaligen Zeit mit erstaunlicher Klarheit die Unmöglichkeit der Durchführung der von Hitler verkündeten aussenpolitischen Ziele erkannte. Dieses Buch verschwand auch gleich nach der Machtergreifung des NS aus dem Buchhandel und den öffentlichen Bibliotheken. Was die von Dr. Heuss in der Zeitschrift "das Reich" veröffentlichen Beiträge anlangt, so handelt es sich dabei um Buchbesprechungen oder Lebensbeschreibungen, die mit NS nichts zu tun haben, wie man auch das Wort Nationalsozialismus in diesen Aufsätzen vergeblich suchen wird.

Gegen diesen Beschluß kann der Antragsteller binnen 2 Wochen seit Zustellung die Entscheidung der Spruchkammer anrufen.

Der öffentliche Kläger
./.

L. Nr. 13 b · Einstellungsbeschluß · O/1023 · 4. 48 · 20000

Abb. 19: Einstellungsbeschluss der Spruchkammer Stuttgart, Seite 1, 14. 6. 1948

Nr. 141
An Hans Walz, [Stuttgart-Nord]
18. Juli 1948; Stuttgart-Degerloch, Löwenstraße 86
RB, 1 013, 027: ms. Schreiben, behändigte Ausfertigung; Kopfbogen: „Theodor Heuss"[1]
Abgeschlossene Entnazifizierung von Hans Walz

Sehr geehrter, lieber Herr Walz,

freundlichen Dank für Ihren Brief.[2] Da ich in den letzten Wochen und Monaten ein ziemlich verhetztes Dasein führte und zwischen Zürich und Hamburg herumgondelte, habe ich von vielen Vorgängen der Nähe gar keine Notiz bekommen. So erfuhr ich auch erst durch Ihren Brief, daß Ihre schmerzensreiche Angelegenheit jetzt glücklich hinter Ihnen liegt.[3] Ich weiß gar nicht, ob es zu einem öffentlichen Verfahren gekommen ist. Ich hatte s. Zt. einmal Herrn Schloßstein gesagt, daß ich natürlich durchaus bereit wäre, in einer Verhandlung als Zeuge aufzutreten; derlei ist aber, wie es scheint, gar nicht mehr notwendig gewesen.[4]

Ich hoffe nun sehr, daß Sie die bösen Erfahrungen seelisch hinter sich werfen können und mit innerer Freiheit in den Weitergang der Arbeit treten können. Die große Gefahr, in der wir alle drinstecken, ist das Ressentiment, das sich in dem Zusammenrechnen und Auseinanderrechnen von Beschuldigung und Rechtfertigung, von Phraseologie und Wirklichkeit vermengt. Jeder, der tätig ist und in Pflichten oder Gefahren stand oder steht, muß sehen, daß er Distanz gewinnt. Unsere Generation ist zum Opfer verdammt. Es kommt darauf an, mit dafür zu sorgen, daß dies Opfer für die Zukunft nicht sinnlos werde.

Mit guten Grüßen auch an Ihre Gattin
Ihr ergebener Th. Heuss

---

1 Unter Datumszeile Verfügung: „abl[egen]".
2 Walz an Heuss, 15. 7. 1948, in: RB, 1 013, 027.
3 Trotz seiner Widerstandstätigkeit gegen den Nationalsozialismus wurde der Bosch-Betriebsleiter Walz im Herbst 1945 interniert; vgl. Nr. 26. Ein Spruchkammerverfahren gegen Walz endete mit seiner Entlastung; wie Anm. 2.
4 Das Gespräch mit dem ehemaligen Privatsekretär von Robert Bosch, Willy Schloßstein, ließ sich nicht nachweisen.

Nr. 142
Rundschreiben
28. Juli 1948; Stuttgart-Degerloch, Löwenstraße 86
AdL, N 31, 1: ms. Schreiben, behändigte Ausfertigung; Kopfbogen: „Theodor Heuss“[1]
Bitte um Beteiligung an einer monatlichen Zuwendung für die Witwe von Johannes Fischer

Verehrter Freund,

es ist mir deutlich genug, daß in diesen Tagen an jeden von uns besonders individuelle Notlagen herangetragen werden. Aber ich halte es für meine Pflicht, darum bemüht zu sein, daß eine halbwegs erträgliche Existenz für die Witwe unseres Freundes Johannes Fischer gesichert ist. Sie ist s. Zt. in Stuttgart ausgebombt worden und hat im Pfarrhaus von Gebersheim Unterschlupf gefunden. Ich habe mit ihr kürzlich Fühlung aufgenommen. Das kleine Vermögen, was Johannes Fischer als Lebensversicherung hinterlassen hatte, ist jetzt natürlich auch weithin weg, z. T. war es von der Bank in Papieren angelegt, deren Werte in der Ostzone liegen. Der schwerkriegsbeschädigte Schwiegersohn, ein Architekt, ist selber in ungesicherter Position, die berufstätigen Töchter helfen wohl aus, aber auch ihre Möglichkeiten sind sehr begrenzt. Ich möchte es nun fertig bringen, daß im Monat hundert Mark zusammenkommen. Und zwar aus einem freien Personenkreis, ohne Inanspruchnahme der Parteigeschäftsstelle; denn abgesehen von deren eigener finanzieller Situation kann natürlich nicht ein Vorgang geschaffen werden, der etwas wie gewohnheitsrechtliche Ansprüche einleitet. Ich glaube aber auf Verständnis zu stoßen, wenn ich sage, daß wir es uns selber und dem dankbaren Gedächtnis an die lautere Persönlichkeit von Johannes Fischer und an seine Opfer schuldig sind zu helfen.[2]

Ich denke mir die Sache so, daß ein Kreis sich verpflichtet, monatlich Dm. 5,-- oder 10,--, je nach der Möglichkeit, zur Verfügung zu stellen. Dm. 30,-- sind mir schon auf Grund von Unterhaltungen mehr oder weniger zugesagt. Da ich selber arbeitsmäßig überlastet bin, hat unser Freund Alfred Teufel auf meine Bitte die technische Besorgung übernommen.[3] Die Beträge müßten also an sein Bankkonto bei der Kreissparkasse Bietigheim überwiesen werden mit dem Vermerk: für Frau Berta Fischer.

---

[1] Das vorliegende Schreiben ging an den Naumann-Anhänger Georg Kohl, Brackenheim; weiterer Nachweis: BArch, N 1221, 100: ms. Schreiben, Durchschlag.

[2] Johannes Fischer war Heuss schon seit Anfang des Jahrhunderts vertraut. Fischer organisierte 1907 gemeinsam mit Heuss den Reichstagswahlkampf für Naumann in Württemberg und gehörte 1918 zu den Mitbegründern der württembergischen DDP. Als einer der führenden Demokraten in Württemberg wurde er im Frühjahr 1933 verhaftet und bis zum Herbst im KZ Heuberg interniert. Er starb 1942 an den Spätfolgen der Haft.

[3] Heuss an Teufel, 3. 7. 1948, in: BArch, N 1221, 100.

Ich habe die Liste derer, an die ich mich wende, ganz aus Eigenem zusammengestellt, behandle sie vertraulich, d. h. ich habe vollkommenes Verständnis dafür, wenn einer der Angesprochenen mir mitteilt, daß er nicht in der Lage ist, an dieser Aktion teilzunehmen. Nur muß ich bitten, mir eine Antwort zugehen zu lassen über den gezeichneten Betrag, damit ich eventuell den zunächst von mir in Aussicht genommenen Kreis erweitern kann, bis die gedachte Endsumme erreicht ist.[4]

Da ich zu dem einen der Angesprochenen Du, zu dem anderen Sie sage, aber auch bei meiner Masseninanspruchnahme die Korrespondenz rationalisieren muß, bitte ich die Tonlage dieses Briefes zu verstehen.

Mit herzlichem Gruß
Ihr Theodor Heuss

[PS][5] Am 4. 8. werde ich vielleicht mit Mr. Steiner zu dem „Forum" fahren, das in Br[emen] steigen soll.[6]

Nr. 143

An Dr. Paul Reusch, [Katharinenhof, Oppenweiler, Württemberg]
28. Juli 1948; Stuttgart-Degerloch, Löwenstraße 86

RWWA, 130-400101290/129: hs. Schreiben, behändigte Ausfertigung; Kopfbogen: „Theodor Heuss"[1]

Redeerlaubnis im linksrheinischen Gebiet; Erinnerung an Griechenlandreise 1931; Währungsreform

Verehrter lieber Herr Dr. Reusch,

das war eine so schöne als überraschende Gabe – das Buch[2] liegt nun neben meinem Schreibtisch u. ist etwas ungeduldig, wann es „in Angriff genommen" werde. Ich muß es trösten: im Augenblick jagt eine „Konferenz" die andere, u. da mir jetzt auch von Baden-Baden das Reden im linksrheinischen Gebiet erlaubt ist, bin ich jetzt u. in nächster Zeit viel in Pfalz u. Moselland. Die Pfälzer selber

---

4 Ob der Aktion von Heuss Erfolg beschieden war, ließ sich nicht nachweisen.

5 Hs. eingefügt für Georg Kohl.

6 Eine Reise von Heuss nach Bremen am 4. 8. 1948 ließ sich nicht nachweisen.

1 Oben Antwortvermerk vom 19. 8. 1948.

2 William J. Durant: Das Leben Griechenlands. Eine Kulturgeschichte Griechenlands von den Anfängen und Vorderasiens vom Tod Alexanders bis zur Eroberung durch Rom, Bern 1947; vgl. auch Heuss an Reusch, 19. 12. 1948, in: RWWA, 130-400101290/129.

– meine Mutter stammt von dort[3] – wollen in den industriellen Kreisen zu W[ür]tt[em]b[er]g-Baden kommen.

Aber ich freue mich auf das Buch. Als ich im Jahre 1931 einige Wochen in Griechenland war,[4] hat mich neben Tiryns[5] und neben einigen großen Bronze-Plastiken, die ich noch nicht kannte, am meisten beeindruckt das sozusagen zivilisatorische Kleingewerbe von Kreta. Ich glaube fast, daß das in meiner Bubenzeit noch gar nicht erschlossen war. Denn es war fast eine neue Welt für mich u. ich denke, das Buch wird mir gerade hier Wertvolles mitteilen können.

Wir quälen uns durch die Geld-Dinge so gerade hindurch, aber ich denke, in ein paar Monaten wird eine formale Normalisierung anlaufen.[6] Doch nur eine formale, denn die Briefe aus individueller Notlage mehren sich im gleichen Maß als die Hilfefähigkeit nachläßt.

Endlich, seit einigen Tagen Sommer. Man hat noch im Juli heizen müssen. In den schweizer Bergen soll es hohen Neuschnee gegeben haben.

Viele freundschaftliche Grüße u. nochmaligen herzlichen Dank
Ihr Theodor Heuss

Nr. 144
An Dr. Alfred Döblin, [Baden-Baden]
10. August 1948; Stuttgart-Degerloch, Löwenstraße 86

DLA, A: Döblin, 97.7810: hs. Schreiben, behändigte Ausfertigung; Kopfbogen: „Theodor Heuss"

Glückwünsche zum 70. Geburtstag; Vergänglichkeit und neue Herausforderungen

Lieber Döblin,

die Zeitung teilt mir mit,[1] daß Sie heute siebzig Jahre alt werden – ich hätte nicht gedacht, daß Sie einen Vorsprung von sechs Jahren vor mir haben, sondern

---

[3] Die Mutter von Heuss, Elisabeth Heuss, geb. Gümbel, stammte aus einer rheinpfälzischen Familie von Förstern und Pfarrern; vgl. TH. HEUSS, Vorspiele, S. 35.

[4] Anfang April 1931 reiste Heuss auf Bitten des Auswärtigen Amtes zu einem Kongress der Entente Internationale des Partis Radicaux et des Partis Démocratiques Similaires, der vom 4. bis 8. 4. 1931 in Athen stattfand; vgl. Nr. 87, Anm. 15. Anschließend verbrachte Heuss noch einige Tage auf dem Peloponnes und reiste dann über Neapel zurück nach Berlin, wo er am 20. 4. 1931 eintraf; vgl. Heuss an das Auswärtige Amt Berlin, [zweite Aprilhälfte 1931], in: BArch, N 1221, 1; vgl. auch TH. HEUSS, Erinnerungen, S. 400–402. – Heuss hielt die Eindrücke dieser Reise in zwei Zeitungsartikeln fest: Reise in Griechenland, in: Stuttgarter Neues Tagblatt, Nr. 198, 30. 4. 1931; Das neue Athen, in: FZ, Nr. 317, 30. 4. 1931.

[5] In der Vorlage: „Tyrins". Mykenische Burg und Stadt in Griechenland, nördlich von Nauplion.

[6] Vgl. zur Währungsreform Nr. 131, Anm. 1.

schätzte Sie so ungefähr gleichaltrig. Ich will mir nur wünschen, daß ich, falls ich auch einmal so weit komme, noch so im Blust[2] stehe wie Sie.

Damit ist ja auch das Thema angeschlagen. Wir können Erinnerungen pflegen an eine versunkene Zeit, an Menschen, die von uns gingen, an Fragen, die man merkwürdig ernst nahm (und die es isoliert vielleicht auch gewesen sind).[3] Hinweg, hinüber … Nun sind wir in neue Bestimmungen gestellt.

Ich, den das Schicksal wider seinen Willen in ein ziemlich gehetztes öffentliches Getriebe gestellt hat, blicke mit Genugtuung (und einem leichten Neid), daß zu Ihnen, nach den Jahren der Ruhelosigkeit,[4] eine Zeit der eifrig gelassenen Ernte gekommen ist.

Meine Frau und ich senden Ihnen gute Glückwünsche.

Ihr Theodor Heuss

Nr. 145
An Dr. Ernst Ludwig Heuss und Hanne Heuss, [Lörrach]
4. September 1948; Stuttgart-Degerloch, Löwenstraße 86

FA Heuss, Basel: hs. Schreiben, behändigte Ausfertigung; Kopfbogen: „Theodor Heuss"

Arbeitsbelastung; Einschätzung der Fraktionen im Parlamentarischen Rat; Erwartung eines schnellen Abschlusses der Verfassungsberatungen

Liebe Hanne, lieber Ludwig,

natürlich könnte ich stundenlang erzählen, aber brieflich geht das nicht. Denn die Arbeitsbeanspruchung durch Besuch und Conferenz läuft weiter ohne Rücksicht auf den Parl[amentarischen] Rat. Heute 3¾ Stunden lang Solo-Unterhaltung mit einem der leitenden Männer der MG, der mit mir die Verfass[u]ngsproblematik durchreden wollte, dann Radio-Zeug, dann Schwierigkeiten in der Rh[ein-]N[eckar-]Z[ei]t[un]g wegen Kündigungen u. jetzt Ausscheiden von Agricola, das lange in der Luft hing.[1] Nebendem Palavers, weil Ernst Mayer einige Male zu scharf schrieb.[2]

---

1 Heinrich Berl: Das Epos der Verbannung. Alfred Döblin zum siebzigsten Geburtstag, in: RNZ, Nr. 92, 7. 8. 1948; Johann Martin: Alfred Döblin 70 Jahre, in: StZ, Nr. 65, 9. 8. 1948.

2 Blühen, Blüte.

3 Heuss kannte Döblin aus dem Schutzverband Deutscher Schriftsteller; vgl. Th. Heuss, Erinnerungen, S. 97, 340f; Nr. 35, Anm. 2.

4 Döblin war 1933 in die Schweiz emigriert und hatte schließlich über Frankreich, Spanien und Portugal 1940 die USA erreicht.

1 Infolge der Währungsreform war die „Rhein-Neckar-Zeitung" zu Einsparungen genötigt und sprach im August 1948 Entlassungen aus. Gegen diesen Schritt protestierte Agricola in einem

Bonn wird ganz interessant werden.[3] Ich bin dort Fraktionschef,[4] Carlo Schmid, neben dem ich sitze, für die S.P.D., A. Pfeiffer für die CDU. Wir bilden das berühmte Zünglein an der Waage[5] u. wollen dafür sorgen, daß die Dinge nicht in die Gegensatzrankünen geraten.[6] Mit Schmid wird es gehen, ob mit A. Pfeiffer, weiß ich noch nicht. Man umwirbt uns etwas, u. wir sind nett u. etwas undurchsichtig nach den verschiedenen Seiten. Qualitätsmäßig ist uns[ere] Gruppe gut.[7] Höpker-Aschoff wird in den Finanzdingen eine starke Rolle spielen. Auch Reif ist von der Kompanie. Wir wohnen in einem Hotel, was eben so nett als laut u. teuer ist.[8]

Vor Bonn habe ich noch mal eine kl[eine] Broschüre geschrieben, d. h. einen Vortrag für den Genossenschaftstag, Ende Okt. in Frankfurt, der gleich nach der

---

Schreiben vom 23. 8. 1948, weil er dahinter politische Gründe seiner Mitherausgeber Heuss und Knorr vermutete, und drohte mit der Rückgabe seiner Zeitungslizenz. Dem kam die US-Militärregierung in Württemberg-Baden zuvor, als sie am 31. 8. 1948 Agricola die Lizenz für die „Rhein-Neckar-Zeitung" entzog, weil ihn die sowjetische Militärregierung zum Rektor der Universität Halle machen wollte und er deshalb seinen Pflichten als Mitherausgeber nicht mehr nachkommen könne; FA Heuss, Basel; Erklärung Prof. Agricolas, in: RNZ, Nr. 109, 6. 9. 1948; R. Burger, Theodor Heuss, S. 421f; vgl. auch Nr. 131, Anm. 4.

2 Im Parteiblatt „Das Neue Vaterland", das Mayer redigierte.

3 Die Ministerpräsidenten hatten sich Mitte August auf Bonn als Tagungsort für den Parlamentarischen Rat geeinigt. Dort trat das Gremium am 1. 9. 1948 nach der Eröffnungsfeier zu seiner konstituierenden Sitzung im Bau der Pädagogischen Akademie nahe am Rhein zusammen; vgl. M. F. Feldkamp, Parlamentarische Rat, S. 33; Abb. 20.

4 Auf einem Treffen liberaler Spitzenpolitiker am 31. 8. 1948 in Bonn wurde Heuss zum Vorsitzenden der FDP-Fraktion gewählt; vgl. Rundschreiben Nr. 5 der FDP, 6. 9. 1948, in: AdL, FDP-Bundespartei, 67.

5 In der Vorlage: „Wage".

6 Da die beiden großen Fraktionen, SPD und CDU/CSU, über jeweils 27 Stimmen im Parlamentarischen Rat verfügten, kam bei Pattsituationen der FDP eine wichtige Rolle zu als „Zünglein an der Waage". Später distanzierte sich Heuss von dieser Metapher, da sie ihm zu große Passivität und Opportunität suggerierte. So bemerkte er in seiner Rede auf dem Dreikönigstag der südwestdeutschen Liberalen am 6. 1. 1949: „Ein Zünglein geht hin und her und schwankt." Heuss ging es vielmehr um eine aktive Vermittlerposition: „Wir sind in der Lage, Entscheidungen zu treffen, und das ist eine interessante Stellung. […] Wir haben gerade, weil wir in einer Entscheidungsstellung drinstecken, nicht die Absicht, mit der CDU zusammen gegen die Sozialdemokratie oder mit der Sozialdemokratie zusammen gegen die CDU eine Verfassung zu machen; sondern wir haben eine echte Mittleraufgabe, mit dafür zu sorgen, daß die beiden großen Parteien zu einem fruchtbaren Kompromiß im Geben und Nehmen kommen, weil es undenkbar wäre, die kommende deutsche Politik zu führen, wenn sie mit Kampfesabstimmungen aus der Zeit der Grundgestaltung belastet würde." Theodor Heuss: Vom Ich zum Wir. Das Verhältnis des Menschen zum Staat, der deutschen Länder zueinander und Deutschlands zur Welt, in: Der Demokrat, Nr. 2, Januar 1949. In einem Brief vom Januar 1949 schätzte Heuss die Rolle der FDP im Parlamentarischen Rat als „Waagscheißer" ein; vgl. Nr. 178; zur Tätigkeit von Heuss im Parlamentarischen Rat vgl. auch im Folgenden den grundlegenden Aufsatz von J. C. Hess, Verfassungsarbeit; außerdem E. H. M. Lange, Theodor Heuss.

7 Der FDP-Fraktion gehörten neben Theodor Heuss (Württemberg-Baden) Max Becker (Hessen), Thomas Dehler (Bayern), Hermann Höpker Aschoff (Nordrhein-Westfalen) und Hermann Schäfer (Niedersachsen) an, außerdem der nicht stimmberechtigte Berliner Vertreter, Hans Reif.

8 Im Bonner Hotel „La Roche" in der Colmantstraße war die FDP-Fraktion während der Beratungen zum Grundgesetz untergebracht; vgl. M. F. Feldkamp, Parlamentarische Rat, S. 33.

Abb. 20: Wahl der Vizepräsidenten des Parlamentarischen Rates während der konstituierenden Sitzung, 1. 9. 1948, erste Tischreihe v.l.n.r: Max Reimann (KPD), Walter Menzel (SPD), Carlo Schmid (SPD), Theodor Heuss (FDP), Hans-Christoph Seebohm (DP), Johannes Brockmann (Zentrum)

Rede verteilt werden soll, über Schulze-Delitzsch; ich glaube, die Sache ist gut geworden.[9]

Wir freuen uns sehr, daß von Hannes Befinden die Nachrichten gut sind, u. hoffen, daß Ludwig der Bodensee auch die notwendige Entspannung brachte.[10] Ich kann in diesem Jahr keinen Urlaub machen, komme aber auch ohne dies durch. Ob Bonn immer mit dem Wagen gemacht wird, ist noch offen: es kommt auf die Diäten an.

Am 4. Nov. soll ich in Freiburg in der Univ[ersität] reden.[11] Ich habe zugesagt in der Erwartung, daß Bonn dann erledigt ist.[12] Da werde ich natürlich es so einrichten, daß ich auch bei Euch hereinsehen kann.

[9] Heuss hielt am 28. 10. 1948 auf dem Deutschen Genossenschaftstag in Frankfurt a. M. eine Gedächtnisrede für Hermann Schulze-Delitzsch, die für den Druck erweitert wurde; THEODOR HEUSS: Schulze-Delitzsch. Leistung und Vermächtnis, Wiesbaden-Biebrich 1948.

[10] Ernst Ludwig Heuss an seine Eltern, 26. 8. 1948, in: FA Heuss, Basel.

[11] Heuss sprach am 6. 11. 1948 in Freiburg für die DVP anlässlich der südbadischen Gemeindewahlen vom 14. 11. 1948; Redenkalender, in: BArch, N 1221, 684; Redenotizen ließen sich nicht ermitteln.

[12] Gegenüber Toni Stolper meinte Heuss am 11. 8. 1948, dass sich die Beratungen im Parlamentarischen Rat in der Zeit vom 1. 9. bis 15. 10. 1948 abschließen lassen würden; ebd., 489.

Sonst im Augenblick nichts. Die Mutter ist morgens immer ganz munter, aber in den Nachmittagsstunden labil.

Leider liegt Lotti[13] seit Anfang August in Minden fest im Bett mit hundert Krankheiten – all mein Steuerkram bleibt liegen. Doch ist Stocker[14] jetzt hier erreichbar.

Mit vielen guten Grüßen, auch an die kleine Barbara,[15] die mir dann entgegen wackeln wird,
Euer Vater Theodor H.

Nr. 146
An Elly Heuss-Knapp, Badenweiler
16. September 1948;[1] Bonn, Parlamentarischer Rat
FA Heuss, Basel: hs. Postkarte, behändigte Ausfertigung
Sitzungstätigkeit im Parlamentarischen Rat

Liebe Elly,

die Schlafwagenfahrt verlief normal – seitdem einige Sitzungen. Gestern noch nicht recht sachlich in Gang ge<kommen>[2], da die SPD eine Demonstration wegen der berliner Urteile angekündigt hatte.[3] Ich hielt das nicht für gut, weil die Gefahr entsteht, daß solche auf den Tag gerichtete Politik sich einbürgert. Aber wir mußten dann alle mitmachen. Carlo[4] wollte eine große Rede halten. Adenauers Erklärung war zur Hälfte von mir, zur andern von Schmid. Ich habe dann im Plenum auch noch einmal reden müssen, diesmal pathetisch.[5] Da die CDU, in sich uneinig, ewig Fraktionssitzungen abhält, leiden die Ausschüsse für Termine.

---

[13] Charlotte Kaempffer.
[14] Hanns Stocker war Steuerberater von Heuss und der Wybert GmbH; freundliche Auskunft von Ursula Heuss-Wolff.
[15] Enkelin Barbara Heuss.
[1] In der Vorlage irrtümliche Datierung vom 16. 9. 1947.
[2] Unsichere Lesart wegen Lochung am linken Rand.
[3] Auf einer Großkundgebung von SPD, CDU und LDP am 6. 9. 1948 in Berlin, die sich gegen Willkürakte von Ostberliner Behörden gerichtet hatte, war es zu gewaltsamen Auseinandersetzungen mit der Polizei im sowjetischen Sektor gekommen. Eine Woche später verurteilte ein sowjetisches Militärtribunal fünf Verhaftete, darunter vier Jugendliche, zu 25 Jahren Zwangsarbeit. Am 15. 9. 1948 nahm das Plenum des Parlamentarischen Rates auf seiner vierten Sitzung zu diesen Urteilen Stellung und verabschiedete einstimmig – abgesehen von den kommunistischen Abgeordneten – eine Entschließung gegen diese Maßnahmen; vgl. PARLAMENTARISCHE RAT, Bd. 9, S. 152–168.
[4] Der SPD-Abgeordnete Carlo Schmid.
[5] Die Redebeiträge von Schmid, Adenauer und Heuss in: ebd., S. 152f, 154–159.

Dadurch fällt morgen der Arbeitstag wieder weg; ich fahre mit einem Frühschnellzug nach Hause, Dienst[a]g früh wieder <hierher>.[6] Gisela[7] sei wieder da, aber ich sah noch nicht nach ihr. Heute Abend sind wir 6 Kerle bei dem hiesigen Demokratenführer.[8] – Das Wetter ewig wechselnd. An Barbara schrieb ich gestern einen Brief;[9] ich denke, daß von Dir Nachricht da sein wird.

Schöne Grüße

Theodor

Nr. 147
An Prof. Dr. Erich Welter, [Frankfurt a. M.-Ginnheim]
18. September 1948; Stuttgart-Degerloch, Löwenstraße 86
BArch, N 1314, 91: ms. Schreiben, behändigte Ausfertigung; Kopfbogen: „Theodor Heuss"
Nachwort zu Gustav Stolpers Buch „German Realities"; Einschätzung Carlo Schmids

Lieber Professor Welter,

freundlichen Dank für Ihren Brief.[1] Wie schön, daß Sie Urlaub haben können. Mir blüht derlei in diesem Jahr nicht. Daß das Stolperbuch nun nach Hamburg auswandern muß, ist eine neue Beschwernis, aber Claassen gilt ja als sehr tüchtig.[2] Nun habe ich eine Bitte an Sie bezw. Ihr Sekretariat, daß Sie Claassen einmal gleich den Entwurf meines Nachwortes zu dem Stolperbuch einmal zugehen lassen.[3] Ich selber habe keinen Durchschlag mehr, da ich mein letztes Exemplar an Kallmann sandte, von dem ich aber ohne Antwort bin. Toni sandte mir vor einiger Zeit die Sache zurück mit zwei oder drei Änderungsvorschlägen im Biographischen; sie ist mit der Hinzufügung einverstanden, will aber die Verständigung uns überlassen.[4] Ich selber bin in der Entscheidung natürlich unsicher, meine Frau ist für den Abdruck, Sie haben Bedenken.[5] Ernst Stolper, den ich neulich in

6 Wie Anm. 2.
7 Gisela Pütter, Freundin von Heuss-Knapp.
8 Gemeint ist ein Besuch der FDP-Abgeordneten des Parlamentarischen Rates beim Vorsitzenden der Bonner Stadtverordnetenfraktion der FDP, Otto Schumacher-Hellmold.
9 Ein Brief an Barbara Heuss ließ sich nicht ermitteln.
1 Welter an Heuss, 14. 9. 1948, in: BArch, N 1314, 91.
2 Die deutsche Übersetzung von G. STOLPER, German Realities, erschien 1949 im Hamburger Verlag Claassen & Goverts; vgl. auch Nr. 120.
3 Vgl. Nr. 121.
4 Toni Stolper an Heuss, o. D. [vermutlich August/September 1948], in: BArch, N 1221, 489.
5 Welter bezeichnete das Nachwort von Heuss zu G. STOLPER, Deutsche Wirklichkeit, als „ausgezeichnet", befürchtete aber, dass „das Buch durch ein solches Nachwort zu sehr als das Buch eines

Wiesbaden besuchen wollte, habe ich nicht angetroffen. Er kennt freilich den Entwurf noch nicht. Nun möchte ich meinen, sollte Claassen einmal aus seinem verlegerischen Gefühl heraus sich eine Meinung bilden; also möge ihm der bei Ihnen ruhende Durchschlag zugehen. Ich schreibe ihm ein paar Zeilen.[6]

Mein Leben wird in den kommenden Wochen sehr angespannt und unruhig sein, da Bonn vier Tage in der Woche beansprucht. Die Neue Zürcher Zeitung hat mich in die Kategorie der „elder statesmen" eingereiht, weil ich in der Generaldebatte die einzige politisch abgestimmte Rede hielt.[7]

Vordergrundfigur ist Carlo Schmid, voll Vitalität und Brillanz; manchmal fürchte ich, daß er in Schumachers Spuren einem Prestigenationalismus zuwandert.[8]

Mit freundlichen Grüßen
Ihr

Theodor Heuss

Deutschen gestempelt wird." Welter an Heuss, 17. 8. 1948, in: BArch, N 1314, 91; vgl. auch Heuss an Toni Stolper, 11. 8. 1948, in: BArch, N 1221, 489.

6 Ließ sich nicht ermitteln.

7 Ein Artikel in der „Neuen Zürcher Zeitung" beschäftigte sich ausführlich mit den „Vorarbeiten für eine Verfassung Deutschlands", betonte die wichtige Rolle der kleinen Fraktionen bei strittigen Fragen und skizzierte den Einfluss von Heuss auf die Verfassungsarbeit mit folgenden Worten: „Mehr als irgendein anderes Mitglied des Rates scheint dieser kultivierte Demokrat aus der Weimarer Zeit, der von ausländischen Journalisten bereits zum ‚elder statesman' der Konstituante ernannt worden ist, befugt, seine wohltuende geistige Führerschaft über das Haus zu übernehmen und ihm in maßgebenden Fragen die Perspektive auf die größeren Zusammenhänge zu weisen." NZZ, Nr. 254, 14. 9. 1948. – In der allgemeinen Aussprache des Plenums am 9. 9. 1948 über die zu leistenden Aufgaben des Parlamentarischen Rates ergriff auch Heuss das Wort und umriss – angereichert mit historischen Exkursen vor allem in die Weimarer Republik hinein – die Grundprinzipien einer künftigen Verfassung. Dabei betonte er zwar wie fast alle Abgeordneten den provisorischen Charakter des zu erarbeitenden Grundgesetzes, weil „uns das Pathos der freien Entscheidung mangelt, und weil wir zum andern nur ein Teil-Deutschland personell in unseren Reihen, an unseren Verantwortungen beteiligt fühlen", legte aber Wert darauf, dass mit dem Verfassungswerk strukturell etwas Stabiles geschaffen werden müsse, was nicht dem Belieben permanenter Änderungen ausgesetzt werden dürfe; PARLAMENTARISCHE RAT, Bd. 9, 3. Sitzung, S. 103–119, hier S. 106.

8 Auf der zweiten Sitzung des Plenums am 8. 9. 1948 hielt der Berichterstatter Schmid ein umfassendes verfassungstheoretisches Grundsatzreferat über die künftigen Aufgaben des Parlamentarischen Rates. Dabei übte er auch deutliche Kritik an der alliierten „Fremdherrschaft" und an der eingeschränkten Souveränität des Parlamentarischen Rates. Dieser könne unter Besatzungsherrschaft keinen Staat im demokratischen Sinne konstituieren, vielmehr sei der deutsche Staat 1945 auch mit der bedingungslosen Kapitulation erst gar nicht untergegangen, sondern müsse nur neu organisiert werden; ebd., S. 20–46, hier 22–25. – Der SPD-Vorsitzende Kurt Schumacher, während des Nationalsozialismus langjähriger KZ-Häftling, vertrat in der Nachkriegszeit einen prononcierten deutschen Nationalismus. Als scharfer Kritiker der Besatzungsmächte lehnte er die sogenannte Kollektivschuldthese gegenüber den Deutschen ab und forderte Gleichberechtigung im Umgang mit Deutschland. Er betonte auch die Mitverantwortung der Siegermächte für die internationale Anerkennung des Nationalsozialismus nach 1933, trat für die rasche Wiederherstellung

Nr. 148
An Professor Dr. Max Hildebert Boehm, Ratzeburg, Landkreis Lauenburg
19. September 1948; Stuttgart-Degerloch, Löwenstraße 86
BArch, N 1077, 4: hs. Postkarte, behändigte Ausfertigung
Benennung des neu zu begründenden Staates

Lieber Herr Boehm,

frdl. Dank für Ihren Brief;[1] ich bin für 3 Tage nach Hause gefahren, um einiges zur regeln, Literatur zu holen u. entsetzlich viel Post zu erledigen. Leider habe ich Sie in m[einer] Rede in der vorvergangenen <Woche>[2] insofern schon enttäuscht, als ich anregte (nach langer Erörterung in m[einer] zwar kleinen, aber qualitativ guten Gruppe), den Namen „Bundesrepublik Deutschland" zur Erörterung zu stellen.[3] Das Wort: „B[un]d D[eu]tsch[er] Länder" schien uns zu wenig innerlich Attraktives zu enthalten. Das „Königreich Italien" war auch schon da, als Venedig u. Rom nicht dazu gehörten.[4]

Wir kommen um das Wort „deutsch" in der Verfassung doch nicht herum, wissen[5] aber natürlich, daß es in Österreich, der Schweiz, im Elsaß auch fernerhin „Deutsche" gibt. Auch in Brasilien u. sonstwo. Ich sehe einstweilen keine rechte Möglichkeit, die <Überzuckerung> des ethnischen Begriffs und der juristischen Formung der Staatsangehörigkeit in der Sprache zu vermeiden. Ihre Erfahrung von 1929[6] ruht wohl auf der Beanspruchung des *französ[ischen]* Rechtes

---

der staatlichen Einheit und Souveränität Deutschlands ein und bekämpfte in antikommunistischer Frontstellung die Zwangsvereinigung von KPD und SPD zur SED in der SBZ; vgl. die unterschiedliche Einschätzung von Schumachers Nationalismus bzw. Patriotismus bei S. RAMMER, Kurt Schumacher, S. 29–33; U. PLENER, Feindliche Bruder, S. 92–96; abgewogener CH. KLESSMANN, Wiedervereinigung, S. 126–130.

1 Boehm an Heuss, 7. 9. 1948, in: BArch, N 1077, 4. Boehm hatte dem Schreiben seinen Aufsatz „Vom Norddeutschen zum Westdeutschen Bund?" beigelegt. Darin plädierte er dafür, bei der Erarbeitung des Grundgesetzes auf die Präjudizierung von Begriffen wie „Deutschland", „deutsches Volks" oder „Deutsche" zu verzichten, weil es sich bei dem neuen Staat nur um ein westzonales Provisorium handele, das faktisch zahlreiche Deutsche ausschließe. Er befürwortete stattdessen die grenzoffene Formel „Bund Deutscher Länder"; BArch, N 1221, 74.

2 Unsichere Lesart wegen Lochung am linken Rand.

3 In der Vorlage: „stellte". In seiner Rede am 9. 9. 1948 vor dem Plenum des Parlamentarischen Rates schlug Heuss vor, „daß wir uns heute einfach *‚Bundesrepublik Deutschland'* nennen, weil damit schon eine starke moralische Attraktion für die jungen Menschen mit drinsteckt, die in diesem ‚Bund Deutscher Länder' ja nur ein Ausweichen vor sich sehen."; PARLAMENTARISCHE RAT, Bd. 9, 3. Sitzung, S. 107.

4 Dem 1861 ausgerufenen Königreich Italien gehörten zunächst Venedig und der Kirchenstaat bzw. Rom nicht an. Erst 1866 gelang die Vereinigung des Königreichs Italien mit Venedig, 1870 mit Rom.

5 Vermutlich von Boehm unterstrichen: „wissen aber natürlich".

für alle in E[lsaß-]L[othringen] Geborenen; das franz[ösische] Recht, soweit ich weiß, macht zunächst aus jedem auf franz[ösischem] Boden Geborenen einen Franzosen. – Wenn Sie für die Problematik einen präzisen Vorschlag haben, schicken Sie ihn mir nach Bonn, wohin ich morgen wieder fahre.[7] Wenn das Stenogramm m[einer] Rede in der Generaldebatte vorliegt, will ich sie Ihnen zusenden.

Frdl. Gruß
Ihr Th. Heuss

Nr. 149
An Elly Heuss-Knapp, Badenweiler
21. September 1948; Bonn, Parlamentarischer Rat
FA Heuss, Basel: hs. Postkarte, behändigte Ausfertigung[1]
Ablehnung der Aufnahme sozialer Grundrechte in das Grundgesetz

Liebe Elly,

heute früh fuhr ich mit dem Wagen hierher durch wechselnde Witterung, aber ich las nun das, was von den Curtius-Erinnerungen weiter vorlag – sehr entzückende Sachen, zumal auch über Brentano.[2]

Nachmittags fingen wir mit Grundrechtefabrikation an, wobei Heile sich für das System der Naumannschen Vorschläge einsetzte, ich dagegen (denn wir sind heute noch weniger fähig als 1918, den Geschichtsablauf der Sozialökonomen in Verfassungsgespinst festzuhalten).[3] Nach der Sitzung besuchte ich Gisela bei ihrer

---

6 Weil er in Elsass-Lothringen wohnte, verlor Boehm nach dem Ersten Weltkrieg seine deutsche Staatsangehörigkeit und musste sie 1929 erneut beantragen; Boehm an Heuss, 7. 9. 1948, in: BArch, N 1077, 4.

7 Boehm wiederholte seine Vorschläge; Boehm an Heuss, 6. 10. 1948, in: ebd.

1 Stempelaufdruck neben Postwertzeichen: „Tagung des Parlamentarischen Rates".

2 JULIUS CURTIUS: Sechs Jahre Minister der deutschen Republik, Heidelberg 1948.

3 Naumann hatte am 31. 3. 1919 im Verfassungsausschuss der Weimarer Nationalversammlung einen „Versuch volksverständlicher Grundrechte" vorgelegt. Neben den klassischen Grundrechten bürgerlicher Rechtskultur sollten in den Grundrechtsteil der Verfassung Fundamentalsätze aufgenommen werden, die das gegenwärtige Staatsbewusstsein sowie die wirtschaftlichen und sozialen Realitäten widerspiegeln; dazu gehörten für Naumann auch das Recht auf Arbeit und Arbeitnehmervertretungen. Diesem Entwurf war kein unmittelbarer Erfolg beschieden; jedoch schlug sich der Appell Naumanns, die wirtschaftlichen und sozialen Probleme der Gegenwart im Grundrechtsteil zu berücksichtigen, letztlich in der Verfassung nieder (z. B. Möglichkeiten der Sozialisierung, Einführung von Arbeiterräten, Recht auf Arbeit); vgl. E. R. HUBER, Deutsche Verfassungsgeschichte, Bd. 5, S. 1197–1199; ebd., Bd. 6, S. 95–125; DERS., Naumanns Grund-

Tochter u. Frank Ter.[4] Die Kinder sind munter u. unbefangen. G[isela] besucht in den nächsten Tagen Schumachers in Frankfurt. Eugenie[5] fährt morgen nach Niederbayern. Magdalene[6] blieb (und bleibt wohl) unsichtbar – sie frug kürzlich E[ugenie], ob wir „es"[7] wissen, was sie bejahen mußte.

Schöne Grüße Theodor

Nr. 150
An Elly Heuss-Knapp, Badenweiler
23. September 1948; Bonn, Parlamentarischer Rat
FA Heuss, Basel: hs. Postkarte, behändigte Ausfertigung[1]
Ablehnung einer naturrechtlichen Begründung von Grundrechten im Grundgesetz

Liebe Elly,

wir hatten heute einen gemessenen Arbeitstag.[2] Er war für mich insofern erfreulich, als mein am Sonntag in Stuttgart entworfener erster Artikel für die Grundrechte den CDU/SPD-Kompromißvorschlag nach langer Diskussion überwand. Wenn nichts weiter passiert, von den Fraktionen her, habe ich wenigstens die Genugtuung, das antistaatliche „Naturrechts"-Gerede enttarnt zu haben.[3] Ob ich

rechts-Entwurf; CH. GUSY, Weimarer Reichsverfassung, S. 273–369. – Heile rekurrierte nun knapp dreißig Jahre später im Parlamentarischen Rat auf den Naumannschen Grundrechte-Entwurf. Im Ausschuss für Grundsatzfragen plädierte er am 21. 9. 1948 nicht nur für die „Volksverständlichkeit der Grundrechte", sondern auch für die Formulierung von Grundrechten, die über die klassischen bürgerlichen Freiheits- und Abwehrrechte gegenüber dem Staat hinausgehen und „die unser so kompliziert gewordenes heutiges Leben umfassen." Heuss hingegen warnte davor, die Grundrechte mit wirtschafts- und sozialpolitisch einklagbaren Rechten zu belasten, die Ausdruck von Parteiprogrammen seien und die komplizierte Wirklichkeit nicht angemessen widerspiegeln könnten: „Die wirtschaftspolitischen Zusammenhänge sind undurchsichtig, die seelischen Faktoren sind so verwirrt, daß wir Gefahr laufen, mit Wortgespinsten hinter einem Schicksal herzulaufen." Stattdessen warb er für eine Beschränkung auf die klassischen Grundrechte, weitergehende Rechte hingegen der Gesetzgebung zu überantworten; PARLAMENTARISCHE RAT, Bd. 5/I, 3. Sitzung, S. 38f, 43–45, hier S. 45; vgl. auch den Leitartikel von THEODOR HEUSS: Von den Grundrechten, in: RNZ, Nr. 117, 20. 9. 1948, abgedruckt in: TH. HERTFELDER / J. C. HESS, Streiten, S. 55–58; außerdem Nr. 166.

4 Gisela Pütter; nähere Angaben zu Frank Ter ließen sich nicht ermitteln.

5 Eugenie Sandmair, Hausangestellte beim Ehepaar Heuss.

6 Ehemalige Hausangestellte beim Ehepaars Heuss; Nachname ließ sich nicht ermitteln.

7 Der Inhalt dieser Andeutung ließ sich nicht ermitteln.

1 Stempelaufdruck neben Postwertzeichen: „Tagung des Parlamentarischen Rates".

2 Vierte Sitzung des Ausschusses für Grundsatzfragen des Parlamentarischen Rates am 23. 9. 1948.

3 Der Unterausschuss des Grundsatzausschusses schlug für Artikel 1 folgende Formulierung vor: „Die Würde des Menschen ruht auf ewigen, einem Jeden von Natur aus eigenen Rechten. Das

mit m[einer] „Präambel" ebenso viel Glück haben werde, ist noch ungewiß.[4] – Morgen bin ich um 1 Uhr bei dem französ[ischen] Delegationsführer[5] zum Essen, am Abend bei einer Conferenz in St. Goar.[6] Sonntag Nachmitt[a]g zu Alfr. Wolf. – Boxer telefonierte mir, daß <ich>[7] am Freit[a]g den 1. 10. wenn möglich an einer Conferenz mit engl[ischen] Unterhausleuten in St[utt]g[ar]t teilnehmen soll; ich fahre also wohl Donnerst[a]g[8] Spätnachmittag hier ab. – Das Wetter angenehm sonnig, aber kühl. Gestern Abend schrieb ich Aufsatz über K. Kollwitz;[9] ich sende Dir das Buch und auch die Erinnerungen von J. Curtius.[10] Beides sind sehr schöne Sachen. Falls Du Curtius dort auch fertig lesen kannst, schicke die Blätter dann evtl. gleich an Rainer Wunderlich nach Tübingen.

---

deutsche Volk erkennt sie erneut als Grundlage aller menschlichen Gemeinschaft an. Deshalb werden Grundrechte gewährleistet, die Gesetzgebung, Verwaltungs- und Rechtspflege auch in den Ländern als unmittelbar geltendes Recht binden." Parlamentarischer Rat, Bd. 5/I, S. 62. – Heuss wandte sich schon in der dritte Sitzung des Grundsatzausschusses am 21. 9. 1948 gegen eine naturrechtliche Begründung der Grundrechte, weil das Naturrecht nur eine „moralisch-pädagogische These" und nicht einklagbar sei; ebd., S. 44. Er schlug deshalb zwei Tage später dem Ausschuss folgende, auf den Staat bezogene Fassung vor: „Die Würde des menschlichen Wesens steht im Schutze der staatlichen Ordnung. Sie ist begründet in ewigen Rechten, die das deutsche Volk als Grundlage aller menschlichen Gemeinschaften anerkennt"; ebd., S. 71. Nach längerer Diskussion verzichtete der Ausschuss schließlich auf die naturrechtliche Begründung in Artikel 1 und schlug die von Heuss leicht abweichende Fassung vor: „Die Würde des Menschen steht im Schutze der staatlichen Ordnung"; ebd., S. 75; vgl. auch V. Otto, Staatsverständnis, S. 68f. – GG, Art. 1, Abs. 1 lautete schließlich: „Die Würde des Menschen ist unantastbar. Sie zu achten und zu schützen ist Verpflichtung aller staatlichen Gewalt."

4 Die Beratungen über die Präambel begannen erst am 6. 10. 1948 in der siebten Sitzung des Ausschusses für Grundsatzfragen, wo Heuss seinen Vorschlag unterbreitete; Parlamentarischer Rat, Bd. 5/I, S. 158. Bis zum 15. 10. einigte sich der Ausschuss auf einen Entwurf, der vor allem auf Formulierungen von SPD-Abgeordneten beruhte. Dieser Entwurf zog die Kritik der Alliierten auf sich, weil er Vorbehalte gegenüber der Präsenz der Siegermächte in Deutschland aussprach. Auch das deutsche Presseecho war weitgehend negativ, vor allem weil die Mitwirkung der Länder am Zustandekommen des Parlamentarischen Rates ignoriert wurde. In einem Redebeitrag am 20. 10. 1948 vor dem Plenum des Parlamentarischen Rates bedauerte Heuss, dass der Präambelentwurf „zu pedantisch und systematisch angefaßt" werde und ihm das „Pathos", die „Magie des Wortes" fehle. Stattdessen trug er dem Plenum einen weiteren eigenen Entwurf vor, der sich aber wiederum – abgesehen von wenigen Formulierungen – nicht durchsetzte; ebd., Bd. 9, 6. Sitzung, S. 192–196. Es sollte bis Ende April 1949 dauern, bis sich die Mitglieder des Parlamentarischen Rates nach zahlreichen Diskussionen über Änderungen und Streichungen auf den Wortlaut der Präambel einigen konnten; vgl. M. F. Feldkamp, Parlamentarische Rat, S. 60–63; vgl. auch den Leitartikel von Theodor Heuss: Die Präambel, in: RNZ, Nr. 129, 11. 10. 1948, abgedruckt in: Th. Hertfelder / J. C. Hess, Streiten, S. 64–67; vgl. auch Nr. 151, Anm. 5, Nr. 188, Anm. 1.

5 Jean Laloy, Leiter des französischen Verbindungsbüros in Bonn.

6 In St. Goar fand eine interfraktionelle Besprechung statt; Heuss an Heuss-Knapp, 24. 9. 1948, in: FA Heuss, Basel.

7 Unsichere Lesart wegen Lochung am linken Rand.

8 Es folgt gestrichen: „Abend".

9 Theodor Heuss: Die Erinnerungen der Käthe Kollwitz, in: RNZ, Nr. 122, 29. 9. 1948.

10 Käthe Kollwitz: Tagebuchblätter und Briefe, hg. v. Hans Kollwitz, Berlin 1948; J. Curtius, Sechs Jahre Minister.

Von Dir ist bisher nichts eingegangen. Lotti[11] hat den Auftrag, mir nur das Wichtigste nachzusenden.

Schöne Grüße
Dein Theodor.

Nr. 151
An Elly Heuss-Knapp, [Badenweiler]
29. September 1948; Bonn, [Parlamentarischer Rat]
FA Heuss, Basel: hs. Schreiben, behändigte Ausfertigung
Festlegung des Charakters des Grundgesetzes in der Präambel

Liebe Elly,

eigentlich sollten wir heute in Karlsruhe sein, aber der Köhler wird das schon verstehen. Ich schrieb ihm, daß ich gerade heute im Grundsatzausschuß die Berichterstattung hatte u. morgen früh wieder Unterausschuß.[1] Heute Abend bin ich bei den Engländern.[2]

Ich sende Dir Hannes Berichtbrief,[3] der Dir ja an sich nichts Neues sagt. Ob ich in der nächsten Woche von hier bis Lörrach durchfahren kann, hängt natürlich etwas von der Geschäftslage ab; Mitte der Woche beginnt wohl m[eine] große Ausschußdebatte mit Carlo Schmid über den Charakter uns[erer] hiesigen Arbeit („Provisorium", „Staatsfragment" etc.). Ich[4] habe eine, wie ich glaube, stilistisch u. politisch gute Präambel schon vor 10 Tagen in Stuttgart entworfen, hüte sie aber, damit sie nicht zerredet oder in schlechtem Deutsch kopiert wird.[5]

---

[11] Charlotte Kaempffer.

[1] Schreiben von Heuss an Köhler sowie der Anlass für eine Reise nach Karlsruhe ließen sich nicht ermitteln. Gemeint ist der Unterausschuss des Ausschusses für Grundsatzfragen.

[2] Vermutlich beim Leiter des englischen Verbindungsbüro, Rolland Alfred Aimé Chaput de Saintonge.

[3] Ließ sich nicht ermitteln.

[4] Von hier bis „Deutsch kopiert wird" von unbekannter Hand hs. Markierung durch eckige Klammern.

[5] Schmid wie auch ein Großteil seiner Partei wollten der Verfassung nur den Charakter eines Organisationsstatuts zuerkennen, um den provisorischen Zustand des besetzten und geteilten Deutschlands zu betonen. Heuss erkannte zwar ebenfalls die durch die Besatzungsherrschaft eingeschränkte Souveränität und Integrität Deutschlands an, plädierte aber dennoch dafür, eine vollwertige und vorbildliche Verfassung zu schaffen, die für den Beitritt der SBZ offen bleiben sollte. Schon in der Aussprache des Plenums am 9. 9. 1948 über den Charakter der Verfassung sprach er sich in diesem Sinne aus; vgl. Nr. 147, Anm. 7. Auch in seinem Vorschlag für eine Präambel, den Heuss am 6. 10. 1948 dem Grundsatzausschuss vorlegte, verzichtete er auf alles,

Abb. 21: Abgeordnetenausweis von Theodor Heuss

In uns[erem] Ausschuß kommen wir ordentlich voran; die Helene Weber ist ein brauchbarer Partner. Die großen Schwierigkeiten liegen in der Frage der Finanzverwaltungen.[6]

was auf den besetzten Zustand Deutschlands und auf einen provisorischen Status des Grundgesetzes weisen konnte; PARLAMENTARISCHE RAT, Bd. 5/I, 7. Sitzung, S. 158; zu den Kontroversen über die Präambel vgl. Nr. 150, Anm. 4; vgl. auch THEODOR HEUSS: Über das Vorläufige …, in: Christ und Welt, Nr. 20, 16. 10. 1948, abgedruckt in: TH. HERTFELDER / J. C. HESS, Streiten, S. 71–74; P. KRÜGER, Liberalismus, S. 205–210.

[6] Im Ausschuss für Finanzfragen konnte der FDP-Abgeordnete Hermann Höpker Aschoff, als ehemaliger preußische Finanzminister mit großer Sachkenntnis ausgestattet, seine Vorschläge über ein gemischtes System der Verteilung der Steuererträge zwischen Bund und Ländern weitgehend durchsetzen. Umstritten blieb im Ausschuss hingegen die Frage nach der Form der künftigen Finanzverwaltung. Während SPD und FDP eine bundeseigene Verwaltung favorisierten, befürworteten stärker föderalistisch gesonnene Kräfte vor allem innerhalb der CSU eine landeseigene Finanzverwaltung, der eher zentralistisch orientierte Flügel in der CDU hingegen eine Finanzverwaltung, die nach Weisung des Bundes von den Länderverwaltungen zu führen sei. Dieses Modell einer Auftragsverwaltung brachte die CDU/CSU-Fraktion am 7. 10. 1948 im Ausschuss als Kompromiss ein, doch setzten sich FDP und SPD knapp mit ihrem Vorschlag einer Bundesfinanzverwaltung durch. In einem Minderheitenvotum legte daraufhin die CDU/CSU-Fraktion wieder stärker das Gewicht auf die Länderkompetenz. Die weitere Behandlung dieser Frage im Finanz- und Hauptausschuss sowie in interfraktionellen Gremien wurde von Interventionen der Militärgouverneure begleitet, die in mehreren Memoranden eine stärkere Berücksichtigung des föderalen Prinzips forderten. Erst Ende April 1949 konnte in zähen Verhandlungen

Wir hatten sehr warme Tage, auch einige Tage immer blauer Himmel – jetzt bewölkt u. schwül.

Hoffentlich hat sich das Herz wieder auf den Besserungsweg begeben.

Ich rechne also damit, daß Du Samst[a]g od. Sonntag in der Frühe 76553 anrufst, damit ich Deine Pläne erfahre.

Herzliche Grüße Theodor

Nr. 152
An Dr. Helmut Külz, [Frankfurt a. M.-Höchst]
2. Oktober 1948; [Stuttgart-Degerloch, Löwenstraße 86]
BArch, N 1221, 58: ms. Schreiben, Durchschlag
Ablehnung der Teilnahme von Ostzonenvertretern an den Verfassungsberatungen des Parlamentarischen Rates

Lieber Külz,

Ihren Brief fand ich heute vor,[1] als ich für zwei Tage heimfuhr, um einen Berg von Briefen zu erledigen; da man in Bonn[2] genügend mit Papier zugedeckt wird, lasse ich mir nichts nachsenden. Es wäre ganz gut, wenn Sie einmal nach Bonn kämen, damit man evtl. Gelegenheit findet, dort die Meinungen abzuklären. Einstweilen kann ich mich Ihrer Auffassung nicht anschließen, daß man in Bonn den Osten abzuschreiben beginnt.[3] Ich fürchte, wenn in der jetzigen Situation die Beratung mit Ostvertretern gemacht würde, das rein sachliche Vorankommen der Arbeit dauernd unter dem Druck einer quasi-Politik stünde und sich das Gremium in eine Situation begäbe, der es nach seinem Umfang u. nach seiner personellen Zusammensetzung gar nicht gewachsen wäre. Bei jedem Artikel würde entweder eine möglichste Angleichung oder eine möglichste Differenzierung zu dem Ver-

---

eine Einigung mit den Alliierten erzielt werden, die den Länderinteressen stärker entgegenkam; vgl. PARLAMENTARISCHE RAT, Bd. 12, S. XIX-LX; THEODOR HEUSS: Die Finanzgewalt im Bundesstaat, in: RNZ, Nr. 135, 22. 10. 1948, abgedruckt in: TH. HERTFELDER / J. C. HESS, Streiten, S. 71–74.

1 Külz an Heuss, 29. 9. 1948, in: BArch, N 1221, 58.

2 Gestrichen: „Berli".

3 Külz hatte sich gegenüber Heuss darüber beklagt, dass in die westdeutschen Verfassungsberatungen keine Ostzonenvertreter eingebunden wurden und der Parlamentarische Rat nichts „Sichtbares und Greifbares für die Ostzone getan oder auch nur verlautbart" habe. Er hatte Heuss gebeten, die Angelegenheit mit dem Präsidenten des Parlamentarischen Rates, Adenauer, noch einmal zu erörtern; wie Anm. 1.

fassungsentwurf der Ostzone diskutiert werden.[4] Und die Arbeit würde vermutlich im Geschwätz über Sozialisierung stecken bleiben. Bonn hat ja keine abschließenden Entschlüsse zu fassen, sondern, soweit es dazu in der Lage ist, ein sauberes Modell zu entwerfen.

Daß der Vorgang nicht nur staatsrechtlich-technischer Natur ist, sondern auch politisches Gewicht besitzt, ist mir natürlich bewußt, aber mein Gefühl für politische Atmosphäre, das ich freilich nicht überbewerten will, sagt mir, daß Ihr Vorschlag heute nicht gangbar ist.

Mit freundlichem Gruß [Theodor Heuss]

Nr. 153
An Günther Wichert, Stuttgart-Zuffenhausen
8. Oktober 1948; Bonn, Parlamentarischer Rat

BArch, N 1221, 418: ms. Schreiben, Durchschlag, vom Sekretär Erich Raederscheidt hs. paraphiert; ms. Briefkopf: „Parlamentarischer Rat Abgeordneter Dr. Th. Heuss"

Ablehnung von Volksbegehren im Grundgesetz

Sehr geehrter Herr Wichert!

Dr. Heuss läßt Ihnen mitteilen, daß er sich für Ihren freundlichen Brief vom 4. 10. bestens bedankt,[1] und bittet um Entschuldigung, da er mit Korrespondenzen und Konferenzen überlastet, [daß er] nicht selber antwortet. Er bittet mich nur, Ihnen mitzuteilen, daß er den Gedanken des Volksbegehrens, der von Ihnen vorgetragen wurde, in seiner ersten großen Bonner Rede abgelehnt hat.[2] Die Schweizer Ver-

---

[4] Der „Volkskongreß" in der SBZ hatte im März 1948 in Berlin einen Deutschen Volksrat konstituiert, dessen Verfassungsausschuss einen Verfassungsentwurf ausarbeitete, der am 2. 10. 1948 vom Volksrat gebilligt, am 14. 11. 1948 bekannt gegeben und Ende Mai des kommenden Jahres vom neu gewählten Deutschen Volksrat verabschiedet wurde; vgl. D. STARITZ, Gründung, S. 189–191.

[1] Wichert an Heuss, 4. 10. 1948, in: BArch, N 1221, 418.

[2] In der allgemeinen Aussprache auf der dritten Sitzung des Plenums am 9. 9. 1948 über die Aufgaben der künftigen Verfassung bemerkte Heuss zum Volksbegehren: „Ich meine: Cave canem, ich warne davor, mit dieser Geschichte die künftige Demokratie zu belasten. Warum denn? In die Weimarer Verfassung ist das Volksbegehren aus einer gewissen Verliebtheit meines Freundes Conrad Haußmann in die Schweiz hineingekommen, weil Württemberg in der Nähe der Schweiz liegt und weil die Schweiz es hat. […] Das Volksbegehren, die Volksinitiative, in den übersehbaren Dingen mit einer staatsbürgerlichen Tradition wohltätig, ist in der Zeit der Vermassung und Entwurzelung, in der großräumigen Demokratie die Prämie für jeden Demagogen"; PARLAMENTARISCHE RAT, Bd. 9, S. 111. Schon zu Beginn der Weimarer Republik äußerte Heuss sich skeptisch gegenüber Formen direkter Demokratie, verschärfte aber nach 1945 unter dem

hältnisse sind ihm wohl bekannt. Die Erfahrungen, die die Weimarer Republik mit dem Volksbegehren gemacht hat, sind ein Zeichen dafür, daß diese Einrichtung in der großräumigen Demokratie fast nur eine Chance für Demagogen darstellt.[3] Die Kontrolle des Parlaments erfolgt laufend durch die öffentliche Meinungsbildung in Presse und Versammlungen.

Hochachtungsvoll i. A. R[a]e[derscheidt].

Nr. 154
An Dr. Wilhelm Stapel, [Hamburg Groß-Flottbek]
9. Oktober 1948; Stuttgart-Degerloch, Löwenstraße 86

DLA, A: Stapel: ms. Schreiben, behändigte Ausfertigung; Kopfbogen: „Theodor Heuss"

Einschätzung der Spruchkammerverfahren; Briefwechsel mit Kurt Hiller; Kontakt zur Zeitung „Christ und Welt"; Verhandlungen im Parlamentarischen Rat

Lieber Doktor Stapel,

gestern Abend bin ich wieder für zwei Tage nach Stuttgart gekommen. Ich sitze gegenwärtig von Dienstag bis Freitag in Bonn mit einigen Dutzend anderen Lykurgen und Solonen zusammen;[1] da aber die Arbeit dort so intensiv und angestrengt ist, lasse ich mir gar keine Post von hier nachsenden, und dann erwartete mich ein ganzer Berg von Briefen. Die nachdenksame Gelassenheit, in der man Briefe schreiben soll, ist bei diesem „Betrieb" für einige Zeit flöten gegangen. Aber ich

---

Eindruck des Scheiterns der Weimarer Demokratie, aber auch zum Schutz des neu zu gründenden Staates seine Kritik an der Volksgesetzgebung; vgl. O. JUNG, Grundgesetz, S. 290–294. Heuss lehnte auch die plebiszitäre Wahl des Bundespräsidenten ab; vgl. Nr. 156, Nr. 160, Anm. 4, Nr. 201. Hingegen wollte er das Grundgesetz plebiszitär bestätigen lassen; vgl. Nr. 201, Anm. 9, Nr. 204.

3 Die Weimarer Reichsverfassung sah im Art. 73, Abs. 3 einen Volksentscheid aufgrund Volksbegehren durch ein Zehntel der Stimmberechtigten vor. Auf Reichsebene wurden zwischen 1919 und 1933 nur acht Volksbegehren eingeleitet. Drei davon wurden nicht zugelassen, eines nicht weiterverfolgt. Das Volksbegehren gegen den Bau von Panzerkreuzern 1928 verfehlte das Quorum deutlich, die zum Volksentscheid geführten Volksbegehren für die Fürstenenteignung (1926) und gegen den Young-Plan (1929) scheiterten schließlich am hohen Quorum von 50 % der Wahlberechtigten. Ungeachtet dessen führte die demagogische Propaganda gegen den Young-Plan zu einem Schulterschluss zwischen bürgerlichen Rechten und völkischen Parteien und Gruppierungen, der letztlich der Machtübernahme durch Hitler zuarbeitete. Eine entscheidende Ursache für das Scheitern der Weimarer Republik waren die Plebiszite jedoch nicht; vgl. CH. GUSY, Weimarer Reichsverfassung, S. 93–98; O. JUNG, Direkte Demokratie.

1 Lykurg war ein legendärer Gesetzgeber Spartas, Solon ein Gesetzgeber in Athen Anfang des 6. Jahrhunderts v. Chr.

habe in den frühen Nachtstunden gestern dann doch alles durchgelesen, weil es jetzt 14 Tage dauern wird, bis ich wieder hierherkomme.

Ich glaube, daß in Ihrem Aufsatz vieles richtig gesehen und zutreffend geformt ist.[2] Es ist allerhöchste Zeit, daß die Epoche der Spruchkammer-Weltanschauung zu Ende geht. Ich habe selber vor einigen Wochen eine skurrile Situation erlebt. Da war, ohne daß ich etwas davon wußte, ein Spruchkammerverfahren[3] gegen mich abgelaufen, weil irgend jemand, dem ich nicht passe, Anklage gegen mich erhoben hatte wegen meiner 1932 erschienenen Schrift „Hitlers Weg",[4] von der er offenbar nur den Titel kannte. Folge: die Spruchkammer setzt sich hin, verschafft sich das Buch, der öffentliche Kläger selber verfaßt eine weitsichtige Abhandlung über den kritischen Fernblick des Verfassers, und man kommt zu dem Ergebnis, daß ich „nicht betroffen" sei und dies fast drei Jahre, nachdem die Amerikaner mich aus meiner heidelberger Winkelexistenz ausgegraben und zum Lizenzträger und Minister gemacht haben.[5] Es war natürlich auch ein Deutscher gewesen (ich kannte nicht einmal den Namen des Mannes), der hier initiativ geworden, und ich teile Ihre Sorge, daß gerade in dem Bezirk des sogen. Geistigen die Ressentiments Dauerquartier beziehen. Ich würde Ihnen gern von mir aus Hilfsstellung geben, aber ich kenne weder die englische Praxis noch irgendwelche in Frage kommenden Leute.[6] Daß man den Wiederdruck Ihres Wolfram von Eschenbach verbietet, ist ja sinnlos genug.[7] Die Torheit mit dem Nibelungenlied habe ich erst aus Ihrer Niederschrift gesehen.[8]

Als ich im vorigen Jahr in England war,[9] habe ich übrigens aus[10] einer Unterhaltung mit einem alten Freund, der nun freilich staatlich Deutscher geblieben ist,[11] entnommen, daß Kurt Hiller keine große Rolle in der Emigration gespielt hat oder spielt. Ich kenne ihn nicht persönlich, vor Jahrzehnten hat sich seine

---

[2] Mit seinem Schreiben vom 3. 10. 1948 hatte Stapel eine umfangreiche Abhandlung unter dem Titel „Black List" geschickt, in der er sich mit der Entnazifizierung auseinandersetzte; BArch, N 1221, 98. Die Abhandlung ließ sich nicht ermitteln.

[3] Linke Randanstreichung vom Empfänger: „Spruchkammerverfahren … beziehen." Daneben stenographische Randnotiz: „Hitlers Weg".

[4] TH. HEUSS, Hitlers Weg.

[5] Vgl. zum Spruchkammerverfahren und Einstellungsbescheid Nr. 140; zur Vergabe der Lizenz für die „Rhein-Neckar-Zeitung" Nr. 2, Anm. 1, Nr. 5, Anm. 9, Nr. 7, Anm. 2; zur Berufung zum Kultusminister von Württemberg-Baden Nr. 6, Anm. 17.

[6] Ein von Stapel 1947 selber beantragtes Entnazifizierungsverfahren war noch immer nicht zum Abschluss gekommen; vgl. Nr. 65, Anm. 11, Nr. 107, Anm. 7.

[7] WOLFRAM VON ESCHENBACH: Parzival, übertragen von Wilhelm Stapel, Hamburg 1937. Ein Neudruck erschien 1950.

[8] Wie Anm. 2.

[9] Zum Kongress der Liberalen Weltunion in Oxford vom 9. bis 14. 4. 1947 vgl. Nr. 70, Anm. 2, Nr. 74, Nr. 76, Nr. 81, Nr. 83.

[10] Am linken Rand stenographische Randnotiz vom Empfänger: „Hiller".

[11] Vermutlich August Weber, bei dem Heuss in London gewohnt hatte.

Gruppe einmal sehr über mich geärgert, weil ich einen Sammelband, der, glaube ich, „Tätiger Geist" hieß, im „Literarischen Echo" ironisch besprochen hatte.[12] Vor einigen Monaten schrieb mir Hiller dann einmal von London, er habe gehört, daß ich mich gegen die Zustimmung zum Ermächtigungsgesetz gewandt habe. Ich sandte ihm dann das Protokoll des württ[emberg]-bad[ischen] Untersuchungsausschusses über diesen ganzen Zimt, den jetzt auch Hjalmar Schacht wieder aktualisieren will.[13] Das deutsche Schicksal oder der Wettlauf um das Alibi!

„Christ und Welt" hat mir die Rezension der „Schattenbeschwörungen" geschickt, der man aber nicht mehr ansah, daß sie von Ihnen stammte.[14] Ich habe noch kein ganz sicheres Gefühl, wie diese ziemlich munter gemachte Zeitschrift sich entwickeln wird. Ich habe ihnen auf ihren Wunsch jetzt selber einen Aufsatz über die Bonner Problematik geschrieben, und sie haben den Neudruck meiner Essaysammlung „Deutsche Gestalten" erbeten.[15] Neulich hat mir gegenüber jemand die Zeitschrift als verlegerisch erfolgreich diagnostiziert; vielleicht empfiehlt es sich doch, daß Sie die Beziehung zu ihr halten und pflegen. Ich könnte mir vorstellen, daß eine Studie über den Komplex Ihrer Lutherdarstellung sozusagen als Vorreiter des Buches, was ja wohl in einiger Zeit ungefährdet wird erscheinen können, ganz gescheit wäre.[16]

Von Bonn aus ließ ich Ihnen ein Exemplar des Protokolls mit meiner Rede schicken.[17] Sie fiel ein bißchen aus dem Rahmen der vorgelesenen Rechtsdeduktionen. Man ist sich natürlich bei der Arbeit[18] in Bonn dieser Spannung durchaus bewußt, im Zustand der staatlichen Unfreiheit etwas machen zu sollen, was Garantien der Freiheit vorträgt. Das Diskussionsniveau in den Ausschüssen ist nicht schlecht, wenigstens in dem Bereich, den ich mit übersehe.[19]

---

[12] Das literarische Echo. Halbmonatsschrift für Literaturfreunde 21, Nr. 1, 1. 10. 1918, Sp. 52f.

[13] Vgl. Nr. 109.

[14] Christ und Welt, Nr. 8, 24. 7. 1948. Die Redaktion hatte die Rezension Stapels eigenmächtig und nach Einschätzung des Verfassers dermaßen sinnwidrig gekürzt, dass Stapel eine weitere Zusammenarbeit mit „Christ und Welt" ablehnte; wie Anm. 2. Am linken Rand stenographische Randnotiz vom Empfänger: „Christ und Welt".

[15] THEODOR HEUSS: Über das Vorläufige …, in: Christ und Welt, Nr. 20, 16. 10. 1948, abgedruckt in: TH. HERTFELDER / J. C. HESS, Streiten, S. 71–74. Ein derartiges Schreiben von „Christ und Welt" ließ sich nicht ermitteln.

[16] Über Luther ließen sich von Stapel folgende Schriften nachweisen: WILHELM STAPEL: Die Kirche Luthers, Münster 1935; DERS.: Was verstand Luther unter Kirche? Bonn 1936; nach 1945 erschien MARTIN LUTHER: Lieder und Gedichte, mit Einleitung und Erläuterung von Wilhelm Stapel, Stuttgart 1950. Im Nachlass Stapel finden sich zudem unveröffentlichte Manuskripte über „Luther und Hitler" (23. 1. 1947) und über Luthers Gedichte und Lieder; DLA, A: Stapel.

[17] Die Rede von Heuss über die Grundzüge der Verfassung vor dem Plenum des Parlamentarischen Rates, in: PARLAMENTARISCHE RAT, Bd. 9, 3. Sitzung, 9. 9. 1948, S. 103–119; vgl. auch Nr. 147, Anm. 7.

[18] Doppelte linke Randanstreichung vom Empfänger: „Arbeit … vorträgt."

[19] Bei den Fachausschüssen vertrat Heuss die FDP im Ausschuss für Grundsatzfragen; zudem nahm er an Sitzungen im interfraktionellen Ausschuss und im Hauptausschuss teil.

Zum Urlaub habe ich es selber in diesem Jahr nicht gebracht. Aber mit der Gesundheit geht es im ganzen ordentlich. Meine Frau steckt wieder einmal zu einer Herzkur in Badenweiler, ist dieses Mal aber von dem Ablauf befriedigt.

Mit guten Grüßen für Sie und die Gattin
Ihr Theodor Heuss

Nr. 155
An Max Rademacher, Hamburg
1. November 1948; [Stuttgart-Degerloch, Löwenstraße 86]
BArch, N 1221, 418: ms. Schreiben, Durchschlag, hs. gez.
Kritik an Max Rademachers öffentlicher Ankündigung über Theodor Heuss als künftigen Bundespräsidenten

Verehrter, lieber Herr Rademacher,

was haben Sie da angerichtet. Heute kriege ich zwei Mal von Berlin den Ausschnitt des „Tagesspiegels", daß Sie mich in Neumünster als den voraussichtlich kommenden Bundespräsidenten angekündigt haben.[1] Die Quelle ist mir natürlich bekannt. Es gibt in der sozialdemokratischen Fraktion in Bonn einige Leute, die den Gedanken favorisieren und auch mich schon darauf angesprochen haben.[2] Ich selber favorisiere den Gedanken jedoch gar nicht, da ich in solchen Lebensentscheidungen den nicht befriedigenden Gesundheitszustand meiner Frau mit zu berücksichtigen hätte. Aber soviel scheint mir ganz gewiß zu sein, daß, auch wenn ich die wohlwollende Meinung Ihrer Äußerung in ihren Motiven völlig anerkenne, für die praktische Verwirklichung des Gedankens nichts ungeschickter sein könnte, als in diesem Zeitpunkt so etwas hinauszugeben. Bestimmte Seiten meiner Arbeit in Bonn im interfraktionellen Ausschuß[3] sind jetzt einfach gelähmt, da die durchschnittliche Meinung der Menschen ja die ist, daß einer Politik immer nur für sich betreibe.

---

1 Der Tagesspiegel, Nr. 248, 23. 10. 1948 (Fernausgabe über Luftbrücke).

2 In einem Brief vom 18. 5. 1949 an Toni Stolper gab Heuss diese Quelle bekannt: „Meine ‚Kandidatur' ist, glaube ich, eine Erfindung von Paul Löbe, die dann auch in die Zeitungen kam." BArch, N 1221, 490; vgl. auch Heuss an Heile, 12. 1. 1953, in: BArch, N 1132, 27.

3 Um bei besonders strittigen Punkten zu tragfähigen Kompromissen für das Grundgesetz zu gelangen, trafen sich die Fraktionen außerhalb der Ausschüsse zu interfraktionellen Besprechungen. Neben der Frage nach der Gestaltung der Länderkammer zählte zu diesen umstrittenen Punkten u. a. auch der Wahlmodus des Bundespräsidenten; vgl. PARLAMENTARISCHE RAT, Bd. 11, S. VIII; M. F. FELDKAMP, Parlamentarische Rat, S. 103.

Ich darf die Empfindung haben, daß mein Urteil bei den interfraktionellen Besprechungen sowohl bei der SPD wie bei der CDU geachtet wird. Wenn wir jetzt in der nächsten Woche bei den interfraktionellen Besprechungen die Geschichte der Bundesspitze erörtern, bei der bis jetzt CDU und SPD gegensätzliche Auffassungen vertreten,[4] bin ich einfach in der dümmsten Situation. Ich habe mich im Plenum für den Bundespräsidenten ausgesprochen;[5] argumentiere ich jetzt in den Verhandlungen für ihn, so werden die einen sagen: aha, für sich. Überlasse ich die Argumentation einem unserer Freunde, so wird man sagen: Heuss hat Taktgefühl genug, sein Ziel nicht selber zu vertreten, und damit wird die Geschichte noch ungeschickter. – Wenn ich die Dinge ruhig und kühl ansehe, so hat mir meine erste große Rede einen gewissen überfraktionellen goodwill verschafft; aber die Tatsache, daß innerhalb der Sozialdemokratie dann ein Gespräch auf mich zugekommen ist, gilt nicht so sehr mir, als, wenn ich die Dinge richtig beurteile, einem Mißtrauen gegen Adenauer, den man dort wohl als Favorit der CDU ansieht.[6]

Ich durfte Ihnen diese meine Auffassung vortragen mit der herzlichen Bitte, die Geschichte absinken zu lassen, die mir persönlich jetzt schon viel Schererei bringt und politisch einigermaßen abträglich ist. Wir als kleine Gruppe dürfen nicht damit an die Öffentlichkeit kommen. Jetzt sind die Heckenschützen, die es überall gibt, alarmiert, und unsere sachlich gegebene Vermittlungsaufgabe wird dadurch, daß sie plakatiert wurde (der „Tagesspiegel“ hat Plakat-Wirkung), taktisch erschwert und die beiden Flügelgruppen vielleicht noch mehr zum unmittelbaren Verhandeln veranlassen; denn es fehlt bei beiden nicht <an>[7] Leuten, die

---

[4] In der interfraktionellen Besprechung der kommenden Woche, am 10. 11. 1948, stand nicht die Frage nach der Bundesspitze, sondern die nach der Gestaltung der Länderkammer auf der Tagesordnung; vgl. PARLAMENTARISCHE RAT, Bd. 11, S. 47–54. Die SPD vertrat die Auffassung, dass einem nichtsouveränen „Staatsfragment“ kein Präsident vorstehen könne, befürwortete deshalb zunächst ein Dreierkollegium, wollte dann aber die Funktion des Bundespräsidenten vom Präsidenten des Bundestages wahrgenommen wissen. CDU und CSU sowie FDP traten hingegen von vornherein für das Amt des Bundespräsidenten ein. Ende November stand die Schaffung einer solchen repräsentativen Spitze fest, um das Gremium für deren Wahl wurde jedoch wochenlang gerungen; vgl. R. MORSEY, Debatte, S. 55–57; PARLAMENTARISCHE RAT, Bd. 13/I, S. LXVI-LXXI; vgl. auch Nr. 156, Nr. 160, Anm. 4, Nr. 201.

[5] Heuss meinte dazu am 9. 9. 1948 vor dem Plenum des Parlamentarischen Rates: „Wir halten dafür, daß die Person, Amtsfunktion des *Bundespräsidenten* nicht in die ungewisse Geschichte abgeschoben werden soll, weil die Zeit noch nichts Rechtes für ihn zu tun gibt. Verkennen Sie nicht die Symbolkraft, die davon ausgeht, und vermeiden Sie das Provisorium eines Direktoriums, was dann in der Bevölkerung gleich wieder so ausgedeutet wird: man will also die verschiedenen Leute und Parteien mit daran beteiligt haben.“ PARLAMENTARISCHE RAT, Bd. 9, 3. Sitzung, S. 109.

[6] Der SPD-Abgeordnete Walter Menzel äußerte die Vermutung, dass das Eintreten der CDU und CSU sowie der kleineren Parteien für das Amt des Bundespräsidenten damit zu erklären sei, dass schon während der Beratungen im Parlamentarischen Rat eine bestimmte Person für dieses Amt vorgesehen war. Dies traf vermutlich aber nicht zu; vgl. V. OTTO, Staatsverständnis, S. 144.

[7] Unsichere Lesart wegen Lochung am rechten Rand.

mit dem einfachen Mehrheitswahlrecht, in dem Schwärmen für das Zweiparteien-System, unsere Gruppe aus dem deutschen Kräftespiel hinauskomplimentieren möchten.[8]

Mit freundlichen Grüßen
Ihr ergebener

Theodor Heuss

---

[8] Der Parlamentarische Rat hatte mit großer Mehrheit beschlossen, dass er selber und nicht die Ministerpräsidenten für den Erlass eines Wahlgesetzes zuständig sei. Die Frage nach dem Wahlrechtssystem gehörte sowohl zwischen wie auch innerhalb der Fraktionen zu den strittigsten Punkten, zumal der Verfassungskonvent von Herrenchiemsee zu dieser Materie keinen Vorschlag unterbreitet hatte; vgl. auch Nr. 190, Anm. 5. Grundsätzlich standen im Ausschuss für Wahlrechtsfragen unter dem Vorsitz des FDP-Abgeordneten Max Becker, im Hauptausschuss und im Plenum das relative bzw. absolute Mehrheitswahlrecht und das Verhältniswahlrecht zur Debatte. Traten CDU und CSU für ein relatives Mehrheitswahlrecht ein, so hatte sich die SPD zunächst für ein Verhältniswahlsystem ausgesprochen, um sich dann Mitte Oktober 1948 einem Kompromiss zwischen absolutem und relativem Mehrheitssystem und damit der Position der CDU und CSU anzunähern. Mit Hilfe einer solchen Einigung hätten die beiden großen Parteien ohne Rücksicht auf die FDP, in der Heuss das Verhältnis-, Dehler hingegen das Mehrheitswahlrecht befürwortete, ein Mehrheitswahlrecht durchsetzen können. Diese Entscheidung hätte das Zweiparteiensystem begünstigt und den Kandidaten kleinerer Parteien kaum Möglichkeiten belassen, im Parlament vertreten zu sein. Für den Abstimmungsprozess im Parlamentarischen Rat wäre zudem die FDP, die bei Pattsituationen zwischen den beiden gleich stark vertretenen großen Parteien eine wichtige Funktion als „Zünglein an der Waage" (vgl. Nr. 145) bekleidete, in dieser Frage entbehrlich geworden. Der Kompromiss zwischen CDU, CSU und SPD kam jedoch nicht zustande. Mitte Januar näherte sich die SPD in einem Vermittlungsvorschlag wieder dem Verhältniswahlrecht an und gelangte zu einer Einigung mit der FDP. Auf der Grundlage dieses Kompromisses verabschiedete das Plenum am 24. 2. 1949 ein Wahlgesetz, das ein Verhältniswahlrecht mit der Verkleinerung der Wahlkreise und damit eine Stärkung der Persönlichkeitswahl vorsah. Trotz dieses Entgegenkommens an die CDU/CSU-Fraktion stimmten deren Vertreter gemeinsam mit der DP gegen den Entwurf. Den Beschluss des Parlamentarischen Rates stellten die Alliierten jedoch wieder infrage, als sie in ihrem Memorandum vom 2. 3. 1949 erklärten, dass das Wahlgesetz nicht dem Grundgesetz angeschlossen werden könne und Sache der Ländergesetzgebung sei. Daraufhin empfahlen die Ministerpräsidenten auf einer Konferenz in Königstein vom 24. 3. 1949 dem Parlamentarischen Rat, ungeachtet der alliierten Einwände ein einheitliches Wahlrecht mit einer Zweidrittelmehrheit zu beschließen, die im Plenum am 10. 5. 1949 aber nicht erreicht wurde, da die CDU/CSU-Fraktion das immer noch vorgesehene Verhältniswahlrecht ablehnte. So verabschiedeten letztlich doch die Ministerpräsidenten am 15. 6. 1949 ein einheitliches Wahlgesetz zum ersten Bundestag, in dem die Anzahl der Listenmandate erhöht und – entgegen einem Beschluss des Parlamentarischen Rates – die Fünf-Prozent-Klausel eingeführt wurde; vgl. M. F. Feldkamp, Parlamentarische Rat, S. 84–93; E. H. Lange, Wahlrecht, S. 329–408; vgl. auch Nr. 173; Heuss an Arnold Brecht, 15. 11. 1948, in: BArch, N 1221, 74.

Nr. 156
An Dr. Friedrich Middelhauve, Opladen
9. November 1948; Bonn, [Parlamentarischer Rat]
BArch, N 1221, 88: ms. Schreiben, Durchschlag, hs. paraphiert; ms. Briefkopf: „Abg. Dr. Theodor Heuss“[1]
Ablehnung parteipolitischer Einflussnahme des FDP-Landesverbandes Nordrhein-Westfalen auf die Arbeit der FDP-Fraktion im Parlamentarischen Rat

Sehr verehrter, lieber Herr Dr. Middelhauve!

Freundlichen Dank für Ihren Brief vom 5. November,[2] den ich heute, aus Südbaden zurückkehrend, vorgefunden habe. Es ist schade, daß Sie nicht einmal in den drei Monaten Zeit gefunden haben, zu uns zu kommen. Es hätte sich da vielleicht manches abgeklärt, und vielleicht wären einige Punkte der Entschließung, die Sie mir übersandt haben, anders ausgefallen.[3] Höpker-Aschoff, den ich wegen Ihres Briefes interpellierte, hat von der Sitzung Ihres Landesausschusses nichts gewußt. Vielleicht wäre es richtiger gewesen, ihn zu informieren, damit er seinerseits hätte informieren können.

Ich will Ihnen nur kurz meine persönliche Auffassung zu einigen der aufgeworfenen Fragen mitteilen. Die Bezeichnung des kommenden Staatsgebildes als „Reich“, von der Sie sagen, daß die immer und immer wieder gefordert worden sei, ist in unserem Kreis natürlich auch besprochen, aber einhellig abgelehnt worden. Der historische und symbolische Begriff „Reich“ ist mit der Geschichtslage, in der wir stehen und in die wir treten, nicht vereinbar. (Darüber waren wir uns im Süden schon seit Jahren einig, obwohl oder vielleicht gerade weil die alte Reichstradition, die 1806 zu Ende ging, nirgendwo so nachklang wie im kleinstaatlichen Südwestraum.)[4]

---

1 Teildruck: E. PIKART, Heuss, S. 270f.

2 Heuss datiert den Brief von Middelhauve irrtümlich auf den 5. 11. 1948; Middelhauve an Heuss, 3. 11. 1948, in: BArch, N 1221, 88.

3 Dem Brief von Middelhauve ist eine Entschließung beigelegt, die der Landesausschuss des FDP-Landesverbandes Nordrhein-Westfalen auf einer Sitzung am 30. 10. 1948 verabschiedet hatte. In dieser Resolution würdigte der Landesausschuss zwar die Arbeit der FDP-Fraktion im Parlamentarischen Rat, kritisierte aber deutlich, dass bei zentralen Verfassungsfragen die politische Linie der Partei, vor allem des nordrhein-westfälischen Landesverbandes, verlassen worden sei. Diese Kritik bezog sich 1. auf den Verzicht auf die Staatsbezeichnung „Deutsches Reich“ zugunsten von „Bundesrepublik Deutschland“, 2. auf die gleichberechtigte Stellung des Bundesrates gegenüber dem Bundestag, 3. auf den Verzicht auf die Wahl des Staatsoberhauptes durch Volksbefragung und 4. auf die starke Abhängigkeit der Regierung vom Parlament („Regierungsform des absoluten Parlamentarismus“); in: ebd.

4 Nach der Errichtung des Rheinbundes 1806 durch 16 süd- und westdeutsche Fürsten legte Franz II. auf Druck Napoleons die Kaiserkrone nieder. Damit ging die Geschichte des Heiligen Römischen

In unseren Fraktionsbesprechungen kam es uns vor allem darauf an, zunächst den Vorschlag „Bund deutscher Länder" wegen seiner mangelnden Integrationskraft zu beseitigen und das Wort „Deutschland" aus einem ethnisch-geographischen zu einem staatsrechtlich-politischen Begriff zu heben, d. h. das Wort „deutsch" nicht nur als Adjektiv zu verwenden. In dem Grundsatzausschuß hat die SPD „Republik Deutschland" vorgeschlagen, die bayrische CSU beantragte „Bundesstaat Deutschland", ich erreichte dann „Bundesrepublik", was ich ja schon in meiner ersten Rede angekündigt hatte.[5] Ich habe, wie auch im Ausschuß, diesen Begriff gewählt, um ihn vor allem Bayern akzeptabel zu machen. Das ist vielleicht für Sie, lieber Herr Dr. Middelhauve, kein Argument, aber mich interessiert bei der ganzen Arbeit hier gar nicht, ob ich eine individuelle oder Parteiauffassung durchsetze, sondern ob ich brauchbare Formen finde, die ohne Vermachtung eine möglichst weitgehende Zustimmung breiter Volksteile finden werden.

Der Vorschlag, den Bundespräsidenten plebiszitär zu wählen, scheint mir eine Spezialität Eures Landesverbandes zu sein. Ich selber habe für diesen plebiszitären Bundespräsidenten dann viel übrig, wenn er machtpolitisch ausgestattet ist. Das eben will heute niemand recht nach den zurückliegenden Erfahrungen und nach den offenkundigen Fehlkonstruktionen in der Weimarer Verfassung selber.[6] Dies breiter darzustellen, fehlt mir jetzt die Zeit. Wir haben den schon von mir im Frühjahr einmal auf einer Frankfurter Koordinierungssitzung gemachten Vorschlag, ein Wahlgremium durch Ergänzung von Länderkammer und Volks-

Reiches Deutscher Nation zu Ende. Dazu sprach Heuss schon bei den Beratungen über die württemberg-badische Verfassung: Mit „einer gewissen Hemmung, schier zögerlich, gebrauchen wir das Wort ‚Reich', auf dem ein Schimmer der Größe, ein Glanz der Macht liegt, und wir wandeln im Schatten der Ohnmacht." QUELLEN, 2. Teil, 2. Sitzung der Verfassunggebenden Landesversammlung für Württemberg-Baden, 18. 7. 1946, S. 52.

5 Vgl. zur Rede von Heuss vor dem Plenum des Parlamentarischen Rates am 9. 9. 1948, in der er sich für den Namen „Bundesrepublik Deutschland" ausgesprochen hatte, Nr. 147, Anm. 7. Die Diskussion über den Namen des neuen Staates wurde im Ausschuss für Grundsatzfragen im Zusammenhang mit der Ausarbeitung der Präambel geführt; vgl. zu den unterschiedlichen Vorschlägen der Parteien PARLAMENTARISCHE RAT, Bd. 5/I, S. 169–175, 277–283; zur Debatte über die Präambel vgl. Nr. 150, Anm. 4.

6 Im Parlamentarischen Rat bestand Einigkeit darüber, von einer plebiszitären Wahl des Bundespräsidenten Abstand zu nehmen; vgl. V. OTTO, Staatsverständnis, S. 141. Dahinter stand als negativer Bezugspunkt die „Supermacht des volksgewählten Reichspräsidenten", die für das Scheitern der Weimarer Republik mitverantwortlich gemacht wurde; vgl. R. MORSEY, Debatte, S. 55, 58. Der durch Volkswahl legitimierte Reichspräsident verfügte über umfangreiche Machtmittel wie z. B. die Ernennung und Entlassung der Reichsregierung, die Auflösung des Reichstages und die Anberaumung von Neuwahlen sowie über die kompetenzverschiebende Wirkung des Notverordnungsrechts im Art. 48 der Weimarer Reichsverfassung. Bei mangelnder demokratischer Haltung – so bei Hindenburg – konnte der Reichspräsident in Krisenzeiten durch seine Diktaturgewalt die parlamentarische Republik unterlaufen; vgl. CH. GUSY, Weimarer Reichsverfassung, S. 98–115.

kammer durch Vertreter der Einzellandtage zu schaffen,[7] aufgenommen, und es sieht so aus, als ob er in Teilen der CDU mitakzeptiert wird. Sein Sinn ist ja, dem Bundespräsidenten dadurch wenigstens eine breitere Legitimation zu verschaffen.

Die Konstruktion der Länderkammer ist im Augenblick noch durchaus offen. Die CDU hatte sich zunächst meinem Vorschlag angeschlossen, aber ist jetzt etwas unsicher geworden, weil Vorschläge von der SPD eine Kompromißmöglichkeit zwischen den beiden Gruppen vorzubereiten scheinen.[8]

---

[7] Das aufgrund von zahlreichen Besprechungen Ernst Mayers und Heuss' mit Mitgliedern des Gesamtvorstandes der DPD gewonnene Meinungsbild über eine künftige deutsche Verfassung wurde in einem „Rundschreiben Nr. 3" vom 20. 6. 1948 zusammengefasst; es diente als Diskussionsgrundlage für eine informelle Sitzung der DPD in Frankfurt a. M. am 28. 6. 1948. Dort wurde der in den Londoner Empfehlungen formulierte Verfassungsauftrag erörtert; vgl. Nr. 132, Anm. 4, 8, Nr. 133, Anm. 1. – Die Vorschläge von Heuss und Mayer vom 20. 6. 1948 betrafen auch schon den Wahlmodus des Bundespräsidenten: „Der *Bundespräsident* soll nach den Erfahrungen der Weimarer Republik nicht mehr durch das Volk, sondern durch eine *Nationalversammlung* gewählt werden. Die Nationalversammlung setzt sich zusammen aus der Bundesversammlung [gemeint ist der spätere Bundestag; d. Bearb.], dem Bundesrat und Delegationen der Länderparlamente, deren Stärke sich nach der Bevölkerungszahl richtet." Rundschreiben Nr. 3, 20. 6. 1948, in: BArch, N 1221, 407. Im Parlamentarischen Rat entzündeten sich die Debatten dann auch weniger daran, den Bundespräsidenten nicht per Plebiszit zu wählen oder ihm weitgehend repräsentative Aufgaben zuzuweisen, sondern an der Zusammensetzung und dem Verfahren des Wahlgremiums; vgl. V. Otto, Staatsverständnis, S. 141f; Parlamentarische Rat, Bd. 13/I, S. LXVI-LXXI; vgl. auch Nr. 160, Nr. 201.

[8] Über die Schaffung eines Regierungssystems föderalistischen Typs herrschte im Parlamentarischen Rat Einigkeit, hingegen gingen die Meinungen über die Zusammensetzung der Zweiten Kammer, der Länderkammer, weit auseinander. Auf der einen Seite stand das Bundesratsprinzip, das die Entsendung weisungsgebundener Vertreter der Länderregierungen vorsah und von der Mehrheit der CDU und CSU favorisiert wurde; auf der anderen Seite verfochten die Anhänger des Senatsprinzips, die sich vor allem aus der Mehrheit der SPD rekrutierten, die Bildung der Länderkammer aus gewählten Vertretern der Landtage. Die Entscheidung über diese Frage hatte große Bedeutung für den Umfang der Mitwirkung der Zweiten Kammer an der Gesetzgebung und für die Frage, ob eine gleichberechtigte Beteiligung oder nur ein suspensives Veto der Länderkammer vorgesehen war. Eine Synthese beider Prinzipien deutete Heuss schon in seiner Rede vor dem Plenum am 9. 9. 1948 an: „Aber dass die Kombination von Länderregierungsvertretern und Landtagsvertretern an sich gangbar ist und versucht werden könnte, legt sich mir sehr nahe." Parlamentarische Rat, Bd. 9, 3. Sitzung, S. 111. Ende Oktober bezeichnete er dieses Mischsystem als „Bundesrat mit senatorischer Schleppe", dem sich Teile der CDU anschlossen; ebd., Bd. 11, S. 33. Eine Wendung trat ein, als sich der SPD-Abgeordnete Menzel und der bayerische Ministerpräsident Ehard am 26. 10. 1948 in Bonn auf die Bundesratslösung mit suspensivem Veto verständigten; der Bundesrat sollte nach diesem Modell in den meisten Bereichen nicht gleichberechtigt gegenüber dem Bundestag sein. Damit war der FDP-Vorschlag vom Tisch. Adenauer, der dem Senatsprinzip nahestand, war über das Ergebnis dieses ohne sein Wissen geführten Gesprächs höchst verärgert, konnte aber letztlich die Entscheidung des Parlamentarischen Rates zugunsten eines Bundesrates (jedoch ohne suspensives Veto) nicht verhindern; vgl. M. F. Feldkamp, Parlamentarische Rat, S. 70–72, 103–105; V. Otto, Staatsverständnis, S. 109–114. Heuss betrachtete noch Jahre später diese Entscheidung als Fehlschlag seiner Bemühungen im Parlamentarischen Rat; Th. Heuss, Tagebuchbriefe, S. 150.

Von der Gestaltung der Zusammensetzung wird auch die Frage der Berechtigung der beiden Kammern abhängig werden.

Was den 4. Punkt anlangt, so ist die Mehrheit der hiesigen Gruppe für das, was Sie konstante Exekutive nennen (wobei mir übrigens der Hinweis auf das „Vorbild der USA und der Schweiz" völlig sinnlos erscheint, da diese „Vorbilder" in sich ja gar nicht vergleichbar sind). Ich für meine Person bin für den Bund auch hier für die parlamentarische Regierungsform eingetreten, da ich nicht in der Krisenangst lebe, sondern hier Schulungsaufgaben für das Volksbewußtsein und die Parteien sehe, aber ich stehe damit ziemlich allein.[9] Welche Form sich schließlich durchsetzen wird, vermag ich noch nicht zu sagen, denn auch in den anderen Fraktionen sind die Meinungen geteilt. Unsere Freunde in dem Organisationsausschuß haben aber den Standpunkt vertreten, den offenbar Nordrhein-Westfalen für den richtigen hält.[10]

Ich kann mir nicht ganz versagen, zu dem Schlußpassus der Resolution eine Bemerkung zu machen.[11] Einige unserer Freunde hier haben die Meinung, daß der Ausgang der Gemeindewahlen in Nordrhein-Westfalen, bei dem auch die Gegner mit einem verhältnismäßig starken Anwachsen der FDP gerechnet haben, für

[9] Vor dem Plenum räumte Heuss zwar am 9. 9. 1948 ein, dass das parlamentarische System „durch die Entwicklung in Weimar, durch die Ereignisse der französischen Regierungskrisen disqualifiziert" sei, war aber dennoch der Auffassung, „daß wir am parlamentarischen System festhalten sollten, obwohl ich die Einwendungen dagegen kenne, rein aus dem Grunde, weil in dem parlamentarischen System für Regierungen und Parteien gerade in Deutschland die Erziehungsschule der politischen Verantwortung liegt"; Parlamentarische Rat, Bd. 9, 3. Sitzung, S. 109. Mit dieser Auffassung stand Heuss allerdings alles andere als allein im Parlamentarischen Rat. Ebenso traten Walter Menzel (SPD) und Adolf Süsterhenn (CDU) am 8. und 9. 9. 1948 für das parlamentarische Regierungssystem ein, das die Volksvertretung als wesentlichen Träger der Gesetzgebung vorsah und von der auch die Regierung abhängig sein sollte. In der Ablehnung einer präsidialen Demokratie bzw. einer zeitlich befristeten Unabhängigkeit des Kanzlers vom Parlament waren sich fast alle Mitglieder des Parlamentarischen Rates einig; vgl. V. Otto, Staatsverständnis, S. 124–130; vgl. auch Anm. 10.

[10] In der fünften Sitzung des Organisationsausschusses am 23. 9. 1948 waren die FDP-Abgeordneten Max Becker und Dehler für ein Präsidialsystem bzw. für eine zeitlich gebundene Kanzlerschaft eingetreten, um Konstanz in der Regierung gegenüber parlamentarischen Einflüssen zu gewährleisten, fanden damit aber noch nicht einmal in der eigenen Fraktion uneingeschränkte Unterstützung; vgl. Parlamentarische Rat, Bd. 13/I, S. 127, 134–137. Ihr Antrag für eine Präsidialregierung in der 32. Sitzung des Hauptausschusses am 7. 1. 1949 blieb erfolglos; vgl. Parlamentarischer Rat, Verhandlungen des Hauptausschusses, S. 395–402. Heuss berichtete seiner Frau am 9. 1. 1949, dass auch er mit dem Antrag von Becker und Dehler nicht einverstanden gewesen sei; abgedruckt in: E. Pikart, Theodor Heuss, S. 271; vgl. V. Otto, Staatsverständnis, S. 125f; vgl. auch Thomas Dehler: FDP fordert Präsidialregierung, in: Informationsdienst der Freien Demokratischen Partei, Landesverband Bayern, Nr. 62, 15. 1. 1949, abgedruckt in: Th. Hertfelder / J. C. Hess, Streiten, S. 100–103.

[11] Die Resolution des nordrhein-westfälischen FDP-Landesverbandes endete mit den Worten: „Der Landesausschuß ist der Auffassung, daß die Arbeit der FDP-Fraktion im Parlamentarischen Rat nur dann die volle Zustimmung unserer Parteifreunde finden kann, wenn sie diesen Auffassungen des stärksten Landesverbandes Rechnung trägt." Wie Anm. 2.

unsere hiesige Position sich nachteilig ausgewirkt hat.[12] Ich selber habe das nicht so empfunden, aber man sagt mir, daß wir seitdem für nicht mehr ganz so wichtig gehalten werden. Ich hoffe nur, daß Baden und die Pfalz hier ein anderes Bild ergeben werden.[13] Aber etwas erstaunt bin ich über die Fassung, daß unsere Arbeit nur dann die volle Zustimmung unserer Parteifreunde finden könne, wenn sie „diesen Auffassungen des stärksten Landesverbandes" Rechnung trägt. Es ist für uns natürlich immer wichtig und interessant, die Beurteilung der politischen Situation aus den Kreisen der organisierten Partei zu erfahren, aber Sie müssen mir schon verzeihen, daß ich noch nie auf die Idee gekommen bin, meine politische Entscheidung von mehr oder weniger ultimativ tönenden Resolutionen abhängig zu machen. Ich bin auch unsicher, ob der Begriff des „stärksten Landesverbandes" in diesem Zusammenhang richtig angewandt ist, um Eindruck zu machen, es müßte wohl heißen, „des Verbandes in dem volkreichsten Lande". Damit genug. Sie werden spüren, daß ich etwas erstaunt bin, daß Sie die Frage so stellen, als ob von unserer Energie oder Schlappheit abhänge, welche Parole der Landesverband Nordrhein-Westfalen einmal über das sogenannte Grundgesetz wird ausgeben können. Meine relativ geringe Begabung zu einem Parteivorsitzenden wird sich für Sie erneut daraus ergeben, daß ich für meine Person bei der hiesigen Arbeit noch keine Minute daran gedacht habe, wie sie sich parteipolitisch garnieren läßt. Es kommt mir lediglich darauf an, an einer Sache mitzuarbeiten, die zunächst einmal die drohende Auseinanderentwicklung der deutschen Rechtsinstitutionen und des deutschen Gemeinbewußtseins abzubremsen in der Lage ist.

Mit freundlichem Gruß! Th. H.

---

[12] Die FDP in Nordrhein-Westfalen verbesserte sich bei den Kommunalwahlen im Oktober 1948 lediglich um einen Prozentpunkt auf 6,9 %; vgl. D. HEIN, Milieupartei, S. 156.

[13] In Baden und Rheinland-Pfalz fanden am 14. 11. 1948 Kommunalwahlen statt, bei denen die Demokratische Partei 19,1 % bzw. 10,5 % erreichte.

Nr. 157
An Willy Steinkopf, Karlsruhe
18. November 1948; Bonn, [Parlamentarischer Rat]

BArch, N 1221, 99: ms. Schreiben, Durchschlag; ms. Briefkopf: „Abg. Dr. Theodor Heuss"

Auseinandersetzungen im Parlamentarischen Rat mit eigenstaatlichen Ansprüchen Bayerns; Bedeutung von Verfassungsschutzbestimmungen; Sorge um Entwicklung in Südbaden

Sehr geehrter Herr Präsident!

Freundlichen Dank für Ihren Brief[1] mit der liebenswürdigen Erinnerung an das Bonmot von Adolf Harnack. Ich werde es gelegentlich seinem in Tübingen an der Universitätsbibliothek wirkenden noch überlebenden Sohn mitteilen, der ein Vetter meiner Frau ist.[2]

Die Arbeiten hier in Bonn gehen seit einiger Zeit sehr schwerflüssig, weil vor allem die Auseinandersetzung mit den spezifischen Staatlichkeitsansprüchen von Bayern sich schwierig gestalten, man aber natürlich oder wenigstens ich nicht die Sache mit einer einfachen Vermachtung zum Abschluß bringen möchte.[3]

Die Bestimmungen, die einen wesentlichen Schutz der Verfassungsgrundlage bilden sollen, werden in dem neuen Grundgesetz nach allgemeinem Willen stark akzentuiert sein, anders als die Weimarer Verfassung das kannte.[4] Die Entwicklung der südbadischen Dinge, in die ich jetzt bei der Wahl öfters eingegriffen habe, stimmen nach wie vor sorgenvoll, aber ich hoffe auch, daß letztlich doch eine verständige Lösung herauskommen wird.[5]

Mit guten Grüßen und den besten Wünschen für Ihre kommende neue Tätigkeit[6]
Ihr
[Theodor Heuss]

---

1 Ließ sich nicht ermitteln.

2 Axel von Harnack.

3 In der Diskussion um die Zusammensetzung und Funktion der Zweiten Kammer war die CDU/CSU-Fraktion gespalten, vor allem weil die CSU-Abgeordneten großen Wert auf die Eigenstaatlichkeit Bayerns legten und für einen starken, dem Bundestag gleichberechtigten Bundesrat plädierten; vgl. PARLAMENTARISCHE RAT, Bd. 13/I, S. LX, LXVIf; vgl. auch Nr. 156, Anm. 8.

4 Anders als in der Weimarer Reichsverfassung, welche die Beseitigung verfassungsmäßig garantierter Grundrechte durch verfassungsändernde Gesetze möglich gemacht hatte, war sich die Mehrheit im Parlamentarischen Rat einig, dass nach den Erfahrungen von Weimar die auf die individuellen Freiheitsrechte beschränkten Grundrechte nicht disponibel sein und Verwaltung, Gesetzgebung und Rechtssprechung unmittelbar binden sollten; vgl. V. OTTO, Staatsverständnis, S. 69; vgl. auch Nr. 149, Anm. 3.

5 Nachdem am 24. 8. 1948 in Karlsruhe die Unterzeichnung eines Staatsvertrages zwischen Württemberg-Baden, Südbaden und Württemberg-Hohenzollern an der Weigerung des südbadischen Staatspräsidenten Wohleb gescheitert war, stagnierten die Verhandlungen über die Bildung eines Südweststaates; vgl. K.-J. MATZ, Reinhold Maier, S. 345–347. Heuss war ein prononcierter Fürsprecher eines großen Südweststaates; vgl. Nr. 136.

Nr. 158
An Konrad Adenauer, Bonn
24. November 1948; Bonn, [Parlamentarischer Rat]
BArch, N 1221, 418: ms. Schreiben, Durchschlag, hs. paraphiert; ms. Briefkopf: „Abg. Dr. Theodor Heuss"[1]
Festlegung von Sitzungsterminen des Parlamentarischen Rates

Verehrter Herr Präsident!

Darf ich Ihnen die folgende Bitte vortragen. Am 11. und 12. Dez. soll, seit längerer Zeit vorbereitet, in Heppenheim an der Bergstraße ein Parteitag der demokratischen und liberalen Parteien der Westzonen stattfinden.[2] Der Beschluß des Ältestenrates, von Ende des November ab durchzutagen,[3] hat mich zu dem Versuch veranlaßt, eine Verlegung des Termins bzw. des Ortes zu veranlassen, das ist aber leider nicht mehr möglich. Ich möchte, da man schon wiederholt auf die Wünsche der einzelnen Parteien eingegangen ist, die Bitte aussprechen, den 11. Dezember entweder tagungsfrei zu lassen oder es doch so einzurichten, daß keine Abstimmungen an diesem Tage stattfinden, da alle Mitglieder unserer Gruppe bei dieser Zusammenkunft werden anwesend sein müssen.

Mit freundlicher Empfehlung! Hs.

Nr. 159
An Elly Heuss-Knapp, [Stuttgart]
1. Dezember 1948; Bonn, [Parlamentarischer Rat]
FA Heuss, Basel: hs. Schreiben, behändigte Ausfertigung
Reise nach Berlin; Ausschussarbeit im Parlamentarischen Rat

Liebe Elly,

das mit dem Berichten ist so eine Sache. Also nur kurz über die berliner Reise.[1] Freit[a]g Mittag nach Herford, Samst[a]g früh im Autobus nach Bückeburg, von

---

6 Steinkopf war seit 1947 Leiter der Oberpostdirektion in Karlsruhe, ab 1949 in Hannover.

1 Druck: TH. HEUSS / K. ADENAUER, Vaterlande, S. 21.

2 Vgl. zum Verlauf des Gründungsparteitags der FDP für die drei Westzonen Nr. 165.

3 Der Beschluss ließ sich nicht ermitteln.

1 Heuss reiste nach Berlin, um am 28. 11. 1948 anlässlich der Berliner Gemeindewahlen vom 5. 12. 1948 für die LDP in Wedding und Charlottenburg Reden zu halten; hs. Redenkalender, in: FA Heuss, Basel. Die im Folgenden beschriebenen Stationen des Berliner Aufenthaltes lassen sich über andere Zeugnisse nicht nachweisen.

dort in einem Truppentransportflugzeug bei sehr ruhigem Wetter in 1¼ Stunden nach Gatow bei Berlin. Nicht recht zum Ausgucken geeignet. Im Wagen abgeholt. Wir (Höpker u. ich) wohnten in einem „Clubhaus" im Grunewald. 5 Uhr angeregte Pressekonferenz. 7½ [Uhr] Einladung bei den Amerikanern, ein Schüler von Wolfers u. Holborn u. Verehrer Meineckes dabei.[2] Sonntag früh 10 Uhr große Versammlung am Wedding, wo ich für Euler einsprang. Erheblicher Krach von SED-Gruppen. Als ich schon weg war, wurde (bei Schwennicke) gesungen, so daß Polizei eingriff. Ich selber redete da schon in Charlottenburg vor 800 braven u. dankbaren Leuten, vielen Bekannten, Ehepaar Scharff, Hintze, Güntzel u. s. f. Mittagessen bei Mr. Franklin, Chef der polit[ischen] Abteil[un]g von Omgus, der 1922–29 Attaché bei der amerik[anischen] Botschaft gewesen u. Hörer aller m[einer] Vorlesungen an der Hochschule f[ür] Pol[itik]. Dorthin kam auch der berl[iner] Vertreter der Neuen Zeitung.[3] Nachher mit Auto auf Besuchfahrt, aber bei Lene Hobe bei Kamillen[straße] 3, bei Grete Vater vergeblich (hier nur Liese[4]). Zum Tee dann bei Margrete Boveri, die eben ein kl[eines] Buch für die Sache des Staatssekretärs im AA, Weizsäcker, geschrieben.[5] Am Abend Einladung der hiesigen Demokr[aten]. Abendessen mit Engländern, diese ohne Bedeutung.

Montag früh Flugstart um 8 Uhr unmöglich, aber um 2 Uhr mit Carlo Schmid zusammen. Otto M[aier] holte mich in Bückeburg ab. Flug ganz angenehm – ich saß geschickt u. konnte lesen. Rückfahrt teilweise sehr langsam, wegen Nebel. Wir fuhren auch, aber gelinde, auf einen nicht (od. ungenügend) beleuchteten stehenden Lastwagen, was einen längeren Aufenthalt an einer Tankstelle notwendig machte. So trafen wir erst Nachts 11 Uhr ein, darum nicht mehr Telegramm od. Anruf. Am Di. schon um 9 Uhr Hauptausschuß, mit 3 großen Reden von mir[6] – deshalb ließ ich durch Sekretariat anrufen. Es sind jetzt kritische Tage. Leider ist Höpker noch nicht mitgekommen, gestern fiel Flugzeug aus, u. die Arbeit stockt, weil er Berichterstatter für die Finanzfragen. Hoffentlich kommt er heute noch.

Laß Dir von Lotti[7] die letzten (u. nächsten) Samstag-Nummern der Rh[ein-]N[eckar-]Z[ei]t[un]g geben – da sind immer Leitartikel von mir.[8] Ob mit Druckfehlern? Zum Abschreiben fehlen die Kräfte. Ich denke, ich komme bald wieder

---

2 Name des Schülers ließ sich nicht ermitteln.

3 Vermutlich Enno Hobbing; D. HERBET, Neue Zeitung, S. 162f.

4 Elise Vater, Schwester von Margarethe Vater.

5 MARGRET BOVERI: Der Diplomat vor Gericht, Berlin/Hannover 1948.

6 Die zehnte Sitzung des Hauptausschusses am 30. 11. 1948 vormittags behandelte den Modus der Wahl des Bundespräsidenten (vgl. auch Nr. 156, Nr. 160, Anm. 4, Nr. 201), die elfte Sitzung am Nachmittag desselben Tages die Art und Zusammensetzung der Zweiten Kammer (vgl. auch Nr. 156, Anm. 8); PARLAMENTARISCHER RAT, Verhandlungen des Hauptausschusses, S. 113–139.

7 Charlotte Kaempffer.

8 Vgl. TH. HERTFELDER / J. C. HESS, Streiten.

zum Schreiben. Aber jetzt reicht es nicht zum breiteren Plaudern: in 5 Min. Grundsatzausschuß, um ½ 6 Uhr mit Dehler zu François-Poncet geladen.

E. Mayer ist gebeten, mir den CDU-Angriff zu schicken.[9] Er stört mich weiter nicht. Eventuell, wenn ich ihn las, antworte ich.

Mit herzl[ichem] Gruß, auch an Lotti u. Frl. E[ugenie],[10]
Dein Theodor

[PS] Vielleicht kannst Du diesen Schnellbericht auch an Ludwig[11] senden.

Nr. 160
An Elly Heuss-Knapp, [Stuttgart]
2. Dezember 1948; Bonn, Parlamentarischer Rat

FA Heuss, Basel: hs. Schreiben, behändigte Ausfertigung; Kopfbogen: „Parlamentarischer Rat Bonn 1948"

Kritischer Artikel über Theodor Heuss in der Zeitung „Union"; Durchsetzung von Anträgen der FDP im Parlamentarischen Rat; Besuch bei André François-Poncet

Liebe Elly,

von Ernst Mayer erhielt ich heute den kleinen Artikel aus der „Union".[1] Ich habe daraufhin der Redaktion des Blattes die Auszüge aus dem stenograph[ischen] Protokoll in einem Brief gesandt, den Durchschlag mit Einleitung u. Schlußbemerkung an E[rnst] M[ayer] für das „Neue Vaterland". Wenn die „Union" nicht abdruckt, so kann das „N[eue] V[aterland]" an die Leute der CDU gesandt werden, auf die es ankommt.[2] Die Sache ist sehr inferior gemacht.

---

9 Zum Besuch bei André François-Poncet und zum publizistischen Angriff der CDU gegen Heuss vgl. Nr. 160.

10 Eugenie Sandmair.

11 Ernst Ludwig Heuss.

1 Unter dem Titel „Dr. Heuss und das Kreuz" hatte die Zeitung der württembergischen CDU „Union" die Haltung von Heuss in der Frage der neu zu schaffenden Bundesflagge kritisiert. Das Blatt warf Heuss vor, er lehne im Parlamentarischen Rat die Aufnahme des Kreuzes in die schwarz-rot-gold zu gestaltende Flagge mit der Begründung ab, es handele sich beim Kreuz um eine „*kunstgewerblich-geometrische Angelegenheit*". Der Artikel endet mit der Frage: „Unter welchem Zeichen kämpft Dr. Heuss mit seinen Demokraten? Ist es allein das Zeichen des Kapitalismus?" Union. Nachrichtenblatt der Christlich-Demokratischen Union Württemberg 3, Nr. 48, 28. 11. 1948; vgl. zur Flaggenfrage auch Nr. 163, Anm. 2.

2 Das Schreiben an die „Union" ließ sich nicht ermitteln. „Das neue Vaterland" kündigte im Inhaltsverzeichnis der Nr. 28 vom Dezember 1948 zwar einen Beitrag über „Dr. Heuss und das Kreuz.

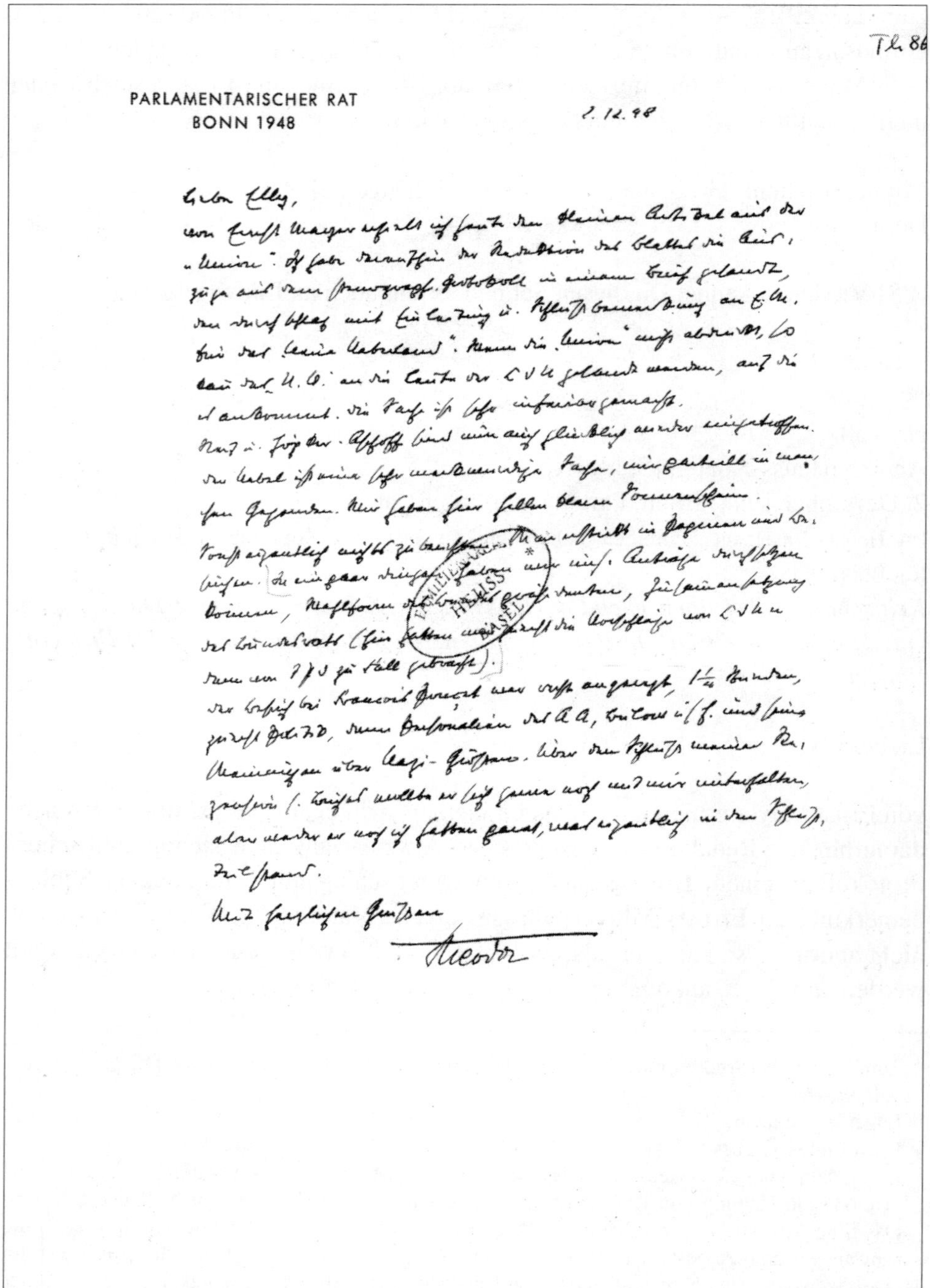

Abb. 22: Theodor Heuss an Elly Heuss-Knapp, 2. 12. 1948

Reif u. Höpker-Aschoff sind nun auch glücklich wieder eingetroffen. Der Nebel ist eine sehr merkwürdige Sache, nur partiell in manchen Gegenden. Wir haben hier hellen blauen Sonnenschein.

Sonst eigentlich nichts zu berichten. Man erstickt in Papieren und Besuchen. In[3] ein paar Dingen haben wir uns[ere] Anträge durchsetzen können, Wahlform des Bundespräsidenten, Zusammensetzung des Bundesrats (hier hatten wir zuerst die Vorschläge von CDU u. dann von SPD zu Fall gebracht).[4]

Der Besuch bei François[-]Poncet war recht angeregt, 1¼ Stunden, zuerst Politik, dann Personalien des AA, Bülow u. s. f. und seine Meinungen über Nazi-Größen.[5] Über den Schluß meiner Rezension s[eines] Buches wollte er sich gerne noch mit mir unterhalten, aber weder er noch ich hatten parat, was eigentlich in dem Schluß-Teil stand.[6]

Mit herzlichen Grüßen Theodor

Antwort auf die ‚Union'" an, druckte ihn dann aber doch nicht ab, weil die „Union" sich für die falsche Darstellung entschuldigt hatte; Union. Nachrichtenblatt der Christlich-Demokratischen Union Württemberg 3, Nr. 50, 12. 12. 1948.

3 Von hier bis „zu Fall gebracht" von unbekannter Hand hs. Markierung durch eckige Klammern.

4 Zwar bestand im Parlamentarischen Rat weitgehend Einigkeit über die Ablehnung der plebiszitären Wahl des Bundespräsidenten (vgl. Nr. 156, Anm. 6.), doch entzündete sich der wochenlange Streit vor allem an der Zusammensetzung des Wahlgremiums. Trat die Unionsfraktion im Organisationsausschuss für die Wahl des Bundespräsidenten durch Bundestag und Bundesrat in getrennten Abstimmungen ein, so schloss sich die SPD am 24. 11. 1948 dem FDP-Antrag an, den Bundespräsidenten durch einen National-Konvent bzw. eine Bundesversammlung wählen zu lassen. Dieses Gremium sollte sich ohne Beteiligung des Bundesrates aus Mitgliedern des Bundestages und aus von den Landtagen nach dem Verhältniswahlrecht gewählten Vertretern zusammensetzen. Die CDU/CSU-Fraktion konnte sich schließlich nicht durchsetzen, den Bundesrat als föderalistisches Element an der Wahl zu beteiligen. Vielmehr setzte sich der FDP-Vorschlag im Organisations- und Hauptausschuss Ende November 1949 durch, der in den Art. 55, Abs. 3 des Grundgesetzes eingehen sollte. Allgemein akzeptiert waren hingegen die fünfjährige Amtszeit und die Möglichkeit einer einmaligen Wiederwahl; R. Morsey, Debatte, S. 56; Parlamentarische Rat, Bd. 13/I, S. LXVI-LXXI. In der Frage der Zusammensetzung des Bundesrates konnte die FDP ihre Vorstellungen aber nicht durchsetzen; vgl. Nr. 156, Anm. 8.

5 Der ehemalige französische Botschafter in Berlin und politische Berater des französischen Militärgouverneurs, François-Poncet, befand sich seit dem 1. 12. 1948 in Bonn, um sich mit Mitgliedern des Parlamentarischen Rates, vor allem mit den Fraktionsvorsitzenden, zu besprechen. Gesprächsaufzeichnungen ließen sich nicht ermitteln; vgl. Parlamentarische Rat, Bd. 8, S. XXXIV.

6 André François-Poncet: Als Botschafter in Berlin 1931–1938, Mainz 1947. Die Rezension von Heuss ließ sich nicht ermitteln.

Nr. 161
An Dr. Reinhold Maier, Stuttgart
6. Dezember 1948; Bonn, Parlamentarischer Rat
HStAS, Q 1/8, 334: ms. Schreiben, behändigte Ausfertigung; Kopfbogen: „Parlamentarischer Rat Bonn 1948 Abg. Dr. Theodor Heuss“[1]
Ablehnung der Aufnahme von Schul- und Kirchenartikeln zugunsten des „Elternrechts“ in das Grundgesetz

Lieber Freund!

Bei einem Telefongespräch, das ich mit Ernst Mayer hatte, erfuhr ich, daß es Dir wegen Terminüberlastung nicht möglich sein wird, an der Heppenheimer Tagung teilzunehmen.[2] Das tut mir sehr leid, denn auf der einen Seite wünsche ich ja, wie Du weißt, sehr, daß Du bei den Leuten aus dem größeren Vaterlande deutlicher Figur wirst, als es infolge Deiner Zurückhaltung und starken Inanspruchnahme bisher möglich war, zum anderen hätte ich natürlich auch über die Entwicklung der hiesigen Dinge mich wieder gern mit Dir besprochen.

Vor 8 Tagen habe ich 2-mal in Berlin gesprochen und mir scheint, nicht ganz ohne Erfolg.[3] Gestern mußte ich hier bleiben, da am Samstag bis abends 8.00 Uhr hier eine Sitzung war und heute früh bereits wieder um 9.00 Uhr begonnen wurde. Die Geschichte sieht im Augenblick etwas prekär aus, weil seit 3 Tagen die CDU/CSU uns Schul- und Kirchenartikel vorgelegt hat.[4] Zum einen vertreten

---

1 Rechts neben Adressfeld Vermerk, vermutlich: „G[esehen] M[aier]“; weiterer Nachweis: BArch, N 1221, 69: ms. Schreiben, Durchschlag.

2 Parteitag zur Gründung der FDP in den drei Westzonen am 11./12. 12. 1948; vgl. Nr. 165.

3 Vgl. Nr. 159.

4 Vor allem an schul- und kirchenpolitischen Fragen entzündeten sich heftige Kontroversen im Parlamentarischen Rat. Auf der 29. Sitzung des Grundsatzausschusses am 4. 12. 1948 stand zum einen ein Antrag von CDU, CSU, Zentrum und DP über die verfassungsmäßige Stellung der Kirchen auf der Tagesordnung, die nach Auffassung von Heuss „keine Angelegenheit der Bundesregelung [ist], nachdem jetzt der föderative Charakter des Bundes herausgearbeitet ist.“ PARLAMENTARISCHE RAT, Bd. 5/II, S. 838; Abdruck des Antrags vom 29. 11. 1948 in: ebd., S. 835f, Anm. 44. Auf der 22. Sitzung des Hauptausschusses am 8. 12. 1948 formulierte Heuss einen Kompromissvorschlag, der die Übernahme der Kirchenartikel aus der Weimarer Reichsverfassung vorsah und dem sich die CDU anschloss; PARLAMENTARISCHER RAT, Verhandlungen des Hauptausschusses, S. 255, 260f. – Zum anderen standen in der Sitzung des Grundsatzausschusses am 4. 12. 1948 neben dem Schutz von Ehe, Familie und unehelichen Kindern vor allem die schulpolitischen Folgen des sogenannten „Elternrechts“ zur Debatte; PARLAMENTARISCHE RAT, Bd. 5/II, S. 806–835. Allen voran CDU und CSU, aber auch Zentrum und DP hatten schon seit Wochen unter dem massiven Einfluss der beiden großen christlichen Kirchen eine Reihe weitgehender Grundrechtsartikel kirchen- und schulpolitischer Art gefordert. Darunter war vor allem das „Elternrecht“ strittig, das nach den Vorstellungen der CDU/CSU-Fraktion über das Recht des Staates auf die Erziehung und Ausbildung des Kindes gestellt wurde, was erhebliche Konsequenzen nach sich gezogen hätte. Denn an das „Elternrecht“ knüpften CDU und CSU

wir den Standpunkt, daß das föderalistische Prinzip den Verzicht erfordere, zum anderen wehre ich mich, das sogenannte „Elternrecht", das hineinkommen soll, anzuerkennen, nachdem es uns in unserer Verfassung geglückt war, es zu vermeiden.[5] Bei der ungeheuren Konfessionsmischung durch den Flüchtlingsstrom würden, von allem übrigen abgesehen, dem Staat hier Lasten entstehen, die verfassungsmäßig einzuleiten wider alle Verantwortung wäre. Ich habe den Herren von der CDU gesagt, daß ich, wenn es auch nicht in die Architektur der Grundrechte hineinpaßt, mich bereit finden lasse, ähnlich wie in der Weimarer Verfassung, einige Gesetze über Familienschutz aufzunehmen.[6] Aber in der Schulsache lasse ich mich nicht überfahren.

Es tut mir leid, daß ich nun an den württemberger Dingen im Augenblick gar nicht mehr teilnehme, aber neben dem Weitergang der Sitzungen des Hauptausschusses bin ich ja auch noch durch den Wiederbeginn interfraktioneller Besprechungen gebunden. Von Eberhard[7] ließ ich mir einiges berichten.

---

die Forderung nach der freien Wahl der Schulform durch die Eltern, was neben der Einrichtung einheitlicher Staatsschulen auch die Anerkennung konfessionsgebundener Bekenntnisschulen in kirchlicher Trägerschaft zur Folge gehabt hätte; Antrag der CDU/CSU-Fraktion vom 24. 11. 1948 in: ebd., S. 834f, Anm. 28. – Gegen dieses Ansinnen wiesen SPD und FDP – hier vor allem Heuss als entschiedener Gegner der Konfessionsschule – im Grundsatzausschuss darauf hin, dass die Abgeordneten bereits entschieden hätten, sich auf die klassischen Grundrechte zu beschränken und auf die Regelung der „Lebensordnungen" zu verzichten. Außerdem würde damit, so Heuss weiter, die Kulturhoheit der Länder beeinträchtigt werden. Ein Kompromiss in dieser Frage kam für Heuss einer „Selbstbelügung" gleich; ebd., S. 636, 809f, 835. – Die Fronten verhärteten sich dermaßen, dass keine Einigung zustande kam und das Problem an den Hauptausschuss verwiesen wurde. Bis kurz vor Verabschiedung des Grundgesetzes im Mai 1949 blieb der Komplex des „Elternrechts" unter großer Anteilnahme der Kirchen und der Öffentlichkeit umstrittener Gegenstand in interfraktionellen Gremien und im Plenum. Letztlich gelang es den Gegnern der Konfessionsschulen, sich durchzusetzen; vgl. M. F. FELDKAMP, Parlamentarische Rat, S. 66f; zum Verlauf der Gespräche im Grundsatzausschuss vgl. PARLAMENTARISCHE RAT, Bd. 5/I, S. XLI-XLVI; vgl. zur Kritik von Heuss an der Haltung der CDU und CSU zur Frage des „Elternrechts" auch Nr. 162, Nr. 170 und die Schreiben an: Arnold Brecht, 15. 11. 1948 (BArch, N 1221, 74), Paul Reusch, 19. 12. 1948 (RWWA, 130-400101290/129), Gottfried Michaelis, 13. 2. 1949 (BArch, N 1221, 418).

5 Als Abgeordneter der Verfassunggebenden Landesversammlung für Württemberg-Baden setzte sich Heuss erfolgreich für die christlichen Gemeinschaftsschulen ein, so schon auf der zweiten Sitzung am 18. 7. 1946: „Wir werden die Form zu finden haben, daß die Schulen als gemeinsame Schulen der Bekenntnisse um der Kinder willen aufgebaut werden. (Sehr richtig!) Konfessionelle Zwergschulen auf dem Hintergrund von Erziehungsberechtigten, die in der Verfassung ihre Sicherung haben, dagegen werden wir uns wehren." QUELLEN, 2. Teil, S. 49. Im Art. 37 der württemberg-badischen Verfassung heißt es: „Die öffentlichen Volksschulen sind christliche Gemeinschaftsschulen." Ebd., 3. Teil, S. 458.

6 PARLAMENTARISCHE RAT, Bd. 5/II, S. 809. Die Artikel 119–122 der Weimarer Reichsverfassung waren dem Schutz von Ehe und Familie als Grundlage gesellschaftlichen Zusammenlebens gewidmet; E. R. HUBER, Dokumente, Bd. 4, S. 169; vgl. auch CH. GUSY, Weimarer Reichsverfassung, S. 299–302.

7 Vermutlich Eberhard Wildermuth.

Hoffentlich geht es Dir gesundheitlich gut. Wenn es nur Leins gelingt, mit Deinem Buch noch rechtzeitig auf den Markt zu kommen.[8]

Mit bestem Gruß
Dein Theodor Heuss

Nr. 162
An Elly Heuss-Knapp, [Stuttgart]
8. Dezember 1948; [Bonn, Parlamentarischer Rat]
FA Heuss, Basel: hs. Schreiben, behändigte Ausfertigung; Kopfbogen: „Theodor Heuss"
Ablehnung der Aufnahme des „Elternrechts" in das Grundgesetz

Liebe Elly,

einstweilen nehme ich an, daß Du, da Dir die verschiedenen Unternehmungen gut geglückt zu sein scheinen, nach Heppenheim kommen wirst.[1] Ich habe mich mit der dortigen Veranstaltung innerlich noch gar nicht beschäftigt, zumal ich[2] in den letzten Tagen dauernd in Anspruch genommen war durch Verhandlungen mit der CDU, die plötzlich, wider alle Abrede, mit Schul- u. Kirchen-Anträgen kam, die gar nicht in das System passen (weil grundsätzlich Länderregelung).[3] Die Sache wurde sehr als Bedingung angekündigt.[4] Mit einigem Entgegenkommen u. taktischen Vorschlägen haben wir dann die Sache gestern u. heute durch den Hauptausschuß durchexerziert, ohne daß es zu Verschärfungen kam. Ich habe dabei eine ganz unpolemische, aber sehr ernste Rede von etwa einer halben Stunde über den ganzen geistesgeschichtl[ichen] Complex des sog. „Elternrechtes" gehalten, die die Leute beruhigte (aber wir haben es niedergestimmt), u. heute früh mit

8 REINHOLD MAIER: Ende und Wende. Das schwäbische Schicksal 1944–1946. Briefe und Tagebuchaufzeichnungen, Stuttgart 1948.

1 Parteitag zur Gründung der FDP in den drei Westzonen am 11./12. 12. 1948; vgl. Nr. 165; Heuss-Knapp nahm am Parteitag teil; vgl. E. HEUSS-KNAPP, Bürgerin, S. 327.

2 Von hier bis „Dingen etwas führerlos" hs. Markierung durch eckige Klammern von unbekannter Hand.

3 Vgl. Nr. 161, Anm. 4; vgl. auch Nr. 191 und die zahlreichen Schreiben, die sich mit der Ablehnung des „Elternrechts" bei der Einrichtung von Schulen befassen, an: Schumacher-Hellmold, 24. 1. 1949 (AdL, FDP-Fraktion Parlamentarischer Rat, 2976), Heinz Happe, 3. 2. 1949, Karl Hövels, 22. 2. 1949, Hans Güldner, 22. 3. 1949 (BArch, N 1221, 418).

4 So der CDU-Abgeordnete Süsterhenn in der 29. Sitzung des Grundsatzausschusses am 4. 12. 1948: „Hier wird ein weltanschaulicher Bereich berührt, da liegt für uns die Möglichkeit zu einem Kompromiß […] viel, viel geringer, als auf sämtlichen übrigen Gebieten, die hier die Verfassung berühren. Es ist für uns eine der ernstesten Fragen, und diese Frage wird zweifellos für unsere Gesamthaltung in der ganzen Verfassungsfrage einen entscheidenden Einfluß mit ausüben." PARLAMENTARISCHE RAT, Bd. 5/II, S. 815.

Höpker-Aschoff zusammen die Verbindlichkeit des Reichskonkordats von Hitler, die man uns in einem Nebenantrag, ohne es zu nennen, hineintragen wollte, hinausgestimmt.[5] Die CDU hatte die wichtigsten ihrer protest[antischen] Leute bei dieser Gelegenheit aus dem Hauptausschuß zurückgezogen. Ich glaube, die angedrohte Gefahr ist abgewendet. Die SPD in diesen Dingen etwas führerlos.

Die Nebel-Situation ist hier, wie alle, die von auswärts kommen, sagen, völlig vorbei. Reif aus Berlin glatt zurückgekehrt, sehr vergnügt über den Partei-Erfolg, der prozentual weit stärker ist als der der SPD.[6] Also war unser Eingreifen doch sinnvoll.[7] Zu erzählen ist freilich von B[er]l[in] nicht viel mehr. Ich traf ja niemanden an.

Daß Dir Prof. Brandt gut gefallen werde, war mir gewiß. Er ist sehr reizend. Vor 1½ Jahren war er einmal zum Abendessen bei uns (vielleicht ist es auch länger[8]) – Du warst damals weg. Frech mußte für seine Buben – Karl May auftreiben!

Sonst nichts zu vermelden. Da die CDU wieder eine Fraktions-Sitzung brauchte, bekam ich diese Schreib-Pause. Vielleicht versuche ich Dich noch telefonisch zu kriegen. Von E. Mayer höre ich, daß Reinhold nicht nach Heppenheim kommen kann.

Herzliche Grüße Theodor

---

5 Rede von Heuss über das „Elternrecht“ und das „Niederstimmen“ des Antrags der CDU/CSU-Fraktion in der 21. Sitzung des Hauptausschusses vom 7. 12. 1948, in: PARLAMENTARISCHER RAT, Verhandlungen des Hauptausschusses, S. 246–249, 254. – Die Verbindlichkeit des Reichskonkordats zwischen dem Deutschen Reich und dem Heiligen Stuhl vom 20. 7. 1933 war schon implizit in dem Antrag der CDU/CSU-Fraktion vom 29. 11. 1948 enthalten, der die verfassungsmäßige Sicherung der Kirchen garantieren sollte; vgl. Nr. 161, Anm. 4. In der 22. Sitzung des Hauptausschusses vom 8. 12. 1948 beschäftigten sich die Abgeordneten schließlich mit dieser Frage. Die CDU stellte u. a. den Antrag: „Die am 8. Mai 1945 bestehenden Verträge mit den Kirchen bleiben in Kraft, bis sie durch neue von den Ländern abzuschließende Verträge ersetzt werden.“ Heuss und Höpker Aschoff wollten das Reichskonkordat vom 20. 7. 1933 von dieser Bestimmung ausgenommen wissen und setzten sich damit im Ausschuss vorerst durch; vgl. ebd., S. 259–261. Der Streit schwelte aber weiter und konnte erst im Fünferausschuss durch eine Übergangsbestimmung entschärft werden, welche die Geltung des Reichskonkordats offen ließ; ebd., Bd. 7, S. 335; GG, Art. 123. – Das Reichskonkordat vom 20. 7. 1933 regelte das Verhältnis zwischen dem NS-Staat und der katholischen Kirche. U. a. gewährleistete es die Beibehaltung und Neueinrichtung von Bekenntnisschulen und erklärte den Religionsunterricht an öffentlichen Schulen zum ordentlichen Lehrfach. Das Reichskonkordat wertete die Regierung Hitler nach außen hin auf und schwächte den katholischen Widerstand. Völkerrechtlich hat das Reichskonkordat noch immer Bestand. Doch weil das Grundgesetz den Ländern die Schulgesetzgebung zugesteht, können die Länder darin von den Regelungen des Reichskonkordats abweichen; Druck des Konkordats in: L. VOLK, Reichskonkordat, S. 234–244.

6 Bei den Wahlen in den Berliner Westsektoren am 5. 12. 1948 steigerte die LDP ihr Ergebnis im Vergleich zum Oktober 1946 von 10,2 % auf 16,1 %, die SPD von 51,7 % auf 64,5 %; vgl. D. E. BARCLAY, Stadt, S. 258.

7 Vgl. Nr. 159.

8 Vgl. Nr. 29, Anm. 29.

[PS] Ludwig sagte mir am Telefon, daß die kl[eine] Barbara[9] jetzt im Essen sehr viel tüchtiger geworden sei und sich offenbar normal entwickelt. An so etwas wie Weihnachtstisch kann ich z. Zt. gar nicht denken. Aber es geht mir sehr gut, Schlaf u. s. f. alles in Ordnung. Ich lege Dir wieder ein Presse-Bild bei – das ist jetzt unvermeidlich geworden.

Nr. 163
An Prof. Dr. Manfred Eimer, Tübingen
9. Dezember 1948; [Bonn, Parlamentarischer Rat]

BArch, N 1221, 418: ms. Schreiben, behändigte Ausfertigung; ms. Briefkopf: „Abg. Dr. Theodor Heuss"

Gestaltung der Bundesflagge

Sehr geehrter Herr Eimer!

Sie müssen sehr entschuldigen, daß ich Ihnen auf Ihren freundlichen Brief[1] so lange nicht geantwortet habe, aber wir sitzen vom Mittag bis in die späten Abendstunden fast ununterbrochen in Sitzungen, und ich komme kaum dazu, die publizistischen Verpflichtungen und vielen Briefe zu erledigen, die wir hier erhalten. Ich habe Ihre Broschüre, die mir nicht fremd war, noch einmal durchgesehen, aber es ist ja nun so, daß ich mit dem Begriff der Reichssturmfahne heute hier nicht auftreten könnte, weil man sich darum bemüht, eine Fahne zu schaffen, die in irgend durch die Farben als solche, im Straßenbild und sonst, eine gewisse dekorative, symbolhafte Wirkung hat.[2] Das würde die von Ihnen ins

---

9 Ernst Ludwig Heuss und Tochter Barbara.

1 Ließ sich nicht ermitteln.

2 Manfred Eimer: Warum denn nicht die alte Reichssturmfahne, Karlsruhe 1926. Die Reichssturmfahne war die im Mittelalter dem Reichsheer zugeordnete Fahne, die mit dem Reichslehen Markgröningen verbunden war. Die mit diesem belehnten Herzöge von Württemberg führten seit 1495 eine solche Reiterfahne mit Reichsadler auf gelbem Grund im Wappen. – Im Ausschuss für Grundsatzfragen herrschte Einigkeit darüber, dem Vorschlag des Verfassungskonvents von Herrenchiemsee zu folgen, der die Farben Schwarz-Rot-Gold favorisierte. Die Diskussion entzündete sich jedoch Mitte Oktober daran, ob der Parlamentarische Rat überhaupt über die Bundesflagge definitiv entscheiden könne oder ob dies nicht vielmehr Aufgabe einer unmittelbar gewählten Volksvertretung sei. Heuss trat vehement für eine endgültige Entscheidung in der Flaggenfrage ein. Anfang November hatte sich auch die CDU/CSU-Fraktion darauf geeinigt, die Flaggenregelung schon im Grundgesetz festzulegen; hingegen befürchtete sie, dass die Farben Schwarz-Rot-Gold als reine Trikolore die Auseinandersetzungen der Weimarer Republik wiederaufleben lassen würden, da es eine starke nationalistische Opposition gegen diese Art der Bundesflagge gäbe. Stattdessen plädierten CDU und CSU am 5. 11. 1948 auf der 18. Sitzung des Ausschusses für Grundsatzfragen für die Schaffung einer neuen Flagge auf der Grundlage von Schwarz-Rot-

Bewußtsein zurückgeholte Fahne nicht haben. Wie die endgültige Entscheidung fallen wird (die Farben Schwarz-Rot-Gold als solche sind gewählt), ist noch nicht ganz abzusehen. Ich selber wehre mich dagegen, eine graphische Verkünstelung zu wählen, da sie mir als Ausflucht aus der einfachen Farbenkadenz erscheint.

Auf Ihre Bemerkungen über die Demokratische Partei in Süd-Württemberg vermag ich nicht einzugehen, da ich die Veranlassung zu Ihren skeptischen Bemerkungen nicht kenne und zu beurteilen vermag.

Mit bestem Gruß [Theodor Heuss]

Nr. 164
An Dr. Toni Stolper, [New York]
9. Dezember 1948; Bonn, [Parlamentarischer Rat]

BArch, N 1221, 489: hs. Schreiben, behändigte Ausfertigung[1]

Arbeitsbelastung; Fotografie von Theodor Heuss im Parlamentarischen Rat

Liebe Toni,

wir stecken vom frühen Morgen bis in die Abendstunden im Betrieb, an den „Wochenenden" gab es Wahlreden, zwischendurch auch in Berlin – da reicht es nicht zum Briefschreiben. Ich hoffe, daß Elly jetzt bräver war als ich sein kann. Von Lörrach haben wir gute Nachricht: die kleine Barbara Toni[2] stapft jetzt selbsttätig mit ihren Beinchen in die Zukunft.

Gold: „Die Flagge des Bundes zeigt auf rotem Grund ein schwarzes liegendes Kreuz und auf dieses aufgelegt ein goldenes Kreuz." PARLAMENTARISCHE RAT, Bd. 5/I, S. 485. Dagegen opponierten SPD und FDP. Heuss kritisierte den Vorschlag als ein „kunstgewerbliches Unternehmen, dessen tieferen Sinn ich nicht einsehe. Denn die Symbolgewalt des Kreuzes als solche kommt hier nicht zum Ausdruck, sondern es ist nur eine geometrisch-graphische Angelegenheit geworden." Er erinnerte an die historische Dimension der schwarz-rot-goldenden Trikolore als Ausdruck der Freiheits- und Einheitsbewegung im 19. Jahrhundert; ebd., S. 486, 491f. Grundsatz- und Hauptausschuss konnten in dieser Frage keine Einigung erzielen. Erst am 8. 5. 1949 beschloss das Plenum die schwarz-rot-goldene Bundesflagge; ebd., Bd. 9, S. 587–590; zum Verlauf der Verhandlungen im Grundsatzausschuss vgl. ebd., Bd. 5/I, S. XLVIII-LI. Die Debatte im Parlamentarischen Rat wurde von zahlreichen Eingaben aus der Bevölkerung begleitet, die Vorschläge über die Gestaltung der Bundesflagge unterbreiteten; vgl. BArch, Z 5, 99–106; vgl. zur Flaggenfrage auch die Schreiben von Heuss an: Ernst Ludwig Heuss, 18. 11. 1948 (FA Heuss, Basel), Anonymus, 17. 12. 1948, Bernhard Henne, 7. 5. 1949 (BArch, N 1221, 418).

1 Weiterer Nachweis: BArch, N 1221, 646: ms. Schreiben, Abschrift.

2 Enkeltochter Barbara Heuss.

Abb. 23: Theodor Heuss vor dem Parlamentarischen Rat, vermutlich vor dem Hauptausschuss, 7. 12. 1948

Bei meiner Rede[3] bin ich neulich geknipst worden – das Bild gilt in der Spannung der Züge als sehr gut. Mir ist der Finger ein bischen zu pädagogisch. Aber vielleicht macht Dir das Bild, auch wenn es für Weihnachten zu spät kommt, etwas Spaß.

Sei mit den Kindern herzlich gegrüßt
Dein Theodor Heuss

Nr. 165
An Karl Theodor Bleek, Marburg an der Lahn
14. Dezember 1948; [Bonn, Parlamentarischer Rat]

AdL, FDP-Fraktion Parlamentarischer Rat, 2958: ms. Schreiben, Durchschlag; ms. Briefkopf: „Abg. Dr. Theodor Heuss"

Kritik am Ausgang der Vorstandswahlen auf dem Gründungsparteitag der FDP in Heppenheim; Differenzen zwischen den Flügeln der FDP in der Haltung zum Nationalismus

Lieber Herr Bleek!

Es war sachlich bedauerlich, daß wir uns am Sonntag nicht noch sprechen konnten, weil Sie nach Marburg zurückfahren mußten.[1] Ich selber habe in den Abendstunden von dem Verlauf der Ergänzungswahlen einiges berichtet erhalten und dann natürlich höchlichst bedauert, daß ich am Vormittag, nachdem der Wahlakt in Gang gekommen war, mich zurückgezogen hatte. Ich mußte mir meine Nachmittagsrede noch zurechtlegen;[2] ich hatte damit gewartet, weil ich erst einen rechten Eindruck von dem Verlauf der 1½ Tage gewinnen mußte. Man sagte mir aber, daß wahrscheinlich mein Zurückbleiben an dem Gang und Ergebnis der Abstimmung nichts geändert hätte, daß es sich um eine offenbar feste Frontenbildung gehandelt habe.

Sie können sich denken, daß ich die Nichtwahl von E. Mayer menschlich und sachlich außerordentlich ernst nehme.[3] Es ist Ihnen, wie wohl den meisten lei-

---

[3] Vermutlich auf der 21. Sitzung des Hauptausschusses vom 7. 12. 1948, in: PARLAMENTARISCHER RAT, Verhandlungen des Hauptausschusses, S. 246–249; vgl. Abb. 23.

[1] Am 11./12. 12. 1948 versammelten sich 89 Delegierte der elf westdeutschen Landesverbände und West-Berlins zu einer Tagung in Heppenheim an der hessischen Bergstraße, um sich zu einer liberalen Partei zusammenzuschließen; vgl. zum Parteitag und zu seiner Einschätzung D. HEIN, Milieupartei, S. 333–339.

[2] Am 12. 12. 1948 hielt Heuss vor dem Parteitag in Heppenheim eine Rede über „Unsere deutsche Mission. Geschichte und Aufgabe"; Redenotizen in: BArch, N 1221, 27.

Abb. 24: Gründungsparteitag der FDP in Heppenheim, Pressekonferenz nach der Wahl von Theodor Heuss zum Vorsitzenden, 12. 12. 1948, v.l.n.r: Carl-Hubert Schwennicke, Theodor Heuss, Franz Blücher, Hermann Höpker Aschoff

tenden Männern der Partei, seit langem bekannt, daß dieses ganze persönliche Experiment, mich wieder in die breite Parteipolitik einzulassen und gar den Vorsitz zu übernehmen, auf der Voraussetzung ruhte, daß Ernst Mayer nicht nur im Spiel blieb, sondern daß er mir die Tagesarbeit völlig abnehmen und mich vertreten könne. Es besteht zwischen uns beiden seit Jahrzehnten ein absolutes menschliches Vertrauensverhältnis, er kennt meine Fehler und Vorzüge, ich kenne seine Fehler und Vorzüge. Hätte ich nicht aus Pflichtgefühl vermeiden müssen, von Anbeginn den Start der Partei zu verderben, so legte es sich für mich sehr nahe, den Vorsitz sofort wieder abzugeben. Ich muß annehmen, daß ich damit denen, die sich beim Wahlakt zum ersten Vorsitzenden der Stimme enthalten haben, eine nachträgliche Freude bereitet hätte, aber im Interesse der Sache konnte ich mir diese Rolle als Freudebringer nicht gestatten.[4] Ich für meine Person bin im Augenblick ziemlich ratlos, wie rein technisch der Weitergang der Dinge sein wird. Mit wem soll ich zusammenarbeiten, damit jetzt das Notwendige

[3] Ernst Mayer als enger Mitarbeiter von Heuss konnte in Heppenheim mit lediglich 31 Stimmen keinen Vorstandssitz erringen.

[4] Die Delegierten wählten Heuss mit 72 Ja-Stimmen und 15 Enthaltungen zum ersten Bundesvorsitzenden der neuen liberalen Partei.

überhaupt geschieht? Ich bin kein Mann der Organisation, was jedermann weiß, dazu mit politischer Arbeit und publizistischen Verpflichtungen überlastet, und ich sehe den Mann nicht, der willens und in der Lage wäre, mit gleicher Hingabe und persönlicher Zuverlässigkeit, bei der wesenhaften Übereinstimmung in der politischen Grundhaltung, mit mir zusammen zu schaffen und mir Verantwortung abzunehmen.

Gegen die Fehler von Ernst Mayer bin ich nicht blind, das weiß er selber. Ich sage ihm oft, daß er in der Pointierung zu geschliffen, in der Aggression zu heftig ist. Das ist aber nun eben seine Natur, ob er sich mit der Besatzungsmacht, mit anderen Parteien oder mit eigenen Parteifreunden herumsch<lägt;> dies aber ist nun die Folge seiner besten Eigenschaft, einer echten politischen Leidenschaft, die auch nicht darauf achtet, ob sie sich selber gelegentlich Blößen gibt. Seine Leidenschaft ist rein sachlich. Als ich ihn vor zwei Jahren dringend bat, im württembergischen Landtag ein Mandat anzunehmen, um als Abgeordneter eine formale Steigerung seiner Position vor dem öffentlichen Bewußtsein zu gewinnen, lehnte er ab, weil er nicht kreisgebunden sein wollte, um seine Kraft der Gesamtorganisation im Lande und im „Reich" zur Verfügung stellen zu können.[5]

Das, was jetzt geschah, ist ein Akt ungewöhnlicher Undankbarkeit. Ernst Mayer war bei uns im Süden, die wir, die neuen Menschen und Namen in Hessen, Nordrhein-Westfalen und so fort nicht kennend, zunächst zurückhaltend gewesen, *der* Motor für das Streben zum größeren Zusammenschluß.[6] Und kein billig Denkender wird verkennen, daß Mayer im Verlaufe der letzten Jahre, da es üblich wurde, nach der Gesamtorganisation zu rufen, schließlich doch schier der einzige war, der nicht bloß rief, sondern etwas in Gang setzte von Stuttgart aus (mit den Finanzen von Württemberg-Baden, die im Grunde von ihm als Publizist persönlich verdient waren). *Er* war es, der früher und zuverlässiger als die anderen, zumal auch als die Hessen und die Bayern, im Blick auf die Ostzonenpartei die Unterscheidung und Scheidung zu den führenden Leuten der Liberaldemokraten der Ostzone einleitete (die darum bei uns im württemberg-badischen Bereich weder als Redner noch als finanzielle Hilfskräfte des Organisationsbeginnens je in Wirkung traten). Die Entwicklung der Dinge hat seine Haltung mehr gerechtfertigt als die der vielen anderen und die Richtigkeit seiner politischen Linie bestätigt.[7]

Nun weiß ich gut genug, daß Politik keine Veranstaltung der Dankbarkeit ist. Aber ich muß den Versuch machen, in einigen Dingen klar zu sehen. Es wurde mir in Heppenheim gesagt, daß irgend ein Schreiben von Schallenberg vorliege, daß es in Heppenheim darauf ankäme, daß die Clique Heuss-Mayer [nicht] zu

---

[5] Angebot und Ablehnung ließen sich nicht näher nachweisen.
[6] Vgl. Nr. 132, Anm. 4, Nr. 133, Anm. 1, 2.
[7] Vgl. zur Trennung der DPD von der ostzonalen LDP Nr. 111.

stark würde.[8] Trifft dies zu, dann war es ja so, daß schon *vor* dem Beginn der formalen Einigung eine Frontenbildung innerhalb des Gesamtverbandes eingeleitet worden wäre.

Was soll der Gegenstand dieser Frontenbildung sein? Ich höre, daß man Ernst Mayer neben einer Verstimmung über einige (überflüssige) Schärfe in seinem letzten persönlichen Rundschreiben hinaus verübelt habe, daß er in einem Aufsatz im Tagesspiegel sich gegen den billigen Nationalismus gewandt habe.[9] Ich habe diesen Aufsatz natürlich nicht vor der Drucklegung kennen gelernt, bin aber mit seiner Grundlinie völlig einverstanden, und hier bleibt uns nun eine sachliche und politische Klärung nicht erspart. Als wir den ersten Nachmittag erledigt hatten, war ich über den Verlauf der Diskussion im ganzen recht befriedigt. Das Risiko war ja immerhin nicht gering, daß irgendwann die Erörterungen absinken. Ich habe auch gar nichts dagegen gehabt, daß der junge Boehm aus Niedersachsen mit seinem Ruf nach dem „Reich" und mit seinem Pathos zur militärischen Bereitschaft zur Geltung kam, wie wohl ich dabei eines unbehaglichen Gefühls nicht ganz ledig wurde, daß hier eine Begabung sich meldete, die einer formalen Gewandtheit die konkrete Sachbesinnung zu opfern bereit ist – ich bin dem Typus zu oft begegnet.[10] An dieser Rede hat mich nur eines beunruhigt: der demonstrative Beifall, mit dem Euler sie begleitete und am Schluß unterstrich. War er sachlich damit einverstanden oder war es nur das Bedürfnis, einem jungen Menschen die Ermunterung zu geben? Beides macht mich besorgt, denn ich selber bemühe mich seit Jahren im Gespräch mit den jungen Menschen, diese zur realistischen Erkenntnis der Wirklichkeit zu führen, um sie davor zu bewahren, in die Welt der romantischen Illusion zu entfliehen (ich habe darüber in meiner Heppenheimer Nachmittagsrede einiges gesagt,[11] weiß aber freilich nicht, ob von den hessischen Freunden außer Becker[12] überhaupt jemand dageblieben

---

[8] Das Schreiben von Erwin Schallenberg ließ sich nicht ermitteln.

[9] In seinem Rundbrief vom 27. 11. 1948 an die Mitglieder des Koordinierungsausschusses hatte Mayer in teils drastischen Worten die mangelnde Bereitschaft der liberalen Landesverbände beklagt, sich finanziell und organisatorisch konstruktiv an der Bildung einer Gesamtpartei zu beteiligen. Zudem kritisierte er die intolerante und antiliberale Haltung nationalistischer Kräfte in einigen Landesverbänden, die durch das „Ansprechen der gefährlichen nationalistischen Instinkte unseres Volkes ein politisches Gewerbe" und die Partei zu einem „Exerzierplatz verhinderter SS-Führer" machen wollten. Mayer kündigte für den Parteitag in Heppenheim den entschiedenen Widerstand gegen den nationalen Sammlungskurs vor allem der Landesverbände in Hessen, Niedersachsen und Nordrhein-Westfalen an; BArch, N 1221, 407. Mit ähnlichen Tenor ERNST MAYER: Einheit in Freiheit, in: Der Tagesspiegel Nr. 286, 8. 12. 1948. Vgl. zu den Gründen für die Nichtwahl Mayers auch das Antwortschreiben von Bleek an Heuss, 25. 12. 1948, in: BArch, N 1221, 54.

[10] Der Redebeitrag von Ehrtfried Boehm aus dem Landesverband Niedersachsen im Protokoll des Parteitages, in: AdL, FDP-Bundespartei, 45.

[11] Vgl. Anm. 2.

[12] Max Becker.

war). Da Euler selber leider erkrankt war, konnte ich über diesen Komplex nicht mehr mit ihm sprechen. Ich hoffe, daß die Überanstrengung der letzten Tage ihn nicht zu lange quält. Vielleicht haben Sie Gelegenheit, ihm meine Auffassung gelegentlich zu sagen; ich will das Briefeschreiben jetzt nicht zur Dauerbeschäftigung machen, da ich ja sowieso nicht recht weiß, wie ich mit meinen Verpflichtungen durchkommen werde.[13]

Damit für heute genug. Es lag mir daran, Ihnen meinen Eindruck von dem Vorgang darzulegen und Sie zugleich zu bitten, wenn ein Schallenbergbrief des genannten Tenors vorliegt, mir dies zugänglich zu machen. Ich bin ganz damit einverstanden, wenn mich jemand ablehnt, aber ich bin dann sehr dafür, daß dies offen geschieht. Ich bin genügend erfahren, daß die Politik Gruppenbildungen bringt und braucht, aber ich bin nicht genug „Politiker", um meine begrenzte Arbeitskraft, die eigentlich wertvollere Ziele sucht, am Vergnügen mit derlei Hintergrundgeschichten zu verbrauchen.

Mit freundlichen Grüßen
Ihr [Theodor Heuss]

Nr. 166
An die Arbeitsgemeinschaft der Landesinnungsverbände und Landesfachorganisationen des württemberg-badischen Handwerks, Stuttgart
17. Dezember 1948; [Bonn, Parlamentarischer Rat]
BArch, N 1221, 418: ms. Schreiben, Durchschlag; ms. Briefkopf: „Abg. Dr. Theodor Heuss"
Charakter der Grundrechte im Grundgesetz

Sehr geehrter Herr!

Freundlichen Dank für den Brief vom 15. Dez.[1] Die Situation ist so, daß nach den ursprünglichen Abreden in das Grundgesetz nur die sogenannten klassischen Grundrechte, d. h. die subjektiven öffentlichen Rechte, aufgenommen werden sollten, die deklaratorische Umschreibung der sogenannten Lebensordnungen aber wegbleiben.[2] Man bemühte sich im Grundsatzausschuß darum, keine all-

[13] Vgl. zu der Enttäuschung von Heuss über den Verlauf und die Ergebnisse des Parteitages und der Vorstandswahlen auch seine Schreiben an: Hermann Dietrich, 23. 12. 1948 (BArch, N 1004, 574), Franz Blücher, 23. 12. 1948 (BArch, N 1221, 54), August Weber, 23. 12. 1948 (ebd., 103).

[1] Ließ sich nicht ermitteln.

[2] Vgl. zu der Diskussion im Parlamentarischen Rat über den Charakter der Grundrechte Nr. 149, Anm. 3, Nr. 150, Anm. 3, Nr. 190; außerdem Heuss an Arnold Brecht, 15. 11. 1948, in: BArch, N 1221, 74.

gemeinen programmatischen Sätze, sondern nur solche mit juristischer Verbindlichkeit zu bringen. Es ist im Augenblick noch nicht zu übersehen, ob dieser bis vor kurzem von den verschiedenen Gruppen gemeinsam vertretene Standpunkt, den ich aus der politischen Situation für richtig halte, aufrecht erhalten werden kann, da Tendenzen spürbar geworden sind, nun ähnlich wie in Weimar fast den ganzen Umfang des wirtschaftlichen, sozialen und kulturellen Lebens einzubeziehen. Je nach der Entwicklung dieser Dinge wird sich die Frage stellen, ob für Handwerk, Landwirtschaft und Industriearbeiterschaft besondere Artikel geschaffen werden sollen, worauf man bis jetzt verzichtet hat.

Sehr ergeben [Theodor Heuss]

Nr. 167
An den Rektor der Technischen Hochschule Stuttgart
17. Dezember 1948; Bonn, Parlamentarischer Rat

UAS, Personalakte Theodor Heuss: ms. Schreiben, behändigte Ausfertigung; Kopfbogen: „Parlamentarischer Rat Bonn 1948 Abg. Dr. Theodor Heuss“[1]

Absage der Vorlesungstätigkeit an der Technischen Hochschule Stuttgart

Verehrte Magnifizenz![2]

Entweder soll ein Parlamentarier nicht Vorlesungen ankündigen, oder es soll ein Professor kein Parlamentarieramt übernehmen, so erscheint mir jetzt mein Schicksal sich darzustellen. Ich selber wollte ja ursprünglich gar nicht nach Bonn gehen, sondern einem meiner jüngeren politischen Freunde eine Chance der Entfaltung geben.[3] Als sich dieser versagte, mußte ich nun die Dinge auf mich nehmen, damals in der optimistischen Auffassung, Anfang November seien die Dinge hier geregelt.[4] Es wurde eine schwere Enttäuschung, und nun hat sich die Situation in den letzten 14 Tagen so gestaltet, daß, wie wohl es an meinem persönlichen

---

1 Eingangsstempel und -nr.: „21. 12. 1948 Nr. 3227 Techn[ische] Hochschule Stuttgart“; weiterer Nachweis: BArch, N 1221, 100: ms. Schreiben, Durchschlag.

2 Seit 3. 5. 1948 bekleidete Otto Schmitt das Amt des Rektors in der Nachfolge von Richard Grammel.

3 Fast zehn Jahre später bekundete Heuss gegenüber Alfred Weber, er sei in den Parlamentarischen Rat „wider meinen Willen [eingezogen], denn ich hatte einen begabten jüngeren Mann, den Rechtsanwalt Kessler in Karlsruhe, als Repräsentanten der Stuttgarter demokratischen Landtagsfraktion vorgeschlagen“; Heuss an Weber, 14. 4. 1958, in: BArch, N 1197, 19; vgl. auch Nr. 132, Anm. 8.

4 Vgl. Nr. 145.

drängenden Willen nie gefehlt hat, der terminmäßige Weitergang der Arbeit völlig ins Unklare geriet. Das Schwierige der Situation ist, daß die kleine Gruppe, deren Vorsitzender ich bin, für die Entscheidungen und die interfraktionellen Verhandlungen dauernd zur Verfügung stehen muß.[5] (Ich bin seit 4 Wochen nicht mehr in Stuttgart gewesen!) Aber da nun auf der einen Seite im organisatorischen Aufbau des Bundes noch einige entscheidende Fragen offen geblieben sind, zum anderen in der letzten Woche neue Problemkreise der Grundrechtgestaltung von einigen Fraktionen herangebracht wurden, wird meine hiesige Anwesenheit auch im[6] Januar leider unvermeidbar sein, denn ich kann auch in dieser Situation mein Mandat nicht niederlegen, da ich an zu vielen Vorbesprechungen beteiligt war.[7] Ich muß, verehrte Magnifizenz, zu meinem großen Bedauern bitten, durch das Sekretariat am Anschlag[8] mitteilen zu lassen, daß die geplante Aufnahme meiner Vorlesungen Anfang Januar nicht wird stattfinden können.[9] Vermutlich wird die große Vorlesung über die Geschichte 1918 bis 1933 überhaupt nicht mehr gehalten werden können, so läßt sich das nicht in ein paar Stunden zusammendrängen, während ich mir vorbehalten möchte, je nachdem man hier wegkommt, wenigstens über die Verfassungsgeschichte und verfassungspolitischen Dinge ein paar Stunden zu reden, denn dieses Problem kann beliebig kombiniert werden.

Mit freundlichen Weihnachtsgrüßen bin ich
Ihr ergebener Theodor Heuss

[5] Vgl. zur Rolle der FDP im Parlamentarischen Rat Nr. 145, Anm. 6.
[6] Unterstrichen vom Empfänger: „im Januar".
[7] In seiner ersten Lesung hatte der Hauptausschuss, dem Heuss angehörte, zwischen dem 11. 11. und 10. 12. 1948 den gesamten Grundgesetzentwurf, wie er sich aus den Diskussionen der Fachausschüsse herausgebildet hatte, in langwierigen Verhandlungen beraten, um dann ab Mitte Dezember in die zweite Lesung bis zum 20. 1. 1949 zu gehen. Bei den umstrittenen Themen konnte auch in diesen Verhandlungen keine qualifizierte Mehrheit erzielt werden. Dazu gehörten im Bereich des Aufbaus des Bundes Fragen wie die Zusammensetzung des Bundesrates, die Zuständigkeitsverteilung zwischen Bund und Ländern, die Finanzverfassung oder die Wahlbestimmungen für den Bundespräsidenten, im Bereich der Grundrechte vor allem die Frage nach dem Verhältnis von Kirche und Staat, konkret nach dem „Elternrecht"; vgl. M. F. FELDKAMP, Parlamentarische Rat, S. 107f, 133. Über diese offenen Fragen nach der ersten und zweiten Lesung im Hauptausschuss äußerte sich Heuss auch publizistisch; THEODOR HEUSS: Nach der ersten Lesung, in: RNZ, Nr. 163, 11. 12. 1948; DERS.: Nach der zweiten Lesung, in: RNZ, Nr. 13, 22. 1. 1949, abgedruckt in: TH. HERTFELDER / J. C. HESS, Streiten, S. 91–94, 108–111.
[8] Unterstrichen vom Empfänger: „Anschlag".
[9] Bereits am 18. 9. 1948 hatte Heuss den Rektor der TH Stuttgart gebeten, seine Veranstaltungen wegen der Beanspruchung im Parlamentarischen Rat verschieben zu dürfen; UAS, Personalakte Theodor Heuss; vgl. zu den geplanten Vorlesungen auch Nr. 117.

Nr. 168
An Prof. Dr. Carlo Schmid, [Tübingen]
19. Dezember 1948; Stuttgart-Degerloch, Löwenstraße 86
AdsD, NL Schmid, 600: hs. Schreiben, behändigte Ausfertigung; Kopfbogen: „Theodor Heuss"
Kompensatorischer Wert literarischer Tätigkeit

Lieber Professor Schmid,

als ich gestern, nach 4 Wochen Abwesenheit, hier wieder eintrudelte, waren eben die ersten Stücke des Neudrucks meines Dohrn-Buches angekommen;[1] sie waren mir selber wie der Gruß einer Arbeitswelt, die nun versunken scheint. Ich spüre: sie war in manchem schöner u. sogar fruchtbarer.

Ganz sicher erwarte ich nicht, daß Sie sich jetzt darauf stürzen. Es geht Ihnen wie mir, daß unendlich viel liegen geblieben ist.

Der Dohrn ist das menschlich bunteste u. farbigste meiner Bücher – unsereins soll nie vergessen, daß er solche Rückzugslinien besitzt, ohne dabei im seelischen Armenhaus zu landen.

Doch einstweilen ist weder mir *noch auch Ihnen* dieser Weg gestattet – dies das Echo auf Ihren Seufzer der Resignation.[2]

Mit guten Weihnachtsgrüßen
Ihr Theodor Heuss

Nr. 169
An Paul Helbeck, Wuppertal-Elberfeld
21. Dezember 1948; [Stuttgart-Degerloch, Löwenstraße 86]
BArch, N 1221, 56: ms. Schreiben, Durchschlag
Ablehnung der Aufnahme des Rechts auf Kriegsdienstverweigerung in das Grundgesetz

Sehr geehrter Herr Helbeck,[1]

freundlichen Dank für Ihre Zeilen;[2] gewiß entsinne ich mich noch Ihrer Mitarbeit an der Hilfe[3] und auch der persönlichen Begegnung. – Was Ihren Einspruch über

---

[1] TH. HEUSS, Anton Dohrn [²1948], vgl. auch Nr. 138.
[2] Eine derartige Stimmung ließ sich in einem Brief von Schmid an Heuss nicht nachweisen.
[1] In der Vorlage: „Hellbeck".

den Artikel gegen die Kriegsdienstverweigerung anlangt, so weiß ich wohl, daß manche unserer Freunde Ihren Standpunkt teilen. Wir haben das auch in unserer hiesigen Landtagsfraktion erlebt.[4] Ich für meine Person habe nichts dagegen einzuwenden, wenn ein Gesetz, das dem Englischen entspricht,[5] auch in Deutschland gemacht wird, wehre mich aber absolut dagegen, ein verfassungsmäßiges Recht auf Kriegsdienstverweigerung anzuerkennen, denn die allgemeine Wehrpflicht ist das legitime Kind der Demokratie, und eine ganz allgemeine Gewissensformel macht das Gewissen zu einer Ware der Gewissenslosigkeit. Viele Leute mit Gewissensbedenken werden dann hochbezahlte Facharbeiter für die Erzeugung von Bomben. Diese Paradoxie mache ich nicht mit. Ich habe in dieser Frage hier wie in Bonn den Standpunkt vertreten, daß es sich um eine Individualentscheidung handelt, nicht um eine Parteidoktrin, und werde meinerseits, auch wenn ich allein bleiben sollte, den Antrag stellen, den von der SPD und CDU angenommenen Artikel wieder zu streichen.[6]

Mit freundlicher Empfehlung
Ihr [Theodor Heuss]

---

2 Helbeck an Heuss, 13. 12. 1948, in: BArch, N 1221, 56. Helbeck hatte als „alter Naumannianer" Heuss zu seiner Wahl zum Vorsitzenden der FDP gratuliert. Zugleich kritisierte er aber die Ablehnung von FDP-Vertretern im Parlamentarischen Rat, das Recht auf Kriegsdienstverweigerung in der künftigen Verfassung festzuschreiben; vgl. Anm. 6.

3 Vgl. zu der von Naumann begründeten und von Heuss zeitweise herausgegebenen Zeitschrift „Die Hilfe" Nr. 31, Anm. 3.

4 So hatte der Landtag von Württemberg-Baden auf seiner 73. Sitzung vom 22. 4. 1948 einen parteiübergreifenden Antrag zur Kriegsdienstverweigerung behandelt, der auch von Abgeordneten der DVP wie Heuss-Knapp und Kessler unterzeichnet war und lautete: „Niemand darf zum Kriegsdienst mit der Waffe gezwungen werden." Die Abgeordneten nahmen den Antrag mit großer Mehrheit an; VERHANDLUNGEN DES WÜRTTEMBERG-BADISCHEN LANDTAGS, Protokollbd. 3, S. 1789–1793; der Antrag in: WÜRTTEMBERG-BADISCHER LANDTAG, Beilagen, Bd. 3, S. 579, Beilage 502.

5 Im Zusammenhang mit der Verabschiedung von Gesetzen über die Einführung der allgemeinen Wehrpflicht 1916, 1939 und 1948 sah das englische Parlament auch die Möglichkeit der Kriegsdienstverweigerung aus Gewissensgründen vor; vgl. G. HARRIES-JENKINS, Britain, S. 67–69.

6 Erst bei der Behandlung von Eingaben aus der Bevölkerung hatte sich der Ausschuss für Grundsatzfragen auf seiner 15. Sitzung am 27. 10. 1948 mit der Frage beschäftigt, ob in die Verfassung das Recht auf Kriegsdienstverweigerung aufgenommen werden sollte. Heuss vertrat eine dezidiert ablehnende Position: „Nach meiner geschichtlichen Kenntnis ist der Kriegsdienst auch eine Pflicht in der Demokratie. Es ist also unglücklich, in eine demokratische Verfassung grundsätzlich hineinzuschreiben, daß jeder sich drücken darf, auch wenn es sich um einen Verteidigungskrieg handelt." PARLAMENTARISCHE RAT, Bd. 5/I, S. 419. Ende November nahm der Grundsatzausschuss den Artikel in den Grundgesetzentwurf auf: „Niemand darf gegen sein Gewissen zum Kriegsdienst gezwungen werden. Das Nähere bestimmt ein Gesetz." Ebd., Bd. 5/II, S. 760–762. Der Antrag von Heuss am 18. 1. 1949 im Hauptausschuss, den Artikel aus dem Entwurf zu streichen, wurde mit großer Mehrheit abgelehnt; PARLAMENTARISCHER RAT, Verhandlungen des Hauptausschusses, S. 545f; vgl. M. F. FELDKAMP, Parlamentarische Rat, S. 65; vgl. auch Heuss an Günter Liebig, 21. 3. 1949, in: BArch, N 1221, 418; Heuss an Büchsenschütz, 12. 5. 1949, in: StAF, T1/Büchsenschütz, 5.

Nr. 170
An Gottfried Traub, [München-Solln]
22. Dezember 1948; Stuttgart-Degerloch, Löwenstraße 86

BArch, N 1059, 61: ms. Schreiben, behändigte Ausfertigung; Kopfbogen: „Theodor Heuss"
Verzögerungen in den Beratungen des Parlamentarischen Rates wegen kulturpolitischer Forderungen der CDU und CSU; Selbstverständnis als FDP-Vorsitzender; publizistische Arbeiten; Familie und Freunde

Lieber Freund,

schönen Dank für Deinen Brief und Deine Sendung. Mein Leben ist zur Zeit in der Tat ziemlich turbulent. Ich war jetzt vier Wochen lang von Stuttgart abwesend wegen der bonner Geschichten, zwischendurch in Berlin, in der Pfalz und anderwärts,[1] am 6. 1. [muß ich] an den Rhein fahren. Ich hatte sehr gehofft und gewünscht, daß man dort rascher vorankäme, und die Aussichten waren im Anfang auch nicht gering.[2] Aber in den letzten Wochen ist dann eine Versteifung eingetreten, da innerhalb der CDU, CSU die Auffassungen über das Föderalistische, zumal über die Finanzgestaltung, sehr auseinandergingen.[3] Man hat etwas den Eindruck, daß dieser an sich nicht überraschende innere Gegensatz überbrückt werden soll durch die Herausstellung sogen. kulturpolitischer Forderungen, die freilich erst in den letzten drei Wochen eine Präzision erfuhren. Ich habe mich dabei bemüht, eine redliche Ausgleichungsfunktion auszuüben, aber es gibt natürlich auch Grenzen. Ich bin jetzt der Führer im Streite gegen das sogen. Elternrecht geworden, was nach der großen Flüchtlingsinfiltration in jede Gemeinde den Kampf um konfessionell getrennte Schulen tragen müßte, mit der Folge, daß das Zusammenleben der Kinder abgebremst würde. Das müßte heute eine nationalpolitische Wirkung haben. Wie wir darüber hinwegkommen, weiß ich noch nicht recht, grundsätzlich sollten ja die sogen. Kulturfragen Länderangelegenheit bleiben.[4]

Daß ich an die Spitze der Partei getreten [bin], ist, von mir aus gesehen, nur ein Opfer, keine irgendwie als Sieg empfundene Entwicklung meines Lebens, denn außer einer gewissen Beredsamkeit und dem Talent, Schwierigkeiten auszuweichen, bringe ich für dieses Amt nicht allzu viel mit.[5] Vor allem fehlt mir der Trieb zum Organisatorischen und das Bedürfnis, im Rampenlicht spazierenzugehen. Ich weiche der Presse eher aus, als daß ich sie suche, und trauere etwas

---

[1] Zur Berlin-Reise vgl. Nr. 159. Heuss sprach für die DVP anlässlich der Gemeindewahlen in Rheinland-Pfalz vom 14. 11. 1948 in Koblenz (10. 11. 1948) und Landau (13. 11. 1948); Redenkalender, in: BArch, N 1221, 684; Redenotizen ließen sich nicht ermitteln.

[2] Vgl. Nr. 145, Nr. 167.

[3] Vgl. zu den Auseinandersetzungen über die Form der Finanzverwaltung als Bundes- oder Länderangelegenheit Nr. 151, Anm. 6.

[4] Vgl. zur Haltung von Heuss zum „Elternrecht" Nr. 161, Anm. 4, Nr. 191.

[5] Vgl. Nr. 165.

um die schönen Bücher, die ich noch schreiben möchte und jetzt kaum mehr schreiben kann. Dabei bin ich fleißig genug, den Büchermarkt zu alimentieren: ich habe eine historisch-politische Studie über 1848 publiziert, eine Essaysammlung „Deutsche Gestalten" hinausgeschleudert, den Poelzig und den Dohrn neu bearbeitet, und in den Weihnachtsferien wird die Naumannbiographie für einen Neudruck fertig gemacht.[6] Dazu kommt ein wöchentlicher Leitartikel für die Rhein-Neckar-Zeitung, die Vorlesung an der Technischen Hochschule freilich habe ich für das Winter-Semester einstellen müssen, da Bonn zu weit wegliegt.[7]

Meiner Frau könnte es besser gehen, wenn sie sich auch von der langen Krankheit des vergangenen Jahres einigermaßen erholt hat und ganz munter an den Arbeiten des Landtags und der evangelischen Akademie in Bad Boll teilnimmt.[8] Sie hat jetzt eine kleine Rückert-Auswahl veröffentlicht und damit einen Jugendplan noch verwirklichen können.[9]

Von den alten Freunden schreibt mir gelegentlich Rohrbach, der im fränkischen Langenburg sitzt. Er hat ein ganz lebendiges Buch über deutsche Geschichte geschrieben und steht jetzt auch vor der Veröffentlichung seiner Lebenserinnerungen.[10] Gesehen habe ich ihn freilich auch schon lange nicht mehr.

Vom Sohn aus Lörrach haben wir im ganzen gute Nachrichten. Das Enkeltöchterchen,[11] einundeinviertel Jahr alt, scheint sich ganz munter zu entwickeln.

Wir hoffen sehr, daß es Dir gesundheitlich trotz der hohen Jahre ordentlich geht. Mit den Grüßen zum Weihnachtsfest und neuen Jahr verbinde ich alle guten Glückwünsche zum 80. Geburtstag, der ja wohl in den nächsten Wochen fällig wird.[12]

Wenn Du Hermelink wieder siehst, sage auch ihm unsere guten Grüße. Ich bitte Euch, mit Eurer Phantasie über die mir von manchen Leuten zugedachte künftige Funktion einstweilen zurückhaltend zu sein. Meine „Ehrgeize" sind sehr limitiert.[13]

In alter Freundschaft
Dein Theodor Heuss

[6] TH. HEUSS, 1848, vgl. auch Nr. 135; DERS., Deutsche Gestalten; DERS., Hans Poelzig [^{2}1948], vgl. auch Nr. 37; DERS., Anton Dohrn [^{2}1948], vgl. auch Nr. 138; DERS., Friedrich Naumann [^{2}1949], vgl. auch Nr. 45, Nr. 67.

[7] Leitartikel abgedruckt in: TH. HERTFELDER / J. C. HESS, Streiten; zur Einstellung der Vorlesungen vgl. Nr. 167.

[8] Heuss-Knapp hatte Anfang 1948 nach ihrer schweren Gelbsucht die Arbeit als Abgeordnete im württemberg-badischen Landtag wieder aufgenommen. Im Oktober hielt sie zudem zwei Vorträge in der Evangelischen Akademie Bad Boll; vgl. E. HEUSS-KNAPP, Bürgerin, S. 322, 325.

[9] F. RÜCKERT, Gedichte.

[10] PAUL ROHRBACH: Deutsches Leben. Wurzeln und Wandlungen, Wiesbaden 1948; DERS.: Um des Teufels Handschrift. Zwei Menschenalter erlebter Weltgeschichte, Hamburg 1953. Rohrbach hatte dem Naumann-Kreis angehört.

[11] Barbara Heuss.

[12] Traub beging am 11. 1. 1949 seinen 80. Geburtstag.

[13] Gemeint sind die Spekulationen, Heuss strebe das Amt des Bundespräsidenten an; vgl. Nr. 155.

Nr. 171
An Hans-Heinrich Welchert, Rohrbach, Oberhessen
22. Dezember 1948; Stuttgart-Degerloch, Löwenstraße 86
BArch, KlErw. 876, 1: hs. Postkarte, behändigte Ausfertigung
Verhärtete Gegensätze im Parlamentarischen Rat; Ablehnung von „liberal" als Namensbestandteil der neuen Partei (FDP)

Lieber Welchert,

freundl[ichen] Dank für Ihre Zeilen[1] – es kam gerade auch von Ullrich ein nicht uninteressanter Brief.[2] Die Bonner Arbeit wird noch manche Sorge bereiten wegen der Gefahr der Parteienverhärtung, die in den letzten Wochen sich zeigte.[3] Ich muß da manchmal mit Humor od. unbefangener Grobheit die Dinge zu lockern suchen. Leider fehlt mir zu dem Partei-Amt der eigentliche Organisationstrieb. In der Namensfrage hatte ich die Bedingung gestellt, auf den Begriff liberal zu verzichten[4] – nicht als ob ich antiliberal wäre, aber m[eine] geistige Herkunft ist

---

1 Ließen sich nicht ermitteln.

2 Vermutlich gemeint ein Schreiben des ehemaligen Schülers von Heuss an der Deutschen Hochschule für Politik, Paul Ullrich, 13. 12. 1948, in: BArch, N 1221, 101.

3 Über zentrale Bereiche des Grundgesetzes war bis Ende 1948 im Parlamentarischen Rat noch keine Einigung zwischen den Parteien erreicht worden; vgl. Nr. 167, Anm. 7. Neben dieser Uneinigkeit in Sachfragen hatte sich Mitte Dezember auch die Atmosphäre zwischen den Fraktionen verschlechtert. Am 16./17. 12. 1948 hatten sich auf Initiative von Adenauer in Frankfurt a. M. Vertreter des Parlamentarischen Rates mit den drei Militärgouverneuren getroffen, um den Grundgesetzentwurf und das künftige Besatzungsstatut zu besprechen (stenographisches Protokoll der Besprechungen in: PARLAMENTARISCHE RAT, Bd. 8, S. 62–64, 68–72). Als Adenauer am ersten Tag der Begegnung die Militärgouverneure bat, zu einzelnen noch offenen Punkten des Grundgesetzes (Finanzfragen, Länderkammer) Stellung zu nehmen, warfen ihm die Vertreter von SPD und FDP anschließend vor, entgegen den vorab getroffen Absprachen die Alliierten zu Schiedsrichtern zwischen den gegensätzlichen Positionen im Parlamentarischen Rat aufgerufen zu haben. Daraufhin musste Adenauer am nächsten Tag gegenüber den Militärgouverneuren klarstellen, dass er von diesen keine Entscheidung erbeten habe. Letztlich brachten die Gespräche mit den Alliierten aus deutscher Sicht keine Ergebnisse; stattdessen verstärkte sich die Kritik der SPD an Adenauer, dem sie am 18. 12. 1948 das Misstrauen als Delegationsführer aussprach. Ein Misstrauensantrag der KPD im Parlamentarischen Rat Anfang Januar 1949 scheiterte hingegen, so dass Adenauer die „Frankfurter Affäre" einigermaßen unbeschädigt überstand; vgl. M. F. FELDKAMP, Parlamentarische Rat, S. 119–127. In einem Brief an seinen Sohn äußert Heuss sich am 17. 12. 1948 zu dieser Angelegenheit: „Die hiesige Situation ist sehr verwirrt. Ich bin diesmal nicht nach Frankfurt gefahren, weil es für möglich angesehen werden muß, daß die Finanzdinge zur Behandlung kommen. Wir sind alle bestürzt, wie Adenauer dort das Gespräch geführt hat." FA Heuss, Basel.

4 An der Namensfrage für die zu gründende liberale Bundespartei entzündeten sich auf dem Parteitag in Heppenheim am 11./12. 12. 1948 heftige Diskussionen. Obwohl sich mittlerweile die liberalen Mandatsträger im Frankfurter Wirtschaftsrat wie auch im Parlamentarischen Rat als Fraktion „Freie Demokratische Partei" genannt hatten, wollte in Heppenheim vor allem der hessische Landesverband nicht auf den Namensbestandteil „liberal" verzichten. Als sich der Parteitag auf

anderer Art,[5] und ich will nicht eine Traditionskompanie führen. Ich hoffe sehr, daß Ihre persönlichen Dinge sich, auch wenn man Geduld haben muß,[6] nach Wunsch entwickeln. Mir wäre es lieber, meine Tätigkeit wäre in ein gelasseneres Tempo übergegangen! Mitte Jan. soll ich in Berlin bei der neuen Hochsch[ule] f[ür] Pol[itik] die Eröffnungsrede halten.[7]

Alles Gute zu den Festen
Ihr Theodor Heuss

Nr. 172
An Fred Heining, Berlin-Friedenau
27. Dezember 1948; [Stuttgart-Degerloch, Löwenstraße 86]
BArch, N 1221, 56: ms. Schreiben, Durchschlag
Freiheitsverständnis; Zurückhaltung gegenüber dem Begriff „liberal"

Sehr geehrter Herr,

Sie müssen schon entschuldigen, daß ich Ihnen auf Ihren anregenden Brief, der nun schon einen Monat zurückliegt,[1] nicht früher geantwortet habe und daß ich es auch jetzt nur kurz tun kann. Ich bin in Bonn so sinnlos überlastet und ohne recht[e] Hilfskraft, so daß Dutzende von Briefen unerledigt bleiben mußten. Jetzt in den Weihnachtstagen kann ich einiges davon beantworten.

In Ihren Thesen steckt viel Richtiges, und ich glaube, Sie haben auch Recht, daß der Freiheitsgedanke starker einfacher Formulierungen bedarf, die ihn vom bloßen Manchestertum abheben und ihm zugleich vom rein Individualistischen aus die Tendenz zur staatlichen Rechtsordnung weisen.[2] Einiges davon habe ich

die Bezeichnung „Liberale Partei Deutschlands" zu verständigen drohte, erklärte Heuss ultimativ, eine Partei mit einem solchen Namen nicht als Vorsitzender führen zu können. Daraufhin fand die Bezeichnung „Freie Demokratische Partei" eine Mehrheit. Hinter diesem Konflikt stand auch ein Richtungskampf innerhalb der Partei zwischen Vertretern eines nationalen und antisozialistischen Sammlungskurses, den vor allem der niedersächsische, hessische und nordrhein-westfälische Landesverband favorisierte, und Anhängern einer traditionell bürgerlichen Milieupartei, die vor allem im Südwesten und in den Hansestädten verwurzelt waren; vgl. D. Hein, Milieupartei, S. 334–336. Zu den Vorbehalten von Heuss gegenüber der Parteibezeichnung „liberal" vgl. auch Nr. 172.

5 Zum Einfluss Naumanns auf Heuss vgl. Nr. 87.

6 Es folgt gestrichen: „sich".

7 Vgl. Nr. 178.

1 Heining an Heuss, 28. 11. 1948, in: BArch, N 1221, 54.

2 Heining hatte Heuss gebeten, auf dem Gründungsparteitag der FDP in Heppenheim folgende Fragen bzw. Themen zu erörtern: „1. Welche Aussichten eröffnen sich dem Individuum, wenn

in meiner programmatischen Rede in Heppenheim zu formulieren versucht.[3] Ob es mir gelungen ist, weiß ich nicht. Ich selber stehe ja der Vokabel „liberal" mit Zurückhaltung gegenüber, da sie mir ein bißchen zu belastet worden ist mit reiner Wirtschaftstheorie und leicht die Färbung des Lässigen bekommen hat. Ich suche den wagenden und den sich selbst behauptenden Menschen, der zugleich in der breiten Verantwortung und Gebundenheit steht. Ob wir das in brauchbare Formeln bringen, die etwas wie einen „Stil" darstellen, wird abzuwarten sein. Die Gegenwart ist so voll von Müdigkeit und Not der Nähe, daß man manchmal an ihrer schöpferischen Kraft zweifeln möchte.

Inzwischen werden wir es erst fertig bringen müssen, in Bonn die staatlichen Rechtsformen zu bauen, innerhalb derer dann die politische Auseinandersetzung legitim möglich werden wird.

Mit besten Empfehlungen
Ihr sehr ergebener [Theodor Heuss]

Nr. 173
An Prof. Dr. Carlo Schmid, Tübingen
31. Dezember 1948; Stuttgart-Degerloch, Löwenstraße 86
AdsD, NL Schmid, 600: ms. Schreiben, behändigte Ausfertigung; Kopfbogen: „Theodor Heuss"[1]
Verhandlungen über Wahlrechtsfragen und Kulturpolitik im Parlamentarischen Rat

Lieber Professor Schmid,

gestern habe ich mit Fritz Ulrich telefoniert und ihn gefragt, wann er nach Bonn komme, da ich von Ihnen erfahren hätte, daß seine Auffassungen über die Wahlrechtsdinge einmal in der SPD-Fraktion zum Vortrag gebracht werden sollten.[2]

---

man die Weltgeschichte als Liberaler kritisch betrachtet? 2. War das Manchestertum schon Liberalismus oder nur die Diktatur der Kapitalkräftigen? 3.a. Bewirkt das Zeitalter der Atombombe eine Vereisung der Ideologien? b. Gehört die Zukunft den dogmenarmen Ideologien (Liberalismus)? 4. Wie beseitigen wir den pathologischen Zug, der durch den Nationalsozialismus und den Internationalsozialismus der Politik verliehen worden ist? 5. Der Liberalismus und die moralische Aufrüstung als ‚dritte Kraft' im ‚sozialistischen Jahrhundert' (neben Christentum und Sozialismus)." Wie Anm. 1.

3 Vgl. Nr. 165, Anm. 2.

1 Rechts unter Absenderadresse Verfügung: „Abl[age]"; weiterer Nachweis: BArch, N 1221, 95: ms. Schreiben, Durchschlag.

2 Der Innenminister von Württemberg-Baden, Ulrich, war schon an der Formulierung des württemberg-badischen Wahlgesetzes maßgeblich beteiligt gewesen. Um die Jahreswende reiste er nach

Von diesem Plan wußte er nun freilich noch nichts; aber er sagte mir, daß er am 5. 1. wegen der Polizeifragen in Bonn sein würde.[3] Ich habe ihn nun gebeten, sich doch auch auf die Wahlrechtsdinge innerlich einzustellen, und von seiner Anwesenheit in Bonn brieflich auch meinen Fraktionskollegen Becker informiert,[4] wie auch Theophil Kaufmann[5], der mich gestern hier besuchte, um allerhand Dinge zu besprechen, Kulturpolitik, Wahlrecht u. s. f.[6] Aus dem Gespräch mit Ulrich ergab sich, daß er genau wie ich gegen Diederichs'[7] große Wahlkreise, mehr Stimmen und Panaschieren sehr starke Bedenken hat. Er hat jetzt über Weihnachten seine Gedanken erneut durchgearbeitet, und soweit ich sie in dem Telefongespräch mir selber veranschaulichen konnte, ist eine brauchbare Kombination des kleinen Wahlkreises, des Bezirksabgeordneten und des Proporzes herausgekommen.

Ich nehme mir die Freiheit, Ihnen davon zu schreiben, damit Sie sich überlegen können, wie Sie in die Turbulenz der ersten bonner Tage eine Besprechung Ihrer Wahlrechtsspezialisten mit Ulrich und dann auch eine Begegnung von Ulrich mit den anderen Sachbearbeitern einfügen können.

Leider bin ich selber nicht in der Lage, bereits am 4. 1. in Bonn zu sein, da am 5. und 6. hier der traditionelle Demokratentag stattfindet. Ich hatte, bis ich zurückgekehrt war, angenommen, daß ich 6. 1. vormittags um 11 Uhr zu reden hätte, aber nun wird die Veranstaltung erst in den späten Nachmittagsstunden sein.[8] Und zwar so, daß es bei dem Glatteis nicht mehr für Bonn reichen wird.

So komme ich erst am 7. wieder an den Rhein.

Bonn, um sich dort mit seinen Parteifreunden im Parlamentarischen Rat über das Wahlrecht zu unterhalten. Ulrich vertrat eine Synthese von Mehrheits- und Verhältniswahlrecht, favorisierte kleine Wahlkreise zur Stärkung der Persönlichkeitswahl und übte großen Einfluss auf den im Plenum am 24. 2. 1949 verabschiedeten Gesetzesentwurf aus; vgl. PARLAMENTARISCHER RAT, Bd. 6, S. 681, Anm. 17; vgl. auch Heuss an Dehler, 31. 12. 1948, in: BArch, N 1221, 55; Nr. 155, Anm. 8.

3 Der Ausschuss für Zuständigkeitsabgrenzung verhandelte u. a. die Frage nach einer Bundespolizei bzw. einem Zugriff des Bundes auf Landespolizeikräfte, was die CSU entschieden ablehnte, weil die Polizei ein wesentlicher Bestandteil der Länderverwaltung sei. Erst Anfang Mai 1949 konnte ein Kompromiss durchgesetzt werden, der die Errichtung einer Zentralstelle für Verfassungsschutz vorsah; vgl. M. F. FELDKAMP, Parlamentarische Rat, S. 77f. Ulrich hatte bereits beim Aufbau einer demokratischen Polizei in Württemberg-Baden maßgeblich mitgewirkt.

4 Schreiben an den Vorsitzenden des Ausschusses für Wahlrechtsfragen, Max Becker, ließ sich nicht ermitteln.

5 In der Vorlage: „Kauffmann".

6 Am 30. 12. 1948 hatten sich Heuss und Kaufmann in Stuttgart getroffen, um u. a. in der Wahlrechtsfrage einen Kompromiss zu eruieren. Heuss machte dabei deutlich, dass die FDP durchaus für ein „verbessertes Mehrheitswahlrecht" zu gewinnen sei. Er lehne den von Georg Diederichs Mitte Dezember vorgelegten Vorschlag ab, da er zu große Wahlkreise vorsehe und im Wahlmodus zu kompliziert sei; vgl. PARLAMENTARISCHE RAT, Bd. 6, S. 612, Anm. 13. Der Wahlgesetzentwurf von Diedrichs in: ebd., S. 553–565.

7 In der Vorlage: „Dietrichs'".

8 Heuss sprach auf dem traditionellen Dreikönigstreffen der DVP am 6. 1. 1949 über Verfassungsfragen; Redenotizen in: BArch, N 1221, 27; abgedruckt unter dem Titel „Vom Ich zum Wir. Das

Wir werden in sehr kritische und schwere Wochen hereinkommen. Ich erfuhr gestern von einem Amerikaner, der Abgeordnete Walter vertrete hier den Standpunkt, Bonn werde an der kulturpolitischen Sturheit der FDP zerplatzen.[9] Die Mitteilung war mir lehrreich, da ich vermute, daß manche Leute sich stärker auf Alibi und Wahlparolen einrichten als auf Sacherledigung. Ich habe diese Mitteilung erst nach dem Besuch von Kaufmann erhalten, bei dem das Gespräch in einer rein sachlichen Atmosphäre gegangen war. Ich denke, wir werden beide uns bemühen müssen, Dramatisierungen zu vermeiden, damit überhaupt etwas möglich wird, um wenigstens die gesetzgeberische Diskrepanz der deutschen Dinge abzubremsen, die ja in den letzten Wochen durch die verschiedene Haltung der Besatzungsmächte sich erneut verstärkt hat.[10]

Mit guten Wünschen zum Neuen Jahr
Ihr
Theodor Heuss

Nr. 174
An Dr. Ulrich Biel, Amerikanische Militärregierung, Berlin-Steglitz
10. Januar 1949; Bonn, Parlamentarischer Rat

BArch, N 1221, 54: ms. Schreiben, Durchschlag; ms. Briefkopf: „Abg. Dr. Theodor Heuss"[1]

Bitte um Intervention der US-Militärregierung beim Namensstreit mit der Bremer FDP

Verehrter Mister Biel!

Darf ich Ihr freundliches Interesse in der folgenden Sache in Anspruch nehmen.[2] Wie Ihnen bekannt ist, haben sich die demokratisch-liberalen Parteien der west-

Verhältnis des Menschen zum Staat, der deutschen Länder zueinander und Deutschlands zur Welt", in: Der Demokrat, Nr. 2, Januar 1949.

9 Zum kulturpolitischen Dissens im Parlamentarischen Rat vor allem in der Angelegenheit des „Elternrechts" vgl. Nr. 161, Anm. 4, Nr. 162, Nr. 170, Nr. 191.

10 In zwei Memoranden vom 19. 10. und 22. 11. 1948 hatten die drei Militärgouverneure darauf gedrungen, im Grundgesetz die alliierten Vorgaben im Hinblick auf einen ausgeprägten Föderalismus deutlicher zu berücksichtigen. Vor allem drängten sie darauf, die Kompetenzen der Länder bei der Steuerverteilung, der Finanzverwaltung, im Erziehungswesen sowie bei kirchlichen und kulturellen Angelegenheiten zu stärken. Im Parlamentarischen Rat kritisierten die Abgeordneten dieses Vorgehen der Alliierten als unangemessen Einflussnahme; vgl. M. F. FELDKAMP, Parlamentarische Rat, S. 100–102, 109–112; allgemein zum Einfluss der Alliierten auf das Grundgesetz E. SPEVACK, Control.

1 Durchschläge wurden an Schwennicke und Franz Blücher versandt: AdL, N 54, 24; AdL, N 14, 52.

2 Heuss wandte sich auf Bitten der BDVP an Biel; BDVP an Heuss, 5. 1. 1949, in: BArch, N 1221, 405.

lichen Zonen und Länder vor einigen Wochen in Heppenheim zu der „Freien Demokratischen Partei" zusammengeschlossen und mich mit dem Vorsitz der Gesamtpartei betraut.[3] Die Wahl des Namens, der ja für die britische Zone und innerhalb der amerikanischen Zone für Bayern schon in Geltung war und auch von den Fraktionen des Wirtschaftsrates und des Parlamentarischen Rates seit geraumer Zeit benutzt wird, stößt nun auf eine lokale Schwierigkeit, die in Bremen liegt.

In Bremen war wie in den anderen Gebieten der brit[ischen] Zone eine Freie Demokratische Partei zugelassen worden, die auch, als Bremen dann in die amerikanische Zone überging, dem Verband der britischen Zone der Freien Demokratischen Partei angehörte. Neben und unabhängig von ihr bildete sich mit amerikanischer Lizenz die Bremer Demokratische Volkspartei, die, sobald Bremen der amerikanischen Zone angehörte, zunächst mit uns in Stuttgart Fühlung nahm und dann auch in dem Zonenverband der amerikanischen Zone wie im Kombinations-Ausschuß die gemäße Vertretung fand.[4] Die mannigfachen Versuche, die beiden Gruppen in Bremen zusammen zu bringen, mußten scheitern, da an der Spitze der sogenannten Freien Demokratischen Partei Männer von politisch und persönlich höchst fragwürdigem Wesen standen.[5] In dem vollen Gewicht ist das nicht sofort erkannt worden. Es ergab sich etwa der paradoxe Zustand, daß bei den letzten Bürgerschaftswahlen in Bremen Herr Külz für die Freien Demokraten und ich für die Bremer Demokratische Volkspartei redeten. Das Ergebnis bei der Wahl war nun aber so, daß die FDP in Bremen selber eine totale Niederlage und kein einziges Mandat errang, sich in Bremerhaven selber aber mit 2 Mandaten begnügen mußte, während die Bremer Demokratische Volkspartei einen

---

[3] Vgl. Nr. 165.

[4] Um über einen eigenen Hafen für die Nachschubverbindungen zu verfügen, erhielten die USA nach Kriegsende eine amerikanische Enklave inmitten des britischen Besatzungsgebietes, die aus dem Land Bremen und einigen Kreisen der preußischen Provinz Hannover und des Landes Oldenburg bestand. Schwerwiegende Verwaltungsprobleme, die sich aus der gleichzeitigen Zuständigkeit der amerikanischen und der britischen Militärregierung für das Land Bremen ergaben, führten schließlich mit Wirkung zum 1. 1. 1947 zu einer Übereinkunft. Bremen und Wesermünde/Bremerhaven wurden als viertes Land in die amerikanische Zone eingegliedert und damit der alleinigen Verantwortung der US-Besatzungsregierung unterstellt. Diese komplizierte Entwicklung hatte auch Konsequenzen für die Gründung von Parteien, die in den ersten eineinhalb Jahren nach Kriegsende teils nach britischem, teils nach amerikanischem Besatzungsrecht lizenziert wurden. Die beiden liberalen Parteien waren aber – entgegen der Darstellung von Heuss – nicht parallel und unabhängig voneinander entstanden. Die BDVP traf sich am 28. 10. 1945 zu ihrer Gründungsversammlung. Weniger programmatische als vielmehr persönliche Differenzen und Profilierungsbestrebungen führten dann im Sommer 1946 zu der Abspaltung einer Gruppe. Diese unterhielt enge Beziehungen zur FDP in der britischen Zone und erhielt unter dem gleichen Namen am 10. 7. 1946 die Gründungslizenz; vgl. D. Hein, Milieupartei, S. 81.

[5] Zu den Gründern der Bremer FDP gehörten Gustav Grabau, Heinrich Hollmann und Paul Stepbach; vgl. H. Adamietz, Fünfziger Jahre, S. 349, 371f. Von der Militärregierung wurden hingegen nicht zwei führende Vertreter der FDP, sondern der BDVP wegen ihres politischen Vorlebens während des Nationalsozialismus im Frühjahr 1946 aus ihren Ämtern entfernt; vgl. D. Hein, Milieupartei, S. 79.

starken Erfolg erzielte, der sie bald darauf zu Partnern der Regierungsbildung in Bremen gemacht hat.[6]

Es ist inzwischen in Bremen in der Führung der Freien Demokratischen Partei ein Wechsel im Vorsitz eingetreten, da die bisherigen Vorsitzenden, offenbar um ihres „Vorlebens" willen, selber nicht mehr als repräsentativ betrachtet werden.[7] Über den Nachfolger habe ich noch keine eigene Meinung mir bilden können, aber der Tatbestand ist für uns als Gesamtpartei wie für die Bremer Demokratische Volkspartei höchst peinlich und schier untragbar, daß der Name der Freien Demokratischen Partei einer kleinen Gruppe in Bremen noch zugehört, die mit uns in keinerlei organisatorischer Bindung steht und die auch zu dem Zonenverband der Freien Demokratischen Partei in der brit[ischen] Zone jede Verbindung gelöst hat.[8]

Herr C. H. Schwennicke, der am Samstag an unserer hiesigen Vorstandssitzung teilgenommen hat, wird auf unsere Bitte mit Ihnen in Verbindung treten, um die Unterstützung der amerikanischen Militärregierung zu erreichen, daß dieser noch übrig gebliebenen Sondergruppe das Recht entzogen wird, den Namen der Freien Demokratischen Partei als lokale Gruppe weiterzuführen. Wir werden von unserer Seite durchaus bemüht bleiben, eine Verständigung mit den Mitgliedern dieser Gruppe zu erreichen, soweit sie der Demokratischen Volkspartei sich anschließen wollen, aber für Bremen selber, wo wir unseren ersten Parteitag halten wollen, ist eine baldige Klärung dieser ungeschickten Dinge höchst erwünscht.[9]

Ich bin Ihnen zu Dank verpflichtet, wenn Sie mit Herrn Schwennicke die Sachlage besprechen und ihm Ihre förderliche Unterstützung geben.[10]

Mit freundlichem Gruß [Theodor Heuss]

---

6 Die BDVP errang am 12. 10. 1947 bei den Bürgerschaftswahlen in Bremen 15 Sitze für Landtag und Stadtbürgerschaft, die FDP 2 für den Landtag und keinen für die Stadtbürgerschaft; vgl. F. PETERS, Zwölf Jahre Bremen, S. 97f.

7 Umstände dieses Wechsels im Vorstand ließen sich nicht ermitteln.

8 Am 24. 5. 1948 war die Bremer FDP aus dem britischen Zonenverband der FDP ausgetreten, weil sie sich dem Druck der Zonenorganisation nicht beugen wollte, der BDVP beizutreten; vgl. D. HEIN, Milieupartei, S. 82, Anm. 48. Bereits nach dem Erfolg der BDVP bei den Bürgerschaftswahlen im Oktober 1947 hatte Heuss den Vorsitzenden der FDP in der britischen Zone, Blücher, aufgefordert, die Verbindung mit der Bremer FDP zu lösen; Heuss an Blücher, 15. 11. 1947, in: BArch, N 1221, 54.

9 Am 3. 3. 1949 legte Heuss dem Vorsitzenden der FDP Bremerhaven den Beitritt zum Landesverband Bremen der westzonalen FDP nahe, der dann auch wenige Wochen später erfolgte; ebd., 405. Die FDP in Bremen hingegen verweigerte sich weiterhin einem Anschluss an die BDVP und verhinderte damit deren Umbenennung in FDP; 1. Vorsitzender der FDP in Bremen an Heuss, 12. 5. 1949, in: AdL, N 54, 41. Erst im Juli 1951 fusionierte die Bremer FDP mit der BDVP; vgl. D. HEIN, Milieupartei, S. 81; vgl. zur Problematik zweier konkurrierender liberaler Parteien in Bremen auch Heuss an Ernst Ludwig Heuss, 5. 10. 1947, in: FA Heuss, Basel.

10 Eine Reaktion der US-Militärregierung ließ sich nicht ermitteln.

Nr. 175
An Dr. Heinz Büchsenschütz, Hamburg
10. Januar 1949; Bonn, Parlamentarischer Rat

StAF, T1/Büchsenschütz, 5: ms. Schreiben, behändigte Ausfertigung; Kopfbogen: „Parlamentarischer Rat Bonn 1948 Abg. Dr. Theodor Heuss“[1]

Einschätzung des Ruhrstatuts

Lieber Dr. Büchsenschütz!

Freundlichen Dank für Ihren interessanten Brief,[2] den ich auch[3] den anderen Herren der Fraktion zum Lesen gegeben habe. Ich selber habe in meiner öffentlichen Stellungnahme zum Ruhrstatut die Dramatisierung vermieden. In Stuttgart habe ich die Anmerkung gemacht, daß ich zwar nicht behaupten will, daß die Verzögerung der Arbeit in Bonn auf das Ruhrstatut unmittelbar eingewirkt habe, aber eine gewisse Zeitungspolemik in den angelsächsischen Ländern, die in den letzten Monaten eingesetzt hat, habe doch das Gefühl erweckt, daß man der gegenwärtigen französischen Regierung einen außenpolitischen Erfolg zuführen wolle, um sie gegenüber de Gaulle zu festigen.[4] Diese Politik ist durch eine Polemik gegen die Deutschen, daß diese nichts Rechtes mit sich anzufangen wissen, vorbereitet gewesen. Im übrigen habe ich bemerkt, daß das Ruhrstatut die Beruhigung Deutschlands und Europas terminmäßig verzögern wird, aber vor[5] einer Dramatisierung der Dinge gewarnt. Ob es den Amerikanern gelingen wird, die innere Logik der Konzeption durchzuhalten und damit zu einer übernationalen Korporation der westlichen Rohstoffgebiete zu gelangen, wird ja von sehr vielen Faktoren der Gesamtentwicklung abhängig sein.

---

1 Unter der Absenderadresse hs. Eingangsdatum vom 12. 1. 1949; weiterer Nachweis: BArch, N 1221, 54: ms. Schreiben, Durchschlag.

2 Ließ sich nicht ermitteln.

3 Unterstrichen vom Empfänger: „auch … gegeben“; doppelte linke Randanstreichung.

4 Ende 1948 einigten sich die USA, Großbritannien und Frankreich unter Mitwirkung der Beneluxstaaten auf eine Regelung, die auch dem Sicherheitsbedürfnis Frankreichs entgegenkam und die französische Regierung gegenüber dem oppositionellen Rassemblement du Peuple Français von Charles de Gaulle stärkte. Vor allem die USA wollten eine mögliche Regierungsbildung unter de Gaulle verhindern, weil sie dessen Pläne für eine Vormachtstellung Frankreichs in Europa ablehnten. Das „Abkommen über die Errichtung einer Internationalen Ruhrbehörde“, das am 28. 12. 1948 veröffentlicht und am 28. 4. 1949 unterzeichnet wurde, sollte die Nutzung des Ruhrpotentials zu Angriffszwecken verhindern und es für den Wiederaufbau Europas und Westdeutschlands einsetzen. Die zu errichtende Internationale Ruhrbehörde hatte vor allem für die Aufteilung von Kohle, Koks und Stahl für den Inlandsverbrauch und den Export Sorge zu tragen. In seiner Rede „Vom Ich zum Wir“ auf dem Dreikönigstreffen der württemberg-badischen DVP am 6. 1. 1949 in Stuttgart ging Heuss auf das Ruhrstatut näher ein; Der Demokrat, Nr. 2, Januar 1949.

5 Unterstrichen vom Empfänger: „vor … gewarnt“; doppelte linke Randanstreichung.

Ich bin Ihnen für Ihren interessanten Brief sehr dankbar.

Mit freundlichem Gruß
Ihr Theodor Heuss

Nr. 176
An Josef Eberle, Stuttgart
12. Januar 1949; Bonn, Parlamentarischer Rat
DLA, A: Heuss, 73.4088-4093: hs. Postkarte, behändigte Ausfertigung[1]
Karikatur und Gedicht zum Dreikönigstreffen der FDP in Stuttgart

Lieber Eberle,

meine Frau hat mir heute das Bild von den drei Königen <ge>schickt[2] – es hat mir wie auch Ihr kommentierendes Gedicht viel Spaß gemacht, die Zeichnung ist vortrefflich, vor allem in der Ähnlichkeit, auch der Haltung.[3] Ob sich Wolfgang über das Ende der Telefonverbindung sehr freute, weiß ich nicht. Hoffentlich besinnen sich die Leute nicht so sehr darüber, wie kommt der Balthasar zu Zigarren, sondern wie können wir helfen, daß ihm das Zeug nie ausgeht.

Mit freundlichen Grüßen, auch der Gattin,
Ihr Theodor Heuss

Nr. 177
An Fritz Heine, Hannover
22. Januar 1949; [Stuttgart-Degerloch, Löwenstraße 86]
BArch, N 1221, 418: ms. Schreiben, Durchschlag
„Adenauer-Krise"

Sehr geehrter Herr Heine,

Ihr Brief vom 10. 1., der nach Stuttgart adressiert war, hat eine Wanderschaft hinter sich.[1] Ich weilte damals bereits in Bonn. Als der Brief nach Bonn kam,

[1] Neben Datum unterstrichene ZdA-Verfügung; neben Postwertzeichen nicht lesbarer Stempelaufdruck.

[2] Unsichere Lesart wegen Lochung am linken Rand.

[3] Karikatur von Fritz Meinhard anlässlich des Dreikönigstreffens der württemberg-badischen DVP am 6. 1. 1949 in Stuttgart, die Reinhold Maier, Theodor Heuss und Wolfgang Haußmann als

Zeichnung: Meinhard

Drei-Königs-Parade in Stuttgart

Es waren Drei Heilige Könige,
So konstitutionell wie nur wenige;
Und an Epiphanie
Sie beugten das Knie
Vorm Kindelein Demokratie.

Und jeder verehrte dem Kinde
Ein sinniges Angebinde.
Was hat man schon heut
Zum Verschenken, ihr Leut,
Was später einen nicht reut?

Der Melchior brachte ihm Myrrhen —
Als Zeichen von bitteren Wirren.
Denn in Melchiors Reich
Erhob man sogleich
Zum Gesetz jeden Schwabenstreich.

Der Balthasar tät es mit Schwaden
Von wolkigem Weihrauch begnaden;
Und wenn es auch noch
So knasterhaft roch,
Den festlichen Dunst gab es doch!

Dann sagte der Kaspar sein Sprüchlein:
„Ein kleines Verfassungsbrüchlein,
O Kindelein hold,
Das sei dir gezollt,
Und ein Köhlerpfennig aus Gold."

J. E.

Abb. 25: Karikatur von Fritz Meinhard und Gedicht von Josef Eberle in der „Stuttgarter Zeitung" anlässlich des Dreikönigstreffens der württemberg-badischen DVP in Stuttgart am 6. 1. 1949

war ich zur Eröffnung der Hochschule für Politik in Berlin,[2] und die letzten drei Tage in Bonn haben mir keine Zeit gelassen, die unsinnig große Post durchzusehen.

Die Bemerkung des Herrn Dr. Adenauer ist gewiß taktlos gewesen.[3] Ich glaube, in dem Ältestenrat Anfang Januar, an dem ich selber noch nicht teilnehmen konnte, ist ihm dies auch nachträglich gesagt worden.[4] Als ich ihm selber am

---

„Heilige Drei Könige" darstellt; darunter ein Gedicht von Eberle „Drei-Königs-Parade in Stuttgart", in: StZ, Nr. 3, 8. 1. 1949; vgl. Abb. 25.

1 Heine an Heuss, 10. 1. 1949, in: BArch, N 1221, 418.

2 Vgl. Nr. 178.

3 Im Gefolge der „Frankfurter Affäre" und als Reaktion auf den Misstrauensantrag der SPD gegenüber Adenauer als Delegationsführer des Parlamentarischen Rates bei den drei Militärgouverneuren (vgl. Nr. 171, Anm. 3) hatte Adenauer eine Pressekonferenz einberufen. Er betonte, dass er auf dem Treffen mit den Militärgouverneuren am 16. 12. 1948 diese nicht als Schiedsrichter bei strittigen Fragen im Parlamentarischen Rat angerufen habe. Zudem setzte er sich dafür ein,

12. 1. bei einer Einladung der Fraktionsvorsitzenden bei den gemeinsamen Verbindungsstellen begegnete, sagte ich ihm: ich werde genau aufpassen, wieviel Cocktail Sie heute Abend trinken werden. Damit war für mich der Fall erledigt. Ich habe an sich geringen Sinn zur Dramatisierung solcher Geschichten, und mit irgendwelchen pompösen Verwahrungen gegen Adenauers Mißgriff sich zu verwahren, würde nach meiner Meinung töricht sein; denn die Diskussion über den erlaubten oder unerlaubten, geringen oder starken Konsum von Cocktails ist nicht der Ausgangspunkt für eine politische Debatte mit pädagogischer Zielsetzung. Nachdem die sogen. Adenauer-Krise zunächst abgesunken ist, soll man sie nach meiner Meinung abgesunken sein lassen, um in Bonn zu einem halbwegs brauchbaren Gesamtresultat zu kommen. Die Schlußphase mit Parteienpolemik und Gekränktheiten zu belasten, ist zwecklos. Für eine polemische Auseinandersetzung, wo das Bedürfnis entsteht, werden sich wichtigere Anlässe finden. Diese Geschichte wird vergessen werden, und wenn sie aufkommt, als Bumerang für ihren Urheber wirken.

Sehr ergeben
Ihr [Theodor Heuss]

„daß eine Delegation des Parlamentarischen Rates von Zeit zu Zeit mit den Gouverneuren selbst Rücksprache nimmt und nicht mit den Offizieren der Verbindungsstäbe bei so und so vielen Cocktails dazu reden. Das finde ich nicht recht. Das habe ich auch schon sagen lassen, daß ich das für nicht richtig finde, daß sie mit ihren Einladungen zurückhaltender sein sollten. Wenn Sie darüber einmal ein Wort schreiben wollten, wäre ich dankbar. Das halte ich für unwürdig, sich dort aushorchen zu lassen." Pressekonferenz von Adenauer in Bonn, 18. 12. 1948 in: PARLAMENTARISCHE RAT, Bd. 8, S.76–88, hier S. 82. In einem Brief an mehrere Abgeordnete, unter ihnen auch Heuss, hatte Heine am 10. 1. 1949 diese Passage überspitzt wiedergegeben und die Sorge geäußert, dass Adenauer mit dieser Formulierung die Arbeit am Grundgesetz in Misskredit gebracht habe. Er forderte von den Abgeordneten eine Stellungnahme zu dieser Angelegenheit; wie Anm. 1.

[4] Dies geschah auf den Sitzungen des Ältestenrates am 4. und 5. 1. 1949, auf denen u. a. der Misstrauensantrag der KPD gegen Adenauer Gegenstand der Besprechungen war. Nach heftigen Diskussionen nahmen schließlich die Vertreter der großen Parteien ihre Vorwürfe zurück, um sich wieder der Arbeit am Grundgesetz zu widmen; PARLAMENTARISCHE RAT, Bd. 10, S. 60–65, 66–78.

Nr. 178
An Prof. Dr. Ernst Jäckh, [New York]
22. Januar 1949; [Stuttgart-Degerloch, Löwenstraße 86]
BArch, N 1221, 83: ms. Schreiben, Durchschlag[1]
Wiedereröffnung der Deutschen Hochschule für Politik in Berlin; Verhandlungen im Parlamentarischen Rat; Berichterstattung über Theodor Heuss als künftigen Bundespräsidenten

Lieber Freund,

vor acht Tagen bin ich in Berlin gewesen, um die bald vor einem Jahr von der Stadtverordnetenversammlung beschlossene Hochschule für Politik mit einer festlichen Eröffnungsrede bezw. ersten Gastvorlesung zu eröffnen.[2] Davon wollte ich Dir noch kurz Bericht geben, denn zu eingehenderen Briefen reicht es mir gegenwärtig gar nicht. Die neue Hochschule hat noch keinen festen Dauersitz, die Eröffnung erfolgte in der großen Aula einer unzerstörten Mädchenoberschule in Wilmersdorf. Die Leitung der Hochschule hat der Stadtverordnetenvorsteher Dr. Suhr, der früher im Verband der Handelsredaktion der Frankfurter Zeitung war und vorher das wissenschaftliche Sekretariat der Gewerkschaften geleitet hat. Es war eine sehr nette Idee von ihm, mich als den letzten greifbaren Mann einer Traditionskompagnie herauszufischen. Die Hin- und Herfliegerei von Bonn war zwar wie alle diese Unternehmungen heute umständlich und mühsam, aber meine Teilnahme war doch sinnvoll. Es waren auch sehr viel frühere Schüler da; fast wäre auch Hans Simons, mit dem ich in Bonn jetzt ziemlich viel zu tun habe,[3] mit herübergekommen, aber er war dann doch amtlich festgehalten. Ich lege Dir den Aufsatz bei, den ich in „meiner“ Rhein-Neckar-Zeitung vor der Feier geschrieben hatte, und den Bericht von Margret Boveri in der Badischen Zeitung in Freiburg.[4] Die berliner Presse hat ganz brav und fleißig berichtet[5] und mich oft fotografiert. Ob meine Rede gedruckt werden kann, ist noch unsicher. Suhr bat mich um ein Manuskript, aber ich hatte keines. Doch ist die Rede auf Schallband

---

1 Am Ende des Briefes Verweis auf zwei Anlagen; vgl. Anm. 4.

2 Anlässlich der Jahrhundertfeier der Revolution von 1848/49 beschloss die Berliner Stadtverordnetenversammlung am 18. 3. 1948 auf Anregung von Otto Suhr, einen vorbereitenden Ausschuss für die Neugründung der Deutschen Hochschule für Politik einzurichten. Am 15. 1. 1949 hielt dann Heuss einen Vortrag zur Eröffnung der Hochschule unter dem Titel „Die Menschenrechte in der politischen Bildung“; vgl. A. MISSIROLI, Deutsche Hochschule für Politik, S. 46; die Rede in: BArch, N 1221, 1.

3 Simons war Mitarbeiter des amerikanischen Verbindungsbüros in Bonn.

4 THEODOR HEUSS: Erziehung und Politik, in: RNZ, Nr. 9, 15. 1. 1949; [MARGRET BOVE]RI: Auf Brachland. Die neue „Deutsche Hochschule für Politik“ in Berlin eröffnet, in: Badische Zeitung, Länder-Ausgabe, Nr. 7, 18. 1. 1949.

5 So unter der Überschrift „Wahrhaftigkeit und Liebe“, in: Telegraf, Nr. 12 D, 18. 1. 1949.

aufgenommen worden und zum Teil auch durch den Rundfunk weitergegeben. Man will jetzt versuchen, wenn das gesamte Band noch unzerschnitten vorhanden, danach die Sache stenographisch aufnehmen zu lassen. Suhr und ich haben natürlich Deiner Leistung dabei gedacht.

Ich stecke jetzt fast dauernd in Bonn, so daß ich hier meine Vorlesungen abgesagt habe und auch im württembergischen Landtag nur sehr selten eine Gastrolle gebe. Leider ist die Inanspruchnahme so außerordentlich stark, daß die literarischen Pläne und Zusagen, wie auch etwa die an die amerikanische Encyclopaedie,[6] einfach unerledigt liegen bleiben, was mir sehr peinlich ist, aber einfach nicht geändert werden kann. Zu allem Überfluß bin ich auch noch seit Mitte Dezember[7] der erste Vorsitzende der „Freien demokratischen Partei" für alle drei Westzonen,[8] denkbar ungeeignet dafür, was das Organisatorische anlangt, da ich ein Mann ganz ohne „Büro" bin und des eigentlichen Organisationstriebs ermangele, aber es sind nicht sehr viele Leute sichtbar und frisch geblieben, um etwas wie eine Standarte zu bilden. Die Position meiner Gruppe in Bonn ist nicht schlecht, da wir zwischen CDU und SPD, die gleichstark sind, als Waagscheißer fungieren.[9] In der Presse werde ich denn auch neben Adenauer als künftiger Bundespräsident genannt, worauf ich aber geringen Wert lege.[10] Für Elly wäre das eine wunderbare Funktion, wenn sie zehn Jahre jünger und frischer wäre. Mir tut es bei dem ganzen Betrieb eigentlich um jedes schöne Buch leid, daß ich nicht mehr schreiben kann. Die Biographien von Poelzig und Dohrn sind beide im letzten Jahr neu erschienen (ich nehme an, Du besitzt beide in der ersten Ausgabe). Auch das große Naumannbuch ist seit einigen Wochen zum Neusatz gegeben und wird wohl im Frühsommer wieder vorliegen.[11] Auch diese Neudrucke mit der Überarbeitung sind eine ziemlich mühsame Geschichte.

Gesundheitlich geht es mir gut. Vor zwei, drei Monaten habe ich in Heidelberg auch Deinen Neffen besucht und eine Flasche Wein bei ihm getrunken, um

---

[6] Jäckh hatte Heuss am 4. 7. 1948 gebeten, für die Encyclopedia Americana Teile des Artikels über Deutschland zu übernehmen. Heuss sagte am 20. 7. 1948 zu, die Stichworte „People" und „Political Divisions" zu behandeln, und bat um konkretere thematische Vorgaben; BArch, N 1221, 83.

[7] In der Vorlage: „September".

[8] Vgl. Nr. 165.

[9] Vgl. zur Funktion der FDP im Parlamentarischen Rat Nr. 145, Anm. 6.

[10] Vgl. zur schon frühzeitig ansetzenden Debatte über Heuss als möglichen Bundespräsidenten Nr. 155. Gegenüber Toni Stolper bemerkte Heuss am 18. 5. 1949 zu der Frage einer Kandidatur als Bundespräsident: „Ich betreibe die Sache aber nicht – denn meine besten Talente, das feine Reden u. das muntere Schreiben (nach Bedarf), wären dann zu Ende, und zur Feierlichkeit habe ich ja geringe Talente." BArch, N 1221, 490; vgl. auch schon Heuss an Ernst Ludwig Heuss, 7. 7. 1946, in: FA Heuss, Basel.

[11] Th. Heuss, Hans Poelzig [^{2}1948], vgl. auch Nr. 37; DERS., Anton Dohrn [^{2}1948], vgl. auch Nr. 138; DERS., Friedrich Naumann [^{2}1949], vgl. auch Nr. 45, Nr. 67.

mich zu überzeugen, daß er durch die Ludwigshafener Katastrophe trotz des Verlustes eines Auges ungebrochen hindurchgekommen ist.[12]

Von Lörrach haben wir im Ganzen gute Nachrichten. Das Enkelkind scheint ordentlich zu gedeihen.[13]

Rohrbach sitzt nach wie vor in Langenburg. Es ist kürzlich von ihm ein ganz lebendig gemachtes Buch „Deutsches Leben" erschienen.[14]

Ich hoffe sehr, daß diese Zeilen Martha[15] und Dich bei guter Gesundheit antreffen. Ich rechne damit, daß diese Sendung ungefähr gerade zur Zeit Deines Geburtstages eintreffen wird, und lege ihr deshalb herzliche Glückwünsche bei.

Wie immer
Dein [Theodor Heuss]

Nr. 179
An Maria Frank, Groß Brunsrode
23. Januar 1949; [Stuttgart-Degerloch, Löwenstraße 86]
BArch, N 1221, 78: ms. Schreiben, Durchschlag
Einschätzung von Walter Frank

Sehr geehrte Frau Doktor Frank,

Ihren Brief vom 9. 1.[1] habe ich bei einem kurzen Aufenthalt in Stuttgart vorgefunden, da ich mir keinerlei Post nachsenden lasse. Das tragische Schicksal Ihres Gatten hat mir Stapel, bei dem ich einmal Rückfrage gemacht habe, mitgeteilt.[2] Sie haben in Ihrem Brief selber geschrieben, daß Sie verstehen werden, wenn ich mich zurückhalte. An sich bin ich, wie ich glaube sagen zu dürfen, geneigt, Menschen zu helfen, aber bei der außerordentlichen Inanspruchnahme habe ich es mir zum Gesetz machen müssen, nur in solchen Fällen mit einer Bekundung anzutreten, wo ich mit den Menschen nach 1933 noch in persönlicher Fühlung geblieben war.

---

[12] Gemeint ist die Explosion eines Kesselwagens in der BASF am 28. 6. 1948 in Ludwigshafen, bei der 207 Menschen ums Leben kamen.

[13] Barbara Heuss.

[14] P. ROHRBACH, Deutsches Leben.

[15] Zweite Ehefrau von Jäckh.

[1] Maria Frank hatte Heuss am 9. 1. 1949 um ein Gutachten zugunsten ihres Mannes, der sich im Mai 1945 das Leben genommen hatte, gebeten, um auf diese Weise Pensionsansprüche geltend machen zu können; BArch, N 1221, 78.

[2] Stapel hatte Heuss am 5. 6. 1948 mitgeteilt, dass Walter Frank sich nach Kriegsende selber erschossen habe; BArch, N 1221, 98.

Ihr Mann war bei der Abfassung des Stoeckerbuches[3] wiederholt bei mir, weil ich ihm den Naumann-Nachlaß zur Verfügung stellen konnte. Ich habe ihn nach 1933 nur ein Mal noch gesprochen, als ich ihn bat, eine Aktion zu unternehmen, damit ich für meine Naumannbiographie Einsicht in die Polizeiakten über Naumann bekäme. Er fühlte sich aber dazu nicht stark genug, und mein eigener Versuch, bei Frick etwas zu erreichen, war denn auch erfolglos. Es ist nun so, daß ich mich für das Stoeckerbuch ja s. Zt. eingesetzt hatte,[4] aber das Frankreichbuch mit starker Distanzierung beurteilte.[5] Es war wohl bei den Berührungen zwischen Ihrem Mann und mir immer eine relative Unbefangenheit (als er mich zum ersten Mal aufsuchte, hat mich seine politische Stellung gar nicht interessiert, da ich ihm eben nur wissenschaftlich behilflich sein wollte). Die Haltung, die er aber dann gegen Oncken eingenommen hat, hat mich innerlich von ihm getrennt. Denn gleichviel wie man Oncken beurteilen mochte, er hat zu den Leuten gehört, die ihn gefördert hatten, auch seinen französischen Aufenthalt mit ermöglicht.[6] Diese meine Stellungnahme gegen Ihren Mann habe ich nie verschwiegen, und ich kann mich nicht in Widerspruch zu meinem eigenen Urteil bringen.[7]

Mit freundlicher Empfehlung
Ihr ergebener [Theodor Heuss]

---

[3] WALTER FRANK: Hofprediger Adolf Stoecker und die christlichsoziale Bewegung, Berlin 1928.

[4] Vgl. die Besprechung der Stoecker-Biographie durch Heuss in: FZ, Literaturblatt, Nr. 27, 1. 7. 1928.

[5] WALTER FRANK: Nationalismus und Demokratie im Frankreich der dritten Republik (1871–1918), Hamburg 1933; eine Rezension von Heuss ließ sich nicht ermitteln.

[6] Walter Frank gehörte an der Münchener Universität zu den Schülern des Historikers Hermann Oncken. Nach der nationalsozialistischen Machtübernahme stellte sich Frank ganz in den Dienst des neuen Regimes. Weil er in Oncken den Kopf einer liberalen Historikerzunft sah, zog er gegen seinen ehemaligen Lehrer publizistisch zu Felde und erreichte mit Hilfe Alfred Rosenbergs 1935 Onckens sofortige Emeritierung; vgl. K. SCHWABE, Hermann Oncken, S. 82f; G. GILLESSEN, Posten, S. 232f. Die Zeitschrift „Die Hilfe" und vermutlich auch Heuss unterstützten bei diesem Streit Oncken; vgl. J. FRÖLICH, Umformung, S. 124.

[7] Zum Verhältnis zwischen Heuss und Walter Frank vgl. H. HEIBER, Walter Frank, S. 37, 42. Auf die Nachricht Stapels vom Selbstmord Franks hin bemerkte Heuss zu dem nationalsozialistischen Geschichtswissenschaftler: „Die Nachricht Ihres letzten Briefes, daß Walter Frank sich selber das Leben genommen hat, hat mich bewegt. Als er sein Stoeckerbuch schrieb, war er öfters bei mir. Ich konnte ihm aus dem Naumannnachlaß wichtiges Material geben. Er war publizistisch sehr begabt, aber menschlich irgendwie ohne Senkblei und sehr unsicher, er wollte bei den Nichtnazi als geistig unabhängige Kraft angesehen werden und wollte doch auf die Nazi Einfluß gewinnen, was ihm aber nach meiner Beobachtung nicht gelang, und daß es ein in sich ruhendes Ethos der Wissenschaft gebe, aus dem man wenigstens den Maßstab für Annäherungswerte entnehmen könne, wollte er nicht wahr haben. Das hat ihm auch z. T. den Blick für das Wesenhafte bei seinem so anregenden Frankreichbuch verstellt." Heuss an Stapel, 11. 6. 1948, in: DLA, A: Stapel.

Nr. 180
An Dr. Dolf Sternberger, [Heidelberg]
23. Januar 1949; Stuttgart-Degerloch, Löwenstraße 86
DLA, A: Sternberger/Die Wandlung, 74.10602: hs. Schreiben, behändigte Ausfertigung; Kopfbogen: „Theodor Heuss"
Bitte um Abdruck einer Gegendarstellung zu einem kritischen Artikel Dolf Sternbergers über Theodor Heuss

Sehr geehrter Herr Dr. Sternberger,

es scheint mir, daß Sie verreist sind. Denn auch heute war der Telefonanruf erfolglos.[1]

Da ich nun vom Dienstag ab wieder in Bonn sehr beansprucht sein werde, habe ich die Replik auf Ihr „Intermezzo" heute geschrieben.[2] Ich rechne einstweilen mit Ihrer Fairneß und mit dem Abdruck des kleinen Aufsatzes. Es hat Ihnen offenbar Spaß gemacht, mich zu verhöhnen, wodurch die Sachproblematik etwas verstellt wurde. Ihre Tonlage mußte auf meine Antwort abfärben. Ich halte mich nicht weiter für empfindlich und habe mir in vielerlei öffentlichem Streit den Humor nie verderben lassen. Was Sie – jetzt – von meiner literarischen Fähigkeit halten,

[1] Bereits am 22. 1. 1949 hatte Heuss vergeblich versucht, Sternberger telefonisch zu erreichen. Daraufhin hatte er in einem ersten Schreiben um die Aufnahme einer Gegendarstellung in der „Wandlung" gebeten; Heuss an Sternberger, 22. 1. 1949, in: DLA, A: Sternberger/Die Wandlung, 74.10602.

[2] Sternberger hatte im Januarheft seines Blattes einen Aufsatz über „Demokratie der Furcht oder Demokratie der Courage?" publiziert, in dem er die Scheu vor klaren und wechselnden Regierungsmehrheiten scharf verurteilte; Die Wandlung 4 (1949), H. 1, S. 3–15. Ausdruck dieser „Demokratie der Furcht" sei das Verhältniswahlrecht, auf das sich der Parlamentarische Rat einigen werde. In diesem Zusammenhang wandte sich Sternberger in einem Abschnitt dieses Artikels, „Intermezzo" überschrieben, den „gemütlich-lässigen Plaudereien des württembergischen Abgeordneten Dr. Theodor Heuss" zu, wie sie sich in einem Leitartikel von Heuss in der „Rhein-Neckar-Zeitung" über die Arbeit des Parlamentarischen Rates zeige; THEODOR HEUSS: Nach der ersten Lesung, in: RNZ, Nr. 163, 11. 12. 1948, abgedruckt in: TH. HERTFELDER / J. C. HESS, Streiten, S. 91–94. Anstoß nahm Sternberger zunächst an den sprachlichen Eigentümlichkeiten des Autors und an der vermeintlich fehlenden Legitimität des Parlamentarischen Rates, um dann aber mit seiner Kritik vor allem auf die Forderung von Heuss nach einem möglichst breiten Konsens in der Verfassungsfrage zu zielen. Diese Furcht vor der machtpolitischen Konfrontation einer Mehrheit mit einer Minderheit sei der „Leim für die nationale Einheit", resümierte Sternberger und fuhr fort: „Die Ausrede der nationalen Einheit muß herhalten, weil gesunde Mehrheiten nicht zu schaffen sind. Weil alle zugleich regieren wollen. Weil man die innere Opposition fürchtet. Weil man das Volk leutselig verachtet. Die illegitime Demokratie *sucht* den äußeren Feind und seine ‚machtpolitische Phantasie', um ihre tote Verfassung durch neue Furcht zu galvanisieren." Die Wandlung 4 (1949), H. 1, S. 10–12. Offenbar hielt Sternberger schon 1947 wenig von Heuss, wie dieser einem Briefpartner anvertraute: „[...] ich höre, daß er unfreundlich über mich spricht (was ich verstehe u. ihm nicht weiter verüble)." Heuss an Rumpf, 3. 2. 1947, in: BArch, N 1221, 654.

ist mir vollkommen wurscht. Aber es sind einige Sätze in Ihrem Artikel, die an die menschliche Ehre gehen. Und da reagiere ich sauer.[3]

Ich möchte mit einer baldigen Antwort rechnen dürfen – falls Sie sich versagen, werde ich den Aufsatz mit einer entsprechenden Vorbemerkung in der Rhein-Neckar-Zeitung bringen, was für mich ja nur eine Verlegenheitslösung bedeuten könnte.

Ihr erg[ebener] Theodor Heuss

Nr. 181
An Dr. Hermann Hesperus Erhard, [Schwäbisch Gmünd]
2. Februar 1949; Bonn, [Parlamentarischer Rat]

Stadt- und Hospitalarchiv Schwäbisch Gmünd, NL Erhard: hs. Schreiben, behändigte Ausfertigung; Kopfbogen: „Theodor Heuss"

Dank für einen Radiobeitrag zum 65. Geburtstag von Theodor Heuss

Lieber Hesperus,

das Experiment ist vollkommen geglückt. Es war mir reichlich unbehaglich, als ich von meiner Frau erfuhr, daß der Rundfunk sich meines Geburtstages annehmen werde.[1] Denn ich habe mit derlei schon Erfahrungen, die meiner Art nicht

---

[3] Sternberger sagte tatsächlich in seinem Antwortschreiben vom 26. 1. 1949 Heuss zu, die Gegendarstellung zu veröffentlichen, und kündigte an, dem Beitrag von Heuss noch eine eigene Replik folgen zu lassen; DLA, A: Sternberger/Die Wandlung, 74.10230. Im Märzheft der „Wandlung" erschien der Aufsatz von Heuss, in dem er sich ironisch gegen die sprachlichen Belehrungen Sternbergers verwahrte und die Art des Zustandekommens des Parlamentarischen Rates sowie sein Plädoyer für eine breite Anerkennung des Verfassungswerkes verteidigte; THEODOR HEUSS: Ein Intermezzo, in: Die Wandlung 4 (1949), H. 3, S. 243–246. Sternberger hielt aber an seinen Vorwürfen gegen Heuss fest; DOLF STERNBERGER: Replik, in: ebd., S. 246–249. Unterstützung erhielt Heuss in diesem Streit von seinem Parteifreund Blücher, der ihm am 28. 3. 1949 versicherte: „Lassen Sie mich Ihnen sagen, wie stark ich durch die Feststellung der Niveau-Unterschiede beeindruckt war. Auf Ihrer Seite eine der ständigen Sorge um die Gestaltung des Ganzen und aus echter Erfahrung gewachsene Haltung, auf der anderen Seite nichts als eitles und in diesem Falle auch noch ungezogenen Literatentum." BArch, N 1221, 54; vgl. auch Heuss an Ehepaar Andreas, 2. 2. 1949, in: GLAK, N Andreas, 809.

[1] Im Januar 1949 hatte Radio Stuttgart Erhard gebeten, zum 65. Geburtstag seines einstigen Münchener Studienfreundes Heuss einen Rundfunkvortrag zu halten. Dabei sollte er neben einer „Würdigung des Politikers, Schriftstellers, Forschers und Menschen" auch eine „Betrachtung über den heutigen politischen Standort des deutschen Bürgertums" geben; Radio Stuttgart an Erhard, 10. 1. 1949, in: Stadt- und Hospitalarchiv Schwäbisch Gmünd, NL Erhard. Der Vortrag wurde am 31. 1. 1949 ausgestrahlt; Manuskript in: ebd.; vgl. zur Rundfunksendung auch die Schreiben

entsprechen. Elly hielt brav dicht, und als dann der Ansager mitteilte, man habe Dich gebeten, zu dem Fall Dich zu äußern, war ich aller Sorge ledig, es könne etwas „passieren".

Natürlich müßte der Jubilar jetzt sagen, Du habest das und das übertrieben – ich darf Dir nur schreiben, ich habe mich herzlich gefreut, daß *Du* die Sache gemacht hast und *wie* Du mit ihr fertig wurdest. Gerade die Rückerinnerung auf die gemeinsame Studienzeit gab die schöne Atmosphäre, die Beschwörung des Namens von Lipps bewegte mich persönlich[2] – aber Du hast dann auch über den Anlaß hinaus eine Reihe ganz ausgezeichneter Formulierungen über das Politische und meine Stellung darin gebracht … ich habe mir überlegt: es konnte *keiner* im ganzen Umkreis die Aufgabe, wenn sie schon drankommen mußte, mit so viel Geschmack, Takt u. sachlicher Einsicht lösen, wie Du es getan hast. Diese Bekundung Deiner alten Freundschaft war mir das schönste Geburtstagsgeschenk.

Also: herzlichen Dank u. viele gute Grüße
Dein Theodor Heuss

Nr. 182
An Wilhelm Keil, [Stuttgart]
2. Februar 1949; Bonn, [Parlamentarischer Rat]
HStAS, Q 1/4, 28: hs. Schreiben, behändigte Ausfertigung; Kopfbogen: „Theodor Heuss"
Gedanken über politischen Rückzug

Verehrter Freund,

Ihre nachdenksamen Zeilen zu meinem Überschreiten der staatlich approbierten „Altersgrenze" habe ich mit Dankbarkeit empfangen und gelesen und werte es als den weiteren Ausdruck der Empfindungen, die uns wechselseitig seit Jahrzehnten bereichern.[1] Da ich nie „Beamter" war, ist der Termin für mich ohne

von Heuss an: Ehepaar Andreas, 2. 2. 1949 (GLAK, N Andreas, 809), Julius Baum, 6. 2. 1949 (PA Eva Baum), Otto Fischer, 2. 2. 1949 (DLA, A: Heuss, 2004.0070).

[2] Erhard charakterisierte den Philosophen Theodor Lipps mit folgenden Worten: „Mit der Leidenschaft des grüblerischen Forschers, zugleich mit einem Ethos, das von Kant und Fichte herkam, goß der Psychologe und Philosoph Theodor Lipps, ein gütiger Mensch von herbem Unabhängigkeitsdrang, seine Begriffe in immer neue Formen und Formeln." Stadt- und Hospitalarchiv Schwäbisch Gmünd, NL Erhard. Heuss versäumte an der Münchener Universität kaum eine Vorlesung Lipps', was „an der denkerischen Energie [lag], die den jungen Hörer fesselte." TH. HEUSS, Vorspiele, S. 219.

[1] Keil hatte Heuss am 29. 1. 1949 zum 65. Geburtstag (31. 1. 1949) gratuliert, in: BArch, N 1221, 57; zum freundschaftlichen Verhältnis zwischen Keil und Heuss vgl. auch Nr. 57, Anm. 5.

Symbolgehalt – man bleibt Kriegsfreiwilliger des öffentlichen Lebens, solange es eben geht. Manchmal habe ich schon die Strategie der Rückzugslinien überlegt und studiert – nicht aus Müdigkeit oder Enttäuschung oder dergleichen, sondern aus der einfachen rationalen Fragestellung: ist es vielleicht dienlicher, wenn du noch ein paar ordentliche Bücher fertigt bringst? Aber dann kommt die Einsicht, die uns ja alle etwas quält: ist der „Nachwuchs" schon da, der innerlich frei u. gefestigt genug ist zur gemäßen Ablösung. Also bleibt man im Betrieb.[2] Dazu freilich möchte ich einmal die Muße finden, Ihren Spuren nachzuwandern und das Leben mit seinen Begegnungen aufzuschreiben.[3] Denn ich darf sagen, daß ich ein reiches Leben geschenkt erhielt. Aber dann guck ich halt nach Ihnen aus und denke: Du nimmst Dir den Keil als Vorbild, wie man im ansteigenden Alter jung bleibt.

In dankbarer Verbundenheit wie immer
Ihr
Theodor Heuss

Nr. 183
An Peter Josef Thielen, Köln-Mülheim
3. Februar 1949; [Bonn, Parlamentarischer Rat]

BArch, N 1221, 418: ms. Schreiben, Durchschlag; ms. Briefkopf: „Abg. Dr. Theodor Heuss"

Zurückweisung von Kritik an der schul- und religionspolitischen Haltung der FDP im Parlamentarischen Rat

Sehr geehrter Herr!

Mit freundlichem Dank bestätige ich Ihnen Ihren Brief und erlaube mir zugleich, seinen anmaßenden Ton zurückzuweisen.[1] Wer gibt Ihnen das Recht, Urteile auszusprechen, wer als christliche Partei anzusprechen sei. Ich kann zu Ihrer Entschuldigung nur annehmen, daß Sie von den Vorgängen in Bonn, von der Stellungnahme unserer Gruppe, die gerade für die Sicherung des pflichtmäßigen

---

[2] Vgl. zu diesem oft wiederkehrenden Motiv Nr. 14, Anm. 4.

[3] Keil hatte 1947/48 seine „Erinnerungen" veröffentlicht; WILHELM KEIL: Erlebnisse eines Sozialdemokraten, 2 Bde., Stuttgart 1947/48.

[1] Thielen hatte sich in seinem Schreiben an Heuss vom 23. 1. 1949 beklagt, dass sich die FDP, die er bisher gewählt habe, mit ihrer Haltung in der Frage der Grundrechte mit der SPD gemein gemacht und sich „außerhalb der christlichen Parteien" gestellt habe. Seine Kritik zielte dabei vor allem auf die Position der FDP zum „Elternrecht"; BArch, N 1221, 418; vgl. dazu auch Heuss an Anonymus, 26. 1. 1949, in: AdL, FDP-Fraktion Parlamentarischer Rat, 2958; zur Diskussion im Parlamentarischen Rat über das „Elternrecht" Nr. 161, Anm. 4, Nr. 162, Nr. 170, Nr. 191.

religiösen Unterrichts die entscheidende Anregung und die Entscheidung gegeben hat,[2] nicht unterrichtet sind und sich damit begnügt haben, einseitige Pressemeldungen als Ausgang Ihrer Stellungnahme zu wählen.

Sehr ergeben [Theodor Heuss]

Nr. 184
An Dr. Helmut Külz, [Frankfurt a. M.-Höchst]
18. Februar 1949; [Bonn, Parlamentarischer Rat]
AdL, N 14, 52: ms. Schreiben, Durchschlag, ms. gez. und vom Sekretär hs. paraphiert; ms. Briefkopf: „Abg. Dr. Theodor Heuss"
Verhältnis der FDP zu ehemaligen Vertretern der ostzonalen LDP

Lieber Külz!

Verzeihen Sie, daß Sie acht Tage lang ohne jede Antwort geblieben sind,[1] aber Sie haben ja bei Ihrem kurzen Aufenthalt eine Vorstellung bekommen von dem verhetzten Zustand, in dem wir hier leben. Zwischendurch mußte ich wieder einmal nach Stuttgart, und dort bin ich zur Zeit völlig ohne Hilfskraft, da meine Sekretärin im Krankenhaus liegt.

Ich habe in der Vorstandssitzung die Frage unseres Verhältnisses zur Ostzone und zur Ostzonen-LDP zum Vortrag gebracht, und es schloß sich daran eine sehr eingehende Aussprache, die freilich nicht zu abgerundeten Beschlüssen vorangetrieben werden konnte.[2] Man war sich darin einig, daß irgendeine Auffangorganisation geschaffen werden müßte, in der zum einen Karitatives geleistet werden könnte, zum anderen eine gewisse Überprüfung vorgenommen würde. In Hessen scheint auf überparteilicher Basis etwas ähnliches eingeleitet zu sein, denn es ist ja nun so, daß sehr viele derer, die vom Osten kommen, für uns personell fremd sind und manche Erfahrungen zur Vorsicht mahnen.

Der Gedanke, in den Vorstand einige Persönlichkeiten des deutschen Ostens um ihrer Flüchtlingssituation aufzunehmen, hat keine Gegenliebe gefunden, weil der Vorstand möglichst freigehalten werden soll in seiner Zusammensetzung vom Delegationssystem, das nur den und den Anspruch wecken müßte. In der Frage der Mitwirkung von Persönlichkeiten der Ostzone im kommenden Volks-

---

[2] Vgl. Nr. 191.

[1] Anschreiben ließ sich nicht ermitteln.

[2] Sitzung des Bundesvorstandes der FDP, 12./13. 2. 1949, in: FDP-Bundesvorstand, Sitzungsprotokolle, S. 3–28, Tagesordnungspunkt „Vertretung von SBZ-Flüchtlingen in der FDP", S. 13f.

tag kann als Auffassung dies gelten, daß es sicher für das kommende Parlament gut ist, wenn Persönlichkeiten, die mit den Ostzonen-Verhältnissen vertraut sind, dem Parlament angehören, aber die Meinung war, daß die Persönlichkeiten eben sehen müßten, innerhalb des Westens sich eine wahlkreismäßig gesicherte Position zu schaffen. Da die Gestaltung des Wahlrechts ja auch noch offen ist,[3] erscheinen irgendwelche Zusagen, auf der eventuellen Bundesliste den einen oder anderen Ostzonen-Politiker herauszustellen, als verfrüht.

Mit freundlichen Grüßen
Ihr

Dr. Theodor Heuss
i. A. M.[4]

Dr. Heuss mußte vor der Niederschrift abreisen.

Nr. 185
An Julius Bab, Roslyn Heights, New York, USA
19. Februar 1949; Stuttgart-Degerloch, Löwenstraße 86
AdK Berlin, Julius-Bab-Archiv, 799: hs. Postkarte, behändigte Ausfertigung
Selbstverständnis als Politiker und Literat; Berlin im Kalten Krieg

Lieber Bab,

schönen Dank für die freundschaftl[ichen] Zeilen.[1] Daß ich „Partei-Vorsitzender" werde, war nie das Ziel meiner Träume.[2] Denn wiewohl ich immer viel mit Verbandsdingen zu tun hatte, Werkbund, seliger Schutzverband u. s. f.,[3] bin ich doch im Grunde ein Mensch ohne eigentl[ichen] Organisationstrieb.[4] Die Sache gelingt nur, wenn für das Technische der rechte Mann sich findet. Z. Zt. rase ich immer zwischen Bonn u. Stuttgart hin u. her, flog auch 2x zum Reden in diesem Winter nach Berlin.[5] Die Stadt hat heute das merkwürdigste Fluidum durch die Weltspannung, die seine Straßenviertel scheidet und verbindet.[6] Aber ich wage nicht, Profet zu sein. M[einer] Frau geht es gesundheitlich wieder besser; es ist

---

3 Zur Wahlrechtsdebatte im Parlamentarischen Rat vgl. Nr. 155, Anm. 8.
4 Paraphe nicht auflösbar.
1 Bab an Heuss, 28. 1. 1949, in: BArch, N 1221, 73.
2 Vgl. Nr. 165.
3 Zur Tätigkeit von Heuss im Deutschen Werkbund und im Schutzverband Deutscher Schriftsteller vgl. Nr. 35, Anm. 2.
4 Vgl. zum Topos des mangelnden Organisationstalents Nr. 165, Nr. 171, Nr. 178.
5 Heuss hielt am 28. 11. 1948 und am 15. 1. 1949 Reden in Berlin; vgl. Nr. 159, Anm. 1, Nr. 178, Anm. 2.
6 Zur Berlin-Blockade vgl. Nr. 132, Anm. 7.

von ihr ein hübsches Bändchen Rückert herausgegeben worden, der aus der Masse Wesenhaftes heraus holen wollte.[7] M[eine] eigenen literarischen Pläne kommen zwischen Tagespublizistik u. Reden u. Reisen leider nicht voran – wie soll man sich entscheiden? Vita activa oder vita contemplativa? Es sind beide Möglichkeiten in mir angelegt.

Mit herzl[ichen] Grüßen in alter Freundschaft
Ihr Theodor Heuss

Nr. 186
An Dr. Erika Fischer, Essen-Stadtwald
22. Februar 1949; Bonn, Parlamentarischer Rat
AdL, N 14, 52: ms. Schreiben, behändigte Ausfertigung; Kopfbogen: „Parlamentarischer Rat Bonn 1948 Dr. Theodor Heuss“[1]
Unterstützung einer geplanten soziologischen Arbeit von Erika Fischer; Selbstverständnis als Historiker

Sehr geehrtes Fräulein Dr. Fischer!

Freundlichen Dank für Ihre verschiedenen Zusendungen.[2] Die Briefe mit Wildermuth[3] im Hin und Her machen mir in dem Sinne Verlegenheit, da ich keinen Leitzordner für Karteidinge mit mir spazieren führen kann. Dieser Zustand eines ambulanten und bürolosen Parteivorsitzenden ist ja ziemlich bedrückend.

Natürlich stehe ich Ihnen für die Unterhaltung wegen Ihrer geplanten Arbeit gern zur Verfügung, und es soll mir recht sein, wenn dabei auch etwas für Sie herauskommt. Ganz sicher bin ich dessen nicht, weil ich ja soziologische Arbeiten im engeren Sinne seit meiner Studienzeit, wo aber die „Soziologie“ noch nicht recht erfunden war,[4] nicht gemacht habe. Ich bin meiner Natur nach ja

---

7 F. RÜCKERT, Gedichte.

1 Oben Vermerk von unbekannter Hand: „Fi[scher] pr[ivat]“; daneben durchgestrichen: „Gesamt-Partei“; unter Absenderadresse Eingangsstempel vom 2. 3. 1949; weiterer Nachweis: BArch, N 1221, 77: ms. Schreiben, Durchschlag.

2 In einem Schreiben vom 18. 2. 1949 hatte Fischer Heuss um einen Gesprächstermin gebeten, um mit ihm die Konzeption einer größeren soziologischen Arbeit über den Mittelstand zu erörtern; BArch, N 1221, 77. Ein Nachweis, ob die Arbeit tatsächlich abgeschlossen und publiziert wurde, ließ sich nicht führen.

3 Ließen sich nicht ermitteln.

4 Die moderne Soziologie in Deutschland hatten vor allem Émile Durkheim, Max Weber und Georg Simmel seit Ende des 19. Jahrhunderts begründet.

mehr Historiker als Nationalökonom oder Soziologe, wenn ich auch die Schule von Brentano durchgemacht habe.[5] Sie müßten nur eben einmal einen Termin heraussuchen, wenn die Bonner Arbeit sich so darstellt, daß man mit einer gewissen Zuverlässigkeit der Termine rechnen kann, jetzt ist hier ein ewiger Wechsel.

Mit freundlichem Gruß
Ihr Th. Heuss

Nr. 187
An die Redaktion der „Neuen Zeitung“, München
24. Februar 1949; [Bonn, Parlamentarischer Rat]
BArch, N 1221, 90: ms. Schreiben, Durchschlag; ms. Briefkopf: „Dr. Theodor Heuss“
Verwahrung gegen eigenmächtige Kürzung einer Rezension

Sehr geehrte Herren!

Am [5.][1] Januar war ich von der Redaktion der Neuen Zeitung gebeten worden, einen Aufsatz von „100–125 Schreibmaschinenzeilen“ über das Buch von Reinhold Maier „Ende und Wende“[2] für die Neue Zeitung zu schreiben. Ich habe der Bitte gern entsprochen und Ihnen ein Manuskript gesandt, das im Umfang verhältnismäßig schmaler Zeilen 120 Zeilen beanspruchte.

Die Rezension ist in der Nummer vom 19. Februar erschienen,[3] aber zu meinem großen Erstaunen in völlig verstümmelter und gekürzter Form.

Als ich um den Aufsatz gebeten war, hatte die Redaktion der Neuen Zeitung offenbar doch das Gefühl gehabt, daß es für die Leser der Neuen Zeitung nicht unwichtig sein könnte, mit den Thesen und der literarischen Anlage eines Buches vertraut zu werden, das von einem Ministerpräsidenten der amerikanischen Zone geschrieben ist und zwar von dem einzigen, der seit dem Spätsommer 1945 ununterbrochen in der politischen Aktivität und Verantwortung steht.

---

5 Gemeinsam mit Gustav von Schmoller galt Heuss’ Lehrer in München, Lujo Brentano, ohnehin als Vertreter einer historisch ausgerichteten Nationalökonomie, der „Jüngeren Historische Schule“; H. Rieter, Historische Schulen, S. 140–150.

1 In der Vorlage fehlt das Tagesdatum. Die Anfrage der „Neuen Zeitung“ an Heuss datiert vom 5. 1. 1949, in: BArch, N 1221, 90.

2 R. Maier, Ende.

3 Die Neue Zeitung, Nr. 21, 19. 2. 1949.

Die Art, wie nun die Rezension erschienen ist, entspricht in keiner Weise der politisch-psychologischen Bedeutung des Buches von Reinhold Maier, für das etwa am gleichen Tage die Badische Zeitung in Freiburg fast eine ganze Seite zur Verfügung gestellt hat.[4]

Aber es ist ja nun nicht meine Aufgabe, Ihnen Ratschläge über die redaktionelle Anordnung und Bewertung zu geben. Ich will mit diesem Brief nur zum Ausdruck bringen, daß ich Ihr redaktionelles Verhalten mir gegenüber ziemlich erstaunlich finde. Ich bin „selber“ vom Bau und habe im Jahre 1905 meine erste redaktionelle Tätigkeit begonnen und war jahrzehntelang als Redakteur von Tageszeitungen und Zeitschriften journalistisch tätig.[5] Ich weiß deshalb gut genug, daß Manuskriptkürzungen sich als notwendig ergeben können, zumal wenn es sich um das Zusammendrängen aktuellen Stoffes durch einen begrenzten Raum handelt. Bei einer Literaturseite, bei der eine terminmäßige Bindung nicht vorliegt, kommt dieser Gesichtspunkt jedoch nicht in Frage. Aber es ist mir in meiner langen Tätigkeit nie eingefallen, eine Streichung solchen Ausmaßes vorzunehmen, ohne mich der Zustimmung des Autors vergewissert zu haben. Ich halte dies für eine einfache Pflicht der literarischen Loyalität.

Die Streichung ist ohne Verständigung mit mir an meinem Manuskript vorgenommen worden, dies ist, von der schriftstellerischen Praxis her gesehen, vollkommen unzulässig. Für den Leser sind einige Pointen überhaupt nicht mehr verständlich. Dadurch, daß Sie die ganze Einleitung gestrichen haben, und [durch] die Art, wie Sie meinen Aufsatz schließen lassen, gibt es ein vollkommen verstelltes Bild meiner Wertung des Buches und meines Verhältnisses zu Reinhold Maier.

Als ich zu der Besprechung des Buches aufgefordert wurde, nahm ich an, daß man mich gebeten hatte, weil ich, im September 1945[6] von der amerikanischen Mil[itär-]Regierung zum Kultminister bestellt,[7] einen Teil der in dem Buch behandelten Vorgänge selber unmittelbar erlebt habe. Ich versuchte <dann>[8] auch, die individuale und typische Atmosphäre und das Grundsätzliche des Maierschen Buches herauszuarbeiten. Das, was von meiner Besprechung übrig blieb,

---

4 Artikel „Heilsame Erinnerung. Ein schwäbischer Ministerpräsident stellt sich vor“, in: Badische Zeitung, Länder-Ausgabe, Nr. 21, 19./20. 2. 1949.

5 Heuss war 1905 als Redakteur bei der von Naumann begründeten Zeitschrift „Die Hilfe“ eingestiegen, hatte 1912 die Chefredaktion der Heilbronner „Neckar-Zeitung“ erhalten und zudem von 1913 bis 1917 die Zeitschrift „März“ redigiert, um dann 1918 die redaktionelle Leitung des Blattes „Deutsche Politik“ und 1922 die Schriftleitung der „Deutschen Nation“ zu übernehmen. Von der Jahreswende 1932/33 bis 1936 war er einer der Herausgeber der „Hilfe“. Im September 1945 wurde ihm schließlich die Lizenz für die „Rhein-Neckar-Zeitung“ übertragen; vgl. auch Nr. 31, Anm. 3; zur journalistischen Laufbahn von Heuss vgl. R. BURGER, Theodor Heuss.

6 In der Vorlage: „1946“.

7 Vgl. Nr. 6, Anm. 17.

8 Unsichere Lesart wegen Lochung am rechten Rand.

macht in den Schlußteilen den peinlichen Eindruck, daß ich mit einer gewissen Herablassung das Buch und den Mann beurteile.[9]

Wenn das Verfahren des Zusammenstreichens irgendeinem Neuling gegenüber aus pädagogischen Gründen vorgenommen wird, so mag das gehen, aber ich glaube, ohne mit falschen Ansprüchen aufzutreten, daß ich politisch und literarisch einen Namen besitze, der mich vor solcher Behandlung schützen sollte, zumal der Aufsatz auf Wunsch der Redaktion geschrieben wurde und gegen Inhalt, Form und Umfang keinerlei Einwendung erfolgt war.[10]

Sehr ergeben [Theodor Heuss]

Nr. 188
An Erich Raederscheidt, [Bonn]
27. Februar 1949; Stuttgart-Degerloch, Löwenstraße 86

AdL, FDP-Fraktion Parlamentarischer Rat, 2958: hs. Schreiben, behändigte Ausfertigung; Kopfbogen: „Theodor Heuss"

Kritik am Antrag Thomas Dehlers im Parlamentarischen Rat zur Kürzung der Präambel

Lieber Herr Raederscheidt,

wenn Dr. Dehlers Herz an der Kürzung der Präambel hängt, mag er den Antrag einbringen, er soll ihn dann auch begründen.[1] Es fehlt freilich in der Fassung der mir notwendig erscheinende Hinweis, daß die Sache im Zustand der Nicht-Souveränität geformt wurde. Grundsätzlich bin ich dafür, nachdem einmal interfraktionelle Abreden getroffen wurden, möglichst wenige Anträge einzubringen, sonst kommen wir wieder in Verzögerungen.

---

[9] Die gekürzte Rezension endet mit dem Satz: „In seinem sechzigsten Lebensjahr legt er diesen ‚Erstling' vor, weil Freunde es für wichtig und notwendig hielten." Wie Anm. 3.

[10] Da Heuss auf sein Schreiben keine Antwort erhielt, wandte er sich am 18. 3. 1949 direkt an den Chefredakteur der „Neuen Zeitung" und schickte ihm eine Durchschrift seines Beschwerdebriefes. Daraufhin entschuldigte sich der Chefredakteur am 8. 4. 1949; BArch, N 1221, 90; vgl. auch R. BURGER, Theodor Heuss, S. 555.

[1] Der sogenannte interfraktionelle Fünferausschuss hatte als Vermittlungsvorschlag am 5. 2. 1949 einen überarbeiteten Grundgesetzentwurf vorgelegt, der auch einige Änderungen und Kürzungen der Fassung des Grundsatzausschusses vom 26. 1. 1949 vorsah; PARLAMENTARISCHE RAT, Bd. 7, S. 339. In der 47. Sitzung des Hauptausschusses vom 8. 2. 1949 plädierte Dehler hingegen für den noch kürzeren Entwurf der Präambel des Redaktionsausschusses und beklagte erhebliche, auch „geschichtliche Mängel" des vorgelegten Entwurfs; PARLAMENTARISCHER RAT, Verhandlungen des Hauptausschusses, S. 611; der Entwurf des Redaktionsausschusses zur Präambel in: PARLAMENTARISCHE RAT, Bd. 7, S. 202; vgl. auch Nr. 150, Anm. 4.

Ich will es so einrichten, daß ich am Mittwoch spät Abend da sein werde u. an den Donnerstag-Conferenzen[2] teilnehmen kann.

Besten Gruß Th. Heuss

Nr. 189
An Prof. Dr. Willy Hellpach, [Heidelberg]
7. März 1949; Stuttgart-Degerloch, Löwenstraße 86

GLAK, N Hellpach, 283: hs. Schreiben, behändigte Ausfertigung; Kopfbogen: „Theodor Heuss"

Ungewissheit über abschließende Fassung des Grundgesetzes; Einschätzung von Willy Hellpachs „Lebenserinnerungen"

Lieber Herr Hellpach,

die Ungewißheiten über die endgültige Formung des „Grundgesetzes" sind noch groß genug; ich habe deshalb unseren Sekretär gebeten, Ihnen das Zwischenstück noch nicht zu schicken.[1] Es weiß auch niemand recht, ob uns noch Schul- und Kirchendebatten bevorstehen, die mir persönlich höchst unaktuell zu sein scheinen.[2]

In den letzten Tagen bin ich auch mit Ihrem Buch fertig geworden, u. ich habe gestern etwas darüber geschrieben, gleichzeitig über Rob. Wilbrandts Lebenserinnerungen.[3] Die Aufgabe war verflixt schwierig, denn ich habe das Buch nicht bloß mit Interesse, sondern auch mit Widerspruch gelesen. Das Buch ist ein seltsames Nebeneinander von persönlich reizvoller Erzählung und Reflexion aus einer ganz anderen Altersstufe, als jener Gegenwart entspricht. Ich weiß nicht, ob ich mich täusche: mich überraschte, daß Sie so wenig die Kraft der Verehrung

---

2 Am Donnerstag, 3. 3. 1949, fanden eine Sitzung des Ältestenrates und eine interfraktionelle Besprechung statt, an denen Heuss teilnahm; vgl. ebd., Bd. 10, S. 91–95; ebd., Bd. 11, S. 105–108.

1 Hellpach hatte Heuss am 3. 2. 1949 gebeten, ihm ein Exemplar des Grundgesetzentwurfes zu schicken, da er für die „Neue Zürcher Zeitung" eine Würdigung des Grundgesetzes im Vergleich zur Weimarer Reichsverfassung zu schreiben habe. Der Sekretär der FDP-Fraktion, Raederscheidt, gab Hellpach am 7. 3. 1949 ebenfalls den Bescheid, wegen der noch ausstehenden Änderungen vorerst kein Exemplar zusenden zu können; BArch, N 1221, 81.

2 Vgl. Nr. 161, Anm. 4, Nr. 191.

3 Willy Hellpach: Wirken in Wirren. Lebenserinnerungen. Eine Rechenschaft über Wert und Glück, Schuld und Sturz meiner Generation, 2 Bde., Hamburg 1948/49; Robert Wilbrandt: Ihr glücklichen Augen. Lebenserinnerungen, Stuttgart 1947. Die Rezension dieser beiden Bände durch Theodor Heuss: Lebensläufe. Robert Wilbrandt – Willy Hellpach, in: RNZ, Nr. 41, 12. 3. 1949.

besaßen. Eigentlich kommen fast nur Wundt und – Pacelli gut weg. Und Ihre Illusion über G. v. Vollmar[4] – mir hat es Spaß gemacht, daß ich ihn als Student gekannt u. als Gegner verehrt habe.[5]

Nehmen Sie meine Rezension als den Versuch auf, zwischen der Ablehnung und dem Dank die gemäße, eine gemäße Mitte zu finden.

Mit bestem Gruß
Ihr Theodor Heuss

[PS] Seltsame Anekdote: ich hatte Ihr Buch noch nicht gelesen, da bekam ich von einem mir völlig fremden Menschen aus Wuppertal einen Brief.[6] Er u. seine Familie seien empört über Ihre Darstellung Naumanns: ob ich den Leuten m[eine] Naumann-Biographie beschaffen könne, die mit ihrem Haus untergegangen. Seltsame Wirkung – aber wahrscheinlich empfinden in diesem Fall (und anderen, Barth!) manche Leute ähnlich.[7]

---

4 Über Wilhelm Wundt, Eugenio Pacelli und Georg von Vollmar vgl. W. HELLPACH, Wirken, Bd. 1, S. 169–176, S. 236–245; Bd. 2, S. 247f.

5 Anlässlich der Reichstagswahlen von 1903 erlebte Heuss seinen ersten größeren politischen Auftritt, als er in einer Wahlversammlung der bayerischen SPD in München mit deren Vorsitzenden von Vollmar in einen politischen Disput eintrat und damit auch in der Presse Aufsehen erregte. Gegenüber Lulu von Strauß und Torney äußerte er sich am 17. 8. 1903 zu diesem Vorfall: „Dann die Reichstagswahlen, in welche [ich] selber etwas aktiv eintrat, besonders durch eine Debatte mit dem sozialdemokratischen Abgeordneten v. Vollmar über Machtfragen und dergleichen. So vor 1–2.000 Menschen zu reden und ihnen ein paar Grobheiten sagen zu können hat mir viel Spaß gemacht; auch konnte ich mit dem Erfolg wohl zufrieden sein." In: TH. HEUSS / L. V. STRAUSS UND TORNEY, Briefwechsel, S. 19; vgl. auch TH. HEUSS, Vorspiele, S. 241–244.

6 Ließ sich nicht ermitteln.

7 Hellpach über Naumann: „Wie krampfhaft Naumann immer wieder versuchte, sich für eine große politische Rolle zu empfehlen, zuletzt mit seinem halb realistischen und halb phantastischen Kriegsbuch über ‚Mitteleuropa' – niemand glaubte mehr an seine wahrhafte Führereignung." Über Theodor Barth heißt es, er sei „ein unfruchtbarer Rechthaber [gewesen], mit seinem Fähnlein der sieben Aufrechten"; W. HELLPACH, Wirken, Bd. 1, S. 397f.

Nr. 190
An Artur Scheibner, Geislingen an der Steige
7. März 1949; [Stuttgart-Degerloch, Löwenstraße 86]

BArch, N 1221, 418: ms. Schreiben, Durchschlag, ms. gez.; ms. Briefkopf: „Dr. Theodor Heuss“

Einwände gegen einen Katalog von Grundrechten im Grundgesetz; Einfluss der Besatzungsmächte auf die Arbeit im Parlamentarischen Rat

Sehr geehrter Herr Scheibner!

Freundlichen Dank für Ihren Brief, dessen Inhalt ja besser in einem gelegentlichen persönlichen Gespräch als in einem Schreiben erörtert werden müßte.[1] Ich bin mit Korrespondenz so wahnsinnig überlastet, daß es zu größeren schriftlichen Auseinandersetzungen nicht reicht.

Ich glaube, daß wir in einigen Fragen ziemlich ähnlich sehen. Ich selber habe mich bei der Württemberg-Badischen Verfassung, freilich damals als Einziger, gegen den Katalog von Grundrechten gewehrt und hätte ein Organisationsstatut gewünscht, weil ich die innere Mächtigkeit unserer Generation zu neuen Formulierungen in dieser Zeit skeptisch beurteilte und beurteile. Ich bin damals unterlegen.[2] Hier in Bonn war das Problem dadurch in gewissem Sinne vorweggenommen, als das Londoner Dokument solche Grundrechte fordert (die UN hat ja auch im letzten Jahr derartiges produziert).[3] Ich sehe ja auch ein, daß die Vernichtung der Individualrechte durch die sogenannte Staatsraison das sachliche und seelische Bedürfnis erneuert hat, die hier vorhandenen Werte im Bewußtsein der Menschen und auch im Bewußtsein von Verwaltung und Rechtsprechung wieder herauszuheben. Daß damit mehr Problematik als unmittelbare Wirklichkeit geschaffen ist, blieb auch mir bewußt.

---

[1] Scheibner hatte in seinem Schreiben an Heuss vom 22. 2. 1949 die Aufnahme klassischer individueller Grundrechte in das Grundgesetz kritisiert, da diese nicht mehr der souveränen Stellung des Bürgers entsprächen, sondern vielmehr der Bevormundung durch die Staatsgewalt Vorschub leisteten; BArch, N 1221, 418.

[2] Schon in der vierten Sitzung des Verfassungsausschusses der Vorläufigen Volksvertretung von Württemberg-Baden am 29. 4. 1946 hatte Heuss für Zurückhaltung bei der Formulierung von Grundrechten plädiert, was er dann auch auf der zweiten Sitzung der Verfassunggebenden Landesversammlung am 18. 7. 1946 bekräftigte. Die ersten 15 Artikel der Verfassung für Württemberg-Baden vom 24. 10. 1946 sollten dann schließlich doch einen Katalog von Grundrechten umfassen; QUELLEN, 1. Teil, S. 61f, 2. Teil, S. 50–52, 3. Teil, S. 541–543.

[3] Die Alliierten sahen in den Londoner Empfehlungen vom 7. 6. 1948 wie auch in den Frankfurter Dokumenten vom 1. 7. 1948 für die Verfassung die Garantie von Rechten und Freiheiten des Individuums vor; H. D. KREIKAMP, Quellen, S. 240, 243; vgl. auch Nr. 132, Anm. 8. Zur Debatte im Parlamentarischen Rat über die Grundrechte vgl. Nr. 149, Anm. 3, Nr. 150, Anm. 3, Nr. 157, Anm. 4. – Am 10. 12. 1948 hatte die Vollversammlung der Vereinten Nationen die „Allgemeine Erklärung der Menschenrechte“ verabschiedet.

Ich weiß nicht, ob Sie meine „große" Rede vom 9. Sept.[4] gelesen haben, in der ich den Versuch machte, das Spannungsproblem Staat und Individuum zu zeichnen.

In Herrenchiemsee war man unter Nawiasky's Einfluß ja fast zur Negierung der in sich ruhenden Würde des Staates gekommen.[5] Diese suchen wir in etwa zu retten, aber es [ist] ja nicht die Formung der Verfassung allein (das haben wir ja genügend erlebt), die den politischen Gang kanalisiert.

Sie meinen, ob wir von England nicht lernen könnten. Gewiß können wir manches lernen, aber der Zustand des aus der Empirie und der Tradition Lebens ist für einen zusammengesetzten Staat nicht möglich. Dieser bedarf seiner rationalisierten Ordnung, die sich aus vielen Geschichtsansprüchen ergibt; ob wir darüber schimpfen oder nicht, wir müssen mit dem Gewicht der Tatbestände leider rechnen. Jede Beurteilung der Bonner Arbeit muß sehen, daß wir in eine höchst unsichere Situation hineinbauen. Nicht allein der Zustand, daß wir kein souveränes Volk sind – dieser könnte ja durch eine gute Modellverfassung sozusagen seelisch überrundet werden –, das scheußliche ist, daß die Besatzungsmächte in ihrer Stellungnahme zu den Dingen die Vollzieher einer internen Machtpolitik geworden sind, die in ihrem Gewicht und ihrer Wirkung zu ermessen ungeheuer schwierig ist.[6]

Mit freundlichen Empfehlungen
Ihr ergebener Theodor Heuss
i. A.

Dr. Heuss mußte vor Beendigung der Niederschrift abreisen.

---

4 In der Vorlage „3. Sept." Am 3. 9. 1948 fand keine Sitzung des Parlamentarischen Rates statt. Heuss sprach vielmehr auf der dritten Sitzung des Plenums am 9. 9. 1948 die Grundrechtsfragen an und reflektierte in diesem Zusammenhang das Verhältnis von Staat und Individuum; PARLAMENTARISCHE RAT, Bd. 9, S. 114–116.

5 Vom 10. bis 23. 8. 1948 ließen die Ministerpräsidenten der westdeutschen Länder auf Herrenchiemsee durch einen Verfassungskonvent einen Verfassungsentwurf ausarbeiten, der zwar keine offizielle Vorlage für den Parlamentarischen Rat darstellte, jedoch den Fachausschüssen in Bonn immer wieder als wichtige Diskussionsgrundlage diente. Der Staatsrechtler Hans Nawiasky nahm im Unterausschuss I des Verfassungskonvents als Berichterstatter für die Grundrechte wesentlichen Einfluss auf die Formulierung des Entwurfs für die Grundrechte, deren Artikel 1 lautet: „Der Staat ist um des Menschen willen da, nicht der Mensch um des Staates willen." PARLAMENTARISCHE RAT, Bd. 2, S. LXXXf, 580.

6 Die Alliierten nahmen in mehreren Memoranden vom 19. 10., 22. 11. 1948 und 2. 3. 1949 Einfluss auf die verschiedenen Entwurfsstadien des Grundgesetzes. Vor allem mahnten die drei westlichen Militärgouverneure eine stärkere Akzentuierung der föderalen Struktur bei Gesetzgebung, Finanzverwaltung und Polizei an. Besonders die Kritik an der vorgesehenen Bundesfinanzverwaltung kam den Interessen der CSU entgegen; vgl. M. FELDKAMP, Parlamentarische Rat, S. 148–152; zu den sich zuspitzenden Auseinandersetzungen zwischen den Alliierten und dem Parlamentarischen Rat im Frühjahr 1949 vgl. H.-J. GRABBE, Kontroverse; Nr. 151, Anm. 6, Nr. 173, Anm. 10.

Nr. 191
An Dr. Franz Varrentrapp, Berlin-Nikolassee
21. März 1949; [Stuttgart-Degerloch, Löwenstraße 86]
BArch, N 1221, 418: ms. Schreiben, Durchschlag, ms. gez.; ms. Briefkopf: „Dr. Theodor Heuss"
Verhinderte Aufnahme des „Elternrechts" ins Grundgesetz

Sehr geehrter Herr Dr. Varrentrapp!

Ihr mit dem Datum des 12. 2. versehener Brief ist aber erst am 14. März in den Postkasten gekommen, gelangte heute in meine Hände.[1] Ich rase ja ewig zwischen Stuttgart und Bonn hin und her und bin, wie Sie sich denken können, sinnlos überlastet, zumal meine Sekretärin in Stuttgart seit Wochen krank ist. Sie müssen deshalb entschuldigen, wenn ich auch nur kurz antworte.

Die Anträge im Grundgesetz über Religion als ordentliches Lehrfach und über die Zulassung von Privatschulen sind von mir geformt und eingereicht worden.[2] Auf der anderen Seite habe ich aber auch in vorderster Linie den Kampf gegen die Aufnahme des sogenannten Elternrechts geführt.[3] Ich lehne es nach wie vor durchaus ab, einer Elterngruppe das subjektive Recht auf die Gestaltung des

---

1 Der Schul- und Kirchenpolitiker Varrentrapp, einst Parteifreund von Heuss in der DDP, hatte in seinem Schreiben vom 12. 2. 1949 Bedenken gegenüber den Grundrechtsentwürfen des Parlamentarischen Rates geäußert, die sich mit der Stellung des Religionsunterrichts in öffentlichen Schulen beschäftigen (Art. 7b), und eine stärkere Durchdringung des gesamten Schulwesens mit christlichen Werten gefordert. Kritik übte er vor allem an der „Bremer Klausel", die der Hauptausschuss in seiner 51. Sitzung am 10. 2. 1949 angenommen hatte (vgl. Anm. 9). Varrentrapp befürchtete auf diesem Felde eine weitere Auseinanderentwicklung Deutschlands; BArch, N 1221, 418.

2 Art. 7b, Abs. 2 des Grundgesetzentwurfs in der Fassung des Grundsatzausschusses vom 26. 1. 1949 besagt: „Die Erziehungsberechtigten haben das Recht, über die Teilnahme des Kindes am Religionsunterricht zu bestimmten. Der Religionsunterricht ist in den öffentlichen Volks-, Mittel- und Berufsschulen und in höheren Lehranstalten ordentliches Lehrfach. Er wird, unbeschadet des staatlichen Aufsichtsrechtes, nach den Grundsätzen und Lehren der Religionsgemeinschaft erteilt. Kein Lehrer kann gegen seinen Willen verpflichtet werden, Religionsunterricht zu erteilen." PARLAMENTARISCHE RAT, Bd. 7, S. 210. Dieser Absatz stammte wörtlich von Heuss, der ihn auf der 32. Sitzung des Grundsatzausschusses vom 11. 1. 1949 vorgeschlagen hatte; ebd., Bd. 5/II, S. 936. – Art. 7b, Abs. 3 lautet: „Das Recht zur Errichtung von privaten Schulen wird gewährleistet. Das Nähere wird durch Landesgesetz bestimmt." Ebd., Bd. 7, S. 210. – Diesen Abs. 3 wie auch Abs. 2 brachte Heuss als Anträge in der 43. Sitzung des Hauptausschusses vom 18. 1. 1949 ein. Nach längerer Diskussion nahmen die Abgeordneten die Anträge an; PARLAMENTARISCHER RAT, Verhandlungen des Hauptausschusses, S. 557–567; vgl. auch Nr. 203, Anm. 14. Noch im Dezember 1948 hatte sich Heuss, obwohl er grundsätzlich für die Zulassung von Privatschulen war, gegen eine Verankerung eines entsprechenden Artikels im Grundgesetz ausgesprochen, weil Schulfragen Landesangelegenheit seien; Heuss an den Verband der Privatschulen, 6. 12. 1948, in: BArch, N 1221, 418.

3 Vgl. Nr. 161, Anm. 4, Nr. 162, Nr. 170.

öffentlichen Schulwesens einzuräumen. Ich habe diesen Standpunkt als württemberg-badischer Kultminister leidenschaftlich und erfolgreich durchgekämpft, so daß unsere Verfassung die einzige ist, die das Elternrecht als Verfassungsvorstellung nicht kennt.[4] Ich vertrete diesen Gedanken heute umso stärker, als die ungeheure Binnenwanderung die konfessionelle Sonderung völlig aufgelöst hat.[5] Wenn wir in den kleinen Städten und Dörfern aber nun zweierlei Schulen erhalten, so bleiben die Kinder der konfessionellen Minderheiten immer die Fremden, die Ungardeutschen, die Sudentendeutschen usf.

Die Entscheidung ist einfach nationalpolitisch gegeben. Wir haben die christliche Gemeinschaftsschule durchgesetzt. Die evangelische Kirche ist zum Teil in ihrer offiziellen Vertretung bedauerlich ins Schlepptau der katholischen Auffassung geraten und hat den zum Teil naturrechtlichen staatsgegnerischen Grundzug der katholischen Thesen mit aufgenommen. Die Herren sollten sich daran erinnern, daß Luthers Sendschreiben an die Ratsherren und Bürgermeister der Ausgangspunkt des gemeindlichen bzw. staatlichen Schulwesens ist.[6]

Die Behandlung der Frage in Bonn leidet unter der Paradoxie, daß die „Föderalisten" eine zentral bindende Lösung fordern, und die als Zentralisten gelten, die gliedstaatliche Autonomie anerkennen.[7] Die clausula bremensis nicht[8] in ihrer Formung, aber in ihrer Tendenz geht auf eine Anregung von mir zurück, weil ich vermieden wissen möchte, daß die geschichtlich gegebene Sonderheit in den einzelnen Ländern zum Gegenstand einer freien kulturpolitischen Debatte gemacht wurde.[9] Wir haben heute wahrlich vordringlichere Sorgen. Das Vorgehen

---

4 Vgl. Nr. 161, Anm. 5.

5 Gemeint sind die großangelegte Flucht und Vertreibung der Deutschen aus dem Osten vor allem in die westlichen Besatzungszonen, die zu umfassenden konfessionellen Umschichtungen führten; vgl. Nr. 41, Anm. 10.

6 Sendschreiben Luthers „An die Ratherren aller Städte deutsches Lands, daß sie christliche Schulen aufrichten und halten sollen" von 1524, in: M. LUTHER, Werke, Bd. 15, S. 9–53, neu abgedruckt in: DERS., Schriften, S. 1–46.

7 Vor allem die sonst auf die Eigenständigkeit der Länder pochende bayerische CSU war für weitgehende bundeseinheitliche Festlegungen hinsichtlich des „Elternrechts" im Grundgesetz.

8 In der Vorlage: „jetzt".

9 Der Bremer SPD-Abgeordnete Adolf Ehlers verwies in der 43. Sitzung des Hauptausschusses vom 18. 1. 1949 auf die verfassungsgeschichtliche Sonderstellung Bremens und Hamburgs hin. Die Bremer Verfassung werde keinen konfessionsgebundenen Religionsunterricht, sondern einen simultanen Bibelunterricht vorsehen; PARLAMENTARISCHER RAT, Verhandlungen des Hauptausschusses, S. 556f. Daraufhin schlug der Fünferausschuss folgende „Bremer Klausel" vor: „Soweit am 1. Januar 1949 in einem Lande eine von der Vorschrift des Art. 7b Abs. 2 abweichende landesgesetzliche Regelung in Kraft war, kann es bei dieser Regelung bleiben." PARLAMENTARISCHE RAT, Bd. 7, S. 395. Damit bestand die Möglichkeit für ein Land, auf die Einführung des Religionsunterrichts zu verzichten. Heuss reklamierte in der 51. Sitzung des Hauptausschusses vom 10. 2. 1949 die Urheberschaft daran, diesen Sachverhalt in eine Übergangsbestimmung gebracht zu haben, um den „föderativen Anspruch der Gestaltung des Schulwesens in seiner geschichtlichen Entwicklung [zu] akzeptieren" und die besondere geistesgeschichtliche Tradition Bremens zu würdigen; PAR-

der bei<den>[10] Kirchen im letzten November erscheint mir persönlich, der ich immer für die kirchlichen Bedürfnisse eingetreten bin, als eine unerhörte politische Instinktlosigkeit.[11]

Ich werde Elly gern Ihre Grüße bestellen. Sie war im vergangenen Jahr viel krank, ist aber jetzt wieder einigermaßen leistungsfähig, wenn auch immerzu Herzattacken ausgesetzt. Der Sohn sitzt in Lörrach, und die Enkeltochter, die 1½ Jahre alt ist, gedeiht prächtig.[12]

Freundliche Grüße auch an Ihre Gattin
Ihr Theodor Heuss
i. A.

Nr. 192
An Franz Blücher, [Essen-Bredeney]
22. März 1949; Stuttgart-Degerloch, Löwenstraße 86
AdL, A 3, 46: hs. Schreiben, behändigte Ausfertigung; Kopfbogen: „Theodor Heuss“[1]
Einschätzung des „Godesberger Kreises“; Gesundheitszustand; Wahlrechtsfrage

Lieber Herr Blücher,

schönen Dank für den Godesberg-Bericht.[2] Ich bin der Meinung, daß solche Gespräche nützlich sein können, rechne aber damit, daß der etwaige Nutzen von vornherein durch die Pressekommentare verdorben wird. Das ist das Törichte des gegenwärtigen Zustandes. Vor etwa anderthalb Jahren wurde ich auch ein-

LAMENTARISCHER RAT, Verhandlungen des Hauptausschusses, S. 683. Der Hauptausschuss nahm die Regelung auf derselben Sitzung an, die als Art. 141 Aufnahme ins Grundgesetz fand.

10 Unsichere Lesart wegen Lochung am rechten Rand.

11 Zum massiven Einfluss der Kirchen auf die Beratungen im Parlamentarischen Rat vor allem in der Frage des „Elternrechts“ vgl. Parlamentarische Rat, Bd. 5/I, S. XLIII; Nr. 161, Anm. 4.

12 Ernst Ludwig Heuss und Enkelin Barbara.

1 Oben Vermerk von unbekannter Hand: „Gesamt-Partei“.

2 Blücher hatte am 16. 3. 1949 in einem persönlichen Rundschreiben u. a. auch an Heuss eine Stellungnahme zum „Godesberger Gespräch“ vom 13. 3. 1949 geschickt. Dem Vorgang liegt außerdem ein Bericht über dieses Gespräch und seine Vorgeschichte bei, der vermutlich von Blücher verfasst wurde; AdL, A 3, 46. Andreas Hermes hatte den „Godesberger Kreis“ ins Leben gerufen, der für die Wiedervereinigung Deutschlands und eine Verbesserung der Beziehungen zu Osteuropa eintrat. Diesem Gesprächskreis gehörte auch Rudolf Nadolny an. Der Kreis traf sich zum ersten Mal am 13. 3. 1949 und setzte seine Aussprache am 28. 8. 1949 fort, um über die „Zusammenfassung der Bestrebungen für die Erhaltung bzw. Wiederherstellung der Einheit Deutschlands“ zu beraten. Zu diesem Augusttermin wurde auch Heuss eingeladen; Hermes an Heuss, 11. 8. 1949, in: BArch, N 1221, 82.

mal zu einer Conferenz Hermes-Nadolny eingeladen[3] – ich sagte damals, mit N[adolny] ja, mit H[ermes] nein – ich hatte bei zwei Begegnungen keinen angenehmen Eindruck.[4] (Meine Offenherzigkeit richtete sich, was ich nicht wußte, an einen Mitarbeiter von H[ermes].)

Leider sind im Augenblick die Ärzte über mich hergefallen – Röntgen, Blutproben u. s. f. Daß ich in den letzten Wochen auf 122 Pfd. Gewicht herunterging, gefällt ihnen nicht. Es ist zum ersten Mal so etwas wie Erschöpfung – Briefe, Besuche beanspruchen die Zeit, da man etwas ausruhen sollte.[5] Und Ersatz-Hilfskräfte taugen nichts.

Aber morgen muß ich, trotz des etwas maroden Zustandes, nach Königstein fahren. Hoffentlich gelingt es, ein einheitliches Wahlrecht zu kriegen.[6]

Bremen bedrückt mich – wird Bonn vorher fertig sein?[7] Ich hatte für Ostern 14 Tage Erholung in Badenweiler angesetzt, Zimmer bestellt u. s. f. – im vorigen Jahr kein Tag Urlaub. Was wird jetzt daraus?

Mit guten Grüßen
Ihr

Theodor Heuss

Nr. 193
An Alfred Wolf, Langerwehe, Nordeifel
1. April 1949; [Bonn, Parlamentarischer Rat]

BArch, N 1221, 105: ms. Schreiben, Durchschlag; ms. Briefkopf: „Dr. Theodor Heuss"

Fehlende Ambitionen auf das Amt des Bundespräsidenten; Gesundheitszustand

Lieber Freund!

Herzlichen Dank für Deinen Brief,[1] der mit einer großen Masse anderer Schreiben mich hier erwartet hat. Die Notiz, in der Elly als die Gefährdung meiner bevor-

---

3 Ließ sich nicht nachweisen.

4 Zu einer Begegnung mit Hermes im Januar 1946 vgl. Nr. 23.

5 Am 1. 4. 1949 berichtete Heuss auch Boveri über seinen angegriffenen Gesundheitszustand, in: SBB PK, NL Boveri, 26, 6.

6 Auch Heuss nahm an der Konferenz der Ministerpräsidenten in Königstein/Ts. am 24. 3. 1949 teil, auf der u. a. die Einwände der Alliierten gegen das vom Parlamentarischen Rat vorgesehene Wahlgesetz erörtert wurden; AKTEN, Bd. 5/1, S. 296–328; vgl. zur Debatte über das Wahlrecht auch Nr. 155, Anm. 8.

7 Der Parteitag der FDP-Bundespartei in Bremen war nach einer Terminänderung im Februar auf den 6. bis 8. 5. 1949 verschoben worden; Blücher an Heuss, 25. 2. 1949; Heuss an Blücher, 3. 3. 1949, in: BArch, N 1221, 54. Weil sich Ende April abzeichnete, dass sich die Verabschiedung des Grundgesetzes bis weit in den Mai hinziehen werde, wurde der Parteitag erneut verschoben, diesmal auf den 11./12. 6. 1949; vgl. Nr. 197, Anm. 10.

stehenden Karriere verdächtigt wird,[2] hat ein heiteres Hallo in der Familie hervorgerufen. Aber den Gedanken einer Art von Berichtigung haben wir natürlich ganz, ganz weit abgelehnt,[3] denn sonst würde es ja aussehen, als ob ich in der Tat Bundespräsident werden wolle. Die Sehnsucht nach diesem Posten war nie groß,[4] und sie ist heute geringer als je, da die hiesigen Monate keinen allzu günstigen Eindruck auf die parteitaktischen Gewöhnungen hinterlassen haben.

Mein eigener gesundheitlicher Zustand ist im Augenblick so schlecht, wie er es nie gewesen ist. Da meine Sekretärin in Stuttgart seit Wochen im Krankenhaus liegt, sind die Aufenthalte in der Heimat eine elende Schinderei. Ich habe denn auch glücklich 6 Pfund abgenommen und wäre, da ich im vorigen Jahr ja keinen Tag Urlaub hatte, sehr reif dafür, einmal wieder nichts anderes zu tun, als draußen rum zu sitzen und zu zeichnen, was für mich die beste Erholung ist. Aber ob ich dazu komme, an Ostern die in Badenweiler bestellten Zimmer zu bevölkern?[5] Daß wir die Papiere von hier nicht weiter Dir zugesandt haben, mußt Du entschuldigen.[6] Ich glaube, Du hast nicht viel daran verloren, denn die Papierflut war so übergroß und bei dem ewigen Wechsel so ungeklärt, daß man eigentlich kein rechtes Bild von der Entwicklung der Dinge aus ihnen gewinnen konnte.

Elly geht es halbwegs ordentlich. In letzter Zeit hatte sie mit einer Kehlkopfentzündung zu tun. Ich hoffe, daß mir, ehe Bonn auseinander geht, noch einmal ein Besuch bei Dir möglich sein wird.

Bis dahin herzliche Grüße
Dein [Theodor Heuss]

---

1 Wolf an Heuss, 20. 3. 1949, in: BArch, N 1221, 105.
2 Ließ sich nicht ermitteln.
3 Wolf hatte Heuss zu einer Berichtigung der Zeitungsnotiz durch den Rundfunk geraten, etwa so, „daß Frau Elly Heuss, Tochter Georg Friedrich Knapps, wohl in der Lage wäre, bei Staatsempfängen im klarsten Hochdeutsch die Honneurs zu erweisen"; wie Anm. 1.
4 Vgl. Nr. 155.
5 Zum schlechten Gesundheitszustand von Heuss vgl. auch Heuss an Gerhart Ritter, 16. 3. 1949, in: BArch, N 1221, 93; Heuss an Gerstel, 8. 4. 1949, in: IfZ, ED 193, 1.
6 Wolf hatte in seinem Schreiben an Heuss bemerkt, dass er „seit einer ersten Sendung von Drucksachen des P[arlamentarischen] R[ates] keine weiteren erhalten habe." Wie Anm. 1.

Nr. 194
An Dr. Thomas Dehler, [Bamberg]
13. April 1949; Badenweiler, Schloss Hausbaden
AdL, N 53, 160: hs. Schreiben, behändigte Ausfertigung; Kopfbogen: „Theodor Heuss"
Gesundheitszustand; Kritik an Kurt Schumachers Politikstil

Lieber Freund,

nun sind die Ärzte über mich gekommen, bis jetzt sind es vier.[1] In zähen Kämpfen habe ich erreicht, daß ich nach jeder Mahlzeit (gleich drei) eine Zigarre rauchen darf. Man tippt auf Kreislaufstörung, die von einer Kropfbildung ausgeht, Herzmuskelschädigung – die Sache stehe noch im Anfang, u. wenn ich vier Wochen Liegekur mache u. bestimmte Medikamente konsumiere, sei die Angelegenheit noch abzubremsen. Den Gefallen kann ich den Ärzten nun nicht tun – ich will am Mittwoch od. Donnerst[a]g von hier nach Bonn fahren, weil ich annehme, daß nach der Hannover-Tagung der SPD mehr Klarheit sein wird.[2] Ich weiß nicht, ob Sie diese Woche in Bonn waren – dann sind Sie besser im Bilde als ich, der [ich] hier keine regelmäßige Zeitung u. nur einen dürftigen Radio-Bericht erhalte. Von Raederscheidt erbat ich mir Stimmungsbericht.[3]

Nun habe ich auch an Becker geschrieben u. ihn zu beruhigen versucht.[4] Ich weiß nicht, ob Sie mit unserer Taktik (Schäfer + ich, Höpker schloß sich dann an, der ursprünglich nicht dafür war, daß *ich* den Überweisungsantrag stelle) einverstanden waren.[5] Den Entschuß hat mir Schumachers sinnloses Telegraf-

---

1 Am rechten Rand zwei Fragezeichen vom Empfänger.

2 Am 20. 4. 1949 hielt die SPD in Hannover unter der Führung des wieder genesenden Kurt Schumachers einen „kleinen Parteitag" ab; vgl. Nr. 195, Anm. 1.

3 Ließ sich nicht ermitteln.

4 Wie Anm. 3.

5 Heuss stellte diesen „Überweisungsantrag" auf der 55. Sitzung des Hauptausschusses vom 6. 4. 1949. Vorausgegangen war folgendes: Nach den Einwänden der Alliierten in ihrem Memorandum vom 2. 3. 1949 gegen den Grundgesetzentwurf (vgl. Nr. 151, Anm. 6, Nr. 173, Anm. 10, Nr. 190, Anm. 6.) legte der interfraktionelle Siebenerausschuss am 17. 3. 1949 einen Kompromissvorschlag vor, in dem die CDU den Forderungen der SPD nach einer Bundesfinanzverwaltung deutlich entgegenkam; PARLAMENTARISCHE RAT, Bd. 7, S. 457–461. Diesen Entwurf lehnten die alliierten Verbindungsoffiziere am 25. 3. brüsk ab. Daraufhin geriet die Arbeit des Parlamentarischen Rates in eine Krise und kam vorübergehend zum Erliegen. Verhandlungen zwischen den Parteien führten zu keiner Einigung in den wenigen noch strittigen Punkten, die vor allem die Finanzverwaltung und Gesetzgebungsverteilung zwischen Bund und Ländern betrafen; vgl. Nr. 151, Anm. 6, Nr. 156, Anm. 8. Die CDU/CSU-Fraktion besann sich auf ihre alten Entwürfe, die eine Länderfinanzverwaltung vorsahen, die von der SPD aber abgelehnt wurden. Nachdem sich in der 55. Sitzung des Hauptausschusses vom 6. 4. weiterhin keine Verständigung abzeichnete, schlug Heuss vor, die Angelegenheit an den Finanzausschuss zu überweisen, dem der Siebenerausschuss zur Seite gestellt werden solle, um einen Kompromiss auszuarbeiten, der „die innere Annahme des Gesetzes, die genau so wichtig ist wie die äußere, gewährleistet." Der Ausschuss

Interview erleichtert[6] – machen *wir* diese Politik mit, so kommen wir in die Hugenberg-Nachfolge,[7] das habe ich Carlo[8], der mir über Kurt[9] unglücklich schien, auch mit Deutlichkeit gesagt.

Hoffentlich haben Sie gute ruhige Tage. Ich lese auf dem Liegestuhl Korrekturen m[eines] Naumannbuches.[10]

Mit herzl[ichem] Gruß von Haus zu Haus
Ihr Theodor Heuss

---

nahm diesen „Überweisungsantrag" von Heuss an; PARLAMENTARISCHER RAT, Verhandlungen des Hauptausschusses, S. 735–737, hier S. 735. Doch am nächsten Tag löste sich der Siebenerausschuss auf, da die SPD ihre Mitarbeit aufgekündigt hatte. Auch die 20. und letzte Sitzung des Finanzausschusses am 7. 4. endete ergebnislos, da die SPD sich an der Diskussion nicht beteiligte; vor einer weiteren Stellungnahme wollte sie erst ihren Parteitag am 20. 4. und die Ergebnisse der Außenministerkonferenz der drei Westmächte vom 5. bis 8. 4. 1949 in Washington abwarten; vgl. PARLAMENTARISCHE RAT, Bd. 8, S. XLIV-L; ebd., Bd. 12, S. LI-LIV.

6 Schumacher hatte am 5. 4. 1949 in einem Telefoninterview mit der Berliner Zeitung „Telegraf" Stellung genommen zu einer Erklärung der drei westalliierten Außenminister vom selben Tag, in der diese sich zuversichtlich äußerten, dass die Arbeit des Parlamentarischen Rates sich im Rahmen der alliierten Vorgaben bewegen werde (Abdruck der Erklärung vom 5. 4. 1949 in: PARLAMENTARISCHE RAT, Bd. 4, S. 137f, Anm. 43). Schumacher kritisierte in seinem Interview die unverbindlichen Formulierungen dieser Erklärung und griff die CDU an. Sie versuche nach der Ablehnung des Grundgesetzentwurfs des Siebenerausschusses durch die Alliierten (vgl. Anm. 5) „ihre alten überföderalistischen und partikularistischen Wünsche mit Hilfe der Alliierten" durchzusetzen, und vertrete eine „Politik des klerikalen Partikularismus", die den französischen Interessen entgegenarbeite. Dieser Angriff gipfelte in dem Vorwurf, die Politik der CDU richte sich „gegen die Lebensinteressen Deutschlands"; Telegraf, Nr. 68 D, 7. 4. 1949, abgedruckt in: CDU/CSU IM PARLAMENTARISCHEN RAT, S. 473f. – Heuss hatte bereits am 9. 4. 1949 in einem Leitartikel diese Äußerungen Schumachers als „Wegweiser in einen bedenklichen Illusionismus" und als unproduktives „Prestigebedürfnis" kritisiert; THEODOR HEUSS: Prestige, in: RNZ, Nr. 59, 9. 4. 1949, abgedruckt in: TH. HERTFELDER / J. C. HESS, Streiten, S. 168–170.

7 Der Unternehmer und rechtsnationalistische Politiker Alfred Hugenberg hatte im Ersten Weltkrieg einen Medienkonzern aufgebaut, dessen publizistische Schlagkraft er seit 1918 massiv gegen das demokratisch-parlamentarische System der Weimarer Republik einsetzte.

8 Carlo Schmid.

9 Kurt Schumacher.

10 TH. HEUSS, Friedrich Naumann [^{2}1949], vgl. auch Nr. 45, Nr. 67.

Nr. 195
An Elly Heuss-Knapp, [Badenweiler]
22. April 1949; Bonn, [Parlamentarischer Rat]
FA Heuss, Basel: hs. Schreiben, behändigte Ausfertigung
Position der FDP im Konflikt zwischen CDU/CSU und SPD im Parlamentarischen Rat

Liebe Elly,

die augenblickliche Lage sieht sehr trübe aus, da nun auch die CDU eine Erklärung gegen SPD herausließ[1] – die braven Vorschläge, die ich Dr. Pfeiffer vorher machte u. die er akzeptierte, sind nicht verwertet.[2] Wir selber werden von beiden Teilen umworben, kommen aber im Augenblick stärker an die Seite der CDU, als uns sachlich erwünscht ist. Zumal sie uns im Wahlrecht denn doch hereinlegen möchte.[3]

Persönlich geht es gut. Gestern Abend bei La Roche[4] ein vortreffliches Essen – Königinpastetchen plus Wiener Schnitzel! Frau La Roche hat veranlaßt, daß nachts ein Glas Rotwein mit Ei auf m[einer] Stube steht.

Becker u. Dehler fabrizieren lustig Anträge, die, theoretisch richtig gedacht, an der Dynamik der Politik vorbeilaufen.[5] Gut, daß Höpker jetzt immer sehr besonnen ist.

---

1 Die Krise im Parlamentarischen Rat eskalierte, als die SPD auf ihrem „kleinen Parteitag" am 20. 4. 1949 in Hannover auf Konfrontationskurs zu den Forderungen der Alliierten und zu den Positionen der CDU und CSU ging und einen eigenen Entwurf des Grundgesetzes vorlegte, der am 23. und 26. 4. im Berliner „Telegraf" veröffentlicht wurde (abgedruckt in: Parlamentarische Rat, Bd. 7, S. 462–496). Dieser Entwurf hatte weniger den Charakter eines Diskussionsbeitrags für die Verfassungsberatungen, sondern war vielmehr ein politisches Positionspapier der SPD für die öffentliche Auseinandersetzung. Die CDU/CSU-Fraktion im Parlamentarischen Rat reagierte am 22. 4. auf die Angriffe der SPD mit der Veröffentlichung einer Erklärung, in der sie die Vorwürfe der SPD, Erfüllungsgehilfin der Besatzungsmächte zu sein, zurückwies und es ablehnte, über einen gänzlich neuen Entwurf des Grundgesetzes zu beraten, nachdem in fast allen Fragen Einmütigkeit zwischen den Fraktionen hergestellt worden sei. An die Presseorgane von CDU und CSU wurde zudem eine Ausarbeitung des CDU-Abgeordneten Süsterhenn unter dem Titel „Die SPD gegen die Menschenrechte" verteilt, in welcher der Autor an dem Verfassungsentwurf der SPD kritisierte, dass wesentliche Teile des Grundrechtekatalogs herausgestrichen seien; vgl. CDU/CSU im Parlamentarischen Rat, S. 499–502.

2 Die Vorschläge an den Vorsitzenden der CDU/CSU-Fraktion, Anton Pfeiffer, ließen sich nicht ermitteln.

3 Vgl. zur Debatte über das Wahlrecht Nr. 155, Anm. 8.

4 Vgl. Nr. 145, Anm. 8.

5 So z. B. der Antrag von Max Becker, Thomas Dehler, Hermann Schäfer und Hans Reif vom 12. 4. 1949 betr. Bundesrat und Länderrat, die zahlreichen von Dehler gezeichneten Anträge der FDP vom 16. 4. 1949 zur Änderung einzelner Artikel des Grundgesetzentwurfes oder der Antrag Beckers und Dehlers vom 22. 4. 1949 betr. einer Regierung auf Zeit; BArch, Z 5, 134 und 135, Drucksachen Nr. 694, 699–714, 727.

Kein Mensch kann im Augenblick sagen, wie die Conferenz in Frankfurt verlaufen kann[6] – jetzt hat auch CDU für Dienst[a]g Parteikonferenz angesagt, u. wir berufen den „Geschäftsführenden Vorstand" zusammen.[7]

Heute Nacht Regen, jetzt wieder strahlende Sonne.

Mit herzl[ichen] Grüßen Theodor

Nr. 196

An Elly Heuss-Knapp, Badenweiler

25. April 1949; Bonn, [Parlamentarischer Rat]

FA Heuss, Basel: hs. Schreiben, behändigte Ausfertigung; Kopfbogen: „Theodor Heuss"

Schwierige Schlussverhandlungen zwischen den Fraktionen im Parlamentarischen Rat

Liebe Elly,

in einer Stunde fahren wir nach Frankfurt[1] – die Verständigung ist ziemlich erreicht.

Kurzbericht seit Samst[a]g früh, da ich Dir während der Sitzung eine Karte schrieb.[2]

---

[6] Noch während am 22. 4. 1949 in Bonn ein interfraktioneller Ausschuss zwischen den zerstrittenen Parteien zu vermitteln versuchte, traf überraschend am Abend ein weiteres alliiertes Memorandum ein. Dieses hatten die drei Außenminister bereits auf ihrer Konferenz in Washington am 7. 4. beschlossen. Die Militärgouverneure übermittelten das Memorandum den Abgeordneten aber erst zwei Wochen später, als sich der Konflikt zwischen den großen Parteien nach dem SPD-Parteitag in Hannover zuspitzte und die Verhandlungen im Parlamentarischen Rat in eine Sackgasse zu geraten drohten. In dem Memorandum zeigten sich die Alliierten bereit, in fast allen strittigen Punkten den Vorschlägen des Parlamentarischen Rates wohlwollend entgegenzukommen; Abdruck des Memorandums in: PARLAMENTARISCHE RAT, Bd. 8, S. 244. Mit diesem ausgestellten „Blankoscheck" (M. F. FELDKAMP, Parlamentarische Rat, S. 165) in der Hand, führten die Abgeordneten die Verhandlungen über das Grundgesetz mit Elan, aber auch unter Zeitdruck fort. Die Militärgouverneure hatten bereits für den 25. 4. 1949 in Frankfurt a. M. ein weiteres Treffen mit einer Delegation des Parlamentarischen Rates angesetzt, um abschließend über den Grundgesetzentwurf zu beraten; vgl. ebd., S. 164f, 169; vgl. auch Nr. 197.

[7] Die Parteiführungen von CDU und CSU sowie der FDP-Bundesvorstand wollten am 26. 4. 1949 u. a. die Ergebnisse der Verhandlungen mit den Alliierten tags zuvor erörtern; UNIONSPARTEIEN, S. 466–559; FDP-BUNDESVORSTAND, S. 39–42.

[1] Vgl. zum Treffen der Delegation des Parlamentarischen Rates mit den drei Militärgouverneuren am 25. 4. 1949 in Frankfurt a. M. Nr. 197.

[2] Heuss an Heuss-Knapp, 23. 4. 1949, in: FA Heuss, Basel, wo es heißt, dass Heuss und Höpker Aschoff in der kulturpolitischen Debatte „über die tote Stelle hinwegführten".

Die Franzosen luden Höpker u. mich noch zum Essen, das sehr gut war – auch angenehme Atmosphäre. Ab 3 Uhr weiter in Großen und Kleinen Besprechungen.[3] Die Soz[ial]dem[okraten], d. h. <?>,[4] Zinn, machten plötzlich den Vorschlag, <die>[5] Schulartikel der weimarer Verfassung <in toto>[6] als geltend zu nehmen. CDU nahm das auf und lud auf gestern wieder Kirchenleute ein – ich protestierte gegen das Vorgehen, das nur Wirrnis schafft (Carlo[7] teilte m[eine] Auffassung im pers[önlichen] Gespräch).[8]

Am Sonntag dann weiter Conferenzen[9] – ich drückte mich, zeichnete am Rhein u. fuhr nachmittags mit Höpker, der sein Sach unter Dach gebracht hatte,[10] nach Maria Laach. Herrliche Fahrt. Ich zeichnete vom nahen Berg die Abtei.[11] Abends 8 Uhr war ich wieder in Bonn u. ging noch in den Ausschuß, in dem ich freilich sehr gefehlt hatte.[12] Adenauer hängte mir noch eine Arbeit für

---

[3] Interfraktionelle Besprechung vom 23. 4. 1949, in: PARLAMENTARISCHE RAT, Bd. 11, S. 154–163.

[4] Unleserliches Wort wegen Wasserfleck.

[5] Unsichere Lesart wegen Wasserfleck.

[6] Wie Anm. 5; lateinisch für „im Ganzen".

[7] Carlo Schmid.

[8] Die Besprechungen in den interfraktionellen Gremien gestalteten sich äußerst schwierig, da die SPD-Fraktion an ihren Parteivorstandbeschluss vom 20. 4. 1949 gebunden war, der einen eigenen Verfassungsentwurf vorsah. In diesem Entwurf fehlten zahlreiche Grundrechte oder waren diese gekürzt, auf die sich die Abgeordneten schon geeinigt hatten; u. a. fehlte auch Art. 7b über das Schulwesen, den Religionsunterricht und die mögliche Einrichtung von Bekenntnisschulen; vgl. Nr. 195, Anm. 1. Um einer Einigung näherzukommen, schlug der SPD-Abgeordnete Georg August Zinn in der interfraktionellen Besprechung vom 23. 4. 1949 vor, die kirchen- und schulpolitischen Artikel der Weimarer Reichsverfassung in das Grundgesetz aufzunehmen; vgl. PARLAMENTARISCHE RAT, Bd. 11, S. 162. Um diese und auch noch andere strittige Punkte (Gesetzgebungskompetenz, Finanzverwaltung) zu klären, setzte der Ausschuss Unterausschüsse ein. Die CDU/CSU-Fraktion bat für den Unterausschuss über die Kirchenfragen am 24. 4. Vertreter der Kirchen hinzu; vgl. CDU/CSU IM PARLAMENTARISCHEN RAT, S. 512. Bereits in der Schlussdebatte der interfraktionellen Besprechung am 23. 4. hatte sich Heuss gegen diese erneute Hinzuziehung von Kirchenvertretern gewandt; vgl. PARLAMENTARISCHE RAT, Bd. 11, S. 163, Anm. 38.

[9] Laut Protokoll war Heuss bei der interfraktionellen Besprechung am 24. 4. 1949 ab 10.00 Uhr noch anwesend und fehlte dann bei den anschließenden Sitzungen ab 14.30 und 18.00 Uhr; vgl. PARLAMENTARISCHE RAT, Bd. 11, S. 168–178.

[10] Höpker Aschoff gehörte dem Unterausschuss über das Finanzwesen an, der am Nachmittag des 23. 4. 1949 eingesetzt wurde und noch am selben Tag seine Ergebnisse vorlegte; vgl. PARLAMENTARISCHE RAT, Bd. 11, S. 164f.

[11] Benediktinerkloster Maria Laach in der Eifel, Kreidezeichnung, 24. 4. 1949, Privatbesitz Ursula Heuss-Wolff, Basel; vgl. Abb. 26.

[12] Auch auf der abendlichen Sitzung des interfraktionellen Ausschusses am 24. 4. 1949 waren die Fraktionen in den strittigen Punkten (konkurrierende Gesetzgebung zwischen Bund und Ländern, Finanzverwaltung, religions- und kulturpolitische Grundrechte) von einer Einigkeit weit entfernt. Erst nach dieser Sitzung kam es zu einer Annäherung zwischen Schmid und Adenauer, weil die SPD auf ihren eigenen Grundgesetzentwurf verzichtete. Noch am späten Abend konnte somit ein Unterausschuss einen mehrheitsfähigen Entwurf auch für die strittigen Bereiche vorlegen, der den Militärgouverneuren am folgenden Tag übergeben werden sollte; vgl. PARLAMENTARISCHE RAT, Bd. 11, S. 179–192; M. F. FELDKAMP, Parlamentarische Rat, S. 169–171.

Abb. 26: Kreidezeichnung von Theodor Heuss: Benediktinerkloster Maria Laach in der Eifel, 24. 4. 1949

Frankfurt auf – später Maibowle mit der Großfamilie La Roche.[13] Frau La Roche fährt nach Wildbad, Ischias.

Heute der Himmel bewölkt u. ewiger Regen in der Nacht.

Schäfer redete gestern in Weilburg u. war von der Sache befriedigt.[14]

An Ernst M[ayer] u. Wolfgang H[außmann] gab ich vorgestern u. gestern telefonisch Pointen – Reinhold[15] liegt noch im Bett.

Ich bin, vom Flüssigkeitskonsum abgesehen, brav – die Thermosflasche will halt auch konsumiert werden.

Sage der Schwester Rigobertha, daß ich ihr für ihre Gebete danke – an sich fühle ich mich frisch.[16]

---

13 Vgl. Nr. 145, Anm. 8.

14 Vom 22. bis 24. 4. fand in Weilburg der Landesparteitag der hessischen FDP statt, an dem auch Schäfer teilnahm; vgl. Nassauische Neue Zeitung, Nr. 95/96, 25./26. 4. 1949. Ursprünglich wollte Heuss in Weilburg reden, musste sich dann aber wegen möglicher Verhandlungen in Bonn zur Verfügung halten; Heuss an Heuss-Knapp, 21. 4. 1949 in: FA Heuss, Basel.

15 Reinhold Maier.

Ich denke, daß man am Mittwoch dazu kommt,[17] in den Arbeitsplänen sicherer zu werden.

Daß der „Casimir"[18] neu gelackt ist, wesentlich dunkler, schrieb ich wohl – ein Parteifreund in Vaihingen hat *guten* Lack dafür gestiftet u. Otto M[aier][19] hat die Sache dann selber gearbeitet.

Sonst nichts zu berichten.

Herzl[iche] Grüße Theodor

Nr. 197
An Elly Heuss-Knapp, [Badenweiler]
26. April 1949; Bonn, [Parlamentarischer Rat]
FA Heuss, Basel: hs. Schreiben, behändigte Ausfertigung; Kopfbogen: „Theodor Heuss"
Verhandlungen einer Delegation des Parlamentarischen Rates mit den Militärgouverneuren in Frankfurt a. M.; Vermittlungstätigkeit von Theodor Heuss

Liebe Elly,

der gestrige Montag in Frankfurt war wichtig[1] – die Sitzung dauerte von ½ 3 Uhr bis ½ 9 Uhr – dann saßen wir, Höpker und ich, noch mit Adenauer u. einigen zusammen zum Abendessen – Heimkunft nachts gegen 2 Uhr. Mit den Gouverneuren ging es ordentlich. Clay hat einen sachlichen und sehr ernsthaften Eindruck gemacht. In Washington hatten sie in der Finanzfrage eine Schwenkung gemacht, die der hiesige 2te Compromiß bedrohte. Aber die Sache wurde ausgeräumt.[2]

---

[16] Heuss-Knapp schrieb am 21. 4. 1949 ihrem Mann, dass Schwester Rigobertha „die ganze Messe neulich für Deine Gesundheit ‚aufgeopfert'" habe; in: FA Heuss, Basel.

[17] Es folgt gestrichen: „ist".

[18] Gemeint ist das Automobil von Heuss; vgl. Nr. 82, Anm. 5.

[19] Chauffeur von Heuss.

[1] Am 25. 4. 1949 reiste eine Delegation des Parlamentarischen Rates nach Frankfurt a. M., um den in der Nacht zuvor interfraktionell beschlossenen Grundgesetzentwurf den drei Militärgouverneuren vorzustellen; vgl. Nr. 195, Anm. 6, Nr. 196, Anm. 12; zu den Verhandlungen in Frankfurt a. M. vgl. M. F. FELDKAMP, Parlamentarische Rat, S. 171f.

[2] Lucius D. Clay machte in seinen einleitenden Ausführungen deutlich, dass der Grundgesetzentwurf u. a. in der Frage der Zuständigkeit des Bundes für den Finanzausgleich zwischen den Ländern noch stärker die Vorgaben des alliierten Memorandums berücksichtigen müsse, das die drei Außenminister am 7. 4. 1949 in Washington verfasst hatten und das dem Parlamentarischen Rat am 22. 4. überreicht wurde; vgl. Nr. 195, Anm. 6. Vor allem die Bewilligungsgrundlage für Sondersteuern, die der Bund zur Unterstützung steuerschwacher Länder in Anspruch nehmen dürfe, solle genauer in den entsprechenden Art. 122 (GG, Art. 106) eingearbeitet werden. Schließlich kamen sich die

Die Gouverneure baten, wir sollten an dem Abend auch mit dem übrigen fertig werden. Dieser Zeitdruck war dann günstig. Die Leute warteten brav 2 Stunden lang.[3] Ich machte wieder meine Compromiß-Vorschläge des gentlement agreements. Zunächst von der SPD abgelehnt. Aber nach ½ Stunde kam Menzel u. sagte mir, sie folgen m[einer] Auffassung, wenn das u. das <oder>[4] das … Ich verhandelte dann mit Ad[enauer] u. Pfeiffer – ich versprach der SPD, ihr in einigen Punkten m[eine] Stimme zu geben, wenn sie dann in toto[5] annimmt. Die Leute brauchen eine Optik für Hannover – ihre führenden Leute können einem direkt leid tun.[6]

Nun ist der techn[ische] Weiterlauf noch nicht ganz klar, da[7] heute CDU in Godesberg Parteikonferenz.[8] Adenauer versprach den Gouverneuren, daß wir am 15. 5. fertig wären.[9] Ungeschickt Bremen dazwischen. Ob Verschiebung möglich, wird heute Abend im Vorstand diskutiert.[10]

Ich sehe die Situation jetzt so: daß ich am Samstag nach Stuttgart fahre. Maier[11] holt Dich dann am Sonntag von Badenw[eiler] nach Stuttgart – ich besprach es mit ihm. Am Montag dann (od. Di.), wie hier angesetzt ist, mit Dir nach Bonn, falls der Parteitag am <6>. ist. Ich rechne doch damit, daß Eugenie[12]

Verhandlungspartner auch in diesem Punkt näher; englisches Verlaufsprotokoll der Besprechung in: PARLAMENTARISCHE RAT, Bd. 8, S. 248–259.

[3] Die deutsche Delegation hatte sich für eineinhalb Stunden zurückgezogen und auf ein Gesamtpaket für alle noch offenen Fragen geeinigt, dem die Militärgouverneure schließlich zustimmten. Ein Protokoll dieser Besprechung der Abgeordneten ließ sich nicht ermitteln; vgl. M. F. FELDKAMP, Parlamentarische Rat, S. 172.

[4] Unsichere Lesart wegen Tintenfleck.

[5] Lateinisch für „im Ganzen".

[6] Gemeint ist der beherrschende Einfluss des SPD-Parteivorsitzenden Kurt Schumacher in der Parteizentrale in Hannover. Dazu äußerte sich Heuss am 26. 4. 1949 gegenüber dem Redakteur der „Rhein-Neckar-Zeitung" Heinz Winkler: „Vielleicht war es gut, daß ich jetzt einmal ausfallen mußte, denn ich hätte kaum ohne Schärfe gegen Kurt Schumacher schreiben können, der seiner Partei und seiner Fraktion die innere Bewegungsfreiheit fast völlig raubte, eine geradezu tragische Situation." BArch, N 1221, 408.

[7] In der Vorlage: „das".

[8] Nicht in Godesberg, sondern in Königswinter trafen sich am 26. 4. 1949 die Parteiführungen von CDU und CSU, um eine gemeinsame Marschroute für die weiteren Beratungen im Parlamentarischen Rat und die Verabschiedung des Grundgesetzes zu vereinbaren; Sitzungsprotokoll in: UNIONSPARTEIEN, S. 467.

[9] Auf der Besprechung mit den Militärgouverneuren am 25. 4. 1949 in Frankfurt a. M.; Parlamentarische Rat, Bd. 8, S. 257. Zu den Abschlussarbeiten am Grundgesetz vgl. auch THEODOR HEUSS: Abschluß-Arbeit, in: RNZ, Nr. 77, 3. 5. 1949, abgedruckt in: TH. HERTFELDER / J. C. HESS, Streiten, S. 38–40.

[10] Auf der Sitzung des FDP-Bundesvorstandes vom 26. 4. 1949 schlug Heuss vor, den Parteitag in Bremen, der für den 6. bis 8. 5. 1949 geplant war, zu verschieben. Der Vorstand beschloss, den Parteitag auf den 28./29. 5. 1949 festzusetzen; vgl. FDP-BUNDESVORSTAND, S. 43. Tatsächlich fand der Parteitag erst am 11./12. 6. 1949 statt.

[11] Otto Maier, Chauffeur von Heuss.

[12] Eugenie Sandmair, Hausangestellte des Ehepaars Heuss.

am Samst[a]g bestimmt zu Hause – ich weiß ihre Adresse nicht, sonst würde ich depeschieren.

An die Post nach Degerloch schreibe ich, man soll ab Donnerst[a]g keine Post mehr nachsenden, sondern bei Holland[13] abgeben.

Hier ist es kühler geworden. Vorher Regen, aber Barometer steigt wieder.

Herzliche Grüße Theodor

[PS] Im Notfall mußt Du an Eugenie depeschieren.

Nr. 198
An Elly Heuss-Knapp, Badenweiler
27. April 1949; Bonn, Parlamentarischer Rat
FA Heuss, Basel: hs. Postkarte, behändigte Ausfertigung
Verschiebung des FDP-Parteitages in Bremen; Redaktionsbesprechungen in der „Rhein-Neckar-Zeitung"; Nachfolge von Theodor Heuss im FDP-Parteivorsitz

Liebe Elly,

heute haben wir im interfraktionellen Ausschuß die Arbeitstermine festgelegt, um bis zum 15. fertig <zu>[1] werden (den Parteitag wollen wir, wenn es in Bremen geht, auf den 28. 5. verschieben).[2] Ich fahre[3] Samst[a]g früh weg, zunächst nach Heidelberg, wo dringend Abreden nötig sind. Vetter übernimmt am 1. 5. die Verlagsleitung, Knorr scheint sehr froh, daß es klappt, bittet mich aber (mit Recht) um baldige Aussprache.[4] Maier[5] holt Dich dann am Sonntag. Ich muß wahrscheinlich Montag in der Frühe los, weil 4 Uhr Ältesten-Ausschuß. Die gestrige Vorstandssitzung der Partei, was Niedersachsen betrifft, wenig ermutigend.[6]

---

13 Nähere Angaben ließen sich nicht ermitteln.

1 Unsichere Lesart wegen Lochung am linken Rand.

2 Zu dem von Adenauer in der interfraktionellen Besprechung am 27. 4. 1949 vorgestellten Zeitplan vgl. PARLAMENTARISCHE RAT, Bd. 11, S. 194f. Zur Verschiebung des Bremer Parteitags der FDP vgl. Nr. 192, Anm. 7, Nr. 197, Anm. 10.

3 Es folgt unleserliche Streichung.

4 Zur Übernahme der Verlagsdirektion der „Rhein-Neckar-Zeitung" durch Vetter vgl. Knorr an Vetter, 28. 4. 1949, in: FA Heuss, Basel. Heuss hatte sich schon Anfang des Jahres bei der amerikanischen Militärregierung in Württemberg-Baden für Vetter eingesetzt; Heuss an die Information Control Division, 7. 1. 1949, in: BArch, N 1221, 59.

5 Otto Maier.

6 In der Diskussion über das Grundgesetz meldeten auf der Sitzung des FDP-Bundesvorstandes am 26. 4. 1949 vor allem die Vertreter der Landesverbände Niedersachsens (Artur Stegner), Nord-

Schäfer sehr gut – ich schlug ihm vor, übers Jahr mein Nachfolger als Parteivorsitzender zu werden.[7]

Mit herzlichem Gruß Theodor

Nr. 199
An das Rektorat der Technischen Hochschule Stuttgart
30. April 1949; Stuttgart[-Degerloch], Löwenstraße 86
UAS, Personalakte Theodor Heuss: hs. Postkarte, behändigte Ausfertigung[1]
Absage einer Vorlesung an der Technischen Hochschule Stuttgart

Verehrter Herr Professor Schmitt,

für 2 Tage bin ich zwar hier, muß aber am Montag wieder nach Bonn. Es tut mir leid, daß ich am Mittwoch wieder fehlen muß, denn ich bleibe etwas zu sehr in meiner Outsider-Rolle stecken.[2] Aber die politische Verantwortung hat mich versklavt – zum Glück darf ich spüren, daß m[ein] Mittun in Bonn ein paarmal die Erstarrung gelöst hat. Aber Berufs- u. Privatleben gehen darüber flöten.

Freundl[ichen] Gruß
Ihr Theodor Heuss

---

rhein-Westfalens (Middelhauve, Blücher) und Hessens (Euler) Bedenken gegenüber dem Entwurf an. Nach der Generaldebatte einigte sich der Bundesvorstand zwar darauf, dem Grundgesetz in den Landtagen zuzustimmen, doch als Gegenleistung wurde die Partei verpflichtet, „nach Ablauf der ersten Legislaturperiode (vier Jahre) eine Gesamtrevision der Verfassung durchzusetzen." Der Aufforderung Blüchers, Middelhauves und anderer, bei der Abstimmung über die Flaggenfarben Schwarz-Rot-Gold Stimmenthaltung zu üben, kamen die FDP-Abgeordneten im Parlamentarischen Rat am 8. 5. 1949 nicht nach; FDP-Bundesvorstand, S. 41f; zu Vorbehalten in einigen Landesverbänden gegenüber Kernelementen des Grundgesetzes vgl. auch D. Hein, Milieupartei, S. 345f.

7 Diese aufschlussreiche Äußerung von Heuss gegenüber Schäfer ließ sich in anderen Dokumenten nicht näher nachweisen.

1 Von unbekanntem Mitarbeiter der TH Stuttgart über Absendedatum Verfügung: „Gut aufbewahren, z. d. A. Ro;" über Absenderadresse Verfügung: „Per[sonal]-Akten Heuss".

2 Vgl. Nr. 167.

Nr. 200
An Dr. Kurt von Laun, Hamburg
4. Mai 1949; [Bonn, Parlamentarischer Rat]
BArch, N 1221, 418: ms. Schreiben, Durchschlag; ms. Briefkopf: „Dr. Theodor Heuss“
Haltung zum Besatzungsstatut

Sehr geehrter Herr Doktor!

Freundlichen Dank für Ihren Brief.[1] Persönlich habe ich nicht zu den politischen Leuten gehört, die nach einem Besatzungsstatut gerufen haben.[2] Aber ich glaube, immer Verständnis dafür gehabt zu haben, daß dies vor allem aus der französischen Zone erfolgte, um eine mögliche Regulierung der Rechtsbeziehungen zu erreichen.

Ihr Brief ruht, wie mir scheint, auf irrtümlichen Voraussetzungen. Das Besatzungsstatut wird den Deutschen gar nicht unmittelbar zur Annahme vorgelegt, sondern ist eine selbständige Leistung der Besatzungsmächte. Das Statut tritt in Kraft, wenn das Grundgesetz angenommen ist.[3] Sie scheinen die Auffassung zu haben, daß wir das Grundgesetz ablehnen sollten und damit auch das Besatzungsstatut obsolet machen. Ich kann Ihre Auffassung nach meiner Beurteilung der politischen Gesamtsituation nicht teilen, bitte Sie aber, mir breitere Ausführungen darüber zu erlassen.

Ihr sehr ergebener [Theodor Heuss]

---

1 Von Laun an Heuss, 30. 4. 1949, in: BArch, N 1221, 418.

2 Das dritte der Frankfurter Dokumente vom 1. 7. 1948 hatte bereits ein Besatzungsstatut angekündigt und skizziert, das die rechtlichen Beziehungen zwischen der künftigen westdeutschen Regierung und den drei Besatzungsmächten regeln sollte (vgl. Nr. 132, Anm. 8). Die drei Außenminister der Westmächte hatten auf ihrer Konferenz in Washington am 8. 4. 1949 den Entwurf eines Besatzungsstatuts verabschiedet und zwei Tage später dem Parlamentarischen Rat überreicht. Das Statut wurde am 12. 5. verkündet und trat am 21. 9. 1949 in Kraft. Es sprach den Alliierten Zuständigkeiten zu wie z. B. die Kontrolle der Entmilitarisierung des Ruhrgebietes, die Reparationszahlungen, die Verfolgung von NS-Straftätern, die Auswärtige Politik, den Außenhandel und die Devisenwirtschaft sowie Flüchtlingsangelegenheiten. Die Besatzungsmächte behielten sich das Recht vor, jederzeit die volle Regierungsgewalt zu übernehmen, wenn dies zur Aufrechterhaltung der Sicherheit und der demokratischen Ordnung erforderlich sei. Seit November 1949 mehrfach modifiziert, erlosch das Besatzungsstatut am 5. 5. 1955 mit Inkrafttreten des Deutschlandvertrages, mit dem die Bundesrepublik ein souveräner Staat und Mitglied der NATO wurde.

3 Das Besatzungsstatut trat erst mit der Erklärung der Alliierten Hohen Kommission am 21. 9. 1949 anlässlich des Antrittsbesuchs von Bundeskanzler Adenauer auf dem Petersberg bei Bonn in Kraft, also mit dem abschließenden Konstituierungsakt der Bundesrepublik.

Nr. 201
An den FDP-Kreisverband Düsseldorf
5. Mai 1949; [Bonn, Parlamentarischer Rat]
BArch, N 1221, 405: ms. Schreiben, Durchschlag; ms. Briefkopf: „Dr. Theodor Heuss"
Kritik des Kreisverbandes an einer zu starken Unabhängigkeit der FDP-Fraktion im Parlamentarischen Rat; Föderalismus und Zentralismus; Wahlmodus des Bundespräsidenten; Ratifizierung des Grundgesetzes

Sehr geehrter Herr!

Freundlichen Dank für den mir übersandten Brief vom 28. April.[1] Das Datum sagt mir, daß Sie diese Resolution bereits vor dem außerordentlichen Parteitag für Nordrhein-Westfalen beschlossen hatten.[2] Ich möchte vermuten dürfen, daß nach diesem Termin Ihre Beurteilung unserer Bonner Arbeiten anders ausgefallen wäre, da, wie ich höre, unser Kollege Dr. Höpker Aschoff bei dieser Gelegenheit eingehend referiert hat.[3] Ich entnehme Ihrem Schreiben, daß Sie sich der Stellungnahme angeschlossen haben, die von Einbeck an uns gesandt wurde.[4] Vielleicht interessiert es Sie zu erfahren, daß Ihr Brief der einzige ist, den wir nach der Übersendung der Einbecker Resolution erhalten haben. Ich habe den Herren in Einbeck geschrieben, daß mir jede Äußerung aus Parteikreisen willkommen sein muß, daß ich aber kein Freund einer solchen methodisch arrangierten Stimmungsmache bin, dererlei wollen wir gern anderen Gruppen überlassen.[5]

Sachlich nur ein paar Bemerkungen. Ihr Vorwurf, wir hätten die Meinung der Mitglieder der Partei nicht rechtzeitig gehört und nicht genügend berücksichtigt, wird von mir zurückgewiesen. Wir haben im Laufe des Winters nicht nur den

1 Resolution des FDP-Kreisverbandes Düsseldorf, 28. 4. 1949, in: BArch, N 1221, 405. Der Kreisverband hatte darin moniert, dass die Fraktion im Parlamentarischen Rat die Meinung der Parteimitglieder nicht ausreichend berücksichtigt habe, die Verfassung den Bund gegenüber den Ländern schwäche und die Besatzungsmächte unter Verletzung des Völkerrechts Druck auf die Verfassungsberatungen ausgeübt hätten. Er forderte schließlich, über den Verfassungsentwurf per Volksabstimmung zu entscheiden.

2 Der außerordentliche Parteitag des FDP-Landesverbandes Nordrhein-Westfalen fand am 30. 4. 1949 in Düsseldorf statt. Die Delegierten billigten trotz aller Vorbehalte den Grundgesetzentwurf; vgl. D. HEIN, Milieupartei, S. 345; Nr. 198, Anm. 6; Protokoll des Parteitages in: AdL, FDP-Landesverband Nordrhein-Westfalen, 267/0.

3 Höpker Aschoff sprach sich in Düsseldorf trotz aller Bedenken für eine Annahme des Grundgesetzes im Landtag aus, versprach aber, sich für eine Revision des Grundgesetzes nach zwei Jahren durch ein einfaches Bundesgesetz einzusetzen; ebd.

4 Der FDP-Kreisverband Einbeck hatte Heuss am 13. 4. 1949 eine Resolution zugesandt, die der Unzufriedenheit der Parteimitglieder mit der Arbeit der FDP-Fraktion im Parlamentarischen Rat Ausdruck gab und allen Landesverbänden sowie Kreisverbänden in den norddeutschen Ländern zur Annahme zugeschickt wurde. Inhaltlich hatte die Resolution einen ähnlichen Tenor wie die vom Kreisverband Düsseldorf; BArch, N 1221, 418.

5 Heuss an FDP-Kreisverband Einbeck, 23. 4. 1949, in: ebd.

Parteitag in Heppenheim, sondern eine größere Anzahl von stark besuchten Vorstandssitzungen gehabt.[6] Immer ist die Arbeit in Bonn im Mittelpunkt der Aussprache gestanden. Ich halte es auch für notwendig, besonders auszusprechen, daß wir zwar den allergrößten Wert darauf legen, den inneren Konnex mit der Mitgliederschaft zu halten (und viele von uns sind deshalb bis an den Rand ihrer Kräfte draußen rednerisch tätig gewesen), unsere Entscheidungen aber haben wir nicht nach „Meinungen“, sondern nach unserem besten Wissen und Gewissen zu treffen. Ich lege von mir aus auch Wert darauf, mit Föderalismus oder Zentralismus unsere inneren Parteiauseinandersetzungen nicht zu belasten oder doch nicht [zu] überlasten. An dem Zentralismus haben sehr viele von uns durch die Nazis praktisch den Geschmack verloren, und ein Föderalismus kann in der Entwicklung der demokratischen Selbstverwaltungskräfte eine höchst nützliche und wirkungsvolle Kraft sein, wenn die Voraussetzungen einer Gesamteinheitlichkeit gesichert sind.[7]

Der Punkt vier in der Haltung der Besatzungsmächte sagt uns nichts Neues. Die Berufung auf das „geltende Völkerrecht“ ist aber höchst problematisch, da, wie Sie bemerkt haben könnten, das Völkerrecht für unsere gegenwärtige Situation nicht in Geltung ist.

Die Wahl des Bundespräsidenten vom Volk ist nach den Erfahrungen, die Deutschland mit Hindenburg gemacht hat, von niemandem im Parlamentarischen Rat vorgeschlagen worden. Unser Volk ist gegenwärtig gar nicht innerlich strukturiert genug und könnte morgen wieder in seinem seelisch amorphen Zustand der Raub eines Demagogen sein. Die Form der künftigen Wahl durch eine sogenannte Bundesversammlung geht auf meine Anregung zurück und mußte gegenüber CDU und SPD durchgesetzt werden.[8]

Ob das Grundgesetz einem Plebiszit vorgelegt wird (was ich gefordert habe) oder den Landtagen, ist noch nicht entschieden. Die Bestätigung durch die Landtage wird innerhalb der SPD und Teilen der CDU vertreten, um möglichst bald

---

[6] Zum Gründungsparteitag der FDP in Heppenheim am 11./12. 12. 1948 vgl. Nr. 165. Die Sitzungen des FDP-Bundesvorstandes vom 12./13. 2., 11. 3., 2./3. 4. und 26. 4. 1949 in: FDP-BUNDESVORSTAND, S. 3–43.

[7] Die Alliierten legten in den Frankfurter Dokumenten Wert auf eine Regierungsform föderalistischen Typs; vgl. Nr. 132, Anm. 8. Im Laufe der Beratungen im Parlamentarischen Rat war bei den einzelnen Beratungsgegenständen die konkrete Ausgestaltung einer föderalen Verfassungsordnung zwischen den Parteien immer wieder umstritten, vertrat die SPD doch in der Regel zentralistische, die CDU und CSU hingegen föderalistische Positionen; vgl. Nr. 151, Anm. 6, Nr. 156, Anm. 8, Nr. 160, Anm. 4. Zudem mahnten die Alliierten in mehreren Memoranden die Einhaltung der föderalen Vorgaben aus den Frankfurter Dokumenten an; vgl. Nr. 173, Anm. 10, Nr. 190, Anm. 6. Schon kurz nach der Übergabe der Frankfurter Dokumente hatte der FDP-Landesverband Nordrhein-Westfalen die föderale Ausrichtung des alliierten Verfassungsauftrags kritisiert; vgl. Nr. 133, Anm. 2.

[8] Vgl. zu Heuss' Urheberschaft für das Wahlgremium „Bundesversammlung“ und zum Wahlmodus des Bundespräsidenten Nr. 156, Anm. 7, Nr. 160, Anm. 4.

an einem Zeitpunkt großer außenpolitischer Auseinandersetzungen ein deutsches Organ zu schaffen.[9]

Eine sachliche Kritik an unserer Arbeit wird uns immer willkommen sein. Ob Sie zu unserer Leistungsfähigkeit Vertrauen haben oder nicht, ist Ihre Sache, aber Sie dürfen schon annehmen, daß wir sechs Leute in der täglichen Wirrnis der Situation glauben wollen, unseren Mann gestanden und mehr als einmal aus einer verfahrenen Situation die Dinge hinausgeführt [zu] haben.

Sehr ergeben [Theodor Heuss]

Nr. 202
An die Redaktion der „Zeit“, Hamburg
12. Mai 1949; [Stuttgart-Degerloch, Löwenstraße 86]
BArch, N 1221, 105: ms. Schreiben, Durchschlag
Kritik an der Nichtveröffentlichung eines Aufsatzes von Theodor Heuss über das „Elternrecht“

Sehr geehrte Herren!

Es ist zwar nicht mein Beruf, zwischen den inzwischen wieder recht schlecht gewordenen Usancen der deutschen Presse mit dem Magisterstöcklein herumzulaufen und den Erzieher zu spielen, aber da ich nun bald ein halbes Jahrhundert journalistisch tätig bin, bin ich unbefangen genug, eine schlechte Methode eine schlechte Methode zu nennen.

---

[9] Die Frankfurter Dokumente sahen ein Referendum für die Annahme des Grundgesetzes vor. Schloss sich der Parlamentarische Rat Anfang Dezember 1948 dieser Empfehlung noch an, so verlagerte sich das Meinungsbild innerhalb der Fraktionen im Laufe der ersten vier Monate des Jahres 1949 hin zu einer Regelung, welche die Annahme der Verfassung durch die Landtage favorisierte. Die SPD lehnte die direktdemokratische Abstimmung über das Grundgesetz ab, weil sie im Hinblick auf die Provisoriumsthese (vgl. Nr. 139, Anm. 8) der Verfassung nicht die stärkere Legitimation durch ein Volksvotum geben wollte. CDU und CSU hatten sich im Februar noch mehrheitlich für die Referendumslösung entschieden, sich dann aber für die Verabschiedung durch die Landtage ausgesprochen, weil sie eine offene Auseinandersetzung über den westdeutschen Separatstaat befürchtete. Die FDP-Fraktion hingegen sprach sich einstimmig für eine plebiszitäre Annahme des Grundgesetzes aus, so Heuss auf einer Sitzung des Bundesvorstandes vom 13. 2. 1949; FDP-BUNDESVORSTAND, S. 27. Auch publizistisch plädierte Heuss für die Volksabstimmung: „Die plebiszitäre Beurteilung allein ist in der Lage, dem Werk ein festeres Fundament im Volksgefühl zu schaffen.“ THEODOR HEUSS: Wer legitimiert? In: RNZ, Nr. 25, 12. 2. 1949, abgedruckt in: TH. HERTFELDER / J. C. HESS, Streiten, S. 168–170. Am 5. 5. 1949 billigte der Hauptausschuss dann einen Entwurf, der die Annahme des Grundgesetzes durch die Landtage vorsah; PARLAMENTARISCHER RAT, Verhandlungen des Hauptausschusses, S. 765; vgl. O. JUNG, Grundgesetz, S. 253–267; vgl. auch Nr. 204.

Es sind wohl fünf Wochen oder mehr her, daß ich Ihnen von Bonn aus einen Aufsatz über das Elternrecht zusandte.[1] Ein Aufsatz des Herrn Dr. Friedlaender über diesen Gegenstand[2] hatte eine Anzahl offenkundiger Irrtümer enthalten und war den Motiven der Auseinandersetzung so wenig gerecht geworden, daß meine Freunde aus dem nordwestdeutschen Raum mich baten, einige berichtigende Ausführungen zu machen. Ich durfte mich zu dem Verlangen berechtigt halten, diese Ausführungen Ihren Lesern vorzulegen, da ich in den Ausschüssen in Bonn der Sprecher einer Auffassung war, die die Argumentation der CDU für die staatliche Schulbildung nicht anerkennt; mit dem fragenden Kreis selber bin ich vertraut genug, da ich ihn als württembergisch-badischer Kultminister vor einigen Jahren auch amtlich zu bearbeiten hatte.[3]

Sie haben den Aufsatz nicht abgedruckt, was natürlich Ihr gutes Recht ist, wenngleich ich Ihr Verfahren mir gegenüber als wenig fair ansehen kann. Sie beanspruchen, wenn ich recht unterrichtet bin, ein sogenanntes überparteiliches Organ zu sein, und haben damit ja auch Ihren Lesern gegenüber eine Art von moralischer Verpflichtung der umfassenden Orientierung. Aber wie Sie sich mit diesem Einwand abfinden wollen, ist Ihre Sache. Ich darf Ihnen jedoch zum Ausdruck bringen, daß ich Ihr vollkommenes Schweigen für einen redaktionell schlechten Stil halte. Wenn Sie die Arbeit nicht bringen wollen, dann haben Sie sie mir zurückzugeben, denn soviel ist Ihnen ja wohl klar, daß ich nicht ein beliebiger Pennäler bin, der selig ist, wenn er gedruckt wird, sondern daß ich den Aufsatz nur schrieb, weil ich ihn für sachlich notwendig hielt. Ich bitte Sie, mir nicht zu schreiben, daß Sie mit Zusendungen überhäuft seien. Diese marktgängigen Antworten verbitte ich mir.

Der Zufall wollte es, daß ich in den Ostertagen einige Tage im gleichen Sanatorium weilte,[4] wie Herr Dr. Tüngel.[5] Ich erzählte ihm, daß ich an die „Zeit" eine kleine Erwiderung gesandt habe. Er versicherte mir seinerseits, daß er mit dem Inhalt der ersten Spalte des Friedlaenderschen Aufsatzes seinerzeit auch nicht einverstanden war, und ich durfte annehmen, daß er mit dem Abdruck meiner Erwiderung rechne.

Ich bitte Sie, mir das Manuskript zurückzugeben,[6] und möchte nur wünschen, daß Ihre Verfahrensweise mir gegenüber nicht als ein zulässiges „neues Brauchtum" in der deutschen Journalistik betrachtet werde.

Sehr ergeben [Theodor Heuss]

---

[1] Heuss an „Die Zeit", 7. 4. 1949, in: AdL, FDP-Fraktion Parlamentarischer Rat, 2958. Der Artikel ließ sich nicht ermitteln.

[2] ERNST FRIEDLAENDER: Elternrecht kommt vor Staatsgewalt, in: Die Zeit, Nr. 13, 31. 3. 1949.

[3] Zur Haltung von Heuss zum „Elternrecht" vgl. Nr. 161, Anm. 4, 5, Nr. 162, Nr. 170, Nr. 191.

[4] Heuss hielt sich vom 13. bis vermutlich 16. 4. 1949 im Schloss Hausbaden in Badenweiler auf.

[5] Richard Tüngel, Mitbegründer der Wochenzeitschrift „Die Zeit".

[6] Ein Antwortschreiben der „Zeit" ließ sich nicht ermitteln.

Nr. 203
An Franz Blücher, [Essen-Bredeney]
13. Mai 1949; Konstanz, Städtisches Krankenhaus

AdL, N 14, 52: hs. Schreiben, behändigte Ausfertigung; Kopfbogen: „Theodor Heuss“[1]

Vorbereitung des FDP-Parteitages in Bremen; Kandidatenaufstellung in der FDP für die bevorstehende Bundestagswahl; Gesundheitszustand; Verabschiedung des Grundgesetzes; Hauptstadtfrage

Lieber Herr Blücher,

eine halbe Stunde, bevor ich heute Nachmittag Stuttg[art] verließ, kam Ihr Brief[2] – bis Rottweil fuhr Ernst Mayer mit mir, der heute Abend im Schwarzwald redet, u. ich interpellierte ihn sofort. Er will Ihnen selber schreiben – es müsse ein Mißverständnis vorliegen.[3] Nun ist es so, daß er nicht Ihnen gegenüber, aber einigen Leuten des Nordwestens noch Groll besitzt, den ich ihm auszureden suche.[4] Er kommt aber wieder in Fahrt: es sind ihm 3 Wahlkreise angeboten.

Ich nehme an od. hoffe doch, daß Bremen schon angesichts der bevorstehenden Wahl diszipliniert verlaufen wird.[5] Ich selber habe nur Sorge vor dem Typ Rechenberg, der mir in s[einer] unbekümmerten Rechthaberei auf die Nerven geht (wie vermutlich ich ihm). Was wir nicht brauchen können, ist ein tiefsinniges Auseinanderreden über Föderalismus u. Zentralismus – das ist jetzt unfruchtbar. Auch keine Diskussion über Bonn-Frankfurt (Becker u. ich stimmten für Fr[ankfurt]).[6]

---

1 Unter Absendedatum hs. Eingangsdatum vom 16. 5. 1949.

2 Blücher an Heuss, 9. 5. 1949, in: BArch, N 1221, 54.

3 Blücher hatte sich darüber beklagt, dass Ernst Mayer in Württemberg-Baden Blüchers Loyalität gegenüber Heuss infrage stelle; wie Anm. 2.

4 Dieser „Groll“ Ernst Mayers rührte daher, dass er auf dem Gründungsparteitag der FDP in Heppenheim am 11./12. 12. 1948 keine erforderliche Stimmenmehrheit für einen Vorstandsposten erringen konnte; vgl. Nr. 165.

5 Bundesparteitag der FDP in Bremen am 11./12. 6. 1949.

6 Der stellvertretende Vorsitzende des FDP-Landesverbandes Nordrhein-Westfalen, Hans Albrecht Freiherr von Rechenberg, gehörte zu den Befürwortern eines nationalen Sammlungskurses der FDP und hatte im Bundesvorstand gemeinsam mit seinen nordrhein-westfälischen Parteifreunden immer wieder gegen die von Heuss und den süddeutschen Landesverbänden vertretene Linie opponiert. Neben der Frage der Parteiorganisation war es vor allem die Arbeit der FDP-Fraktion im Parlamentarischen Rat, die seine Kritik fand. Besonders die föderalistische Akzentuierung im Grundgesetz oder die Einigung auf die Nationalfarben Schwarz-Rot-Gold stießen auf den Widerstand des nordrhein-westfälischen Landesverbandes, der für einen stärkeren Zentralismus bzw. eine gänzlich neu gestaltete Bundesflagge eintrat; vgl. D. Hein, Milieupartei, S. 339–344. Zum Richtungskampf innerhalb der FDP vgl. auch Nr. 156, Nr. 171, Anm. 4; zur Flaggenfrage vgl. Nr. 163, Anm. 2. – Die Wahl des vorläufigen Sitzes der Bundesorgane fand in der elften Sitzung des Plenums am 10. 5. 1949 in geheimer Abstimmung statt. Für Bonn votierten von 62 gültigen Stimmen 33 Abgeordnete, für Frankfurt a. M. 29; vgl. Parlamentarische Rat, Bd. 9, S. 677–685;

Wegen der Einladung der Mil[itär-]Gouv[erneure] hatten die Bremer mir falsch geschrieben. Wenn die Leute, die mit den Parteidingen zu tun haben, gebeten werden, bin ich ganz einverstanden u. will denn auch m[eine] Bekannten bitten. Die Bremer schrieben mir so, als ob die Gouverneure gebeten werden sollten – da mochte ich nicht mitmachen, weil es zu offiziell wirkte.[7]

Wenn Sie an Mattes Ihre lindere Form wählen wollen, bin ich ganz einverstanden – ich neige leider dazu, auf Anmaßungen heftig zu reagieren. Aber: der Sachgehalt des Briefes, wenn auf die Einzel*fragen* geantwortet werden sollte, müßte von Ihnen formuliert werden. Ich hatte es mir so gedacht, ursprünglich, daß wir *beide* unterschreiben. Wird es dazu zu spät?[8] Ich muß hier vom 22.–24. meinen Aufenthalt wegen Bonn unterbrechen, fahre aber dann gleich zurück.[9]

Was man mit mir hier anfangen wird, ist noch nicht deutlich – morgen beginnen die Untersuchungen.[10] Ich wiege nur noch 122 Pfd. u. habe irgendwelche Herzmuskel-Schädigung, die aber wieder repariert werden könne. Das „Sanatorium", in das ich sollte, wird erst am 1. Juni frei. Aber der Arzt soll sich auch hier um mich kümmern.[11]

Die (nach m[einem] Gefühl etwas zu verhetzte) Erledigung des Grundgesetzes hat natürlich die rednerische Interpretation sehr beeinträchtigt. Ich habe nur 35 Min. gesprochen, den Rest Dehler gelassen, der aber, in s[einer] Polemik mit Bayern befangen, *sein* zugeteiltes Programm auch anders gestaltete.[12] Ich habe mich

---

M. F. FELDKAMP, Parlamentarische Rat, S. 139–142; vgl. auch Heuss an Büchsenschütz, 12. 5. 1949, in: StAF, T1/Büchsenschütz, 5; Nr. 217, Anm. 16.

7 Unter Berufung auf Blücher hatte die BDVP am 5. 5. 1949 bei Heuss angefragt, ob zum Bremer Parteitag auch die amerikanischen Militärgouverneure für Deutschland und für Nordrhein-Westfalen einzuladen seien. Heuss lehnte diesen Vorschlag am 7. 5. 1949 gegenüber der BDVP und Blücher mit der Begründung ab, dass die internationale Lage und das Verhältnis zu den Besatzungsmächten bis zum Parteitag noch völlig unabsehbar seien; BArch, N 1221, 405 und 54.

8 Heuss und Blücher hatten von Wilhelm Mattes einen Brief erhalten, in dem dieser Einfluss auf die Kandidatenaufstellung für die Bundestagswahl zugunsten bestimmter Interessengruppen wie z. B. der Vertriebenen verlangte. Heuss und Blücher wiesen dieses Ansinnen zurück und betonten, dass die Kandidatenaufstellung Sache der Wahlkreise und Landesverbände sei und die Abgeordneten keine Interessenvertreter, sondern von der Gesamtpartei Beauftragte seien; Heuss und Blücher an Mattes, 21. 5. 1949, in: AdL, N 14, 30. Das Schreiben von Mattes ließ sich nicht ermitteln. Vgl. auch Blücher an Heuss, 9. 5. 1949, in: BArch, N 1221, 54; die Schreiben von Heuss an: Blücher, 16. 4. 1949 (AdL, N 14, 52), K. H. Kuhbier, 24. 3. 1949 (BArch, N 1221, 418), Fritz Oellers, 23. 5. 1949 (AdL, FDP-Fraktion Parlamentarischer Rat, 2958).

9 Auf der Schlusssitzung des Parlamentarischen Rates am 23. 5. 1949 wurde die Annahme des Grundgesetzes durch die Landtage festgestellt, anschließend folgte die Ausfertigung und Verkündung; vgl. M. F. FELDKAMP, Parlamentarische Rat, S. 180f; Abb. 28.

10 Heuss befand sich vom 13. 5. bis 8. 6. 1949 im Städtischen Krankenhaus Konstanz, unterbrochen von einer kurzen Reise nach Bonn zur Verkündung des Grundgesetzes am 23. 5. 1949.

11 Schon am 3. 5. 1949 hatte Heuss Keil mitgeteilt, dass ihn die Ärzte nun „in ein Sanatorium sperren" wollen; BArch, N 1221, 57.

12 Dehler griff auf der zehnten Sitzung des Plenums am 8. 5. 1949 diejenigen Abgeordneten scharf an, die das Grundgesetz ablehnten. Vor allem den bayerischen CSU-Abgeordneten, von denen am

Abb. 27: Verabschiedung des Grundgesetzes durch den Parlamentarischen Rat, 8. 5. 1949, erste Reihe v.l.n.r.: Walter Menzel (SPD), Carlo Schmid (SPD), Paul Löbe (SPD), Theodor Heuss (FDP), vermutlich Hans-Christoph Seebohm (DP)

bemüht, gar nicht staatsrechtlich erläuternd zu reden wie Lehr u. Menzel vor mir, sondern politisch, mit Fechten gegen alle Seiten.[13] M[eine] Auseinandersetzung mit den Kirchen wurde mit großem Ernst angehört. Sie werden bemerkt haben, daß wir die Sorgen wegen einer Abstimmung über Rel[igions]un[ter]richt in den

späten Abend dann sechs gegen und zwei für das Grundgesetz stimmten, unterstellte Dehler, dass ihre Erklärungen vor dem Parlamentarischen Rat über einen Gewissenskonflikt nur „Unwahrheiten von Anfang bis Ende“ seien und dass sie „unsere Arbeit von Anfang an sabotiert“ hätten. Dehler handelte sich daraufhin einen Ordnungsruf des Präsidenten Adenauer ein. In der folgenden Sitzung entschuldigte sich Dehler für seine Wortwahl; vgl. PARLAMENTARISCHE RAT, Bd. 9, S. 604–608, 617, 690f, Zitate S. 605.

13 Heuss hatte sich in seiner Schlussansprache am 8. 5. 1949 auf der zehnten Plenumsitzung vor allem mit den externen Einflussfaktoren auf den Parlamentarischen Rat kritisch, bisweilen ironisch beschäftigt. Die Lenkungsversuche durch die Besatzungsmächte, durch den SPD-Vorstand in Hannover unter Kurt Schumacher und durch die bayerische CSU hätten die Arbeit am Grundgesetz immer wieder stocken, ja fast scheitern lassen. Breiten Raum nahm in der Rede von Heuss die Auseinandersetzung mit der katholischen Kirche und deren massiven Einflussversuchen bei der Verankerung des „Elternrechts“ in der Verfassung ein; vgl. PARLAMENTARISCHE RAT, Bd. 9, S. 531–543; zu Heuss’ Haltung zum „Elternrecht“ Nr. 161, Anm. 4, Nr. 162, Nr. 170, Nr. 191.

Berufsschulen ausbügeln konnten.[14] Die SPD-Fraktion hatte sich schließlich doch von Hannover emancipiert. Aber Schumacher wird zur Last für s[eine] Leute.[15] Bonn ist von einigen Leuten gewählt worden (bei der CDU), weil Sch[umacher] so für Frankfurt getobt hatte.[16]

Mit herzl[ichen] Grüßen
Ihr Theodor Heuss

[PS] Das N[eue] Vaterl[and] wird m[eine] Rede wohl bringen.[17] Wahrscheinlich können Sie es nicht billigen, daß ich dem KPD-Mann Renner „schwäbisch“ kam, „er solle s[ein] Maul halten“ – aber er hielt es dann![18]

---

[14] Weite Passagen von GG, Art. 7 über das Schulwesen und den Religionsunterricht stammen von Heuss; vgl. Nr. 191, Anm. 2. Hingegen die Bestimmung über den Religionsunterricht an öffentlichen Volks-, Mittel- und Berufsschulen sowie an höheren Lehranstalten wurde am 5. 5. 1949 in der 57. Sitzung des Hauptausschusses ersetzt durch den übergreifenden Terminus „öffentliche Schulen“, da einzelne Länderverfassungen Religionsunterricht an Berufsschulen nicht vorsahen; diesem Votum schloss sich das Plenum am 6. 5. 1949 in seiner neunten Sitzung an; PARLAMENTARISCHER RAT, Verhandlungen des Hauptausschusses, S. 760; PARLAMENTARISCHE RAT, Bd. 9, S. 453.

[15] Die SPD-Fraktion im Parlamentarischen Rat „emanzipierte“ sich von dem beherrschenden Einfluss ihres Vorsitzenden Kurt Schumacher in Hannover, als Carlo Schmid angesichts völlig verhärteter Fronten zwischen den großen Parteien am 24. 4. 1949 in einem Gespräch mit Adenauer den vom SPD-Parteitag am 20. 4. verabschiedeten Grundgesetzentwurf fallenließ. Damit machte er den Weg für eine Einigung frei, so dass am kommenden Tag ein Entwurf den Alliierten in Frankfurt a. M. vorgelegt werden konnte; vgl. Nr. 195, Anm. 1, Nr. 196, Anm. 12; zur Einschätzung Schumachers vgl. auch Nr. 207.

[16] Zur Wahl der vorläufigen Bundeshauptstadt vgl. Anm. 6. Wenige Stunden vor der Abstimmung über den Bundessitz am 10. 5. 1949 kam das Gerücht auf, Schumacher habe erklärt, eine Wahl Frankfurts würde eine Niederlage für die CDU und CSU bedeuten, und er habe sich gegen Bonn ausgesprochen. Auf einer CDU/CSU-Fraktionssitzung bezeichnete Adenauer dieses Gerücht als „vertrauliche Meldung der dpd“ und konnte seine Fraktion, in der es durchaus kein einheitliches Meinungsbild in der Hauptstadtfrage gab, auf ein Votum für Bonn einschwören, um der SPD keinen parteipolitischen Sieg einzuräumen. Später stellte sich jedoch heraus, dass die dpd-Meldung von Bonner Journalisten fingiert war, doch hatte sie ihren Zweck in der Hauptstadtfrage ganz im Sinne Adenauers erfüllt; vgl. CDU/CSU IM PARLAMENTARISCHEN RAT, S. 563; M. F. FELDKAMP, Parlamentarische Rat, S. 141f; H.-P. SCHWARZ, Adenauer, S. 599f.

[17] THEODOR HEUSS: … ein Stück festen Bodens. Eine politisch-geistige Auseinandersetzung mit den Strömungen unserer Zeit, in: Das neue Vaterland 4, Nr. 19, 18. 5. 1949.

[18] Der KPD-Abgeordnete Heinz Renner hatte die Abschlussrede von Heuss am 8. 5. 1949 vor dem Plenum des Parlamentarischen Rates solange mit Zwischenrufen gestört, bis Heuss schließlich unwirsch reagierte: „Renner, halten Sie mal eine Zeit Ihr Maul und seien Sie ruhig!“ Worauf Adenauer das Wort ergriff: „Herr Heuss, ich nehme an, Herr Renner hat Ihnen das nicht übelgenommen.“ Darauf Heuss: „Er hat sich darüber gefreut.“ PARLAMENTARISCHE RAT, Bd. 9, S. 537f; vgl. zu diesem Vorfall auch Heuss an Blücher, 27. 5. 1949, in: AdL, N 14, 52.

Nr. 204
An Dr. Ernst Ludwig Heuss, Lörrach
14. Mai 1949; Konstanz, Städtisches Krankenhaus
FA Heuss, Basel: hs. Postkarte, behändigte Ausfertigung
Krankenhausaufenthalt; Abschlussrede im Parlamentarischen Rat; Hauptstadtfrage

Lieber Ludwig,

gestern Nachmittag gegen 5 Uhr kam ich hier an – das Zimmer schön u. groß, Blick in einen Park. Der Arzt hat in der Frühe begonnen, an mir zu studieren – es wird noch einmal der ganze Katalog der Untersuchungen durchgelesen. Das Essen könnte für mich deftiger sein: ich schrieb der Mutter, mir Bohnenkaffee zu schicken, von Dir möchte ich etwas Butter, Käse, Zucker u. vielleicht Schokolade haben.[1] Am 2<2>. muß ich für 2 Tage nach Bonn;[2] die stuttg[arter] Landtagssitzung schwänze ich.

Im Schlußkampf in Bonn habe ich noch 2x gesprochen; die große polit[ische] Rede wird E. Mayer bringen.[3] Es gab einen heiteren Zwischenfall, als ich dem ewig unterbrechenden (mich liebenden!) Kommunisten zurief: „halten Sie doch einmal das Maul" – es war ein Notschrei! Er lachte mit.[4] Ich selber habe für Volksabstimmung über das Gesetz und für Frankfurt gestimmt.[5] Die Mutter war ganz für Bonn gewonnen u. hat sich schon die Eventualwohnung von Gerda zeigen lassen![6] Was etwas voreilig ist. Schumachers <dummes>[7] Eingreifen hat

---

[1] Über die Untersuchungen und die Verpflegung im Krankenhaus vgl. auch Heuss an Heuss-Knapp, 14. 5. 1949, in: FA Heuss, Basel.

[2] Zur Ratifizierung und Verkündung des Grundgesetzes am 23. 5. 1949 vgl. Nr. 203, Anm. 9.

[3] Heuss sprach auf der zehnten Sitzung des Plenums am 8. 5. 1949 (vgl. Nr. 203, Anm. 13, 17) und auf der elften Sitzung am 10. 5. 1949; PARLAMENTARISCHE RAT, Bd. 9, S. 531–543, 688–690; zum Abdruck der Rede vom 8. 5. 1949 vgl. Nr. 203, Anm. 17.

[4] Vgl. Nr. 203, Anm. 18.

[5] Zur Haltung der Parteien im Parlamentarischen Rat über die Annahme des Grundgesetzes durch ein Referendum vgl. Nr. 201, Anm. 9. Am 6. und 8. 5. 1949 hatte das Plenum schließlich den Entwurf des Hauptausschusses gebilligt, das Grundgesetz durch die Landtage und nicht durch eine Volksabstimmung anzunehmen. Die Gegenanträge, die der CDU-Abgeordnete Heinrich von Brentano zugunsten eines Referendums zweimal einbrachte, wurden zwar offen von Dehler und Becker unterstützt, jedoch in beiden Sitzungen abgelehnt; vgl. PARLAMENTARISCHE RAT, Bd. 9, S. 496–498, 596–598; O. JUNG, Grundgesetz, S. 253–267.

[6] Vermutlich Gerda Pütter, eine Freundin von Heuss-Knapp; freundlicher Hinweis von Ursula Heuss-Wolff. Am 10. 5. 1949 war Heuss-Knapp nach Bonn zur Abschlussdebatte im Plenum des Parlamentarischen Rates gereist; E. HEUSS-KNAPP, Bürgerin, S. 331.

[7] Unsichere Lesart wegen Stempelaufdruck.

Bonn nur genützt.[8] Die Laborantin hier im Haus ist eine Riehen (?), mit Geigers verwandt – sprach mich auf den Namen an.[9]

Euch allen schönen Gruß
Dein Vater Th. Heuss

Nr. 205
An Dr. Walter Bauer, [Heilbronn]
20. Mai 1949; Konstanz, [Städtisches] Krankenhaus
ACDP, 01-386-025: hs. Schreiben, behändigte Ausfertigung; Kopfbogen: „Theodor Heuss"[1]
Rückblick auf die Verhandlungen im Parlamentarischen Rat; Einschätzung des Wahlrechts; Angebot einer Kandidatur Walter Bauers im Wahlkreis Heilbronn für die Bundestagswahl

Lieber Dr. Bauer,

ein Brief m[einer] Frau sagt mir, daß Sie angerufen haben – ein Brief von Toni beugt gleichzeitig vor: wir möchten den Bericht, den Sie geben werden, etwas korrigieren. Denn sie sei bei Ihren Besuchen, vielleicht durch innere Erregung, nicht gut dran gewesen.[2]

„Man" (d. h. die Ärzte) hat mich gleich nach Bonn in die Ruhe gesandt – mein Neffe Würz schlug Konstanz vor. Die Bonner Arbeit hat mich doch ziemlich mitgenommen, zumal ich zu Hause ohne Hilfskraft war – 8 Pfd. Gewichtsverlust, angeblich leichte, doch reparierbare Herzschädigung. Ich habe in Bonn Nützliches leisten können, dadurch daß ich bei ein paar Entscheidungen Entschlüsse auf m[eine] persönliche Verantwortung nahm – ich bin manchmal geneigt, ohne uns[ere] Funktion zu überschätzen, daß die Anwesenheit von Höpker Aschoff u. mir höchst notwendig gewesen, wenn bei SPD oder CDU der Parteivorteil die Führung der Dinge zu gewinnen drohte.

Dieser Brief hat aber nun einen besonderen Zweck: sind Sie bereit, sich in den Bundestag wählen zu lassen?[3] Die Frage bewegt mich sachlich u. persönlich seit geraumer Zeit. Sie sind jetzt in dem Alter, in dem die Entscheidung nicht mehr zu

---

8 Vgl. Nr. 203, Anm. 16.

9 Zur Beziehung zur Familie Geiger vgl. Nr. 29, Anm. 22, Nr. 35, Anm. 19.

1 Oben links Vermerk vom Empfänger: „31. 5. ab Heilbronn beantwortet".

2 Die Schreiben von Elly Heuss-Knapp und Toni Stolper ließen sicht nicht ermitteln. Aus einem anderen Schreiben geht nur hervor, dass Stolper an Heuss am 11. 5. 1949 einen ausführlichen Brief übermittelt hatte; Toni Stolper an Heuss, 7. 6. 1949, in: BArch, N 1221, 490.

3 Zugleich mit der Verkündung des Wahlgesetzes am 15. 6. 1949 legten die Ministerpräsidenten auch den Termin für die Bundestagswahl auf den 14. 8. 1949 fest; vgl. E. H. M. LANGE, Wahlrecht, S. 407.

lange hinausgeschoben werden kann – praktisch stecken Sie ja schon seit Jahren in der Politik mitten drin.[4] Ich weiß nun gut genug, daß es auch Politik außerhalb des Parlaments gibt – aber diesem Rang u. Würde zu gewinnen, bleibt jetzt wichtigste Aufgabe. Und daß Sie mit Ihrer Arbeitskraft, Erfahrung und Redegabe das Zeug zu einer starken Leistung haben, wissen Sie selber. Sie haben nur etwas Angst vor dem Subalternen, mit dem alle Parteipolitik verbunden ist. Man muß nicht dessen Opfer werden. Ich glaube, es nicht geworden zu sein.

Es fehlt bei Ihnen die Partei-Entscheidung. Sie haben Ihre persönlichen Freunde in beiden für Sie in Frage kommenden Gruppen – das ist gleichzeitig Bereicherung und Beengung.[5] Sachlich kann eine solche Position für die parlam[entarische] Arbeit ein Gewinn sein. Bei mir ist es ja so, daß ich bei der SPD viel mehr persönliche Vertrauensbeziehungen habe als bei dem, was heute in der CDU Führung ist – das hat sich mehr als einmal als sehr nutzbringend erwiesen. Das Zweiparteiensystem wäre heute für Deutschland ein Unglück – Bonn hat dies gezeigt, weil das Parteiprestige so stark werden wollte (Schumacher eine Unglücksfigur!)[6] – wir würden mit dem engl[ischen] Mehrheitssystem eine neue Mainlinie bekommen: CDU Süden u. Westen, SPD Norden. Parteien können dann so partikularistisch werden wie Dynastien.

Das Wahlrecht, das wir gemacht haben, ist nicht ideal; aber es gelang, die SPD zu überzeugen, daß der übersehbare Wahlkreis den Vorzug hat, dem „Nachwuchs“ eine individuelle Chance zu geben. (Sie wollte ursprünglich ganz große Bezirke mit Panaschieren.)[7] So werden also in den nächsten Wochen Wahlbezirke gemacht werden. Und nun die Frage: würden Sie sich in Heilbronn aufstellen lassen? Ich selber soll in Stuttgart kandidieren, um für die Wahlagitation mehr auch für andere Bezirke innerhalb u. außerhalb der Heimat[8] sprechen zu können. Eine mündliche u. schriftliche Unterhaltung mit den Heilbronner Freunden hat mir gezeigt, daß man auch dort, völlig unabhängig von mir, Ihren Namen erörtert. Lokal ist im Augenblick ja gar niemand da. Ich bin also sozusagen „ermächtigt“, Ihnen von diesen Überlegungen zu schreiben, mit der Bitte, wenn Sie wieder nach Heilbronn kommen, einfach mit Dürr gleich Fühlung zu nehmen. Denn auch ein Nein sollte ja sehr bald deutlich sein.[9]

---

4 Der Unternehmer Walter Bauer war bereits 1946/47 Mitglied des Wirtschaftsrates beim Länderrat in Stuttgart, ab 1946 Generaltreuhänder für den konzerngebundenen Kohlenhandel in der amerikanischen Zone. Er stand Heuss seit 1920 und dann vor allem nach 1933 persönlich nahe; vgl. H. Bott / H. Leins, Begegnungen, S. 464–467.

5 Bauer stand der FDP bzw. DVP sowie der CDU nahe.

6 Vgl. zur Einschätzung Schumachers Nr. 194, Anm. 6, Nr. 197, Anm. 6, Nr. 203, Anm 13, Nr. 207.

7 Zur Diskussion über das Wahlrecht im Parlamentarischen Rat vgl. Nr. 155, Anm. 8, Nr. 173.

8 Es folgt gestrichen: „sich“.

9 Der DVP-Vorsitzende in Heilbronn, Dürr, befürwortete statt eines Wahlkreises einen Listenplatz für Bauer, der sich aber entscheiden müsse, welcher Fraktion er nach der Wahl angehören wolle; Dürr an Heuss, 14. 5. 1949, in: BArch, N 1221, 55; vgl. auch Nr. 218.

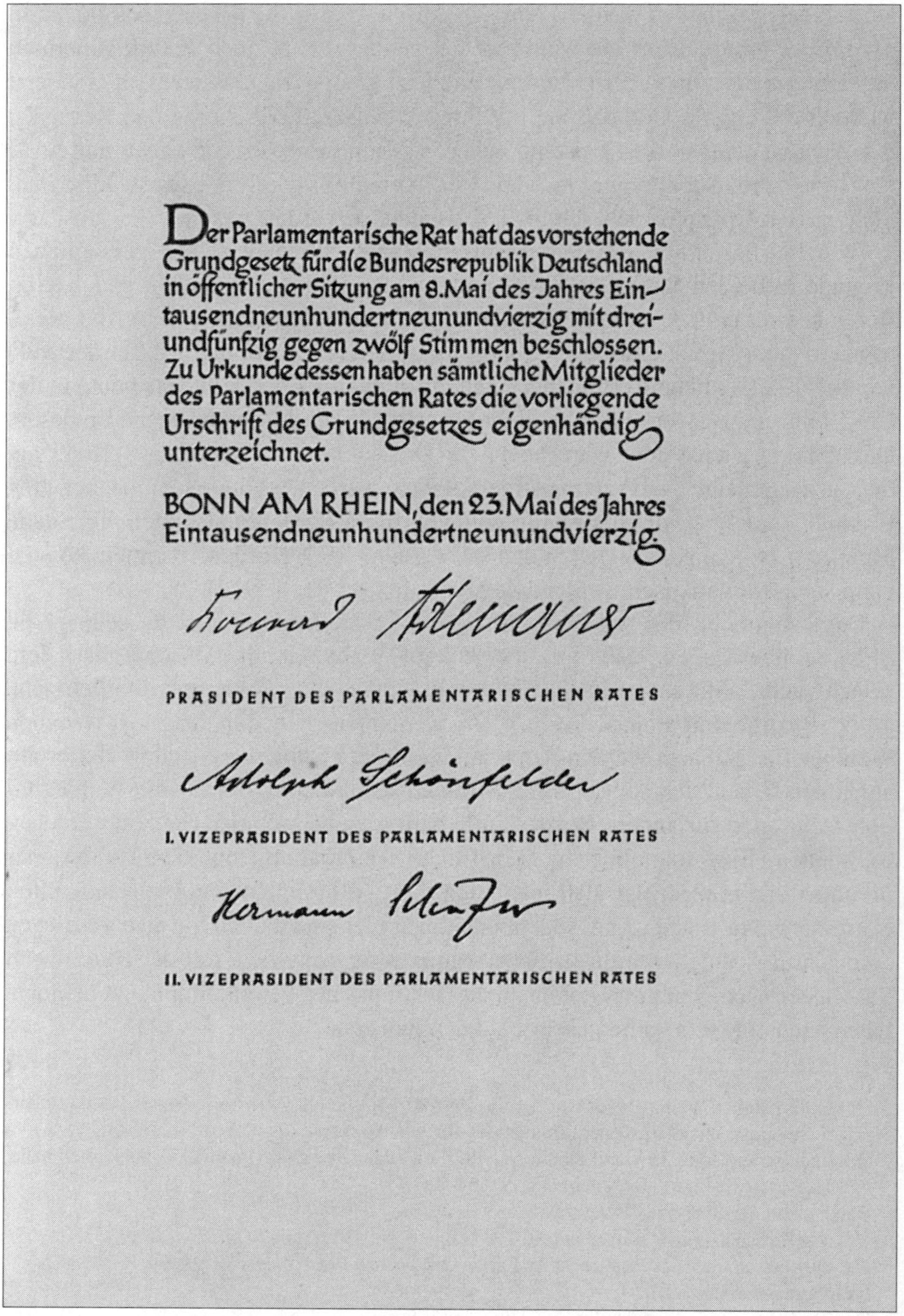

Der Parlamentarische Rat hat das vorstehende
Grundgesetz für die Bundesrepublik Deutschland
in öffentlicher Sitzung am 8. Mai des Jahres Ein-
tausendneunhundertneunundvierzig mit drei-
undfünfzig gegen zwölf Stimmen beschlossen.
Zu Urkunde dessen haben sämtliche Mitglieder
des Parlamentarischen Rates die vorliegende
Urschrift des Grundgesetzes eigenhändig
unterzeichnet.

BONN AM RHEIN, den 23. Mai des Jahres
Eintausendneunhundertneunundvierzig.

Konrad Adenauer

PRÄSIDENT DES PARLAMENTARISCHEN RATES

Adolph Schönfelder

I. VIZEPRÄSIDENT DES PARLAMENTARISCHEN RATES

Hermann Schäfer

II. VIZEPRÄSIDENT DES PARLAMENTARISCHEN RATES

Abb. 28: Exemplar des Grundgesetzes, das Theodor Heuss nach seiner Arbeit im Parlamentarischen Rat erhalten hat, aufgeschlagen

Der Wahlkreis ist neben Stuttgart, Göppingen u. Ludwigsburg der sicherste, würde ja auch auf der Landesliste seine entsprechende Numerierung erhalten. Ich habe meinerseits Dürr zugesagt, in Heilbronn einmal zu sprechen – das ist natürlich nicht von entscheidendem Belang.

Vielleicht interessiert es Sie (dies vertraulich), daß Richard Freudenberg in Weinheim, der parteipolitisch ungefähr in Ihrer Position ist, mit Reinh. Maier in Fühlung ist – er wird vermutlich in Weinheim-Heidelberg für die Demokraten kandidieren. Die Dinge sind noch nicht abgeschlossen, wurden mir aber vor 8 Tagen als aussichtsreich bezeichnet.

Ich bin seit einer Woche hier, fahre So. bis Di. nach Bonn, weil Adenauer mir entsetzlich zugeredet hat, bei der „Ausfertigung" dabei zu sein.[10] Dann bleibe ich bis 8. Juni hier – daran schließt sich ein Parteitag in Bremen.[11] Ihm folgt der Wahlkampf. Hoffentlich belästigen mich dann die Ärzte nicht mehr – mein Neffe Würz drängt am meisten auf Pause, weil ich jetzt noch reparierbar sei.
Meine Hauptbeschäftigung hier ist, Korrektur meines Naumann-Buches zu lesen, das im Herbst bei R. Wunderlich neu erscheinen wird.[12] Es ist fast ergreifend, in die Parallelen zu mancher Gegenwartsnot dabei geführt zu werden.

Ob wohl Gustls Buch bald kommt? Ich will nicht immer wieder den Verlag drängen – es ist ein Nachwort von mir dazu geschrieben, um der jüngeren Generation etwas von dem Mann zu sagen.[13]

Ich hoffe sehr, daß die turbulente Zeit uns doch bald einmal zusammenbringt – Sie haben viel zu erzählen.

Von Lörrach gute Nachrichten.[14]

Mit herzl[ichen] Grüßen
Ihr Theodor Heuss

---

[10] Vgl. zur Ausfertigung des Grundgesetzes Nr. 203, Anm. 9.
[11] Vgl. Nr. 192, Anm. 7.
[12] TH. HEUSS, Friedrich Naumann [^{2}1949], vgl. auch Nr. 45, Nr. 67.
[13] G. STOLPER, Deutsche Wirklichkeit, S. 369–372; vgl. auch Nr. 120, Nr. 121, Nr. 139, Nr. 147.
[14] In Lörrach lebte der Sohn Ernst Ludwig Heuss mit seiner Familie.

Nr. 206
An Prof. Dr. Fritz Rörig, Berlin-Zehlendorf
28. Juni 1949; Stuttgart-Degerloch, Löwenstraße 86
AHL, NL Rörig, 45: ms. Schreiben, behändigte Ausfertigung; Kopfbogen: „Theodor Heuss"
Deutsch-französische Verständigung; Zusammenschluss von Württemberg und Baden

Werter Herr Professor Rörig!

Ihr freundlicher Brief[1] traf gerade im Augenblick ein, da ich mancherlei lagernde Briefe abdiktieren konnte. Sie haben selber gespürt, daß man mit mir nachsichtig sein muß, was Briefe anlangt. Seit Anfang September war ich fast immer in Bonn, und seit Januar liegt meine vieljährige Mitarbeiterin im Krankenhaus. In Bonn selber hatte ich mich überanstrengt, so daß ich für ein paar Wochen ausspannen mußte, und jetzt geht es bald in den Wahlkampf.

Die tiefgehende Änderung des deutsch-französischen Verhältnisses halte ich wie Sie für eine der Voraussetzungen einer deutschen und französischen, d. h. einer europäischen Befriedung.[2] Ich habe darüber mit vielen Franzosen Gespräche geführt, vor einem Jahr auch in Zürich mit einem französischen Abgeordneten eine die Zuhörer stark bewegende öffentliche Diskussion; der damalige Vorsitzende Madariaga, der Spanier, nannte in seinem Schlußwort unser Gespräch die Begegnung „des deux enfants de Charlemagne".[3] Auch das Nachwort zur Neuauflage meiner Naumann-Biographie holt den Gedanken hervor, denn Naumann war auch in seiner sozusagen imperialistischen Epoche zur Zeit der Jahrhundertwende der unermüdliche Fürsprecher der deutsch-französischen Verständigung.[4] Ich habe das Gefühl, daß man aber jetzt nicht die Historiker auf die

---

[1] Rörig an Heuss, 25. 6. 1949, in: AHL, NL Rörig, 45.

[2] Rörig kritisierte in seinem Schreiben das in Deutschland und bei den Alliierten oft vertretene „Dogma", dass Deutschland seinen Nachbarn Frankreich innerhalb weniger Jahrzehnte gleich dreimal überfallen habe (1870, 1914, 1940). Erst wenn deutsche Historiker die unterschiedlichen Voraussetzungen dieser drei Kriege herausgearbeitet hätten, seien „einigermaßen sinnvolle Friedensbedingungen" möglich; wie Anm. 1.

[3] Vgl. zur Tagung der Liberalen Weltunion vom 21. bis 25. 5. 1948 in Zürich Nr. 120, Anm. 23; außerdem den Bericht in: NZZ, Fernausgabe, Nr. 141, 24./26. 5. 1948. Ein Protokoll der Tagung mit dem Nachweis des Zitats von Salvador de Madariaga y Rojo ließ sich nicht ermitteln. – Das Frankenreich unter Karl dem Großen umfasste große Teile des späteren Frankreichs und Deutschen Reiches. Unter seinen Nachfolgern kam es 843 im Vertrag von Verdun zur dauerhaften Teilung des Frankenreiches in einen westlichen, mittleren und östlichen Reichsteil.

[4] Im Nachwort der Naumann-Biographie heißt es dazu: „Das aber, was Naumann heute zur außenpolitischen Problematik zu sagen hätte, ist sehr einfach, er würde mit Leidenschaft für die Be-

Problemstellung loslassen soll, denn es entsteht die Gefahr, daß von beiden Seiten die Rechthabereien sich festargumentieren. Ob die Lockerung von der ökonomischen Seite her, von der europäisch-psychologischen kommen wird, mag noch offen sein.

Ich will gerne mit Fritz Ernst einmal über Ihre Anregung sprechen.[5] Wir durchwühlen ja, da wir Württemberg und Baden zusammenlegen wollen, zur Zeit gelegentlich die Gemeinsamkeit der südwestdeutschen Geschichte.[6] Ich selber bin dabei freilich mehr Zuschauer, wenn Probleme gefaßt werden, als Mitwirkender, da ich durch politische und literarische Arbeiten bis an den Rand der Kraft beansprucht werde.

Mit den besten Grüßen
Ihr Theodor Heuss

Nr. 207
An Dr. Wilhelm Stapel, [Hamburg Groß-Flottbek]
4. Juli 1949; Murrhardt
DLA, A: Stapel: hs. Schreiben, behändigte Ausfertigung[1]
Befürwortung des humanistischen Gymnasiums; Gesundheitszustand; Kritik an Kurt Schumachers „Demagogie" und am politischen Einfluss der Bischöfe

Lieber Dr. Stapel,

schönen Dank für Ihren Aufsatz über Humanismus u. s. f.[2]

Mit den Fragen hatte ich 45/46 reichlich zu tun: mein nat[ional]soz[ialistischer] Vorgänger, Mergenthaler,[3] war von Beruf Studienrat für Physik u. dergl.; eine

---

reinigung der deutsch-französischen Beziehungen kämpfen." TH. HEUSS, Friedrich Naumann [[2]1949], S. 515.

5 Rörig schlug vor, die Untersuchungen von Viktor Ernst, dem Vater von Fritz Ernst, über die ältere Agrar-, Wirtschafts- und Sozialgeschichte Schwabens kritisch zu überarbeiten; wie Anm. 1.

6 Zur Haltung von Heuss zum Zusammenschluss von Württemberg und Baden vgl. Nr. 136.

1 Unter Absendedatum hs. Eingangsdatum vom 7. 7. 1949; im Brieftext einzelne Wörter vermutlich vom Empfänger transkribiert.

2 WILHELM STAPEL: Humanistische oder technizistische Bildung? In: Universitas. Zeitschrift für Wissenschaft, Kunst und Literatur 4 (1949), H. 10, S. 1255–1257. Stapel argumentierte für die Pflege der griechischen und lateinischen Sprache und für den Erhalt des humanistischen Gymnasiums gegenüber der Allgegenwart des „technizistischen" und zweckorientierten Denkens der Moderne.

3 Mergenthaler war von 1933 bis 1945 württembergischer Ministerpräsident und Kultusminister.

seiner Hauptleistungen war, daß er gleich von den 13 humanist[ischen] Gymnasien des Landes 10 schloß bezw. realisierte; ich hatte unter den Referenten für das höhere Schulwesen keinen Altphilologen. Denn die in Frage kommenden Leute hatten sich in das sozusagen mildere Klima der französ[ischen] Zone verzogen. Was hatte ich für Auseinandersetzungen für das „grundständige" Latein – mein „pädagogisches" Hauptargument war nicht die Logik der Sprache, sondern der Hinweis, daß der geweckte Schüler, wenn er an Franz[ösisch] od. Engl[isch] kommt, etwas von Sprachwurzel u. -gestaltung spürt u. Entdeckerfreuden empfindet. Und was für schöne Reden hielt ich bei den Ministerkonferenzen für die „Zwecklosigkeit" der Schule – daß ich mich für das „Allotria" einsetzte, wurde bei den Fachmännern – ich war der einzige, der nicht vom Schulbau war – oft ironisch zitiert.[4]

Dies mag Sie interessieren: als ich vor 3 Wochen in Bremen auf dem Parteitag der FDP eine sog. Kulturrede hielt u. mich aus den und den und den Gründen für das unverkürzte humanistische Gymnasium erklärte, wurde ich durch einen mich selber völlig überraschenden Beifall unterbrochen.[5]

Die Schlüsselposition, die mir das Schicksal in Bonn zugewiesen hatte, war eine recht anstrengende Sache – ich verlor 8 Pfd., von denen ich einige inzwischen wieder fand. Appetitlosigkeit, Herzmuskelschädigung – die Ärzte steckten mich zur Untersuchung u. s. f. ins Krankenhaus, fanden aber nichts von Bedeutung. Ich soll weniger rauchen! Aber brav zu werden ist mühsam.

Jetzt habe ich mich noch für 8 Tage in ein Landstädtchen mit der seltsamsten Romantik gesetzt, die ich in der nächsten Zeit brav zeichnen will[6] – das ist meine angenehmste Form von Ausruhen. Von Mitte Juli ab sause ich in Deutschland herum u. erzähle den Leuten, warum sie nicht SPD und nicht CDU wählen sollen. Ich bin recht unglücklich, daß Schumacher so arg in die demagogische Pointenwelt von gestern u. vorgestern geraten ist u. seine Leute in diese Tonlage zwingt.[7] Denn in Bonn war allerseits viel sachliche u. menschliche Loyalität vorhanden – am meisten Schwierigkeit machten die Bischöfe. Das ist ein weites Feld!

---

[4] Vgl. dazu auch die Würdigung von Bäuerle, in: H. Bott / H. Leins, Begegnungen, S. 135; zur Wertschätzung des humanistischen Gymnasiums auch Nr. 126.

[5] Hs. Manuskript der Rede „Probleme der Kulturpolitik", die Heuss am 12. 6. 1949 vor dem FDP-Parteitag in Bremen hielt, in: BArch, N 1221, 27; Zusammenfassung im Protokoll des Parteitags, in: AdL, A 1, 1.

[6] Es ließen sich ermitteln: Murrhardt, Walterichskapelle, Bleistiftzeichnung, 7. 7. 1949; Murrhardt, Walterichskirche, Kreidezeichnung, 7. 7. 1949 (Abb. 29), beide Privatbesitz Ursula Heuss-Wolff, Basel.

[7] Zum mit großer rhetorischer Härte geführten Bundestagswahlkampf vor allem zwischen Schumacher und Adenauer, die auch nicht vor persönlichen Diffamierungen zurückschreckten, vgl. W. Benz, Besatzungsherrschaft, S. 259–265.

Abb. 29: Kreidezeichnung von Theodor Heuss: Walterichskirche in Murrhardt, 7. 7. 1949

Ich kriege manchmal Angst, daß eine Klerikalisierung im Anmarsch ist, die wir als Problem jetzt nicht auch noch brauchen.[8]

---

[8] Zu Heuss' Kritik an den Einflussversuchen der Kirchen auf den Parlamentarischen Rat vor allem in der Frage der Verankerung des „Elternrechts" im Grundgesetz vgl. Nr. 161, Anm. 4, Nr. 162, Nr. 170, Nr. 191.

Ich hoffe, daß es Ihnen allmählich nach so dumpfer Zeit wieder besser geht mit den beruflichen Dingen.[9] Mein Verleger macht das Wagnis, im Herbst einen Neudruck meiner Naumann-Biographie, die seit Jahren vergriffen ist, vorzulegen – stilistisch gestrafft, mit einem Nachwort.[10]

Mit freundl[ichen] Grüßen
Ihr Theodor Heuss

Nr. 208
An Dr. Hermann Wandersleb, Düsseldorf
11. Juli 1949; [Stuttgart-Degerloch, Löwenstraße 86]
BArch, N 1221, 102: ms. Schreiben, Durchschlag
Drucklegung von Theodor Heuss' „ABC des Parlamentarischen Rates"

Lieber Dr. Wandersleb!

Ehe ich mich in den Wahlkampf stürze (was heute beginnt), war ich noch einmal „am Lande", wie die Östreicher sagen. Bei der Rückkehr fand ich nun ein Päckchen mit dem Parlamentarischen ABC und sage Ihnen nochmals freundlichen Dank für alle Mühewaltung.[1] Meine Frau ist etwas besorgt über die Drucklegung; sie fürchtet, daß man mir das „E" nicht verzeiht.[2] Aber wenn in der Welt kein Humor mehr vorhanden ist, dann lohnt sich die Welt nicht mehr.

Die Versendung ist, glaube ich, vom Fraktionsbüro in Bonn erfolgt, aber ich möchte Sie nun bitten, mir mitzuteilen, welchen Betrag ich wohin überweisen

---

9 Vgl. Nr. 44, Anm. 2, Nr. 65, Anm. 11.

10 TH. HEUSS, Friedrich Naumann [²1949], vgl. auch Nr. 45, Nr. 67.

1 Wandersleb, als Leiter des „Büros Bundeshauptstadt Bonn" ein umtriebiger Befürworter Bonns als Hauptstadt, hatte sich um den Druck von Heuss' „ABC des Parlamentarischen Rates" gekümmert.

2 Während der Beratungen des Parlamentarischen Rates über das Grundgesetz hatte Heuss das „ABC des Parlamentarischen Rates" verfasst und am 23. 5. 1949 fertiggestellt. Alphabetisch angeordnet, führt Heuss dem Leser zahlreiche Personen und Themen vor Augen, die für die Beratungen des Grundgesetzes von Bedeutung waren, und scheut – freilich humorvoll gewürzt – auch nicht vor der Behandlung heikler Punkte zurück. So heißt es unter dem Buchstaben „E" zum „Elternrecht": „Das Elternrecht, Vermessener, rühr es doch nicht an, / ein ganzes Erzkapitel rückt heran / und hinter ihm, elementar / erregt, und schon erprobt, die alte Einsatzschar, / ergib dich, Elender, eh du verdammt, / dein kecker Kahn vom dunklen Schiff gerammt." THEODOR HEUSS: Das ABC des Parlamentarischen Rates, Bonn 23. 5. 1949, in: BArch, N 1221, 418; neu abgedruckt in: PARLAMENTARISCHE POESIE, S. 14–29, hier S. 16.

darf, denn ich möchte das Land Nordrhein-Westfalen nicht in Verlegenheit bringen, wenn sein Rechnungshof diesen Posten unter „Bonner Allotria" findet.

Mit besten Grüßen, auch an Ihre Gattin,
Ihr ergebener [Theodor Heuss]

Nr. 209
An August Martin Euler, Frankfurt a. M.
18. Juli 1949; [Stuttgart-Degerloch, Löwenstraße 86]
BArch, N 1221, 56: ms. Schreiben, Durchschlag, hs. gez.
Kritik am Wahlabkommen der hessischen FDP mit der NDP

Lieber Euler!

Als ich am Samstag kurz in Frankfurt bei dem Konsultativrat[1] war und auf dem Parteibüro vorsprach, habe ich Sie selber nicht angetroffen. Dr. Preusker hat mich aber in den paar Minuten, die mir nur zur Verfügung waren, über Eure Abredungen mit der NDP informiert.[2]

Es wäre wahrscheinlich gut gewesen, Sie hätten vorher darüber etwas Fühlung genommen, denn noch ehe [ich] von dem Vorgang etwas erfahren hatte, telefonierte die Presse bei mir an, was ich dazu sage. Ich konnte nicht anders sagen, als daß ich erstens nicht wüßte, ob die Nachricht stimme, zweitens, daß unsere Landesverbände je nach der politischen Lage eine gewisse Autonomie der Entscheidung besäßen, und drittens, daß ich selber von Herrn Leuchtgens und seinen Freunden keine Vorstellung besitze. Meine Position aus solchem Gespräch war natürlich nicht sehr gut.

---

1 Im Rahmen der Genehmigung des Grundgesetzes durch die drei westlichen Militärgouverneure am 12. 5. 1949 hatte der englische General Brian Robertson ein Gremium angeregt, das sich – neben den alliierten Vertretern – aus den Ministerpräsidenten und einigen Abgeordneten des Parlamentarischen Rates zusammensetzen sollte, um „die Durchführung dieses Grundgesetzes, mit dem Ziel der Errichtung einer deutschen Regierung, vorzunehmen." PARLAMENTARISCHE RAT, Bd. 8, S. 266. Eine erste Sitzung dieses Konsultativrates hatte am 8. 6. 1949 in Frankfurt a. M. stattgefunden, die Schlusssitzung am 16. 7. 1949; Heuss nahm an beiden Sitzungen teil; AKTEN, Bd. 5/2, S. 909–912.

2 Die NDP hatte eine betont antisozialistische und föderalistische Ausrichtung und verbuchte seit 1948 größere Erfolge in Hessen, so dass Euler die Position der hessischen FDP als *der* strikt antimarxistischen Rechtspartei zunehmend bedroht sah. Um diesen Konkurrenten am rechten Rand zu neutralisieren, schloss die hessische FDP mit der NDP ein Wahlabkommen und räumte acht NDP-Politikern, darunter dem Vorsitzenden Heinrich Leuchtgens, Plätze auf der Landesliste ein; vgl. D. HEIN, Milieupartei, S. 64–66; vgl. über den vermeintlichen Erfolg dieser Umarmungsstrategie nach der Bundestagswahl auch Euler an Heuss, 17. 8. 1949, in: BArch, N 1221, 56.

Inzwischen bin ich von Hessen selber mit großem Nachdruck gebeten worden, in der Sache Stellung zu beziehen; offenkundig wurde von mir eine Ablehnung erwartet, die ich natürlich nicht aussprechen werde. Als ich im Konsultativrat war, wurde ich ebenso von CDU-Mitgliedern als von Leuten der SPD in der Sache ironisch angesprochen. Leute, die offenbar von Herrn Leuchtgens eine unmittelbarere Vorstellung haben als ich, zudem über diesen Mann nur die Legende eines Rauschebarts gekommen ist, meinen, daß es kaum größere Gegensätze gebe als meine Art, Politik zu behandeln, und die seinige. Er sei wohl eine integere Erscheinung, aber ein Deutschnationaler Typ im primitiven Sinn. Offenbar hat die SPD die Absicht, Euer hessisches Abkommen in dem Sinn breiter zu kommentieren, daß die FDP auf dem Rechtsabmarsch sei.

Nun sind ja die Klischeevorstellungen Rechts und Links weitgehend verbraucht, aber es würde weder zu meinem persönlichen Stil noch vermutlich auch nicht zu dem von Dehler, Schäfer und anderen passen, in die Kategorie einer „Rechtsgruppe" eingesperrt zu werden. Ich finde, daß Ihr in Eurem Kurier etwas zu sehr Euer Bedauern wiederholt, daß die CDU ein Wahlabkommen mit der hessischen FDP abgelehnt habe.[3] Ich verstehe die Betonung aus der hessischen Sondersituation, aber sie sollte jetzt aufhören, denn gerade nachdem Ihr nun mit der NDP abgeschlossen habet, entsteht zu sehr der Eindruck, wenn man über Hessen hinausgeht, als ob der Inhalt unserer Politik eine sogenannte bürgerliche Koalition sei.

Ich lasse es bei diesem Wahlkampf an Schärfe gegen Schumacher nicht fehlen, aber ich will nicht haben, daß unsere Position ihre Sinngebung in dem Gegensatz als solchem zur SPD suche,[4] denn es sind hier Kräfte genug vorhanden, mit denen wir staatspolitisch zu rechnen haben und gerne rechnen wollen. Ich zum Beispiel habe persönlich seit Jahren dorthin menschlich vertrauensvollere Beziehungen als zu den Vordergrundserscheinungen der CDU.

Ich möchte nicht haben, daß agitatorische Festlegungen erfolgen, die den radikalen Elementen der SPD das Stichwort vom „Bürgerblock"[5] zur Verfügung stellen und die maßvolleren Kräfte dadurch in den Hintergrund schieben.

Mit freundlichen Grüßen
Ihr Th. Heuss

---

[3] Deutscher Kurier. Zeitung für freiheitliche Politik, Kultur, Wirtschaft, Frankfurt a. M. 1949.

[4] Um auch die bäuerlichen Kreise Hessens an die hessische FDP zu binden, verfolgte Euler, dem das Scheitern des Liberalismus in der ersten Hälfte des 20. Jahrhunderts vor Augen stand, einen dermaßen antisozialistischen Kurs, dass er den Bezug zu den demokratischen Traditionen des Liberalismus zu verlieren drohte; vgl. D. HEIN, Milieupartei, S. 65; vgl. zu den Bedenken von Heuss gegenüber dieser Strategie seine Schreiben an: Dehler, 19. 7. 1949, (AdL, N 1, 3023), Euler, 26. 7. 1949 (BArch, N 1221, 56), Luise Berthold, 26. 7. 1949, Bleek, 27. 7. 1949 (ebd., 54).

[5] Der „Bürgerblock" war eines der möglichen Koalitionsmodelle für die parlamentarische Regierungsbildung in der Weimarer Republik. Ihm gehörten im ersten Kabinett Luther 1925 das Zentrum, die DVP und DNVP und im vierten Kabinett Marx 1927/28 darüber hinaus die BVP an.

Nr. 210
An Prof. Dr. Ludwig Erhard, Frankfurt a. M.-Höchst
19. Juli 1949; [Stuttgart-Degerloch, Löwenstraße 86]
BArch, N 1221, 56: ms. Schreiben, Durchschlag
Vereinbarung eines fairen Umgangs während des Bundestagswahlkampfes

Verehrter, lieber Professor Erhard!

Ihren freundlichen Brief fand ich vor, als ich von der ersten Wahltour zurückgekehrt war.[1] Ich teile Ihre Auffassung, daß hier in unserem Land die Situation keine größeren Schwierigkeiten machen wird. Man hat bei dem demokratischen Vertretertag natürlich bedauert, daß Sie in Württemberg-Baden kandidieren und dadurch manchen in einen sozusagen inneren Konflikt der Entscheidung bringen, aber wir haben die Motive Ihrer Entscheidung deutlich gemacht und im engeren Kreis auch von dem gentleman-agreement zwischen uns gesprochen.[2] Wir wollen es gerne bei der Abrede lassen, daß Sie bei Ihrer Stuttgarter Rede einige freundliche Worte über mich und unsere alten Beziehungen sagen.[3] Ich werde das, wenn ich mit dem Wahlkampf in Württemberg anfange, dann hier und an anderen Orten auch besorgen.

Leider kann ich Ihnen noch nicht mitteilen, wer als Zählkandidat von unserer Gruppe in Ulm sich wird aufstellen lassen.[4] Die CDU hat in Stuttgart I, wo ich kandidiere, einen Gerichtsassessor Nebinger nominiert, dessen Name, soweit ich mir sagen lasse, außerhalb der Partei völlig unbekannt ist. Er ist offenbar als „schwacher Kandidat" gedacht. Wir haben hier Blücher und Höpker Aschoff bereits reden lassen. Das Reden selber ist bei der Hitze ein etwas zweifelhaftes Unternehmen. Ich war so kokett, immer hemdsärmelig zu sprechen und die

---

[1] Heuss war wegen des Bundestagswahlkampfes vom 13. bis 16. 7. 1949 nach Göppingen, Tübingen, Offenburg und Speyer gereist; Redenkalender, in: BArch, N 1221, 684; Redenotizen ließen sich nicht ermitteln. Erhard hatte in seinem Schreiben Heuss um Verständnis dafür gebeten, dass er für die CDU kandidiere, ohne deren Mitglied zu sein. Er billigte den Vorschlag von Heuss, „daß wir uns gegenseitig in Wahlreden mit einem Ausdruck der Achtung bedenken, [...] und ich bin darüber hinaus gern bereit, besonders zum Ausdruck zu bringen, daß ich nicht gewillt bin, gegen die DVP aufzutreten, sondern meine Aufgabe darin erblicke, die Front der CDU gegen den Sozialismus zu stärken." Erhard an Heuss, 14. 7. 1949, in: BArch, N 1221, 56. Ähnliche Schreiben gingen auch an Dehler und Blücher. Vgl. zum Wahlkampf Erhards V. HENTSCHEL, Ludwig Erhard, S. 86f.

[2] Die Diskussion um die Kandidatur Erhards ließ sich im Protokoll des Bremer Parteitags der FDP vom 11./12. 6. 1949 nicht nachweisen. Zur Nähe Erhards zur FDP vgl. D. KOERFER, Kampf, S. 58f.

[3] Erhard sprach am 11. 8. 1949 in Stuttgart; vgl. StZ, Nr. 138, 12. 8. 1949. Über die Enttäuschung der Erwartungen von Heuss vgl. Nr. 218, Anm. 2.

[4] Im Wahlreis Ulm-Heidenheim kandidierte Erhard für die CDU, Jakob Nägele für die DVP.

Männer einzuladen, meinem Beispiel zu folgen. In Norddeutschland, wohin ich morgen reise, wird dies Verfahren vermutlich nicht gehen.[5]

Mit freundlichen Grüßen und guten Wünschen für die kommenden Strapazen
Ihr [Theodor Heuss]

Nr. 211
An Dr. Hermann Föge, Göttingen
19. Juli 1949; [Stuttgart-Degerloch, Löwenstraße 86]
BArch, N 1221, 56: ms. Schreiben, Durchschlag, hs. gez.[1]
Kritik an der Verwendung der Reichsfarben Schwarz-Weiß-Rot durch die niedersächsische FDP für den Bundestagswahlkampf

Verehrter Herr Dr. Föge!

Einige Tage war ich wahlredend in Südwestdeutschland unterwegs. Morgen reise ich nach Nordwestdeutschland, und wie ich aus den Notizen sehe, werde ich am kommenden 24. in Göttingen sprechen (am Tag zuvor in Kiel).[2] Ich würde mich freuen, wenn die Versammlung wieder so gut besucht sein sollte wie vor zwei Jahren![3] Aber das Thema würde ich anders gewählt haben, denn ich pflege in der gegenwärtigen Situation nicht vom „Reich" zu sprechen, weil das mir geschichtlich etwas zu stillos erscheint.[4]

Ob es stimmt, was mir gestern mitgeteilt wurde von einem der niedersächsischen Parteifreunde, daß dort der Wahlkampf etwa unter das Thema gestellt wird: „Bundesrepublik oder Reich", daß die Plakatierung schwarz-weiß-rot erfolge, kann ich von hier aus nicht beurteilen. Aber ich würde ein solches Verfahren für höchst unzulässig halten und hoffe sehr, daß ich nicht schwarz-weiß-rot plakatiert wurde. Ich habe noch nie in meinem Leben ein Wort gegen diese Farben gesagt, aber unsere Gruppe hat wie auch die Mehrheit der CDU in Bonn für Schwarz-rot-gold gestimmt, auf dem Bremer Parteitag haben wir eine Verwahrung dagegen erlassen, daß die alte oder die neue Staatsfarbe für Parteizwecke gebraucht

[5] Heuss sprach vom 20. bis 24. 7. 1949 in Wiesbaden, Bielefeld, Kiel, Siegen und Göttingen; Redenkalender, in: BArch, N 1221, 684; Redenotizen ließen sich nicht ermitteln.
[1] Oben hs. Vermerk vermutlich von Heuss: „Partei".
[2] Vgl. zu den Wahlkampfreisen Nr. 210, Anm. 1, Anm. 5.
[3] Heuss hatte am 18. 4. 1947 in Göttingen anlässlich der niedersächsischen Landtagswahlen vom 20. 4. 1947 gesprochen; Redenkalender, in: BArch, N 1221, 684; hs. Redenotizen, in: BArch, N 1221, 27.
[4] Vgl. zur Haltung von Heuss zum Reichsbegriff Nr. 156, Anm. 4, Nr. 214.

werde.[5] Es ist nach meiner Meinung ganz unmöglich, daß wir im Wettlauf um einen Pseudo-Nationalismus unsere eigene Entschließung mißachten. Ich bin in großer Sorge, wenn die niedersächsischen Freunde glauben, mit dieser Melodie den Wahlkampf bestreiten zu sollen. Ich bitte Sie sehr um Ihren Einfluß, eine solche Entwicklung abzubremsen, denn niemand bei uns im Süden denkt daran, einen solchen Weg mitzugehen. Das Nationalgefühl der Deutschen muß auf eine andere Weise in Ordnung gebracht werden. Ich auf jeden Fall lehne es ab, so nebenher als Führer einer Traditionskompagnie des Herrn Hugenberg angesehen oder mißbraucht zu werden.[6]

Mit freundlichen Grüßen
Ihr ergebener Th. Heuss

Nr. 212
An Erich Roßmann, [Stuttgart],
19. Juli 1949; Stuttgart-Degerloch, Löwenstraße 86

BArch, N 1011, 46: hs. Schreiben, behändigte Ausfertigung; Kopfbogen: „Theodor Heuss"[1]

Kritik an der Berichterstattung der „Rhein-Neckar-Zeitung" über Erich Roßmann

Lieber Freund,

eben habe ich den Aufsatz über Radio Stuttgart in der Rh[ein-]N[eckar-]Z[eitung] gelesen und darauf mit dem Verfasser eine heftige Telefonbesprechung gehabt, in der er sich gegen den Vorwurf der Perfidie zu verteidigen suchte.[2]

---

5 Vgl. zur Debatte im Parlamentarischen Rat über die Nationalfarben Nr. 163, Anm. 3; zum Dissens innerhalb der FDP über diese Frage Nr. 198, Anm. 6, Nr. 203, Anm. 6. Die FDP hatte auf ihrem Parteitag am 11./12. 6. 1949 in Bremen ein umfangreiches Wahlprogramm verabschiedet. Diese „Bremer Plattform" legte in der Flaggenfrage fest, dass die FDP „die Flagge schwarz-rot-gold als die Fahne des neuen Deutschland" anerkenne, zugleich aber der schwarz-weiß-roten Fahne des Deutschen Reiches „immer ein ehrfurchtsvolles Gedenken" bewahren werde; „Bremer Plattform" abgedruckt in: P. JULING, Programmatische Entwicklung, S. 87–102, hier S. 92.

6 Vgl. Nr. 194, Anm. 7.

1 Eingangsstempel vom 19. 7. 1949; unten ZdA-Verfügung.

2 Roßmann war im Oktober 1948 durch die amerikanische Militärregierung zum Intendanten von Radio Stuttgart ernannt worden. Anlässlich der bevorstehenden Übergabe des Senders in deutsche Hände und der anstehenden Wahl eines neuen Intendanten warf der Verfasser des Artikels Roßmann vor, den Sender während seiner Amtszeit ohne Rundfunkerfahrungen zu bürokratisch geführt und „den freie[n] Fluß schöpferischer Ideen" erstickt zu haben. Gesundheitlich angeschlagen und beansprucht durch zahlreiche weitere Aufgabe, habe er Radio Stuttgart oft sich selber überlassen. Vor allem habe seine SPD-Mitgliedschaft Roßmann zu politischen Rücksichten gezwungen, die der Verpflichtung des Senders zur kritischen Berichterstattung abträglich gewesen

Unglücklicher Weise ist Dr. Knorr im Erholungs-Urlaub – ich glaube, er würde die Sache nicht haben durchgehen lassen. Leider bin ich z. Zt. dauernd unterwegs, so daß ich die stuttgarter Situation nicht übersehe – Reinelt versichert, daß er nicht für den oder den arbeite.[3]

Mit herzl[ichem] Gruß
Ihr Theodor Heuss

Nr. 213
An Dr. Gustav Heinemann, Essen
26. Juli 1949; [Stuttgart-Degerloch, Löwenstraße 86]
AdsD, NL Heinemann, Teil 1, 18: ms. Schreiben, behändigte Ausfertigung; Kopfbogen: „Theodor Heuss"[1]
Kritik am Wahlkampfauftritt Gustav Heinemanns

Sehr geehrter Herr Oberbürgermeister,

auf einer Wahlreise in Westfalen las ich vor wenigen Tagen in der Westfalenpost (Mescheder Zeitung) vom Sonnabend 23. Juli einen Bericht über die CDU-Kundgebung in Heidelberg. In diesem Bericht steht u. a., daß Sie gesagt haben: „SPD und FDP könnten nicht die politische Heimat evangelischer Christen sein".[2]

Ich möchte mit Ihrer Loyalität rechnen dürfen, daß Sie mir eine rasche Auskunft geben, ob und wie weit dieser Bericht dem Gedankengang Ihrer Rede entspricht. Ich selbst werde in den nächsten Tagen in Heidelberg zu sprechen haben und bin keineswegs gesonnen, diese Darstellung hinzunehmen.[3] In Bonn, glaube ich, ist es mir einigermaßen gelungen, gegenüber katholischen Kreisen der CDU deren Versuch, zwischen „christlichen" und „nichtchristlichen" Parteien zu unterscheiden, abzulehnen.

---

seien; A. Reinelt: Radio Stuttgart unter der Lupe. Die Bedeutung der bevorstehenden Intendantenwahl – Zur Übergabe des Senders in deutsche Hände, in: RNZ, Nr. 140, 19. 7. 1949.

3 Heuss verfasste einen Gegenartikel zur Ehrenrettung Roßmanns; Theodor Heuss: Radio-Politik, in: RNZ, Nr. 152, 2. 8. 1949; vgl. auch Heuss an Roßmann, 22. 7. 1949, in: BArch, N 1011, 46.

1 Eingangsstempel vom 29. 7. 1949; unter Absendedatum vermutlich Paraphe vom Empfänger; weiterer Nachweis: BArch, N 1080, 101: ms. Schreiben, Durchschlag, ms. gez.

2 Westfalenpost/Mescheder Zeitung, Nr. 86, 23. 7. 1949. Die Zeitung zitierte Heinemann aber nicht wörtlich, sondern resümierte seine Rede mit diesem Satz.

3 Heuss sprach am 5. 8. 1949 in Heidelberg; Redenkalender, in: BArch, N 1221, 684; Redenotizen ließen sich nicht ermitteln.

113

THEODOR HEUSS

29. Juli 1949

Stuttgart-Degerloch, den 26. Juli 1949.
Löwenstraße 86
Fernruf 76553

[AE 134]

Herrn
Oberbürgermeister Dr. Heinemann,

Essen.

Sehr geehrter Herr Oberbürgermeister,

auf einer Wahlreise in Westfalen las ich vor wenigen Tagen in der Westfalenpost (Mescheder Zeitung) vom Sonnabend 23.Juli einen Bericht über die C D U - Kundgebung in Heidelberg. In diesem Bericht steht u. a., dass Sie gesagt haben: " S P D und F D P könnten nicht die politische Heimat evangelischer Christen sein ".
Ich möchte mit Ihrer Loyalität rechnen dürfen, dass Sie mir eine rasche Auskunft geben, ob und wie weit dieser Bericht dem Gedankengang Ihrer Rede entspricht. Ich selbst werde in den nächsten Tagen in Heidelberg zu sprechen haben und bin keineswegs gesonnen, diese Darstellung hinzunehmen. In Bonn, glaube ich, ist es mir einigermassen gelungen, gegenüber katholischen Kreisen der C D U, deren Versuch, zwischen " christlichen " und " nichtchristlichen " Parteien zu unterscheiden, abzulehnen.
Ich würde sehr betroffen sein, wenn nun von Ihrer Seite, der Sie doch als Exponent der Evangelischen Kirche angesprochen werden, dieses völlig unchristliche Verfahren aufgenommen würde.
Mit bester Empfehlung

Ihr sehr ergebener

Theodor Heuss

Abb. 30: Theodor Heuss an Gustav Heinemann, 26. 7. 1949

Ich würde sehr betroffen sein, wenn nun von Ihrer Seite, der Sie doch als Exponent der Evangelischen Kirche angesprochen werden,[4] dieses völlig unchristliche Verfahren aufgenommen würde.[5]

Mit bester Empfehlung
Ihr sehr ergebener

Theodor Heuss

Nr. 214
An Ernst Clemens Desch, Kleinheubach am Main
27. Juli 1949; [Stuttgart-Degerloch, Löwenstraße 86]
BArch, N 1221, 55: ms. Schreiben, Durchschlag
Überholte Bedeutung des Heiligen Römischen Reiches Deutscher Nation

Sehr geehrter Herr,

da ich jetzt sehr viel unterwegs sein muß, habe ich Ihr freundliches Schreiben vom 13. Juli erst heute erhalten.[1]

Die Gedanken, die Sie vorgetragen haben, sind mir keineswegs fremd, da ich auch von mir aus literarisch und rednerisch schon manchen Beitrag zum Wandel des deutschen Geschichtsbildes geliefert habe. Ich bejahe einen sogen. Föderalis-

---

4 Heinemann war im Januar 1949 auf der ersten Synode der EKD zum Präses gewählt worden.

5 In seinem Antwortschreiben vom 2. 8. 1949 berichtigte Heinemann den Wortlaut des Zitats und führte weiter aus: „Diese Wahlempfehlung ist, wie Sie bitte bemerken wollen, weder an dieser Stelle noch an irgendeiner anderen Stelle meiner Heidelberger Rede auf der von mir abgelehnten Unterscheidung zwischen christlichen und nichtchristlichen Parteien aufgebaut, sondern aus den konkreten Vorgängen, nämlich den bekannten Bonner Differenzen hergeleitet, die allerdings auch hinsichtlich Ihrer Partei für mich enttäuschend waren." AdsD, NL Heinemann, Teil 1, 18. Heuss sah sich daraufhin in seinem Vorwurf bestätigt und wies Heinemann darauf hin, dass er es im Parlamentarischen Rat gewesen sei, der zur Sicherung des Religionsunterrichts beigetragen habe. Mit seiner Ablehnung des „Elternrechts" und seiner Anerkennung des Schulwesens in staatlicher Trägerschaft befinde er sich in größerer Nähe zu Luther „als mancher evangelischer Theologe oder Bischof." Heuss warf Heinemann schließlich vor, seine Worte seien „unchristlich für alle jene Menschen, die unter Einwirkung von Friedrich Naumann in die Politik traten, und für jene Kreise in der Sozialdemokratie, die bewußt der materialistischen Tradition ihrer Frühzeit abgesagt haben. Ich kann es nur aufs Schmerzlichste bedauern, daß eine solche Tonlage in den Wahlkampf gekommen ist, und werde keinen Anstand nehmen, Ihre Worte mit Schärfe in der öffentlichen Auseinandersetzung zurückzuweisen." Heuss an Heinemann, 8. 8. 1949, in: BArch, N 1221, 56.

1 Desch hatte sich gegenüber Heuss am 13. 7. 1949 für eine Reorganisation des Heiligen Römischen Reiches Deutscher Nation ausgesprochen, das auf christlicher und föderaler Grundlage das Eigenleben der Staaten garantiere und Ansatz für einen deutschen und europäischen Staatenbund sein könne; BArch, N 1221, 55.

mus unter dem Gesichtspunkt, daß die Länder oder Staaten eine höhere Ebene der Selbstverwaltung sind und darin vor allem in der Erzeugung einer demokratischen Selbstverantwortung und Tradition eine Aufgabe haben. Aber ich wehre mich dagegen, die deutschen Länder als Elemente einer europäischen Gesamtformung, die ich bejahe, zu akzeptieren. Der Rückgriff auf das Heilige römische Reich deutscher Nation ist ein Anachronismus, weil in Auswirkung der französischen Revolution die nationale Idee der Demokratie in die Geschichte trat. Ich weiß selbstverständlich um die wesenhaften Aufgaben der christlichen Kirchen in der Formung einer öffentlichen Gesinnung, aber der Prozeß der Säkularisation großer geistiger und sachlicher Gebiete läßt sich nicht aufheben. Der „christliche Staat" ist zumeist nur eine Floskel der Romantik, in dem die Politik wenig Konkretes leisten kann.

Sie sprechen davon, daß den Ländern und den Staaten ein freies Gestaltungsrecht zugesprochen werden müsse. Hier hat die Sache in Ansehung des bayerischen Staates seinen großen Haken, denn es ist Ihnen bekannt genug, daß die schwäbischen und fränkischen Elemente dieses Staates nicht aus demokratischer Selbstbestimmung, sondern aus napoleonischer Staatsraison sind.[2] Ich selber habe die fränkischen oder schwäbischen „Separationsbewegungen" immer abgelehnt, weil wir den Verwaltungsbau des 19. Jahrhunderts nicht in einer Zeit der Wirrnis gefährden können. Aber ich halte es für ein deutsches, ein europäische Unglück, wenn bestimmte Kreise des bayerischen Staates den Anspruch einer Staatsautonomie überspitzen. Vergessen Sie doch bitte nicht, daß in der Zeit des Heiligen römischen Reiches deutscher Nation dieser Reichsboden die Herberge von außenpolitischer Ohnmacht und ewigem Zwiespalt im Innern darstellt.

Damit lassen Sie es genug sein. Ich bin jetzt fast immer unterwegs und muß die Stöße von Briefen, die mich hier je und je erwarten, nur kurz beantworten.

Mit freundlicher Empfehlung
Ihr [Theodor Heuss]

[2] Zwischen 1803 und 1810 wurden Bayern zahlreiche Erwerbungen in Franken und Schwaben von Napoleon zugesprochen; vgl. auch Nr. 136, Anm. 7.

Nr. 215
An den Suhrkamp Verlag, z. Hd. Dr. Peter Suhrkamp, Frankfurt a. M.
8. August 1949; [Stuttgart-Degerloch, Löwenstraße 86]
BArch, N 1221, 100: ms. Schreiben, Durchschlag
Absage, einen Beitrag über Walther Rathenau zu verfassen

Verehrter Herr Doktor,

freundlichen Dank für Ihren Brief und die Anregung, eine Einleitung zu einem Auswahlband von Rathenau zu schreiben.[1] Es ist nun so, daß ich s. Zt. alle Werke von Rathenau bei ihrem Erscheinen gelesen habe, weil mich das damalige Literarische Echo, später Die Literatur aus irgend einem Einfall zum Generalreferenten machten.[2] Ich habe einmal einen Sammelaufsatz zum 50. Geburtstag von Rathenau geschrieben, der dann, als ich ihn persönlich kennen lernte, bei seiner ungeheueren Eitelkeit etwas störend zwischen uns stand.[3] Wenn heute über Rathenau jemand einführend berichtet, so müßte er ein unmittelbareres Verhältnis zu ihm haben, als ich es besaß und auch in der Rückschau besitze. Ich weiß gut genug, daß er ein sehr bedeutender Mann gewesen ist, und in der persönlichen Leistung wie in dem zerspaltenen Menschentum stecken außerordentlich reizvolle Elemente für eine essayistische Behandlung. Aber das ist es nicht, was Sie brauchen können. Der Mann, der Rathenau heute zeigt, muß nicht nur zu seinem kurzen politischen Wirken, sondern auch zu seinem Denker- und Menschentum eine positivere[4] Stellung besitzen, als das bei mir der Fall ist. (Ganz abgesehen davon, daß ich, wie Sie sich denken können, durch die politischen Dinge überlastet bin und eine Anzahl halbfertiger literarischer Pläne seit Jahr und Tag liegen bleiben.) Ich überlege mir, welche Ersatzvorschläge zu machen wären.

---

1 Suhrkamp an Heuss, 1. 8. 1949, in: BArch, N 1221, 100.

2 Heuss rezensierte folgende Schriften von Rathenau in: Das literarische Echo, Halbmonatsschrift für Literaturfreunde 20, H. 16, 15. 5. 1918, Sp. 1004f (Vom Aktienwesen. Eine geschäftliche Betrachtung); ebd., 21, H. 3, 1. 11. 1918, Sp. 186 (Gesammelte Schriften); ebd., H. 20, 15. 7. 1919, Sp. 1262f (Nach der Flut; Der Kaiser; Der neue Staat); ebd. 22, H. 15, 1. 5. 1920, Sp. 955 (Kritik der dreifachen Revolution; Die neue Gesellschaft); Die Literatur. Monatsschrift für Literaturfreunde 32 (1930), H. 8, S. 491 (Politische Briefe). Zudem verfasste Heuss mehrere Nachrufe anlässlich der Ermordung Rathenaus (24. 6. 1922) und späterer Gedenktage, in: Die Deutsche Nation 4 (1922), H. 7, Juli, S. 521f; Demokratischer Zeitungsdienst, 13. 10. 1922, in: BArch, N 1221, 36; Jenaer Volksblatt, Nr. 143, 21. 6. 1932; Stuttgarter Nachrichten, Nr. 65, 21. 6. 1947, neu abgedruckt in: TH. HEUSS, Profile, S. 250–254.

3 THEODOR HEUSS: Walther Rathenau, in: Das literarische Echo. Halbmonatsschrift für Literaturfreunde 19, H. 24, 15. 9. 1917, Sp. 1487–1490. Über das Zusammentreffen mit Rathenau im Dezember 1920 auf einem Parteitag der DDP in Nürnberg vgl. TH. HEUSS, Erinnerungen, S. 279.

4 In der Vorlage: „positive".

In dem deutschen Nekrolog, oder wie das literarische Unternehmen hieß, hat s. Zt. mein Freund, Geheimrat Dr. Kurt Riezler, der nächste Mitarbeiter von Bethmann Hollweg und Schwiegersohn von Max Liebermann, eine nach meiner Erinnerung sehr subtile Würdigung von Rathenau geschrieben.[5] Riezler ist etwa 1938 um seiner Frau willen emigriert und ist jetzt Professor an der New School in New York. Es mag sein, daß er sich bereit findet, wenn er nicht zu sehr in anderem steckt, jenen Essay umzuschreiben.[6]

Vielleicht kommt auch Dr. Erich Schairer, Stuttgart, Stuttgarter Zeitung, in Frage, der sehr an den Sozialdenker Rathenau glaubte und nach meiner Erinnerung auch einmal ein Rathenau-Brevier, oder wie es hieß, herausgegeben hat.[7]

Mit freundlichen Grüßen
Ihr sehr ergebener [Theodor Heuss]

Nr. 216
An die FDP-Kreisgruppe Hannover-Stadt
11. August 1949; [Stuttgart-Degerloch, Löwenstraße 86]
BArch, N 1221, 406: ms. Schreiben, Durchschlag
Einschätzung von Freier Marktwirtschaft und Staatsinterventionismus

Sehr geehrte Herren,

da ich bis in die letzten Tage herein dauernd unterwegs war, ist Ihr Brief liegen geblieben.[1] Herrn Ernst Mayer, der seinerseits nun auch ganz in seinem Wahlkreis steckt, habe ich auch nur telefonisch wegen Ihrer Beschwerde sprechen können, und er war sehr erstaunt, daß eine solche möglich war, da sie nur auf einem Mißverständnis beruhen konnte. Ich wollte hier auf dem Parteibüro Ihren Brief vom 27. Juli einsehen, aber, wie Sie sich denken können, ist der Betrieb jetzt dort so turbulent, daß die normale Ablagetätigkeit noch nicht erfolgte. Ich bin infolgedessen über den eigentlichen Tenor Ihrer Anfrage nicht recht unterrichtet.

Sachlich aber muß ich Sie enttäuschen. Ich finde die Antwort von Ernst Mayer ganz zutreffend. Er hat nicht einen Augenblick daran gedacht, bei den „spintisierenden Kreisen" an die Fragesteller zu denken.[2]

---

5 In: Deutsches Biographisches Jahrbuch 4 (1929), S. 218–223.
6 Eine Einleitung von Riezler zu dem Rathenau-Auswahlband ließ sich nicht ermitteln.
7 ERICH SCHAIRER: Rathenau-Brevier, Jena 1918.
1 FDP-Kreisgruppe Hannover-Stadt an Heuss, 4. 8. 1949, in: BArch, N 1221, 406.
2 Der wirtschaftspolitische Ausschuss der FDP-Kreisgruppe Hannover-Stadt hatte am 26. 7. 1949 eine Anfrage an Heuss gerichtet, was die FDP unter „sozialer Marktwirtschaft" verstehe. Anstelle

Wenn ich selber zu den Fragen rede, pflege ich auseinanderzusetzen, daß die „freie Wirtschaft" nur in den Lehrbüchern der klassischen Nationalökonomie existiere, daß der „Interventionismus des Staates", zumal in Deutschland, eine Gegebenheit ist, seit wir staatliche Eisenbahnen haben, seit Strom- und Gasversorgung von der öffentlichen Hand wenigstens überwiegend geliefert wird, daß der Staat in der wirtschaftlichen Abstimmung seiner Steuern in Zoll oder Nicht-Zoll, in der Diskont-Politik ein Element der Wirtschaft ist und für uns die Frage sich nur so darstellt, ob er bei den Hilfs-Leistungen bleibt oder als Unternehmer auf den Markt geht. Ich pflege die Dinge so zu behandeln, daß ich die moralisierende Begleitmusik ablehne und vor den Hörern darzutun suche, daß es sich um die national-ökonomische Überlegung handelt, wo der höhere Wirkungseffekt beim Sozialprodukt liegt: bei der Eigenverantwortung des verdienenden, sparenden Menschen oder bei der angeordneten kommandierten und bürokratisch kontrollierten Wirtschaft. Ich stelle dann dar, daß die erste Form mir als die sowohl ökonomisch wie moralisch überlegene erscheint. Das Wort „freie Wirtschaft" verwende ich sozusagen nur in Anführungszeichen, und den Begriff „soziale Marktwirtschaft" habe ich persönlich nie gebraucht. Ich weiß gar nicht, wer ihn erfunden hat, weiß also auch nicht, ob unsere Freunde im Wirtschaftsrat mit ihm operiert haben.[3] Ich akzeptiere ihn, wenn man ihn so versteht, daß eine gut funktionierende Marktwirtschaft auch die sozial-wohltätigen Folgen hat.

Ich weiß nun nicht, ob Sie über die Dinge eine agitatorisch wirkende Formulierung wünschen. Ich selber kann eine solche nicht geben, da die Dinge viel zu komplex sind.

Mit freundlicher Empfehlung
Ihr ergebener
[Theodor Heuss]

---

von Heuss hatte Ernst Mayer am 29. 7. geantwortet: „‚Soziale Marktwirtschaft' ist die der heutigen Mentalität angepaßte Umschreibung für ‚freie Wirtschaft'. Wir benutzen abwechselnd beide Bezeichnungen für *einen* Begriff. Wenn sich da irgendein spintisierender Kreis darunter noch etwas anderes vorstellt, dann können wir es nicht hindern." Zitiert nach Schreiben wie Anm. 1. Daraufhin beschwerte sich der 1. Vorsitzende der Kreisgruppe über die Tonlage des Schreibens von Mayer und bat Heuss um eine umfassendere Stellungnahme.

3 Der Begriff „soziale Marktwirtschaft" wurde schon in den frühen vierziger Jahren von dem Münsteraner Nationalökonomen Alfred Müller-Armack geprägt und 1947 ausgearbeitet in: ALFRED MÜLLER-ARMACK: Wirtschaftslenkung und Marktwirtschaft, Hamburg 1947. Ludwig Erhard übernahm nach 1945 dieses Konzept von Müller-Armack.

Nr. 217
An Franz Blücher, Essen-Bredeney
12. August 1949; [Stuttgart-Degerloch, Löwenstraße 86]
BArch, N 1221, 54: ms. Schreiben, Durchschlag[1]
Einschätzung der künftigen Regierungskoalition und der FDP-Bundestagsfraktion; Verhältnis der CDU zur CSU; Haltung der FDP zu Bonn als Hauptstadt

Lieber Herr Blücher,

den Wahlkampf habe ich nach meiner persönlichen Empfindung gesundheitlich gut durchgemacht, aber der Arzt will haben, daß ich unmittelbar nach der Wahl 10 bis 14 Tage aussetze. Denn er behauptet, der Zustand meines Herzens sei so, daß es mich jetzt zwar nicht stört, aber daß, wenn nichts geschieht, die leisen Schädigungen, die im Spätwinter sich zeigten, sich ausdehnen können, während sie jetzt noch völlig zu beheben seien. Da meine Frau, die in dem Schlußstück des Wahlkampfes auch Versammlungen bestreitet, herzmäßig immer eine Behandlung brauchen kann, wollen wir am 16. 8. in das Sanatorium Bühlerhöhe bei Baden-Baden gehen.

Es wäre natürlich sehr gut, wenn wir uns über die Beurteilung der nach den Wahlen kommenden Lage nur zu zweit aussprechen könnten. Am nettesten wäre, wenn Sie im Anschluß an Ihre Frankfurter Sitzung auch ein oder zwei Tage kommen könnten; bloß weiß ich nicht, ob ich es Ihnen zumuten darf.[2] Ich will selber in dieser Zeit meinem Fahrer den ihm zustehenden Urlaub geben, da er in den letzten Wochen ja reichlich übersetzt war.

Wir hatten im ganzen recht gute Versammlungen. Einige Male gab es die langwierigen Diskussionen mit den monomanen Freiwirtschaftlern, aber eine eigentliche Krachversammlung habe ich selber gar nicht erlebt. Sogar die Nürnberger, die es immer auf Radau angelegt zu haben scheinen, blieben manierlich.[3]

Ich habe selber Äußerungen über die kommenden parteipolitischen Kombinationen vermieden, aber zum Ausdruck gebracht, [daß] die Verschärfungen, die durch die persönliche Form des Wahlkampfes von Schumacher und Adenauer entstanden sind, die Aufgabe des Mittlertums nur schwerer machen.[4] Welcherlei „Koalition" in Frage käme, habe ich nicht ausgesprochen und bin etwas unsicher,

---

1 Druck: F. HENNING, Theodor Heuss, S. 33–35; U. WENGST, Auftakt, S. 4–6.

2 Blücher hatte Heuss am 4. 8. 1949 darum gebeten, nach der Bundestagswahl grundsätzliche Fragen mit ihm zu besprechen, und einen Ort in der Nähe von Frankfurt a. M. vorgeschlagen, wo Blücher vom 16. bis 18. 8. 1949 als Vorsitzender des Finanzausschusses im Wirtschaftsrat ohnehin beschäftigt war; BArch, N 1221, 54.

3 Heuss hatte am 4. 8. 1949 in Nürnberg gesprochen; Redenkalender, in: BArch, N 1221, 684; Redenotizen ließen sich nicht ermitteln.

4 Vgl. Nr. 207, Anm. 7.

ob Ihre von den Zeitungen gemeldete schroffe Ablehnung der großen Koalition nicht bereits etwas wie eine Bindung in sich schließt.[5] Ich würde die eventuelle Unmöglichkeit einer solchen Lösung den Sozialdemokraten zugespielt haben, d. h. Schumachers Forderung nach dem Wirtschaftsministerium entgegengenommen und dann abgelehnt haben.[6]

Unsere Beweglichkeit hängt natürlich überwiegend ab von der Zusammensetzung der Fraktion, die ich noch nicht genügend übersehe. Ich kenne wohl die Mehrzahl derer, die aussichtsreich kandidieren, weiß aber nicht, wie sich aus ihrem Gesamt eine politische Linie ergeben wird. Denn es kommen verschiedene landsmannschaftliche Temperaturen zusammen. Als ich in Bayern war, erfuhr ich, daß man dort das Wahlabkommen Eulers mit den Nationaldemokraten öffentlich desavouiert hat.[7] Als ich in Hessen sprach, nahmen das einige Leute als selbstverständlich an, daß wir uns auf der Rechten placieren würden, wohin ich persönlich gar nicht gehöre und wohin sicher auch Dehler nicht paßt, der, wie man mir sagte, für den bayrischen Wahlkampf Schlieffen kopierte, in dem er immer wieder aussprach: macht mir die Mitte stark (und nicht den rechten Flügel).[8] Diese Dinge können schon bei der Placierung im Saal des Bundestages eine Rolle spielen: wenn ich richtig sehe, hat Bonn[9] eine andere Ordnung gehabt als Frankfurt:[10] man hatte uns dort auch rechts setzen wollen, aber da habe ich eingegriffen und veranlaßt, daß wir zwischen SPD und CDU gesetzt wurden. Vielleicht lächeln Sie darüber, aber diese Optik ist nicht ohne politische Bedeutung. Ich fühle mich nämlich ganz und gar nicht als den Nachfolger von Alfred Hugenberg.[11]

Wenn Sie Adenauer begegnen, so werden Sie die Fragen vorsichtig abtasten, wie er glaubt, der bayrischen Gruppe sicher zu sein. In Bonn war die CDU ja lange Zeit sehr bewegungsunfähig, weil sie immer auf die bayrische CSU starrte. Ob sie das weiterhin tun wird, hängt sehr davon ab, ob die CSU eine starke Nie-

---

[5] In einem DENA-Interview hatte sich Blücher gegen eine Große Koalition ausgesprochen; vgl. StZ, Nr. 137, 11. 8. 1949.

[6] Vgl. zu diesen koalitionspolitischen Überlegungen auch Heuss an Dehler, 18. 8. 1949, in: AdL, N 1, 3023.

[7] Vgl. zum Wahlabkommen zwischen hessischer FDP und NDP Nr. 209.

[8] In einer Denkschrift von 1905 plante der Chef des deutschen Generalstabs, Alfred Graf von Schlieffen, vor dem Hintergrund eines Zweifrontenkrieges des Deutschen Reiches gegen Frankreich und Russland eine große und zügig durchgeführte Westoffensive. Um einen Frontalangriff auf die stark befestigen französischen Stellungen zu vermeiden, sah dieser Schlieffen-Plan – unter Inkaufnahme der Verletzung der Neutralität Luxemburgs, Belgiens und der Niederlande – einen starken rechten Westflügel des Heeres vor, der das gesamte französische Feldheer umfassen und vernichten sollte; vgl. H. Ehlert / M. Epkenhans / G. Gross, Schlieffenplan.

[9] Parlamentarischer Rat.

[10] Wirtschaftsrat.

[11] Vgl. Nr. 194, Anm. 7.

derlage erleiden mag und wie ihr personeller Bestand in Bonn sein wird. Sie kennen ja aus Frankfurt selber die Situation, wo nach meiner Erinnerung Bayern auch Schlange-Schöningen einmal stürzen wollte.[12]

Ich bin mit Ihrer Anregung sehr einverstanden, die Fraktion vor dem Zusammentritt zwei Tage zusammenzuhalten.[13] Von mir aus könnte das auch schon in den allerersten Septembertagen der Fall sein. Ob man Königstein oder Schlangenbad dafür bekommt?[14] Es müßte ja dabei auch geklärt werden, wer für die zwischenparteilichen Besprechungen angesetzt wird und in welcher Richtung wir sie beeinflussen werden.

Von den Geschichten, die mir in den Wahlversammlungen ein paar Mal begegnet sind, war bei uns im Süden die Frage Bonn oder Frankfurt die häufigste.[15] Ich bin etwas ungewiß, ob die Nachricht zutrifft, daß die SPD den Antrag auf Korrektur der Entscheidung vom Frühjahr stellen wird.[16] Wie Sie wissen, ist unsere bonner Fraktion in diesen Dingen auseinandergegangen.[17] Ich möchte auch nicht haben, daß wir darin, wenn es kommt, etwas wie Fraktionszwang versuchen. Dehler hatte ja sich für Bonn erklärt, aus der südwestdeutschen Perspektive ist aber solches Votum schwer vertretbar. Auf die Initiative unserer stuttgarter

12 Als Direktor der Verwaltung für Ernährung, Landwirtschaft und Forsten im Vereinigten Wirtschaftsgebiet wurde Hans Schlange-Schöningen angesichts einer drohenden Missernte im Sommer 1947 dazu ermächtigt, die Erträge in den einzelnen Ländern gleichmäßig zu erfassen und länderübergreifend zu verteilen. Vor allem in Niedersachsen und Bayern formierte sich gegen diese Bewirtschaftungsvorschriften Widerstand. Die Landwirte kamen ihrer Ablieferungspflicht nicht annähernd nach, so dass die Krise zu einem regelrechten „Kartoffelkrieg“ bzw. „Fleischkrieg“ zwischen Schlange-Schöningen und vor allem dem bayerischen Landwirtschaftsminister eskalierte. Als Schlange-Schöningen im Oktober 1948 ein überministerielles Preisamt ins Leben rufen wollte, um den Preissteigerungen infolge der Währungsreform zu begegnen, fühlten sich seine landwirtschaftlichen Gegenspieler herausgefordert, die eine weitere Erhöhung der Agrarpreise verlangten. Den von der CSU verlangten Rücktritt konnte Schlange-Schöningen auf der entscheidenden Sitzung des Wirtschaftsrates am 3. 12. 1948 mit Unterstützung der SPD und von Teilen der CDU abwehren, zumal sich keine sachliche und personelle Alternative zu seiner Politik anbot; vgl. H. SCHLANGE-SCHÖNINGEN, Schatten, S. 163–187, 233–250.

13 In einem Schreiben vom 10. 8. 1949 schlug Blücher Heuss vor, die in den Bundestag gewählten FDP-Abgeordneten für eine Sitzung vom 4. bis 6. 9. 1949 zusammenzurufen; BArch, N 1221, 54.

14 Hessische Gemeinden im Hochtaunus-Kreis (Königstein) und im Rheingau-Taunus-Kreis (Schlangenbad).

15 Vgl. zur Frage des Sitzes der Bundesorgane Nr. 203, Anm. 6, 16.

16 Dies hatte Carlo Schmid am 7. 8. 1949 in Lübeck angekündigt; Die Welt, Nr. 109, 8. 8. 1949. Am 30. 9. 1949 behandelte der Deutsche Bundestag auf seiner elften Sitzung einen Antrag der SPD-Fraktion, der sich für Frankfurt a. M. als vorläufigen Sitz der Bundesorgane aussprach, sowie einen ähnlich lautenden Antrag weiterer Abgeordneter. Um die Eignung der Städte Bonn und Frankfurt a. M. als vorläufige Hauptstadt zu prüfen, setzte der Bundestag einen Ausschuss ein. Nach Vorlage des Ausschussberichts sprach sich der Bundestag auf seiner 14. Sitzung am 3. 11. 1949 in geheimer Abstimmung mit 200 gegen 176 Stimmen für Bonn aus; VERHANDLUNGEN DES DEUTSCHEN BUNDESTAGES, S. 244–255, 341–343.

17 Heuss und Becker stimmten für Frankfurt a. M., die anderen drei FDP-Abgeordneten für Bonn; vgl. Nr. 203, Anm. 6, 16.

Landtagsfraktion hatte ja auch der Landtag sich nachträglich noch für Frankfurt ausgesprochen.[18] Lassen Sie sich bitte diese Frage auch fraktionspolitisch durch den Kopf gehen; mag sie auch praktisch keine Bedeutung haben, so ist sie sehr fest in die Fantasie der Bevölkerung eingegangen.

Freundlichen Dank für die Mitteilung, daß zunächst das Hotel La Roche unsere Zentralburg sein soll.[19] Durch eine Freundin meiner Frau, die in Bonn wohnt,[20] ist für mich in der Koblenzerstraße, etwa 8 Minuten vom Tagungsort, jetzt schon Quartier gemacht. Denn so nett und wichtig es im letzten Winter war, daß wir in der Hauptsache zusammenwohnten, so habe ich mich doch entschlossen, wenn es geht, getrennt zu hausen, weil man sonst immer zu lange zusammenhockt und Ausspannung und sonstige Berufsarbeit notleiden.

Mit freundlichen Grüßen und guten Wünschen
Ihr [Theodor Heuss]

Nr. 218
An Dr. Walter Bauer, [Heilbronn]
24. August 1949; Kurhaus Bühlerhöhe
ACDP, 01-386-025: hs. Schreiben, behändigte Ausfertigung; Kopfbogen: „Theodor Heuss“
Gescheiterte Wahl von Theodor Heuss im Stuttgarter und gescheiterte Nominierung Walter Bauers im Heilbronner Wahlkreis; Politik und Christentum

Lieber Doktor Bauer,

gleich nach der Wahl bin ich auf ärztlichen Wunsch hierher – ich habe zwar die ca. 25 Versammlungen subjektiv gut überstanden, soll aber nun etwas Ruhe halten. Meine Frau macht eine Herz-Kur. Am 28./29. fahren wir wieder via Lörrach nach Hause.

Ich selber bin ja in Stuttgart hereingefallen[1] – sehr viele Leute im Urlaub, alle Studenten weg u. s. f. Erhard hat auch nicht gehalten, was er mir zusagte.[2] Aber

---

[18] Der württemberg-badische Landtag behandelte auf seiner 121. Sitzung vom 18. 5. 1949 einen Antrag von DVP-Abgeordneten, der vorsah, die Wahl der Stadt Bonn als vorläufigen Sitz der Bundesorgane als eine Fehlentscheidung zu verurteilen und die nach Frankfurt a. M. einzuberufende Bundesversammlung über diese Frage befinden zu lassen. Der Landtag nahm nach einer längeren Aussprache den Antrag mit der Änderung an, dass der Bundestag über die Hauptstadtfrage noch einmal entscheiden solle; VERHANDLUNGEN DES WÜRTTEMBERG-BADISCHEN LANDTAGS, Protokollbd. 5, S. 2959–2970; Antrag in: WÜRTTEMBERG-BADISCHER LANDTAG, Beilagen, Bd. 5, S. 1087, Beilage 1148.

[19] Vgl. Nr. 145, Anm. 8.

[20] Vermutlich Gerda Pütter; vgl. Nr. 204, Anm. 6.

ich bin selber nicht ohne Schuld, da ich in ganz Westdeutschland herumredete u. die stuttgarter Vororte deshalb nicht besuchen konnte.

Der Plan, Sie in Heilbronn zum Zuge zu bringen, ist nicht an den *beiden* Landesleitungen gescheitert:[3] Simpfendörfer sagte uns, seine Bauern würden keinen „Heilbronner Fabrikanten“ wählen. Und dann hat Ihre Äußerung, Sie wollten sich vorbehalten, welcher Fraktion Sie eventuell beitreten werden, bei uns[eren] Leuten etwas erkältend gewirkt. Mir tut es leid, daß Sie nicht ins parlam[entarische] Wirken gekommen sind. Denn Ihre Generation ist jetzt an der Reihe. Aber man muß dabei etwas wagen. Wie oft bin ich in meinem Leben durchgefallen, und ich glaube, davon weiter keinen Schaden gehabt zu haben.[4]

Die religiöse Problematik liegt auf einem anderen Feld. Wir haben unter unseren besten Leuten praktizierende Katholiken, die das Zentrum verließen, weil ihnen die dortige Personalpolitik unerträglich geworden war. Es ist mir persönlich eine noch offene Frage, ob Gerstenmaiers „schmissiges“ Christentum – so habe ich ihm gegenüber „Christ und Welt“ charakterisiert[5] – der Politik *und* der Kirche auf die Dauer gut bekömmlich sein wird, wenn jetzt seine Vitalität den parteipolitischen Raum sucht.[6]

Mit herzlichen Grüßen u. guten Wünschen für die Gesundheit der Gattin
Ihr Theodor Heuss

---

1 Heuss hatte für die DVP in seinem Wahlkreis Stuttgart I (West) 29.470 Stimmen gewonnen gegenüber 31.694 Stimmen des SPD-Kandidaten Erwin Schöttle, der damit das Direktmandat für den Bundestag errang; vgl. STATISTISCHES LANDESAMT, Wahl, S. 2; vgl. auch Heuss an Dürr, 24. 8. 1949, in: FA Elsbeth Haule.

2 Vgl. zu dieser Abrede Nr. 210. Laut „Stuttgarter Zeitung“ richtete sich Erhard auf einer CDU-Wahlkampfveranstaltung am 11. 8. 1949 in Stuttgart mit folgenden Worten an die Arbeitsgemeinschaft der CDU/CSU: „Als CDU-Spitzenkandidat in Nordwürttemberg-Baden bin ich CDU-Mann. Wenn auch die FDP die von mir getragene Wirtschaftspolitik unterstützt hat, so war es doch die CDU, die die ganze politische Verantwortung trug und selbst in schwersten Stunden der Bewährung nicht einen Augenblick versagte. Aus einem menschlichen Gefühl von Treue um Treue stehe ich deshalb zur CDU. Aus gleicher Haltung bin ich ihr Kandidat.“ StZ, Nr. 138, 12. 8. 1949.

3 DVP und CDU hatten Bauer im Wahlkreis Heilbronn für die Bundestagswahl nicht nominiert. Vgl. zur parteipolitischen Offenheit Bauers Nr. 205.

4 So bei den württembergischen Landtagswahlen 1912 für den Wahlkreis Backnang (vgl. Nr. 104, Anm. 5), bei den Wahlen für die Weimarer Nationalversammlung 1919 (vgl. Heuss an Conrad Haußmann, 17. 11. 1918, 13. 12. 1918, in: HStAS, Q 1/2, 115; Heuss an Conrad Haußmann, 15. 12. 1918, in: ebd., 102) sowie bei den Reichstagswahlen 1920 (vgl. Heuss an Gustav Stolper, 18. 6. 1920, in: BArch, N 1221, 487), 1928 (vgl. Heuss an Goetz, 31. 5. 1928, in: BArch, N 1215, 35a) und im November 1932 (vgl. Heuss an Oscar Meyer, 3. 10. 1932, in: BArch, N 1221, 59; Heuss an Friedrich Mück, 13. 10. 1932, in: ebd., 269).

5 Eine derartige Aussage von Heuss über die Zeitung „Christ und Welt“ ließ sich gegenüber Eugen Gerstenmaier nicht nachweisen

6 Gerstenmaier hatte ein CDU-Direktmandat für den Bundestag errungen.

Nr. 219
An Boguslav Dohrn, Neunkirchen am Sand
8. September 1949; [Stuttgart-Degerloch, Löwenstraße 86]
BArch, N 1221, 124: ms. Schreiben, Durchschlag, hs. gez.; ms. Briefkopf: „Dr. Theodor Heuss"
Dohrn-Biographie; Haltung der SPD zur Kandidatur von Theodor Heuss für das Amt des Bundespräsidenten

Lieber Bogus!

Die Sache ist so: ich hatte seinerzeit Kühn gebeten, an meinem Buch sich zu beteiligen und etwa 1 oder 2 Bogen über das Werk Ihres Vaters zu schreiben. Ich wollte dann das Buch als von Heuss und Kühn verfaßt hinausgeben. Er hatte damals aber keine Zeit und schrieb mir die im Schlußteil abgedruckten 2 Seiten. Aber das Buch selber hat ihm dann soviel Spaß gemacht, daß er sich in die Fragestellungen der 70/80er Jahre vertiefte.[1]

Dank für den Aufsatz im „Corriere della sera", den ich schon im Original geschickt erhalten hatte.[2]

Die Sozialdemokraten sind in ihrer Stellung zu mir uneinheitlich; manche erinnern sich dessen, daß im Winter ich von ihnen als Bundespräsident auch publizistisch genannt war.[3] Welche Taktik sie am Schluß einschlagen werden,

---

[1] In den konzeptionellen Vorüberlegungen zu einer Dohrn-Biographie hielt es Heuss für unverzichtbar, dass über die Stellung Anton Dohrns in der Frühgeschichte der Biologie und über seine wissenschaftlichen Leitungen eine Fachautorität schreiben müsse; DLA, A: Heuss, 73.4547. Der Zoologe Kühn, den Heuss für diese Aufgabe vorgesehen hatte, konnte schließlich nur zwei Seiten über „Dohrns Stellung in der Wissenschaftsgeschichte" für das Nachwort beisteuern; TH. HEUSS, Anton Dohrn, S. 285f. Am 24. 8. 1949 kündigte Kühn gegenüber Heuss an, dass seine Abhandlung über „Anton Dohrn und die Zoologie seiner Zeit" in Neapel in den Druck gegangen sei; DLA, A: Heuss, 73.4600; vgl. auch Nr. 138.

[2] SANDRO VOLTA: Un borghese di antico stile a capo della Repubblica tedesca. Theodor Heuss è uno degli ultimi eredi dell' umanesimo liberale del '48: ama la scienza e la politica ma ama anche le vecchie porcellane [deutsch: Ein Bürgerlicher alten Stils an der Spitze der deutschen Republik. Theodor Heuss ist einer der letzten Erben des liberalen Humanismus des Jahres 1848: er liebt die Wissenschaft und die Politik, aber auch altes Porzellan], in: Il Nuovo Corriere Della Sera, Nr. 203, 26. 8. 1949.

[3] Der Sozialdemokrat Löbe hatte Heuss als Kandidaten ins Spiel gebracht; vgl. Nr. 155, Anm. 2. Auf einer Konferenz am 21. 8. 1949 in seinem Haus in Rhöndorf hatte Adenauer die anwesende Runde der Spitzenpolitiker von CDU und CSU darauf festgelegt, ihn selber für das Amt des Bundeskanzlers und Heuss für das Amt des Bundespräsidenten vorzusehen. Mit diesem Entgegenkommen an die FDP wollte Adenauer bereits eine Vorentscheidung für eine bürgerliche Koalition treffen. Die Befürworter einer Großen Koalition sowohl in der CDU als auch in der SPD sprachen sich hingegen für einen Sammelkandidaten aus, der von beiden Parteien getragen werden konnte. In diesem Zusammenhang fiel vor allem der Name von Schlange-Schöningen. Doch Schumacher, wie Adenauer ein erklärter Gegner einer Großen Koalition, lehnte einen solchen Sammelkandidaten ab, weil dessen Wahl leicht zu einer Großen Koalition hätten führen können. Stattdessen plädierte er für einen eigenen SPD-Kandidaten und setzte nur wenige Stunden vor der Bundes-

ist undurchsichtig. Ich selber halte mich in den Besprechungen natürlich zurück.

Mit freundlichen Grüßen
Ihr Heuss

präsidentenwahl am 12. 9. 1949 seine eigene Kandidatur durch. Angesichts dieser polarisierenden Alternative konnte Schumacher davon ausgehen, dass die große Mehrheit von CDU und CSU für Heuss stimmen und damit eine von ihm abgelehnte Große Koalition unmöglich machen würde. Heuss erhielt schließlich im zweiten Wahlgang die Stimmen von 416 der 804 Abgeordneten der Bundesversammlung; U. WENGST, Auftakt, S. XXXVIII-XLIX.

Anhang

Bildnachweis

Abb. 1, S. 94: Foto: FA Heuss, Basel

Abb. 2, S. 101: Foto: PA Hanna Frielinghaus-Heuss, Albstadt

Abb. 3, S. 111: Foto: FA Heuss, Basel

Abb. 4, S. 113: Abbildung: StadtA Heidelberg

Abb. 5, S. 119: Abbildung: Ministerium für Kultus, Jugend und Sport Baden-Württemberg

Abb. 6, S. 122: Abbildung: HStAS, J 40/15, 159, alle Rechte vorbehalten

Abb. 7, S. 134: Foto: Günther Leonhardt; StadtA Heilbronn

Abb. 8, S. 164: Abbildung: DLA, A: Borée, 64.2378

Abb. 9, S. 168: Foto: Robert Bothner; Landesmedienzentrum Baden-Württemberg

Abb. 10, S. 188: Foto: Landesmedienzentrum Baden-Württemberg

Abb. 11, S. 206: Foto: Peter Borst, Stuttgart

Abb. 12, S. 215: Foto: AdL

Abb. 13, S. 224: Abbildung: SBTH

Abb. 14, S. 266: Abbildung: DLA, A: Heuss, 73.4088-4093

Abb. 15, S. 271: Foto: Kurt Neher; FA Heuss, Basel

Abb. 16, S. 304: Abbildung: FA Heuss, Basel

Abb. 17, S. 310: Fotos: FA Heuss, Basel

Abb. 18, S. 322: Foto: dpa

Abb. 19, S. 396: Abbildung: BArch, N 1221, 98

Abb. 20, S. 403: Foto: Hanns Hubmann; Bundesbildstelle, 99 033

Abb. 21, S. 412: Abbildung: FA Heuss, Basel

Abb. 22, S. 430: Abbildung: FA Heuss, Basel

Abb. 23, S. 438: Foto: Erna Wagner-Hehmke/Hehmke-Winterer, Düsseldorf; Haus der Geschichte, Bonn, Sammlungen

Abb. 24, S. 440: Foto: DENA; SV-Bilderdienst

Abb. 25, S. 459: Abbildung: Stuttgarter Zeitung, Nr. 3, 8. 1. 1949, Württembergische Landesbibliothek

Abb. 26, S. 489: Abbildung: FA Heuss, Basel

Abb. 27, S. 501: Foto: Landesmedienzentrum Baden-Württemberg

Abb. 28, S. 506: Abbildung: FA Heuss, Basel

Abb. 29, S. 511: Abbildung: FA Heuss, Basel

Abb. 30, S. 519: Abbildung: AdsD, NL Gustav Heinemann, Teil 1, 18

Abkürzungen

AA	Auswärtiges Amt
ACDP	Archiv für Christlich-Demokratische Politik der Konrad-Adenauer-Stiftung
AdK	Akademie der Künste
AdL	Archiv des Liberalismus der Friedrich-Naumann-Stiftung
AdsD	Archiv der sozialen Demokratie der Friedrich-Ebert-Stiftung
AHL	Archiv der Hansestadt Lübeck
APO	Army Post Office
BArch	Bundesarchiv
BASF	Badische Anilin- und Soda-Fabrik AG
BDVP	Bremer Demokratische Volkspartei
BN	Batallion
BSB	Bayerische Staatsbibliothek
BVP	Bayerische Volkspartei
CARE	Cooperative for American Remittances to Europe
CDU	Christlich Demokratische Union
CIC	Counter Intelligence Corps
CSU	Christlich-Soziale Union
DDP	Deutsche Demokratische Partei
DDR	Deutsche Demokratische Republik
DENA	Deutsche Nachrichten-Agentur
DLA	Deutsches Literaturarchiv, Marbach am Neckar
DNVP	Deutsch-Nationale Volkspartei
DP	Deutsche Partei
dpa	Deutsche Presseagentur
DPD	Demokratische Partei Deutschlands
dpd	Deutscher Pressedienst
DStP	Deutsche Staatspartei
DVA	Deutsche Verlags-Anstalt
DVP	Deutsche Volkspartei
DVP	Demokratische Volkspartei
EKD	Evangelische Kirche in Deutschland
FA	Familienarchiv
FDGB	Freier Deutscher Gewerkschaftsbund
FDP	Freie Demokratische Partei
FZ	Frankfurter Zeitung
Gestapo	Geheime Staatspolizei
GG	Grundgesetz

GLAK	Generallandesarchiv Karlsruhe (Landesarchiv Baden-Württemberg)
GmbH	Gesellschaft mit beschränkter Haftung
GStA PK	Geheimes Staatsarchiv Preußischer Kulturbesitz
HA	Hauptabteilung
HJ	Hitlerjugend
hs.	handschriftlich
HStAS	Hauptstaatsarchiv Stuttgart (Landesarchiv Baden-Württemberg)
i. A.	im Auftrag
IfZ	Institut für Zeitgeschichte, München
IHK	Industrie- und Handelskammer
KlErw.	Kleine Erwerbungen
KPD	Kommunistische Partei Deutschlands
KZ	Konzentrationslager
LA	Landesarchiv
LDP	Liberal-Demokratische Partei
LDPD	Liberaldemokratische Partei Deutschlands
Lt.	Leutnant
MdB	Mitglied des Bundestages
MdL	Mitglied des Landtages
MdNV	Mitglied der Nationalversammlung
MdR	Mitglied des Reichstages
MG	Military Government
ms.	maschinenschriftlich
NDP	Nationaldemokratische Partei (Hessen)
NL	Nachlass
NLP	Niedersächsische Landespartei
NS	nationalsozialistisch
NSDAP	Nationalsozialistische Deutsche Arbeiterpartei
NZZ	Neue Zürcher Zeitung
OMGUS	Office of Military Government for (bis April 1947: of) Germany, United States
OMGWB	Office of Military Government for Wuerttemberg-Baden
PA	Privatarchiv
Pg.	Parteigenosse
RB	Robert Bosch GmbH, C/CCH – Historische Kommunikation, Archiv
RNZ	Rhein-Neckar-Zeitung
RWWA	Stiftung Rheinisch-Westfälisches Wirtschaftsarchiv zu Köln
SA	Sturmabteilung
SBB PK	Staatsbibliothek zu Berlin Preußischer Kulturbesitz
SBTH	Stiftung Bundespräsident-Theodor-Heuss-Haus
SBZ	Sowjetische Besatungszone
SD	Sicherheitsdienst

SED	Sozialistische Einheitspartei Deutschlands
SEP	Seperate
SPD	Sozialdemokratische Partei Deutschlands
SS	Schutzstaffel
StadtA	Stadtarchiv
StAF	Staatsarchiv Freiburg (Landesarchiv Baden-Württemberg)
StAL	Staatsarchiv Ludwigsburg (Landesarchiv Baden-Württemberg)
StZ	Stuttgarter Zeitung
TH	Technische Hochschule
UAS	Universitätsarchiv Stuttgart
UN	United Nations
US	United States
USA	United States of America
USFET	United States Forces European Theater
WAV	Wirtschaftliche Aufbau-Vereinigung
ZdA	Zu den Akten
ZDF	Zweites Deutsches Fernsehen

Quellen und Literatur

Das Verzeichnis umfasst alle Archivalien und Literaturtitel, die in der Einführung und in den Briefen einschließlich Kommentar genannt werden. Nicht berücksichtigt werden zeitgenössische Zeitungs- und Zeitschriftenartikel.

Ungedruckte/archivalische Quellen

Akademie der Künste, Berlin
Julius-Bab-Archiv

Archiv der Hansestadt Lübeck
Nachlass Fritz Rörig

Archiv der sozialen Demokratie der Friedrich Ebert Stiftung, Bonn
Nachlass Gustav Heinemann
Nachlass Paul Löbe
Nachlass Carlo Schmid

Archiv des Landtags von Baden-Württemberg, Stuttgart
Persönlichkeitendokumentation

Archiv des Liberalismus der Friedrich-Naumann-Stiftung, Gummersbach
1310 (Nachlass Werner Stephan)
20791 (Nachlass Alfred Brodauf)
A 1 (FDP-Bundesparteitage)
A 3 (Nachlass Franz Blücher)
FDP-Bundespartei
FDP-Fraktion Parlamentarischer Rat
FDP-Landesverband Nordrhein-Westfalen
L 6 (LDPD-Parteitage)
Liberal International
N 1 (Nachlass Thomas Dehler)
N 13 (Nachlass Hugo Schradin)
N 14 (Nachlass Erika Fischer)
N 19 (Nachlass Hans Reif)
N 31 (Nachlass Georg Kohl)
N 53 (Nachlass Thomas Dehler)
N 54 (Nachlass Carl-Hubert Schwennicke)

Archiv für Christlich-Demokratische Politik der Konrad-Adenauer-Stiftung, Sankt Augustin
01-105 (Nachlass Paul Binder)
01-386 (Nachlass Walter Bauer)

Bayerische Staatsbibliothek, München
Ana 525 (Familienarchiv Dohrn)
Schnabeliana (Nachlass Franz Schnabel)

Bundesarchiv, Berlin
N 2049 (Nachlass Herbert von Dirksen)

Bundesarchiv, Koblenz
B 122 (Bundespräsidialamt, Amtszeit Theodor Heuss), auf Mikrofiche auch in der Stiftung Bundespräsident-Theodor-Heuss-Haus

KlErw. 583 (Kleine Erwerbungen, Karl Brammer)
KlErw. 586 (Kleine Erwerbungen, Erich Eyck)
KlErw. 876 (Kleine Erwerbungen, Hans-Heinrich Welchert)
N 1004 (Nachlass Hermann Dietrich)
N 1011 (Nachlass Erich Roßmann)
N 1032 (Nachlass Otto Gessler)
N 1042 (Nachlass Wilhelm Külz)
N 1044 (Nachlass Hermann Luppe)
N 1059 (Nachlass Gottfried Traub)
N 1077 (Nachlass Max Hildebert Boehm)
N 1080 (Nachlass Franz Blücher)
N 1132 (Nachlass Wilhelm Heile)
N 1162 (Nachlass Hans Albert Kluthe)
N 1197 (Nachlass Alfred Weber)
N 1215 (Nachlass Walter Goetz)
N 1221 (Nachlass Theodor Heuss), auf Mikrofiche auch in der Stiftung Bundespräsident-Theodor-Heuss-Haus
N 1228 (Nachlass Peter Rassow)
N 1314 (Nachlass Erich Welter)
Z 5 (Der Parlamentarische Rat)

Deutsche Nationalbibliothek/Deutsches Exilarchiv 1933–1945, Frankfurt a. M.
EB 93/135 (Nachlass Henry William Katz, mit Korrespondenz von Isy Krämer)

Deutsches Literaturarchiv, Marbach am Neckar
A: Emil Belzner (Nachlass Emil Belzner)
A: Richard Benz (Nachlass Richard Benz)
A: Karl Friedrich Borée (Nachlass Karl Friedrich Borée bzw. Friedrich Karl Boeters)
A: Alfred Döblin (Nachlass Alfred Döblin)
A: Hans Franke (Nachlass Hans Franke)
A: Theodor Heuss (Nachlass Theodor Heuss), auf Mikrofiche auch in der Stiftung Bundespräsident-Theodor-Heuss-Haus
A: Georg Hohmann (Nachlass Georg Hohmann)
A: Benno Reifenberg (Nachlass Benno Reifenberg)
A: Wilhelm Stapel (Nachlass Wilhelm Stapel)
A: Dolf Sternberger (Nachlass Dolf Sternberger)
A: Dolf Sternberger/Die Wandlung (Zeitschrift „Die Wandlung")
D: Merkur (Zeitschrift „Merkur")

Familienarchiv Heuss, Basel
Korrespondenz Ernst Ludwig Heuss
Korrespondenz Theodor Heuss
Korrespondenz Elly Heuss-Knapp
Korrespondenz „Rhein-Neckar-Zeitung"

Geheimes Staatsarchiv Preußischer Kulturbesitz, Berlin
VI. HA Familienarchive und Nachlässe, Nachlass Friedrich Meinecke

Generallandesarchiv Karlsruhe (Landesarchiv Baden-Württemberg)
465a/59/3/5328 (Spruchkammerakte Nora Senn)
Abt. N Willy Andreas (Nachlass Willy Andreas)
Abt. N Willy Hellpach (Nachlass Willy Hellpach)

Hauptstaatsarchiv Stuttgart (Landesarchiv Baden-Württemberg)
EA 1/920 (Staatsministerium)
EA 3/101 (Kultusministerium, Abteilung Allgemeine Verwaltung)

EA 3/104 (Kultusministerium, Abteilung Allgemeine Verwaltung)
EA 3/201 (Kultusministerium, Abteilung Kunst)
EA 3/202 (Kultusministerium, Abteilung Kunst, Referat Denkmalpflege)
EA 3/203 (Kultusministerium, Abteilung Kunst)
EA 3/603 (Kultusministerium, Abteilung Allgemeinbildendes Schulwesen)
EA 11/101 (Ministerium für politische Befreiung, Abteilung I-VI)
J 40/15 (Sammlung Hermann Haering)
Q 1/2 (Nachlass Conrad Haußmann)
Q 1/4 (Nachlass Wilhelm Keil)
Q 1/8 (Nachlass Reinhold Maier)
RG 260 OMGWB (Office of Military Government for Wuerttemberg-Baden)

Institut für Zeitgeschichte, München
ED 193 (Nachlass Alfred Gerstel)

Landesarchiv Berlin
E Rep. 200-78 (Nachlass Otto Eugen Hasso Becker)

Privatarchiv Ulrich Baer, Heilbronn
Korrespondenz Elisabeth-Schmidt-Staub

Privatarchiv Eva Baum, Stuttgart
Korrespondenz Julius Baum

Privatarchiv Helmut Erbe, Tübingen
Korrespondenz Helmut Erbe

Privatarchiv Hanna Frielinghaus-Heuss, Albstadt
Korrespondenz Hedwig Heuss

Privatarchiv Elsbeth Haule, Heilbronn
Korrespondenz Willy Dürr

Privatarchiv Thomas Nägele, New York
Korrespondenz Reinhold Nägele

Privatarchiv Sandra Weishappel-Schmitt, Kleinmachnow
Korrespondenz Eugen Fischer-Baling

Privatarchiv Elisabethe Eleonore Würz
Korrespondenz Elisabethe Eleonore Würz

Robert Bosch GmbH, C/CCH – Historische Kommunikation, Archiv, Stuttgart
1 013 (Bestand Hans Walz)
1 832 (Nachlass Otto Debatin)

Staatsarchiv Freiburg (Landesarchiv Baden-Württemberg)
T 1/Heinz Büchsenschütz (Nachlass Heinz Büchsenschütz)

Staatsarchiv Ludwigsburg (Landesarchiv Baden-Württemberg)
EL 902/20, 49666 (Spruchkammerakte Carl Bauer)
EL 902/20, 64876 (Spruchkammerakte Eugen Löffler)
EL 902/20, 66550 (Spruchkammerakte Eberhard Wildermuth)
EL 902/20, 79595 (Spruchkammerakte Hermann Haering)
EL 902/20, 92901 (Spruchkammerakte Erwin Herrmann)
EL 902/24, 218 (Spruchkammerakte Walter Azone)

Staatsbibliothek zu Berlin – Preußischer Kulturbesitz, Handschriftenabteilung
1: Fx 5019/1 (Steckbriefregister 1933)
Nachlass Margret Boveri

Stadtarchiv Heilbronn
E 001 (Handschriften)
Verwaltungsregistratur, Straßenumbenennungen

Stadtarchiv Mannheim
Nachlass Karl Barber, Zug. 24/1970

Stadtarchiv Stuttgart
A 25 (Nachlass Mia Seeger)
Hauptaktei, Gruppe 3

Stadtarchiv Ulm
Nachlass Theodor Pfizer

Stadt- und Hospitalarchiv Schwäbisch Gmünd
Nachlass Hermann Erhard (Zeitgeschichtliche Sammlung)

Stiftung Bundespräsident-Theodor-Heuss-Haus, Archiv, Stuttgart

Stiftung Rheinisch-Westfälisches Wirtschaftsarchiv zu Köln
Abt. 130 (Gutehoffnungshütte, Oberhausen, Korrespondenz Paul Reusch)

Universitätsarchiv Stuttgart
17 (Dezernat I: Organisation, Struktur, Innere Dienste: Verwaltungsregistratur)
122 (Abteilung für Geisteswissenschaften)
Personalakte Theodor Heuss
SN 11 (Nachlass Paul Klopfer)

University of Notre Dame Archives
Nachlass George N. Shuster, CSHU

Gedruckte Quellen und Literatur

ABELSHAUSER, WERNER: Deutsche Wirtschaftsgeschichte seit 1945, München 2004.

ADAMIETZ, HORST: Das erste Kapitel, Bremen 1975.

ADAMIETZ, HORST: Die fünfziger Jahre. Bremer Parlamentarier 1951–1959, Bremen 1978.

ADOLPH, RUDOLF: Hugo Borst, Aschaffenburg 1963.

AKTEN ZUR VORGESCHICHTE DER BUNDESREPUBLIK 1945–1949, München 1989
Bd. 2: Januar–Juni 1947, bearb. v. Wolfram Werner.
Bd. 5/1: Januar–September 1949, bearb. v. Hans-Dieter Kreikamp.

ALEXANDRE, PHILIPPE: Friedrich Naumann und Frankreich, 1899–1919. Der Gegensatz von nationalem Ethos und untersuchender Vernunft bei einem Intellektuellen und Politiker der wilhelminischen Zeit, hg. v. der DVA-Stiftung, Stuttgart 2003.

ANSPRACHEN BEIM FESTAKT DER TECHNISCHEN HOCHSCHULE STUTTGART ZUR FEIER IHRER WIEDERERÖFFNUNG AM 23. FEBRUAR 1946 von Lt. Colonel Charles D. Winning, Prof. Dr. Ing. h.c. Dr. R. Grammel, Kultminister Dr. Th. Heuss, Oberbürgermeister Dr. A. Klett, Stuttgart 1946.

BÄUMER, GERTRUD: Die Macht der Liebe. Der Weg des Dante Alighieri, München 1941.

BÄUMER, GERTRUD: Eine Woche im May. Sieben Tage des jungen Goethe, Tübingen 1944.

BÄUMER, GERTRUD: Der Jüngling im Sternenmantel. Größe und Tragik Ottos III., München 1947.

BÄUMER, GERTRUD: Die Reichsidee bei den Ottonen. Heinrich I. und Otto der Große. Otto III. und Heinrich II., Nürnberg/Bamberg/Passau 1947.

BÄUMER, GERTRUD: Des Lebens wie der Liebe Band. Briefe, hg. v. Emmy Beckmann, Tübingen 1956.

BARCLAY, DAVID E.: Schaut auf diese Stadt. Der unbekannte Ernst Reuter, Berlin 2000.

BAUERKÄMPER, ARND / JARAUSCH, KONRAD H. / PAYK, MARKUS M. (Hg.): Demokratiewunder. Transatlantische Mittler und die kulturelle Öffnung Westdeutschlands 1945–1970, Göttingen 2005.

BAUMGÄRTNER, ULRICH: Reden nach Hitler. Theodor Heuss – Die Auseinandersetzung mit dem Nationalsozialismus, Stuttgart 2001.

BECHER, JOHANNES R.: Heimkehr. Neue Gedichte, Berlin 1946.

BECKER, ERNST WOLFGANG: Ermächtigung zum politischen Irrtum. Die Zustimmung zum Ermächtigungsgesetz von 1933 und die Erinnerungspolitik im ersten württemberg-badischen Untersuchungsausschuß der Nachkriegszeit, Stuttgart 2001.

BECKER, ERNST WOLFGANG: Ein Demokrat im Abseits 1933–1945, in: THOMAS HERTFELDER / CHRISTIANE KETTERLE (Hg.): Theodor Heuss. Publizist – Politiker – Präsident. Begleitband zur ständigen Ausstellung im Theodor-Heuss-Haus, Stuttgart 2003, S.104–120, 124–127.

BECKER, ERNST WOLFGANG: Biographie als Lebensform. Theodor Heuss als Biograph im Nationalsozialismus, in: WOLFGANG HARDTWIG / ERHARD SCHÜTZ (Hg.): Geschichte für Leser. Populäre Geschichtsschreibung in Deutschland im 20. Jahrhundert, Stuttgart 2005, S. 57–89.

BECKER, ERNST WOLFGANG: Ein Haus voller Briefe für die deutsche Geschichte des 20. Jahrhunderts. Zum Stand der Edition „Theodor Heuss. Stuttgarter Ausgabe“, in: Jahrbuch zur Liberalismus-Forschung 17 (2005), S. 215–234.

BECKER, ERNST WOLFGANG / RÖSSLEIN, THOMAS (Hg.): Politischer Irrtum im Zeugenstand. Die Protokolle des Untersuchungsausschusses des Württemberg-Badischen Landtags aus dem Jahr 1947 zur Zustimmung zum „Ermächtigungsgesetz“ vom 23. März 1933, Stuttgart 2003.

BECKER, ROLF: Die Geschichte der Firma Bosch, unter: www.bosch.com/content/language1/downloads/Die_Geschichte_der_Fa_Bosch_de.pdf, abgerufen am 14. 3. 2007.

BENDER, KLAUS: Deutschland, einig Vaterland? Die Volkskongreßbewegung für deutsche Einheit und einen gerechten Frieden in der Deutschlandpolitik der Sozialistischen Einheitspartei Deutschlands, Frankfurt a. M. u. a. 1992.

BENTLEY, JAMES: Martin Niemöller. Eine Biographie, München 1985.

BENZ, WOLFGANG: Von der Besatzungsherrschaft zur Bundesrepublik. Stationen einer Staatsgründung 1946–1949, Frankfurt a. M. 1984.

BENZ, WOLFGANG: Potsdam 1945. Besatzungsherrschaft und Neuaufbau im Vier-Zonen-Deutschland, München [3]1994.

BENZ, WOLFGANG: Berlin-Blockade und Weststaatsgründung, in: Zeitschrift für Geschichtswissenschaft 46 (1998), S. 485–494.

BERGHAHN, VOLKER R.: America and the Intellectual Cold Wars in Europe. Shepard Stone between Philanthropy, Academy, and Diplomacy, Princeton/Oxford 2001.

BERICHT DER SOZIALISIERUNGSKOMMISSION ÜBER DIE FRAGE DER SOZIALISIERUNG DES KOHLEBERGBAUS, Berlin 1920.

BERNANOS, GEORGES: Journal d'un curé de campagne, Paris 1936; deutsch: Tagebuch eines Landpfarrers. Ein Roman, Wien 1936.

BODE, BERNARD: Liberal-Demokraten und „deutsche Frage“. Zum politischen Wandel einer Partei in der Sowjetischen Besatzungszone und in der DDR zwischen 1945 und 1961, Frankfurt a. M. u. a. 1997.

BOTT, HANS / LEINS, HERMANN (Hg.): Begegnungen mit Theodor Heuss, Tübingen 1954.

BOVERI, MARGRET: Der Diplomat vor Gericht, Berlin/Hannover 1948.

BOVERI, MARGRET: Tage des Überlebens. Berlin 1945, München 1968.

BREUER, STEFAN: Anatomie der Konservativen Revolution, Darmstadt ^{2}1995.

BUCHHEIM, HANS: Die Lebensbedingungen unter totalitärer Herrschaft, in: KARL FORSTER (Hg.): Möglichkeiten und Grenzen für die Bewältigung historischer und politischer Schuld in Strafprozessen, Würzburg 1962, S. 89–106.

BURGER, REINER: Theodor Heuss als Journalist. Beobachter und Interpret von vier Epochen deutscher Geschichte, Münster 1999.

BURLEIGH, MICHAEL: Die Zeit des Nationalsozialismus. Eine Gesamtdarstellung, Frankfurt a. M. 2000.

BUSCHMANN, NIKOLAUS / CARL, HORST: Zugänge zur Erfahrungsgeschichte des Krieges: Forschung, Theorie, Fragestellung, in: DIES. (Hg.): Die Erfahrung des Krieges. Erfahrungsgeschichtliche Perspektiven von der Französischen Revolution bis zum Zweiten Weltkrieg, Paderborn 2001, S. 11–26.

CAMPBELL, JOAN: Der Deutsche Werkbund 1907–1934, München 1989.

CDU/CSU [DIE] IM PARLAMENTARISCHEN RAT. Sitzungsprotokolle der Unionsfraktionen, bearb. v. Rainer Salzmann, Stuttgart 1981.

CLEMENS, GABRIELE: Die britische Kulturpolitik in Deutschland: Musik, Theater, Film und Literatur, in: DIES. (Hg.): Kulturpolitik im besetzten Deutschland 1945–1949, Stuttgart 1994, S. 200–218.

COBDEN, RICHARD: Speeches on Public Policy, edited by John Bright and J. E. Thorold Rogers, London 1870.

CONSTITUTIONS OF BAVARIA, HESSE AND WÜRTTEMBERG-BADEN, Berlin 1947.

CURTIUS, JULIUS: Sechs Jahre Minister der deutschen Republik, Heidelberg 1948.

DAHRENDORF, RALF / VOGT, MARTIN (Hg.): Theodor Heuss. Politiker und Publizist, Tübingen 1984.

DEUTSCHE WERKBUND [DER] – 1907, 1947, 1987 ..., hg. v. Ot Hoffmann, Frankfurt a. M./Berlin 1987.

DURANT, WILLIAM J.: Das Leben Griechenlands. Eine Kulturgeschichte Griechenlands von den Anfängen und Vorderasiens vom Tod Alexanders bis zur Eroberung durch Rom, Bern 1947.

DUSSEL, KONRAD: Deutsche Tagespresse im 19. und 20. Jahrhundert, Münster 2004.

ECHTERNKAMP, JÖRG: Nach dem Krieg. Alltagsnot, Neuorientierung und die Last der Vergangenheit 1945–1949, Zürich 2003.

EHLERT, HANS / EPKENHANS, MICHAEL / GROSS, GERHARD P. (Hg.): Der Schlieffenplan. Analysen und Dokumente, Paderborn u. a. 2006.

EIMER, MANFRED: Warum denn nicht die alte Reichssturmfahne, Karlsruhe 1926.

ELSAS, FRITZ: Ein Demokrat im Widerstand. Zeugnisse eines Liberalen in der Weimarer Republik, hg. v. Manfred Schmid, Gerlingen 1999.

ERICKSEN, ROBERT P.: Theologen unter Hitler. Das Bündnis zwischen evangelischer Dogmatik und Nationalsozialismus, München/Wien 1986.

EYCK, ERICH: Gladstone, Erlenbach-Zürich/Leipzig 1938.

EYCK, ERICH: Bismarck. Leben und Werk, 3 Bde., Erlenbach-Zürich 1941–1944.

FDP-BUNDESVORSTAND. Die Liberalen unter dem Vorsitz von Theodor Heuss und Franz Blücher. Sitzungsprotokolle 1949–1954, bearb. v. Udo Wengst, 1. Halbbd.: 1.–26. Sitzung 1949–1952, Düsseldorf 1990.

FEDER, GOTTFRIED: Das Programm der NSDAP und seine weltanschaulichen Grundlagen, München 1927.

FELDKAMP, MICHAEL F.: Der Parlamentarische Rat 1948–1949. Die Entstehung des Grundgesetzes, Göttingen 1998.

FIJALKOWSKI, JÜRGEN u. a.: Berlin – Hauptstadtanspruch und Westintegration, Köln/Opladen 1967.

FISCHER, ERNST: Der „Schutzverband deutscher Schriftsteller" (1909–1933), in: Archiv für Geschichte des Buchwesens 21 (1980), Sp. 1–666.

FISCHER-BALING, EUGEN: Feinde ringsum. Eine kritische Betrachtung, Berlin 1946.

FRANÇOIS-PONCET, ANDRÉ: Als Botschafter in Berlin 1931–1938, aus dem Französischen übertragen v. Erna Stuebel, Mainz 1947.

FRANK, WALTER: Hofprediger Adolf Stoecker und die christlich-soziale Bewegung, Berlin 1928.

FRANK, WALTER: Nationalismus und Demokratie im Frankreich der dritten Republik (1871–1918), Hamburg 1933.

FREI, NORBERT: Vergangenheitspolitik. Die Anfänge der Bundesrepublik und die NS-Vergangenheit, München ^{2}1997.

FREI, NORBERT / SCHMITZ, JOHANNES: Journalismus im Dritten Reich, München ^{3}1999.

FRIEDENSBURG, FERDINAND: Es ging um Deutschlands Einheit. Rückschau eines Berliners auf die Jahre nach 1945, Berlin 1971.

FRÖLICH, JÜRGEN: „Die Umformung des deutschen Seins erlaubt keine passive Resignation". Die Zeitschrift „Die Hilfe" im Nationalsozialismus, in: CHRISTOPH STUDT (Hg.): „Diener des Staates" oder „Widerstand zwischen den Zeilen"? Die Rolle der Presse im „Dritten Reich" (XVIII. Königswinterer Tagung Februar 2005), Münster 2007, S. 115–129.

FÜNF JAHRE KULTMINISTERIUM WÜRTTEMBERG-BADEN. Ein Tätigkeitsbericht 1945–1950, Stuttgart 1951.

FÜRSTENAU, JUSTUS: Entnazifizierung. Ein Kapitel deutscher Nachkriegspolitik, Neuwied/Berlin 1969.

FÜSSL, KARL-HEINZ: Die Umerziehung der Deutschen. Jugend und Schule unter den Siegermächten des Zweiten Weltkriegs 1945–1955, Paderborn u. a. 1994.

GEDENKBUCH DER STADT HEILBRONN – KRIEGSOPFER 1939–1945, hg. v. der Stadtverwaltung Heilbronn, Heilbronn 1955.

GESETZ [DAS] ZUR BEFREIUNG VON NATIONALSOZIALISMUS UND MILITARISMUS NEBST AUSFÜHRUNGSBESTIMMUNGEN FÜR DEN BEREICH DES LANDES WÜRTTEMBERG-BADEN. Ergänzbare Loseblattsammlung aller bisher erschienenen Gesetze, Verordnungen, Anordnungen, Erlasse und sonstiger Vorschriften, Stuttgart 1947.

GESSLER, OTTO: Reichswehrpolitik in der Weimarer Zeit, hg. v. Kurt Sendtner, mit einer Vorbemerkung von Theodor Heuss, Stuttgart 1958.

GILLESSEN, GÜNTHER: Auf verlorenem Posten. Die Frankfurter Zeitung im Dritten Reich, Berlin 1986.

GRABBE, HANS-JÜRGEN: Die deutsch-alliierte Kontroverse um den Grundgesetzentwurf im Frühjahr 1949, in: Vierteljahreshefte für Zeitgeschichte 26 (1978), H. 3, S. 393–418.

GRAML, HERMANN: Die Alliierten und die Teilung Deutschlands. Konflikte und Entscheidungen 1941–1948, Frankfurt a. M. 1985.

GREINER, BERND: Die Morgenthau-Legende. Zur Geschichte eines umstrittenen Plans, Hamburg 1995.

GRUNDMANN, KARL-HEINZ: Zwischen Verständigungsbereitschaft, Anpassung und Widerstand. Die LDP in Berlin und der sowjetischen Besatzungszone 1945–1949, Bonn 1978.

GUSY, CHRISTOPH: Die Weimarer Reichsverfassung, Tübingen 1997.

HAGEN, AUGUST: Hermann Binder 1877–1957, in: DERS.: Gestalten aus dem schwäbischen Katholizismus, Bd. 4, Ulm 1963, S. 269–301.

HALM, AUGUST: Von zwei Kulturen der Musik. Mit einer Einführung von Gustav Wyneken, Stuttgart [3]1947

HANDBUCH POLITISCHER INSTITUTIONEN UND ORGANISATIONEN 1945–1949, bearb. v. Heinrich Potthoff in Zusammenarbeit mit Rüdiger Wenzel, Düsseldorf 1983.

HANSEN, KNUT: Albrecht Graf von Bernstorff. Diplomat und Bankier zwischen Kaiserreich und Nationalsozialismus, Frankfurt a. M. u. a. 1996.

HARRIES-JENKINS, GWYN: Britain: From Individual Conscience to Social Movement, in: CHARLES C. MOSKOS / JOHN WHITECLAY CHAMBERS II (Ed.): The New Conscientious Objection. From Sacred to Secular Resistance, New York/Oxford 1993, S. 67–79.

HAUSMANN, FRIEDERIKE: Kleine Geschichte Italiens von 1943 bis heute, aktualisierte Neuausgabe, Berlin 2002.

HAYEK, FRIEDRICH A. VON: Der Weg zur Knechtschaft, hg. und eingel. v. Wilhelm Röpke, Erlenbach-Zürich 1945.

HEIBER, HELMUT: Walter Frank und sein Reichsinstitut für Geschichte des neuen Deutschlands, Stuttgart 1966.

HEILE, WILHELM: Abschied von der FDP, Syke 1947.

HEIN, DIETER: Zwischen Milieupartei und nationaler Sammlungsbewegung. Gründung, Entwicklung und Struktur der Freien Demokratischen Partei 1945–1949, Düsseldorf 1985.

HEINEMANN, ULRICH: Die verdrängte Niederlage. Politische Öffentlichkeit und Kriegsschuldfrage in der Weimarer Republik, Göttingen 1983.

HELLPACH, WILLY: Wirken in Wirren. Lebenserinnerungen. Eine Rechenschaft über Wert und Glück, Schuld und Sturz meiner Generation, 2 Bde., Hamburg 1948/49.

HENKE, KLAUS-DIETMAR: Politische Säuberung unter französischer Besatzung. Die Entnazifizierung in Württemberg-Hohenzollern, Stuttgart 1981

HENKE, KLAUS-DIETMAR: Die amerikanische Besetzung Deutschlands, München [2]1996.

HENNING, FRIEDRICH (Hg.): Theodor Heuss: Lieber Dehler! Briefwechsel mit Thomas Dehler, München/Wien 1983.

HENTSCHEL, VOLKER: Ludwig Erhard. Ein Politikerleben, München/Landsberg am Lech 1996.

HENZLER, CHRISTOPH: Die Christlich-Soziale Union in den ersten Nachkriegsjahren, in: Geschichte einer Volkspartei. 50 Jahre CSU – 1945–1995, hg. von der Hanns-Seidel-Stiftung, Grünwald 1995, S. 109–161.

HERBERT, DOMINIQUE: „Die Neue Zeitung". Un journal américain pour la population allemande (1945–1949), Villeneuve-d'Ascq (Nord) 1997.

HERDE, PETER: Kontinuitäten und Diskontinuitäten im Übergang vom Nationalsozialismus zum demokratischen Neubeginn. Die gescheiterten Berufungen von Hermann Heimpel nach München (1944–1946) und von Franz Schnabel nach Heidelberg (1946–1947), München 2007.

HERTFELDER, THOMAS (Hg.): Das symbolische Kapital der Bildung: Theodor Heuss, in: GANGOLF HÜBINGER / THOMAS HERTFELDER (Hg.): Politik und Mandat. Intellektuelle in der deutschen Politik, Stuttgart 2000, S. 93–113.

HERTFELDER, THOMAS (Hg.): Bücher und ihre Geschichten. Zur historisch-politischen Privatbibliothek von Theodor Heuss, Stuttgart 2002.

HERTFELDER, THOMAS / HESS, JÜRGEN C. (Hg.): Streiten um das Staatsfragment. Theodor Heuss und Thomas Dehler berichten von der Entstehung des Grundgesetzes, mit einer Einleitung von Michael F. Feldkamp, bearb. v. Patrick Ostermann und Michael F. Feldkamp, Stuttgart 1999.

HESS, JÜRGEN C.: Theodor Heuss vor 1933. Ein Beitrag zur Geschichte des demokratischen Denkens in Deutschland, Stuttgart 1973.

HESS, JÜRGEN C.: Europagedanke und nationaler Revisionismus. Überlegungen zu ihrer Verknüpfung in der Weimarer Republik am Beispiel Wilhelm Heiles, in: Historische Zeitschrift 225 (1977), S. 572–622.

HESS, JÜRGEN C.: „Das ganze Deutschland soll es sein". Demokratischer Nationalismus in der Weimarer Republik am Beispiel der Deutschen Demokratischen Partei, Stuttgart 1978.

HESS, JÜRGEN C.: „Machtlos inmitten des Mächtespiels der anderen ..." Theodor Heuss und die deutsche Frage 1945–1949, in: Vierteljahreshefte für Zeitgeschichte 33 (1985), S. 88–135.

HESS, JÜRGEN C.: „Die deutsche Lage ist ungeheuer ernst geworden." Theodor Heuss vor den Herausforderungen des Jahres 1933, in: Jahrbuch zur Liberalismus-Forschung 6 (1994), S. 65–136.

HESS, JÜRGEN C.: „Erste Wege durch das Ruinenfeld". Theodor Heuss und der Neubeginn liberaler Rhetorik 1945/46, in: DERS. / HARTMUT LEHMANN / VOLKER SELLIN (Hg.): Heidelberg 1945, Stuttgart 1996, S. 348–386.

HESS, JÜRGEN C.: Fehlstart. Theodor Heuss und die Demokratische Partei Deutschlands 1947/1948, in: Jahrbuch zur Liberalismus-Forschung 9 (1997), S. 83–121.

HESS, JÜRGEN C.: „Die Nazis haben gewußt, daß wir ihre Feinde gewesen und geblieben sind." Theodor Heuss und der Widerstand gegen den Nationalsozialismus, in: Jahrbuch zur Liberalismus-Forschung 14 (2002), S. 143–195.

HESS, JÜRGEN C.: Theodor Heuss aus der Perspektive des *Counter Intelligence Corps* der *US-Army*, 15. September 1949, in: Jahrbuch zur Liberalismus-Forschung 17 (2005), S. 99–134.

HESS, JÜRGEN C.: Verfassungsarbeit. Theodor Heuss und der Parlamentarische Rat, erscheint voraussichtlich in: Jahrbuch zur Liberalismus-Forschung 20 (2008).

HESSE, HERMANN: Das Glasperlenspiel. Versuch einer Lebensbeschreibung des Magister Ludi Josef Knecht samt Knechts hinterlassenen Schriften, Zürich 1943.

HEUSS, THEODOR: Deutschlands Zukunft, Stuttgart 1919.

HEUSS, THEODOR: Führer aus deutscher Not. Fünf politische Porträts, Berlin, 1927.

HEUSS, THEODOR: Politik. Ein Nachschlagebuch für Theorie und Geschichte, Halberstadt 1927.

HEUSS, THEODOR: Hitlers Weg. Eine historisch-politische Studie über den Nationalsozialismus, Stuttgart/Berlin/Leipzig 1932.

HEUSS, THEODOR: Friedrich Naumann. Der Mann, das Werk, die Zeit, Stuttgart/Berlin 1937; 2., neubearbeitete Aufl. Stuttgart/Tübingen 1949.

HEUSS, THEODOR: Hans Poelzig. Bauten und Entwürfe. Das Lebensbild eines deutschen Baumeisters, Berlin 1939; 2. Aufl. Tübingen 1948.

HEUSS, THEODOR: Anton Dohrn in Neapel, Berlin/Zürich 1940.

HEUSS, THEODOR: Justus von Liebig. Vom Genius der Forschung, Hamburg 1942; 2. Auflage Hamburg 1946.

HEUSS, THEODOR: Betrachtungen zur innenpolitischen Lage (30. Mai 1945), in: DERS., Aufzeichnungen, S. 77–90.

HEUSS, THEODOR: Erziehung zur Demokratie. Rundfunkansprache von Kultminister Dr. Theodor Heuss vom 3. Oktober 1945, in: Schicksal und Aufgaben. Reden von Ministerpräsident für Nordwürttemberg und Nordbaden Dr. Reinhold Maier und Kultminister Dr. Theodor Heuss, Stuttgart 1945, S. 19–21.

HEUSS, THEODOR: Nordbaden – Nordwürttemberg (8. Juli 1945), in: DERS., Aufzeichnungen, S. 91–96.

HEUSS, THEODOR: Um Deutschlands Zukunft (18. März 1946), in: DERS., Aufzeichnungen, S. 184–208.

HEUSS, THEODOR: Friedrich Ebert, in: Lesebuch für die Volksschule, hg. v. Kultministerium für Nordwürttemberg und Nordbaden, Bd. 4: 7. und 8. Schuljahr, Stuttgart/Karlsruhe 1946, S. 137–143.

HEUSS, THEODOR: Die deutsche Nationalidee im Wandel der Geschichte, Stuttgart 1946.

HEUSS, THEODOR: Robert Bosch. Leben und Leistung, Stuttgart/Tübingen 1946.

HEUSS, THEODOR: Der Zeitgeist in seiner Wirkung auf die Lehrerschaft, Tübingen 1946.

HEUSS, THEODOR: Deutsche Gestalten. Studien zum 19. Jahrhundert, Stuttgart/Tübingen 1947.

HEUSS, THEODOR: Der Reutlinger Friedrich List. Rede bei der Gedenkfeier der Stadt Reutlingen zum 100. Geburtstag von Friedrich List am 30. November 1946, Stuttgart/Tübingen 1947.

HEUSS, THEODOR: Hans Otto Schaller. Ein Gedenkblatt, Stuttgart/Tübingen 1947.

HEUSS, THEODOR: Schattenbeschwörungen. Randfiguren in der Geschichte, Stuttgart/Tübingen 1947.

HEUSS, THEODOR: Zur Frage der staatsrechtlichen Gestaltung Deutschlands (Juli 1947), in: DERS., Aufzeichnungen, S. 111–140.

HEUSS, THEODOR: Anton Dohrn, zweite erweiterte Ausgabe mit einem Beitrag von Margret Boveri, Stuttgart/Tübingen 1948.

HEUSS, THEODOR: 1848. Werk und Erbe, Stuttgart 1948.

HEUSS, THEODOR: Das ABC des Parlamentarischen Rates, Bonn 23. 5. 1949.

HEUSS, THEODOR: Das Bismarck-Bild im Wandel. Ein Versuch, in: OTTO VON BISMARCK: Gedanken und Erinnerungen. Reden und Briefe, mit einer Einführung von Theodor Heuss, Berlin 1951, S. 7–27.

HEUSS, THEODOR: Vorspiele des Lebens. Jugenderinnerungen, Tübingen 1953.

HEUSS, THEODOR: Würdigungen. Reden, Aufsätze und Briefe aus den Jahren 1949–1955, Tübingen 1955.

HEUSS, THEODOR: Lust der Augen. Stilles Gespräch mit beredtem Bildwerk, hg. v. Friedrich Kaufmann und Hermann Leins, Tübingen 1960.

HEUSS, THEODOR: Erinnerungen. 1905–1933, Tübingen 1963.

HEUSS, THEODOR: Profile. Nachzeichnungen aus der Geschichte, Tübingen 1964.

HEUSS, THEODOR: Aufzeichnungen 1945–1947, aus dem Nachlaß hg. und mit einer Einleitung versehen von Eberhard Pikart, Tübingen 1966.

HEUSS, THEODOR: Die Machtergreifung und das Ermächtigungsgesetz. Zwei nachgelassene Kapitel der „Erinnerungen 1905–1933", hg. v. Eberhard Pikart, Tübingen 1967.

HEUSS, THEODOR: Tagebuchbriefe 1955/1963, Tübingen/Stuttgart 1970.

HEUSS, THEODOR / ADENAUER, KONRAD: Unserem Vaterlande zugute. Der Briefwechsel 1948–1963, bearb. v. Hans Peter Mensing, Berlin 1989.

HEUSS, THEODOR / STRAUß UND TORNEY, LULU VON: Ein Briefwechsel, Düsseldorf/Köln 1965.

HEUSS-KNAPP, ELLY: Ausblick vom Münsterturm. Erlebtes aus dem Elsaß und dem Reich, Berlin 1934.

HEUSS-KNAPP, ELLY: Bürgerin zweier Welten. Ein Leben in Briefen und Aufzeichnungen, hg. v. Margarethe Vater, Tübingen [2]1961.

HILLER VON GAERTRINGEN, FRIEDRICH FREIHERR: Die Deutschnationale Volkspartei, in: ERICH MATTHIAS / RUDOLF MORSEY (Hg.): Das Ende der Parteien 1933, Düsseldorf 1960, S. 541–652.

HIRSCHHAUSEN, ULRIKE VON: Liberalismus und Nation. Die Deutsche Zeitung 1847–1850, Düsseldorf 1998.

HOLL, KARL: Pazifismus oder liberaler Neu-Imperialismus? Zur Rolle der Pazifisten in der Deutschen Demokratischen Partei 1918–1930, in: JOACHIM RADKAU / IMMANUEL GEISS (Hg.): Imperialismus im 20. Jahrhundert. Gedenkschrift für George W. F. Hallgarten, München 1976, S. 171–195.

HUBER, ERNST RUDOLF: Friedrich Naumanns Weimarer Grundrechts-Entwurf. Der Versuch eines Modells der Grundwerte gegenwärtigen Daseins, in: OKKO BEHRENDS U. A. (Hg.): Festschrift für Franz Wieacker zum 70. Geburtstag, Göttingen 1978.

HUBER, ERNST RUDOLF (Hg.): Dokumente zur deutschen Verfassungsgeschichte, Bd. 4: Deutsche Verfassungsdokumente 1919–1933, 3. neubearbeitete Auflage Stuttgart/Berlin/Köln 1992.

HUBER, ERNST RUDOLF: Deutsche Verfassungsgeschichte seit 1789
Bd. 4: Struktur und Krise des Kaiserreichs, Stuttgart/Berlin/Köln [2]1994 (Nachdruck).
Bd. 5: Weltkrieg, Revolution und Reichserneuerung 1914–1919, Stuttgart/Berlin/Köln 1992 (Nachdruck).
Bd. 6: Die Weimarer Reichsverfassung, Stuttgart/Berlin/Köln 1993 (Nachdruck).

HUDELMANN, RAINER: Zentralismus und Dezentralisierung in der französischen Deutschland- und Besatzungspolitik 1945–1947, in: WINFRIED BECKER (Hg.): Die Kapitulation von 1945 und der Neubeginn in Deutschland. Symposion an der Universität Passau 30.–31. 10. 1985, Köln/Wien 1987, S. 191–209.

HÜSER, DIETMAR: Frankreichs „doppelte Deutschlandpolitik". Dynamik aus der Defensive – Planen, Entscheiden, Umsetzen in gesellschaftlichen und wirtschaftlichen, innen- und außenpolitischen Krisenzeiten 1944–1950, Berlin 1996.

HUNDERT JAHRE KOHLHAMMER. 1866–1966, Stuttgart u. a. 1966.

IMIELA, HANS-JÜRGEN: Fritz Steisslinger 1891–1957. Leben und Werk, Stuttgart 1990.

IREK, JOACHIM: Mannheim in den Jahren 1945–1949. Darstellung und Dokumente, 2 Bde., Stuttgart u. a. 1983.

JASPERS, KARL / ERNST, FRITZ: Vom lebendigen Geist der Universität und vom Studieren. 2 Vorträge, Heidelberg 1946.

JONAS, ERASMUS: Die Volkskonservativen 1928–1933. Entwicklung, Struktur, Standort und staatspolitische Zielsetzung, Düsseldorf 1965.

JULING, PETER: Programmatische Entwicklung der FDP 1946 bis 1969. Einführung und Dokumente, Meisenheim am Glan 1977.

JUNG, OTMAR: Direkte Demokratie in der Weimarer Republik. Die Fälle „Aufwertung", „Fürstenenteignung", „Panzerkreuzerverbot" und „Youngplan", Frankfurt a. M./New York 1989.

JUNG, OTMAR: Grundgesetz und Volksentscheid. Gründe und Reichweite der Entscheidungen des Parlamentarischen Rats gegen Formen direkter Demokratie, Opladen 1994.

KEIL, WILHELM: Erlebnisse eines Sozialdemokraten, 2 Bde., Stuttgart 1947/48.

KESSLER, HEINRICH: Wilhelm Stapel als politischer Publizist. Ein Beitrag zur Geschichte des konservativen Nationalismus zwischen den beiden Weltkriegen, Nürnberg 1967.

KISSENER, MICHAEL: Hans Walz (1883–1974), in: RAINER LÄCHELE / JÖRG THIERFELDER (Hg.): Wir konnten uns nicht entziehen. 30 Porträts zu Kirche und Nationalsozialismus in Württemberg, Stuttgart 1998, S. 119–138.

KLEIN, MICHAEL: Georg Bernhard. Die politische Haltung des Chefredakteurs der Vossischen Zeitung 1918–1930, Frankfurt a. M. u. a. 1999.

KLEINHORST, WILLI: Wilhelm Stapel – Ein evangelischer Journalist im Nationalsozialismus. Gratwanderer zwischen Politik und Theologie, Frankfurt a. M u. a.1993.

KLESSMANN, CHRISTOPH: Wiedervereinigung und deutsche Nation – der Kern der Politik Kurt Schumachers, in: DIETER DOWE (Hg.): Kurt Schumacher und der „Neubau" der deutschen Sozialdemokratie nach 1945. Referate und Podiumsdiskussion eines Kolloquiums des Gesprächskreises Geschichte der Friedrich-Ebert-Stiftung in Bonn am 12./13. Oktober 1995, Bonn 1996, S. 113–130.

KNAPP, GEORG FRIEDRICH: Staatliche Theorie des Geldes, München/Leipzig ²1918.

KOCKA, JÜRGEN: 1945: Neubeginn oder Restauration? In: CAROLA STERN / HEINRICH AUGUST WINKLER (Hg.): Wendepunkte deutscher Geschichte 1848–1990, Frankfurt a. M. ²1994, S. 159–192.

KOERFER, DANIEL: Kampf ums Kanzleramt. Erhard und Adenauer, Stuttgart ²1988.

KÖRNER, HANS-MICHAEL: Geschichte des Königreichs Bayern, München 2006.

KOHLHAAS, WILHELM: Eberhard Wildermuth. Ein aufrechter Bürger. Ein Lebensbild, Bonn 1960.

KOLLWITZ, KÄTHE: Tagebuchblätter und Briefe, hg. v. Hans Kollwitz, Berlin 1948.

KREIKAMP, HANS-DIETER (Hg.): Quellen zur staatlichen Neuordnung Deutschlands 1945–1949, Darmstadt 1994.

KREY, URSULA: Der Naumann-Kreis im Kaiserreich: Liberales Milieu und protestantisches Bürgertum, in: Jahrbuch zur Liberalismus-Forschung 7 (1995), S. 57–81.

KREY, URSULA: Demokratie durch Opposition: Der Naumann-Kreis und die Intellektuellen, in: GANGOLF HÜBINGER / THOMAS HERTFELDER (Hg.): Kritik und Mandat. Intellektuelle in der Politik, Stuttgart 2000, S. 71–92.

KRISCHKE, ROLAND: Emil Belzner (1901–1979). Schriftsteller und Journalist, Heidelberg 2002.

KROHN, CLAUS-DIETER: Wissenschaft im Exil. Deutsche Sozial- und Wirtschaftswissenschaftler in den USA und die New School for Social Research, Frankfurt a. M./New York 1987.

KROHN, CLAUS-DIETER u. a. (Hg.): Handbuch der deutschsprachigen Emigration 1933–1945, Darmstadt 1998.

KRÜGER, PETER: Liberalismus und Nation – Die Haltung der FDP im Parlamentarischen Rat, in: Jahrbuch zur Liberalismus-Forschung 11 (1999), S. 199–212.

KRUIP, GUDRUN: Gescheiterter Versuch oder verpflichtendes Erbe? 1848 bei Theodor Heuss, in: PATRICK BAHNERS / GERD ROELLECKE (Hg.): 1848 – Die Erfahrung der Freiheit, S. 189–208.

KÜLZ, WILHELM: Ein Liberaler zwischen Ost und West. Aufzeichnungen 1947–1948, hg. v. Hergard Robel, München 1989.

KURZKE, HERMANN: Romantik und Konservatismus. Das „politische" Werk Friedrich von Hardenbergs (Novalis) im Horizont seiner Wirkungsgeschichte, München 1983.

LANGE, ERHARD H. M.: Wahlrecht und Innenpolitik. Entstehungsgeschichte und Analyse der Wahlgesetzgebung und Wahlrechtsdiskussion im westlichen Nachkriegsdeutschland 1945–1956, Meisenheim am Glan 1975.

LANGE, ERHARD H. M.: Theodor Heuss und die Entstehung des Grundgesetzes, in: Liberal 35 (1993), H. 4, S. 61–69.

LATOUR, CONRAD F. / VOGELSANG, THILO: Okkupation und Wiederaufbau. Die Tätigkeit der Militärregierung in der amerikanischen Besatzungszone Deutschlands 1944–1947, Stuttgart 1973.

LEHNERT, DETLEF: „Politik als Wissenschaft". Beiträge zur Institutionalisierung einer Fachdisziplin in Forschung und Lehre der Deutschen Hochschule für Politik (1920–1933), in: Politische Vierteljahresschrift 30 (1989), S. 443–465.

LEITENSTORFER, HERMANN: Theodor Fischers künstlerischer Nachlaß, in: Baumeister 43 (1946), H. 3, S. 64–66.

LENGER, FRIEDRICH: Werner Sombart 1863–1941. Eine Biographie, München ^{2}1995.

LÖSCHE, PETER / WALTER, FRANZ: Katholiken, Konservative und Liberale: Milieus und Lebenswelten bürgerlicher Parteien in Deutschland während des 20. Jahrhunderts, in: Geschichte und Gesellschaft 26 (2000), S. 471–492.

LUTHER, MARTIN: Lieder und Gedichte, mit Einleitung und Erläuterung von Wilhelm Stapel, Stuttgart 1950.

LUTHER, MARTIN: Werke. Kritische Gesamtausgabe (Weimarer Ausgabe), Bd. 15: Predigten und Schriften 1924, Weimar/Graz 1899.

LUTHER, MARTIN: Schriften über Schule und Unterricht, ausgewählt und kommentiert von Heinz Endermann, Hildesheim/Zürich/New York 2006.

MAATJE, CHRISTIAN: Verkaufte Luft. Die Kommerzialisierung des Rundfunks. Hörfunkwerbung in Deutschland 1923–1936, Potsdam 2000.

MACCALLUM SCOTT, JOHN H.: Experiment in Internationalism. A Study in International Politics, London 1967.

MAIER, REINHOLD: Ende und Wende. Das schwäbische Schicksal 1944–1946. Briefe und Tagebuchaufzeichnungen, Stuttgart 1948.

MAIER, REINHOLD: Ein Grundstein wird gelegt. Die Jahre 1945–1947, Tübingen 1964.

MANN, KLAUS: Unsere Aufgabe in Deutschland, in: DERS., Posten, S. 216–221 [zuerst englisch unter dem Titel „The Job Ahead in Germany. Military Victory is just the Star in Reeducation of German People, in: The Stars and Stripes, 13. 5. 1945].

MANN, KLAUS: Auf verlorenem Posten. Aufsätze, Reden, Kritiken 1942–1949, hg. v. Uwe Naumann und Michael Töteberg, Reinbek bei Hamburg 1994.

MATZ, KLAUS-JÜRGEN: Reinhold Maier (1889–1971). Eine politische Biographie, Düsseldorf 1989.

MEINECKE, FRIEDRICH: Die deutsche Katastrophe. Betrachtungen und Erinnerungen, Wiesbaden 1946.

MENDE, ERICH: Die neue Freiheit 1945–1961, München/Berlin 1984.

MERGEL, THOMAS: Überlegungen zu einer Kulturgeschichte der Politik, in: Geschichte und Gesellschaft 28 (2002), S. 574–606.

MISSENHARTER, HERMANN: Schwäbische Essays, Urach 1946.

MISSIROLI, ANTONIO: Die Deutsche Hochschule für Politik, Sankt Augustin 1988.

MÖLLER, HORST: Gottfried Reinhold Treviranus. Ein Konservativer zwischen den Zeiten, in: PAULUS GORDAN (Hg.): Um der Freiheit willen. Eine Festgabe für und von Johannes und Karin Schauff zum 80. Geburtstag, Pfullingen 1983, S. 118–146.

MOHLER, ARMIN / KARLHEINZ WEISSMANN: Die Konservative Revolution in Deutschland 1918–1932. Ein Handbuch, 6., völlig überarbeitete und erweiterte Auflage, Graz 2005.

MORSEY, RUDOLF: Die Deutsche Zentrumspartei, in: ERICH MATTHIAS / RUDOLF MORSEY (Hg.): Das Ende der Parteien 1933, Düsseldorf 1960, S. 281–453.

MORSEY, RUDOLF: Die Debatte um das Staatsoberhaupt 1945–1949, in: EBERHARD JÄCKEL / HORST MÖLLER / HERMANN RUDOLPH (Hg.): Von Heuss bis Herzog. Die Bundespräsidenten im politischen System der Bundesrepublik, Stuttgart 1999, S. 45–58.

MÜLLER-ARMACK, ALFRED: Wirtschaftslenkung und Marktwirtschaft, Hamburg 1947.

NÄGELE, REINHOLD: Bilder aus fünf Jahrzehnten. Stimmen der Freunde, Konstanz/Stuttgart 1961.

NAUMANN, FRIEDRICH: Demokratie und Kaisertum. Ein Handbuch für innere Politik, Berlin 1900.

NAUMANN, FRIEDRICH: Deutschland und Frankreich, Stuttgart/Berlin 1914.

NIETHAMMER, LUTZ: Die Mitläuferfabrik. Die Entnazifizierung am Beispiel Bayerns, Berlin/Bonn 1982.

OTTO, VOLKER: Das Staatsverständnis des Parlamentarischen Rates. Ein Beitrag zur Entstehungsgeschichte des Grundgesetzes für die Bundesrepublik Deutschland, Düsseldorf 1971.

PAPE, BIRGIT: Kultureller Neubeginn in Heidelberg und Mannheim 1945–1949, Heidelberg 2000.

PARLAMENTARISCHE POESIE. Theodor Heuss: Das ABC des Parlamentarischen Rates. Carlo Schmid: Parlamentarische Elegie im Januar, Einleitung und Kommentar von Gudrun Kruip, Stuttgart 1999.

PARLAMENTARISCHE RAT [DER] 1948–1949. Akten und Protokolle, hg. v. Deutschen Bundestag und v. Bundesarchiv unter Leitung von Rupert Schick und Friedrich P. Kahlenberg
- Bd. 2: Der Verfassungskonvent auf Herrenchiemsee, bearb. v. Peter Bucher, Boppard am Rhein 1981.
- Bd. 4: Ausschuß für das Besatzungsstatut, bearb. v. Wolfram Werner, Boppard am Rhein 1989.
- Bd. 5., Teilbd. I und II: Ausschuß für Grundsatzfragen, bearb. v. Eberhard Pikart und Wolfram Werner, Boppard am Rhein 1993.
- Bd. 6: Ausschuß für Wahlrechtsfragen, bearb. v. Harald Rosenbach, Boppard am Rhein 1995.
- Bd. 7: Entwürfe zum Grundgesetz, bearb. v. Michael Hollmann, Boppard am Rhein 1995.
- Bd. 8: Die Beziehungen des Parlamentarischen Rates zu den Militärregierungen, bearb. v. Michael F. Feldkamp, Boppard am Rhein 1995.
- Bd. 9: Plenum, bearb. v. Wolfram Werner, München 1996.

Bd. 10: Ältestenrat, Geschäftsordnungsausschuß und Überleitungsausschuß, bearb. v. Michael F. Feldkamp, München 1997.
Bd. 11: Interfraktionelle Besprechungen, bearb. v. Michael F. Feldkamp, München 1997.
Bd. 12: Ausschuß für Finanzfragen, bearb. v. Michael F. Feldkamp und Inez Müller, München 1999.
Bd. 13, Teilband I und II: Ausschuß für Organisation des Bundes, Ausschuß für Verfassungsgerichtshof und Rechtspflege, bearb. v. Edgar Büttner und Michael Wettengel, München 2002.

PARLAMENTARISCHER RAT. Verhandlungen des Hauptausschusses, Bonn 1948/49.

PETERS, MICHAEL: Der „Alldeutsche Verband", in: UWE PUSCHNER / WALTER SCHMITZ / JUSTUS H. ULBRICHT (Hg.): Handbuch zur „völkischen Bewegung" 1871–1918, München u. a. 1996, S. 302–315.

PETRIG, DIETER: Emil Erich Hölscher (1880–1935) und Karl Otto Petraschek (1876–1950) im Zusammenhang des katholischen Rechtsdenkens. Ein Beitrag zur Geschichte der juridischen Neuscholastik und der Rechtsphilosophie in Deutschland, Paderborn u. a. 1981.

PFALZGALERIE KAISERSLAUTERN: Theodor Heuss. Freund und Förderer der Kunst und der Künstler. Zum 90. Geburtstag, [Kaiserslautern 1974].

PIKART, EBERHARD (Hg.): Theodor Heuss. Der Mann, das Werk, die Zeit. Eine Ausstellung, Tübingen 1967.

PLENER, ULLA: Der feindliche Bruder: Kurt Schumacher. Intentionen – Politik – Ergebnisse 1921 bis 1952. Zum Verhältnis von Sozialdemokraten und anderen Linken aus historischer und aktueller Sicht, Berlin 2003.

POMMERIN, REINER: Die Mitglieder des Parlamentarischen Rates. Porträtskizzen des britischen Verbindungsoffiziers Chaput de Saintonge, in: Vierteljahreshefte für Zeitgeschichte 36 (1988), S. 557–588.

QUELLEN ZUR ENTSTEHUNG DER VERFASSUNG VON WÜRTTEMBERG-BADEN, bearb. v. Paul Sauer
Erster Teil: Februar bis Juni 1946, Stuttgart 1995.
Zweiter Teil: Juli bis September 1946, Stuttgart 1997.
Dritter Teil: September bis Oktober 1946, Stuttgart 2001.

RADKAU, JOACHIM: Max Weber. Die Leidenschaft des Denkens, München/Wien 2005.

RAMMER, STEFAN: Kurt Schumacher im Urteil der deutschen Nachkriegspresse. Das Bild eines sozialdemokratischen Politikers in Ost- und Westdeutschland, Winzer 2002.

RATHENAU, WALTHER: Der neue Staat, Berlin 1919.

RATHENAU, WALTHER: Die neue Gesellschaft, Berlin 1919.

REGIERUNGSBLATT DER REGIERUNG WÜRTTEMBERG-BADEN, Jg. 1946, Stuttgart 1946.

REHM, CLEMENS (Hg.): Franz Schnabel – eine andere Geschichte. Historiker, Demokrat, Pädagoge, Freiburg i. Br./Basel/Wien 2002.

REINHARDT, BRIGITTE: Reinhold Nägele, mit einer Einführung von Thomas F. Nägele und einem Werkverzeichnis von Brigitte Reinhardt und Dieter Hannemann, Stuttgart 1984.

REUTTER, FRIEDERIKE: Die Gründung und Entwicklung der Parteien in Heidelberg 1945–1946, in: JÜRGEN C. HESS / HARTMUT LEHMANN / VOLKER SELLIN (Hg.): Heidelberg 1945, Stuttgart 1986, S. 203–230.

RICHTER, MICHAEL: Die Ost-CDU 1948–1952. Zwischen Widerstand und Gleichschaltung, Düsseldorf ^{2}1992.

RIETER, HEINZ: Historische Schulen, in: OTMAR ISSING (Hg.): Geschichte der Nationalökonomie, München [3]1994, S. 126–162.

RÖDDER, ANDREAS: Klios neue Kleider. Theoriedebatten um eine Kulturgeschichte der Politik in der Moderne, in: Historische Zeitschrift 283 (2006), S. 657–688.

RÖDDER, ANDREAS: Das „Modell Deutschland" zwischen Erfolgsgeschichte und Verfallsdiagnose, in: Vierteljahreshefte für Zeitgeschichte 54 (2006), S. 345–363.

ROHRBACH, PAUL: Deutsches Leben. Wurzeln und Wandlungen, Wiesbaden 1948.

ROHRBACH, PAUL: Um des Teufels Handschrift. Zwei Menschenalter erlebter Weltgeschichte, Hamburg 1953.

ROSENBERG, ALFRED: Der Mythus des 20. Jahrhunderts. Eine Wertung der seelisch-geistigen Gestaltungskämpfe unserer Zeit, München 1930.

RÜCKERT, FRIEDRICH: Gedichte. Eine Auswahl, hg. v. Elly Heuss-Knapp, Stuttgart 1948.

SAMMLUNG DER VOM ALLIIERTEN KONTROLLRAT UND DER AMERIKANISCHEN MILITÄRREGIERUNG erlassenen Proklamationen, Gesetze, Verordnungen, Befehle, Direktiven, Stuttgart 1946.

SASSIN, HORST R.: Liberale im Widerstand. Die Robinsohn-Strassmann-Gruppe 1934–1942, Hamburg 1993.

SAUDER, GERHARD (Hg.): Die Bücherverbrennung zum 10. Mai 1933, München [2]1983.

SAUER, PAUL: Demokratischer Neubeginn in Not und Elend. Das Land Württemberg-Baden von 1945 bis 1952, Ulm 1978.

SAUER, PAUL: Für Recht und Menschenwürde. Lebensbild von Otto Hirsch (1885–1941), Gerlingen 1985.

SCHAIRER, ERICH: Rathenau-Brevier, Jena 1918.

SCHASER, ANGELIKA: Helene Lange und Gertrud Bäumer. Eine politische Lebensgemeinschaft, Köln/Weimar/Wien 2000.

SCHLANGE-SCHÖNINGEN, HANS (Hg.): Im Schatten des Hungers. Dokumentarisches zur Ernährungskrise und Ernährungswirtschaft in den Jahren 1945–1949, Hamburg/Berlin 1955.

SCHMALZ, OLIVER: Kirchenpolitik unter dem Vorzeichen der Volksnomoslehre. Wilhelm Stapel im Dritten Reich, Frankfurt a. M. u. a. 2004.

SCHMITT, DIETER: Theodor Bäuerle (1882–1956). Engagement für Bildung in schwierigen Zeiten, Stuttgart 2005.

SCHOLTYSECK, JOACHIM: Robert Bosch und der liberale Widerstand gegen Hitler 1933–1945, München 1999.

SCHREIBER, MATTHIAS: Friedrich Justus Perels. Ein Weg vom Rechtskampf der Bekennenden Kirche in den politischen Widerstand, München 1989.

SCHRÖDER, KARSTEN: Die FDP in der britischen Besatzungszone 1946–1948. Ein Beitrag zur Organisationsstruktur der Liberalen im Nachkriegsdeutschland, Düsseldorf 1985.

SCHUBART, CHRISTIAN FRIEDRICH DANIEL: Sämtliche Gedichte, Bd. 1, Stuttgart 1842.

SCHULZ, GÜNTHER: Die Entflechtungsmaßnahmen und ihre wirtschaftliche Bedeutung, in: HANS POHL (Hg.): Kartelle und Kartellgesetzgebung in Praxis und Rechtssprechung vom 19. Jahrhundert bis zur Gegenwart, Stuttgart 1985, S. 210–228.

SCHWABE, KLAUS: Hermann Oncken, in: HANS-ULRICH WEHLER (Hg.): Deutsche Historiker II, Göttingen 1971, S. 81–97.

SCHWARZ, HANS-PETER: Vom Reich zur Bundesrepublik. Deutschland im Widerstreit der außenpolitischen Konzeptionen in den Jahren der Besatzungsherrschaft 1945–1949, Neuwied/Berlin 1966.

SCHWARZ, HANS-PETER: Adenauer, Bd. 1: Der Aufstieg. 1876–1952, München 1994.

SELLIN, VOLKER: Die Universität Heidelberg im Jahre 1945, in: JÜRGEN C. HESS / HARTMUT LEHMANN / VOLKER SELLIN (Hg.): Heidelberg 1945, Stuttgart 1986, S. 91–106.

SERFAS, GÜNTHER: „Lieber Freiheit ohne Einheit als Einheit ohne Freiheit". Der Neubeginn der Demokratischen Volkspartei in Württemberg-Baden 1945/46, Heidelberg 1986.

SIERING, FRIEDEMANN: Zeitung für Deutschland. Die Gründergeneration der „Frankfurter Allgemeinen", in: LUTZ HACHTMEISTER / FRIEDEMANN SIERING (Hg.): Die Herren Journalisten. Die Elite der deutschen Presse nach 1945, München 2002, S. 35–86.

SOMMER, BERND: Hermann Heuss (1882–1959) – Architekt und Kunstsachverständiger, in: Mitteilungen des Chemnitzer Geschichtsvereins, 74. Jahrbuch, Neue Folge XIII: Chemnitzer Charaktere, S. 81–98.

SONTHEIMER, KURT: Antidemokratisches Denken in der Weimarer Republik. Die politischen Ideen des deutschen Nationalismus zwischen 1918 und 1933, München [4]1994.

SPANN, OTHMAR: Der wahre Staat. Vorlesungen über Abbruch und Neubau der Gesellschaft, Leipzig 1921.

SPENKUCH, HARTWIN: Das Preußische Herrenhaus. Adel und Bürgertum in der Ersten Kammer des Landtags 1854–1918, Düsseldorf 1998.

SPEVACK, EDMUND: Allied Control and German Freedom. American Political and Ideological Influences on the Framing of the West German Basic Law (Grundgesetz), Münster 2001.

SPIESS, PHILIPP [= WILHELM KARL ALEXANDER STAEHLE]: Der Bürgermeister und sein Sohn. Erzählung aus dem alten Heilbronn, Heilbronn [3]1924.

SPIESS, PHILIPP: Der Steinmetz von St. Kilian. Erzählung aus dem alten Heilbronn, Heilbronn 1894.

STAPEL, WILHELM: Die Kirche Luthers, Münster 1935.

STAPEL, WILHELM: Stapeleien, Hamburg 1939.

STAPEL, WILHELM: Die drei Stände. Versuch einer Morphologie des deutschen Volkes, Hamburg 1941.

STAPEL, WILHELM: Was verstand Luther unter Kirche? Bonn 1936.

STARITZ, DIETRICH: Die Gründung der DDR. Von der sowjetischen Besatzungsherrschaft zum sozialistischen Staat, München [3]1995.

STATISTISCHE MONATSHEFTE WÜRTTEMBERG-BADEN 2 (1948).

STATISTISCHES LANDESAMT BADEN-WÜRTTEMBERG (Hg.): Die Wahl zum ersten Bundestag der Bundesrepublik Deutschland am 14. August 1949. Die Ergebnisse der Wahl in den Gemeinden der ehemaligen Länder Württemberg-Baden, Baden und Württemberg-Hohenzollern, Stuttgart 1953.

STEDING, CHRISTOPH: Das Reich und die Krankheit der europäischen Kultur, Hamburg 1938.

STEIERT, THOMAS: Zur Musik- und Theaterpolitik in Stuttgart während der amerikanischen Besatzungszeit, in: GABRIELE CLEMENS (Hg.): Kulturpolitik im besetzten Deutschland 1945–1949, Stuttgart 1994, S. 55–68.

STEINER, RUDOLF: Aufsätze über die Dreigliederung des sozialen Organismus und zur Zeitlage 1915–1921, Dornach 1961.

STEINHAUSEN, GEORG: Geschichte des Deutschen Briefes. Zur Kulturgeschichte des deutschen Volkes, zweiter Teil, Dublin/Zürich [2]1968 [1. Aufl. 1891].

STEPHAN, WERNER: Acht Jahrzehnte erlebtes Deutschland. Ein Liberaler in vier Epochen, Düsseldorf 1983.

STOLLE, MICHAEL: Der schwäbische Schulmeister. Christian Mergenthaler, Württembergischer Ministerpräsident, Justiz- und Kultminister, in: MICHAEL KISSENER / JOACHIM SCHOLTYSECK (Hg.): Die Führer der Provinz. NS-Biographien aus Baden und Württemberg, Konstanz [2]1999, S. 445–475.

STOLPER, GUSTAV: German Economy 1870–1940. Issues and Trends, New York 1940.

STOLPER, GUSTAV: This Age of Fable. The Political and Economic World we Live in, New York 1941.

STOLPER, GUSTAV: German Realities, New York 1948.

STOLPER, GUSTAV: Die deutsche Wirklichkeit. Ein Beitrag zum künftigen Frieden Europas, Hamburg 1949.

STOLPER, TONI: Ein Leben in Brennpunkten unserer Zeit. Wien, Berlin, New York. Gustav Stolper 1888–1947, Tübingen 1960.

THEINER, PETER: Sozialer Liberalismus und deutsche Weltpolitik. Friedrich Naumann im Wilhelminischen Deutschland (1860–1919), Baden-Baden 1983.

THIERER, MANFRED (Hg.): Gemeinden um Leutkirch in alten Fotos: Diepoldshofen, Reichenhofen mit Schloß Zeil, Leutkirch 1988.

TOCQUEVILLE, ALEXIS DE: Über die Demokratie in Amerika, Stuttgart 1997.

TRITTEL, GÜNTER J.: Hunger und Politik. Die Ernährungskrise in der Bizone (1945–1949), Frankfurt a. M./New York 1990.

UNIONSPARTEIEN [DIE]. Protokolle der Arbeitsgemeinschaft der CDU/CSU Deutschlands und der Konferenzen der Landesvorsitzenden, bearb. v. Brigitte Kaff, Düsseldorf 1991.

VERHANDLUNGEN DES DEUTSCHEN BUNDESTAGES, 1. Wahlperiode 1949–53, Stenographische Berichte Bd. 1 von der 1. Sitzung am 7. September 1949 bis zur 25. Sitzung am 16. Dezember 1949, Bonn 1950.

VERHANDLUNGEN DES WÜRTTEMBERG-BADISCHEN LANDTAGS, Wahlperiode 1946–1950
Protokollbd. 1: 1.–25. Sitzung vom 10. Dezember 1946 bis 11. Juni 1947, Stuttgart 1948.
Protokollbd. 2: 26.–50. Sitzung vom 12. Juni 1947 bis 31. Oktober 1947, Stuttgart 1948.
Protokollbd. 3: 51.–75. Sitzung vom 7. November 1947 bis 2. Juni 1948, Stuttgart 1948.
Protokollbd. 4: 76.–100. Sitzung vom 17. Juni 1948 bis 9. Dezember 1948, Stuttgart 1948.
Protokollbd. 5: 101–125. Sitzung vom 10. Dezember 1948 bis 31. Mai 1949, Stuttgart 1949.

VERSHOFEN, WILHELM: Hauswerk und Siedlung, Berlin 1946.

VOGEL, WALTER: Westdeutschland 1945–1950. Der Aufbau von Verfassungs- und Verwaltungseinrichtungen über den Ländern der drei westlichen Besatzungszonen, Teil I: Geschichtlicher Überblick; oberste beratende Stellen und Einrichtungen für Gesetzgebung, Verwaltung und Rechtssprechung; einzelne Verwaltungszweige: Ernährung, Landwirtschaft und Forsten, Koblenz 1956.

VOIGT, WOLFGANG / FRANK, HARTMUT (Hg.): Paul Schmitthenner 1884–1972, Tübingen/Berlin 2003.

VOLK, LUDWIG: Das Reichskonkordat vom 20. Juli 1933. Von den Anfängen in der Weimarer Republik bis zu Ratifizierung am 10. September 1933, Mainz 1972.

VOLLNHALS, CLEMENS (Hg.): Entnazifizierung. Politische Säuberung und Rehabilitierung in den vier Besatzungszonen 1945–1949, München 1991.

WEBER, ERWIN: Hitler und seine Paladine, Calw 1946.

WEBSTER, JEAN: Daddy Langbein. Roman, deutsch von Margret Boveri, Berlin 1948.

WEHLER, HANS-ULRICH: Deutsches Bürgertum nach 1945: Exitus oder Phönix aus der Asche? In: Geschichte und Gesellschaft 27 (2001), S. 617–634.

WEIGAND, WOLF VOLKER: Walter Wilhelm Goetz 1867–1958. Eine biographische Studie über den Historiker, Politiker und Publizisten, Boppard 1992.

WEISZ, CHRISTOPH (Hg.): OMGUS-Handbuch. Die amerikanische Militärregierung in Deutschland 1945–1949, München ^{2}1995.

WENGST, UDO (Bearb.): Auftakt zur Ära Adenauer. Koalitionsverhandlungen und Regierungsbildung 1949, Düsseldorf 1985.

WILBRANDT, ROBERT: Ihr glücklichen Augen. Lebenserinnerungen, Stuttgart 1947.

WOLFRAM VON ESCHENBACH: Parzival, übertragen von Wilhelm Stapel, Hamburg 1937.

WOLFRUM, EDGAR: Französische Besatzungspolitik und deutsche Sozialdemokratie. Politische Neuansätze in der „vergessenen Zone“ bis zur Bildung des Südweststaates 1945–1952, Düsseldorf 1991.

WOLFRUM, EDGAR: Die geglückte Demokratie. Geschichte der Bundesrepublik von ihren Anfängen bis zur Gegenwart, Stuttgart 2006.

WUERMELING, HENRIC L.: Die weiße Liste. Umbruch der politischen Kultur in Deutschland 1945, Berlin/Frankfurt a. M./Wien 1981.

WÜRTTEMBERG-BADISCHER LANDTAG: Verzeichnis der Beilagen zu den Sitzungsprotokollen. Wahlperiode 1946-1950
Bd. 1: Beilagen 1-250, Stuttgart o. D.
Bd. 3: Beilagen 501-750, Stuttgart 1948.
Bd. 5: Beilagen 1001-1950, Stuttgart 1949.

WURSTER, MARTIN: Schule und Bildung in Stuttgart in den ersten Jahren nach 1945, in: EDGAR LERSCH / HEINZ H. POKER / PAUL SAUER (Hg.): Stuttgart in den ersten Nachkriegsjahren, Stuttgart 1995, S. 499–542.

WURTZBACHER-RUNDHOLZ, INGRID: Verfassungsgeschichte und Kulturpolitik bei Dr. Theodor Heuss bis zur Gründung der Bundesrepublik Deutschland durch den Parlamentarischen Rat 1948/49 – mit Dokumentenanhang, Frankfurt a. M. 1981.

Biographisches Personenregister

Das biographische Personenregister umfasst alle Namen aus den abgedruckten Briefen und aus dem Vorwort, der Zeittafel, der Einführung, den Dokumentenköpfen sowie aus dem Kommentar, so weit sie nicht Bestandteile bibliographischer Angaben sind. Der Name „Theodor Heuss“ wurde nicht aufgenommen. Seitenzahlen in Kursivschrift verweisen auf Briefempfänger.

Rassow, Peter (1889–1961), Historiker, Professor in Breslau (1936–39), Leipzig (1939/40) und Köln (1940–58)
287

Rathenau, Walther (1867–1922), Industrieller, Schriftsteller und Politiker, Leiter der Kriegsrohstoffabteilung im preußischen Kriegsministerium (1914/15), Reichsminister für Wiederaufbau (1921), Reichsaußenminister (1922), ermordet von der rechtsradikalen „Organisation Consul"
347f, 522f

Rauschenberger, Walther (1880–1952), Bibliothekar, Direktor der Senckenbergischen Bibliothek in Frankfurt a. M. (1916–47)
286f

Rauth, Alfred (1884–1963), Arzt in Heilbronn, Schulfreund von Theodor Heuss
101

Rechenberg, Hans Albrecht Freiherr von (1892–1953), Chemiker, Unternehmer und Politiker, stellv. Vorsitzender der FDP in Nordrhein-Westfalen (1947–53), MdB (FDP 1949–53)
499

Reif, Hans (1899–1984), Staatswissenschaftler und Politiker, Mitglied des Hauptvorstandes der DDP (1924–33), Verbindungen zum bürgerlich-konservativen Widerstand gegen das NS-Regime, MdL Berlin (LDP/FDP 1946–50, 1955, 1963–71), Mitglied des Parlamentarischen Rates (1948/49), MdB (FDP 1949–57), Professor an der Deutschen Hochschule für Politik in Berlin (1949–68)
34, 115, 130, 181, 262, 283, 299, 335, *354f*, 360, 402, 431, 435, 486

Reifenberg, Benno (1892–1970), Journalist, Feuilletonchef (1924–30), Korrespondent in Paris (1930–32) und politischer Redakteur (1932–43) der „Frankfurter Zeitung", Mitgründer und Herausgeber der Zeitschrift „Die Gegenwart" (1945–58), Mitherausgeber der „Frankfurter Allgemeinen Zeitung" (1959–66)
95–97, 111, 288

Reimann, Max (1898–1977), Politiker, Mitglied der KPD (ab 1919), Emigration ins Saargebiet (1934), inhaftiert (1939–45), Mitglied des Parlamentarischen Rates (KPD 1948/49), MdB (KPD 1949–53), Vorsitzender der KPD-Fraktion im Bundestag (1949–51) und der KPD in den 3 Westzonen bzw. in der Bundesrepublik (1948–53), Übersiedelung in die DDR (1954), Rückkehr in die Bundesrepublik (1969)
403

Reinelt, A., Mitarbeiter der RNZ
518

Reiniger, Otto (1863–1909), Maler, Angehöriger der „Münchner Sezession"
249

Renner, Heinz (1892–1964), Arzt und Politiker, Mitglied der Stadtverordnetenversammlung Essen (KPD 1922–33, 1945–56) und des Rheinischen Provinziallandtages (KPD 1924–33), Emigration in das Saargebiet (1933) und nach Frankreich (1935), inhaftiert (1939–45), Oberbürgermeister von Essen (1946), nordrhein-westfälischer Sozial- (1946) und Verkehrsminister (1947/48), MdL Nordrhein-Westfalen (KPD 1946–49), Vorsitzender der KPD-Fraktion im nordrhein-westfälischen Landtag (1946/47), Mitglied des Parlamentarischen Rates (KPD 1948/49), MdB (KPD 1949–53)
502

Reusch, Paul (1868–1956), Industrieller, Vorstandvorsitzender, später Generaldirektor der Gutehoffnungshütte AG in Oberhausen (1909–42), führende Positionen im schwerindustriellen Verbandswesen, Präsident der IHK Duisburg (1919–29), Mitglied des Präsidiums des Reichsverbandes der Deutschen Industrie (1923–33), stellv. Vorsitzender des Deutschen Industrie- und Handelstages (1926–33)
187, 236, *329*, *399f*, 433

Reuter, Franz, Journalist, Herausgeber der „Deutschen Führerbriefe" (vor 1933), Käufer des „Deutschen Volkswirts" von Gustav Stolper (1933)
361

Reventlow, Ernst Graf zu (1869–1943), Militär, Journalist, Schriftsteller und Politiker, MdR (Nationalsozialistische Freiheitspartei/NSDAP 1924–43), Gründer der Zeitschrift „Der Reichswart" (1920)
125f

Ribbentrop, Joachim von (1893–1946), Diplomat und Politiker, Botschafter in London (1936–38), Reichsaußenminister (1938–45), als Hauptkriegsverbrecher durch den Internationalen Militärgerichtshof in Nürn-

Virchow, Rudolf (1821–1902), Pathologe und Politiker, Beteiligung an den Barrikadenkämpfen in Berlin (1848), Professor in Würzburg (1849–56) und Berlin (1856–1902), Mitgründer der Deutschen Fortschrittspartei (1861), MdL Preußen (Deutsche Fortschrittspartei 1862–1902), MdR (Deutschen Fortschrittspartei/Deutsche Freisinnige Partei 1880–93)
258

Voegeli, Martha, s. Stolper, Martha

Vogel, Hans (1881–1945), Bildhauer und Politiker, MdL Bayern (SPD 1912–18), MdNV/MdR (SPD 1919–33), Mitvorsitzender der SPD (1931–33), Emigration über Prag (1933) und Paris (1938) nach London (1940), Vorsitzender der Exilorganisation der SPD „Sopade" (1939–45)
326

Vollmar auf Veltheim, Georg von (1850–1922), Militär und Politiker, MdR (SPD 1881–87, 1890–1918), MdL Sachsen (SPD 1883–89), MdL Bayern (SPD 1893–1918)
476

Waeldin, Paul (1888–1969), Jurist, Unternehmer und Politiker, MdL Baden (DDP 1929–33, DVP 1947–52), Oberbürgermeister von Lahr (1945–52), Mitglied der Beratenden Landesversammlung Baden (1946/47), Finanzstaatssekretär (1946/47) und Regierungspräsident von Südbaden (1951–57)
387–389

Walter, Felix (1890–1949), Verwaltungsjurist und Politiker, Vorsitzender des Zentrums von Groß-Stuttgart (1924–33), Landgerichtsrat in Stuttgart (1933–45), Mitgründer der CDU in Nordwürttemberg (1945), Mitglied der Verfassunggebenden Landesversammlung Württemberg-Baden (CDU 1946), MdL Württemberg-Baden (CDU 1946–49), Mitglied des Parlamentarischen Rates (CDU 1948/49)
454

Walz, Hans (1883–1974), Industrieller, Leiter des Privatsekretariats (1912–25) und Generalbevollmächtigter (1925–42) von Robert Bosch, Mitglied des Aufsichtsrates (1919–24) und des Vorstandes (1924–37) der Firma Robert Bosch, Vorsitzender des Testamentsvollstre cker-Kollegiums (1942–63), einer der führenden Vertreter des Widerstands der Firma Robert Bosch gegen das NS-Regime, inhaftiert (1945–47), Vorsitzender des Aufsichtsrates (1948–52) und der Geschäftsführung (1953–63) der Firma Robert Bosch
45, *152f*, 228, 261, 375, *397*

Wandersleb, Hermann (1895–1977), Verwaltungsjurist und Politiker, Vizeregierungspräsident für die Nord-Rheinprovinz (1945–50), Chef der Staatskanzlei Nordrhein-Westfalen (1946–49), Leiter des „Büros Bundeshauptstadt Bonn" (1948/49), Staatssekretär im Bundeswohnungsbauministerium (1950–59)
512f

Washington, George (1732–1799), amerikanischer General und 1. Präsident der USA (1789–97)
353

Wasmuth, Günther (1888–1974), Verleger, Chef des Verlages Ernst Wasmuth in Berlin und Tübingen
178

Weber, Alfred (1868–1958), Nationalökonom und Soziologe, Professor in Prag (1904–07) und Heidelberg (1907–33), Mitgründer und Vorsitzender der DDP (1918), Verbindungen zum Widerstand („Kreisauer Kreis") gegen das NS-Regime
97, 111f, 263, 324, 444

Weber, August (1871–1957), Bankier und Politiker, MdR (Nationalliberale Partei 1907–12, DStP 1930–32), Vorsitzender der DStP-Fraktion im Reichstag (1930–32), Emigration über Holland nach England (1939)
50, 181, 267, 295, 301, 311, *321–325*, 326f, 332, 341, 384, 416, 443

Weber, Helene (1881–1962), Lehrerin, Sozialpädagogin und Politikerin, MdNV/MdR (Zentrum 1919/20, 1924–33), MdL Preußen (Zentrum 1922–24), Ministerialrätin im preußischen Wohlfahrtsministerium (1920–33), MdL Nordrhein-Westfalen (CDU 1946/47), Mitglied des Parlamentarischen Rates (CDU 1948/49), MdB (CDU 1952–62)
7, 412

Weber, Max (1864–1920), Jurist, Nationalökonom und Soziologe, Professor in Freiburg (1894–97), Heidelberg (1897–1903) und München (1920)
202, 258, 320, 342, 351, 471

Sachregister

Das Sachregister erschließt thematisch differenziert alle Sachbegriffe und relevanten Informationen aus den abgedruckten Briefen und aus dem Vorwort, der Zeittafel, der Einführung, den Kurzregesten sowie aus dem Kommentar. Nicht aufgenommen wurden die Ortsangaben des Adressaten und des Absenders aus dem Dokumentenkopf sowie alle Bestandteile bibliographischer Angaben. Unspezifische Begriffe wie „Deutschland" wurden nicht berücksichtigt, stattdessen – wie in diesem Fall – eine Differenzierung in „Deutsches Kaiserreich (1871–1918)", „Weimarer Republik (1918–1933)", „Nationalsozialismus (1933–1945)" und „Bundesrepublik Deutschland" vorgenommen.

Das Sachregister orientiert sich in Form von Stichwörtern möglichst eng am Text. Wo es notwendig erschien, Begriffe in eine strukturelle Ordnung zu bringen und damit zusammenzufassen, wurden unter einem Oberbegriff Unterbegriffe, gelegentlich auch Unterbegriffe zweiter Ordnung eingeführt. Dieses Vorgehen bot sich vor allem an bei:

- Parteien mit ihren Untergliederungen, Gremien, Fraktionen, Parteitagen;
- Institutionen wie „Militärregierungen der Alliierten in Deutschland" mit ihren Untergliederungen, die „Bizone" mit ihren Organisationseinheiten;
- Verfassunggebenden Versammlungen wie dem „Parlamentarischen Rat" mit seinen Ausschüssen und Gremien;
- Verfassungen wie dem „Grundgesetz" mit zugeordneten Themenfeldern;
- komplexen historischen Vorgängen wie „Entnazifizierung";
- politischen Systemen bzw. Zeitabschnitten in der deutschen Geschichte wie „Deutsches Kaiserreich", „Weimarer Republik", „Nationalsozialismus" und „Bundesrepublik Deutschland" mit institutionellen, systemspezifischen und ereignisgeschichtlichen Zuordnungen;
- Ländern und Orten mit institutionellen und lokalen Zuordnungen.

In einigen Fällen wurden Schlagwörter gebildet, um auf den darunterliegenden Ebenen alphabetisch disparate und kontingente, jedoch strukturell zusammengehörige Begriffe zu bündeln und somit für den Benutzer besser recherchierbar zu machen. Dazu gehören Schlagwörter wie „Gesetze und Rechtsverordnungen", „Parlamente, Repräsentativorgane, Volksvertretungen", „Wahlen, Wahlkämpfe" oder „Zeitungen".

Reden von Theodor Heuss finden sich in chronologischer Folge unter „Heuss, Theodor, Reden". Reden zu einem gleichen Anlass (Wahlen) oder vor dem gleichen Forum (Landtag, Parlamentarischer Rat) wurden zusammengefasst. Selbständige, gedruckte Werke von Heuss, soweit sie nicht nur Teil einer bibliographischen Angabe sind, finden sich – geordnet nach Erscheinungsdatum – unter „Heuss, Theodor, selbständige, gedruckte Werke". Größere Reisen von Heuss finden sich bei dem entsprechenden Ortseintrag.